粮食储藏与加工工程系列

储藏物昆虫学

鲁玉杰　王争艳　主　编

科学出版社
北京

内 容 简 介

本书包括绪论和七章内容，详细介绍了储藏物昆虫的形态特征，分类学原理和方法，生理学、生物学、行为学和生态学特征和规律，以及重要储藏物害虫的形态特征、生活习性、经济意义和分布等内容。每章后配套思考题，方便学生课后复习巩固，同时重要的储藏物昆虫均配有对应彩图，可扫码查看。

本书可作为食品科学与工程专业，尤其是粮油储藏方向本科生的教材，也可作为植物保护、植物检疫、粮食、物流、仓储等专业大、中专院校师生的参考书，以及粮食、中药、木材、皮毛和烟草储藏行业技术人员的参考书。

图书在版编目（CIP）数据

储藏物昆虫学 / 鲁玉杰，王争艳主编. —北京：科学出版社，2021.12
粮食储藏与加工工程系列
ISBN 978-7-03-070598-3

Ⅰ. ①储… Ⅱ. ①鲁… ②王… Ⅲ. ①仓库害虫－昆虫学
Ⅳ. ① Q969.98

中国版本图书馆 CIP 数据核字（2021）第 236799 号

责任编辑：席 慧 马程迪 / 责任校对：杨 然
责任印制：赵 博 / 封面设计：蓝正设计

科学出版社 出版
北京东黄城根北街 16 号
邮政编码：100717
http: //www.sciencep.com

北京富资园科技发展有限公司印刷
科学出版社发行 各地新华书店经销
*
2021 年 12 月第 一 版 开本：787×1092 1/16
2025 年 2 月第四次印刷 印张：18 3/4
字数：492 000

定价：79. 80 元

《储藏物昆虫学》编委会名单

主　　编　鲁玉杰　王争艳

编写人员　（以姓氏笔画为序）

王争艳（河南工业大学）

王殿轩（河南工业大学）

卢少华（河南工业大学）

白春启（河南工业大学）

吕建华（河南工业大学）

李　慧（河南工业大学）

张　蒙（河南工业大学）

陈志腾（江苏科技大学）

赵　超（河南工业大学）

唐培安（南京财经大学）

鲁玉杰（河南工业大学/江苏科技大学）

曾芳芳（河南工业大学）

前言

PREFACE

本书基于2008年由科学出版社出版的《储藏物害虫与防治》的第二版进行编写。《储藏物害虫与防治》包括“储藏物昆虫学”和“储藏物害虫综合治理”两篇，由河南工业大学主编，2006年被教育部列入普通高等教育“十一五”国家级规划教材。在这十多年时间内，由于科学技术的迅速发展，特别是粮食储藏行业和人才培养需求发生了重大变化，《储藏物害虫与防治》的一些内容已显陈旧，并且受篇幅的限制，知识不够系统、详尽，“储藏物昆虫学”部分的内容已不能适应新的形势。基于此，本书由河南工业大学组织并邀请南京财经大学和江苏科技大学一批年富力强、昆虫学教学经验丰富的专业教师进行编写。

本书包括绪论和七章内容。绪论介绍了储藏物昆虫学的相关概念、储藏物害虫的经济意义、昆虫纲的分类特征及其在动物界的地位，储藏物昆虫学的研究进展、研究内容和学习意义。第一章介绍了储藏物昆虫的外部形态、形态特征描述的专业术语，以及头、胸、腹外部各种器官的形态特征。第二章介绍了昆虫分类学的原理及储藏物昆虫分类的依据与重要种类的分类特征。第三至六章分别从储藏物昆虫的生理学、生物学、行为学和生态学方面介绍了储藏物昆虫的生理学特征、生物学发展规律、行为学特性及影响其生长发育的生态环境。第七章介绍了重要的储藏物害虫，包括各类昆虫的形态特征、生活习性、经济意义和分布。

本书是食品科学与工程专业，尤其是粮油储藏方向本科生的教学用书，也可作为植物保护、植物检疫、粮食、物流、仓储等专业大、中专院校师生的参考书，以及粮食、中药、木材、皮毛和烟草储藏行业技术人员的参考书，也可以供一些昆虫爱好者参考。

本书的编写根据编委的专业特长进行分工。绪论由鲁玉杰和唐培安编写；第一章由赵超编写；第二章由张蒙编写；第三章由王争艳编写；第四章由鲁玉杰和卢少华编写；第五章由鲁玉杰和李慧编写；第六章由吕建华和王殿轩编写；第七章由王争艳、陈志腾、卢少华、曾芳芳和白春启编写，具体分工见每一部分后面的说明。

本书的编写过程中力争做到选材新颖，重点突出，简明扼要，图文并茂。其中：①主要科学名词后加注了英文。②每章后设置思考题，帮助学生在学习中思考，掌握重点和难点。③每章后设置主要参考文献列表，引导学生对主要内容进行深入学习。④增加了部分重要昆虫形态特征的彩图（扫码查看）。

河南工业大学的白旭光教授仔细审阅了全部书稿，并提出了宝贵的修改意见，同时提供了大量彩色图片，华中农业大学黄求应教授提供了一些白蚁的彩色图片，在此一并表示感谢!

本书的编写力求反映相关领域国内外的最新进展，但由于编者水平所限，书中难免有疏漏之处，恳请读者不吝指正，使本书臻于完善。

编　者

2021年8月于郑州

目 录

CONTENTS

绪　论

本章提要

- 掌握储藏物昆虫的定义以及昆虫纲的基本特征。
- 掌握储藏物昆虫的经济学意义。
- 了解储藏物昆虫学发展的概况。
- 了解学习储藏物昆虫学的目的和意义。

储藏物昆虫是一类生活在特殊环境中的昆虫。储藏物昆虫学的经济学意义非常重大，掌握储藏物昆虫学的特征及昆虫纲的基本特征，对于了解储藏物昆虫的生活习性、生长发育规律都具有重要的意义。了解储藏物昆虫学研究进展，对于储藏物昆虫学理论的研究具有重要意义。

一、储藏物昆虫概述

昆虫作为地球上的一类动物，具有漫长的进化历史、繁多的种类、庞大的数量和广泛的分布。

人类的出现仅有三四百万年的历史，而有翅昆虫的历史至少有3.5亿年。无翅亚纲的昆虫可能有4亿年或更长的历史。昆虫也是动物界中最为繁盛的一个类群，全球昆虫总重量是人类的12倍，目前已被命名的昆虫有100多万种，占动物界已知种类的2/3，约占全球生物多样性的一半。同种昆虫的个体数量有时可能很大，有些昆虫局部的种群数量可达数十万个个体，有时甚至上亿个，我国有昆虫30万～100万种。地球上没有任何一类其他生物像昆虫这样分布广泛，从赤道到两极，从高山到海洋，它们几乎分布于地球的各个角落。储藏物昆虫仅是整个昆虫纲的一小部分，它们通常栖息在我们人类的生活环境内，取食和为害人类的食品和其他储藏产品，与我们的生活密切相关。由于储藏物昆虫大多体小、色暗，而且活动隐蔽，人们常常忽略它们的存在。

储藏物昆虫学（stored products entomology）也称为仓库昆虫学或仓储昆虫学，是昆虫学的一个分支，从研究内容上属于应用昆虫学（applied entomology）或经济昆虫学（economic entomology）的范畴，储藏物昆虫（stored product insect）是指能适应储藏物环境，在干燥的储藏物内能正常生活、繁殖的一类昆虫。包括为害储藏物的有害昆虫，以及捕食、寄生这些害虫的天敌昆虫，前者称为储藏物害虫（stored product insect pest）。储藏物昆虫也称为仓库昆虫，简称“仓虫”。

二、储藏物害虫的概念及经济重要性

（一）储藏物害虫的概念

储藏物昆虫学是研究与人类生活和经济发展密切相关的各类储藏物昆虫区系、演变、生物学、生理学和生态学等的一门科学。全世界已记载的储藏物昆虫约有500种，在我国，自1955

年以来共有7次全国性储藏物昆虫区系调查，已发现储藏物昆虫242种，螨类141种，其中分布较广、危害较重的有50余种。2017年粮食公益性行业科研专项的虫调中仅在南方高温高湿地区的储粮生态区就发现昆虫纲10目41科102种，其中，鞘翅目昆虫23科71种，鳞翅目昆虫7科16种。它们多数潜藏在仓库、厂房、货栈、商店、居室、图书馆、档案馆、博物馆等处，为害储藏的粮食、食品、油料、药材、烟草、棉麻、丝、蚕茧、纺织品、皮毛、图书、纸张、文物、档案、竹木材及其制品和进出口贸易中的检疫商品等。近年来，随着商品流通和物流系统越来越发达，进出口贸易及国际商品贸易往来频繁，旅游业也快速发展，为储藏物害虫的传播和扩大危害提供了便利的条件，以致害虫不断滋生繁衍，有的已达到猖獗危害的程度，对社会经济及人类的身体健康和心理造成的影响与损失难以估计。在储粮中已经发现超过100种昆虫，同时，超过355种的储粮螨类已经被记载，其中来自储粮和面粉的54种螨类是全球性分布的。

广义的储藏物害虫（stored product insect pest）也称储藏物有害生物，除昆虫外还包括为害储藏物的螨类、鸟类、啮齿动物、微生物及其他节肢动物等。而习惯上所讲的储藏物害虫主要包括昆虫和螨类。

储藏物昆虫生活的环境有别于其他农、林昆虫。所谓储藏物环境，是指储藏物流通的各个环节或场所，通常情况下是室内环境，如仓库、货栈、加工厂、商店及人类居住的室内等。因此，从储藏物昆虫栖息的环境来看，储藏物昆虫又属于城市昆虫学（urban entomology）研究的范畴。

从储藏物昆虫的寄主来看，是停止生长的储藏物，而非田间生长中的作物或活体动物。这些储藏物含水量较低，而像收获后的新鲜水果和蔬菜等则不属于此处所指的储藏物。储藏物包括植物性、动物性物品，有时也包括某些金属、塑料等材料及其制成品，这些物品偶尔也会受到储藏物害虫的为害。

另外，真正意义上的储藏物昆虫必须能在储藏物内正常繁殖，即储藏物环境中必须有成虫、幼虫需要的食物。有些昆虫虽然出现于储藏物环境中，但由于缺乏必需的食物而不能繁殖，必须依靠其他环境中的食物进行繁殖。例如，豌豆象的成虫在产卵前只有取食了豌豆的花粉、花蜜或花瓣才能产卵，幼虫主要在生长中的豌豆内发育；还有一些昆虫的生活环境介于室内与室外，如仓潜、沙潜等，严格来讲它们都不是真正的储藏物昆虫。但习惯上通常也将它们视为储藏物昆虫，也有人称之为仓库寄居昆虫。

在所有储藏物中，最为重要和数量最大的是收获后的粮食，通常把为害储藏粮食及其产品的昆虫称为储粮害虫（stored grain insect pest）。因此，储粮害虫是储藏物害虫中主要的类群。有时储粮害虫和其他储藏物害虫并没有严格的界限，因为许多储粮害虫除了可以为害储粮外，也可以为害其他多种储藏物。

（二）储藏物害虫的经济重要性

储藏物害虫与农业害虫重要的区别之一是它们为害的对象不同。农业害虫为害的对象是田间生长中的作物，直接后果是造成作物的减产；而储藏物害虫为害的对象是储藏物，通常是农作物收获后的产品，是农作物的精华部分，它凝聚了大量的人类劳动，具有更高的价值。因此，从这个方面来讲，储藏物害虫的经济意义更为重大。

储藏物害虫造成的损失包括由害虫取食造成的直接损失、被害虫危害造成的间接损失、由于商品生虫而引起的商品信誉损失及对人们心理的不良影响等。

巨大的直接损失往往是把大量物品储藏在适于害虫繁殖的环境下引起的。据有关部门调查，我国储藏中的粮食损失，国家粮库为0.15%，农户储粮为8%～10%，其中引起损失的主要因素之一是储粮害虫的危害。根据有关专业机构的调查，每年粮食的损失和浪费量在195万t左右，按每人每日消费0.5kg原粮计算，相当于约1068 万人口一年的口粮消费。有些国家因为储粮害虫造成的损失高达10%左右。因此储粮因虫害引起的损失仍是巨大的。

储藏物害虫引起的间接损失有时比直接损失更大。例如，储粮害虫引起的粮食发热、霉变、品质下降；烟草甲在香烟、雪茄上的蛀孔；衣蛾在毛呢上的蛀孔。有时储藏物害虫污染的粮食和食品会引起人畜疾病，损失就更大。在温带地区，由昆虫和螨类造成的直接的粮食能量损失是很小的，但是能引起明显的质量损失，如增加自由脂肪酸值、破坏种子、种子发芽率的损失、尿酸和虫蜕的污染、影响面粉的出粉率和烘烤质量，以及刺激微生物的生长。真菌毒素和“发热点”往往与昆虫的危害有关。对于那些依赖有限储藏物生存的农民来说，害虫尤其具备毁灭性。在热带和亚热带地区运用杀虫剂或物理措施来管理储粮生态系统尤为重要，在这两个地区，数量损失极其相似。

图书档案具有不可替代的历史凭证、法律效力、参考借鉴、宣传教育作用和艺术欣赏价值，因害虫造成的损失是无法用经济损失来衡量的。据20世纪80年代调查，我国南方地区档案馆档案被蛀损失率达20%～100%。1988年，北京图书馆（现中国国家图书馆）图书保护研究组和广西图书馆组成调查组，对广西图书虫害进行深入细致的调查研究，发现被调查的近万册图书，虫损失率达80%以上，严重污损档案图书文物，引起档案图书文物残缺不全，严重者蛀食一空，面目全非。此外，其还将携带的致病菌和排泄物遗留在档案上，覆盖字迹，影响人体健康。

毛衣、毛毯、皮衣和皮靴等动物皮毛制品的使用会诱发和加剧皮蠹类、衣蛾类等毛纺、皮革、羽绒害虫的发生危害，居室中沙发、床垫和地毯等的使用，使以纤维、毛纺织品为食物的袋衣蛾、幕衣蛾的危害增多。2001年4月，杭州市某宾馆的客房，因袋衣蛾的危害而造成严重的经济损失。虫害引起的商品信誉损失也是难以估价的，只要部分商品生虫，全部商品往往就无法销售；只要一种商品生虫，同一品牌的其余商品即使无虫，也会受到影响。一个国家在对外贸易中发生了这样的问题，影响所及更难估计，不仅影响企业的信誉，甚至会影响到一个国家的信誉。

在发达国家，农产品产前、产后害虫造成的损失比例约为3：2，全球每年为避免有害生物对储藏物造成损失会使用农药20亿～ 30亿kg，不可避免的环境污染对人们的安全和健康已形成潜在的威胁，促使各国对储藏物昆虫进行研究。国内外有关部门已有一些研究报道并实施综合管理，取得了不少成果和经验。

储藏物害虫对人们心理的不良影响往往很少引起人们的重视，事实上这一影响也是不容忽视的。随着人们生活质量的不断提高，人们对生活环境有了更高的要求。而储藏物害虫在我们的生活环境中无所不在，如在高级宾馆的房间、飞机、车船内常常可以见到蟑螂的出没；在舒适的家庭房间内，又不时会有蛾子在飞舞。虽然这些害虫有时不会造成明显的危害，但对人们的心理无疑会有不良的影响，成为人们一种额外的心理负担。

三、昆虫纲的基本特征及其在动物界的地位

（一）昆虫纲的基本特征

昆虫纲（Insecta）是动物界中最大的一个纲。在汉语中，“昆”有“众多”“庞大”之意；

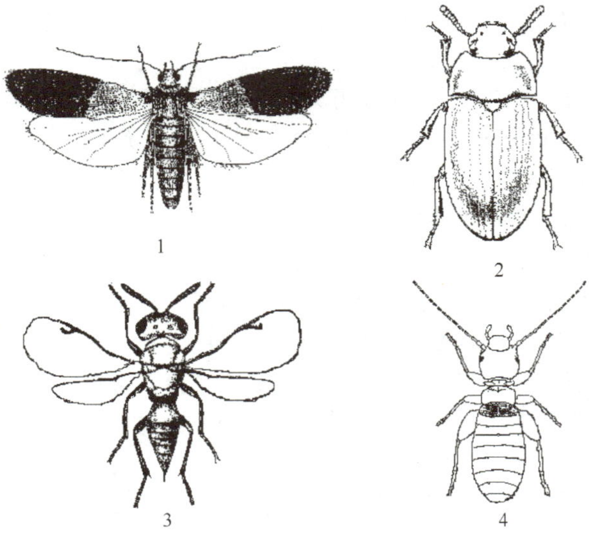

图0-1 昆虫纲的部分代表

1. 蛾类；2. 甲虫；3. 寄生蜂；4. 书虱

而“虫”字所指的范围甚广，以至于最初人们把许多节肢动物、环节动物及棘皮动物等都列为昆虫。直到1825年，Latreille设立了六足纲（Hexapoda），才将“昆虫”规范为体分头、胸、腹的六足节肢动物。

科学意义上的昆虫是成虫期具有下列特征的一类节肢动物（图0-1）：①体躯由若干环节组成，这些环节集合成头、胸、腹3个体段。②头部是取食和感觉中心，具有口器和触角，通常还具有1对复眼。③胸部是运动和支撑中心，具3对足和不多于2对的翅。④腹部是生殖和代谢中心，其中包括生殖系统和大部分内脏，无行走用的附肢。

彩图

昆虫在生长发育的过程中，通常要经过一系列的外部形态和内部结构的变化才能变成成熟的个体，即昆虫通常有变态。另外，还需要指出的是，并非所有在特定时期具有3对足的动物都是昆虫，如一些蛛形纲、倍足纲和寡足纲的初龄幼虫就具有3对足。

（二）昆虫纲在动物界的地位

按照最新的分类系统，动物界（Animalia）可以分为33门，昆虫纲属于节肢动物门（Arthropoda）。大多数学者认为原始的节肢动物是从类似环节动物的蠕虫演化而来。在漫长的进化过程中，原始节肢动物逐渐形成两大分支，即具铗亚门（Chelicerata）与具颚亚门（Mandibulata）。前者包括三叶虫纲、蛛形纲，后者包括甲壳纲、寡足纲、重足纲、唇足纲、结合纲及昆虫纲（图0-2）。

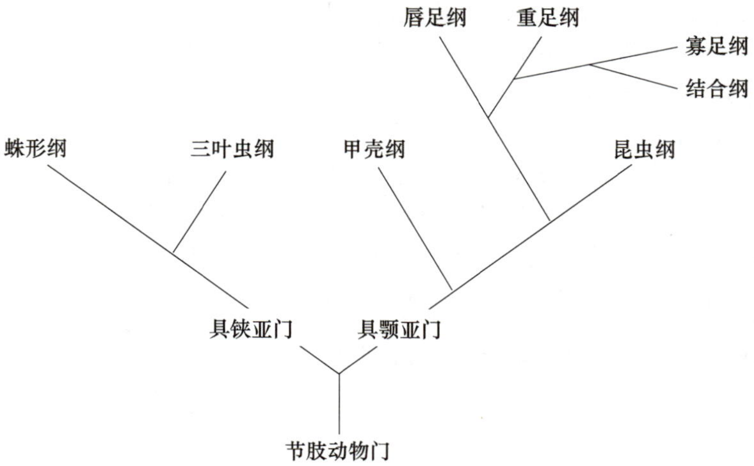

图0-2 节肢动物门的系统发育关系

（1）三叶虫纲（Trilobita）：三叶虫（图0-3，1）是一类灭绝了的最原始的海栖节肢动物，曾于寒武纪和奥陶纪盛极一时；其体扁平，背面的两条纵沟把身体分为3部分，故名三叶虫。目前，已知化石三叶虫有4000余种。

（2）蛛形纲（Arachnida）：无触角，以书鳃、书肺或气管呼吸。此纲包括3亚纲：蛛形亚纲（Arachnoida）、肢口亚纲（Merostomata）及海蛛亚纲（Pycnogonida）。蜘蛛、鲎、螨（图0-3，2～4）、蜱、蝎等均属于此纲。

（3）甲壳纲（Crustacea）：多水生，触角2对，以鳃呼吸，如虾（图0-3，5）、蟹等。它们是节肢动物门中特殊的一类。

（4）寡足纲（Pauropoda）：体躯 11节或 12节，部分体节背面愈合，第3～9节各有1对足（图0-3，6）；其初龄幼虫具3对足。

（5）重足纲（Diplopoda）：体节除前方三四节及后方一两节外，每一可见背板下由2节合并而成，所以大部分体节有2对行动足。马陆（图0-3，7）是本纲的典型代表。

（6）唇足纲（Chilopoda）：胴部每一体节具1对足，其中，第一对足特化成毒爪，生殖孔位于体末第二节上；蜈蚣（图0-3，8）、蚰蜒属于此纲。

（7）结合纲（Symphyla）：状若蜈蚣，但第一对足不特化成毒爪，生殖孔位于体躯前端第四节上（图0-3，9）。此纲动物每一体节上常具1对刺突和1对能翻缩的泡。

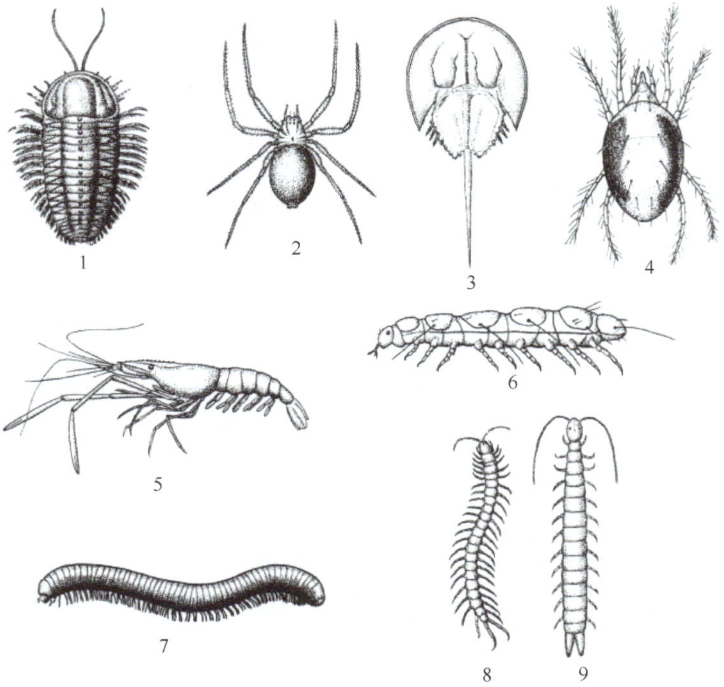

图0-3　除昆虫纲外的其他节肢动物代表

1. 三叶虫；2. 蜘蛛；3. 鲎；4. 螨；5. 虾；6. 烛蚬；7. 马陆；8. 蜈蚣；9. 么蚰

值得指出的是，关于节肢动物的起源、演化及分类等还没有统一的认识，如有的学者把肢口亚纲作为独立的纲，有的学者把重足纲、寡足纲、唇足纲及结合纲均作为多足纲（Myriapoda）的亚纲等。

四、储藏物螨类的基本特征

螨类（mites）从分类学上属于节肢动物门蛛形纲。储藏物螨类（stored product mites）也是储藏物中重要的一类害虫，特别是在环境湿度较高时，常常大量发生，可引起储粮水分增加和局部发热。储藏物螨类由于个体较小，往往不易发觉，而且防治较为困难。

在储藏物中较常见且危害较严重的主要是粉螨，粉螨属于蛛形纲的真螨目（Acariformes）粉螨亚目（Acaridides）粉螨总科（Acaroidea）。另外，在储藏物中还有一些营捕食或寄生生活的螨类，如肉食螨和蒲螨等。

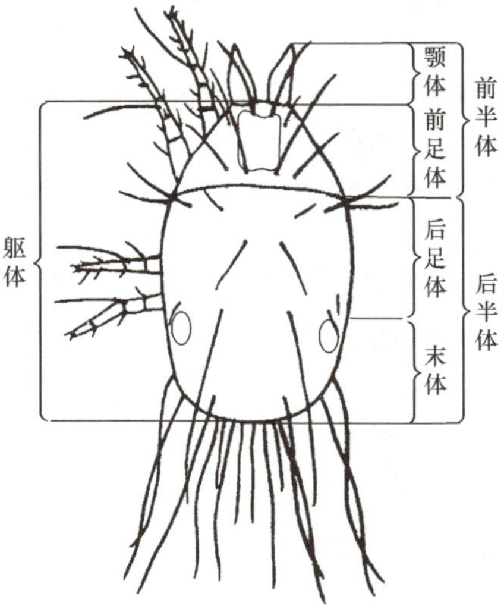

图0-4　螨类体躯划分（腐食酪螨）

螨类的体躯一般可分为颚体（gnathosoma）和躯体（idiosoma）两部分。颚体构成螨体的前端部分，其上生有螯肢和须肢。躯体位于颚体的后方，可再划分为生有4对足的足体和位于后端的末体两部分；生有前面两对足的是前足体，生有后面两对足的是后足体。在前足体和后足体之间，一般有清晰的横沟，以这条横沟为界，整个螨体可分为前后两个部分，前者称前半体，后者称后半体；前半体包括颚体和前足体，后半体包括后足体和末体（图0-4）。

与昆虫相比，储藏物中的螨类个体微小，通常只有0.5～1.0mm。此外，螨类与昆虫的形态区别还有以下几点：①螨类整个体躯分节不明显，大体上可分为头胸部和腹部两个体段；②无翅；③成螨具4对足（幼螨通常为3对足）；④无复眼，有时仅具单眼。

有关储藏物螨类的内容可参阅相关的蜱螨学书籍。

五、储藏物昆虫学研究进展

（一）国内储藏物昆虫的研究进展

1. 中国储粮昆虫的种类分布　西南农业大学（现西南大学）对储藏物昆虫和螨类，特别是食品中的螨类进行过系统调查，发现食品螨79种，包括18个新种和21个中国新记录种，对储藏产品中的重要害螨——腐食酪螨（*Tyrophagus putrescentiae*）进行了生态学的研究。明确了在我国有哪些主要储粮害虫，以及其危害和分布，掌握了主要科、属、种之间的关系，发现了一些新记录种并明确了不同生态区域储粮害虫的分布情况。2015 ～ 2017年粮食公益性行业科研专项“中国储粮虫螨区系调查与虫情监测预报技术研究”摸清了我国储粮昆虫和螨类的种类、分布及发生发展规律。利用分子生物学技术对储藏物害虫进行鉴定和对昆虫抗药性进行鉴定，针对我国常见储粮害虫象虫、扁谷盗、拟谷盗、书虱及螨类形态学难以区分的情况，基于DNA条形码等分子鉴定技术研究及应用，研发出基于分子生物技术的常见储粮害虫种类鉴定技术，可快速、准确鉴别象虫、扁谷盗、拟步甲虫、豆象、书虱及螨虫，实现常见储粮害虫拟谷盗、象虫、扁谷盗、书虱及螨类的快速准确鉴定；将统一数据格式的DNA条形码上传到储粮虫螨数据库。

2. 储粮害虫的分类学　郑州粮食学院（现河南工业大学）的陈启宗教授自20世纪60

年代开启了国内储粮害虫的分类工作，从全国储粮害虫虫情调查开始，对鳞翅目蛾类成虫的分类特征——雄虫外生殖器进行了研究。另外，还对鳞翅目几种蛾类幼虫的分类学特征进行了研究。在20世纪70年代我国粮食系统应用比较解剖学方法，解剖外生殖器结合形态特征鉴定，发现并纠正了多个虫种的学名与中文名，如纠正了拟脊胸露尾甲（*Carpophilus mutilatus*）、细胫露尾甲（*Carpophilus delkeskampi*），对几种近缘种，如米象、玉米象、赤拟谷盗、杂拟谷盗的分类学特征进行了详细的描述。从全国几次虫调过程中发现一些新记录种，如褐斑谷蛾（*Homalpsycha agglutinata*）、鸟谷蛾（*Monopis monachella*）、欧洲粉螟（*Pyralis lienigialis*）和木薯缟螟（*Pyralis manihotalis*）等30多个新记录种。

3. 储藏物昆虫天敌的研究 华中农业大学姚康教授把储粮害虫的捕食性天敌黄色花蝽［*Xylocoris flavipes*（Reuter）］从美国引入中国，研究了其形态特征、生活习性及交尾产卵，并对其捕食的选择性、捕食功能反应及对储粮害虫的胁迫作用进行了研究。对米象金小蜂（*Lariophagus distinguensis* Ferster）生物学特征及其对储粮害虫、烟草害虫和药材仓库害虫的寄生能力进行了详细研究。对麦蛾茧蜂（*Habrobracon hebetor* Say）的生物学特性、形态学及触角超微结构、生态学和寄生范围等进行了详细的研究。除此之外，还研究了其他储藏物害虫的天敌，如捕食螨类、伪蝎类非昆虫纲的捕食性天敌的习性。

（二）国际储藏物昆虫的研究进展

目前国际上储藏物昆虫研究集中在澳大利亚昆士兰大学、澳大利亚农业与农业基础研究院、美国堪萨斯州立大学、加拿大曼尼托巴大学等单位。对储藏物昆虫学的研究主要集中在以下几个方面。

1. 赤拟谷盗基因组及相关功能基因的研究 自2008年*Nature*上发表了赤拟谷盗基因组序列以来，人们将其作为一种鞘翅目的模式昆虫，对其开展了一系列基因功能的研究。利用RNA干扰（RNAi）技术和基因编辑技术（CRISPR）研究赤拟谷盗功能基因，如几丁质合成相关基因［几丁质降解酶基因（*CDA*）、几丁质合成酶基因（*CHS*）、乙酰胆碱酯酶基因（*Ace1*和*Ace2*）］和生殖代谢基因的功能，因此也将RNAi技术和CRISPR技术视为储粮害虫防治的新方法。自2012年*Science*上发表了磷化氢抗性的关键酶——二氢硫辛酸脱氢酶（DLD）基因的核酸序列突变以来，关于磷化氢抗性的研究取得了重大突破，以突变位点设计的磷化氢抗性的快速检测技术已经被用来快速检测储粮害虫的磷化氢抗性。

2. 储藏物昆虫对温度的适应性研究 昆虫是一种变温动物，其自身缺乏体温调节机制，环境温度、长时间磷化氢熏蒸对昆虫的生长发育繁殖和生理代谢均有一定的影响。因此近几年国际上对赤拟谷盗、米象、绿豆象等储藏物害虫对环境因子，如温度、低氧和亚致死剂量磷化氢熏蒸的适应性开展了系列研究。高温会使昆虫体表对温度敏感的蜡质层液化，破坏其保水结构，使昆虫体内脱水，导致其死亡。虫体的大小也会影响热处理的效率，体积小的昆虫通常更易被高温杀死。45℃处理3日龄赤拟谷盗蛹24～72h会导致其羽化率显著降低。当热处理温度为40～50℃时，地中海粉螟、赤拟谷盗、杂拟谷盗和黄粉虫的生长发育会受到抑制，但并不会完全死亡。赤拟谷盗蛹经历 50℃高温处理60min后与对照组相比，其羽化率显著降低，并且大部分羽化成虫翅膀与鞘翅发育不完全。 研究发现，米象、黄粉虫、四纹豆象成虫均对低氧产生了一定的抗性，而且还发现低氧诱导因子是昆虫对低氧适应性的关键因子。储藏物害虫还可以通过改变气管的形态（包括长度和直径）应对低氧胁迫，如黄粉虫在15%的氧气浓度下，支气管末端交联部分的直径比正常状态下增加40%，在10.5%的氧气浓度下甚至增加至原来的

2倍以上。据报道，四纹豆象对低氧/高二氧化碳胁迫也具有一定的抗性，在2%的氧气浓度下能够存活20d以上。

（三）储藏物昆虫学研究发展趋势

储藏物昆虫研究是伴随着人民生活水平的提高，商业贸易的逐渐频繁而发展起来的。目前随着干果类食品的增加、图书档案保护意识及世界粮食安全重视程度的提高，储藏物害虫的危害日益受到重视。随着生物学研究技术的不断进步，储藏物昆虫学的研究逐渐从生态学、生物学的研究转向生物化学与分子生物学的研究，从分子诊断技术开始，储藏物昆虫的分子生物学研究日渐被重视。昆虫生长发育生理机制、激素的调控机理、相关功能基因的研究、储藏物昆虫的行为学机理、抗药性机制及转基因昆虫的研究将是未来10年储藏物昆虫研究的热点。

六、储藏物昆虫学的内容与意义

（一）储藏物昆虫学的内容

储藏物昆虫学（stored product entomology）是以储藏物昆虫为研究对象的学科。由于储藏物昆虫学的生活环境较为特殊，因此储藏物昆虫学的内容包括储藏物昆虫的分类，储藏物昆虫的生理学、生物学及生态学，这一部分和普通昆虫学的内容有些差异，主要偏重储藏物昆虫特有的一些特征的描述。另外，按照储藏物害虫的危害对象可以分为储粮害虫，动物性食品及干果类储藏期害虫，中药材储藏期害虫，烟草储藏期害虫，棉麻、蚕丝、皮毛等纺织品储藏期害虫，以及档案图书和文物害虫。考虑到有些昆虫取食范围较广，因此按照昆虫分类学的各个目及储藏物害虫的危害特征进行分类编写。

（二）学习储藏物昆虫学的目的和意义

储藏物昆虫学是研究储藏物昆虫、储藏物和环境条件三者之间有机联系和相互制约关系，进而提出控制害虫、储藏物保管的有效途径和方法的一门科学。储藏物昆虫学的研究内容从广义上可归纳为3个方面：一是害虫，主要研究害虫的正确识别、分布与危害特点、生活史与习性、发生与环境的关系、测报技术和综合防治；二是储藏物，主要研究储藏物与害虫危害的关系、找出保护储藏物品质、减少受害损失的途径和方法，从而提出绿色储藏方法和技术；三是环境，主要研究环境诸因素对害虫发生的影响方式和机制，力求通过控制储藏环境条件达到抑制害虫猖獗发生的目的。储藏物昆虫学的研究内容从狭义上主要是针对害虫而言，即仅以上述3个方面中的第1个方面为其研究重点。在本教材的编写中，也体现了狭义储藏物昆虫学的研究内容。

从储藏物昆虫的经济学意义及与人类的关系等方面可以看出储藏物昆虫学事业任重道远，我们学习储藏物昆虫学就是要努力探索储藏物昆虫生命活动的规律，并将其正确地运用于粮食等各种储藏物商品的保护，减少储藏物害虫对储藏物造成的损失，合理利用宝贵的昆虫资源，变害为益，使益更益，从而达到持续发展农业和保护生态环境等目的。

对食品粮油专业类院校食品科学与工程专业而言，储藏物昆虫学、粮油储藏学及储藏物害虫综合治理是最基本的关于害虫防治的课程，其中储藏物昆虫学又是其他课程分支的基础，因此学好储藏物昆虫学至关重要。储藏物昆虫学也是减少粮食产后损失和其他储藏物商品贮藏期间损失的重点基础学科，为制定合理的害虫综合防治决策奠定基础。

思 考 题

1. 什么叫储藏物昆虫、储藏物害虫、储粮害虫？
2. 储藏物害虫有何经济意义？
3. 昆虫纲有哪些基本特征？其在动物界的分类地位如何？
4. 简述我国储藏物昆虫的研究概况。
5. 简述储藏物昆虫学研究的发展趋势。
6. 如何区分昆虫和螨类？
7. 简述学习储藏物昆虫学的意义。

主要参考文献

白旭光．2008．储藏物害虫与综合治理．2版．北京：科学出版社．

霍鸣飞，吕建华，王殿轩，等．2017．7种主要储粮害虫耐低温能力研究．河南工业大学学报（自然科学版），38（4）：36-42．

李隆术，朱柄义．2009．储藏物昆虫学．重庆：重庆出版社．

王殿轩，崔文莲，邵小龙，等．2017．中国10省75地市米象和玉米象的分布调查研究．河南工业大学学报（自然科学版），38（3）：43-46．

张生芳，刘永平，武增强．2000．中国储藏物甲虫．北京：中国农业科技出版社．

Kageyama D, Narita S, Imamura T, et al. 2010. Detection and identification of *Wolbachia endosymbionts* from laboratory stocks of stored-product insect pests and their parasitoids. Journal of Stored Products Research, 46 (1): 13-19.

Luchetti A, Mantovani B . 2011. Molecular characterization, genomic distribution and evolutionary dynamics of short interspersed elements in the termite genome. Molecular Genetics & Genomics, 285 (2): 175.

Nayak M K, Holloway J C, Emery R N, et al. 2013. Strong resistance to phosphine in the rusty grain beetle, *Cryptolestes ferrugineus* (Stephens) (Coleoptera: Laemophloeidae): Its characterisation, a rapid assay for diagnosis and its distribution in Australia. Pest Manag Sci, 69 (1): 48-53.

Richards S, Gibbs R A, Weinstock G M, et al. 2008. The genome of the model beetle and pest *Tribolium castaneum*. Nature, 452 (7190): 949-955.

Schlipalius D I, Valmas N, Tuck A G, et al. 2012. A core metabolic enzyme mediates resistance to phosphine gas. Science, 338 (6108): 807-810.

Wei D D, Chen E H, Ding T B, et al. 2013. *De novo* assembly, gene annotation, and marker discovery in stored-product pest *Liposcelis entomophila* (Enderlein) using transcriptome sequences. Plos One, 8 (11): e80046.

第一章　储藏物昆虫的外部形态

本章提要

- 了解昆虫体躯的一般构造。
- 掌握昆虫形态特征描述的常用术语。
- 掌握昆虫头部的基本形态及口器、触角和复眼等的构造和特征。
- 了解昆虫胸部的基本形态及胸足、翅的构造和特征。
- 掌握昆虫腹部的基本形态及成虫外生殖器的构造和特征。
- 掌握储藏物鞘翅目和鳞翅目幼虫的形态特征。

昆虫种类繁多，体躯构造复杂，是动物界中种类最多的一个类群。昆虫的种类不同，形态构造和生理功能也有差别，这是由于它们在历史演化过程中，长期适应各种不同的生活环境，引起新陈代谢和生理功能改变，导致体躯构造发生变化。尽管如此，但其基本结构是一致的，不同的变异类型，只不过是基本结构的特化。了解昆虫的形态结构，不仅是研究昆虫进化、系统分类和认识昆虫的重要依据，而且对于了解昆虫的发生环境、生活方式、习性特征和害虫防治，都具有重要的意义。

第一节　昆虫体躯的分节、分段和体向

一、昆虫体躯的分节和分段

昆虫是左右对称的动物，体躯和其他节肢动物一样，由一系列连续的环节，即体节（segment）所组成。这些体节分别集合成3个体段，称为头部、胸部和腹部。

一般认为昆虫的头部由6个胚胎环节愈合而来，但现代昆虫中大多已见不到分节的痕迹。昆虫的头部具有眼、触角及由头部附肢演变而成的口器，是昆虫取食和感觉中心。

胸部由3节组成，每节有足1对，大多数类群在第2及3节各有翅1对，所以胸部是昆虫运动和支撑中心。

腹部由11节组成，无足。第8、9、10节通常具有特化为交配或产卵的附肢。腹部是昆虫生殖和代谢中心。

二、昆虫的体向

为描述虫体各部分的相对位置，以一定的体躯部分作为定向的基础，通常有下列术语（图1-1）。

头向（cephalic）：与头部的方向一致，与体躯纵轴平行，又称为前方（anterior）。

尾向（caudal）：与头部的方向相反，与体躯纵轴平行，又称为后方（posterior）。

侧向（lateral）：向着身体侧面的方向，和身体纵轴垂直，分为左向（left）和右向（right）。

背向（dorsal）：向着身体背面的方向，又称为上。

腹向（ventral）：向着身体腹面的方向，与背向相反，又称为下。

除了上述这些方向之外，在形态描述中也常用到下列部位及名称。

基部（proximal 或basal）和端部（distal或apical）：昆虫的附器和外长物，其靠近虫体的部分为基部，远离虫体的部分为端部；前胸背板的后方是近基部，前方是端部，而甲虫类的鞘翅则以靠近前胸的部分为基部，远离前胸的部分为端部。

外和内：昆虫的体部和附器，凡与体躯纵轴比较接近的一边称为内，与体躯纵轴较远的一边为外。

前缘和后缘：昆虫的体部和附器与体躯纵轴垂直的部分，离头部较近的一方为前缘，离头部较远的一方为后缘。

纵（长）和横（宽）：昆虫的体部和附器凡与体躯纵轴平行的称为纵或长，与体躯纵轴垂直的称为横或宽。

彩图

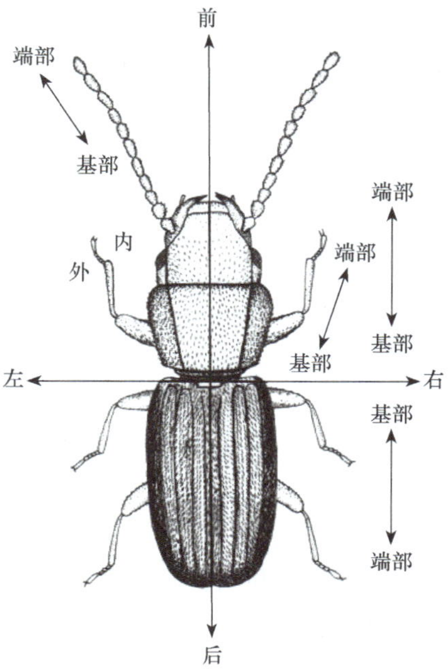

图1-1　昆虫的体向
（仿白旭光，2008）

第二节　储藏物昆虫的头部

一、头壳的分区和头部的变化

头部（head）是虫体最前方的一个体段，一般认为由6个体节构成，但其分节现象仅在胚胎发育前期才能见到，至胚胎发育完成时各节会愈合成为一个完整的头壳。头壳的体壁由一些曲折的脊或沟增强加固。头部生有3对附肢演变而成的口器、1对复眼（有时还具有1～3个单眼）和1对触角，是取食和感觉中心。

昆虫的头壳是一个完整的、高度骨化的坚硬颅壳，一般呈圆形或椭圆形，通常是昆虫整个体躯中最为坚硬的部分。头部有2个孔，在头部前方的是口孔，其周围有口器；在头部后方的是后头孔，头部的神经、消化器官及其他器官通过后头孔与胸部相连。

在昆虫形态研究中，常根据头部的陷线和由于体壁内褶而在表面形成的沟将昆虫头部分为若干区域，如图1-2所示。

蜕裂线（ecdysial suture）：亦称头盖缝，是一条倒“Y”形的线，其中干称为冠缝（coronal suture），侧臂也称额缝（frontal suture）。它是幼虫蜕皮时头壳裂开的地方，起自胸部或腹部的背中央，直达头部复眼间分叉成倒“Y”形。幼虫期很显著，在不完全变态的成虫中有的还部分保留，而完全变态的成虫中则已消失。

头壳上沟的数目和位置，在各类昆虫中变化很大，最常见的有如下几条沟。

口上沟（epistomal sulcus）：也称额唇基沟（frontoclypeal sulcus），位于口器上方，两上颚基部前关节之间。此沟也有上拱呈“∧”形的。它是额和唇基的分界线。

额颊沟（frontogenal sulcus）：也称眼下沟（subocular sulcus），位于复眼下方和上颚基

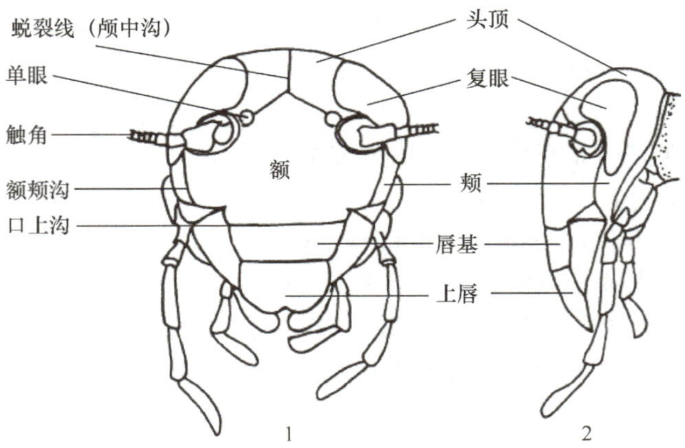

图1-2　蜚蠊的头部（仿白旭光，2008）

1. 正面观；2. 侧面观

部之间，是额和颊的分界线。这条沟在储藏物昆虫中见于蜚蠊目和革翅目昆虫，在其他昆虫中少见。

颅中沟（midcranial sulcus）：有些昆虫头部体壁沿着蜕裂线的中干内陷，表面形成一条沟。由于其位置与蜕裂线中干重叠，很容易和蜕裂线中干混淆。但蜕裂线一般色浅，不同于具有内脊的沟，而且大多数昆虫的颅中沟常伸过蜕裂线的分叉处。

根据上述的沟和线，可将昆虫的头部划分为以下几个部分。

额（frons）：是头部正面位于口上沟上方的一个完整的区域，如有蜕裂线，则位于蜕裂线侧臂之间，额的两侧以额颊沟为界。触角和单眼位于额区。

唇基（clypeus）：位于额的下缘或前缘，即口上沟之下，上唇就悬挂在唇基的下方。

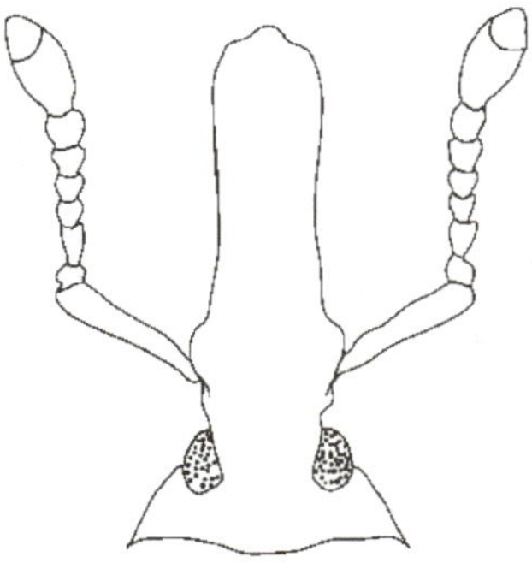

图1-3　玉米象的头部

颊（gena）：是头的侧面部分，位于复眼之下，额颊沟之后，颊下沟或上颚基部之上的部分。

头顶（vertex）：位于额之上，两复眼之间的背上方。

有时将颊和头顶合称为颅侧区，将额和唇基合称为额唇基区（frontoclypeal area）。

储藏物昆虫头部最易发生变化的是额唇基区。常见的一种形式是延长成象鼻状的“喙”，如象甲科的玉米象、米象和谷象（图1-3）；有些种类稍有延长成较短的“吻”，如豆象科的绿豆象和豌豆象等。而鳞翅目的幼虫的额区变化为2个狭长的区域，称为“旁额片”，唇基上还有1条沟，将唇基分为前唇基（anteclypeus）和后唇基（postclypeus）。

二、头部的型式

头部的型式简称头式。根据口器着生的位置和方向，昆虫的头式可分为下列3类（图1-4）。

前口式（prognathous type）：头部平伸，颚端向前的头型，如锯谷盗科、扁甲科、拟步甲科、步甲科和谷盗科等。

下口式（hypognathous type）：头部与躯干垂直、颚端向下的头型，如长蠹科、豆象科、窃蠹科、蛛甲科和皮蠹科等。

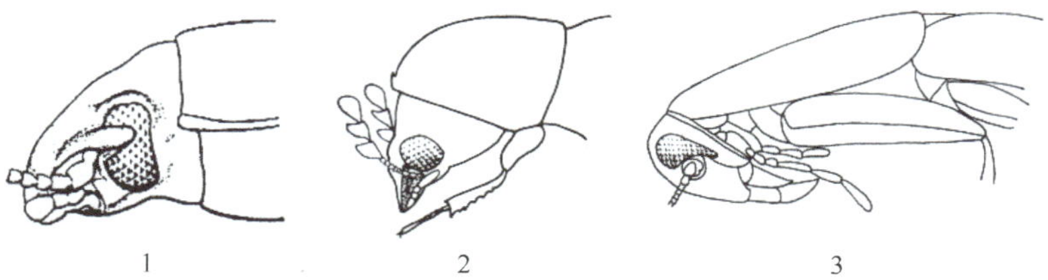

图1-4　昆虫的头式（仿Bousquet，1990；白旭光，2008）
1. 前口式（赤拟谷盗）；2. 下口式（谷蠹）；3. 后口式（美洲大蠊）

后口式（opisthognathous type）：头部和口器斜向体躯后方的头型。口器静止时，紧贴于身体的腹面。此种类型多见于刺吸式口器的昆虫，如食虫蝽象、蜚蠊。

昆虫的头部一般为圆形，但下口式则多为前后扁平，前口式则为上下扁平。

昆虫头式的不同反映了取食方式的不同，这是昆虫对环境的适应。利用头式可区分昆虫大的类别，故在分类学上常用。

三、触角的构造与类型

（一）触角的基本构造

触角（antenna）是昆虫头部的重要感觉器官，是一对十分灵活、可转动的分节附肢。昆虫中除高等双翅目和膜翅目幼虫的触角退化外，其他种类都有触角。

触角一般着生在额区，有的位于复眼之前，有的着生在复眼之间，但多数幼虫和若干种类成虫的触角前移到头部前侧方的上颚前关节附近。

触角的基本构造可分为3个部分（图1-5）。

柄节（scape）：是触角的第1节，着生在膜质的触角窝内，通常比较粗大。

梗节（pedicel）：是触角的第2节，形状、长短常因种类不同而异，常着生有江氏器（Johnston's organ）。

鞭节（flagellum）：是柄节与梗节以外的部分，由若干个小节组成，即触角第3节至末端的各小节。鞭节变化很大，这与昆虫种类有关，同时与性别也有关系，一般雄虫触角较为发达。

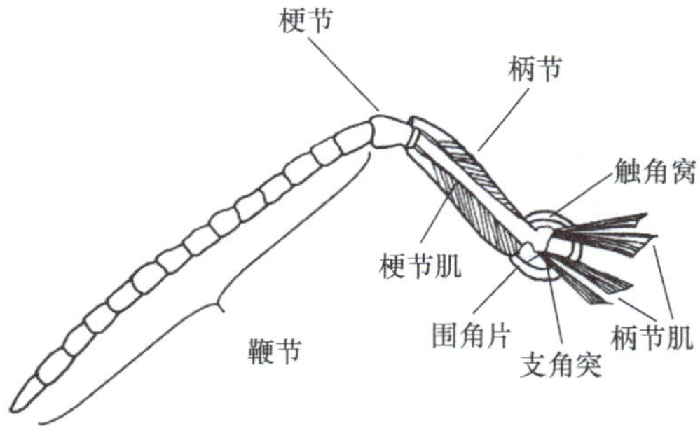

图1-5　触角的模式构造（仿管致和等，1956）

（二）触角的类型

触角的形状变化很多，在储藏物昆虫中大体上可分为以下类型（图1-6）。

丝状（线状）：触角细长，鞭节各小节的直径、形状相似，近似长圆筒形，如步甲、书虱、蛛甲、长角扁谷盗雄虫等。

串珠状（念珠状）：鞭节由近似圆珠形的小节组成，像一串珠子，如白蚁、锈赤扁谷盗等。

锯齿状：鞭节的各小节或部分小节略呈三角形向一侧突出，状如锯齿，如黑菌虫、烟草甲、豌豆象、绿豆象雌虫等。

梳齿状（栉齿状）：鞭节的各小节或部分小节向一侧突出形成梳齿状的构造，如绿豆象雄虫等。

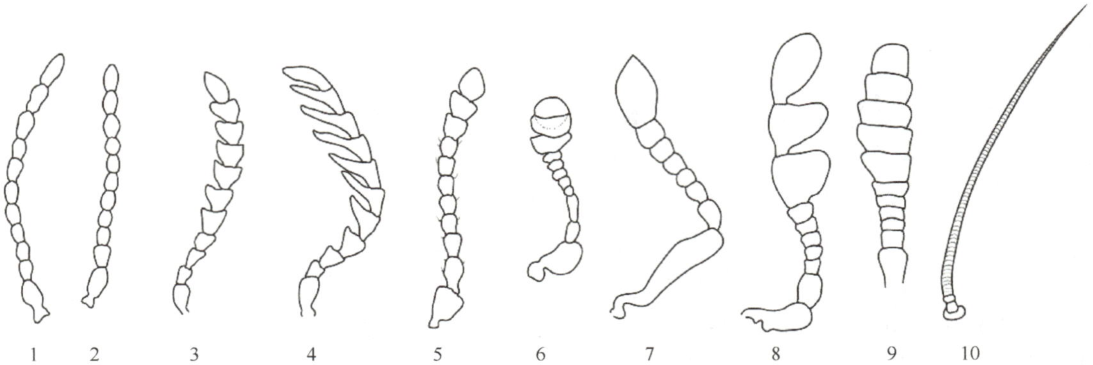

图1-6　储藏物昆虫触角的类型

1. 丝状；2. 串珠状；3. 锯齿状；4. 梳齿状；5. 棍棒状；6. 锤状；7. 膝状；8. 叶片状；9. 纺锤状；10. 鞭状

棍棒状：鞭节的各小节向端部逐渐膨大，整个触角形如棍棒，如杂拟谷盗、亚扁粉盗、锯谷盗等。

锤状：触角的末端数节突然膨大且密结，状如锤头，如露尾甲、赤拟谷盗等。

膝状：触角的柄节特别长，梗节及鞭节与柄节呈膝状或肘状弯曲，如玉米象、米象和米象小蜂等。

叶片状：触角的末端数节扩展呈松散的叶片状，如谷蠹、药材甲和咖啡长角象等。

纺锤状：整个触角两端窄小，中部宽大，呈纺锤状，如长头谷盗。

鞭状：触角长，由众多小节组成，并且自基部向端部逐渐变细，如蜚蠊、毛衣鱼等。

以上触角类型只是大致的划分，每一类型中又有很多变化形式及中间类型。

昆虫触角的类型、分节数目、各小节的大小、颜色和着生位置等随种类的不同而异。因此，触角是识别昆虫种类的主要特征之一。另外，在一些昆虫中，触角的类型常常也是重要的第二性征，可用于区别同种昆虫的雌雄。例如，锈赤扁谷盗的雌虫触角为串珠状，雄虫则为丝状；在绿豆象成虫中，雌虫的触角为锯齿状，而雄虫为梳齿状。

四、复眼和单眼

眼是昆虫的视觉器官，在昆虫的生命活动中起着重要作用，可分为复眼（compound eye）和单眼（ocellus）。

（一）复眼

昆虫的成虫和不完全变态类的若虫一般都具有1对复眼，着生于头部的侧上方。复眼是昆虫的主要感光器官。

各种昆虫的复眼形状常不相同，大多为卵圆形，也有圆形、椭圆形、肾形和马蹄形等。它们均由很多小眼集合而成。每一小眼的表面常呈六角形，叫作小眼面（facet）。小眼面的大小、数目在各种昆虫中有较大的差异。例如，有些书虱的复眼仅有1～2个小眼面；而蜻蜓的复眼则有上万个小眼面。甲虫类的复眼常可分成背区和腹区。侧面观，可见一狭长的区域将复眼不同程度地切割，这个狭长的区域就是甲虫的颊（图1-7）。甲虫的颊变化很大，颊有时切割复眼，有时止于复眼的前方，有时向复眼的后方延伸，并掩盖复眼的一部分。腹面观，两复眼之间的距离也常因虫种不同而差异很大，是鉴别种类的特征之一（图1-8）。

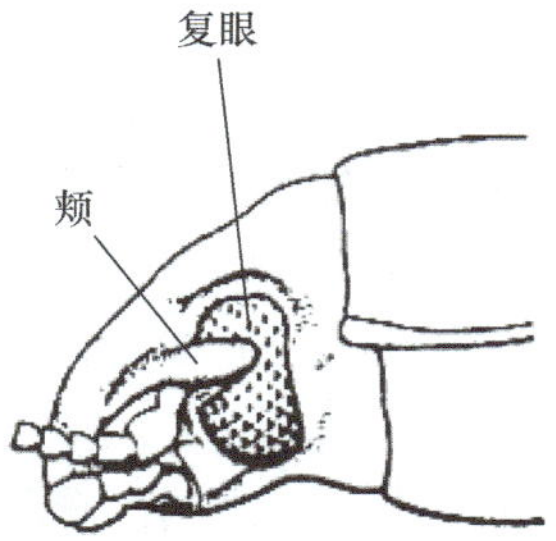

图1-7　甲虫的复眼（侧面观）（仿Bousquet，1990）

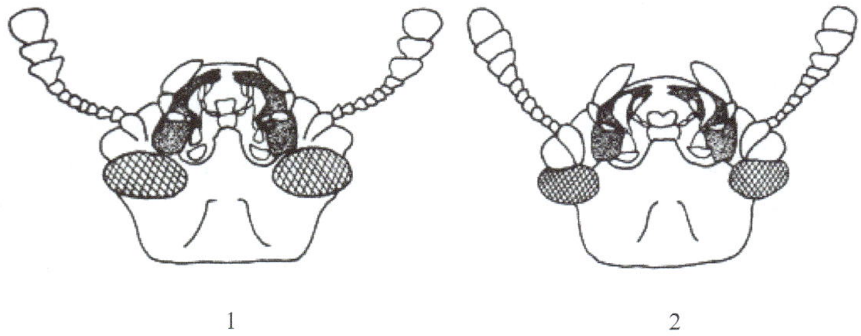

图1-8　赤拟谷盗和杂拟谷盗的复眼（仿白旭光，2008；陈启宗和黄建国，1985）
1. 赤拟谷盗；2. 杂拟谷盗

（二）单眼

昆虫的单眼是一种不完善的辅助视觉器官，只能辨别光线的强度和方向，不能造像。单眼分为背单眼（dorsal ocellus）和侧单眼（lateral ocellus）两类（图1-9）。若虫和成虫的单眼，称为背单眼。背单眼通常1～3个，如有3个，则排列呈倒三角形；如有2个，则左右排列；若只有1个，则位于中央。背单眼与复眼同时存在，通常为活动能力强的昆虫所具有，但许多昆虫的背单眼已退化或消失。

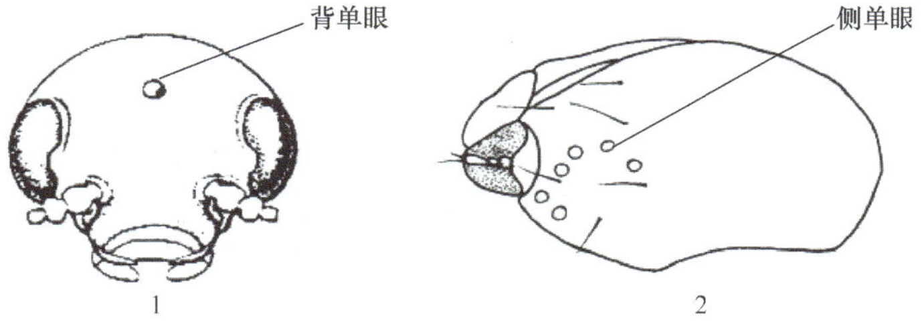

图1-9　背单眼和侧单眼（仿Bousquet，1990；陈启宗，1988）
1. 甲虫成虫的背单眼；2. 蛾类幼虫的侧单眼

完全变态类幼虫头部两侧的单眼，称为侧单眼，相当于成虫复眼所占的位置。侧单眼一般有1～6个，数量较多时，常排列呈半环形。

五、口器的基本构造与类型

昆虫的取食器官称为口器（mouthparts），它是由属于头壳的上唇、舌及头部的3对附肢，即由上颚、下颚和下唇组成。

各种昆虫因食性和取食方式不同，口器的类型也不同。取食固体食物的口器为咀嚼式，取食液体食物的为吸收式。在储藏物昆虫中，除了蛾类成虫和部分天敌昆虫为吸收式口器外，绝大多数属于咀嚼式口器。比较形态学表明，咀嚼式口器是最基本、最原始的类型，其他类型都由咀嚼式口器演变而来；它们的各个组成部分尽管外形有很多变化，但都可找到它们之间的同源关系。

（一）咀嚼式口器

咀嚼式口器（chewing mouthparts）的主要特点是有坚硬的上颚，用于咬切和磨碎食物。

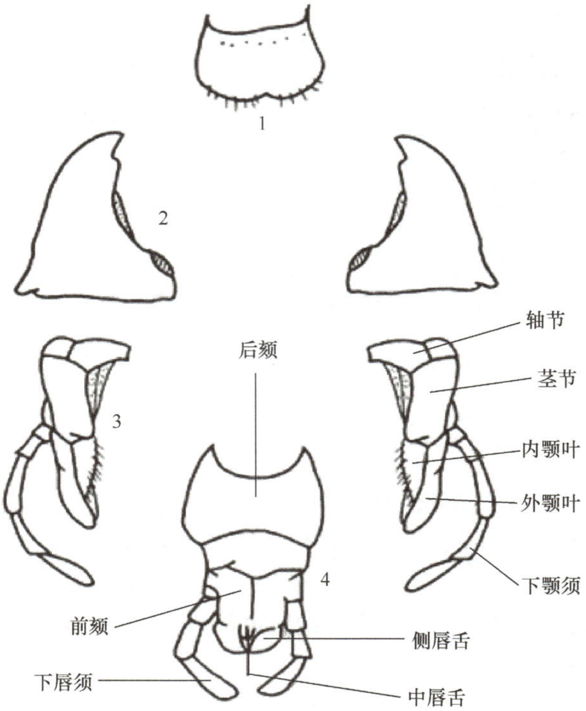

图1-10　咀嚼式口器的构造（仿白旭光，2008）
1. 上唇；2. 上颚；3. 下颚；4. 下唇

其基本构造为1个上唇、1对上颚、1对下颚、1个下唇和1个舌（图1-10）。

上唇（labrum）：一般是1块横向的薄片，在唇基下方。外表骨化；内壁柔软，具感觉器，称内上唇。上唇具有推送食物的功能。

上颚（mandibles）：为1对坚硬不分节的附肢，位于上唇的后方两侧；上颚通常为宽阔的锥状，外缘略呈弧形，前端有齿状构造，称为端齿；后方有粗糙宽大突起的部分，称为臼齿。上颚的主要功能是咀嚼食物，还可切断、撕破和握持食物。

下颚（maxillae）：为1对分节的附肢，位于上颚的后方；基部第1节称为轴节（cardo），是一近似三角形的骨片，基部以突起与头壳相连。轴节下方一块略呈长方形的骨片为茎节（stipes），有膜与轴节相连，其外缘有1小骨片或小突起，叫作负颚须节，其上生有下颚须（maxillary palpus）。下颚须一般由3～5节组成，状如触角，有感觉毛，具有嗅觉和味觉的功能。在茎节的端部有2块活动的骨片，在外的称为外颚叶（galea）；在内的称为内颚叶（lacinia），比较坚硬，尖端有齿，有切碎和持握食物的功能。

下唇（labium）：为一愈合的分节构造，位于两下颚的后方；基部第1节称为后颏（postmentum），相当于下颚的轴节，后颏又常被一横沟分为前后2个骨片，后端的称为亚颏（submentum），前端的称为颏（mentum）。与后颏相连的前端为前颏（prementum），是下唇前端的部分，相当于下唇的茎节；在前颏的端缘有2对叶片状构造，外侧的1对称侧唇舌（paraglossa），内侧的1对称中唇舌（glossa）。唇舌常有退化现象。

舌（hypopharynx）：通常附着在下唇内侧，着生有司味觉的感觉器，虽然作为口器的一部分来叙述，但按其性质来说，并非头部的附肢，而是头节的1个腹片。

上唇、上额、下颚与下唇所包围成的空间称口前腔（preoral cavity）。舌将口前腔分为两部分，上唇与舌之间的部分称食窦（cibarium），舌与下唇之间的部分称唾窦（salivarium），唾腺管（salivary duct）开口于唾窦的基部。

咀嚼式口器的各部分构造会因虫态、食性和习性等而发生改变。在鳞翅目幼虫中，上唇和上颚与一般咀嚼式口器相似，但下颚、下唇和舌愈合构成一个复合体，两侧为下颚，中央为下唇和舌，端部有1个突出的吐丝器（spinneret），末端的开口即下唇腺特化而成的丝腺开口。

（二）虹吸式口器

虹吸式口器（siphoning mouthparts）是绝大多数鳞翅目成虫特有的口器，其主要特点为：

上颚退化或消失；下颚的外颚叶延长特化成一条能卷曲能伸展的喙，内有食物道，适于吸食花管底部的花蜜；下唇退化，仅保留3节的下唇须。在不取食时，喙像钟表的发条一样，卷曲在头部的下方（图1-11）。由此可知，蛾类成虫不能取食危害固体状的储藏物，造成危害的是其具有咀嚼式口器的幼虫。

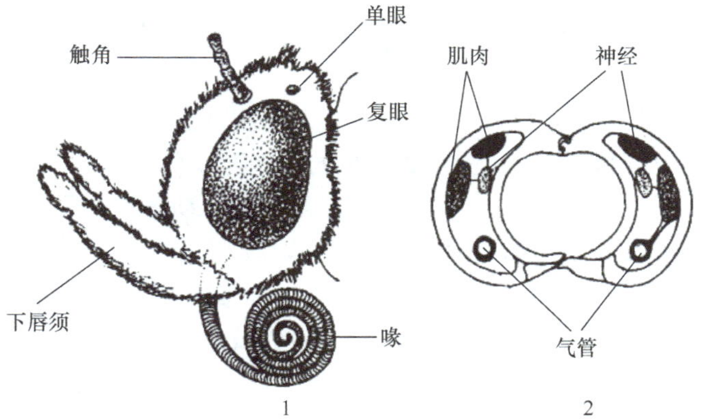

图1-11　虹吸式口器的构造（仿彩万志等，2011；Eidmann，1929）

1. 蛾类头部侧面观；2. 喙横切面

（三）刺吸式口器

刺吸式口器（piercing-sucking mouthparts）适于取食植物的液汁或动物的血液。在储藏物昆虫中，主要是半翅目昆虫所具有，它们可刺破其他昆虫的体壁吸取体液。因此，在储藏物昆虫中具有这类口器的昆虫都属于天敌昆虫。

刺吸式口器的主要特点为：上颚和下颚特化为2对细长的口针，用此刺破动植物的表皮；下唇延长成外鞘，包围着口针，不参与取食。口针与外鞘的整个构造称为喙（rostrum）（图1-12）。

另外，刺吸式口器的食管与咽喉部分特化为强有力的抽吸机构，以抽吸液体。一般口针在

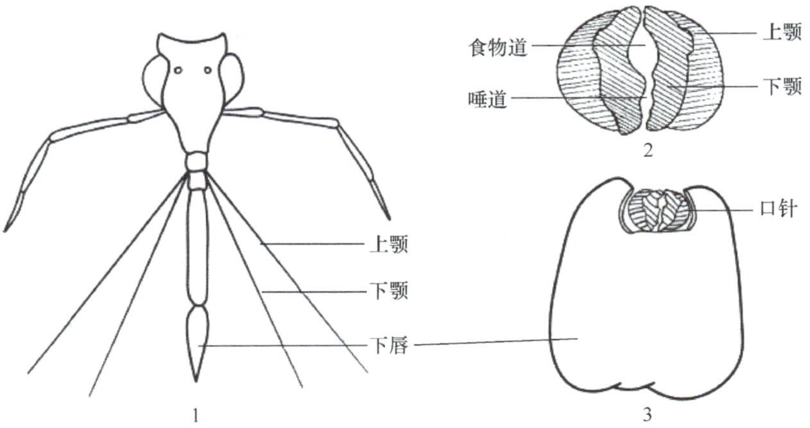

图1-12　刺吸式口器的构造（仿郑州粮食学院和吉林财贸学院，1986；白旭光，2008）

1. 蝽象的口器；2. 口针的横切面；3. 喙的横切面

喙内组成2个管道，在取食时喙内有2个不同方向的液流。上方管道为食物道，食物由此管道流入口内；下方为唾道，唾液由此向外流出。

昆虫口器的类型除上述3种之外，还有嚼吸式口器、舐吸式口器、捕吸式口器、切吸式口器等，在储藏物昆虫中不常见，故此处从略。

第三节　储藏物昆虫的胸部

胸部（thorax）是昆虫的第2个体段，位于头部与腹部之间。胸部由3个体节组成，自前向后依次称为前胸、中胸和后胸。绝大多数昆虫的每一胸节有1对足，称胸足；大部分有翅亚纲成虫在中胸和后胸还各生有1对翅。足和翅都是昆虫的行动器官，所以胸部是昆虫的运动中心。在有翅昆虫中，前胸无翅，所以前胸与中、后胸在构造上也不同，中、后胸特称为“具翅胸节”或“翅胸”。每个胸节是由4块骨板合成的体节，位于背面的称为背板；位于腹面的称为腹板；两侧的称为侧板。

一、前胸

昆虫的前胸（prothorax）由于无翅，与飞行无关，在构造上比具翅胸节简单。前胸的发达程度与前足的发达程度有关系，如主要以爬行为主的甲虫，其3对足的发达程度相似，所以3个胸节的发达程度也基本相同；而以飞行为主的鳞翅目、膜翅目和双翅目等成虫，则前胸比具翅胸节要小。

（一）背板

前胸背板（pronotum）的构造简单，通常为一块完整的骨片。其靠近头部的边缘称为端缘（或前缘）；靠近胸部的边缘称为后缘；两侧的边缘称为侧缘。端缘与侧缘之间形成的角，称为前角；后缘与侧缘之间形成的角，称为后角（图1-13）。

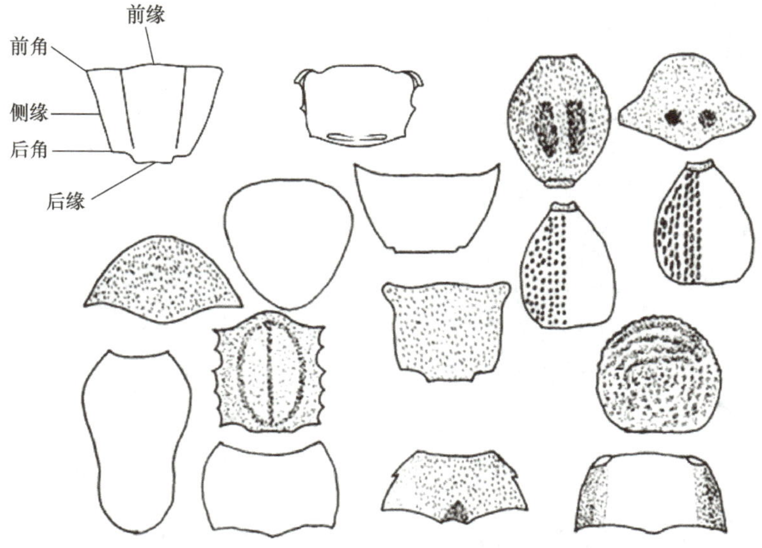

图1-13　甲虫类前胸背板的形态（仿郑州粮食学院和吉林财贸学院，1986）

前胸背板的大小、形状变化很大，如蜚蠊目昆虫的前胸背板向前扩伸，头部几乎完全隐藏在前胸背板下面。特别是甲虫类成虫前胸背板的形状更是多种多样，有长方形、正方形、近三角形、半圆形、卵圆形、椭圆形等，有的向前延伸，遮盖全部或部分头部；有的自两侧向腹面扩展愈合形成圆筒形；有的隆起，有的平坦；有的具凹陷，有的具隆脊；有的具刻点或瓦状瘤突，有的光滑，有的具毛垫；有的两侧具齿突等（图1-13）。由于前胸背板通常暴露在外面，容易观察，因此是鉴别昆虫种类的重要依据特征。

（二）侧板

在大多数储藏物昆虫中，前胸侧板（propleuron）仅为1块简单的骨板，没有明显的侧沟将其分为前、后侧片。前胸背板与前胸侧板之间通常以1条沟分界，称为背侧沟。但在许多昆虫中，背侧沟已消失（图1-14）。

（三）腹板

前胸腹板（prosternum）一般都不很发达，两侧有沟与前胸侧板相接，此沟称为腹侧沟。腹板的后端有的向下折；有的向后延伸与中胸腹板前端相遇；有的在其后缘与两侧板相遇；有的与侧板分离等。这些特征在鞘翅目储藏物昆虫中常作为分类的重要依据（图1-14）。

图1-14 甲虫类胸部腹面观（仿白旭光，2008）

二、具翅胸节

具翅胸节又称翅胸（pterothorax），是指成虫的中、后胸节。它直接牵引着翅的运动，所以它们的特点是背板、侧板和腹板都很发达，并且2个胸节彼此紧密结合。

（一）背板

模式的具翅胸节背板有3条横沟，从前向后依次称为前脊沟、前盾沟和盾间沟。3条横沟将背板分为4个背片，从前向后依次称为端背片、前盾片、盾片和小盾片（图1-15）。由于具翅胸节的背板通常被翅所覆盖，不易观察，所以一般不用来鉴别种类。但值得一提的是中胸的小盾片（scutellum），它是有翅昆虫唯一暴露在外的一块背片，它的形状在不同种类的昆虫中差异很大，特别是在鞘翅目储藏物昆虫中常被用作分类的特征。

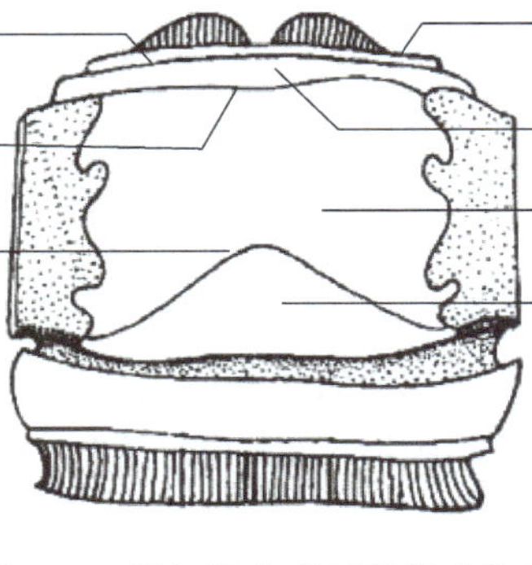

图1-15 具翅胸节背板的模式构造（仿Snodgrass，1993）

（二）侧板

具翅胸节的侧板比前胸侧板更为发达，形成显著的侧面板片。腹方有侧基突，与足的基节相连接。背方有侧翅突，用作翅运动的支点。侧基突到侧翅突之间有一条侧沟，也称侧板缝，把侧板分为前后两部分，前部称为前侧片，后部称为后侧片（图1-14）。

（三）腹板

在模式昆虫中，具翅胸节的腹板也有一些沟将其分为若干骨片，但在较高等鞘翅目虫中，通常看不出分片的现象。但在中、后胸腹板上的一些特殊构造常作为鞘翅目储藏物昆虫分类的依据特征。

三、胸足

胸部各节各有1对足（leg）。前胸的足称为前足，中胸的足称为中足，后胸的足称为后足。它们着生在各胸节侧腹面的侧板与腹板之间，基部由膜与体壁相连，形成一膜质的窝，称基节窝（coxal cavity）。

典型的胸足由6节组成，从基部至端部依次称为基节、转节、腿节、胫节、跗节和爪（图1-16）。

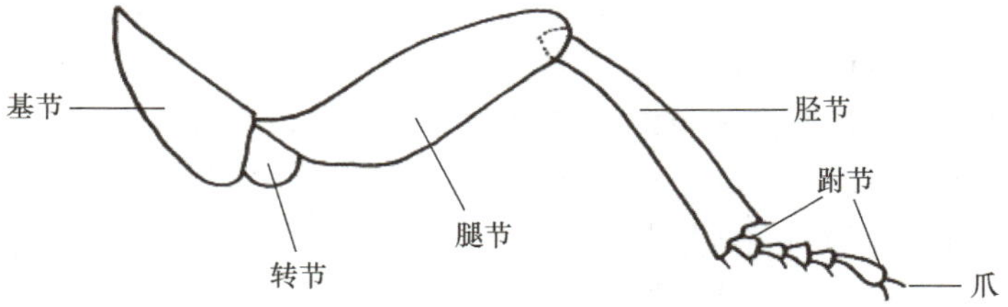

图1-16　胸足的构造（仿白旭光，2008）

（一）基节与基节窝

基节（coxa）是足的第1节，着生在基节窝内。基节的形状多样，通常有球形、圆锥形、横板形、卵圆形等，有时还具有容纳腿节的沟。

鞘翅目昆虫的基节窝有封闭式与开放式之分，如在前足基节窝的后方，前胸腹板与前胸侧板相遇者，称为封闭式；不相遇者，而基节窝的后方是以膜质相连的，称为开放式（图1-17）。

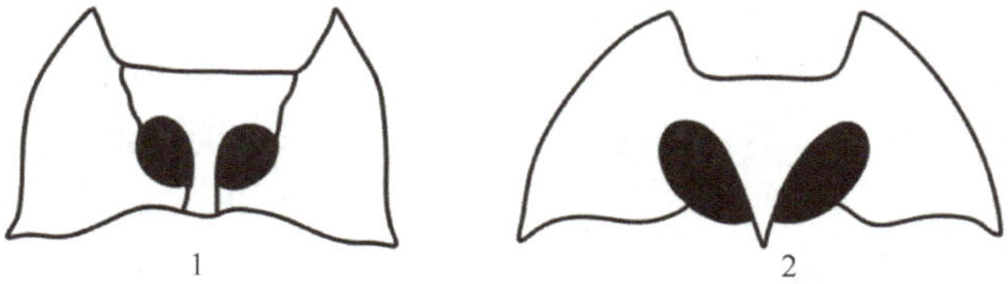

图1-17　前足基节窝

1. 封闭式；2. 开放式

（二）转节

转节（trochanter）是胸足的第2节，也是最短的一节。转节基部与基节以前后关节相接，端部与腿节以背、腹关节相接，但转节与腿节之间一般总是紧密相连而不相对活动。

（三）腿节

腿节（femur）是胸足的第3节，通常比其他各节都粗大。有时腿节腹面凹入形成腿节胫节沟，可容纳胫节，沟的内、外两侧常具有不同形状的齿突或隆线，是豆象、皮蠹等科分类的重要特征。

（四）胫节

胫节（tibia）一般较细长，以2个关节与腿节相连，可折贴于腿节下方或沟内。胫节上常有成排的刺或齿突，一般末端具有1～2个可活动的大刺，称为胫节距（tibial spur）。这些刺和距的大小、数目及排列常被用作分类鉴别的依据。

（五）跗节

跗节（tarsus）通常短小，与胫节端部相连，由2～5个小节组成。各小节之间也都以膜质相连，可以活动。各小节的大小、形状及颜色等常作为分类的依据。昆虫3对足的跗节小节数目常有很多变化，因此可分为许多跗节形式，如5-5-4式，是指前足和中足的跗节小节数为5个，后足的跗节小节数为4个。另外，还有5-5-5式、4-4-4式、3-3-3式等，余类推。

（六）前跗节和爪

前跗节（pretarsus）是胸足最后1节。除大多数全变态类昆虫幼虫的前跗节为单一爪（claw）外，其他昆虫的前跗节常有2个侧爪。大多数昆虫中，在2个侧爪中间有个膜质圆形的中垫（arolium），用于在光滑的表面爬行。在一些鞘翅目昆虫中，2个侧爪下面有瓣状的爪垫（pulvillus）。在衣鱼等少数昆虫中，2个侧爪中间还有1个较小的中爪。

昆虫足的类型有很多种，储藏物昆虫中多数为步行足。另外，还有开掘足，如阎虫、金龟子等；跳跃足，如蟋蟀、蝗虫等；携粉足，如蜜蜂。

四、翅

昆虫是无脊椎动物中唯一能飞行的动物，也是动物界中翅出现最早的类群。翅的发生使昆虫在觅食、寻偶、扩大分布和避敌等多方面获得了优越的竞争能力，也是其能成为生物优势类群的最重要因素之一。

昆虫的翅（wing）是着生于中胸、后胸的背板与侧板之间的成对膜质结构。其中，着生在中胸的翅称前翅（fore wing），着生在后胸的翅称后翅（hind wing）。

（一）翅的构造

一般认为，昆虫的翅是由背板体壁的延伸物演化而来的，有上下两层薄膜，两层薄膜之间有纵横排列的支持组织，叫作翅脉（vein）。

大多数昆虫的翅为三角形（图1-18），因此有3个边：在前方的叫作前缘（costal margin）；在后方的叫作后缘，也叫内缘（inner margin）；在翅的端部，连接前缘和后缘的，叫作外缘（outer margin）。同时也有3个角：前缘基部的角，叫作肩角（humeral angle）；前缘与外缘之间的角，叫作顶角（apical angle）；外缘与后缘之间的角，叫作臀角（anal angle）。由于适应飞翔和折叠，昆虫的翅发生有几条褶，并将翅分成几个区：翅基部的小三角形区域，称为腋区（axillary region），腋区前面的褶为基褶（basal fold）；与基褶对应至外缘缺刻的褶，称臀褶（vannal fold）；臀褶后面的区域，称臀区（vannus）；臀褶前面较大的区域，称臀前区（remigium），是翅脉集中的区域。有些昆虫在臀区后还有一条轭褶（jugal fold），轭褶后方的

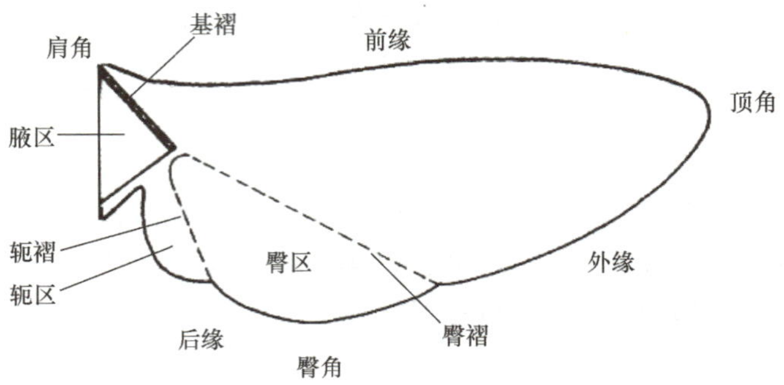

图1-18　翅的分区（引自Snodgrass，1993）

区域称轭区（jugum）。

（二）翅的发育

在昆虫中，翅的发育有两种明显不同的方式。

不完全变态类的昆虫，如蟑象、蜚蠊等，一般到第2、3龄若虫时，在体外就可见到囊状的翅芽。随着龄次的增加，翅也逐渐增大，到最后羽化为成虫时，翅也达到充分发育的地步。这种翅在体外发育的昆虫，在分类上称为外生翅类。

完全变态类昆虫在幼虫时期体外从来不见翅芽，翅芽发生在幼虫体内，到幼虫化蛹时翅芽才翻出体外，羽化为成虫后，翅芽迅速扩展成翅。这种翅芽在幼虫体内发育的昆虫，在分类上称为内生翅类。

（三）翅的变异

昆虫种类繁多，翅的变化也多种多样。翅的变化包括翅的有无或退化、形状的特化和质地的特化3个方面。

1. 翅的有无或退化　多数昆虫成虫一般都有翅，但也有不少无翅的种类。这种没有翅的状况在无翅亚纲昆虫中是原始的特征，如衣鱼目的毛衣鱼；但在有翅亚纲昆虫中，翅的丧失是后生现象，如等翅目中非生殖型的白蚁、啮虫目和革翅目的一些种类。凡属于单性无翅的，大多是雌性无翅，如蜚蠊目的鳖蠊科及鞘翅目皮蠹科的一部分，都是雌性无翅。此外，还有很多有翅与无翅之间的过渡型或短翅型，这在革翅目、蜚蠊目和鞘翅目中都不少见。

2. 形状的特化　比较原始的昆虫前、后翅的大小、形状都很相似，如等翅目的有翅型繁殖蚁。而多数昆虫则演变为或前翅大或后翅大，如鳞翅目和膜翅目。有的则只有1对翅，如双翅目昆虫只有前翅，后翅退化为1对平衡棒。

3. 质地的特化与翅的类型　昆虫的翅除了以上变化外，其质地也有很大差异。大多数昆虫的翅为膜质而透明，但在演化过程中，翅的质地和被物上发生了各种适应性的变化。储藏物昆虫的翅主要有以下几种常见类型。

鞘翅：翅面全部骨化为角质，不透明，没有翅脉。

膜翅：如同薄膜，透明，有翅脉。

半鞘翅：翅的基半部为革质加厚，端半部为膜质。

鳞翅：质地为膜质，但翅面上被覆有一层鳞片状物。

革翅：柔韧如皮革，半透明，翅脉可见。

五、脉序

多数昆虫翅的两层薄膜之间，有纵横分布增强薄膜支持组织的线条，主要从基部通向末端，这种线条叫作翅脉。在各类昆虫中，各有其独特的分布型式，称为脉序（venation）或脉相。由于脉序在不同种类的昆虫之间有着很多的变化，而在同类昆虫中又十分稳定和相近似，因此脉序在昆虫分类学上和追溯昆虫演化关系上都是重要的依据。

昆虫学者根据现存昆虫与化石昆虫脉序的比较研究，结合昆虫幼期翅芽中的气管分布情况，推论出一个原始脉序或称假想原始脉序。形态学和分类学上普遍采用的为康、尼两氏脉系，称为康-尼系统（Comstock-Needham system）。各脉都给予一定的名称和符号，横脉的符号用英文小写字母，纵脉的符号用英文大写字母来表示（图1-19）。

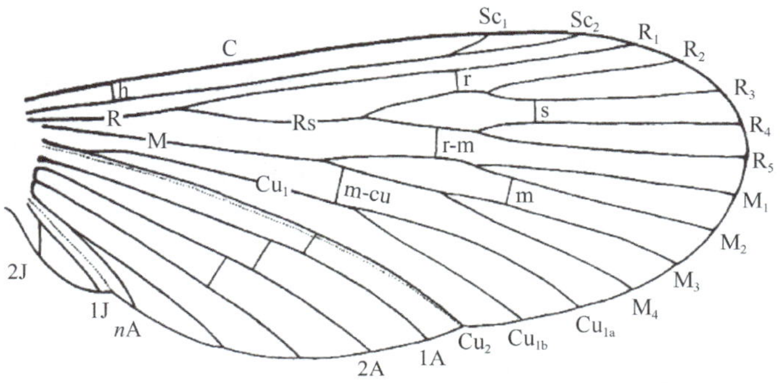

图1-19 原始脉序图（引自Ross，1965）

昆虫的翅脉从基部通向边缘的脉，称为纵脉（longitudinal vein）；横列在纵脉之间的短脉，称为横脉（cross vein）。模式脉序的纵、横脉都有一定的名称和缩写代号。现按从前向后的顺序，将纵脉的名称、代号、分支数和特点列出，如表1-1所示。

表1-1 纵脉名称代号及分支特点

纵脉名称	缩写代号	分支数	特点
前缘脉	C	1	不分支，一般构成翅的前缘
亚前缘脉	Sc	2	端部分2支，分别称为第1、2亚前缘脉（Sc_1，Sc_2）
径脉	R	5	先分2支：第1径脉R_1和径分脉Rs，Rs再次分支，即第2～5径脉（R_2，R_3，R_4，R_5）
中脉	M	4	先分2支，再分2支，即第1～4中脉（M_1，M_2，M_3，M_4）
肘脉	Cu	3	先分为第1肘脉Cu_1和第2肘脉Cu_2，Cu_1再分为2支（Cu_{1a}，Cu_{1b}）
臀脉	A	不定	不分支，即第1～*n*臀脉，1A，2A，…，*n*A
轭脉	J	2	不分支，一般2条，即第1、2轭脉（1J，2J）

横脉也有一定的名称和缩写代号，一般根据所连接的前后纵脉而命名。主要的横脉如表1-2所示。

翅面上由翅脉围成很多小的区域，称为翅室（cell）。翅室的命名是以前缘的纵脉而得名，如亚前缘脉后面的翅室称为亚前缘室，中脉后方的翅室即称中室等。四周都有翅脉围绕的翅室，称为闭室（closed cell）；四周的一边没有翅脉，而达翅缘的翅室，称为开室（open cell）。

表 1-2 横脉名称代号及其连接的纵脉

横脉名称	缩写代号	连接的纵脉
肩横脉	h	在近肩角处，连接C和Sc
径横脉	r	连接R_1与Rs
分横脉	s	连接R_3与R_4；或R_{2+3}与R_{4+5}
径中横脉	r-m	连接R_{4+5}与M_{1+2}
中横脉	m	连接M_2与M_3
中肘横脉	m-cu	连接M_{3+4}与Cu_1

一般昆虫的脉序与模式的脉序图比较是有增有减的，但通常以减少的情况较多。这是因为有的翅脉消失，或有几条翅脉互相愈合。消失的翅脉有时还残留着它的片段或痕迹，如一些蛾类的中脉基部常消失，但还残留着它的端部。由两条翅脉合并成一条的翅脉称为复合脉，用"＋"号表示。例如，R_{4+5}就是表示这个脉是R_4与R_5合并的脉，Sc＋R_1表示的是Sc与R_1合并的脉。合并的方式有两条翅脉从基部就完全合并的；也有大部分合并的；也有只是末端合并等情况。

脉序在储藏物鳞翅目成虫分类中经常用到，特别是作为鳞翅目分科的重要依据特征。

六、甲虫类的翅

（一）基本构造

甲虫类的前翅全部骨化为角质，质地坚硬，不能弯曲折叠，翅脉已完全退化。前翅已失去正常的飞行功能，平时覆盖在虫体背面，将中胸背板大部、后胸背板全部和腹部背板全部或一部分覆盖着，仅中胸小盾片外露。因此前翅用来保护后翅和身体，作用如刀鞘，故甲虫类的前翅称为鞘翅（elytron），分类学上命名为鞘翅目。甲虫类的后翅为膜质、透明、翅脉明显，平时折叠隐藏于鞘翅下面。后翅是甲虫的主要飞行器官，但有些甲虫如步行虫、谷象等的后翅已消失，仅存一对鞘翅。

鞘翅的形态是甲虫分类鉴定的重要依据特征。为便于特征的描述，常将鞘翅各部位给予一定的名称。鞘翅基部外方的角，称为肩角；鞘翅的末端称为翅尖；由肩角到翅尖的外边称为外缘；从翅基在接近小盾片的内侧到翅尖的直边，称为内缘。鞘翅在静止时，两鞘翅的内缘会合而形成一条直缝，称为中缝（图1-20）。

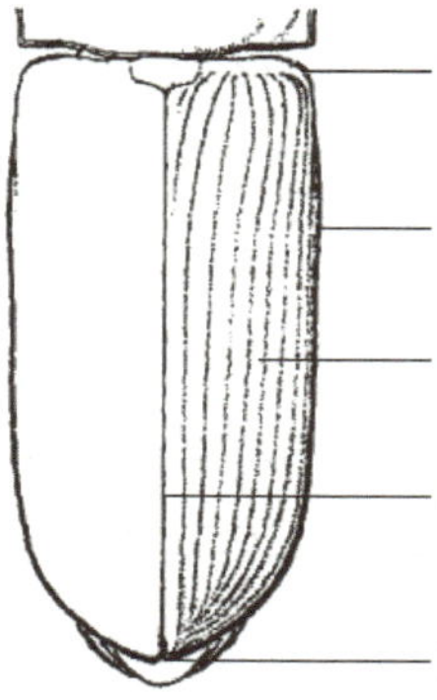

图1-20 甲虫的鞘翅
（仿白旭光，2008）

（二）鞘翅表面的特殊构造

在甲虫鞘翅的表面常常会形成一些特殊的构造。鞘翅表面一些微小的凹陷，称为刻点。刻点沿纵向有规则的排列，称为刻点行。有时在鞘翅上还会形成一些陷线或凸起的脊纹。两刻点行之间的区域，或两条陷线之间的区域，或两条脊纹之间的区域都称为行间。鞘翅表面微小的凸起，称为颗粒。比颗粒大而隆起的部分，称为瘤状突或瘤突。鞘翅上有时还生有毛或鳞片等外长物。不同种类的甲虫鞘翅的颜色和花斑也不相同，这些颜色或花斑有时是由鞘翅本身的颜色形成，有时是由表面的毛或鳞片的颜色形成。另外，不同甲虫鞘翅的形状也有所不同，这些形态差别在鞘翅目昆虫分类鉴别时都是很重要的特征。

七、蛾类的翅

（一）基本构造

蛾类的前后翅均为鳞翅，它是在膜质翅的上下两面被覆有浓密的鳞片而形成的。鳞片是一个扁形角质的囊状物，表面具有复杂的微细脊纹，故常闪耀着各种色彩，从而在翅面上形成不同的花斑。在前后翅的外缘和后缘通常还具有密集的长毛，称为缘毛。翅面鳞片形成的花斑及缘毛的长短是蛾类分类鉴别的重要特征。

（二）翅面的划分

为便于描述蛾类翅面花斑的位置，常人为地将翅面划分为若干条横线。在翅面中部的线，称为中横线；靠近翅基部的称为亚基线；在中横线与亚基线之间的线，称为内横线；在中横线外方的线，称为外横线；沿翅外缘的线，称为外缘线；在外横线与外缘线中间的线，称为亚缘线（图1-21）。

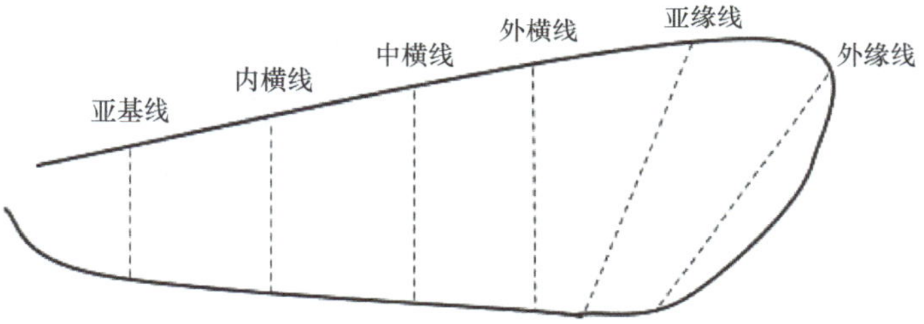

图1-21 蛾类翅面的划分

（三）翅的形状

储藏物蛾类翅的形状因虫种而异，大致可分为以下几种（图1-22）。

竹叶形：形状似梭形，唯翅面狭长，翅端较尖似竹叶状。

梭形：翅基稍窄，前后缘平行，翅端部稍尖。

长三角形：翅基稍窄，前后缘较长，外缘较翅基宽，翅面长度与最大宽度之比至少为3：1。

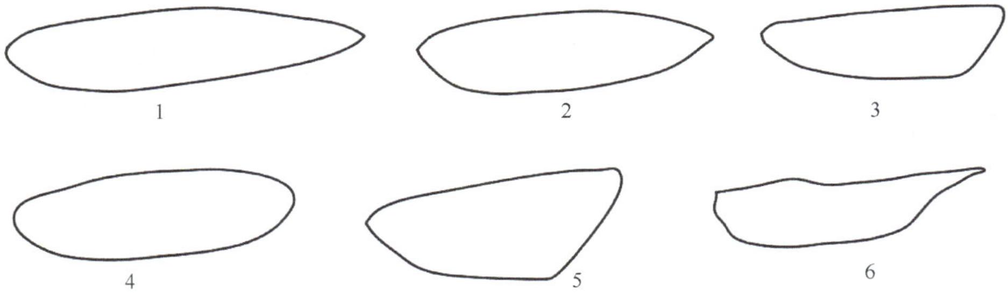

图1-22 蛾类的翅形

1. 竹叶形；2. 梭形；3. 长三角形；4. 椭圆形；5. 三角形；6. 菜刀形

椭圆形：翅基和翅端稍圆，前后缘呈弧形或近平行。

三角形：形状类似长三角形，唯翅面长度与最大宽度之比为（2.4～2.5）：1。

菜刀形：翅的外缘向内凹入，形如菜刀。

（四）脉序及命名

脉序是储藏物蛾类昆虫分类，特别是分科的重要依据特征。蛾类成虫的前后翅脉序虽然不同，但其共同特点是中脉主干消失而形成“翅中室”（但在谷蛾科中后翅大多数有中脉主干），有的虫种在翅中室还有小的翅室，称为“副翅室”。同时翅的横脉也较少。后翅在翅基有翅缰1至数根，通常雄虫有1根，雌虫有数根，这些蛾类在分类学上称为鳞翅目的缰翅亚目。储藏物蛾类脉序的特点及命名方法见表1-3。

表1-3 储藏物蛾类脉序的特点

前、后翅	缩写代号	特点
前翅	C	构成翅的前缘，不表示
	Sc	1根，终于翅的前缘
	R	3～5根，分支常共柄，终于前缘或顶角，Rs不表示
	M	2～3根，终于翅的外缘
	Cu	2根，终于翅的外缘下方或臀角
	A	1～3根，终于后缘，有的消失，有的基部分叉、端部愈合
后翅	C	构成翅的前缘，不表示
	$Sc+R_1$	由Sc和R_1在基部愈合而成，终于翅的前缘或顶角
	Rs	终于翅的前缘或顶角
	M	2～3根，终于翅的外缘
	Cu	2根，终于翅的外缘下方或臀角
	A	1～3根，终于翅的后缘，消失的不表示

图1-23是两种储藏物蛾类的脉序图。

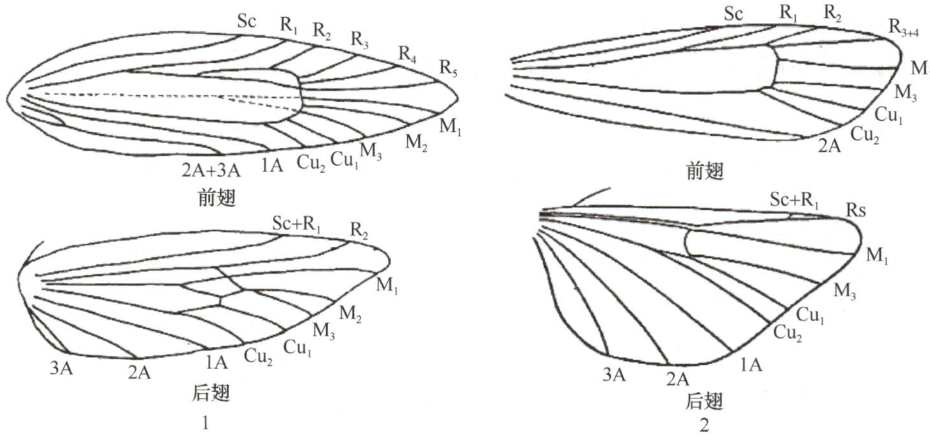

图1-23 两种储藏物蛾类的脉序图（仿陈启宗，1988）

1. 谷蛾科脉序；2. 斑螟科脉序

第四节　储藏物昆虫的腹部

一、腹部的基本构造

腹部（abdomen）是昆虫体躯的第3体段，也就是最后一个体段，它的结构比头、胸部都要简单。昆虫成虫腹部没有用作步行的足，但昆虫大部分内脏器官和生殖系统都位于腹部，所以腹部是昆虫的生殖和代谢中心。

低等昆虫腹部有11节，但多数储藏物昆虫的腹节数已减少，如鳞翅目成虫雌虫可见到7节，雄虫可见到8节；而鞘翅目成虫从背面观可见到6～8节，腹面观可见到5～6节。腹面观可见到的腹节数，称可见腹节，基部第1节称第1腹节，第2节称第2腹节，依此类推。可见腹节数是鉴别昆虫种类的特征之一。

昆虫腹节减少的原因主要是合并和退化，特别是腹末几节往往特化为外生殖器的一部分。雌虫成虫的第8、9腹节和雄虫的第9腹节均具有专司产卵和交配的生殖肢，故它们称为生殖节；生殖节前的腹节，内含大部分内脏器官，称为脏节；生殖节以后各节称为生殖后节，往往合并或退化。

成虫的腹节都是后生节，有很发达的节间膜和侧膜。腹节可以互相套叠，后一腹节的前缘常套入前一腹节的后缘内，所以腹部的伸缩、弯曲或扩张都较方便，借以帮助进行呼吸、蜕皮、羽化、交配、产卵等活动。腹节有发达的背板和腹板，但没有像胸部那样发达的侧板，只有无翅亚纲的缨尾目昆虫和少数低等昆虫，腹节侧面具有附肢的肢基片（侧板），气门位于肢基片和背板间的膜上，这种构造比较原始。多数昆虫的肢基片和腹板愈合成一片，即通常所称的腹板，气门就在背板和腹板之间的膜上。

二、腹部的附肢和附器

腹部的附肢可分为与生殖无关的非生殖型附肢，以及由于交尾或产卵等生殖活动而发达起来的生殖型附肢两大类。

（一）非生殖型附肢

多数成虫除末端数节外，其他各节都没有附肢，但无翅亚纲昆虫的腹部脏节上也有附肢（图1-24）。例如，缨尾目在第2～9腹节上各有1对附肢，每1附肢包括一块位于侧腹面的肢基

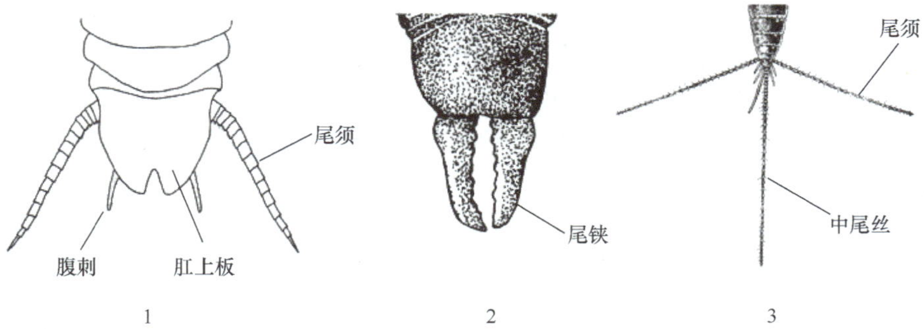

图1-24　昆虫的非生殖型附肢（仿白旭光，2008）

1. 美洲大蠊雄虫腹末；2. 蠼螋腹末；3. 毛衣鱼腹末

片，在肢基片前端外侧着生有1根可活动的针突，内侧有1～2个能伸缩的泡。

大多数昆虫的第11腹节的附肢，叫作尾须。尾须通常是一种触觉器官。尾须的形状、构造等变化很大，如衣鱼目的尾须呈细丝状，分成许多节；蜚蠊目的尾须为分节的刺状；等翅目白蚁的尾须非常短小；而革翅目蠼螋的尾须则硬化，形如铗状，称为尾铗，可用于防御。

衣鱼目昆虫在1对细长的尾须间，还有1条与尾须极相似的中尾丝（median caudal filament）。中尾丝不是真正的附肢，而是第11腹节背板的延伸物，是附器。

（二）外生殖器

1. 外生殖器的模式构造 外生殖器（genitalia）是昆虫的生殖型附肢。一般雌虫的第8、9腹节的附肢，构成产卵器（ovipositor），雄虫只有第9腹节的附肢，构成交配器（copulatory organ）。产卵器和交配器统称为昆虫的外生殖器。外生殖器在昆虫的分类上，尤其在区别近缘种方面，是十分重要的依据。

雌虫的生殖孔多位于第8、9节的腹面，生殖孔周围着生腹产卵瓣、内产卵瓣和背产卵瓣3对产卵瓣，合成产卵器，卵由产卵器产出。产卵瓣是生殖肢，它的基部有一骨片，叫生殖突基节，内有起源于腹节背板的肌肉。第8腹节上的产卵瓣称为第1产卵瓣（first valvula）或腹产卵瓣（ventrovalvula），它的生殖突基节称为第1载瓣片（first valvifer）；相应的第9腹节上的产卵瓣称为第2产卵瓣或内产卵瓣（intervalvula），生殖突基节称为第2载瓣片。在第2载瓣片上向后伸出的瓣状物，称为第3产卵瓣或背产卵瓣（dorsovalvula）。所以第9腹板上有2对产卵瓣（图1-25）。

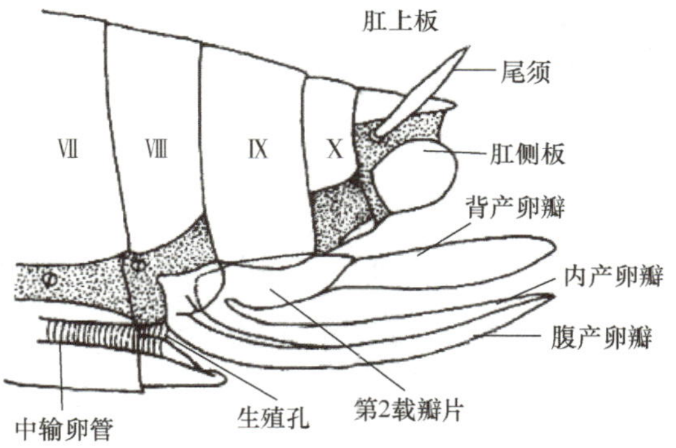

图1-25 产卵器的模式构造（仿Snodgrass，1993）

雄虫的交配器构造比较复杂，而且在各类昆虫中变化很大。雄虫第9腹节附肢通常和它的第9腹节本身的一部分，有时和它的第10腹节的一部分共同形成交配器。雄虫交配器主要包括输送精子进入雌体的阳具（phallus）和交配时挟持雌虫的抱握器（harpago）。阳具是第9腹节腹板后节间膜的外长物，生殖孔开口就在其末端。阳具一般为管状或锥状构造，大多包括1个较大的阳茎基（phallobase），和从阳茎基伸出的一根细长的阳茎（aedeagus）。阳具在各类昆虫中有极复杂的变化，最常见的变异是在两侧发生突起，称为阳茎侧突（paramere）或阳茎侧叶。抱握器多是第9腹节附肢演变而来，一般不分节，其形状变化很大。抱握器的主要功能是交配时抱握雌虫，以保证正确的交配姿态。在储藏物昆虫中，常见于鳞翅目昆虫，在鞘翅目中已消失。

不同的昆虫类群，外生殖器的结构变化很大。在储藏物昆虫的分类中，较常用到的是蛾类和甲虫的外生殖器特征，现分述如下。

2. 蛾类的外生殖器

1）雄虫的外生殖器 蛾类雄虫的外生殖器由第9腹节的背板和腹板形成了1个环，较发达的背板（又称背兜）和腹板两侧向上延伸与背兜相连接的部分（称基腹弧）组成了雄虫外生殖器的基部；在背兜的末端形成1个略向下弯的突起，称爪形突，实为第10腹节背板演化而成；在爪形突基部的两边各伸出1个弯曲的长臂突起，此突起在端部或在1/2处合并为一体，并向上弯，此突起称颚形突，实为第10腹节腹板演化而成；第9腹板的基腹弧在中央向体内延伸成1个柄状的构造，称囊形突；在基腹弧两侧向末端生有2个发达的片状物，称抱握器，其形状因虫种而异；在两片抱握器之间有1根长的棒状物，下端伸至腹内，末端在抱握器内，称阳茎，用于交尾；阳茎末端有能翻缩的膜质部分，称阳茎囊，它的表面往往有骨化的刺，阳茎囊不交尾时缩在阳茎里面，所以阳茎囊上如有刺看起来好像是生在阳茎的里面（图1-26，1）。

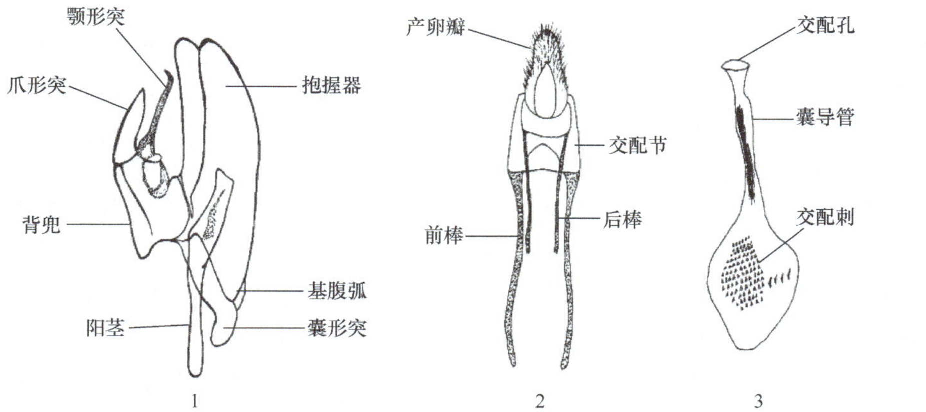

图1-26　蛾类的外生殖器（仿陈启宗，1988）

1．雄虫；2．雌虫产卵器；3．雌虫交配囊

2）雌虫的外生殖器　蛾类雌虫成虫腹板末端均有2个开口，一个在腹末与前面数节形成产卵器，末端的开口是专用于产卵和排泄的，开口处称产卵孔。另一个开口在腹部第8节腹面的前缘膜质部分，专用于交配，称交配孔。由于腹部末端数节形成管状的产卵器是套叠可以伸缩的，平时收缩着，被发达的第7腹节覆盖着，因此看不见，产卵时才伸出来。

突出在腹末产卵孔开口的两侧有1对瓣状物，称产卵瓣，用于握持产出的卵胶着于物体上。产卵瓣上生有许多毛，在产卵瓣左右的基部两侧生有1对骨化棒，称后棒（内棒），用于产卵时使腹部伸缩。第8腹节前缘的两侧也生有1对骨化棒伸入腹内，称前棒（外棒），供肌肉着生起固定作用。第8腹节是构成产卵器的基节，其前缘与第7腹节后缘膜质部分又有1个交配孔，专司交配，称交配节。交配节下方还连接着1个在腹腔内像长颈袋形的囊状物，称交配囊；在交配囊的上端有不同长度和宽度的管道与交配孔相通，此管道称阴道（囊导管），用于交尾时接纳阳茎，交配囊下端膨大的袋状物用于接收雄虫的精子。交配囊的壁上有的种还有骨化的刻点，在囊内常有骨化的块状物或小刺，均称交配刺（图1-26，2和3）。

3. 甲虫的外生殖器　甲虫雄虫的外生殖器基本上由阳茎基和阳茎两部分组成，没有抱握器。阳茎基两侧常发生突起1对，称阳茎侧突（又称阳茎侧叶），阳茎位于中央，有时可分为内阳茎和外阳茎，而象甲科的外生殖器可分为阳茎和阳茎后突两部分（图1-27）。

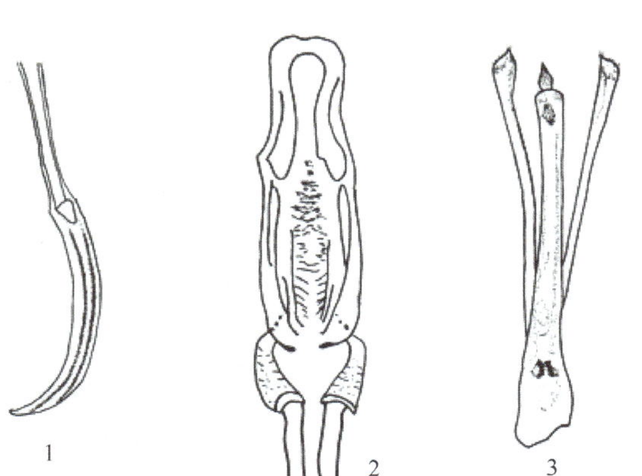

图1-27　甲虫雄虫的外生殖器（仿郑州粮食学院和吉林财贸学院，1986）

1．玉米象；2．长角扁谷盗；2．绿豆象

总之，甲虫雄虫的外生殖器在不同的类群之间，形态变化非常之大，很难归纳为一种基本类型。正因为如此，它的特征在分类鉴别中非常重要。甲虫雌虫的外生殖器已高度退化，一些特征只在区别某些近缘种时用到，故此处不过多涉及。

第五节　储藏物昆虫幼虫的形态

昆虫的分类通常以成虫的特征为主。因为成虫期是昆虫发育的成熟时期，其外部形态，如体长、体色、体形、各外部器官的特征都比较稳定，不再有明显的变化。但在实际中，幼虫也是经常见到的活动虫期，而且往往是造成危害的主要虫期。幼虫期是取食生长的虫期，外部形态特征虽然不太稳定，但也有规律可循。这里所指的幼虫是严格意义上真正的幼虫（larva），即完全变态类昆虫的幼虫。这类幼虫在外部形态上与其成虫完全两样，甚至有时在生活习性及行为上与其成虫也大不相同。在储藏物昆虫中，还有一类昆虫属于不完全变态。不完全变态的幼虫与其成虫的外部形态及生活习性基本相似，所不同的只是个体较小、翅及生殖器官尚未完全发育成熟，这类幼虫通常称为若虫（nymph）。由于若虫与其成虫的外部形态较为相似，此处将不作叙述。本节主要介绍与储藏物关系最为密切的、也是最常见的鞘翅目和鳞翅目昆虫的幼虫。

一、鞘翅目幼虫的外部形态

（一）基本形态特征

鞘翅目幼虫与其成虫最大的形态区别是头部无复眼和胸部无翅，虫体呈“肉虫”状。身体由一系列明显的环节组成，也可分为头、胸、腹3部分。除头部外，胸部3节，腹部9～10节。口器为咀嚼式，体形多样。体壁的软硬程度因表皮的骨化程度而异，但均比其成虫期软。胸部通常有胸足3对，少数蛀入粮粒内生活的种类胸足退化和缺如。腹部无足，但有时具一些特殊的附属构造。另外，幼虫在身体两侧有较为明显可见的气门，一般有9对，第1对位于胸部，其余8对分别位于第1～8腹节的两侧（图1-28）。

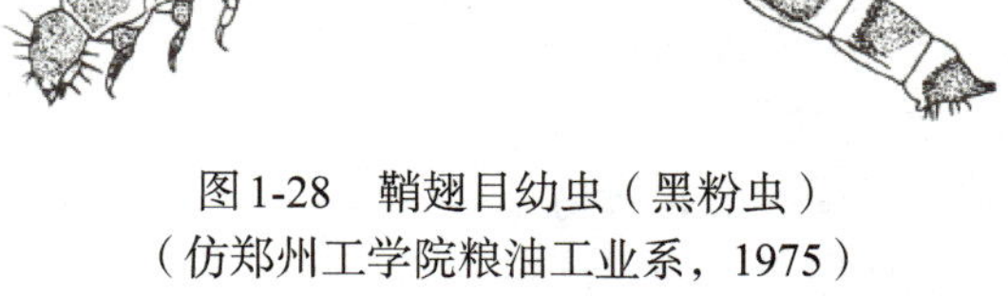

图1-28　鞘翅目幼虫（黑粉虫）
（仿郑州工学院粮油工业系，1975）

（二）头部

鞘翅目幼虫的头部是整个虫体中骨化程度最高的部分，其形状多样，有圆形、椭圆形、方形等。在头部正面中央有1倒“Y”形的浅色线缝，称为蜕裂线，是幼虫期蜕皮时旧表皮首先裂开的部位。蜕裂线以上的头顶部位称为颅顶区；蜕裂线两侧的部位称为颅侧区；蜕裂线正下方的区域称为额区，鞘翅目幼虫的额区特别广阔；额区下方为唇基区。在颅侧区通常生有单眼1～6对，单眼较多时常成半环形排列。在颅侧区还生有1对较成虫为短小的触角，触角一般分3节（图1-29）。

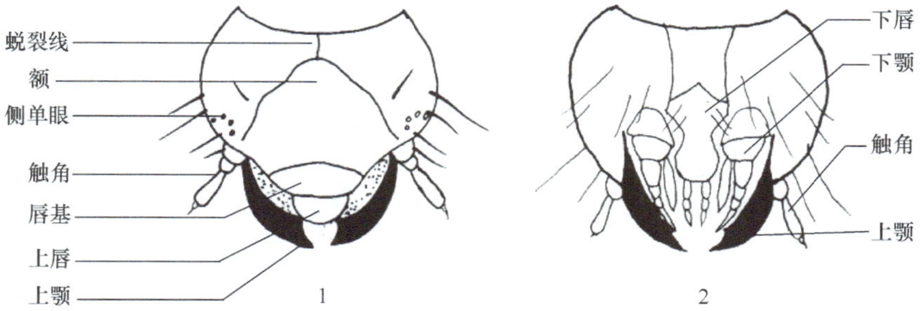

图1-29　鞘翅目幼虫头部（仿郑州粮食学院和吉林财贸学院，1986）

1. 背面观；2. 腹面观

在幼虫头部的前方生有咀嚼式的口器，其结构与其成虫的口器相似，即由1个上唇、1对上颚、1对下颚、1个愈合的下唇和1个舌组成（图1-29）。

上唇悬挂在唇基下方覆盖在口器的上方。上唇通常生有感觉毛，上唇的内面称为内上唇，有些种类还生有感觉棒或感觉环等，这些特征是鉴别幼虫种类的常用特征。另外，口器各部分的结构形态、触角的形态及单眼的数目等都是用于幼虫分类鉴别的形态特征。

（三）胸部

鞘翅目幼虫的胸部分为3个体节，从前至后依次称为前胸、中胸和后胸。各胸节腹侧生有1对胸足，依次称为前足、中足和后足。幼虫的胸足较成虫为简单，从基部向端部依次称为基节、转节、腿节、胫跗节和爪（图1-30）。但生活在寄主内部的蛀食性害虫的胸足常常退化或消失。

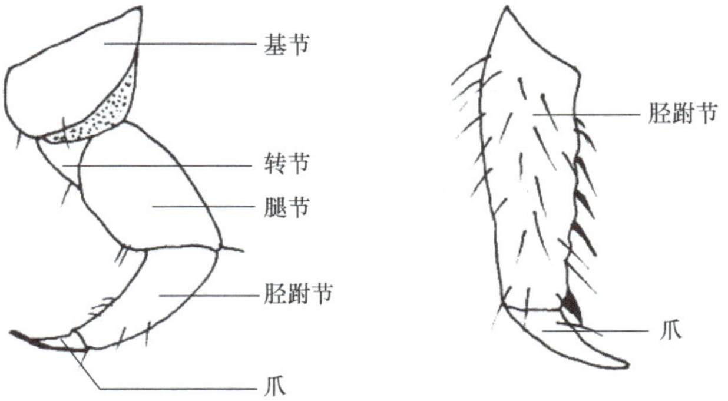

图1-30　鞘翅目幼虫的胸足（仿郑州粮食学院和吉林财贸学院，1986）

（四）腹部

鞘翅目幼虫的腹部通常为9～10节，从前至后依次称为第1腹节、第2腹节等。腹部无足，仅部分种类在腹末腹面生有类似足的乳头状突起，称为伪足状突起。有些种类在腹部末节背板形成1个骨化的区域，称为臀板。还有些种类在腹末尾端生有不同的骨化突起，称为臀突，其中分叉的称为臀叉，刺状的称为臀刺。有的种类在腹面肛门的前方生有骨化的片状物或环状物，分别称为肛前骨片和环形骨片（图1-31）。这些附属物的形态不同，常用于鞘翅目幼虫的分类鉴别。

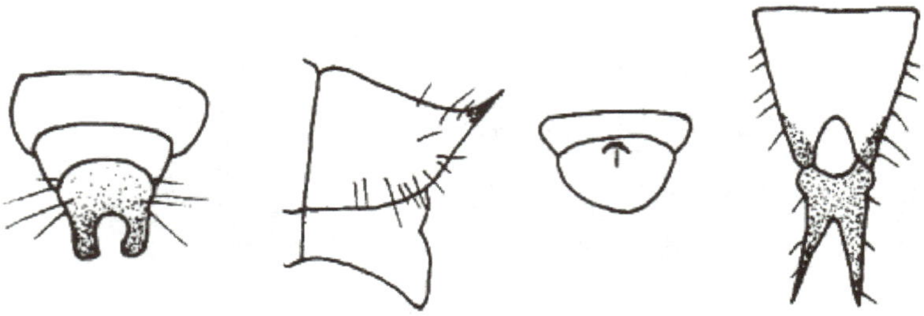

图1-31　鞘翅目幼虫腹末附属物（仿郑州粮食学院和吉林财贸学院，1986）
1. 臀叉；2. 臀刺；3. 肛前骨片；4. 臀叉及环形骨片

许多幼虫的胸腹部的背中央，从前胸至腹末有1条较身体颜色为浅的间断的线，称为背线。背线因幼虫种类不同而有宽窄、长短、明显与不明显之分。

不同种类鞘翅目幼虫体上常生有颜色不同、多少不一、长短各异的刚毛。这些刚毛也常常有多种形状，有光滑单一的刚毛，称为单毛；有分节且末端呈枪头状的刚毛，称枪头毛；还有的刚毛上生有许多枝岔，称带岔刚毛。

（五）体形

因生活环境的不同和胚胎发育阶段的不同，储藏物鞘翅目幼虫有多种体形。大体上可以分为3种。

1. 无足式　即无足型。无足型幼虫又称蠕虫型幼虫，这类幼虫因生活在寄主内部，所以运动器官高度退化。无足式幼虫一般身体肥胖、柔软，背面隆起，白色或乳白色，无胸足，或胸足退化呈肉突状。退化的胸足既不分节，也无爪，行动靠身体的蠕动。虫体上刚毛稀少（图1-32）。这类幼虫均属于钻蛀式害虫，如象甲科和豆象科的幼虫。

2. 弯弓式　也称蛴螬型，属于寡足型幼虫。这类幼虫身体弯曲如弓状，即头、尾两端向腹面弯曲。身体多少被有短毛或较长的毛，体壁骨化程度较低。胸部有3对不太发达的胸足，能够爬行，但行动缓慢（图1-33），如长蠹科和窃蠹科的幼虫。

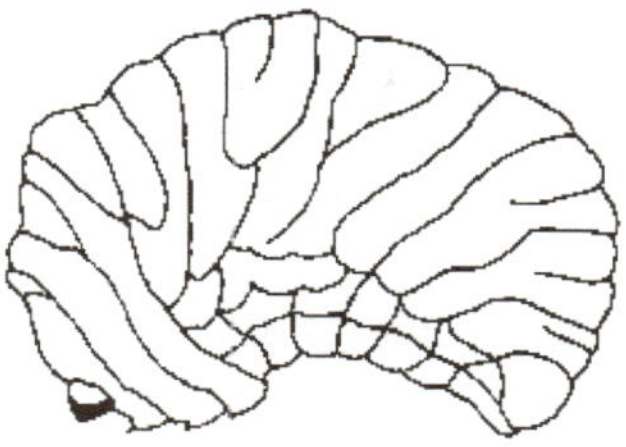

图1-32　无足式幼虫
（引自郑州工学院粮油工业系，1975）

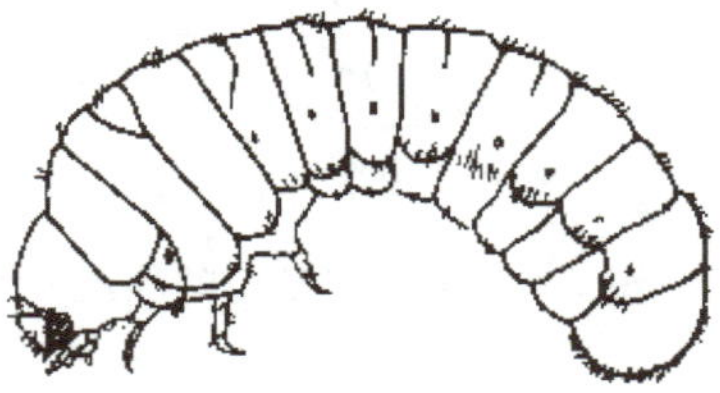

图1-33　弯弓式幼虫
（引自郑州工学院粮油工业系，1975）

3. 爬虫式　也称蛃型，属于寡足型幼虫。这类幼虫身体平直，有3对发达的胸足，爬行迅速。通常体壁的骨化程度较前两种类型要高，身体常呈黄色至黑褐色，但也有一些种类身体柔软，体色较浅。这类幼虫身体有的光滑，有的被有深色刚毛或无色刚毛。爬虫式幼虫按体形又可以分为长圆筒形、扁长形、纺锤形和圆锥形等（图1-34）。

长椭圆形幼虫身体较长，其横断面近似圆形，腹部末端常生有臀叉或臀刺等附属物，如拟

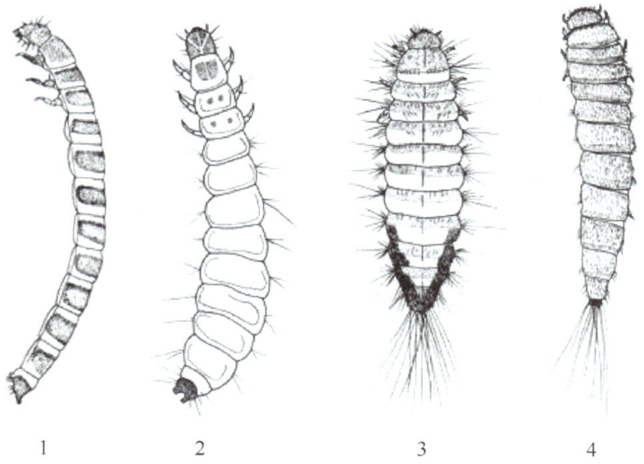

图1-34　爬虫式幼虫（引自郑州工学院粮油工业系，1975）
1. 长圆筒形；2. 扁长形；3. 纺锤形；4. 圆锥形

步甲科昆虫。

扁长形幼虫身体扁而长，其横断面近似扁圆形，通常身体最宽处在第5～7腹节，如谷盗科昆虫。

纺锤形幼虫体扁，头部和尾部较窄，中部宽大。这类幼虫在腹末数节两侧常簇生有枪头刚毛，如皮蠹科的部分种类。

圆锥形幼虫身体呈圆筒形，但从前胸至尾端逐渐缩窄。有些种类在尾端背面生有臀叉，有的生有1束较长的刚毛，如皮蠹科的部分种类。

二、鳞翅目幼虫的外部形态

（一）基本形态特征

储藏物鳞翅目幼虫都是蛾类幼虫，蛾类幼虫的体形单一，均为蠋形。储藏物蛾类幼虫体色多为白色，但也有个别种类呈黑褐色至黑色。蛾类幼虫属于多足型幼虫，即除了胸部具有3对胸足外，在腹部还生有5对腹足。身体也可分为头、胸、腹3部分，除头部外，胸部3节，腹部10节。头的前下方生有上颚发达的咀嚼式口器，侧面观，头的两侧近口器的后方生有1对短小的触角，有侧单眼0～6对。在幼虫身体两侧有较为明显可见的气门，共有9对，第1对位于前胸的近后缘，其余8对分别位于第1～8腹节。各气门通常由1个深色的骨化环包围，此骨化环称为围气门片。蛾类幼虫身体上均生有排列有一定规律的刚毛，故有时也将蛾类幼虫称为毛虫式幼虫（图1-35）。

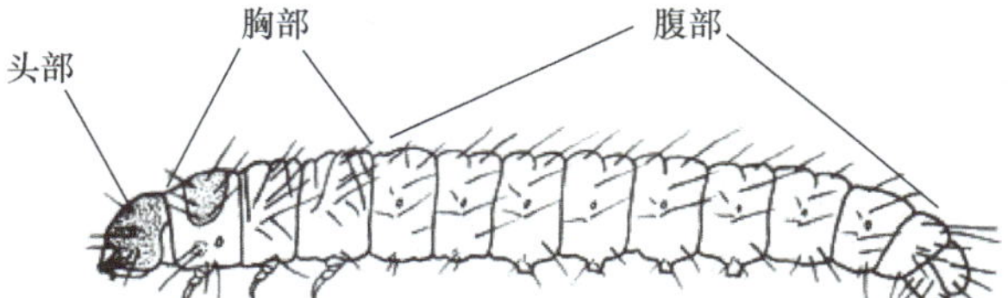

图1-35　鳞翅目幼虫（仿陈启宗，1988）

彩图

（二）头部

储藏物鳞翅目幼虫的头部均为球形，头部因高度骨化，色泽较深。在头的顶端部分称为颅顶区，两侧称为颅侧区，正面有一个三角形的区域为唇基区。在唇基与口器的上唇之间还有一横向的区域，称为前唇基。在头的正面从颅顶至唇基区有两条倒“Y”形的线缝，两条倒“Y”形线缝中间所夹的2个斜狭片称为旁额片。具有旁额片是蛾类幼虫区别于甲虫幼虫的重要特征。位于外侧的倒“Y”形线缝称为蜕裂线，其主干也称为颅中沟，2个侧臂称为蜕裂线侧臂。位于内侧的倒“Y”形线缝，其主干称为额沟，两侧臂称为口上沟，即额唇基沟。不同种类的幼虫由于唇基向上延伸的多少不同，颅中沟与额沟的长度形成了不同的比例，颅中沟长度与额沟长度之比是鉴别储藏物蛾类幼虫的常用特征（图1-36）。

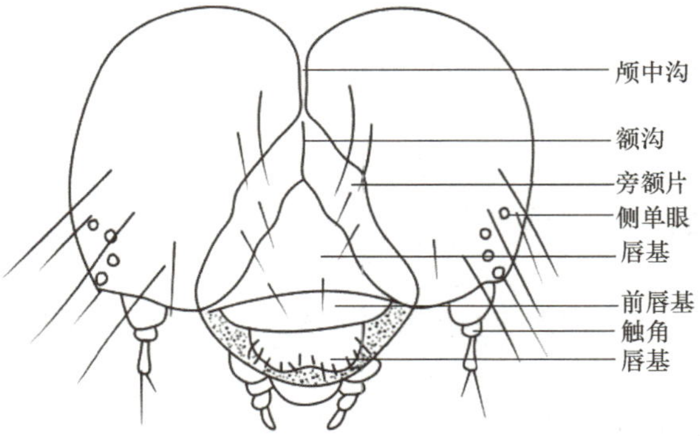

图1-36 鳞翅目幼虫的头部

幼虫的口器为咀嚼式口器，由上唇、上颚、下颚、下唇和舌5部分组成。在口器上方的1片为上唇，连接在前唇基之上。上颚位于上唇之后左右两侧，是高度骨化、质地坚硬、深色而发达具有齿突的块状物，用于咬切、咀嚼食物。下颚、下唇和舌愈合形成1个复合体，两侧为下颚，中央为下唇，在腹面见到的突起称吐丝器。所以蛾类幼虫大多可以吐丝结网连缀食物。口器中上颚端部齿突数目及形状因种类不同而异，是鉴别蛾类幼虫的特征之一。

蛾类幼虫的单眼为侧单眼，位于头部的两侧。单眼的数目0～6对，单眼数目多时，常呈环形排列。

在颅侧区的前方有1对短小的触角，触角为3节，第1节较粗大。

（三）胸部

蛾类幼虫胸部分为3节，依次称为前胸、中胸和后胸。前胸的背板通常骨化，称为前胸盾。在前、中、后胸节依次生有前足、中足和后足。胸足的构造与甲虫幼虫相似，由基节、转节、腿节、胫跗节和爪5部分组成（图1-37，1）。

（四）腹部

蛾类幼虫的腹部均由10节组成，从前向后依次称为第1腹节、第2腹节等。腹部末节即第10腹节的背板通常骨化，称为臀板。腹部除在第1～8腹节两侧各有1对用于呼吸的气门外，在腹部还生有5对足，分别位于第3～6腹节及第10腹节的腹面，称为腹足。腹足的有无是区别蛾类幼虫与甲虫幼虫的最显著特征，甲虫幼虫的腹节均无腹足。

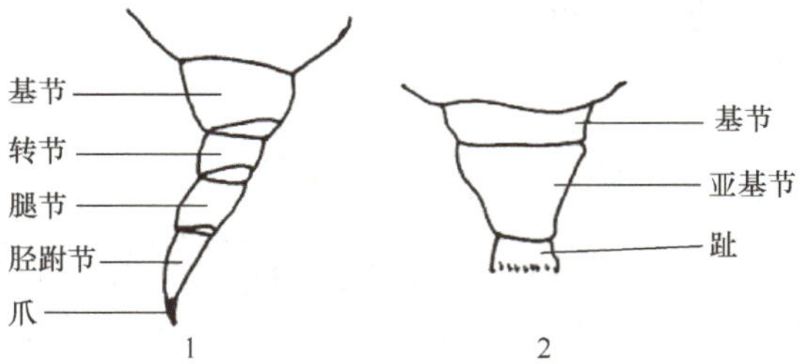

图1-37 鳞翅目幼虫足的构造（仿白旭光，2008）
1. 胸足；2. 腹足

蛾类幼虫的腹足呈圆柱形，由基节、亚基节和趾3部分组成（图1-37，2）。趾的腹面生有带钩状的刺，称为趾钩，用于抓住物体表面帮助爬行。不同种类的幼虫趾钩的排列形式常常不同，如趾钩的长度近等并排列成一个环形，此称单序环形；有的趾钩有2种不同的长度，即一长一短交错排列成一个环形，称为双序环形；有的趾钩有3种不同的长度，即一长、一中长、一短排列成一个环形，称为多序环形；也有的趾钩是1种长度，但未排列成1个完整的环而有一个缺口，此称单序缺环（图1-38）。由于第10腹节腹足趾钩的排列都不完整，通常观察趾钩的排列形式时都以第3～6腹节的趾钩为准。

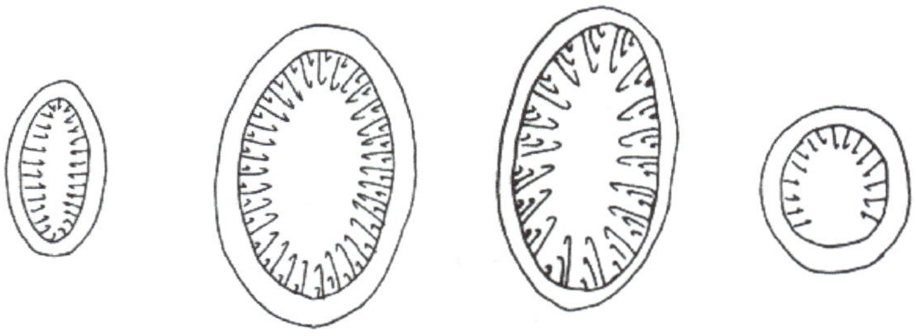

图1-38　腹足趾钩的类型（仿郑州粮食学院和吉林财贸学院，1986）
1．单序环形；2．双序环形；3．多序环形；4．单序缺环

（五）体刚毛的毛序

由于鳞翅目幼虫的体形单一，表面看彼此都很相像，单从外部形态很难区分鉴别。但其身体上均生有刚毛（seta），而且刚毛的数量与位置有一定的排列规律，刚毛在虫体上的排列系统称为毛序（chaetotaxy）。毛序是鉴别鳞翅目幼虫的重要依据特征。

1．毛群的划分　为了区分虫体各部位的刚毛，通常按虫体头朝左方、背朝前方的方向将虫体从背中央至腹中央纵向切取一边，在上面人为地划分成7条纵线，从而分成5个毛群区域（图1-39）。

7条纵线的划分：位于背中央的线，称为背中线；腹中央的线，称为腹中线；通过气门的纵线，称为气门线；通过足的纵线，称为基线；在气门上方的纵线，称为气门上线；在气门下方的纵线，称为气门下线；在背中线与气门上线之间的纵线，称为亚背线。

7条纵线将虫体上的刚毛分成5个毛群区域：在背中线与亚背线之间的刚毛称亚背群毛；在亚背线与气门线之间的刚毛称气门上群毛；在气门线与气门下线之间的刚毛称气门群毛；在气门下线与基线之间的刚毛称足群毛；在基线与腹中线之间的刚毛称腹群毛。

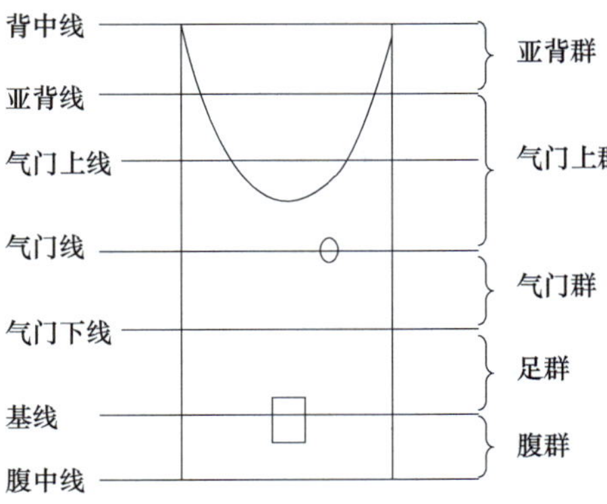

图1-39　鳞翅目幼虫体刚毛毛群分区

2．体刚毛的命名　体刚毛较常用的命名方法是Fracker系统或朱弘复系统（下文括号中表示），分别采用希腊字母和阿拉伯数字命名各毛群的刚毛。

鳞翅目幼虫各毛群刚毛的排列如下（图1-40）。

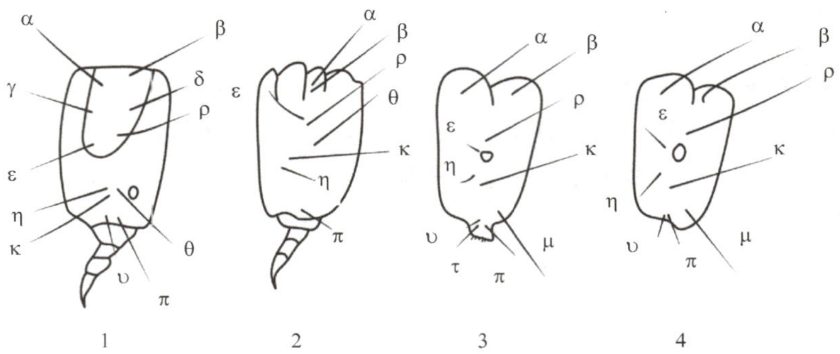

图1-40 鳞翅目幼虫体刚毛毛序

1．前胸；2．中胸；3．第3腹节；4．第8腹节

亚背群：也称β群。在胸、腹部各节上共有2根，即α毛（1毛）和β毛（2毛）。α毛在前，β毛在后，但在中、后胸β毛在α毛的下方呈垂直排列。

气门上群：也称ρ群。在胸、腹部各节上共有2根，即ρ毛（3毛）和ε毛（3a毛）。在前胸均位于前胸盾的下部，ε毛在前，ρ毛在后。在中、后胸ε毛和ρ毛很接近，ε毛在ρ毛上方。气门上群在腹部各节位于气门上方，ε毛较短小，位于气门的前上方。有些种类腹节上ε毛消失，仅有ρ毛。气门上群毛在前胸另外还有2根毛，分别称γ毛（9毛）和δ毛（10毛），γ毛位于α毛和ε毛之间，δ毛位于β毛和ρ毛之间。

气门群：也称κ群。在胸、腹部各节上多为3根，分别称κ毛（4毛）、η毛（5毛）和θ毛（6毛）。该群毛在前胸位于气门前方，其中κ毛最长，η毛在κ毛前方，θ毛在κ毛的后方，排列呈三角形，有时也呈水平。如果气门群只有2根毛，则无θ毛，排列倾斜状或近于垂直状。气门群毛在腹节均为3根，都在气门下方，唯θ毛在腹节都位于κ毛的后下方，所用代号按希腊字母将“θ毛”改为“μ毛”，以便和胸节θ毛区别，但按朱弘复系统仍命名为6毛。

足群：也称π群。足群毛在胸节最多为2根，在腹节最多为3根，多别称π毛（7a毛）、υ毛（7b毛）和τ毛（7c毛）。足群毛位于胸足或腹足的附近，在前胸一般为2根，无τ毛；在中胸、后胸有的有2根，有的只有1根，只有1根时，则无 υ 毛和τ毛。在腹部，第3～6腹节均为3根，其余腹节上有2～3根，因虫种而异。

腹群：也称σ群。此群毛较固定，只有1根，称σ毛（8毛），位于各节接近腹中线处。

在同一虫种中，以上各毛群中胸与后胸的毛位数量是一致的。腹部第1～8节，除足群毛数量不一样外，其余各毛位与数量也是一致的。唯在前胸、第9腹节及第10腹节刚毛的数量与位置不同。常用来鉴别虫种的毛群以气门上群、气门群、足群的刚毛最为重要。

另外，有的虫种在刚毛基部的体壁上有一色泽较深的骨化小片，称毛片。有的在刚毛基部周围的毛片形成一个较大的空心圈环，此称骨化环，骨化环一般位于中胸或第1腹节及第8腹节ρ毛的基部。

思 考 题

1．学习昆虫的外部形态特征有何意义？

2．什么叫昆虫的体节和体段？

3．描述昆虫形态特征的常用术语有哪些？如何解释？

4．试述昆虫头部的分区及头部各器官的位置。

5．什么叫昆虫的头式？主要有哪几种类型？
6．触角的基本构造分哪几节？储藏物昆虫中常见的触角类型有哪些？
7．复眼和单眼的形态有何区别？什么叫背单眼和侧单眼？
8．储藏物昆虫的口器有哪几种常见类型？它们的取食方式有何区别？
9．试述咀嚼式口器的基本构造。
10．昆虫胸部通常分几节？为什么说胸部是昆虫的运动中心？
11．请详细描述昆虫前胸的基本构造。
12．何谓具翅胸节？与前胸相比具翅胸节在形态结构上有何特点？
13．昆虫成虫胸足的基本构造如何？
14．什么叫足的跗节形式？储藏物昆虫中有哪些常见的跗节形式？
15．简述昆虫翅的两种发育形式。
16．昆虫的翅有哪些变化形式？储藏物昆虫的翅有哪些常见类型？
17．什么叫翅脉和脉序？
18．试绘图注明鞘翅的各部位名称。
19．在鞘翅表面形成的特殊构造有哪些？
20．储藏物蛾类的翅有哪些形状？如何区分？
21．绘图注明为描述蛾类翅面花斑而划分的横线位置及名称。
22．储藏物蛾类脉序的构造有哪些特点？
23．与胸部相比，昆虫腹部的构造有何特点？
24．绘图说明储藏物蛾类和甲虫外生殖器的构造。
25．储藏物昆虫中有哪些常见的非生殖型附肢？
26．试述甲虫类幼虫的形态特征。
27．甲虫类幼虫可分为哪几种类型？其腹末有哪些常见的附属物？
28．蛾类幼虫和甲虫类幼虫在外部形态上有哪些区别？
29．绘图注明蛾类幼虫头部各部位的名称。
30．储藏物蛾类幼虫腹足的基本构造如何？其趾钩有哪几种类型？
31．何谓毛序？蛾类幼虫的体刚毛分哪几个毛群？何谓毛片和骨化环？
32．如何命名蛾类幼虫体刚毛的毛序？

主要参考文献

白旭光．2008．储藏物害虫与防治．北京：科学出版社．
北京农业大学．1999．昆虫学通论（上册）．2版．北京：中国农业出版社．
彩万志，庞雄飞，花保祯，等．2011．普通昆虫学．2版．北京：中国农业大学出版社．
蔡邦华．1973．昆虫分类学（中册）．北京：科学出版社．
陈启宗．1988．我国蛾类仓库害虫的鉴别．北京：中国农业出版社．
陈启宗，黄建国．1985．仓库昆虫图册．北京：科学出版社．
陈耀溪．1984．仓库害虫（增订本）．北京：中国农业出版社．
管致和，吴维均，陆近仁．1956．普通昆虫学．北京：科学出版社．
昆虫学名词审定委员会．2001．昆虫学名词2000．北京：科学出版社．
雷朝亮，荣秀兰．2010．普通昆虫学．2版．北京：中国农业出版社．

刘巨元，张生芳，刘永平．1997．内蒙古仓库昆虫．北京：中国农业出版社．
刘永平，张生芳．1998．中国仓储品皮蠹害虫．北京：中国农业出版社．
南开大学，中山大学，北京大学，等．1980．昆虫学（上册）．北京：人民教育出版社．
西北农业大学．1981．农业昆虫学．北京：农业出版社．
许再福．2009．普通昆虫学．北京：科学出版社．
姚康．1986．仓库害虫及益虫．北京：财政经济出版社．
张生芳，刘永平，武增强．2000．中国储藏物甲虫．北京：中国农业科技出版社．
赵养昌．1966．中国仓库害虫．北京：科学出版社．
郑州工学院粮油工业系．1975．贮粮害虫图册．北京：科学出版社．
郑州粮食学院，吉林财贸学院．1986．仓库昆虫学．北京：中国财政经济出版社．
Bousquet Y. 1990. Beetles Associated with Stored Products in Canada: A Identification Guide. Ottawa: Canada Government Publishing Centre.
Eidmann H. 1929. Morphologische und physiologische Untersuchungen am weiblichen Genitalapparat der Lepidopteren. I. Morphologischer Teil. Zeitschrift für Angewandte Entomologie, 15: 1-66.
Richards O W，Davies R G．1987．伊姆斯普通昆虫学教程．10版．忻介六，苏德明，杨庆爽，等译．北京：高等教育出版社．
Ross H H. 1965. A Textbook of Entomology. 3rd ed. New York: John Wiley & Sons Incorporated.
Snodgrass R E. 1993. Principles of Insect Morphology. New York: Cornell University Press.
Weber H．1982．昆虫学纲要．忻介六，刘钟钰译．北京：高等教育出版社．

第二章　储藏物昆虫分类学

本章提要

- 了解昆虫分类的任务和意义。
- 掌握昆虫分类单元和阶梯。
- 掌握储藏物昆虫的分类特征。
- 掌握昆虫的命名法。
- 掌握昆虫分类检索表。
- 了解昆虫纲的分目及储藏物昆虫所属的目。
- 了解储藏物昆虫各目的特征。
- 掌握储藏物鞘翅目重要科的分类。
- 掌握储藏物鳞翅目重要科的分类。

储藏物昆虫种类繁多，不同种的昆虫生活习性和分类学特征也不相同，掌握昆虫分类单元和阶梯，尤其是对储藏物昆虫进行命名，以及掌握昆虫分类学的检索表，对于识别昆虫的种类，了解其不同的生活习性和发生规律及针对不同种的昆虫的生活习性进行综合防治具有重要的意义。储藏物昆虫大部分是鞘翅目和鳞翅目的昆虫，掌握不同目重要科的分类特征对于了解储藏物昆虫，以及系统掌握不同昆虫的系统发育情况具有非常重要的意义。

第一节　昆虫分类的基本原理和方法

一、昆虫分类的任务和意义

昆虫分类学（entomological taxonomy）是研究昆虫所属和决定种名及其相互亲缘关系的科学。

分类是认识客观事物的最基本的方法。远在原始时代，人类在生活实践中，就需要辨别周围的事物，如哪些是可吃的，哪些是不可吃的；哪些是有害的，哪些是无害的，由此产生了初步的分类概念。随着生产的不断发展，人类对分类的要求也进一步提高，从个别的、表面的现象分类，进入内在的、本质的分类。尤其是生物的分类，从特性的分类进入自然系统的分类。特别是随着科学的发展和先进实验手段的应用，分类学已不再是一门古老的学科，而是一门崭新的学科了。

昆虫是世界上最昌盛的动物类群，种类繁多，个体数量大，分布广。目前地球上已被命名的昆虫达100余万种，即使在对昆虫有详细研究的国家，也不断有新种发现，全世界每年新记载的种类在1万种以上。因此有人估计，地球上的昆虫可能达1000万种。这就是说，昆虫中绝大多数种类我们至今还不知道，它们还未被科学家记述和命名，缺乏鉴定到种的科学资料。物质是可以认识的，我们想要认识它们，必须得有正确的科学方法，这就是分类的方法。

生物都是由低等到高等进化而来的，都起源于共同的祖先。在这样繁多的昆虫种类中，都有血缘的或近或远、或亲或疏的关系，有着进化上的连续性与间断性的对立统一。生物分类，包括昆虫分类，就是要正确地反映出它们历史演化的进程，正确地反映这种潜在的谱系关系，这就是自然系统。储藏物昆虫的分类也是如此，每次虫种调查，都会增加新的种类。这并不意味着昆虫种类真的在增加，只是我们认识昆虫的能力在不断提高，以往许多种类我们没有认识到而已。

昆虫分类和其他动、植物分类一样，有3项主要任务：首先是鉴定、描述和命名，就是将研究的昆虫个体加以鉴别整理，确定到种，找出各个种的重要识别性状，以及和相似种之间的稳定区别，予以描述和命名；其次是分类，就是将鉴定的种进行归纳，安排到适当的高级分类单元中去，分类单元排列成序，区别并排列出较高级的单元，建立一个分类系统；最后是对物种形成和进化因素进行研究，研究该物种如何发生，物种间的关系如何，以及这种关系具有什么意义等。

同时，昆虫分类在生产实践上也有重要的意义。事实证明，昆虫中血缘关系愈接近的，它们的形态结构愈相近，对环境的要求愈相同，其发生发展的规律也愈相近。只有掌握这些，才能采取更有针对性的、更有效的方法来防治害虫，才能更好地发挥益虫的作用。例如，储藏物鞘翅目害虫的口器均为咀嚼式，都可以为害储藏物；而鳞翅目成虫为虹吸式口器，不会取食为害储藏物，造成危害的是它们的幼虫。

另外，在害虫防治决策时准确鉴别害虫种类也是非常重要的。例如，不同的害虫种类对同一种杀虫剂的敏感性可能不同，只有确定害虫的种类，才能确定所使用杀虫剂的种类和剂量。针对不同的害虫种类，采取的防治对策也不相同，如赤拟谷盗和杂拟谷盗是两种形态非常接近的害虫，如果在储藏物的一个角落发现了赤拟谷盗，必须尽快采取措施，否则它们会很快感染全部储藏物，因为赤拟谷盗有较强的飞行能力；如果是杂拟谷盗，将会有较多的时间来考虑采取哪种防治措施，因为杂拟谷盗不善飞行。如果在周围环境中（如在杀蚊蝇的电击杀虫器上）发现了豆象，必须马上检查储藏的豆类是否被害虫侵染，因为豆象只为害豆科种子。如果在储藏物中发现的昆虫只是外界偶然飞入的非储藏物害虫，就不需要采取防治措施。

二、昆虫分类的基本原理

（一）分类单元和分类阶元

根据生物进化理论，昆虫是由共同的祖先进化而来的。这样，就必然有些种类之间的亲缘关系比较接近，而有些昆虫之间的亲缘关系比较远。亲缘关系比较近的种，其外形、习性很近似。许多亲缘关系密切的物种合在一起，就组成属（genus）；同理，特征近似的属组成科（family），科具有一目了然的特征；近似的科组成目（order），目的特征更明显；目上又归为纲（class）等。这些属、科、目、纲等就是分类单元（taxon）。这些分类单元按等级排列成分类系统，称为分类阶元（category）或分类阶梯。

分类阶元通常的排列如下：

界（kingdom）

　门（phylum）

　　亚门（subphylum）

总纲（superclass）
　纲（class）
　　亚纲（subclass）
　　　总目（superorder）
　　　　目（order）
　　　　　亚目（suborder）
　　　　　　总科（superfamily）
　　　　　　　科（family）
　　　　　　　　亚科（subfamily）
　　　　　　　　　属（genus）
　　　　　　　　　　亚属（subgenus）
　　　　　　　　　　　种（species）
　　　　　　　　　　　　亚种（subspecies）

在以上分类单元中，种是分类的基本单元；界、门、纲、目、科、属是分类的主要单元，它们都是昆虫分类必不可少的单元；而亚纲、总目、亚目、总科、亚科、亚种等是分类的次生单元，常根据分类的需要增加或省略。

在所有的分类单元中，种是客观存在的实体，而其他分类单元则是人为划分的抽象分类单位。

在以上分类阶元中，任何一种生物包括昆虫都有自己占据的位置，称为该种生物的分类地位。例如，米象（*Sitophilus oryzae*）的分类地位为：动物界（Animalia）节肢动物门（Arthropoda）昆虫纲（Insecta）鞘翅目（Coleoptera）象甲科（Curculionidae）象虫属（*Sitophilus*）。

（二）种的概念

种（species）即物种，是生物分类的基本阶元，给种下一个确切的定义，无论是在分类研究中，还是在生产实践上都是非常重要的。分类是分与和的对立统一，它的对象是形形色色的物种。因此，分类工作的要点可以用两句话来概括，即“正确区分物种，正确合并物种”。基于这个原因，物种的定义已成为分类学的一个百家争鸣的课题，不同学者对物种的理解不同，而且在不同的历史阶段，对物种曾有过不同的定义，关键是划分物种的标准。

自然分类学的创始人林奈在18世纪所下的定义是：“同一种生物，其形态相同，在自然情况下能够交配，生出正常的后代来。”这个定义基本上是正确的，但他认为种的类型是不变的，在其起源与发展上没有任何联系，这是错误的。

达尔文1859年发表了《物种起源》，提出物种是显著的变种，是性状明显的个体类群，证明了所有生物的种类是由较低等的共同祖先演化来的。不同的种是在不同的环境影响下所产生的，因此生物的种与种之间都存在着血缘关系。这是正确的一面，对破除物种不变具有伟大的贡献，是他在生物学上的伟大贡献。但他只把种的区别看作环境影响下量的变化和程度的差别，而没有认识到质的不同，对物种的稳定性强调不够，甚至怀疑种的客观存在，这就给生物分类研究工作客观地划分物种带来了一定的困难。

物种的定义很多，有关判别的标准也有争议，它既是一个分类学概念，又是一个生物学概念。人们普遍接受的是生物学物种概念，即物种是自然界能够交配、产生可育后代，占有一定生态空间，并与其他种群有生殖隔离的群体。

还有一类种，叫作近缘种或同胞种（sibling species），即形态难以区分，而亲缘关系密切的种，它们在构造上仅有细微的差别，但有生殖隔离的不同种，如储藏物昆虫中的米象和玉米象等。

（三）种以下的分类

种不是生物进化的最终分支。种是由种群（众多个体）组成的，同一物种不同种群长期生活在不完全相同的环境条件下，种的特征就或多或少有所变化，这就产生了种以下的分类单元。

亚种（subspecies）：由于地理隔离，不同种群间基因交流降低，各自向不同方向演化，形成较大的差异，但相互间仍能杂交，未达到种隔离的级别，就定为亚种。这一概念目前仅承认地理亚种，在同一地区不存在2个亚种，也就是说亚种之间在地理上是隔离的。一个亚种可以说是一个“未成熟的种”，也是目前国际动物命名法规中承认的唯一种下单元。

变种（variety）：凡与模式标本或原记载的特征不完全符合的，过去都称为变种。这一名称应用比较混乱，自1961年以后就废弃不用了。如果是一个变异的种群，可以作为亚种的，就改为亚种；凡属个体变异的，就取消不用。

型（morph）：种内存在的外形、颜色、斑纹等差异显著的不同形态类型。可因季节、生境、性别等差异而形成。

生态宗（ecological race）：种内适应本地区生态条件的种群集合。这种变异不能遗传，随着生态条件的恢复，其子代也就失去这种变异而恢复原始性状。

（四）种以上的分类

属是一个分类单元的聚合，包括一群相似或相关的种。属的名称包含在学名中。属的主要特性是形态上的独特性。同一属所包含的种在形态上有共同性，生活方式相同，有特定的生态位（niche）。不同属间形态具有明显的差异，生活方式与生态位也不相同。

科也是一个分类单元，包括一属或一群具有在系统发育上共同起源的属，它与其他科之间为一定的间断所隔离。科间的界限比较明确，常以某些明显的适应性状来进行区分，即不同科在形态、生活方式等方面都明显不同。科适应于一个特定的或略为广泛一些的生态环境。例如，豆象科的甲虫，一般都以豆类种子为食，栖息在相似的环境中。科与属不同，属的分布通常限于一个大陆或几个相邻的大陆，而科的分布通常是世界性的。

目、纲、门是分类体系中最稳定的单元，而且都占有特定的且通常是特殊的生态环境。现代动物约有350目68纲30门。昆虫纲最多分为34目。

总之，任何一个分类单元，在空间上代表着物种间的不同性与相似性，在时间上代表着血缘的亲疏与起源；它不仅代表着演化的间断性与特殊性，也代表着物种演化的连续性与共同性；它不仅表示了有机世界的多样性，而且也表示了有机世界间本质的、内在的联系。

三、昆虫分类的方法

（一）分类特征的含义及作用

生物都有一定的体躯结构和生命活动性状，但只有那些用来进行类下分类和类上归类的性状才称为分类特征（taxonomic character）。分类特征是一个分类单元和其他分类单元的成员借以相区别或可能相区别的属性。从这个简单的定义中可以看出：①把分类特征看成生物有机体任何性状的属性是不正确的，如相同居群的个体，彼此有不同的性状，如两性的差别、年龄等级的不同，这些就不是分类特征；②不同分类单元的对比是确定有机体各性状是否为分类特征的基本方法，分类特征意味着分类上的真正或潜在区别。

分类特征在分类上有着双重作用，既是特定分类单元的鉴别指标，又是系统发育亲缘关系的指标。

自林奈为生物分类学奠基以来，生物分类研究大都是依据形态特征，特别是外部形态特征。这是因为外部形态特征容易观察，特别是昆虫，由于有坚硬的外骨骼，为分类研究提供了方便。但是，随着科学技术的发展，科学仪器日新月异，给观察和量度生物性状、确定分类特征带来新的手段，增加了从前观察不到的特征，丰富了分类研究的内容，提高了分类研究反映客观实际的可靠性。

（二）分类特征的类型

昆虫分类所用的特征既反映出昆虫群体体躯结构和生命活动的特征性状，也反映出不同时代用来观察和测试昆虫体躯结构和生命活动性状的科学技术和仪器水平。例如，只有电子显微镜出现后，才有研究和利用超微结构特征的可能。当代昆虫分类应用的特征，大体划分为以下类型。

1. 形态学特征 形态学特征是分类学中最常用、最基本的特征，除体长、体宽、颜色等一般的外部形态外，还用到一些特殊构造（如外生殖器、各种腺体等）、内部形态（如消化道、神经系统等）、胚胎学特征及胚后发育特征等。

2. 行为学特征 行为学特征指昆虫行为表现出来的各种性状。通常能观察到的昆虫行为包括趋性、反射、本能和学习4种类型，前3种是先天性的行为，后一种是后天获得的行为。在昆虫分类研究中常用到鸣声、气味、交配等行为特征，储藏物昆虫已有关于气味特征的研究。气味是昆虫与昆虫、昆虫与植物之间信息传递的一种方式，这种信息传递依靠化学物质来实现。例如，昆虫在求偶、觅食、定向栖息场所、受到侵扰时警告同伴等行为均散发出一些气味。把引起同种昆虫其他个体产生反应的这些化学物质称为种内信息素，如性信息素、报警信息素、集合信息素等。引起它种昆虫产生行为反应的称为种间信息素，如利它素、利己素、协同素等，目前分类上应用较广的为性信息素，又称性外激素，提取性外激素，可用来鉴定虫种。

3. 生态学特征 生态学特征是昆虫与其所处的环境因素相互作用的各种性状，如生境和寄主、食性、寄生物等生态学特征，在昆虫种类鉴别上作用较大。

4. 细胞学特征 由于电子显微镜技术的发展，当前国内外对昆虫超微结构进行了一定研究。昆虫超微结构的实质就是细胞学，其内容涉及昆虫体壁、气管、消化道、唾液腺、丝腺、血球、脂肪体、神经、肌肉、生殖系统、感觉器官等。在分类上应用最多的为染色体、精子、体壁表面及感觉器官的特征。细胞学特征不仅对属、种，尤其是近缘种的鉴别意义重大，而且在系统演化研究方面也有一定的意义。

5. 生物化学特征 20世纪40年代起，随着生物化学的发展，用生物化学方法分析生物体内物质结构的研究日益增多。生物体物质结构的性状，应用在生物分类上即生物化学特征，简称生化特征，形成化学分类学（chemotaxonomy）。

组成动物体的化学物质分为3类：初级代谢物质、次级代谢物质与带遗传信息物质。

1）初级代谢物质　初级代谢物质即动物基本代谢过程普遍存在的物质，如碳水化合物、氨基酸、脂肪、无机盐、微量元素等，为动物所共有，少数有质的差别，大多数只有量的差别，在动物高级分类单元的划分上有一定意义。

2）次级代谢物质　次级代谢物质不具基本代谢作用，多为代谢产物，如类固醇、甾酮、类萜、苯醌、酚类等，有些是昆虫的性信息素等，在分类上有一定价值。

近50年来，昆虫分类上应用小分子化合物（相对分子质量小于500）的研究逐渐增多，主要集中在微量元素、氨基酸、碳氢化合物、外分泌物等方面。研究发现，可用气象层析法测量几种象虫的生物化学成分，如玉米象有12%的棕榈烯酸，而米象则未检出棕榈烯酸；玉米象有13%的亚麻酸，而米象有15%；玉米象有80%的棕榈酸和油酸，而米象有82%。

3）带遗传信息物质　大多数生物体内遗传信息的流向主要是DNA（脱氧核糖核酸）→mRNA（信使核糖核酸）→蛋白质，分别为初级信息物质、次级信息物质和三级信息物质。

DNA和RNA的结构直接决定遗传性质，是物种特性的根本所在，应该是最有价值的分类特征，但在20世纪80年代前由于研究技术的限制，在昆虫分类上的应用研究仅处于起步阶段，现在有了很大发展，在分子生物学特征中重点讨论。

蛋白质为三级信息物质，为大分子（相对分子质量大于2000），其结构直接反映基因组成的差异，是极有用的分类特征，在分类方面用来测定蛋白质的方法有氨基酸顺序测定、血清方法和电泳方法。前两种方法在昆虫分类上研究应用尚少，而电泳方法因简便和切实可行，应用较多。

6. 分子生物学特征　20世纪80年代以来，随着分子生物学的迅速发展，快速分析DNA序列信息成为现实，从基因密码直接探讨生物进化的历史成为可能，分子系统学（molecular systematics）应运而生，核苷酸可用来获取更多的特征，用于系统发育的推断，核糖体被发现适于很多昆虫类群的系统发育重建。分子遗传标记突破了表型标记的局限性，生物体直接来源于DNA序列的差异具有稳定性、受环境条件的影响小、信息量大、不同层次与类群之间广泛可比等优越性，在揭示生物遗传变异研究中发挥着独特作用。

目前用于昆虫分类研究中的分子生物学技术有以下几种。

1）RFLP分析　限制性片段长度多态性（restriction fragment length polymorphism，RFLP）分析，是20世纪80年代发展起来的研究生物DNA多态性的技术。基本原理是由于进化过程中的各种原因引起种、属间同源DNA中核苷酸的数量和排列顺序发生改变，当这种改变涉及限制性内切酶识别位点时，利用限制性内切酶将DNA切割成不同长度的限制性片段，从而产生多态性的DNA图谱。根据群体间DNA限制性片段的相似程度计算遗传距离，再根据遗传距离矩阵重建系统发育。此方法既可以进行近缘种及种内群体间的比较，也可以进行远缘物种的比较，主要应用于构建基因组连锁图谱及确定物种间的亲缘关系。但是，由于细胞核DNA分子量极大，不同属种生物的差异较大，采用一种或几种限制性内切酶几乎很难切割DNA。因此，目前国内外普遍进行的是生物体线粒体DNA（mtDNA）多态性的研究。因为mtDNA分子量较小，处于限制性内切酶的分析范围，并且分子结构简单，遗传上具有自主性，呈母系遗传，进化程度快，便于进行结果分析。目前，也有采用RFLP与聚合酶链反应（polymerase chain reaction，PCR）相结合的方法，先选用特定引物将某一片段进行PCR扩增、纯化和克隆，然后再进行RFLP分析。RFLP分析通常只用于种类鉴定或种内种群间的遗传进化研究，很少用于种上高级分类单元的系统发育分析。

2）RAPD分析　随机扩增多态性DNA（randomly amplified polymorphic DNA，RAPD），

是由美国杜邦公司的Williams和加利福尼亚生物研究所的Welsh领导的2个研究小组于1990年几乎同时提出的一种新的遗传标记法，即利用随机引物寻找多态性DNA片段的分子标记技术。RAPD技术建立在PCR基础上，将随机合成的寡聚核苷酸序列作为引物（一般为10bp），分别与DNA的2条单链结合，在DNA聚合酶的作用下，对基因组的特定区域进行PCR扩增。扩增的多态性DNA可通过电泳后片段数目变化来检测，称RAPD图谱，反映了基因组相应区域的多态性。RAPD分析的基本假设是用同一引物扩增的DNA片段（带），如果长度相等，则被视为属同一基因座（即同源）。大量的研究证明，RAPD具有个体、群体、亚种、种等各层次水平的特异性，且这种变异是按孟德尔方式遗传的，因而是一种优良的遗传标记。RAPD分析的优点：①快速、简便，整个实验能在24h内完成，而且只需具备分子生物学实验的基本条件就可进行，不需要昂贵的试剂及仪器设备；②反应灵敏；③对遗传背景不清楚的材料也能进行；④可扩增干制或固定标本。缺点：反应过于灵敏，极易受外源DNA的污染，可重复性低。此方法在蚜虫与体内的两种寄生蜂、按蚊、舞毒蛾、粉虱、蝗虫果蝇、小麦吸浆虫、棉铃虫等昆虫分类与鉴定研究中，均有成功应用。在这些研究中，RAPD大多用于近缘种、复合种和种内生物型的识别和鉴定，以及地理种群的遗传进化研究。

3）*DNA指纹图谱技术*　理论上2个动物个体基因组DNA片段具有完全相同的碱基序列的概率是无限小的（除同卵双胞胎外），所以每个个体的DNA经酶切后，电泳分离，用标记的DNA探针杂交和放射自显影后，形成的带纹分布应该是有区别的，具有个体、群体和物种的特异性，这些带纹就称DNA指纹（DNA fingerprint）。这种分析DNA变异的方法称DNA指纹图谱法。动物个体的DNA指纹图谱中每1条带除了偶然发生的突变之外，都可以从其父母双方的DNA指纹中找到，因而DNA指纹图谱技术特别适用于亲代与子代血缘关系的鉴别、个体识别、群体及种间关系的研究。DNA指纹图谱是和RFLP密切相关的一种技术，是用特异性探针杂交来检测基因组中某些序列的RFLP技术。

4）*DNA序列测定*　核酸不仅是主要的遗传物质，也是生物进化史的重要记录者。核酸序列分析是指通过测定核酸一级结构中核苷酸序列组成来比较同源分子之间相互关系的方法。这一技术是建立在高分辨率变性聚丙烯酰胺凝胶电泳技术基础上的。变性聚丙烯酰胺凝胶电泳能分离长度达300～500bp，而差别仅1个碱基的单链寡聚核苷酸。对一个待测的DNA片段，需要使其转变为一系列相差仅1个碱基的连续末端。在测序的4种反应体系中，寡聚核苷酸分别终止于不同位置的A、T、C或G碱基上。4种反应体系的寡聚核苷酸产物，在变性聚丙烯酰胺电泳中上样于相邻的加样孔中电泳分离，由于全部可能产生的不同大小寡聚核苷酸都可存在于4种体系中，从放射显影后的4种末端寡聚核苷酸梯形图谱中，就可以直接读出DNA的顺序。DNA序列分析是通过直接比较不同类群个体同源核酸的核苷酸排列顺序，构建分子系统发育树，并推断类群间的系统演化关系，是目前进行分子进化及系统发育研究最有效、最可靠的方法。目前大多数序列测定是针对线粒体DNA（mtDNA）片段、基因组DNA片段及微卫星扩增序列进行的。

5）*AFLP技术*　扩增片段长度多态性（amplified fragment length polymorphism，AFLP），是由荷兰科学家Zabeau和Vos于1992年发展起来的一种检测DNA多态性的方法。该技术的基本原理是对基因组DNA限制性酶切片段进行选择性扩增，使用双链人工接头与DNA的酶切片段相连接，作为扩增反应的模板，接头与接头相邻的酶切片段的12个碱基序列作为引物的结合位点，选择碱基延伸到酶切片段区，这样就只有那些两端序列能与选择碱基配对的限制性酶切片段被扩增，扩增片段在高分辨率的顺序分析胶上进行电泳，多态性即以扩增片段的长度不同被检测出来。由于接头和引物是人工合成的，所以在不需要事先知道DNA序列信息的前提下，就可以对酶切片段进行PCR扩增。AFLP是RFLP和RAPD的结合，既有RFLP的可靠性，也具有RAPD的方便性，被认为是迄今为止最有效的分子标记。它可以应用于一般分子标记的所有应用范围，如遗传多样性和种质鉴定、基因定位、基因追踪、连锁图的构建等。

根据所用的主要特征，有学者把分类分为形态分类（morphological taxonomy）、化学分类（chemical taxonomy）、遗传分类（genetic taxonomy）、分子分类（molecular taxonomy）等。显然，随着科技的进步，昆虫分类学的手段也在不断变化。

四、昆虫的命名法

每种昆虫都有两种名称，一种是本国或当地人们通常所用的名称，叫作俗名（common name）。例如，中文名叫作“谷蠹”的储粮害虫，英文名称叫作“lesser grain borer”，都是一种俗名，只在使用同一种语言文字的国家或地区通用。由于俗名无固定的规则，很容易造成误会，不便于国内和国际交流。因此，相应的国际命名委员会和命名法规应运而生。最初的生物命名法规是在1758年修订的林奈的《自然系统》（第10版）中对生物命名原则基础上制定的，在过去的200多年中逐渐发展与完善。现在昆虫学领域使用的动物命名法规遵循的是1999年修订的《国际动物命名法规》（第4版），从2000年1月1日起开始实行，昆虫的命名必须严格遵循这一法规。

（一）学名的构成

按照《国际动物命名法规》，昆虫的科学命名只能采用拉丁文。按照动物命名法规给动物命名的拉丁文名称，称为学名（scientific name）。

学名由拉丁文单词或拉丁化的单词构成，通常表示命名的动物或类群的某个特征，也可以用人名、地名等命名。高于属级的学名是拉丁化的名词，复数、主格；属和亚属也是拉丁化的名词，但为单数、主格；种和亚种名可以是名词、形容词或动词的现在分词和过去分词，名词为主格或属格（形容词），形容词和分词必须与属名同性。

1. 种级单元和名称

1）双名法（binominal nomenclature）　一个昆虫的种名由2个拉丁名词构成，第1个词是属名，第2个词是种本名，它们加在一起组成昆虫的学名，称为双名法。分类学著作中，学名后面通常还有第3个词，即定名人的姓氏，在定名人的姓氏后面加上命名时的年份，如玉米象的学名为*Sitophilus zeamais* Motschulsky，1855，其中*Sitophilus*为属名，*zeamais*为种本名，Motschulsky为定名人的姓氏，1855为命名时的年份。

属名的第1个字母应大写，种本名第1个字母不需大写，定名人姓氏的第1个字母大写。学名在印刷时常用斜体，定名人姓氏用直体。定名人的姓氏在分类学的著作上应当写上，对于一些较熟悉的定名人的姓氏也可以缩写，如Linnaeus可缩写为Linn.或L.。在一般非分类学的著作中定名人的姓氏往往可省去不写。学名则只有在前面已提到的情况下可将属名缩写，如*S. zeamais*。有时定名人的姓氏被括在括号内，表示这个学名最初的属名已经修订。例如，米象最初的学名为*Curculio oryzae* L.，而后来已被修订为*Sitophilus oryzae*（L.）。

2）三名法（trinominal nomenclature）　对于亚种的名称则使用“三名法”，即将亚种名直接放在种本名之后，如短角褐毛皮蠹（*Attagenus unicolor simulans* Solsky，1876）和黑毛皮蠹（*Attagenus unicolor japonicus* Reitter，1877）就是1种的2个亚种。

2. 种上单元和名称　种级以上单元的名称是单名，即由1个拉丁词组成，第1个字母须大写，排版时属名用斜体，属级以上的单元用正体。

按现今通用的惯例，总科、科和亚科等名称都有标准的词尾，这些词尾加在模式属的学名的词干之后，即总科的词尾是“oidea”，科的词尾是“idae”，亚科的词尾是“inae”。由于多数昆虫有翅，目名大多以“ptera”（翅）结尾。

（二）优先率

每一种昆虫在第1次经过分类学家研究，确定为一科学上新发现的种，给它定上1个学名公开发表以后，没有特殊理由是不允许随意改变的。1种昆虫只能有1个学名，以后任何人所定的学名都叫作（同物）异名（synonym），是不被采用的；同样，1个学名只能用于1种昆虫，如果用作另一种昆虫（或动物）的名称，就成为（异物）同名（homonym），也不为科学界所承认。因为科学上采用最早发表的学名为有效名，所以学名后附上定名人的姓氏就很有必要，有时还要注明定名的年代。此即“优先律”，这样就保证了1个学名只能用于1种动物。优先律的有效期公认从林奈的《自然系统》（第10版）出版的1758年开始。

（三）新种和模式标本

在世界范围内第1次发表记载的昆虫种类，称为新种（new species）。记载新种用的标本，即第1次发表新种时所依据的标本，称为“模式标本”（type specimen）；在一批同种的新种标本（全模标本）中，应选出其中1个典型的作为“正模”（holotype），另选1个异性作为“配模”（allotype），同时所参考的其余标本称为“副模”（paratype）。

模式标本是科学上的宝贵财富，常被珍贵地永久保存在博物馆内，以备以后研究者的核对。

如果某种昆虫在世界范围内已有过记载，但在某一国家或地区首次发现，可作为该国家或该地区的新记录种（new record）。

五、检索表

检索表（key）是为便于分类鉴定而编制的引导式特征区别表。检索表是昆虫分类分析的工具，广泛用于鉴定昆虫种类或不同等级分类单元所属地位。学习昆虫分类必须掌握检索表的编制和运用。检索表是用对比分析和归纳的方法，将不同种类昆虫的特征，从中选定比较重大而稳定的特征，做成简短的文字条文排列而成。通过查阅检索表，我们可以简便、快速地确定某一昆虫的分类地位。

检索表的类型有多种，目前较常用的主要有连续式和两项式两种。兹以储藏物昆虫目检索表举例如下。

连续式检索表

1（10）有翅

2（9）两对翅

3（6）口器咀嚼式

4（5）前翅为鞘翅……鞘翅目

5（4）前翅为复翅……蜚蠊目

6（3）口器吸收式

7（8）口器刺吸式……半翅目

8（7）口器虹吸式………鳞翅目

9（2）一对翅………双翅目

10（1）无翅………衣鱼目

两项式检索表

1. 无翅……衣鱼目

   有翅………2

2. 一对翅……双翅目

   两对翅……3

3. 咀嚼式口器……4

   吸收式口器……5

4. 前翅为鞘翅……鞘翅目

   前翅为革翅……蜚蠊目

5. 口器刺吸式……半翅目

   口器虹吸式……鳞翅目

连续式检索表的优点是各不同单元的关系明显，缺点是相对性状相离较远。

两项式检索表是目前最常用的一种，其优点是每对性状相互靠近，便于比较，循着号码检索，非常便利。主要缺点是各单元的关系有时不明显。

好的检索表应当选用最明显、较稳定的外部特征，而且要用绝对性状，不用“较大”“较小”“明些”“暗些”等相对性状；并且是严格对称的性状，两条对应性状不能重叠；还要用最简明的文字表达出来，以便于读者应用。

在昆虫各目、科的分类描述中，通常采用以下尺度来表示昆虫的体长：2mm以下称为微小；2～10mm称为小型；10～30mm称为中等大；30～50mm称为大型；50～80mm称为很大；80mm以上称为巨大；超过200mm为极大。在储藏物昆虫中，书虱及一些薪甲科的种类只有1mm左右，体形较大的蜚蠊也不足40mm。所以，大多数储藏物昆虫的体长在10mm以内，属于小型种类。

六、分类学的发展与趋势

分类学有悠久的历史，甚至原始部落的人都可能是出色的博物学家。但分类学作为生物理论科学的一个分支学科，是最近两个世纪以来的事情，它是从“博物学”发展起来的。分类学经历了几次革命，到20世纪50～70年代跨入了前所未有的兴旺发达时代。

（一）分类学的发展

昆虫分类学属于动物分类学，从它的发展来看，可分为4个阶段。

第1阶段：是研究地方动物区系的时期，从亚里士多德（公元前384～前322年）到林奈的《自然系统》（第10版）（1758）的发表，创立动物命名法，奠定了第1阶段动物分类的基础。在这个时期，公认林奈的物种不变原则，所有工作都注重于确定模式标本，根据动物形态类似的程度进行分类。这种局限于种的描述与命名的水平，一般称为α分类或甲级分类。

第2阶段：以19世纪中叶达尔文的《物种起源》一书的出版为标志，分类学又进入了一个新的时期，即接受进化论的时期。由于受达尔文等的进化论影响，在分类中运用系统的概念，“类缘”代替了第1阶段的“类似”。黑格尔首先提出系谱树来表示生物的系统发育。这一时期又有大量的新目、新科、新属被发现。人们集中精力于树立“自然系统”，努力阐明较高分类单元的关系。这种把种级分类单元归纳排列成适当阶元等级的分类系统工作，称为β分类或乙级分类。

第3阶段：是研究种群关系的时期。19世纪末期，种群研究在分类学上居重要地位，模式标本的概念完全被抛弃，而认为物种是动态的、多型的。分类学工作者的兴趣回到地方区系，以研究种群的变异及邻近种群之间的细微变异，其主要目的是研究种及种下分类阶元的系统关系。综合一切生物学的知识，以建立生物种与自然种的概念。这种对于种下分类学及物种形成和分化进行的探讨研究，称为γ分类或丙级分类。

第4阶段：20世纪分类学工作的特点，是将19世纪发展起来的分类学方法和概念继续加以延伸。现在的分类学习惯上称为新系统学，是在赫胥黎（1940）的《新系统学》和麦尔（1942）的《系统学与物种起源》等著作的影响下形成的。新系统学的特点是：生物学的物种定义取代了纯形态学的物种定义，将生态学、地理学、遗传学及其他因素一并考虑在内，以足够的标本为代表的种群已经成为基本的分类单位。大部分分类工作都在进行物种的细分，命名的问题在分类工作中仅占附带的地位。分类学家和生物学家所注意的问题趋向一致。

但是人们对于许多动物类群目前还是了解得很少，以致较新的分类学原理和技术还未能多方应用。在这种情况下，分类学家的注意力还必须投入到新种的描述、检索表的编制及类似的甲级工作中。尤其我们中国的昆虫区系尚不完全清楚，尚有大量的甲、乙两级工作要做。

（二）分类学的现状和展望

近40年来，由于生物学和其他各种科学技术的突飞猛进，分类学也取得了令人喜悦的进展。这个时代的分类学家把理论问题从种下分类转移到种上分类，即属以上的高级单元的分类。在技术上，这个时代的分类学家把电子计算机、电子显微镜、生物化学和分子生物学的方法和技术应用于分类工作，使分类学的面貌为之一新。

超微形态学：电子显微镜的应用促进了超微形态学的产生与发展，为微小的近似种类的分类创造了有利条件。

化学分类法：利用生物化学的方法进行昆虫分类，如血清反应法、层析法和电泳法、蛋白质分子中氨基酸次序的测定、核酸的研究等。

数值分类法：电子计算机在分类上的应用，产生了数值分类法，即将昆虫特征变成数字（包括昆虫体躯各部分的直接量度和各部分形态性状所转换的数值），通过电子计算机运算，求出相关数值，称为分浓（phenon）或表型单元，绘成表型图或分浓图，依其相关位置排列，距离愈近，关系愈密切；单元愈高，关系愈远；单元愈低，关系愈近。

支序分类学：支序分类学严格地把生物分类建立在基于共同祖先，反映分类单元之间系谱关系的系统发育上，使生物分类学家认识到什么是自然分类与自然分类单元，以及与人为分类单元的区别。由单系群构成的生物分类才是自然分类。物种与单系群是最基本的自然分类单元。支序分类学派理论的创立人德国昆虫学家Willi Henning提出了严谨的推断系统发育与建立自然分类的科学方法，引进了哲学上的假说——演绎方法，提出了系统发育关系的假说并进行检验；提出了外群比较方法进行特征极性判别；引进了简约法则，进行同源特征的一致性检验；建立了一套实用的计算方法体系，研制出Hennig86程序等进行系统发育分析的计算机软件。

分子系统学：进入20世纪80年代，利用分子生物学特征进行昆虫系统发育与分类的研究逐渐增多，保守基因的核苷酸序列可用于系统发育关系的推断和重建，新的分子生物学技术与手段为生物系统发育和分类研究带来了新的活力。随着分子生物学逐渐向生物系统学的渗透，昆虫分类学这门古老的学科经历了巨大的变化。在过去数十年中，分子数据已越来越多地被用于昆虫系统学的研究。昆虫分子系统学已经取得显著的进步，包括数据产生的技术与数据分析的方法。近年来积累的大量DNA序列数据几乎涵盖绝大多数主要的昆虫类群。对这些序列数据进行分析和利用，使形态学和生态学数据更有价值，也促进了进化生物学的发展。

总之，电子显微镜的应用，使分类特征提高到超微的水平；生物化学和分子生物学方法的应用，使分类特征深入分子的水平；电子计算机的应用，使分类进入数理统计的水平。过去所不能解决的某些近似种类的区别和种下分类的问题得到了解决；过去所建立的分类系统，得到了验证与修订，这是值得肯定的。但这绝不意味着这些新方法可以完全取代原有分类方法，因为在分析鉴定与归纳整理中，如何正确估计“特征”是一个重要问题。特征是不等价的，同一类群的不同特征是不同价值的。同一个特征在不同类群中，其意义也不相同。我们也应当看到这些新技术的局限性。例如，数值分类与生物化学分类都需要有大量的标本，并在已有的分类基础上才能进行。尤其是生物化学分类，实验结果出来了，标本也已成为粉齑了。因此，各种分类方法各有其长，也各有所短，彼此是不能完全相互替代的，应该取长补短，相互补充，共同促进昆虫分类学的发展。

第二节　昆虫纲的分类

一、昆虫纲及六足总纲分类简介

人们根据昆虫形态与昆虫化石的研究，建立了昆虫分类系统。昆虫分类系统不断发展变化，各个分类学家分目各有不同。最初林奈把昆虫分为7目。以后，勃劳尔（1885）根据形态和系统发育将昆虫分为2亚纲：原始的无翅亚纲和有翅亚纲，下分17目。波尔纳（1904）根据变态将有翅亚纲分为不完全变态和完全变态两大类，他把昆虫共分为22目。布鲁斯和梅兰德（1932）将昆虫分为无翅、有翅2亚纲，共34目。我国的昆虫学者周尧（1947，1950，1964）将昆虫分为4亚纲，即蚣虫亚纲、粘管亚纲、无翅亚纲和有翅亚纲，共分33目。陈世骧（1958）将昆虫分为3亚纲3股5类33目。蔡邦华（1655）将昆虫分为2亚纲3大类10类34目。

Richards与Davies（1977）修订的《伊姆斯普通昆虫学教程》（*Imms' General Textbook of Entomology*）（第10版）则将昆虫纲分为29目。Weidner修订的《昆虫学纲要》（*Grundriss der Insektenkunde*）（第5版）将昆虫纲分为33目。

根据最新的分类系统，将原来昆虫纲下属的弹尾目、原尾目和双尾目提升为纲。这样六足总纲就包括了弹尾纲（Collembola）、原尾纲（Protura）、双尾纲（Diplura）和昆虫纲（Insecta）4纲，所以六足总纲相当于传统的、广义的昆虫纲。

六足总纲的共同特征：体躯具明显的胸部和腹部；胸部由3个体节愈合而成，具3对运动足；身体前端的感觉器向头部集中等。

二、昆虫纲的分目

昆虫纲分目所依据的特征主要有：翅的有无及类型、口器的类型、变态的类型、触角的类型、足的跗节类型、尾须的有无及类型等。

根据昆虫纲是否原生无翅，可将昆虫纲分为无翅亚纲和有翅亚纲，加上2002年正式定名的螳䗛目，昆虫纲共计29目。

昆虫纲（Insecta）

无翅亚纲（Apterygota）

1. 石蛃目（Microcoryphia）
2. 衣鱼目（Zygentoma）

有翅亚纲（Pterygota）

外生翅类（Exopterygota）（即不完全变态类）

3. 蜉蝣目（Ephemeroptera）
4. 蜻蜓目（Odonata）
5. 襀翅目（Plecoptera）
6. 纺足目（Embioptera）
7. 直翅目（Orthoptera）
8. 䗛目（Phasmatodea）
9. 蜚蠊目（Blattodea）
10. 螳螂目（Mantodea）
11. 螳䗛目（Mantophasmatodea）
12. 革翅目（Dermaptera）
13. 蛩蠊目（Grylloblattodea）
14. 缺翅目（Zoraptera）
15. 啮虫目（Psocoptera）
16. 虱目（Anoplura）
17. 缨翅目（Thysanoptera）
18. 半翅目（Hemiptera）

内生翅类（Endopterygota）（即完全变态类）

19. 鞘翅目（Coleoptera）
20. 广翅目（Megaloptera）
21. 蛇蛉目（Raphidioptera）
22. 脉翅目（Neuroptera）
23. 毛翅目（Trichoptera）
24. 鳞翅目（Lepidoptera）
25. 长翅目（Mecoptera）
26. 蚤目（Siphonaptera）
27. 双翅目（Diptera）
28. 捻翅目（Strepsiptera）
29. 膜翅目（Hymenoptera）

三、储藏物昆虫所属的目

在昆虫纲中，我国储藏物昆虫涉及其中的9目，即衣鱼目、蜚蠊目、革翅目、半翅目、啮虫目、鞘翅目、鳞翅目、双翅目和膜翅目。其中对储藏物危害最大、种类最多的是鞘翅目的昆虫，其次是鳞翅目的种类。另外，啮虫目、蜚蠊目也是较常见的储藏物害虫。而革翅目、半翅目、双翅目及膜翅目的种类在储藏物中大多属于寄生或捕食其他害虫的天敌昆虫，也有人将它们称为仓库益虫。

储藏物昆虫目检索表（成虫）

1．腹末有1对尾铗……………………………………………………………………革翅目（Dermaptera）
腹末无尾铗………………………………………………………………………………………2
2．无翅……………………………………………………………………………………………3
有翅……………………………………………………………………………………………5
3．腹末有1对尾须，尾须间有1条丝状的中尾丝………………………………………衣鱼目（Zygentoma）
腹末无尾须或中尾丝……………………………………………………………………………4
4．体粗短，腹部膨大……………………………………………………………………啮虫目（Psocoptera）
体细长，腹部收缩 ………………………………………………………膜翅目（Hymenoptera）（短翅型蚁类）
5．体坚硬，前翅骨化……………………………………………………………………鞘翅目（Coleoptera）
体柔软，前翅膜质或革质………………………………………………………………………6
6．翅面覆盖鳞片…………………………………………………………………………鳞翅目（Lepidoptera）
翅面无鳞片………………………………………………………………………………………7
7．口器刺吸式……………………………………………………………………………半翅目（Hemiptera）
口器非刺吸式……………………………………………………………………………………8
8．后翅退化为平衡棒……………………………………………………………………双翅目（Diptera）
后翅不退化为平衡棒……………………………………………………………………………9
9．腹部末端钝圆…………………………………………………………………………蜚蠊目（Blattodea）
腹部末端尖…………………………………………………膜翅目（Hymenoptera）（长翅型蚁类、蜂类）

第三节　储藏物昆虫的分类

一、衣鱼目（Zygentoma）

本目为中、小型原始无翅昆虫，体软而细长，体表常被有鳞片。咀嚼式口器。触角较长，丝状（或鞭状）。复眼发达或退化。腹部11节，腹面具针突若干对；腹部末端有1对长而分节的尾须，尾须间有1条丝状的中尾丝。跗节2～4节。表变态。

衣鱼目昆虫多栖息在落叶、石块、树干、青苔下等潮湿场所，以及蚂蚁或白蚁的巢中。也有些种类栖息在房屋及火炉周围等处。该目全世界已知3科约250种。

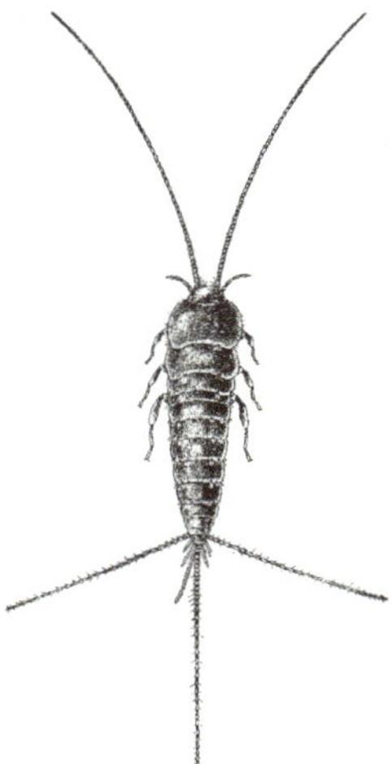

图2-1　毛衣鱼成虫
（仿赵养昌，1966）

彩图

该目储藏物中发现的种类均属衣鱼科（Lepismatidae），国内最常见的种类为毛衣鱼［*Ctenolepisma villosa*（Fabricius，1775）］（图2-1）。毛衣鱼广泛发现于谷物、豆类、油料、图书、档案、中药材、纸张及衣物等储藏物中，为图书、档案的重要害虫，对粮食、中药材等危害并不明显。但该虫发现频率很高，并在我国大部分地区均有分布。

二、蜚蠊目（Blattodea）

蜚蠊目包括蟑螂和白蚁两大类。蟑螂，小至大型种类，体扁平。头较小，活动自如，隐藏于前胸背板下，头顶常外露。复眼发达，肾形，位于头顶两侧；单眼1对，圆形，位于复眼上内侧。触角鞭状，多节。口器咀嚼式，上唇发达，下缘中央常有缺刻。前胸背板极发达。足的腿节粗大，下缘常具刺列；胫节细长，也具2～3行纵刺；跗节5节。前翅革质，后翅膜质，左右相互覆盖，左上右下，静止时后翅呈扇状折叠或纵横几折。有的种类翅退化或缺。通常腹部背板可见10节，腹板可见9节；第1节背板甚短，第10节背板发达，称肛上板，其两侧着生分节尾须1对。腹部末节腹板称下生殖板，雄虫下生殖板着生腹刺1对，个别种类腹刺仅有1根或缺。

蟑螂属不完全变态类的渐变态。多数卵生，少数卵胎生，卵包在卵鞘内。一般1年完成1代，也有数年才完成1代的。蟑螂喜群集，善爬行，速度极快。不善于飞行，即使是有翅种类，飞翔能力也较弱，有时受到猛烈惊扰才会做短距离的飞行。大多数蟑螂在白昼活动，但为害储藏物的室内种类对光却呈负趋性，活动时间多在夜晚无光时。通常情况下，蟑螂喜高温、高湿，活动适宜温度在15～35℃，相对湿度70%～80%。蟑螂听觉和味觉灵敏，室内种类的视觉白天较差，夜晚较强，当遇骤然强光，则立即逃窜。雄虫在腹部背板第1节常有臭腺，分泌难闻臭味。室内蟑螂取食多在夜晚，常聚集在厨房、仓库、食品堆放场所，以及厕所等处，喜食糖、蔬菜、水果、中药材、人的粪便等。

蟑螂大部分是野生种类，有重要经济意义的不到全部种类的1%。但是，这些少数种类，对环境的适应能力很强，对人类生活影响极大。许多发达国家能有效地控制蚊蝇，而对蟑螂却束手无策。日本人惊呼“日本的卫生害虫问题由蚊子、苍蝇时代变成了蟑螂时代”。在榨油厂、酱油厂、酒厂，更是成群聚集为害，取食油脂、酱菜、酒曲。特别在饭店、食品加工厂、医院、机船上为害尤为严重，其次是宾馆、旅社、火车。

此外，室内蟑螂最主要的潜在危险还在于它们是人类多种疾病的传播媒介。据有关研究报道，蟑螂能携带30余种致病菌，如伤寒杆菌、副伤寒甲乙型杆菌、枯草杆菌、绿脓杆菌、黄曲霉菌、结核杆菌、麻风杆菌等。另外，蟑螂体内还带有钩虫、蛔虫、鞭毛虫等人体寄生虫卵。近几年国外有报道，美洲大蠊的分泌物和粪便还含有致癌物质——黄曲霉毒素。

蟑螂也有几种有益于人类的种类，如中华地鳖若虫及雌成虫就是驰名中外的中药材，其味咸性寒有毒，有破血逐瘀散结作用，主治血带、闭经及跌打损伤等疾病。

蜚蠊目全世界已知约7000种。我国有记录的种类250余种，其中与储藏物有关的室内种类有20余种，分属于6科，较重要的有蜚蠊科（Blattidae）、姬蠊科（Blattellidae）和地鳖科（Polyphagidae）。

白蚁类是原等翅目昆虫，现已并入蜚蠊目。白蚁，小型至中型，体软，通常长而扁，白色或淡黄色及赤褐色直至黑色。头前口式或下口式，能自由活动。口器为典型的咀嚼式。触角串珠状。有长翅、短翅及无翅类型，具翅者，2对翅狭长，膜质，大小、形状及脉序相同。飞翔后，白蚁的翅即行脱落，脱落部位通常在翅基肩缝处，残存部分称为“翅鳞”。跗节4或5节，有2爪。腹部10节，第1腹板退化，有短小尾须1对，1～8节。

白蚁是多型性的社群性昆虫，在同一群体内，个体形态与机能上有许多不同类型：①生殖型。能交尾产卵繁殖后代，因其来源与形态的不同又可分为长翅型、短翅型和无翅型三类。长翅型是原始繁殖蚁，每巢内每年出现许多长翅型繁殖蚁，到一定时期，群体出巢飞舞，觅偶交尾，寻找合适的场所建立新的群体，脱翅；短翅型是补充繁殖蚁，常见于地栖种类，只有2对发育不全的翅芽，只有当母蚁夭折或产卵能力减退时，才可以成为生殖个体；无翅型是完全无翅的个体，形似工蚁，仅腹部膨大而已，一般极少见。②非生殖型。不能繁殖后代，形态也与生殖型不同，完全无翅，又可分为工蚁和兵蚁2个类型。工蚁是完全无翅的个体，有雌雄之分，但生殖器官退化，失去生殖能力，在群体中为数最多，其职能是收集食物、筑巢、开路、饲育母蚁与兵蚁、照料若蚁、搬运蚁卵、培养菌圃等；兵蚁也完全无翅，有雌雄之分，但不能生殖，其在群体中起保卫作用，因口器退化而不能取食，由工蚁饲喂。

白蚁是营巢穴生活的昆虫，其巢穴在一定程度上反映了种的生物学特性，营巢的地点、巢穴的结构因种类而异。按巢穴的地点可将白蚁分为3类：①木栖性白蚁。群体不大，蚁巢结构简单，只在木质部分钻蛀的孔道为巢。包括比较原始的木白蚁科及原始白蚁科的种类。②土栖性白蚁。建巢于土中，或巢高出地面呈塔状。土栖性白蚁大多以死的植物质，如树木、树叶、菌类等为食料。③土木两栖性白蚁。可在干木、生活树干或埋在土中的木材内筑巢。包括鼻白蚁科和白蚁科的许多种类。还有些种类能培养菌圃，繁殖真菌，以菌丝为食。

白蚁的营养物质主要来源于植物，食性很广，主要包括生活的植物体、干枯的植物与木材及含纤维的加工品。白蚁的活动对人类生活和工农业生产会造成巨大的危害，如家白蚁属（*Coptotermes*）、散白蚁属（*Reticulitermes*）、堆砂白蚁属（*Cryptotermes*）和土白蚁属（*Odontotermes*）等属的一些种，为害木质建筑结构、交通设施、电信设备、江河堤围、水库土坝、农林作物、书籍、动植物制品、云母、沥青、合成橡胶、玻璃纤维、化纤织品、塑料和人造革等。也有白蚁侵入粮仓为害粮食的现象。白蚁为害的广泛性、隐蔽性和严重性早就引起了人类的重视，在中国尤其是南方许多城市都建有防治白蚁的机构。

白蚁多分布于热带、亚热带，少数种类分布于温带，因此是全世界热带、亚热带的重要害虫之一。在我国主要分布于长江以南各地，在北方部分地区也有发现。

白蚁类世界已知种类有3000余种，分属6科100属，即澳白蚁科（Mastotermitidae）、木白蚁科（Kalotermitidae）、原白蚁科（Termopsidae）、草白蚁科（Hodotermitidae）、鼻白蚁科（Rhinotermitidae）和白蚁科（Termitidae）。其中与储藏物关系密切、种类较多的是鼻白蚁科和白蚁科。

以下是区分蜚蠊目5科的检索表。

科检索表

1. 头部通常被前胸背板遮盖；触角鞭状，长，多节；前翅为半透明的革质，后翅膜质；体躯扁平……2
   头部不被前胸背板遮盖；触角串珠状；前、后翅均为膜质，且大小、形状相似；体似蚂蚁……4
2. 中、后足腿节腹面前、后缘均具有刺……3
   中、后足腿节腹面无刺；如有刺或在前缘或在后缘，不同时存在……地鳖科（Polyphagidae）
3. 雌虫第7腹板后方分裂成两瓣……蜚蠊科（Blattidae）
   雌虫第7腹板后方不成瓣……姬蠊科（Blattellidae）
4. 前翅翅鳞短小，不达后翅翅鳞基部……白蚁科（Termitidae）
   前翅翅鳞一般远大于后翅翅鳞……鼻白蚁科（Rhinotermitidae）

（一）姬蠊科（Blattellidae）

体小至中型，黄褐色至褐色种类。面部唇基正常，不加厚，与额间无明显界限。前胸背板和前翅一般不具黑色点刻，亚前缘脉端部不分叉。静止时，后翅臀域折叠呈扇状。中、后足腿节前下缘具刺。雄虫下生殖板常变化，不对称；雌虫下生殖板常呈扁圆形，不成瓣。本科包括2000余种，多数生活于野外，主要以腐殖质为食。少数种类为生活在室内的储藏物害虫和卫生害虫，如世界著名的室内害虫德国小蠊［*Blattella germanica*（Linnaeus，1767）］（图2-2），广布于全世界，在我国从广东、广西到黑龙江及新疆均有分布。与德国小蠊近缘的拟德国小蠊［*B. lituricollis*（Walker，1868）］和广纹小蠊［*B. latistriga*（Walker，1868）］，很长时间被误定为一种，实际上它们不但在形态上明显不同，在地理分布上也各有特点，它们仅限于我国南方诸省。另外，在我国部分地区分布的京都稀蠊（*Parcoblatta kyotensis* Asahina，1976）也常在室内发生。

彩图

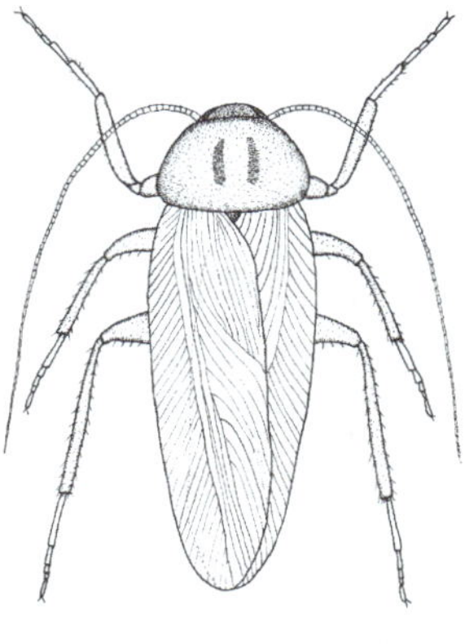

图2-2 德国小蠊成虫
（仿白旭光，2008）

（二）蜚蠊科（Blattidae）

体中至大型，棕红色至黑色种类。面部唇基正常，不加厚，与额间无明显界限。静止时，后翅臀域折叠成扇状。中、后足腿节下缘具刺，各足跗节爪对称。雄虫下生殖板不特化，横长方形，后缘稍呈弧形凹陷，左右各生有1根细长的腹刺，对称；雌虫下生殖板后端呈1对巨大的瓣状。

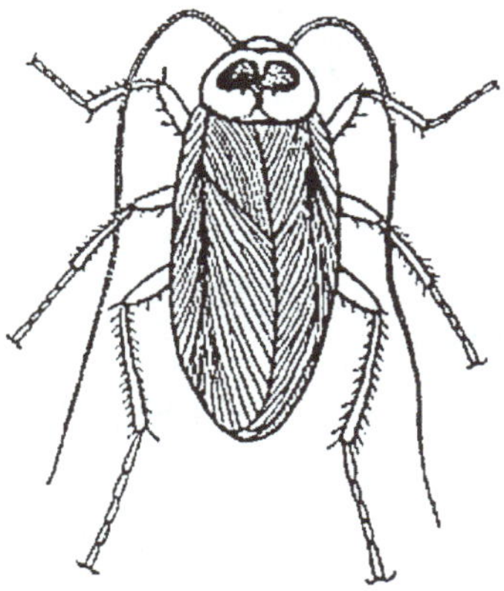

图2-3 美洲大蠊成虫
（仿杨长举和薛东，1997）

彩图

本科许多种类生活于室内，是重要的储藏物害虫和卫生害虫。取食多种食品、衣料、杂物，可传播多种致病细菌和寄生虫卵。我国常见的种类有美洲大蠊［*Periplaneta americana*（Linnaeus，1758）］（图2-3）、澳洲大蠊［*P. australasiae*（Fabricius，1775）］、黑胸大蠊（*P. fuliginosa* Serville，1838）、日本大蠊（*P. japonica* Karny，1908）、东方蜚蠊（*Blatta orientalis* Linnaeus，1758）、斑蠊［*Neostylopyga rhombifolia*（Stoll，1813）］等。

（三）地鳖科（Polyphagidae）

体中型，多毛种类。面部唇基加厚，与额间有明显界限。单眼大。雄虫具翅，雌虫无翅，或仅具很短的翅，静止时，后翅臀域平置，不呈扇状折叠。中、后足腿节下缘无刺，中垫始终缺。雄虫下生殖板后缘呈圆形，具长而对称的腹刺。

本科多数种类常栖息于野外，隐蔽于落叶、草堆或枯枝树皮下，少数种类生活于室内。食性杂，为储藏物害虫和卫生害虫。我国常见的室内种类有冀地鳖（*Polyphaga plancyi* Boliver，1883）（图2-4）、中华真地鳖［*Eupolyphaga sinensis*（Walker，1868）］、云南真地鳖［*E. yunnanensis*（Chopard，1922）］和西藏真地鳖（*E. thibetana* Chopard，1922）。它们可在室内为害多种

彩图

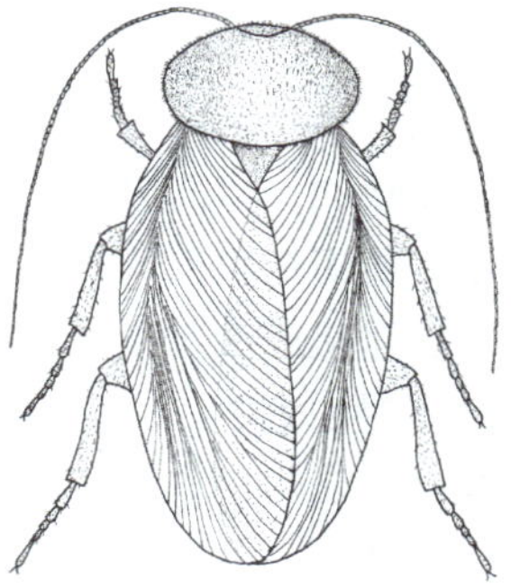

图2-4 冀地鳖成虫
（仿白旭光，2008）

储藏物，而其若虫和雌虫可入药，有活血散瘀的功效，用于治疗跌打损伤、血带及闭经。

（四）鼻白蚁科（Rhinotermitidae）

鼻白蚁科的兵蚁具长鼻状的上唇，伸向前方，因此而得名。本科主要特征为：有额腺，有翅成虫一般有单眼。前翅鳞一般远大于后翅鳞。径脉极小，少分支或不分支。兵蚁及工蚁前胸背板平，无前部隆起部分。前胸背板较头狭窄。跗节4节。尾须2节。

我国储藏物中最常见的种类是家白蚁（*Coptotermes formosanus* Shiraki，1909）（图2-5）。

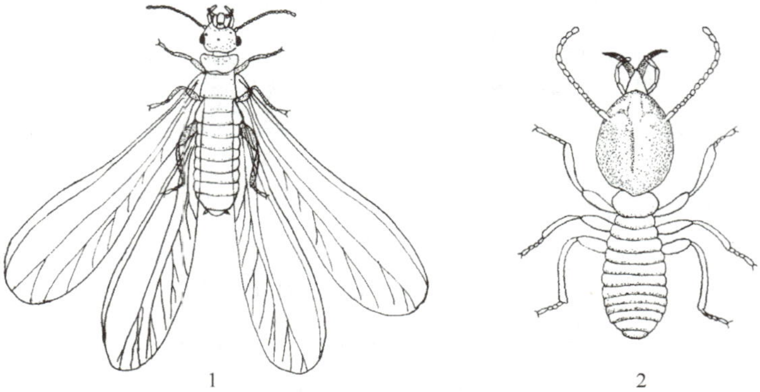

1　　2

彩图

图2-5　家白蚁（仿郑州粮食学院和吉林财贸学院，1986）

1. 繁殖蚁；2. 兵蚁

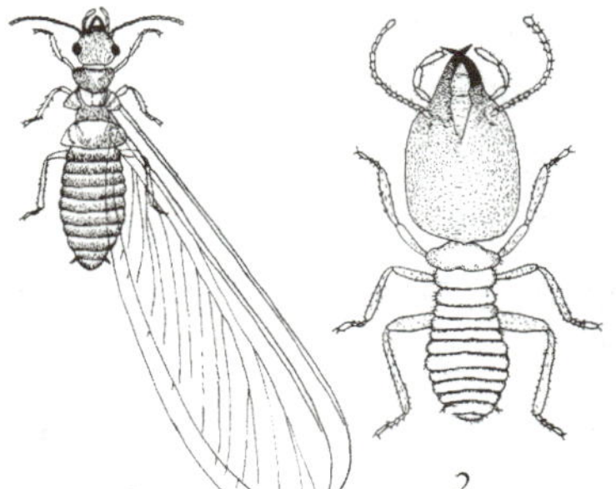

1　　2

图2-6　黄翅大白蚁（仿郑州粮食学院和吉林财贸学院，1986）

1. 繁殖蚁；2. 兵蚁

彩图

（五）白蚁科（Termitidae）

白蚁科的特征与鼻白蚁科较相似。主要不同点是前翅翅鳞短小，不达后翅翅鳞基部。翅面网纹极少，翅缘及翅面有毛，径脉退化或缺如。尾须1～2节。兵蚁前胸背板为马鞍形，前缘上翘。

我国储藏物中较常见的种类是黄翅大白蚁（*Macrotermes barneyi* Light，1924）（图2-6）和黑翅土白蚁（*Odontotermes formosanus* Shiraki，1909）。

三、革翅目（Dermaptera）

此目昆虫通称蠼螋，为中、小型昆虫。体狭长，多为黑色或褐色，体表大多光滑发亮。头前口式，小圆形或阔形。复眼和单眼发达、退化或缺如。口器咀嚼式。触角丝状或串珠状。胸部发达，前胸背板大，后胸背板与第1腹节愈合。前翅较腹部为短，呈截断状，革质，无翅脉。后翅膜质，半圆形，纵折成扇形。也有前、后翅退化或缺如的。足短而强壮，跗节3节，有爪1对。腹部11节，第1腹节与后胸愈合。雌虫第7腹板扩大，盖在第8、9两腹节之上；雄虫第9腹板大部盖在第10腹节之上。两性的第10腹板均成1对较小的片状物。尾须坚硬，铗状，不分节。雌虫无明显的产卵器。

渐变态。卵阔卵形，白色，若虫与成虫相似，唯尾铗较简单。蜕皮4～6次，翅芽于2龄时出现。以卵越冬。雌虫有护卵育幼的习性，将卵产于土中，伏于卵上或守护其旁，低龄若虫与母体共同生活。

本目昆虫多为夜出性，白天伏于土壤中、石块、树皮下、垃圾、粪便及草丛间。虽有翅，但极少飞翔，少数种类有趋光性。一般为杂食性，以植物的花瓣、嫩叶、动植物尸体等腐败物质为食；也有肉食者，取食昆虫等。性二型现象显著。雄虫尾铗硕大，用于捕食、防卫或交尾时起抱握作用。栖息于各类储藏物的仓库及加工厂车间内的蠼螋均属天敌昆虫，可捕食其他储藏物害虫。

本目全世界已知种类有1800余种。我国储藏物中的种类分属2科，即肥螋科（Anisolabididae）和蠼螋科（Labiduridae）。

（一）肥螋科（Anisolabididae）

体型小到中型，甚肥厚。头部稍圆隆，长大于宽，复眼较小；触角细长，25节以下，第4～6节的每节均比第3节短。前胸背板接近矩形，中胸背板短宽，后胸背板后缘弧凹形。通常前翅和后翅退化，但有个别种类保留前、后翅。腹部稍扁平，较宽阔，两侧弧形，最宽处为中部稍后，第3、4节的背板两侧具瘤凸，雄虫的第6、7节后侧角常扩展为锐角形；雄虫的末腹背板较宽大，长短于宽，接近四边形，雌虫的末腹背板两侧向后收缩。雄虫的亚末腹板后缘圆弧形、近梯形或三角形。尾铗短粗，基部分开较远，两支不对称，末端较钝，向内侧弯；雌虫两尾铗较长，两支内缘接近，顶端较细尖。中胸腹板后缘圆弧形，有的种类后胸腹板在后足基节之间延伸为叶形，后缘截形。足发达，腿节较粗，跗节短小，顶端两爪较小，稍呈弧弯形。

本科代表虫种为肥螋［*Anisolabis maritima*（Bonelli，1832）］（图2-7），中文别名肥蠼螋。

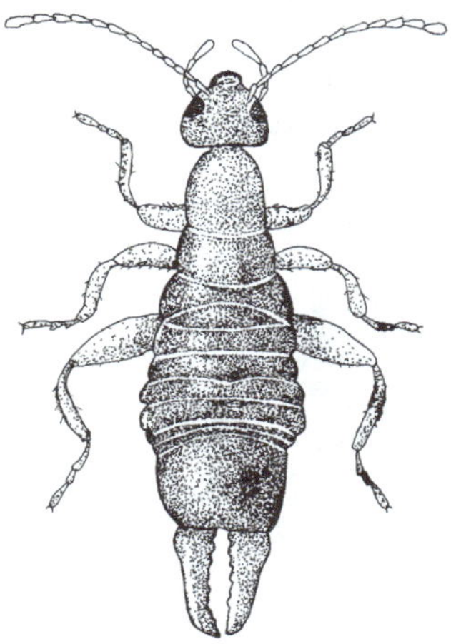

彩图

图2-7　肥螋成虫
（仿白旭光，2008）

（二）蠼螋科（Labiduridae）

身体稍扁平，坚硬光滑。具革翅，通常无后翅。触角细长，21～30节，复眼发达，上颚适于咀嚼。尾铗不扁平，也不呈镰刀状。后臀板与尾节远小于臀板，形成1个显著的硬片；或与第10节背板愈合为1个肛突。腿节不呈侧扁形，更不呈龙骨状。前、中胸后缘均不特别狭窄，但中胸后缘近截直状。

本科的代表虫种为日本蠼螋［*Labidura riparia japonica*（de Haan，1842）］（图2-8），中文别名大蠼螋。

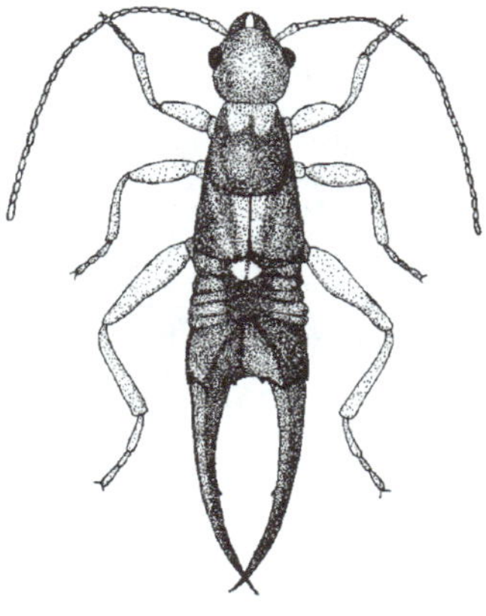

图2-8　日本蠼螋成虫
（仿白旭光，2008）

四、半翅目（Hemiptera）

半翅目多数种类成虫为椭圆形或长椭圆形，背面较平坦，少数种类呈圆球形、细棒形或扁而薄。头部向前平伸或下倾甚至垂直。口器为刺吸式，由头前端伸出，静止时沿身体腹面向后伸，一般分为4节。触角4或5节，多数4节，陆生类群中着生于眼的前方或前下方，多为简单的丝状。复眼着生于头顶两侧，具单眼1对，着生于头顶后部两复眼之间或复眼后方；或无单眼。前胸背板多为梯形或六角形，中胸小盾片发达，通常外露，多为三角形，有时具脊突、刺突或瘤突。后胸侧板在中、后足基节之间常有臭腺孔和臭腺沟。具2对翅，前翅为半（鞘）翅，后翅全部膜质，有短翅甚至无翅。腹部第1腹节常退化，或仅残存背板，因此可见的生殖前节一般只有6或7节，雄虫第8腹节常退化变形，不呈完整的环节，第9腹节发达，成为外生殖器的主要部分。雌虫第8、9腹节的生殖附肢形成产卵器。

渐变态。若虫形态构造与成虫基本相似，仅体小，体壁较柔软，各部分结构简单，具翅芽，生殖器官不完善等；臭腺孔成对开口于腹部背面，1～3对。若虫期多数种类为4龄。

本目昆虫全世界已知种类有3.8万余种。按栖息场所大致可分为3类，即陆生、半水生和水生。陆生类群中大多数栖息在植物上，少数土栖或在地表生活。多数种类以成虫越冬，少数以若虫或卵越冬。2年1代、1年1代或1年多代。陆生类群中多数为植食性，少数为捕食性。

生活于储藏物中的种类均以捕食其他害虫为生，分属于花蝽科和猎蝽科，是具有潜在利用价值的天敌种类。

（一）花蝽科（Anthocoridae）

花蝽科体微小至小型，多为黄色、黄褐色、褐色或黑色，身体多扁平。头平伸，喙3节，触角4节，有单眼。前翅具楔片，膜片具4条纵脉，不分支也不形成翅室，或无翅脉。跗节3节（少数2节）。雄虫生殖节不对称，具1或2枚不对称的抱握器。部分种类有血腔受精行为。卵常为淡色，一般呈长卵形或短香蕉形。若虫一般5龄，第5龄若虫具单眼雏形。

本科种类多为捕食性，少数种类取食花粉和花。我国储藏物中常见的种类有黑头叉胸花蝽［*Amphiareus obscuriceps*（Poppius，1909）］、细角花蝽［*Lyctocoris campestris*（Fabricius，1794）］（图2-9）、仓花蝽［*Xylocoris cursitans*（Fallén，1807）］和黄色花蝽［*X. flavipes*（Reuter，1875）］等，均为捕食储藏物害虫的天敌昆虫。

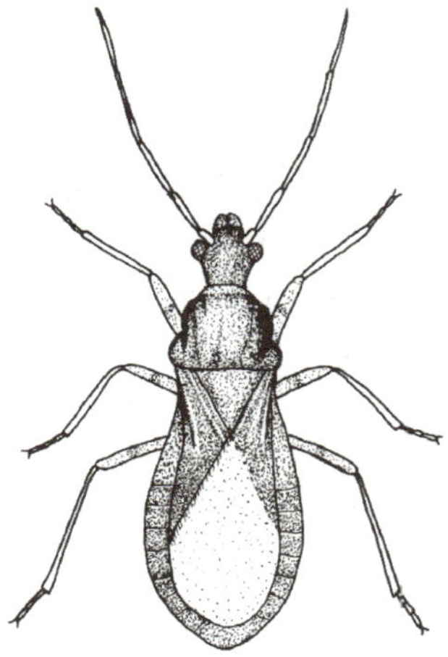

图2-9 细角花蝽成虫
（仿白旭光，2008）

（二）猎蝽科（Reduviidae）

猎蝽科也称刺蝽。体小至大型，粗壮或长形。头狭，长大于宽，活动自如，前端尖，有颈部。触角丝状，4或5节，端节细。复眼发达，着生在头部中部或基部。前胸背板由横凹分为2叶。翅发达或退化；前翅有革片和爪片，无楔片，膜片发达，有2或3个大基室或小翅室。足正常，有毛或刺，前足略成捕捉式。跗节通常3节，有爪，无中垫。

本科种类形状、体色及习性变化极大。一般捕食其他昆虫，以益虫著名。在储藏物中的种类均属天敌。我国储藏物中发现2种，即仓双环猎蝽［*Peregrinator biannulipes*（Montrouzier & Signoret，1861）］（图2-10）和大蚊猎蝽（*Myiophanes tipulina* Reuter，1881）。据报道，仓双环猎蝽能捕食谷蠹等22种储藏物害虫，其中最喜捕食赤拟谷盗、药

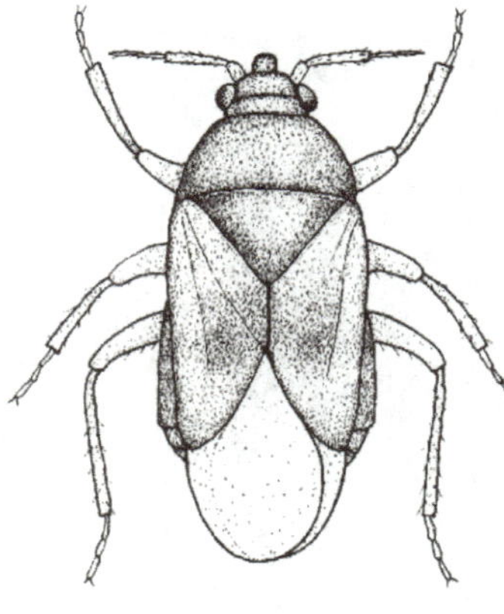

图2-10 仓双环猎蝽成虫
（仿姚康，1986）

材甲、扁谷盗等的幼虫。仓双环猎蝽主要捕食在粮粒外部生活的害虫成虫和幼虫，但无法捕食隐藏在粮粒内部的幼虫及蛹。另外，猎蝽由于个体较大，不易钻入粮堆内部捕食害虫。

五、啮虫目（Psocoptera）

本目为体小而柔软的昆虫。头大，多数蜕裂线明显；咀嚼式口器，上唇大，唇基大而突出；复眼左右远离，有翅种类具单眼3个；触角丝状，由12～50节组成。翅有或无，前翅大，横脉少，有翅痣；后翅小，翅脉少；静止时两对翅放置呈屋脊状。生活于室内的种类大多无翅。跗节2～3节。无尾须和产卵器。

渐变态，若虫与成虫形态相似。卵长椭圆形，光滑或具刻纹，白色或暗色。若虫形似成虫。有翅型若虫在第2龄后中胸和后胸开始向侧面伸展，第4龄显著向斜后方延伸，第5、6龄向纵、横向扩张。第3龄后触角节数大致与成虫相同。跗节的变化与单眼等特征的出现发生在第2龄之后。若虫4～6龄。雌虫每次产卵20～120粒。散产或聚产，表面覆盖丝网或黏质分泌物。以两性生殖为主，部分种类孤雌生殖或未发现雄虫。室外种类每年发生1～3代，室内种类可周年繁殖。

可分布于世界各大动物区系，主要分布在温暖地区，部分属分布广泛，均陆栖。生活在树干上、叶上或果上、树皮下，或石下、堆积物下，也有生活于室内或动物的巢穴内的。生活在室外的种类多取食植物质，如树皮、树叶、菌类，有少数种类能捕食介壳虫及蚜虫，一般经济意义不大。生活于室内及仓内的种类，可取食为害多种粮食及其制品、书籍、标本、皮毛等储藏物。

本目全世界已知种类4600余种。在储藏物中发现的种类属于书虱科和窃虫科。

（一）书虱科（Liposcelididae）

体微小，0.7～2.0mm。扁平，柔软，腹部长卵形。下颚须第2节无棒状感觉器。触角丝状，15节，鞭节各小节具次生环纹。蜕裂线几乎不可见。前胸背板分为3叶，即中叶和两个侧叶，中叶有1明显的中纵缝；胸部腹板宽阔。后足腿节强烈膨大，各足跗节3节。通常无翅，若有，则为长形，端部圆钝，翅脉退化。

该科种类生活于树皮下、落叶中、蚁穴内或室内的粮食及其制品、干果、药材、动植物标本、书籍纸张及其他储藏物中。

书虱科下共分2亚科，即书虱亚科（Liposcelinae）和圆胸书虱亚科（Emibidopsocinae）。储藏物中发现的种类均属于书虱亚科的书虱属（*Liposcelis*）。

近年来，书虱已成为储藏物中特别是储粮中的一类重要害虫，往往在粮堆内形成很高的密度。书虱的食物主要是破损的粮粒、粉状粮食、杂质及霉菌孢子，一般不取食完整的原粮，但在粮堆中大发生时，有可能引发储粮的水分增加甚至发热。

我国储藏物中已发现的书虱有10余种，较常见的种类有嗜虫书虱［*Liposcelis entomophila*（Enderlein，1907）］（图2-11）、小眼书虱（*L. paeta* Pearman，1942）、嗜卷书虱（*L. bostrychophila* Badonnel，1931）和无色书虱［*L. decolor*（Pearman，1925）］等。

彩图

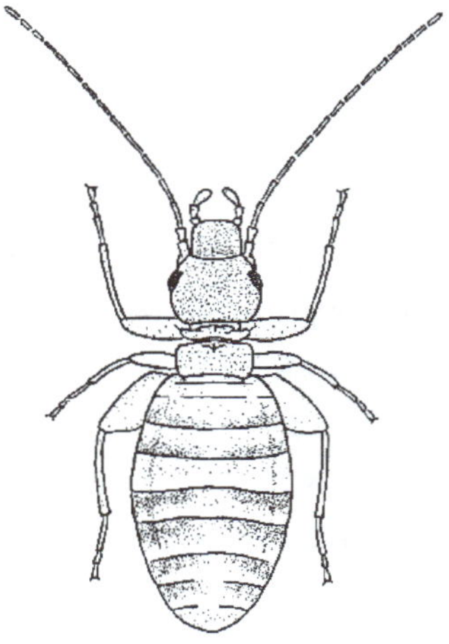

图2-11 嗜虫书虱成虫
（仿白旭光，2008）

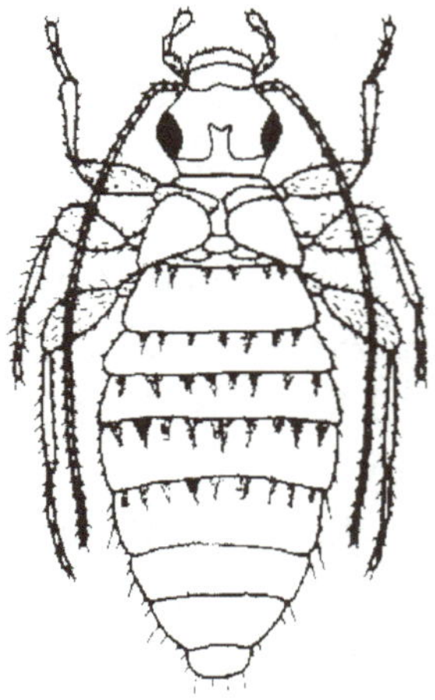

图2-12 尘虱成虫
（仿刘巨元等，1997）

（二）窃虫科（Trogiidae）

本科特征与书虱科相似，主要不同点为：成虫触角20节以上，各小节无次生环纹；下颚须第2节内缘具1锥状感觉器；后足腿节不明显膨大；翅缺或很小。

本科与书虱科的习性相似，但发生频率及重要性远不如书虱科的种类。国内储藏物中仅发现1种，即尘虱［*Trogium pulsatorium*（Linnaeus，1758）］（图2-12）。

六、鳞翅目（Lepidoptera）

鳞翅目包括蛾类（moth）和蝶类（butterfly）两大类。成虫的主要特征是身体及翅覆盖有浓密的鳞片，且常形成花斑；口器虹吸式，不用时卷曲于头下。

蛾类成虫头部球形，两侧有1对发达的复眼；在头顶两侧有1对细长呈丝状或线状的触角；虹吸式口器的喙是由下颚的外叶延长而成，喙的两侧有1对由3节组成的下唇须，在下唇须与喙的中间还有1对下颚须。蛾类的胸部以中胸最为发达，在中、后胸背侧方各生有1对膜质翅，翅上有翅脉；胸部各节及翅上均被带色的鳞片，翅的边缘有缘毛；中足和后足胫节的端部及后足的中部各有1对“距”。蛾类成虫的腹部一般可见7或8节。在腹末的外生殖器因雌雄的形态不同，从末端外形看，雄虫腹末呈两裂状，雌虫腹末呈圆孔状；成虫外生殖器构造比较复杂，种与种之间分化很大，是鉴别虫种的可靠依据。

鳞翅目昆虫为完全变态，1年发生1代或多代。为害储藏物的均为蛾类幼虫，成虫一般不取食，幼虫可为害储粮、中药材、干果、皮毛、食品、呢料、丝及羽毛等。

鳞翅目是昆虫纲的大目之一，全世界已知种类有16万种以上。我国在储藏物中发现该目昆虫约30种，分属于7科（斑螟科已归入螟蛾科）。

科检索表

1．后翅Sc＋R_1脉和Rs脉合并或部分很接近；后翅缘毛短于翅宽的1/3……………………2

后翅Sc＋R_1脉和Rs脉明显分离；后翅缘毛长，至少达翅宽的1/3……………………4

2．后翅无肘栉毛……………………螟蛾科（Pyralidae）

后翅有肘栉毛……………………3

3．前翅有R_5脉，R_3、R_4和R_5脉共柄……………………蜡螟科（Galleriidae）

前翅缺R_5脉，R_3和R_4脉完全愈合……………………斑螟科（Phycitidae）（已归入螟蛾科）

4．后翅顶角尖突，Rs与M_1脉共柄；前翅竹叶形，R_4和R_5脉共柄……………………5

前、后翅形状构造不如上述……………………6

5．后翅外缘凹入，呈菜刀状……………………麦蛾科（Gelechiidae）

后翅外缘不凹入，呈狭长的针状或线状……………………尖翅蛾科（Cosmopterygidae）

6．前翅椭圆形，末端圆形，R脉5根，R_4和R_5脉共柄……………………织蛾科（Oecophoridae）

前翅梭形，末端较尖……………………7

7．前翅R_2脉基部向翅中室凹入；R_3、R_4、R_5脉顺序地共柄……………………翅窝蛾科（Setomorphidae）

前翅R_2脉基部不向翅中室凹入；各R脉彼此分离……………………谷蛾科（Tineidae）

（一）尖翅蛾科（Cosmopterygidae）

小型蛾类。头部鳞毛平铺；下唇须发达，细长上弯曲超过头顶，下颚须有时退化或不发达。前翅狭长呈长竹叶形，缘毛超过翅宽。后翅狭长，呈针状或线状，翅缘特长，通常可达翅宽的数倍。前翅R脉5根，R_4和R_5脉共柄；M脉3根，M_1与Rs脉共柄；1A脉常消失，2A与3A脉愈合，基部分叉。后翅Sc＋R_1脉和Rs脉始终分离，M脉3根，Rs与M_1脉共柄；Cu脉2根；A脉1根。

幼虫头部颅中沟与额沟长度之比为0∶1，前胸气门群3根毛。腹足趾钩排列呈单序环形。本科我国储藏物中发现1种，即玉米尖翅蛾（*Sathrobrota rileyi* Walsingham，1882）（图2-13）。该虫仅在我国江苏、湖南、湖北、广东等地发现，可为害破损粮粒和粉状粮食，常发生于粮食加工厂内。

彩图　图2-13　玉米尖翅蛾成虫（仿白旭光，2008）

（二）蜡螟科（Galleriidae）

小至中型蛾类。喙短或不发达。下唇须两性异形：雄虫的细小，不明显，且向上弯曲呈钩状；雌虫的水平前伸或下弯。雄虫下颚须常退化，雌虫的细小，但清楚可见。头顶无丛毛，额前具锥状鳞片脊。前翅长三角形，长宽之比为3∶1；或呈长椭圆形。前翅中室多封闭，R脉5根，R_4与R_5脉共柄；2A与3A脉端部愈合，基部分叉，无1A脉。后翅三角形，中室端部开放，Sc＋R_1脉与Rs脉在基部分离，在翅中室外有1段愈合或接近后又分离；A脉3根。沿后翅Cu脉基部有1排梳状粗刚毛（栉毛）。

幼虫前胸气门群2根毛，腹第1节和第8节的ρ毛（3毛）基部有骨化环。中、后胸足群1根毛。上颚具两个端齿，外侧端齿腹面有亚端齿。腹部第3～6节腹足趾钩双序环形。

我国储藏物中发现的种类有一点谷螟［*Aphomia gularis*（Zeller，1877）］（图2-14）和米蛾［*Corcyra cephalonica*（Stainton，1866）］。其中一点谷螟在我国是分布较广的种类，特别是为害大米较严重。

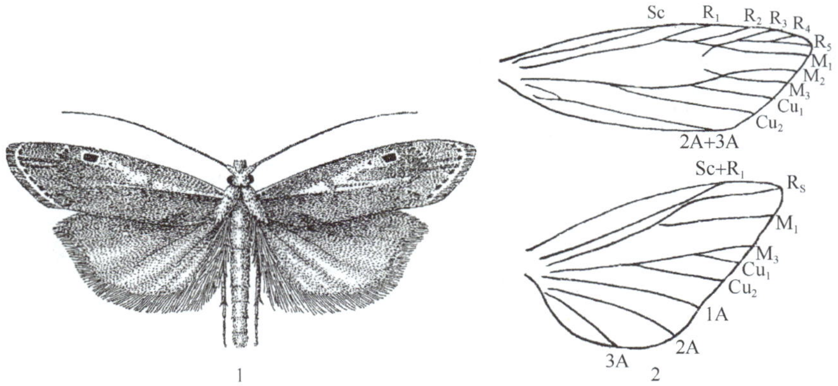

图2-14　一点谷螟（仿白旭光，2008）

1．成虫；2．脉序（上图为前翅，下图为后翅，余图同）

彩图

（三）麦蛾科（Gelechiidae）

小型蛾类。成虫有喙，头部鳞毛平铺；下唇须发达，细长上弯，下颚须有时退化或不发达。前翅狭长，呈竹叶形；后翅外缘向翅内凹入，使整个翅呈菜刀状。前后翅缘毛均长，长过翅宽的1/2。前翅R脉5根，R_4和R_5脉共柄，1A脉常消失，2A脉基部分叉。后翅$Sc+R_1$脉和Rs脉始终分离，Rs与M_1脉基部极接近或共柄；A脉1根。

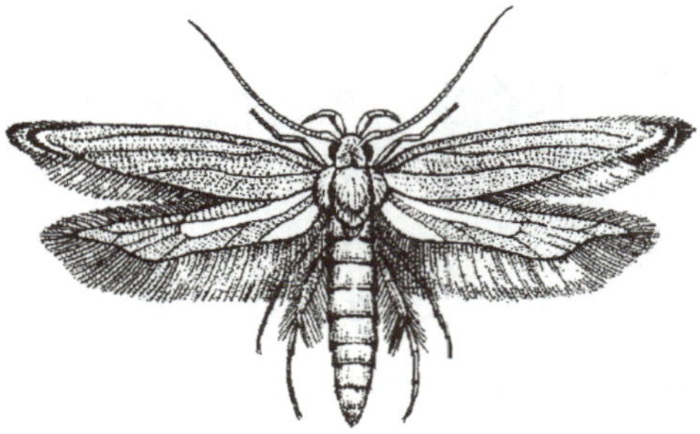

图2-15　麦蛾成虫（仿Hill，2002）

彩图

幼虫前胸气门群3根毛，腹足有的退化成肉突状，仅存几个趾钩；有的发达，趾钩排列呈单序环形或双序环形。

本科我国储藏物中发现的种类有麦蛾［*Sitotroga cerealella*（Olivier，1789）］（图2-15）、马铃薯块茎蛾［*Gnorimoschema operculella*（Zeller，1873）］和棉红铃虫［*Pectinophora gossypiella*（Saunders，1844）］。其中麦蛾是重要的世界性储粮害虫，可为害各种禾谷类粮食，在我国的大部分地区均有分布。

（四）织蛾科（Oecophoridae）

小至中型蛾类，多呈褐色。有喙，头顶光滑或具鳞片丛毛。触角短，为前翅的3/5，个别种类略超过前翅。下唇须长，向上弯曲超过头顶，第2、3节等长；下颚须退化。前翅长椭圆形。前翅R脉5根，R_4与R_5脉常共柄，R_5脉终于顶角，A脉基部分叉。后翅Rs与M_1脉分离，近平行，M_2脉基部距M_3脉比M_1脉近，M_2、M_3脉近平行，Cu_1与M_3脉共柄或由同一点发出。

幼虫头部具侧单眼2～6对，颅中沟与额沟长度之比为2∶1～3∶1。前胸气门群3根毛，中、后胸足群1根毛。腹部第3～6节腹足趾钩双序环形或多序环形。

幼虫缀叶、卷叶或在植物组织内为害。我国储藏物中发现2种，即米织蛾（*Anchonoma xeraula* Meyrick，1910）（图2-16）和褐织蛾［*Hofmannophila pseudospretella*（Stainton，1849）］。前者较为常见，可为害储藏谷物，在陈粮、地脚粮、粉屑及尘芥中发生最多。

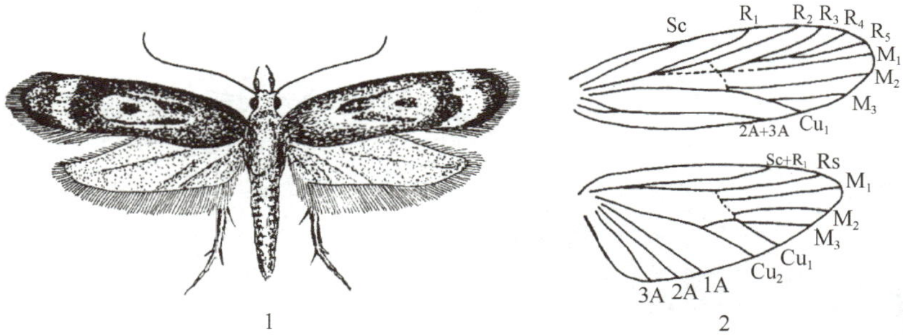

图2-16　米织蛾（仿陈耀溪，1984）

1. 成虫；2. 脉序

彩图

（五）螟蛾科（Pyralidae）

小至中型蛾类。成虫有喙或无喙，下唇须发达，多数较长，伸到头顶以上，少数种类短小下弯。下唇须第2节通常较长并被鳞片，第3节相当短，有时与第2节等长，形状多变。下颚须短小。复眼中等大小，单眼有或无。前翅为宽阔的三角形，长与宽之比为（2.4～2.5）：1，翅面斑纹及颜色显著。前翅脉序R脉5根，其中R_3与R_4脉共柄。后翅Rs与Sc＋R_1脉基部分离，在翅中室外极接近后又分离，极少愈合；Cu脉基部无栉毛，A脉3根。

幼虫前胸气门群2根毛，各节ρ毛（3毛）基部均无骨化环。腹部第3～6节腹足趾钩双序环形或多序环形。

本科有些种类的幼虫取食植物叶片，为农业害虫；有些种类生活于仓库、货栈的粮食与食品中，为储藏物害虫；也有一些种类取食其他昆虫幼虫或皮蜕，属肉食性。我国储藏物中较常见的种类有小斑螟［*Aglossa caprealis*（Hübner，1809）］、地中海粉螟［*Ephestia kuehniella*（Zeller，1879）］、紫斑粉螟［*Pyralis farinalis*（Linnaeus，1758）］（图2-17）等。另外，原斑螟科（Phycitidae）现已归入螟蛾科，储藏物中常见的种类有印度谷螟［*Plodia interpunctella*（Hübner，1813）］（图2-18）、粉斑螟［*Cadra cautella*（Walker，1863）］和烟草粉螟［*Ephestia elutella*（Hübner，1796）］等。

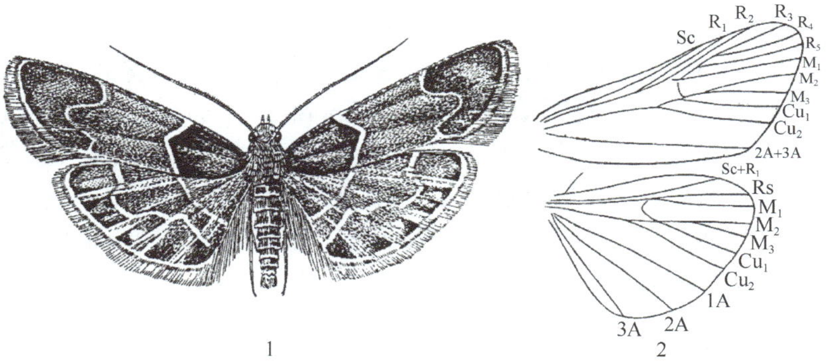

图2-17　紫斑粉螟（仿白旭光，2008）
1. 成虫；2. 脉序

彩图

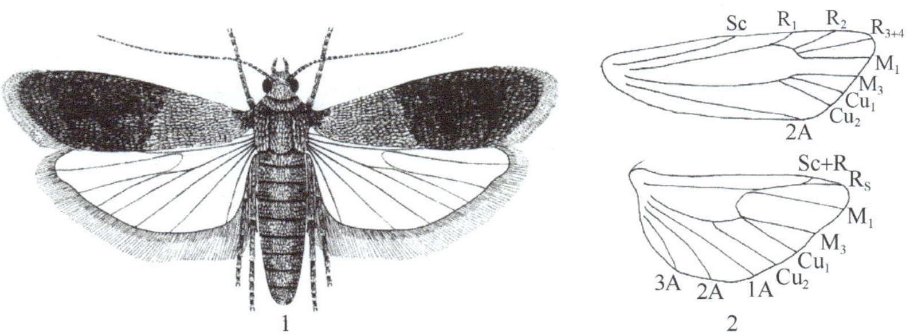

图2-18　印度谷螟（仿白旭光，2008）
1. 成虫；2. 脉序

彩图

（六）翅窝蛾科（Setomorphidae）

成虫无喙，头顶无直立的丛毛，有的具鳞片丛毛。下唇须发达，第1节短，第2节粗壮；下颚须退化。前翅梭形，翅端稍尖；前翅R脉5根，R_2脉基部向翅中室凹入，R_3、R_4、R_5脉依次共柄，翅中室内有副翅室；A脉基部分叉。后翅Rs脉与Sc＋R_1脉始终分离，翅中室内有M

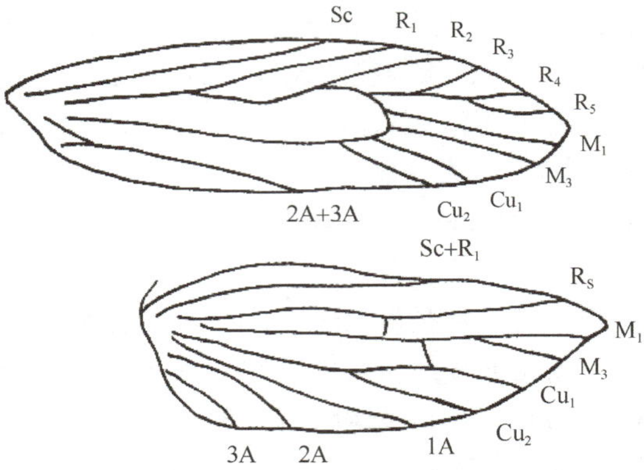

图2-19 热带烟草蛾的脉序（仿郑州粮食学院和吉林财贸学院，1986）

脉主干，M脉2～3根。后翅缘毛较长，为翅宽的1/3～1/2。后足胫节外侧有长毛。

幼虫前胸气门群3根毛，中、后胸足群1根毛。腹部第3～6节腹足趾钩单序环形，并在趾钩的前方有微小的刺钩排列成宽带状。

国内储藏物中仅发现1种，即热带烟草蛾（*Setomorpha rutella* Zeller，1852）（图2-19），主要分布在我国广东、广西、云南等省（自治区），可为害稻米、禾谷类粮食、烟草等储藏物。

（七）谷蛾科（Tineidae）

小至中型蛾类，多为褐色。有喙或退化，头顶均有直立丛毛或鳞片；触角不超过翅长；下唇须小至中等。前翅前缘和后缘向顶角渐缢缩，呈梭形；前翅R脉5根，有副室及M脉主干，各脉彼此分离，A脉基部分叉。后翅与前翅宽度近等，更接近长卵形；中室内残存M脉，有时也形成副室，Rs与Sc＋R_1脉始终分离，后翅缘毛长度等于或长于后翅宽的1/3。

幼虫无颅中沟，侧单眼0～6对。前胸气门群3根毛，腹部第3～6节腹足趾钩单序环形。

该科幼虫喜食干燥的动植物性物质、菌类及毛织品，有的吐丝做筒囊或袋状物随虫体移动。许多为常见的储藏物害虫，如储粮及粮食加工厂内常见的四点谷蛾（*Tinea tugurialis* Meyrick，1932）（图2-20）及严重为害皮毛和毛织品的幕衣蛾［*Tineola bisselliella*（Hummel，1823）］、袋衣蛾［*Tinea pellionella*（Linnaeus，1758）］等。

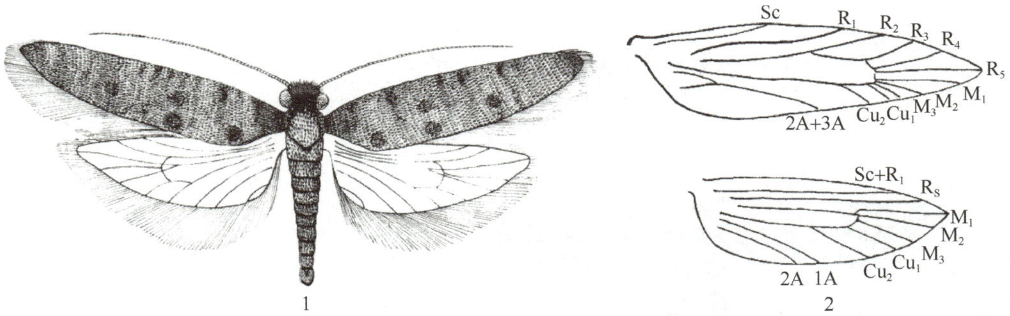

图2-20 四点谷蛾（仿白旭光，2008）

1. 成虫；2. 脉序

彩图

七、鞘翅目（Coleoptera）

鞘翅目昆虫因有盔甲般坚硬的外骨骼而通称为甲虫（beetle）。成虫口器为咀嚼式，触角类型及节数各异，多数11节。复眼通常分为背区和腹区，侧面观有1狭窄的侧区上下相连；仅少数种类（如部分皮蠹科）有1中单眼。前翅高度骨化，翅脉消失，已失去飞翔功能，其作用为保护后翅和身体，故称为鞘翅。后翅膜质，用于飞翔，静止时折叠藏于前翅之下。前胸发达，与中后胸明显分离。通常可见腹节5～7节，腹末无尾须、尾铗等附属物。

鞘翅目为完全变态。蛹为离蛹，柔软，色浅。鞘翅目昆虫在自然界的分布极为广泛，几乎各种栖息场所均有其存在。食性也极其复杂，有肉食性，如虎甲、步甲等；植食性占大多数，其中有取食植物的根、茎、叶的，或钻蛀入植物组织内，或取食植物的种子及花果部分；还有一些种类以真菌为食。此外，还有腐食性、粪食性、尸食性及少数寄生性的种类，所以与人类的关系极为密切。

鞘翅目为昆虫纲最大的目，也是整个动物界最大的目，全世界已知种类约35万种，与储藏物有关的约600种。张生芳等（1998）在《中国储藏物甲虫》中记述我国储藏物鞘翅目种类301种。鞘翅目不仅在昆虫纲中种类最多，也是经济意义最为重要的1目。在我国主要的储粮害虫中，鞘翅目昆虫的种类也在80%以上。

分类学上一般将鞘翅目分为4亚目，即原鞘亚目（Archostemata）、菌食亚目（Myxophaga）、肉食亚目（Adephaga）、多食亚目（Polyphaga）。

科检索表

1. 腹部第1腹板被后足基节窝所分割，左右各呈三角形，中间不相连；前胸背板与侧板之间有明显的背侧缝；触角丝状，跗节5节……步甲科（Carabidae）
   腹部第1腹板完整，中间不被后足基节窝所分割；前胸背板与侧板之间无背侧缝……2
2. 头部通常延长成象鼻（喙）状，外咽缝合并成1条或消失；前胸侧板与腹板之间无侧腹缝；触角膝状；无上唇……象甲科（Curculionidae）
   头部不延长成象鼻（喙）状，外咽缝2条；或头部稍有延长，呈短的吻状，但触角非膝状；前胸侧腹缝明显；有上唇……3
3. 鞘翅极短，仅遮盖腹部前1、2节背板，至少有4节腹节外露；身体狭长，两侧平行，腹部活动灵活；无触角棒……隐翅虫科（Staphylinidae）
   鞘翅完全遮盖腹末；或有部分腹节外露，但绝不超过4节，其他特征也不如上述……4
4. 头明显下倾，与身体纵轴近呈直角……5
   头向前平伸，或稍向前下方倾，与身体纵轴绝非呈直角……14
5. 各足腿节细长，端部膨大，呈棒状；体似蜘蛛……蛛甲科（Ptinidae）
   各足腿节不呈棒状；体形不如上述……6
6. 各足第3跗节呈双叶状，第4跗节小，隐藏于第3跗节内……7
   各足第3跗节非双叶状，各跗节明显可见……10
7. 后足腿节明显较前、中足腿节粗大；身体各部密接，被倒伏状细毛，头延长呈短鼻状，触角11节，触角多扩展呈锯齿状或梳齿状，臀板大而外露……豆象科（Bruchidae）
   后足腿节构造正常，不较前、中足腿节粗大……8
8. 身体被直立长毛；色泽各异，通常具金属光泽，前足基节圆形突出……郭公虫科（Cleridae）
   身体不被直立长毛，或仅被细茸毛……9
9. 头稍延长呈短鼻状；触角第3～8节细长，末3节膨大呈叶片状……长角象科（Anthribidae）
   头不延长呈短鼻状；触角细长，呈鞭状或丝状，末端绝不膨大，着生在额突上，身体狭长，两侧近平行……天牛科（Cerambycidae）
10. 头部具中单眼；两鞘翅内缘沿翅缝全部相遇，百怪皮蠹（*Thylodrias contractus* Motschulsky，1839）雄虫两鞘翅仅在小盾片附近处相遇，向后岔开，雌虫无翅，幼虫状。身体被毛或鳞片，腹面通常有收纳触角和足的凹槽……皮蠹科（Dermestidae）（部分）
    头部无中单眼……11
11. 前胸在头上方呈风帽状，背面观头部通常不可见……12

前胸不呈风帽状，背面观头部明显可见……13

12. 身体圆筒状，表皮十分坚硬；前胸背板表面多褶皱或齿突；鞘翅末端多呈倾斜状；触角末3～4节膨大；后足基节无容纳腿节的沟槽……长蠹科（Bostrychidae）

身体亚圆筒状，表皮不十分坚硬；前胸背板表面无褶皱或齿突；鞘翅末端无明显的斜面；触角末3节膨大，或触角完全呈锯齿状或梳齿状；后足基节有容纳腿节的沟槽……窃蠹科（Anobiidae）

13. 头大；触角末2节膨大；复眼大而突出，彼此远离；前胸背板中部多少凹陷，身体长且两侧平行……粉蠹科（Lyctidae）

头小；触角末3节膨大，形成紧密的触角棒；前胸和鞘翅的侧缘几乎连续；身体背腹面密被毛；后足基节具容纳腿节的沟槽……皮蠹科（Dermestidae）（部分）

14. 鞘翅遮盖腹末……15

鞘翅没有遮盖腹末，至少部分臀板外露或腹末多节外露……31

15. 触角锤状，末3节显著扁平膨大，形成圆形或椭圆形紧密的触角棒；各足跗节5节，第1～3节膨大，腹面多毛，第4节短小……露尾甲科（Nitidulidae）（部分）

触角或各足跗节构造不如上述……16

16. 前胸背板前缘凹入，两前角突出，体扁平；触角棒状，或末3节形成松散的锤状；各足跗节5节，第1节甚小，第5节最长，腹部可见腹节5节，少数6节……谷盗科（Trogossitldae）

前胸背板前缘不明显凹入；若凹入，则身体不扁平……17

17. 前胸背板侧缘或前角至少有1个齿突，或侧缘具众多细齿；身体扁平；触角11节，棒状，前足基节窝后方封闭式，各足跗节5节，少数种类雄虫后足跗节4节……锯谷盗科（Silvanidae）

前胸背板侧缘或前角无齿；若有齿，则身体背面隆起，绝非扁平……18

18. 跗节5-5-5式，或5-5-4式……19

各足跗节不多于4节……25

19. 前胸背板具完整的亚侧脊；触角丝状或串珠状，末端绝不膨大；前足基节球形，基节窝后方开放式，跗节5-5-5式，有时雄虫5-5-4式，体小，通常扁平……扁谷盗科（Laemophloeidae）

前胸背板没有亚侧脊，触角构造不如上述……20

20. 触角丝状，体形似蚂蚁；跗节5-5-4式，端前节通常呈双叶状，前足基节锥形突出，基节窝后方多开放……蚁形甲科（Anthicidae）（部分）

触角或体形不如上述……21

21. 身体背面生有细毛……22

身体背面无细毛……24

22. 前胸背板前角加厚且呈斜截状，侧缘近中部有1小齿，或整个侧缘具细齿；身体背面稍隆起，密生细毛，触角11节，末3节形成触角棒……隐食甲科（Cryptophagidae）（部分）

前胸背板构造不如上述……23

23. 两触角着生于额上且彼此靠近，其间距不大于第1触角节长……隐食甲科（Cryptophagidae）（部分）

触角不着生于额上，且彼此远离；身体稍呈卵圆形，中度扁平，跗节5-5-5式，复眼大，触角具松散的3节棒……拟叩甲科（Languriidae）

24. 两性跗节均为5-5-4式；前足基节窝后方封闭式，颊多少突出，遮盖触角着生处，复眼被颊所分割，或复眼完整，其背缘与颊相切……拟步甲科（Tenebrionidae）

两性跗节均为5-5-5式；头缩入前胸至眼部，触角11节，触角棒多为3节，前足基节窝后方封闭式，腹部可见腹板5节，第1和第5节较大……大蕈甲科（Erotylidae）

25. 身体半球形，体似瓢虫；体表密被细毛，触角棒3节，前足和中足基节球形，跗节4-4-4式或3-4-4式或3-3-3式，腹部可

见腹板5～6节……………………………………………………………………………………伪瓢虫科（Endomychidae）

体形不如上述；或体形类似，但触角棒绝非3节……………………………………………………………………26

26. 身体厚，呈圆筒状；体表被短而直立的鳞片状毛，头部分或全部隐于前胸背板之下，触角8～10节，稀11节，末3节形成松散的触角棒，雄虫头部和前胸背板前缘常生有齿状突起，跗节4-4-4式，稀3-3-3式，腹部可见腹板5节…木蕈甲科（Ciidae）

身体非圆筒形………………………………………………………………………………………………………27

27. 跗节4-4-4式或3-4-4式……………………………………………………………………………………28

跗节3-3-3式或2-3-3式或2-2-3式…………………………………………………………………………30

28. 身体卵圆形，强烈隆起，有光泽；前胸背板近前角处有触角窝；触角10节，末节膨大成棒，跗节4-4-4式，体长小于1.5mm……………………………………………………………………………拟坚甲科（Cerylonidae）

身体及前胸背板构造不如上述………………………………………………………………………………29

29. 触角11节，具明显的2节棒，第3节长约为第4～6节之和；身体背面生有倒伏鳞片状短毛，跗节4-4-4式……………………………………………………………………坚甲科（Colydiidae）（*Colobicus* spp.）

触角棒3～7节；身体背面生有茸毛，前胸背板基部与鞘翅等宽…………………………小蕈甲科（Mycetophagidae）

30. 身体背面光滑无毛；唇基与额位于同一平面，前足基节窝后方开放式，每鞘翅仅有1条与翅中缝靠近且与之平行的陷线……………………………………………………………扁薪甲科（拟薪甲科）（Merophysiidae）

身体背面有皱褶，或具深的刻点，或密生茸毛；头部上方多少不平坦，唇基与额不在同一平面上，前足基节窝后方封闭式……………………………………………………………………………………薪甲科（Lathridiidae）

31. 触角11节，丝状；体形似蚂蚁，跗节5-5-4式，端前节通常呈双叶状，前足基节锥形突出，基节窝后方多开放…………………………………………………………………………蚁形甲科（Anthicidae）（部分）

触角非丝状，末端具触角棒……………………………………………………………………………………32

32. 触角膝状，末端球形；体似乌龟，身体高度骨化，鞘翅末端截形，腹末2节背板外露，前足开掘式，外缘具齿突……………………………………………………………………………………阎虫科（Histeridae）

触角非膝状，体形及前足构造不如上述……………………………………………………………………33

33. 触角末3节横宽，形成紧密的圆形触角棒；身体宽阔，前胸背板宽大于长，各足跗节5节，第1～3节膨大，腹面多毛，第4节短小……………………………………………………………露尾甲科（Nitidulidae）（部分）

触角末2节形成触角棒；身体长形，前胸背板近方形或长大于宽，雌虫各足跗节5-5-5式，雄虫5-5-4式，腹部第1可见腹板等于或长于第2、3节腹板之和……………………………………………球棒甲科（Monotomidae）

国内记载与储藏物有关的鞘翅目昆虫有30余科300多种。以下是储藏物鞘翅目重要科概述。

（一）窃蠹科（Anobiidae）

小型至中型昆虫，体长小于10mm。体厚，呈圆筒形、卵圆形或椭圆形。触角8～11节，锯齿状、梳齿状或棒状，着生于头的两侧。头下口式，前胸背板呈风帽状遮盖头部，前胸腹板短。腹部可见腹板5节，约等长。跗节5-5-5式，前足基节球形，后足基节斜形。

该科全世界记述2000余种，分属于8亚科160余属。从食性上大致可分为食木材及食菌两大类。一些食木材的种类又演化为取食植物的种子、干燥的动物性物质及书籍等，成为经济意义更重要的一个类群。国内储藏物中记载5种，较常见的种类有烟草甲［*Lasioderma serricorne*（Fabricius，1792）］（图2-21）、药材甲［*Stegobium paniceum*（Linnaeus，1758）］等。

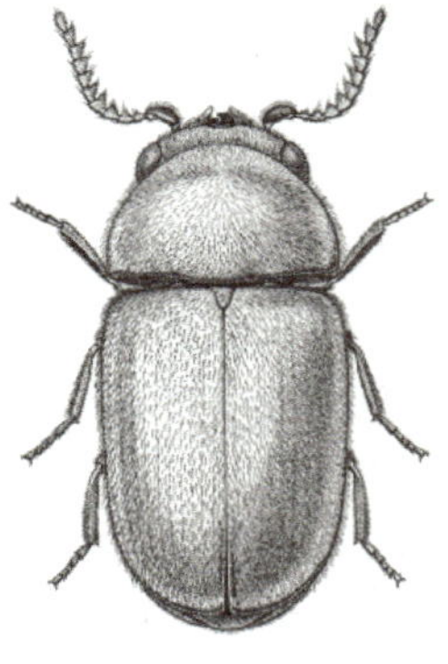

图2-21 烟草甲成虫（仿Bousquet，1990）

（二）蚁形甲科（Anthicidae）

小型甲虫，体长2～5mm。体形似蚂蚁，细长，褐色或黑色，有的种类具暗色或淡色花斑。头大，前口式，基部缢缩呈颈状；复眼圆形或卵圆形；触角11节，丝状，着生于额的两侧，两复眼之前。前胸显著窄于鞘翅基部，部分种类前胸延伸形成角状突。鞘翅遮盖腹末，或有时腹末1～2节背板外露。腹部可见腹板5节。前足基节圆锥形突出，基节窝后方多开放；跗节5-5-4式，端前节通常呈双叶状。

彩图

这类昆虫主要为腐食性，取食腐殖质、霉菌和昆虫尸体，偶尔也捕食小的节肢动物。成虫和幼虫多生活于腐殖质中，野外发现于石块下、砂质土壤中、树木的花和叶子上、近小溪和湖泊处枯枝落叶层内。少数种类生活于储藏物内，主要在粮食下脚内，不直接为害储藏物。

该科昆虫全世界记述约2000种，广布于全世界。国内较常见的种类有谷蚁形甲［*Omonadus floralis*（Linnaeus，1758）］（图2-22）及三点独角甲［*Notoxus monoceros*（Linnaeus，1760）］等。

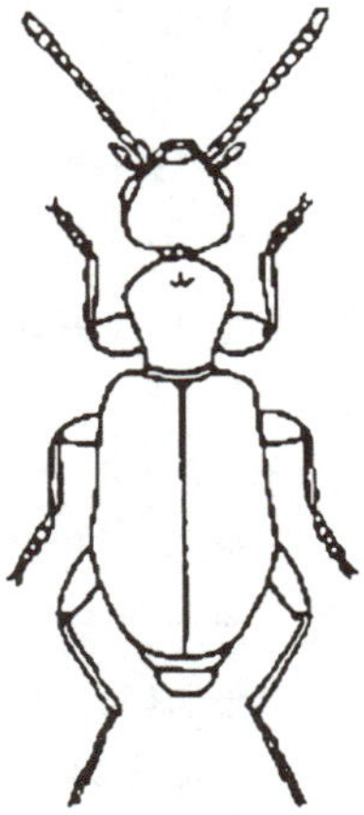

图2-22 谷蚁形甲成虫（仿张生芳等，2016）

（三）长角象科（Anthribidae）

小型至中型甲虫，体长1～30mm。体长而扁平至卵圆形背方隆起。通常呈褐色，多数种类被毛或鳞片状毛。头大，下口式，常缩入前胸。触角长，多为11节，末3节多膨大，形成叶片状的触角棒（在少数触角十分长的种类，触角棒小或无，某些热带的种类触角棒2～8节）。前胸背板后方较宽，两侧有缘边，基部往往与鞘翅等宽。前足基节球形，基节窝后方封闭；中足基节球形；后足基节长，呈横形。跗节5-5-5式，第3节双叶状，第4节极小，第5节长。鞘翅一般不达腹末，臀板端部外露。腹部可见腹板5节。

幼虫新月形或亚圆筒状，长4～12mm，在腹部中央处最宽。足短或无足。栖息于木质部或蛀食种子，有的食花粉或真菌。

长角象科全世界已记述约2000种，多产于热带地区。国内储藏物中仅发现咖啡长角象［*Araecerus fasciculatus*（De Geer，1775）］（图2-23）一种，为我国主要的储粮害虫之一，可严重为害储藏物中的咖啡豆、玉米、薯干、干果和中药材等。

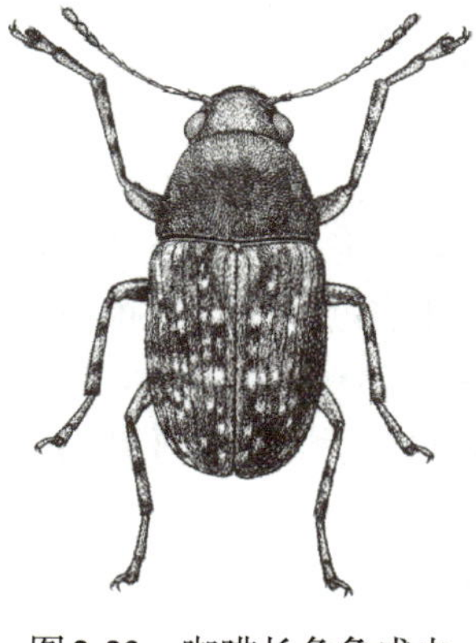

图2-23 咖啡长角象成虫（仿Bousquet，1990）

（四）长蠹科（Bostrychidae）

小型至大型昆虫，体厚，一般呈圆筒状，赤褐色、暗褐色至黑褐色。头下口式，隐于前胸背板之下，背面观不可见。触角9～11节，短而直，着生于复眼之前，末3～4节膨大成触角棒。前胸背板光滑或粗糙，在后一种情况下前半部往往具多数锉状齿列。足短，前足基节窝开放，前足基节球形或圆锥形突出，左右基节相接；胫节着生距；跗节5-5-5式，第

彩图

1节多数短小，第2、5节长。鞘翅光滑或布刻点，后端圆隆或斜削而成截形的斜面，有的种类斜面上着生齿突。

该科全世界记述500余种，多发生于热带或亚热带，蛀食为害木材、竹器、谷物、薯干和其他一些植物的储藏根茎。

国内记载与储藏物有关的种类12种。竹长蠹［*Dinoderus minutus*（Fabricius，1775）］、大谷蠹［*Prostephanus truncatus*（Horn，1878）］和谷蠹［*Rhyzopertha dominica*（Fabricius，1792）］（图2-24）等都是较常见的储藏物害虫，其中谷蠹是我国主要的储粮害虫之一，可对多种原粮造成严重危害。该科的大谷蠹是我国的对外检疫危险性害虫，目前在国内尚未发现。大谷蠹主要为害玉米和木薯干，也为害软质小麦、花生、豇豆、可可豆、咖啡豆和糙米，对木制器具和仓库的木质结构也可造成危害。

彩图

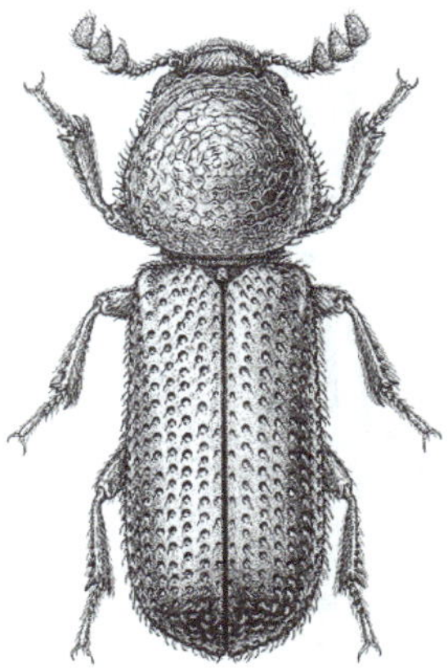
图2-24　谷蠹成虫
（仿Bousquet，1990）

（五）豆象科（Bruchidae）

小型昆虫，体长1～10mm，体厚，多数呈卵圆形，少数长椭圆形或近方形，身体各部密接。体壁黑色或暗褐色，有时呈赭黄色、淡红色或黄色，颜色单一或具花斑，被倒伏状细毛。头稍延伸呈短吻状，下口式，在静止状态下紧贴于前胸及中胸腹板；复眼前方具凹缘，在多数种类凹缘极深，使复眼变成马蹄形；触角11节，侧扁，除基部几节外其余各节多扩展成锯齿状或梳齿状，少数种类触角近丝状，着生于复眼凹缘的开口处。前胸背板圆锥形、梯形或半圆形。每鞘翅有纵行纹9～10条，行间和行纹内散布刻点。臀板大而外露，在某些类群，除臀板之外还有1～2节背板外露。腹部可见腹板5节，第1和第5腹板较长。前足及中足腿节细；后足腿节粗而扁，在腹面形成1～2条纵隆脊，隆脊上通常着生齿或齿列。

豆象科昆虫目前全世界记述约1400种，分属于58属，广布于除南极之外的世界各大陆，尤其以亚洲的热带区及中美和南美的数量最多。该科昆虫大约84%的种类取食豆科植物种子，成为栽培豆科植物的一类重要害虫；另一些种类为害椰子、棕榈核仁，以及旋花科、梧桐科等植物的种子。

该科国内储藏物中记载18种，其中绿豆象［*Callo-sobruchus chinensis*（Linnaeus，1758）］、蚕豆象（*Bruchus rufimanus* Boheman，1833）和豌豆象［*B. pisorum*（Linnaeus，1758）］（图2-25）为我国主要的储藏豆类害虫；而*Callosobruchus*属非中国种、四纹豆象［*Callosobruchus maculatus*（Fabricius，1775）］、菜豆象［*Acanthoscelides obtectus*（Say，1831）］和巴西豆象［*Zabrotes subfasciatus*（Boheman，1833）］为我国规定禁止入境的检疫性害虫。

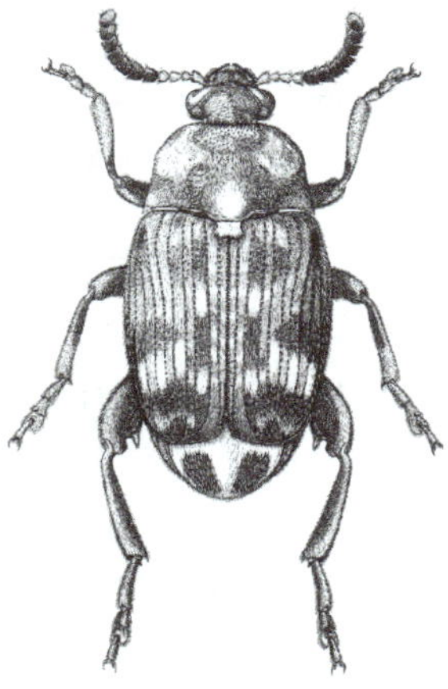
图2-25　豌豆象成虫
（仿Bousquet，1990）

彩图

（六）步甲科（Carabidae）

步甲科属鞘翅目肉食亚目，为中等至较大型甲虫，一般黑色或褐色而有光泽，少数颜色鲜艳。头前口式，较前胸窄；触角11节，多为丝状，两触角之间的距离大于上唇的宽度。腹部基部3节愈合，不能活动。各足跗节均为5节。有的种类后翅几乎退化，而左右两前翅愈合，缺乏飞翔能力。幼虫一般为

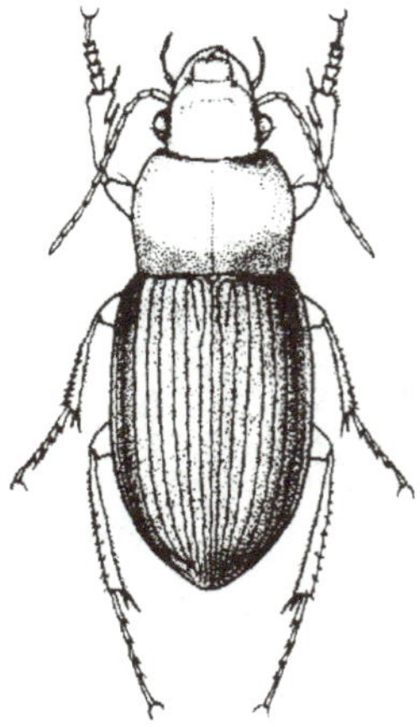

图2-26 毛婪步甲成虫
（仿张生芳等，1998）

爬虫式。成、幼虫爬行迅速。

绝大部分步甲是捕食性甲虫，对象是小昆虫、小无脊椎动物。少数为杂食性，有些成虫在某一阶段以植物或动植物的尸体残渣为补充营养。近几年，在我国有婪步甲为害谷类作物和花生种子的报道，有时损失还相当严重。

步甲科的种类较多，国内记载的与储藏物有关的步甲科种类有20种以上。其中大多数种类是介于室外与室内生活之间的种类，因此在储藏物中经常可以发现步甲科的昆虫。国内较常见的种类有斑步甲［*Anisodactylus signatus*（Panzer，1796）］、毛婪步甲［*Harpalus griseus*（Panzer，1796）］（图2-26）等。

彩图

（七）天牛科（Cerambycidae）

中型至大型昆虫。长椭圆形，少数种类卵圆形。复眼多呈肾形。上颚粗壮。触角着生于额的突起上，细长，呈鞭状，多由11节组成。前胸背板两侧的缘边有或无。鞘翅坚硬，端缘圆形、平截或斜凹切。各足的胫节均有端距2个；跗节5-5-5式，第3节双叶状，第4节微小。

幼虫身体粗壮，长圆筒形，略扁。头常缩入前胸，前胸节最大，足发达或退化。幼虫在树干内蛀食，形成隧道。极少数种类，如家茸天牛，有时将卵产于粮食、面粉和食品中，并可在其中顺利地完成发育。

该科全世界已知种类达2.5万种以上，我国已知种超过2000种，仅极少数可在仓内为害。与储藏物有关的种类有家茸天牛［*Trichoferus campestris*（Faldermann，1835）］（图2-27）、拟蜡天牛（*Stenygrinum quadrinotatum* Bates，1873）和咖啡灭字虎天牛（*Xylotrechus quadripes* Chevrolat，1863）等。

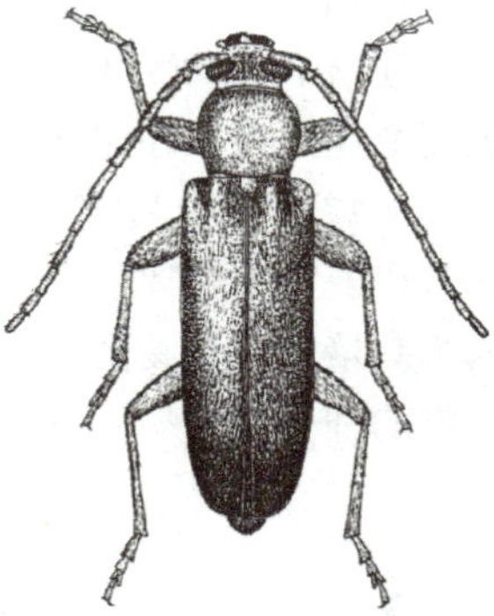

彩图

图2-27 家茸天牛成虫
（仿张生芳等，1998）

（八）拟坚甲科（Cerylonidae）

小型甲虫，体长1～4mm。椭圆形至卵圆形。触角末1～2节膨大形成触角棒。下颚须末节非常小，几乎呈锥状；或在小圆甲属（*Murmidius*），口器下方被前胸的突起遮盖。前足基节小，球形，不突出，左右基节的间距明显大于基节的宽度。前胸背板横宽，扁平，两侧向前缢缩，向后有时稍缢缩。腹部第1～3节腹板愈合，第1腹板上有从后足基节窝内缘发出的腿节线或凹窝。跗节通常为4-4-4式，爪简单。

国内储藏物中发现的有小圆甲［*Murmidius ovalis*（Beck，1817）］（图2-28）和间隔小圆甲（*Murmidius segregatus* Waterhouse，1876）两种。这两种在国内文献中多归入邻坚甲科（Murmidiidae），在有些文献中归入坚甲科（Colydiidae）。但据最新的研究报道，邻坚甲科应作为亚科（Murmidiinae）归入拟坚甲科。

该科的种类多发现于霉粮中，对储藏物不造成明显的危害。

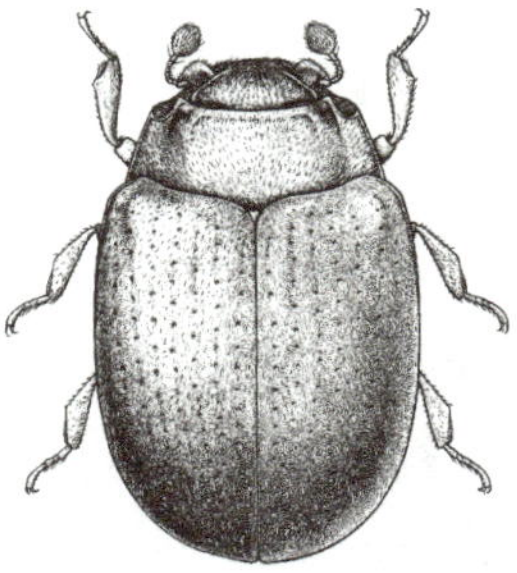

图2-28 小圆甲成虫
（仿Bousquet，1990）

彩图

（九）木蕈甲科（Ciidae）

小型甲虫，体长由不足1mm至7mm，多数为1～2mm。体厚，呈圆筒形、长形至卵圆形。表皮褐色至沥青色，被粗短而直立的鳞片状毛。头前口式，卵圆形，部分或全部隐于前胸背板之下；额脊明显，额面布粗大刻点；触角8～10节，稀11节，末3节形成松散的触角棒，着生于复眼与上颚基部之间。前胸背板极大，约与鞘翅基部等宽，方形，有缘边，表面有皱纹刻点。雄虫的头部和前胸背板前缘有时有叶状、齿状、角状或瘤状突。足较短；前足基节横卵圆形，中足基节圆锥形，后足基节横形，各足基节均左右分离；转节小，横三角形；腿节膨大；胫节细而具刺，无端距；跗节4-4-4式（稀3-3-3式），第1～3节短，末节长。小盾片小，不明显，鞘翅覆盖腹末，末端倾斜，圆形，行间布皱纹刻点。腹部可见腹板5节。

成虫和幼虫群集生活于蕈类及腐木中，也常栖息于小蠹虫的坑道内，为典型的食菌性甲虫。一些种类发现于中药材仓库内，可对中药材造成严重危害。

该科全世界迄今记载约550种，分属于约40属。我国仓库内发现多种，如中华木蕈甲（*Cis chinensis* Lawrence，1991）（图2-29）、铲状木蕈甲（*C. seriatopilosus* Motschulsky，1861）等。该科有许多近缘种，鉴定较为困难。

彩图

图2-29 中华木蕈甲雄成虫

（十）郭公虫科（Cleridae）

小型或中型甲虫，体长3～24mm。触角8～11节，多数11节，丝状、锯齿状、栉齿状或棍棒状等，着生于额的两侧。身体长形，背方隆起；色泽各异，通常具金属光泽，有的种类具红色或黄色花纹；被直立的长毛。前足基节突出。鞘翅完全遮盖腹部，腹部可见腹板5～6节。足细长，跗节5-5-5式，有时第3跗节被第2跗节所遮盖，或有时第4跗节微小，嵌入双叶状的第3跗节内。

该科昆虫全世界记述4000种以上，分隶于150多属。多生活在热带区，部分成虫营捕食性生活，其余的种类以花粉为食，幼虫大部分栖息于朽木中，少数种类生活于动物尸体和干燥的植物性物质中，包括仓储的谷物、食品和中药材等。因此，许多种类是皮毛、干肉及动物性药材的重要害虫。国内较常见的种类有赤足郭公虫［*Necrobia rufipes*（De Geer，1775）］、赤颈郭公虫［*N. ruficollis*（Fabricius，1775）］、暗褐郭公虫［*Thaneroclerus buquet*（Lefebvre，1835）］、赤胸郭公虫（*Opetiopalpus obesus* Westwood，1849）（图2-30）等。

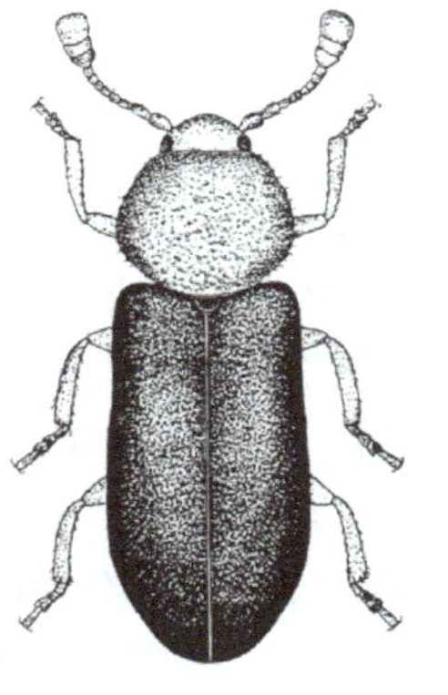

图2-30 赤胸郭公虫成虫
（仿张生芳等，2016）

（十一）隐食甲科（Cryptophagidae）

小型甲虫，体长1.5～3.0mm。长椭圆形或卵圆形，淡黄色、褐色至暗褐色。背方稍隆起，密生细毛。头前口式，触角11节，末3节（极少数种类末2节或末4节）形成触角棒。前胸背板侧缘多具齿。前足基节球形，略突出，基节窝后方开放式；各足基节左右分离；跗节5-5-5式，有

彩图

的种类雄虫为5-5-4式。鞘翅遮盖腹部末端。

该科隐食甲属（*Cryptophagus*）的种类在储藏物内最常见。该属的前胸背板前角增厚，呈斜截状，侧缘中央或近中央有1个侧齿。该科鉴定种的重要依据有：复眼的大小及形状，前胸背板前角、侧齿及侧缘的形状，前胸背板及鞘翅上刻点的大小及密度，刚毛的形状及雄虫的外生殖器等。

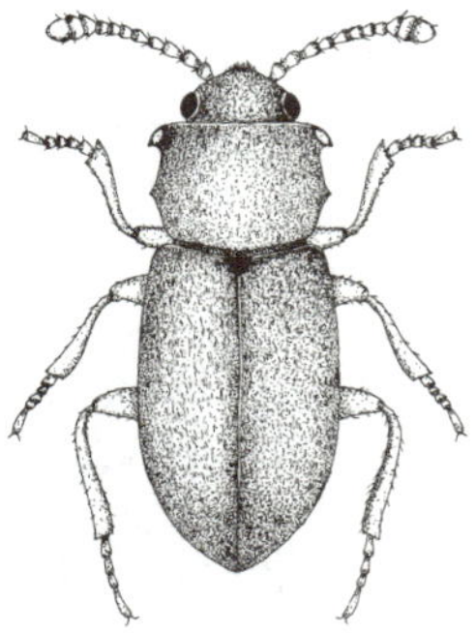

图2-31　尖角隐食甲成虫
（仿白旭光，2008）

彩图

隐食甲科昆虫全世界记述600余种，国内储藏物中记述7种。成虫和幼虫多发现于发霉的植物性和动物性储藏物内，在植物的花内、真菌内、树皮下，以及在蚁类、蜂类、鸟类乃至小型哺乳动物的巢穴内也有发生。生活于房舍、地下室及仓库内的种类并不直接为害人类的储藏品，而是取食这些储藏物上滋生出来的真菌菌丝和孢子，它们的存在表明储藏条件欠佳，湿度太大，已有发霉的物质存在。

国内储藏物中较常见的种类有黄圆隐食甲（*Atomaria lewisi* Reitter，1877）、尖角隐食甲（*Cryptophagus acutangulus* Gyllenhal，1827）（图2-31）和茸毛隐食甲（*Cryptophagus setulosus* Sturm，1845）等。

（十二）象甲科（Curculionidae）

该科昆虫小至大型，体长2～70mm。主要特征是头部的额和唇基区延伸成象鼻状的喙，外咽缝合并为1条或消失；触角膝状，8～9节，柄节长，棒头明显；口器位于喙的前端，无上唇；下颚须及下唇须退化而僵直，不能弯曲。跗节5-5-5式，第4跗节小，隐于双叶状的第3跗节内。

本科为鞘翅目的大科之一，据估计，全世界已记述的种类超过6万种，遍及世界各地。象甲科的昆虫通常称为象鼻虫或象虫（weevil），均为植食性。多数种类取食生长的作物或树木及植物的根、茎、叶、花、果实和种子，仅少数种类为害储藏物。国内储藏物中记载6种，较常见的有米象［*Sitophilus oryzae*（Linnaeus，1763）］、玉米象（*S. zeamais* Motschulsky,1855）和谷象［*S. granaries*（Linnaeus,1758）］（图2-32），是世界性分布的储粮害虫，其中玉米象是我国头号储粮害虫，可严重为害各种禾谷类原粮和其他多种储藏物。

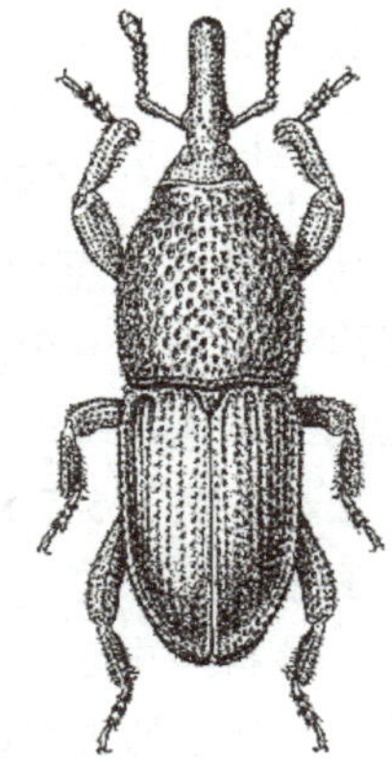

彩图

图2-32　谷象成虫
（仿Bousquet，1990）

（十三）皮蠹科（Dermestidae）

本科成虫身体多呈椭圆形，少数种类长椭圆形或卵圆形。体长1.3～12.0mm，宽0.5～5.0mm。背面隆起，腹面平坦。身体表皮布刻点，几乎总是着生毛或鳞片，常形成色带和色斑等。头小，下口式，多倾斜伸出或与体轴垂直。复眼中等大小，不甚突出，呈卵形或肾形。多数种类头部有1个中单眼，唯圆胸皮蠹属（*Thorictodes*）的种类复眼十分退化，隐于头的侧突之下；皮蠹属（*Dermestes*）与圆胸皮蠹属的种类无单眼。触角由4～11节组成；触角棒多为3节，有的种类仅1～2节；唯百怪皮蠹的触角呈丝状，端部不形成触角棒。前胸背板隆起，横宽，多呈梯形或半圆形，基部多与鞘翅基部的宽度相等。小盾片小，呈三角形。鞘翅发达，多掩盖腹部末端。前足基节球形，有的种类前足基节稍横宽或近圆锥形；前足基节窝后方开放式；中足基节多球形，左右分离；除百怪皮蠹外，后足基节相接触。跗节5-5-5式。多数种类有7个可见背板和5个可见腹板。

皮蠹科昆虫生存于地球上冻土带以外的所有地理区，在干热的气候带最集中，种类和数量最丰富。就其寄主而言，皮蠹属的多数种类取食鱼类、两栖类、爬行类和哺乳类动物的尸体，另一些种类生活于鸟巢或黄蜂的巢内。皮蠹科中的许多种类，又经常侵入存放人类生活必需品的仓库内，对皮张、粮食、药材、毛料、丝织品等造成极其严重的危害，成为一类重要的储藏物害虫。

皮蠹科昆虫全世界记述约1000种，国内记载与储藏物有关的该科害虫约100种，分属于怪皮蠹属（*Thylodrias*）、圆胸皮蠹属（*Thorictodes*）、皮蠹属（*Dermestes*）、毛皮蠹属（*Attagenus*）、圆皮蠹属（*Anthrenus*）、螵蛸皮蠹属（*Thaumaglossa*）、斑皮蠹属（*Trogoderma*）、长毛皮蠹属（*Trinodes*）、拟长毛皮蠹属（*Evorinea*）、球棒皮蠹属（*Orphinus*）和长皮蠹属（*Megatoma*）。较重要的种类有谷斑皮蠹（*Trogoderma granarium* Everts，1898）、花斑皮蠹（*T. variabile* Ballion，1878）、小圆皮蠹［*Anthrenus verbasci*（Linnaeus，1767）］、白腹皮蠹（*Dermestes maculatus* De Geer，1774）（图2-33）、赤毛皮蠹（*D. tessellatocollis* Motschulsky，1860）、褐毛皮蠹（*Attagenus augustatus gobicola* Frivaldszky，1892）和黑毛皮蠹［*Attagenus piceus*（Olivier，1790）］等。其中斑皮蠹属非中国种均为我国对外检疫危险性害虫。

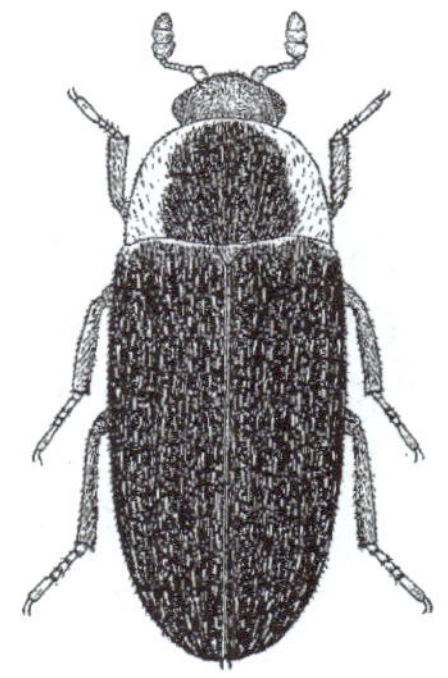

彩图

图2-33　白腹皮蠹成虫（仿刘永平和张生芳，1988）

（十四）大蕈甲科（Erotylidae）

小型至中型甲虫，体长2～36mm。多为黑色，具红黄色花斑。多数背面光裸无毛，有光泽。头前口式，缩入前胸至眼部。触角着生于额两侧、复眼之前，11节，触角棒多为3节（少数4～5节），第3触角节长，约等于第4、5节或第4～6节的总长。上唇与额愈合。复眼着生于头部两侧，小至中等大小，通常呈圆形。前胸背板比头部宽，近方形。前足基节窝后方封闭；前足及中足基节球形，后足基节三角形，3对足的左右基节均分离；跗节5-5-5式，第4节通常小，前3节宽而下面着生毛；爪简单。鞘翅完全遮盖腹部，末端圆，行间通常疏布刻点。腹部可见腹板5节，通常第1和第5腹板较大。

幼虫多生活于土壤内及植物组织或肉质的菌体内，或腐败的木屑内，或发生于大量菌丝滋生的储藏物内。成虫将卵产于真菌上，幼虫取食肉质的真菌汁液。成虫多栖息于树皮下或原木下。室内种类多发生于中药材和土特产仓库内。

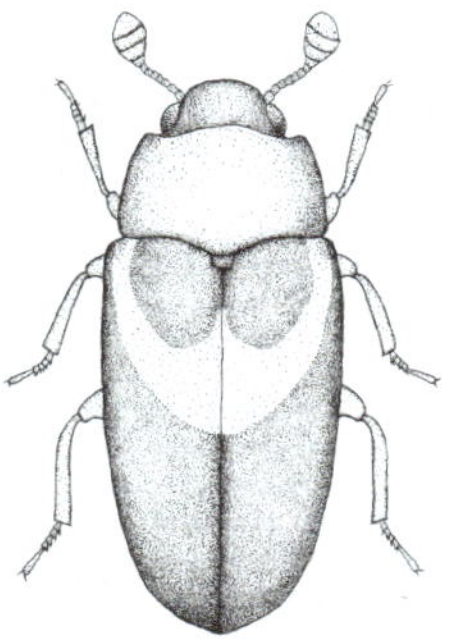

图2-34　凹黄大蕈甲成虫（仿白旭光，2008）

彩图

该科全世界记述约30属2600种。广泛分布于热带和亚热带，国内储藏物中较常见的有凹黄大蕈甲（*Dacne japonica* Crotch，1873）（图2-34）和二纹大蕈甲（*D. picta* Crotch，1873）两种。

（十五）阎虫科（Histeridae）

多为小型至中型昆虫，体长0.5～18.0mm。体壁高度骨化，身体卵圆形或圆柱形。触角膝状，末端球形；触角棒紧密，不分节或由2～3条横缝分隔。头多缩入前胸，腹面有沟槽以收纳触角柄节。前胸腹面有触角窝以收纳触角棒。鞘翅端部截形，不遮盖腹末，末两节背板外露。前足基节窝后方开放，前足基节横形或圆筒形，中足基节球形或卵圆形，后足基节横三角形；前足开掘式；跗节5-5-5式，极少数为5-5-4式。头部、前胸背面及鞘翅上的凹线为区分属、种的重要鉴别特征。

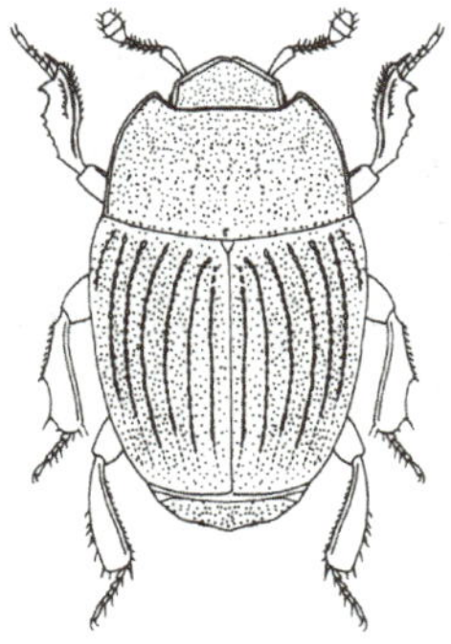

图2-35　黑矮阎虫成虫（仿Kryzhanovskij and Reichardt，1976）

彩图

该科全世界已知种类约3600种。多生活于腐败的动植物性物质及粪便内，有的捕食其他小型昆虫，还有的生活于木材害虫的隧道中，与其共生或捕食木材害虫。国内记载与储藏物有关的种类7种。较常见的种类有黑矮阎虫［*Carcinops pumilio*（Erichson，1834）］（图2-35）、麦氏阎虫［*Diplostix mayeti*（Marseul，1870）］及仓储木阎虫（*Dendrophilus xavieri* Marseul，1873）等。

（十六）扁谷盗科（Laemophloeidae）

微小至中型昆虫，体扁平。头前口式，上颚发达。触角长，多由11节组成，丝状或串珠状。前胸背板有完整的亚侧脊，端缘平直。前足基节球形，基节窝后方开放；中足基节球形，基节窝外方开放；跗节5-5-5式，有时雄虫为5-5-4式。鞘翅遮盖腹末，两侧近平行。

扁谷盗多数生活于树皮下，营捕食性生活；有的转入仓内为害，取食谷物等植物性产品，其中扁谷盗属的某些种类成为储藏物中，特别是储粮中较常见的一个类群。

扁谷盗科曾作为扁甲科（Cucujidae）的1个亚科（Laemophloeinae）处理，经Thomas和Lawrence（1991）的研究，认为应将其提升为1个独立的科。

该科全世界记述约550种。与储藏物有关的全世界有10余种，国内记述6种。其中较重要种类有锈赤扁谷盗［*Cryptolestes ferrugineus*（Stephens，1831）］（图2-36）、长角扁谷盗［*C. pusillus*（Schonherr，1817）］和土耳其扁谷盗［*C. turcicus*（Grouvelle，1876）］等。

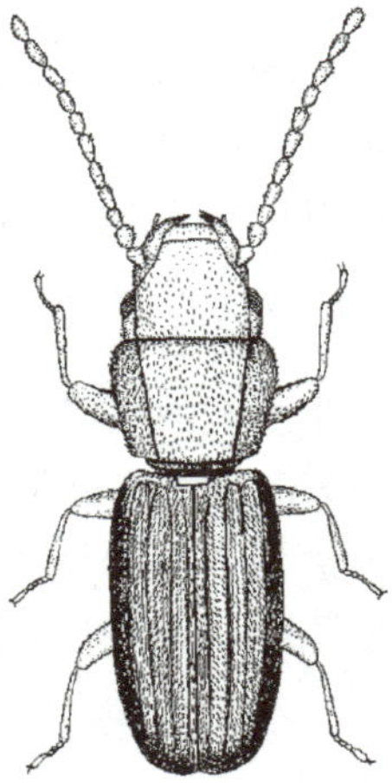

图2-36　锈赤扁谷盗成虫（仿张生芳等，1998）

彩图

（十七）拟叩甲科（Languriidae）

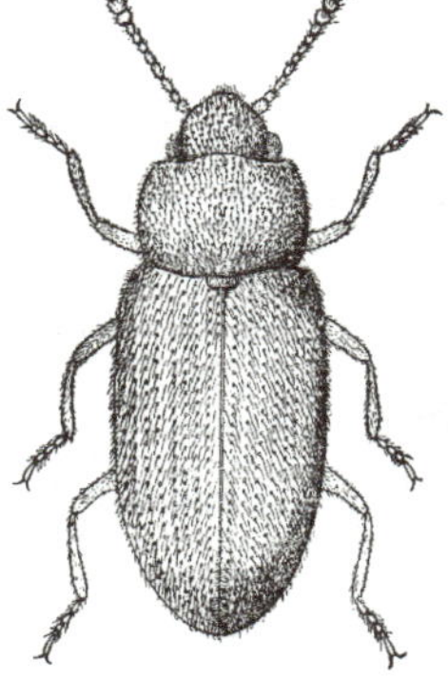

图2-37　褐蕈甲成虫（仿Hinton，1945）

彩图

小型至中型甲虫，体长1.2～25.0mm。长椭圆形。头前口式；触角着生于头两侧，位于复眼之前和上颚基部，11节，较短，末3～6节形成触角棒。下颚端部有毛束，分内外2叶，外叶较大。前足基节窝后方开放或封闭。跗节5-5-5式，第3节扩张，第4节微小。

全世界记述约900种，隶属于80属。对于该科的分类地位，争议颇多，有的著作中将该科归入隐食甲科（Cryptophagidae），有的归入大蕈甲科（Erotylidae）或毛蕈甲科（Biphyllidae）。国内储藏物中较常见的有褐蕈甲［*Cryptophilus integer*（Heer，1841）］（图2-37）和黑带蕈甲（*C. obliteratus* Rertter，1878），它们在储藏物中主要取食真菌类，对储藏物不造成明显的危害。

（十八）薪甲科（Lathridiidae）

小型甲虫，体长0.8～3.0mm。倒卵形，背面隆起或扁平，光裸或被茸毛，淡褐色至近黑色。头前口式，横宽。唇基与额不在同一平面上。复眼大而突出，近圆形；或复眼极退化，仅由几个小眼面组成。触角8～11节，触角棒1～3节。前胸背板宽于头部，窄于鞘翅，背方扁平或隆起，或具各种隆脊或凹陷；两侧圆弧形，具细齿突，或侧缘宽阔平展。两鞘翅分离或愈合，遮盖腹末。后翅发达，缀生短的缘毛，个别种类后翅退化。小盾片小，三角形。腹部有5～6节可见腹板。前足基节圆锥形突出，左右相接或几乎相接，或球形而左右远离。前足基节窝后方封闭，中胸后侧片不伸达中足基节窝。后足基节不突出，左右远离。跗节3-3-3式，有的雄虫为2-3-3式或2-2-3式，各节长，爪简单。

成虫和幼虫取食真菌孢子和菌丝，通常栖息于发霉的物质中，在霉变的食物、谷物及腐烂的植物性物质中经常发现，在室外多发现于枯枝落叶下及草垛下。

该科昆虫全世界已记载700种。国内储藏物中发现12种，较常见的种类有东方薪甲（*Migneauxia lederi* Reitter，1875）、缩颈薪甲［*Cartodere constricta*（Gyllenhal，1827）］、四行薪甲［*Thes bergrothi*（Reitter，1880）］、湿薪甲［*Lathridius minutus*（Linnaeus，1767）］（图2-38）和红颈薪甲［*Dienerella ruficollis*（Marsham，1802）］等。

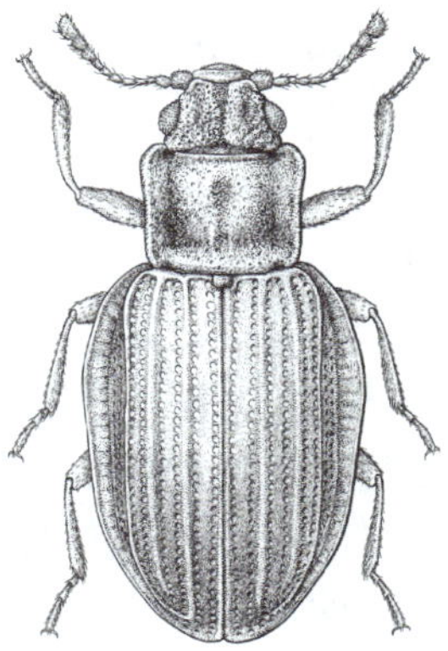

彩图

图2-38　湿薪甲成虫（仿Bousquet，1990）

（十九）粉蠹科（Lyctidae）

小型甲虫，体长1～7mm。身体细长而扁平，两侧平行，黄色、红褐色、暗褐色至近黑色，体表被毛或鳞片状毛。头下口式，倾斜突出，不被前胸背板遮盖；复眼大而突出；触角短，11节，末2节膨大形成触角棒。胸部发达，前胸背板多呈近方形。前足基节窝封闭，前足左右基节相接，后足左右基节远离。跗节5-5-5式，第1节短。鞘翅遮盖腹部末端。腹部腹板5节，第1腹板长。

该科昆虫全世界记述70余种，分属于12属。成虫和幼虫多生活于木材和竹材内，为多种建筑材、家具材和加工材的重要害虫。国内储藏物中发现7种，较常见的有鳞毛粉蠹［*Minthea rugicollis*（Walker，1858）］、中华粉蠹（*Lyctus sinensis* Lesne，1911）和褐粉蠹（*L. brunneus* Stephens，1830）（图2-39）等。

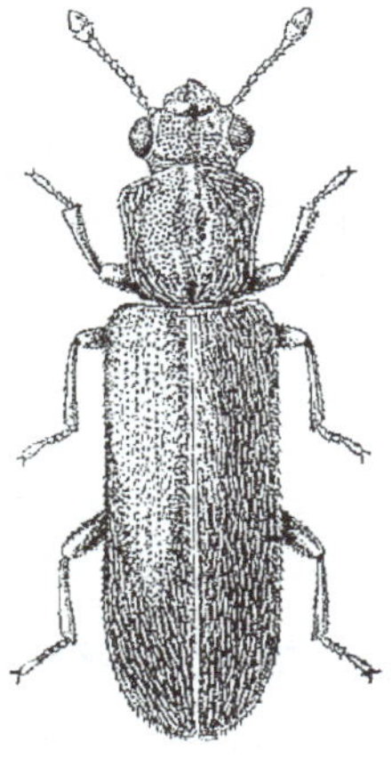

图2-39　褐粉蠹成虫（仿Hinton and Corbet，1972）

彩图

（二十）扁薪甲科（Merophysiidae）

小型甲虫，体长多为1.0～1.5mm。椭圆形，黄褐色至赤褐色，背面光滑，有光泽。触角8～11节，触角棒1～2节；唇基与额位于同一平面，额唇基沟浅而不明显；下唇须3节。前足基节窝后方开放，后足转节长为宽的2倍以上。鞘翅光滑，每翅仅有1条与翅中缝靠近且与之平行的陷线。

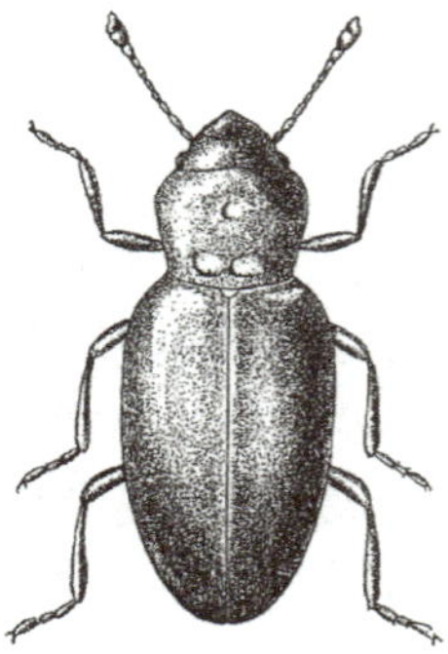

图2-40 扁薪甲成虫
（仿Hinton，1945）

幼虫与成虫一起生活于霉粮及其他腐败的植物性物质中，有的种类与蚂蚁在一起共生。该科全世界记述约90种。过去某些著作中多将该科并入薪甲科而作为1个亚科［全薪甲亚科（Holoparamecinae）］。国内储藏物中发现全薪甲属（*Holoparamecus*）的3种，即扁薪甲（*Holoparamecus depressus* Curtis，1833）（图2-40）、椭圆薪甲（*H. ellipticus* Wollaston，1874）和头角薪甲（*H. signatus* Wollaston，1874）。

（二十一）球棒甲科（Monotomidae）

彩图

小型甲虫，体长1.3～5.0mm。体扁平。头前口式，触角11节，触角棒1～2节。前胸背板近方形或长大于宽。前足基节窝后方多封闭。跗节形式：雌虫5-5-5式，雄虫5-5-4式。小盾片小，三角形。鞘翅端部平截，腹末臀板外露。腹部可见腹板5节，第1、5腹板较长。

该科全世界记述220多种，分属于20余属。多数种类生活于树皮下或木质内，个别种类生活于蚁巢内。幼虫和成虫捕食蛀木昆虫，生活于食木昆虫的蛀道内。同时，某些种类也发现于因真菌侵染而腐烂的木头内及储藏物内。国内储藏物中发现5种，如四窝球棒甲（*Monotoma quadrifoveolata* Aubé，1837）和黑足球棒甲（*Monotoma picipes* Herbst，1793）（图2-41）等。

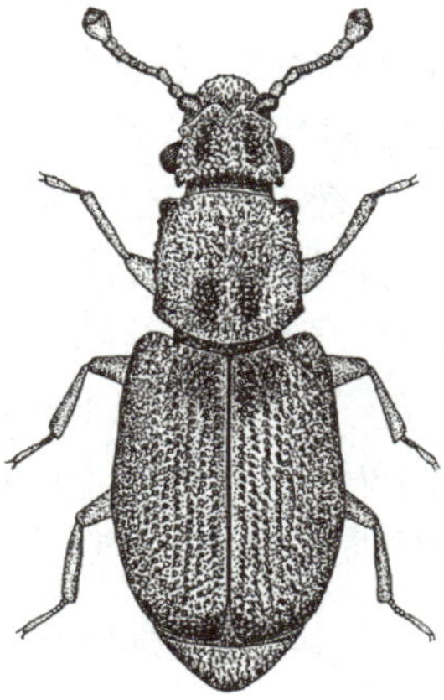

图2-41 黑足球棒甲成虫
（仿张生芳等，2016）

（二十二）小蕈甲科（Mycetophagidae）

多为小型甲虫，体长1.5～6.0mm。长椭圆形至卵圆形，体表密生细毛。体壁黄褐色、褐色至近黑色，有的种类鞘翅上具橘黄色或红色花斑。触角着生于复眼之前及额的侧缘下方，11节，末2～7节形成触角棒。鞘翅遮盖腹末。腹部可见腹板5节，第1腹板的前方呈三角形，伸达后足基节之间。各足的左右基节靠近，前足基节卵圆形，倾斜，稍突出，前足基节窝后方开放。雌虫的跗节4-4-4式，雄虫3-4-4式。

该科昆虫全世界记述200余种，分属于20属，广泛分布于全北区。成虫、幼虫生活于树皮下及仓库和居室内，以取食真菌为主，也兼食潮湿的谷物，极个别种类取食松树的花粉。国内储藏物中发现4种，其中以小蕈甲［*Typhaea stercorea*（Linnaeus，1758）］（图2-42）最为常见。

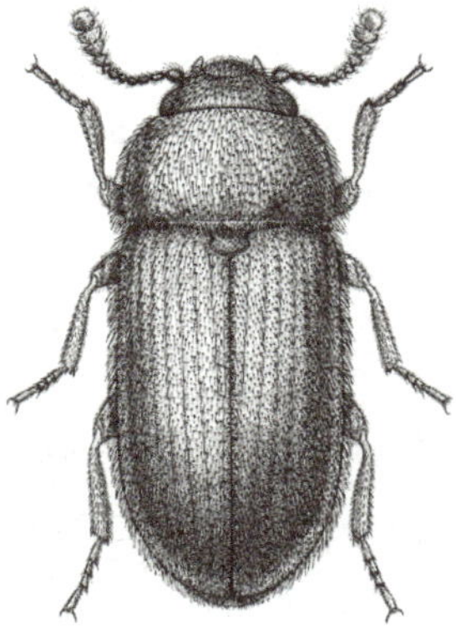

图2-42 小蕈甲成虫
（仿Bousquet，1990）

（二十三）露尾甲科（Nitidulidae）

彩图

小型至中型甲虫，体长1～18mm。倒卵圆形至长形，稍扁平，背面密生柔毛。多为淡褐色至近黑色，有的种类鞘翅缀黄色至红色斑，或有青铜色光泽。触角短，11节，末3节显著扁平膨大，形成紧密的圆形或椭圆形触角棒。下唇须3节，下颚须4节。前胸背板宽大于长，常具缘边，基部多与鞘翅基部密接。鞘翅大多短而端部平截，使腹末有1～4节背板外露，也有少数种类鞘翅遮盖腹末端。腹部可见腹板5节，有时雄虫有可见6节（有附加体节，第5腹板后缘深凹陷以收纳圆形至椭圆形的第6腹板）。足粗短，前足基节横圆筒状，左右分离，不突出，前足基节窝后方多封闭；中、后足基节宽扁且左右远离；跗节5-5-5式，第1～3节膨大，腹面多毛，第1、2节等长，第4节短小。

露尾甲的成虫和幼虫生活于谷物、干果、菌类、新鲜及腐败果实、花卉及树皮下，一般为腐食性，少数为捕食性。

该科全世界记录约2700种，国内记述与储藏物有关的种类14种。较常见的种类有小露尾甲（*Carpophilus pilosellus* Motschulsky，1858）、细胫露尾甲（*C. delkeskampi* Hisamatsu，1963）和酱曲露尾甲［*C. hemipterus*（Linnaeus，1758）］（图2-43）等。

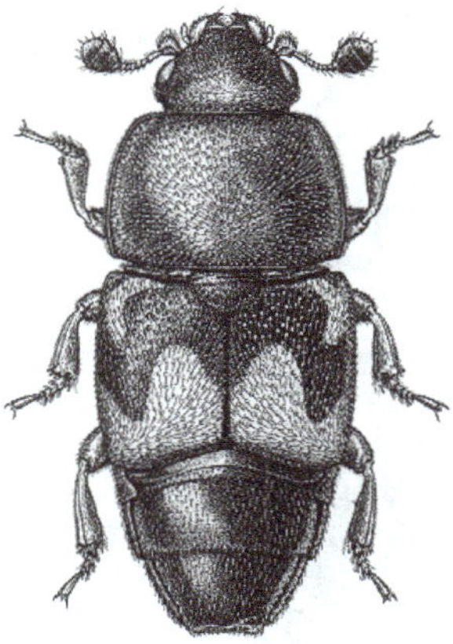

彩图

图2-43　酱曲露尾甲成虫
（仿Bousquet，1990）

（二十四）蛛甲科（Ptinidae）

小型昆虫，体长2～5mm，体似蜘蛛，长卵圆形或卵圆形，背方隆起。头下口式，大部分隐于前胸背板之下；触角丝状，多为11节。前胸背板宽大于或等于头宽，有的种类在近基部缢缩。小盾片明显或十分退化。鞘翅较前胸宽，端部圆，遮盖腹部。足细长，前足基节窝开放；各足腿节细长，端部膨大，呈棒状；跗节5-5-5式。腹部有5节可见腹板，少数种类减少至3～4节。

该科昆虫迄今全世界已记述约570种，世界广泛分布。成虫、幼虫取食多种动物和植物性物质，部分种类生活于家庭居室和仓库内，也有的生活于鸟、兽的巢穴中。

国内记载与储藏物有关的种类9种。较常见的种类有拟裸蛛甲（*Gibbium aequinoctiale* Boieldieu，1854）（图2-44）、日本蛛甲（*Ptinus japonicus* Reitter，1877）和褐蛛甲［*Pseudeurostus hilleri*（Reitter，1877）］等。

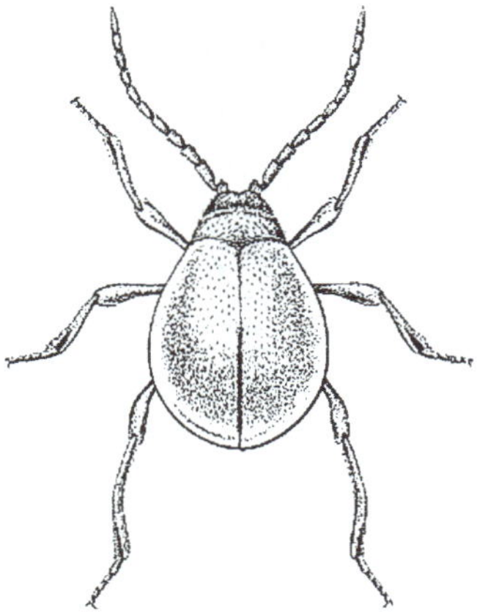

图2-44　拟裸蛛甲成虫
（仿Bousquet，1990）

彩图

（二十五）锯谷盗科（Silvanidae）

体小至中型，长而扁，两侧略平行，或身体呈卵圆形，表皮多呈赤褐色。头为前口式，触角11节，多呈棍棒状。前胸背板通常长大于宽，后缘比鞘翅基部窄，侧缘具齿突。前足基节窝后方封闭，前足及中足基节球形，后足基节横形。跗节5-5-5式，少数种类的雄虫5-5-4式；第1跗节长于或等于第2跗节，第4跗节小，第5跗节最长。腹部可见腹板5节。鞘翅遮盖腹部末端。

锯谷盗科与扁谷盗科昆虫外形颇相似，不同之处在于锯谷盗科昆虫触角末3节膨大成棍棒状，前胸背板侧缘至少有1个齿突，前足基节窝关闭及第1跗节不短于第2跗节，以此区别于扁谷盗科。

该科全世界记述450余种，生活于树皮下或腐殖质中，有些种类生活于干果、药材、烟草或谷物中。多群集生活。原始种类为捕食性，另一些种类演变为储藏物害虫。国内储藏物中发现18种，较常见的种类有锯谷盗［*Oryzaephilus surinamensis*（Linnaeus，1758）］（图2-45）、大眼锯谷盗［*O. mercator*（Fauvel，1889）］和米扁虫［*Ahasverus advena*（Waltl，1834）］等。其中，

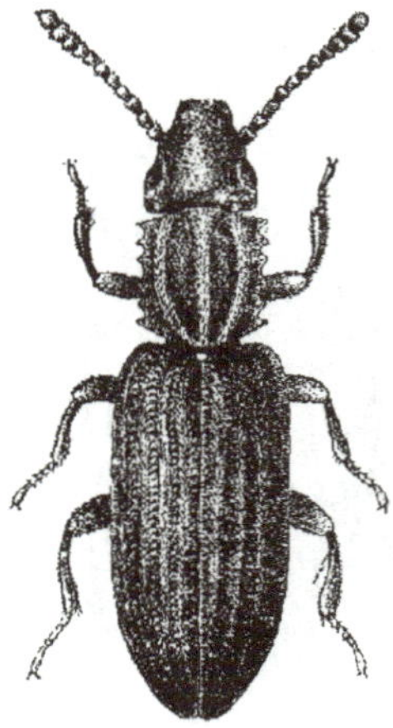

图2-45 锯谷盗成虫
（仿Cotton，1950）

锯谷盗在我国分布最为广泛，是米、面等成品粮中重要的害虫。

（二十六）隐翅虫科（Staphylinidae）

本科甲虫大都具有狭长平行的身体、缩短的鞘翅，腹部大部裸出且相当灵活。头部通常大而前伸，少数有时下弯，某些能向前胸背板下方缩入至眼。头壳一般完整，偶见能划分出唇基。触角11节，个别类群9或12节。复眼明显，有的巨大。单眼仅存于少数类群。上唇多横宽，双叶状或中部凹形的最普遍。前胸形态多变。鞘翅通常极短，仅遮盖腹部的前1、2节背板。腹部多平行延长，能随意收缩曲伸。雄虫外生殖器由形态各异的中、侧叶构成。

彩图

该科昆虫常栖息于森林铺垫物与土壤、腐烂的植物残渣、真菌、粪便、尸体、植物的花与叶、社会性昆虫巢、哺乳类与鸟类的洞穴与窝中，许多种类也发现于储藏物中。大多数类群为多食性，一些种类可捕食多种农业害虫。毒隐翅虫因其体内有强烈的接触毒物，可引起人的线状皮炎，也可阻止细胞的有丝分裂，抑制癌肿瘤，在癌研究及细胞生物学上有重要意义。

本科昆虫全世界已知约3万种，国内储藏物中记载的种类有10余种。较常见的种类有毒隐翅虫（*Paederus fuscipes* Curtis，1826）（图2-46）、大隐翅虫［*Creophilus maxillosus*（Linnaeus，1758）］、中华布里隐翅虫（*Bledius chinensis* Bernhauer，1928）等。

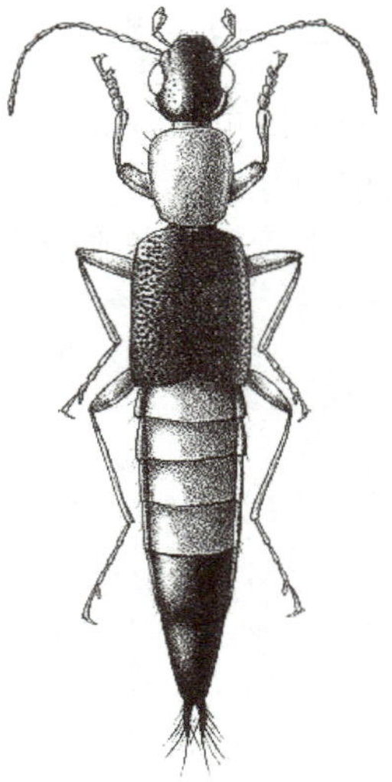

彩图

图2-46 毒隐翅虫成虫
（仿Frank and Thoma，2008）

（二十七）拟步甲科（Tenebrionidae）

小型至大型甲虫，体形不一，一般呈长形略扁，但各个类群变异很大。体壁坚硬，多为黑色，也有暗褐色、赤褐色或具花斑者；表皮平滑或有粗刻点、颗粒及脊纹等刻饰。头小，口器发达，上颚强壮。触角着生于头的侧下方，多为11节，较短，棍棒状或近念珠状，少数种类呈丝状；触角棒多由3节组成，有的种类2节、4节或更多节。颊正常或向外方扩张，以至或多或少将眼切割。复眼位于头的两侧，一部分折在头下，前缘凹，呈肾形。前胸背板大小和形状不一。足粗而长，平滑或着生刺或齿；跗节5-5-4式，爪简单。鞘翅一般遮盖腹末端，某些种类两鞘翅愈合，不能活动。腹部可见腹板5节，前3节腹板往往相互愈合而不能活动，有的种类在第3、4及第4、5节间有光亮的节间膜。幼虫体长5～40mm，圆筒状，背面骨化强，呈黄色、褐色或近于黑色。有胸足3对，尾端通常有臀突，腹末节腹面常有伪足状突起。

本科种类一般夜间活动，有假死习性。多为植食性，常以腐败物、粪便、种子、谷物、中药材及蕈类等为食，许多种类生活于多种储藏物中。

拟步甲科为大科，迄今全世界记述约2.5万种。国内记述约800种，与储藏物有关的种类近40种，较常见的种类有赤拟谷盗［*Tribolium castaneum*（Herbst，1797）］（图2-47）、杂拟谷盗（*T. confusum* Jacquelin du Val，1863）、姬粉盗［*Palorus ratzeburgi*（Wissmann，1848）］、亚

扁粉盗［*P. subdepressus*（Wollaston，1864）］、黄粉虫（*Tenebrio molitor* Linnaeus，1761）、黑粉虫（*T. obscurus* Fabricius，1792）、黑菌虫（*Alphitobius diaperinus* Panzer，1797）、小菌虫［*A. laevigatus*（Fabricius，1781）］和二带黑菌虫［*Alphitophagus bifasciatus*（Say，1824）］等。

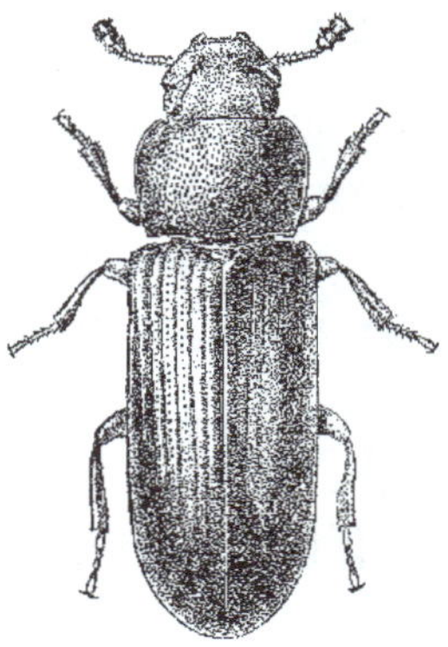

彩图

图2-47　赤拟谷盗成虫（仿Good，1936）

（二十八）谷盗科（Trogossitidae）

小型至中型甲虫，体长6～18mm。身体细长或卵圆形、圆筒形或扁平。黑色、褐色，也有蓝色或绿色者；疏被毛或光裸无毛。头前口式或稍下弯，表面光滑或有皱纹刻点。触角11节，少数10节，末3节形成松散的触角棒；触角着生于复眼和上颚的基部之间。前胸背板稍宽于头或远宽于头，前缘凹入，两前角突出；有细缘边或边缘平展，表面光滑或有皱纹刻点。前足基节横形或近球形，左右基节分离；中足基节近横形，扁平，左右基节分离；后足基节横形，左右基节相接。跗节5-5-5式，第2节甚小，第5节最长。小盾片三角形，小至中等。鞘翅完全遮盖腹部，末端圆形。腹部可见腹板5节，少数6节。

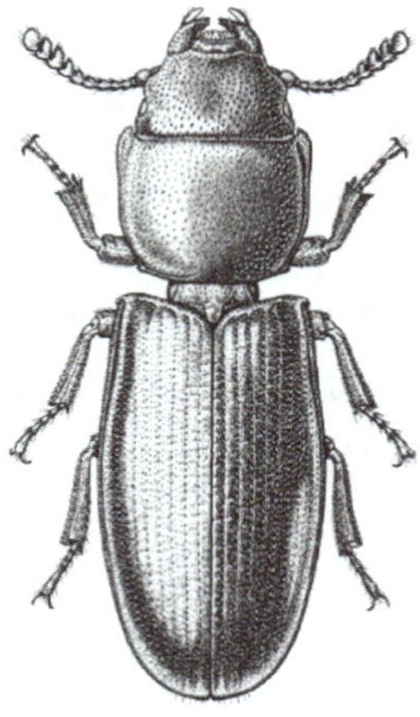

图2-48　大谷盗成虫（仿Bousquet，1990）

彩图

幼虫多为肉食性，在树皮下蛀木昆虫的隧道内捕食其他昆虫或小动物；或生活于树上的多孔菌中，食菌或食花粉；或生活于干燥的植物性物质中，某些种类为害储藏物。

该科全世界记述约60属600种，国内储藏物内已发现两种，即大谷盗［*Tenebroides mauritanicus*（Linnaeus，1758）］（图2-48）和暹罗谷盗［*Lophocateres pusillus*（Klug，1833）］。其中大谷盗为我国主要储粮害虫之一。

八、膜翅目（Hymenoptera）

成虫微小至中等大，体长小至0.2mm，大型种类包括产卵器可达75～115mm。体色多变化，多深暗，体表光滑。头突出，通常横形，活动自如。触角形状多变，通常雄虫13节，雌虫12节，但节数有的减少到6～8节，有的多达84节；形状有鞭状、棒状、串珠状、栉状、扇状或膝状等。复眼发达，左右远离，占头部大部分。单眼通常3个，位于额上方，排列成倒三角形。口器一般为咀嚼式，蜜蜂总科的口器特化成嚼吸式。具2对膜翅，前翅大于后翅，通常后翅前缘有2或3列翅钩，用于与前翅相连锁；有些种类的翅退化。多数种类的翅脉较复杂，纵脉多愈合或变形，与横脉构成多数翅室。足的各部分完备，形状及构造多变。跗节2～5节，末端具爪1对。腹部一般短，呈三角形、卵圆形或柱形，有的扁平或侧扁。腹部多为10节，少至3～4节。细腰亚目的第1节腹节并入胸部形成并胸腹节，第2节很小，位于腹基呈柄状或很不明显。

膜翅目昆虫食性复杂，有植食性、捕食性和寄生性，多数为益虫。该目为昆虫纲大目之一，已知种类约12万种，分属150多科。在储藏物中发现多种，多数种名尚难以确定，较常见的种类属于广肩小峰科（Eurytomidae）、金小蜂科（Pteromalidae）和茧蜂科（Braconidae）。

科检索表

1. 触角串珠状；前缘脉与亚前缘脉会合，无前缘室……………………………………………………茧蜂科（Braconidae）
   触角膝状；前缘脉与亚前缘脉分离，有一狭长的前缘室……………………………………………………2
2. 具金属光泽；前胸背板宽短，前角不明显……………………………………………………金小蜂科（Pteromalidae）
   通常黑色，无金属光泽；前胸背板宽，前角近乎直角……………………………………………………广肩小蜂科（Eurytomidae）

（一）茧蜂科（Braconidae）

体微小至小型，体长2～12mm，某些雌虫产卵管长度约等于体长。复眼裸露，单眼3个。后足腿节简单或加粗，有齿或无齿。翅细，亚缘室2～3个，肘室2个，中室1个。翅脉有时退化。腹部无柄、半无柄或有腹柄，圆筒形或卵圆形，第1～8腹节或3～8腹节可见。

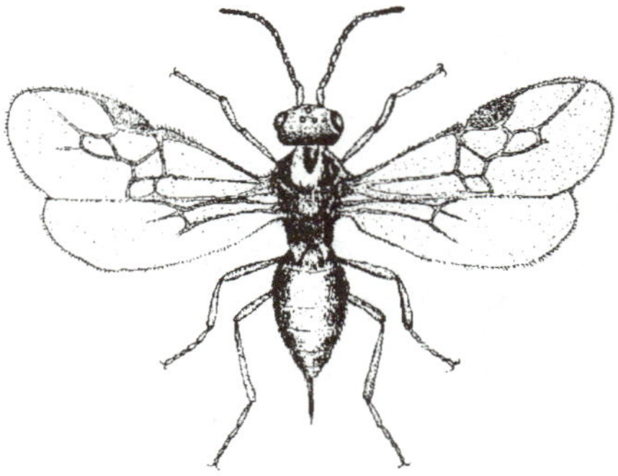
图2-49　麦蛾茧蜂成虫
（仿Hinton，1945）

彩图

该科幼虫多为初级寄生、外寄生或内寄生，幼虫老熟后常钻出寄主体外结小茧化蛹，有些种类即在寄主体壁上化蛹。国内储藏物中发现麦蛾茧蜂（*Bracon hebetor* Say，1836）（图2-49）一种，该种可寄生麦蛾、印度谷螟、粉斑螟、地中海粉螟、一点谷螟等多种储藏物蛾类害虫的幼虫，对蛾类害虫的种群有显著的抑制作用。

（二）广肩小蜂科（Eurytomidae）

体长1.5～6.0mm，雌雄同形或异形。体多呈黑色。头及胸常具脐状粗大刻点或具皱褶，或呈毛玻璃状。头正面观横宽，复眼间距宽，上颚发达，具3齿，颊长。触角着生于颜面中部，11～13节。前胸背板宽，肩呈近直角，中胸盾纵沟深而完整，并胸腹节常具明显的皱褶网纹。雌虫腹部卵圆形，侧扁，末端常延伸上翘，产卵器略突出。雄虫触角索节有时一侧偏连呈香蕉状，并具束状长毛；腹部圆形具长柄。足短，后足胫节有2端距。

全世界已记述近500种，分属30余属。本科昆虫植食性或寄生性，植食性的多为害种子，为林木、药材和绿肥作物害虫。我国储藏物中发现苜蓿广肩小蜂（*Bruchophagus roddi* Gussakovskiy，1933）（图2-50）一种，主要为害苜蓿种子。

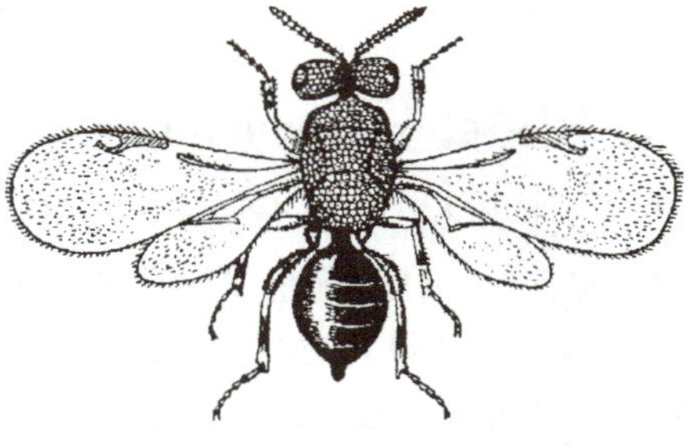
图2-50　苜蓿广肩小蜂成虫
（仿刘巨元等，1997）

（三）金小蜂科（Pteromalidae）

微小，体长1～3mm，活泼能行走、跳跃及飞行。大多具金属光泽。头圆形，复眼大；触角膝状，一般13节，具环状节2～3节。前胸背板宽短，常宽于中胸。中胸盾纵沟完整或不完整，并胸腹节常具侧褶及颈。后足腿节不膨大，胫节末有1～2个端距。跗节5节。腹部短，没有明显的柄。

本科昆虫全世界已记述近500属2000种左右，多寄生于其他昆虫的幼虫或蛹，但也有极少数种类寄生植物的种子，生活习性极其复杂。储藏物中最常见的种类是米象金小蜂［*Lariophagus distinguendus*（Förster，1841）］（图2-51），可寄生象虫的幼虫或蛹。

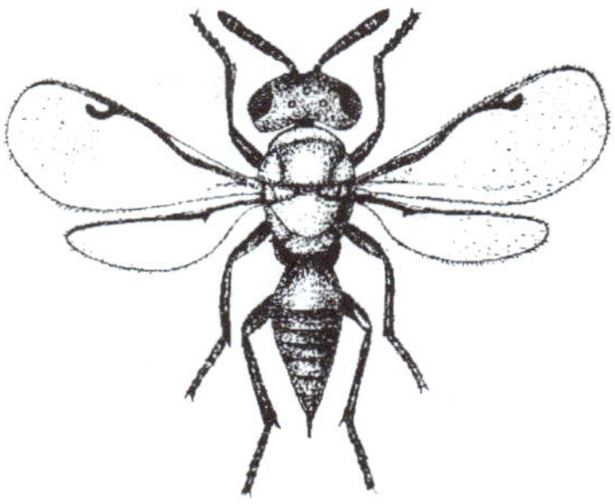

图2-51　米象金小蜂成虫（仿刘巨元等，1997）

九、双翅目（Diptera）

体微小至中型，极少数大型，体长1.5～100mm。头下口式，常垂直向下。触角形状变化大，多者可达40节；少者仅有3节，常为具芒状。复眼大，常占头部的大部分；单眼3个或缺失。口器适于刺吸、舐吸或退化。胸部3节密合，中胸最大。前翅发达，膜质善飞，后翅通常退化为1对平衡棒，末端球杆状。足跗节5节，爪1对，有爪垫和爪间突。腹部分节明显，可见体节少者4～5节，多者达11节，末端数节形成尾器。幼虫蛆形无足，头部多退化，可伸缩。完全变态。

双翅目为昆虫纲中的大目之一，包括各种蝇、虻、蚊、蚋等种类，已知种类近12万种。成虫在日间活动者，有访花果及腐败物质的习性，以花蜜或污物为食；有的种类夜间活动，吸食其他动物的血液；另一些种类捕食性，取食昆虫或其他节足动物的幼虫，对控制自然界某些害虫的种群密度起着重要作用。与储藏物有关的种类属于窗虻科（Scenopinidae）、瘿蚊科（Cecidomyiidae）和酪蝇科（Piophilidae）。

科检索表

1. 触角串珠状，7节以上；翅只有3～5条纵脉，横脉少；体小，极脆弱……瘿蚊科（Cecidomyidae）
   触角非串珠状，3节；翅除有纵脉外，还有横脉……2
2. 触角第3节上具芒；翅的前缘具毛，无刺……酪蝇科（Piophilidae）
   触角第3节上不具芒；喙短，隐藏；体毛少或无……窗虻科（Scenopinidae）

（一）瘿蚊科（Cecidomyiidae）

小型昆虫。身体纤细、脆弱，外形像蚊，有细长的足。足的基节短，跗节5节，胫节无距，爪有中垫或爪垫。触角细长，串珠状，10～36节，触角节上有各式感器和毛，尤以环状毛最具特色，两端均附着于触角节上，弯成环状，无游离端，在雄虫中尤为多见。复眼发达，占据头部很大面积，或左右两眼愈合成1个。喙短或长，下颚须1～4节。前翅宽阔，有毛或鳞毛；只有3～5条纵脉，很少横脉。腹部8节，伪产卵器短或极长，能伸缩。

该科成虫一般不取食，幼虫有的是捕食性的，取食蚜虫、介壳虫和螨类；有的是腐食性的，取食腐败的植物质；有的是植食性的，为害生活植物的花、茎、果实或其他部分。国内储藏物中发现1种螨类寄生瘿（*Silvestrina tyrophagi* Dombrovskaya，1940）（图2-52）。

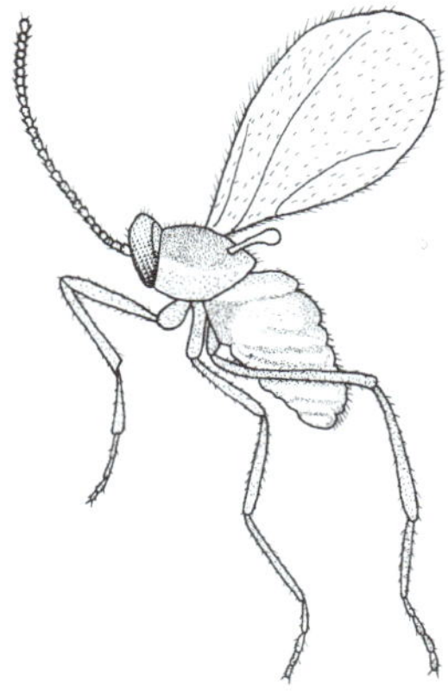

图2-52　螨类寄生瘿成虫（仿郑州粮食学院和吉林财贸学院，1986）

（二）酪蝇科（Piophilidae）

小型昆虫。体黑色，略具金属光泽。触角短，3节，第3节远长于第1、2节之和，第3节上

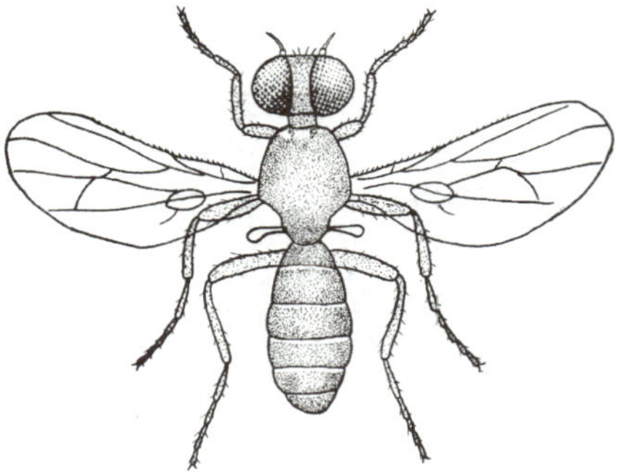
图2-53 酪跳虫成虫（仿白旭光，2008）

具显著的触角芒。翅的前缘脉上具细毛，径脉上无毛。

我国储藏物中仅发现该科的酪跳虫［*Piophila casei*（Linnaeus，1758）］（图2-53）一种，可为害咸肉、生皮张等。

（三）窗虻科（Scenopinidae）

小型至中型昆虫。颜面宽，雄虫两复眼常相遇，有单眼，排成三角形；喙短，隐蔽；触角基部相接近，3节，第3节长，不具芒。胸部很长，背面略隆起；小盾片短阔，末端隆起，无刺毛。足无中垫。翅脉R_4与R_5脉共柄，终于顶角之前；M_1脉弯曲达顶角前。腹部扁平，可见7～8节。

幼虫极细长，外形似20节，末节有1对小型尾片。生活于腐败的树木或菌中，营捕食生活，有些种类生活于室内，成虫常发现于窗上。

全世界已知200种。国内储藏物中发现赤足窗虻［*Scenopinus fenestralis*（Linnaeus，1758）］一种（图2-54），其幼虫可捕食其他小型节肢动物，为室内的常见种。广泛发生于粮库、粮食加工厂、食品厂、酿造厂、药材库、土特产仓库和居民室内。

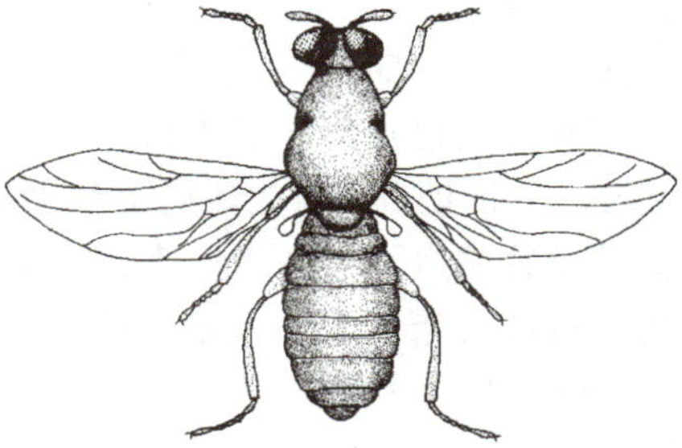
图2-54 赤足窗虻成虫（仿白旭光，2008）

思 考 题

1. 昆虫分类的任务和意义是什么？
2. 什么叫分类单元和分类阶梯？分类单元有哪几类？
3. 以一种常见的储藏物昆虫为例，说明它的分类地位。
4. 什么叫种、亚种和型？
5. 当代昆虫分类应用的特征大体划分为哪些类型？
6. 昆虫的科学名称是怎样组成的？在书写或印刷时有何规定？
7. 新种和新记录种有何区别？什么叫模式标本？
8. 什么叫检索表？如何编制昆虫分类检索表？
9. 昆虫分类学分哪几个发展阶段？现代昆虫分类有哪些方法？
10. 昆虫分目的主要依据特征有哪些？
11. 昆虫纲分多少目？储藏物昆虫有多少目？哪些目是害虫？哪些目是天敌？
12. 储藏物昆虫各目有哪些主要特征？各举出一种代表虫种。
13. 鉴别鳞翅目成虫的途径有哪些？
14. 我国鳞翅目储藏物昆虫包括哪几科？各举出一种代表虫种。
15. 鳞翅目储藏物昆虫成虫重要科的主要特征有哪些？
16. 试编制一个储藏物鳞翅目幼虫科的检索表。
17. 鞘翅目成虫分科的主要依据特征有哪些？
18. 鞘翅目储藏物昆虫重要科的主要特征有哪些？

主要参考文献

白旭光. 1985. 我国首次发现的玉米尖翅蛾. 郑州粮食学院学报,(3):71-73.

白旭光. 2008. 储藏物害虫与综合治理. 2版. 北京:科学出版社.

白旭光,曹阳. 1997. 中国储粮虱啮(书虱)属昆虫两新记录及两已知种补记. 中国粮油学报,12(1):1-4.

彩万志,庞雄飞,花保祯,等. 2011. 普通昆虫学. 2版. 北京:中国农业大学出版社.

蔡邦华. 1973. 昆虫分类学(中册). 北京:科学出版社.

陈启宗. 1988. 我国蛾类仓库害虫的鉴别. 北京:中国农业出版社.

陈启宗. 黄建国. 1985. 仓库昆虫图册. 北京:科学出版社.

陈耀溪. 1984. 仓库害虫(增订本). 北京:中国农业出版社.

冯平章,郭予元,吴福桢. 1997. 中国蟑螂种类及防治. 北京:中国科学技术出版社.

昆虫学名词审定委员会. 2001. 昆虫学名词2000. 北京:科学出版社.

雷朝亮,荣秀兰. 2003. 普通昆虫学. 北京:中国农业出版社.

李隆术,朱文炳. 2009. 储藏物昆虫学. 重庆:重庆出版社.

刘巨元,张生芳,刘永平. 1997. 内蒙古仓库昆虫. 北京:中国农业出版社.

刘永平,张生芳. 1988. 中国仓储品皮蠹害虫. 北京:中国农业出版社.

时振亚,申效诚. 1995. 寄生蜂鉴定. 北京:中国农业科技出版社.

忻介六,杨庆爽,胡成业. 1985. 昆虫形态分类学. 上海:复旦大学出版社.

杨长举,薛东. 1997. 家庭害虫防治. 武汉:湖北科学技术出版社.

姚康. 1986. 仓库害虫及益虫. 北京:财政经济出版社.

袁锋,张雅林,冯纪年,等. 2005. 昆虫分类学. 北京:中国农业出版社.

张生芳,樊新华,高渊,等. 2016. 储藏物甲虫. 北京:科学出版社.

张生芳,刘永平,武增强. 1998. 中国储藏物甲虫. 北京:中国农业科技出版社.

赵养昌. 1966. 中国仓库害虫. 北京:科学出版社.

赵养昌,李鸿兴,高锦亚. 1982. 中国仓库害虫区系调查. 北京:中国农业出版社.

郑州粮食学院,吉林财贸学院. 1986. 仓库昆虫学. 北京:中国财政经济出版社.

郑州工学院粮油工业系. 1975. 贮粮害虫图册. 北京:科学出版社.

Richards O W,Davies R G. 1987. 伊姆斯普通昆虫学教程. 10版. 忻介六,苏德明,杨庆爽译. 北京:高等教育出版社.

Weidner W. 1982. 昆虫学纲要. 忻介六,刘钟钰译. 北京:高等教育出版社.

Anderson N H. 1958. The Distribution and Biology of Some Anthocoridae (Hemiptera: Heteroptera) in the Pacific Northwest. Corvallis: Oregon State University.

Blanchetot A. 1992. DNA fingerprinting analysis in the solitary bee *Megachile rotundata*: Variability and nest mate genetic relationships. Genome, 35: 681-688.

Bousquet Y. 1990. Beetles Associated with Stored Products in Canada: An Identification Guide. Ottawa: Canada Governement Publishing Centre.

Cotton R T. 1950. Insect Pests of Stored Grain and Grain Products. Minneapolis: Burgess Publishing Company.

Frank J H, Thomas M C. 2008. Paederus Fabricius (Coleoptera: Staphylinidae: Paederinae). *In*: Capinera J L. Encyclopedia of Entomology. Dordrecht: Springer.

Good N E. 1936. The flour beetles of the genus *Tribolium*. USDA Technical Bulletin, 5: 27-28.

Hill D S. 2002. Pests of Stored Foodstuffs and Their Control. Boston: Kluwer Academic Publishers.

Hinton H E. 1945. A Monograph of the Beetles Associated with Stored Products. London: British Museum (Natural Histry).

Hinton H E, Corbet A S. 1972. Common Insect Pests of Stored Food Products. A Guide to Their Identification. London: British Museum (Natural Histry).

Kryzhanovskij O L, Reichardt A N. 1976. Beetles of the Superfamily Histeroidea (Families Sphaeritidae, Histeridae, Syntelidae). Leningrad: Nauka: 434.

Wheeler W C, Whiting M F, Wheeler Q D, et al. 2001. The phylogeny of the extant hexapod order. Cladistics, 17: 113-169.

Yves B. 1990. Beetles Associated with Stored Products in Canada: An Identification Guide. Ottawa: Canada Governement Publishing Centre.

第三章　储藏物昆虫的生理学

本章提要

- 了解昆虫体腔与各器官的相互位置。
- 掌握昆虫的体壁及其生理。
- 掌握昆虫的消化系统及其生理。
- 掌握昆虫的呼吸系统及其生理。
- 了解昆虫的循环系统及其生理。
- 了解昆虫的排泄系统及其生理。
- 掌握昆虫神经生理与感觉器官。
- 了解昆虫肌肉系统及其生理。
- 掌握昆虫内分泌与激素生理。
- 了解昆虫生殖系统及其生理。

昆虫生理学（insect physiology）是研究昆虫内部组织、器官、系统和整体的结构、机能及其调节机制的一门学科，是动物生理学的一个分支学科。昆虫生理学是人类在生产实践中控制害虫和合理利用益虫的基础理论学科，也为学习昆虫生态学和昆虫毒理学奠定了一定的基础。和研究其他动物一样，昆虫生理学也是从昆虫的细胞、组织、器官和系统几个不同的水平着手进行研究。

在昆虫体内，一些形态相似、机能相同的细胞群构成组织（tissue）；不同类型的组织互相联合形成具有一定形态特征和生理机能的结构，称为器官（organ）；一些在机能上有密切联系的器官联合起来完成一定的生理机能形成系统（system）。

第一节　体腔与各器官的相互位置

一、体腔

昆虫体外包裹着一个由体壁组成的外壳。外壳的内部充满流动的血淋巴，所有的内脏都浸浴在其中，这个充满血淋巴的壳腔称为体腔（coelomic cavity）或血腔（haemocoele）。

昆虫的血腔通常由肌纤维和结缔组织构成的隔膜在纵向分成2或3个小血腔，称为血窦（图3-1）。位于腹部背面、背血管下面的一层隔膜，称为背膈（dorsal diaphragm）。几乎所有的昆虫都有背膈。背膈背面的血窦称为背血窦（dorsal sinus），因心脏位于其间，也称为围心窦（pericardial sinus）。有些昆虫如鳞翅目、膜翅目的大多数种类在腹板的两侧间、消化道的腹面，也有一层隔膜，称为腹膈（ventral diaphragm）。腹膈腹面的血窦称为腹血窦（ventral sinus），因神经索位于其间，又称为围神经窦；在背膈与腹膈之间的血窦，是内脏集中分布的区域，称为围脏窦（perivisceral sinus）。

二、各器官和系统的位置

昆虫体内各器官和系统的位置大致如下（图3-2）。

（一）消化道

从昆虫腹部的横切面看，消化道位于体腔中央。消化道可分为前肠、中肠和后肠三大部分。前肠和中肠以贲门瓣为分界，中肠和后肠以幽门瓣为分界。

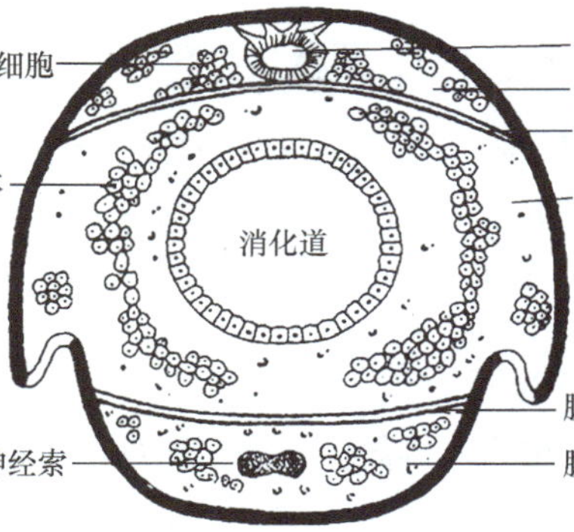

图3-1 昆虫腹部的横切图（仿Snodgrass，1935）

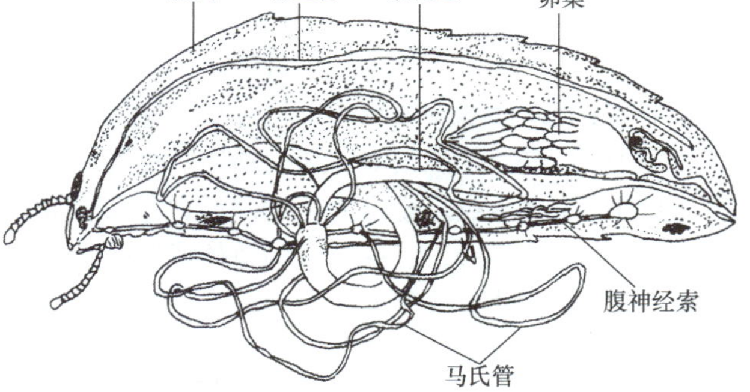

图3-2 昆虫剖视图（仿郑州粮食学院和吉林财贸学院，1986）

（二）马氏管

马氏管是一些细长的管道，与消化道相连，起排泄作用，是昆虫主要的排泄器官。

（三）循环器官

昆虫的循环器官比较简单，没有像高等动物一样严密完整的血管。血淋巴在体内循环过程中只在少数地方有管道限制，在多数地方是通过体腔流回心脏的。完成血淋巴循环的主要器官是背血管，另外还有一些辅助性搏动器官。背血管位于消化道的上方，由心脏和大动脉组成。

（四）呼吸器官

一般来说，昆虫的呼吸器官在虫体的两侧以气门向外开口，体内有分布于虫体侧面、背面、腹面和内脏器官间的纵横交错的大小气管。

（五）神经系统

神经系统由位于头部的脑和位于消化道下面的腹神经索构成的中枢神经系统，以及交感神经系统和外围神经系统组成。

（六）肌肉系统

肌肉附着于体壁内脊、底膜下面、附肢和翅基关节及内脏器官的表面。

（七）内分泌器官

内分泌系统主要包括脑神经分泌细胞、心侧体、咽侧体、前胸腺等。脑神经分泌细胞位于前脑两半球中央沟两侧；心侧体、咽侧体一般位于咽喉两侧；前胸腺为成对的腺体，一般位于前胸气门的气管侧支上。

（八）生殖器官

昆虫为雌雄异体动物，卵巢（或精巢）位于腹部消化道的背侧面，每侧各以一根侧输卵管（或输精管）伸到消化道的下面，合并成一条共同的管道通到体外。

第二节　体壁及其生理

体壁是昆虫的内部器官和外界环境之间的保护性屏障，覆盖着昆虫体躯的全部。昆虫体壁的特殊层次和组成成分，可以控制虫体水分的蒸发，使昆虫能在干燥的环境中生活；使昆虫具备防御水分、化学离子、病原微生物及杀虫剂等方面的功能。昆虫的体壁又起着骨骼作用，决定昆虫的外部形态，并为肌肉提供着生点。昆虫的体壁同时也是营养成分的储备场所，在饥饿或其他生命活动时不断消耗和更新。另外，有些器官的整体或部分由体壁内陷形成，如消化道的前肠和后肠，呼吸系统、生殖器官的某些部分等。

一、体壁的结构

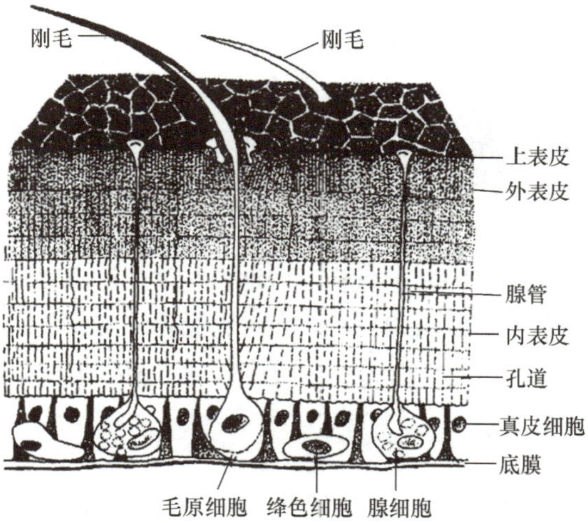

图3-3　昆虫体壁构造模式图（仿白旭光，2008）

昆虫的体壁（integument，body wall）起源于胚胎发育时期的外胚层，由底膜、真皮细胞层和表皮层组成（图3-3）。

（一）底膜

底膜（basement membrane）又称基膜，是位于真皮细胞下方的双层结缔组织，由含糖蛋白的胶原纤维构成，厚度约50μm，内层为无定型的致密层，外层为网状层，其中的胶原由浆血细胞分泌。底膜与体腔内的血淋巴接触，常有各种血细胞黏附于其上。神经纤维和微气管穿过底膜到达真皮细胞层。底膜具有选择通透性，可允许某些化学物质和激素进入真皮细胞层。

（二）真皮细胞层

真皮细胞（epidermal cell）又称皮细胞。真皮细胞整齐排列成单层的真皮细胞层，相邻细胞靠桥粒结构进行联结。在昆虫生长发育过程中，真皮细胞都呈柱状，顶端伸出原生质丝，细胞核位于细胞底部。昆虫进入成虫期后，一般不再蜕皮，真皮细胞就会退化，仅留一薄层细胞质，细胞与细胞之间的界限已不易分清，仅能以细胞核的位置来辨别。真皮细胞在发育过程中可特化成腺体（蜡腺、臭腺、毒腺等）、绛色细胞、毛原细胞及神经细胞等。

真皮细胞层的主要生理功能：①分泌蜕皮液，消化旧表皮的内表皮层，并将消化后的物质吸收到体内重新利用；②分泌形成新表皮层所需要的物质；③特化为昆虫体躯的外长物；④特化为具有其他分泌功能的腺体细胞等。

（三）表皮层

表皮层（cuticle）位于昆虫体壁的最外侧，由3层组成，自内而外依次为内表皮、外表皮和上表皮（图3-4）。这3层表皮皆由真皮细胞层分泌而成，位于真皮细胞层的外侧。内表皮和外表皮统称为原表皮（procuticle）。

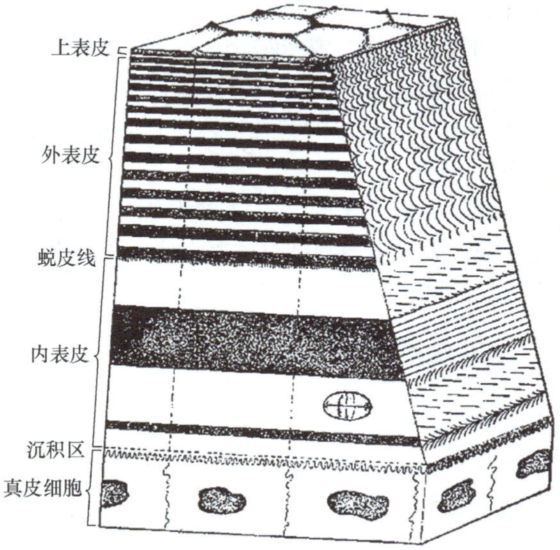

图3-4　昆虫体壁分层示意图（仿Caveney，1969）

1. 内表皮　内表皮（endocuticle）是由真皮细胞向外分泌最后形成的一层。该层是3个表皮层中最厚的一层（厚10～200μm）。内表皮层可分为许多片层，每一片层由连续的纤丝构成，便于虫体的弯曲与伸展。许多昆虫在饥饿或蜕皮时可消化并吸收内表皮。内表皮一般柔软无色，其主要化学成分是几丁质-蛋白质的复合体。

2. 外表皮　外表皮（exocuticle）位于内表皮的外侧，厚3～10μm。该层质地坚硬，是表皮层中最硬的一层。在节间膜处，外表皮一般不发达，甚至缺失，使虫体能活动自如。该层的颜色较深甚至呈黑色，这是由表皮暗化产生的黑色素引起的。刚蜕皮的昆虫，由于新分泌的原表皮尚未分化出外表皮，所以颜色很浅，质地柔软。不久，该层蛋白质发生鞣化，质地变得坚硬，颜色也随着变深。

3. 上表皮　上表皮（epicuticle）位于表皮层的最外层，覆盖于昆虫的体表、气管壁及感受器的表面。该层不含几丁质。上表皮虽薄（1～3μm），但其结构相当复杂，由内向外一般可分为多元酚层、表皮质层、蜡质层和黏胶层。

多元酚层（polyphenol layer）主要成分是鞣化的脂蛋白与多元酚的复合体，含有多元酚氧化酶，在修复伤口时有鞣化受损表皮的作用。

表皮质层（cuticulin layer）即角质精层，主要成分是脂蛋白，被醌鞣化以后性质稳定，具有高度抵抗降解的能力。在新表皮发生时，是真皮细胞最先分泌形成的一层。广泛存在于昆虫上表皮中，由绛色细胞分泌后，以斑块形式沉积到顶膜外侧，然后再融合成为连续的片层。

蜡质层（wax layer）主要由25～31个碳原子的长链烃类和其他脂肪酸酯及醇形成，是真皮细胞在临蜕皮前分泌的，然后扩散到虫体表面，对于虫体保持水分具有重要意义。

黏胶层（cement layer）覆盖在蜡质层上，主要成分是蛋白质和脂类，蛋白质鞣化后，性质稳定，具有保护蜡质层的功能，因此又称护蜡层。

（四）孔道和蜡道

孔道（pore canal）是直径0.10～0.15μm的表皮通道。由真皮细胞层开始，向外伸出，贯穿原表皮，有些孔道可直达上表皮的表皮质层。孔道是表皮层磨损后及在表皮鞣化过程中由真皮细胞补充和供应所需物质的通道。有些昆虫的表皮或表皮的某些部位没有孔道；有些昆虫孔道基部还有轴丝，在真皮细胞和内表皮之间起加固作用。在上表皮中，只有蜡道（直径0.006～0.013μm），没有孔道。蜡道（wax canal）主要是输送脂类，但也可以输送其他物质到体表。

通过孔道出来的化学物质可向四周扩散，从而覆盖整个表皮。有些脂类不经孔道或蜡道，直接通过表皮渗透到昆虫体表，使表皮具有疏水性。许多昆虫可持续分泌表皮脂类，用来补充因挥发、摩擦脱落或蜕皮损失的脂类。

二、表皮的化学组成

（一）几丁质

几丁质（chitin）是昆虫表皮层的主要成分，占表皮干重的25%～40%，存在于原表皮中。昆虫表皮的一些重要机械性能如弹性、韧性等，主要是由几丁质的存在而形成的。几丁质是一种高分子直链含氮多糖，其结构类似于纤维素，由许多（数百个或更多）*N*-乙酰-2-氨基-2-脱氧-D-葡萄糖（*N*-乙酰胺基葡萄糖）通过β-1,4-糖苷键聚合而成（图3-5）。在几丁质长链中，第6或第7个残基可能是胺基葡萄糖，其余均为*N*-乙酰胺基葡萄糖。

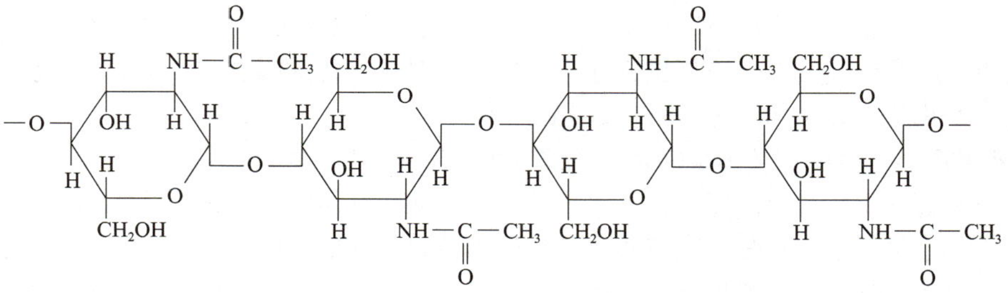

图3-5 几丁质的结构式

几丁质分子以束状聚合成有弹性的纤丝并嵌入与其紧密相连的蛋白质中，具有强大的伸展力。几丁质纤丝最常见的分布方式是平行排列成一层。在光镜与电镜下都可以看到这种片层结构。用透射电镜观察，所有片层都是由连续的纤丝或极小的颗粒构成的，片层两边呈平行排列，中间是抛物线形（图3-6，1）。

Bouligand提出表皮片层结构的抛物线形模型，即每个片层中存在很多薄片，这些薄片由平行排列的纤丝构成；每个薄片都以一定的角度进行旋转，若干薄片形成旋转180°的堆积，便构成一个片层（图3-6，2）。如果切面与片层呈一定的倾斜度时，就可看出平行纤丝与抛物线纤丝相间的构象；若观察的切面与薄片相垂直时，这种构象就被看成不连续的颗粒状排列。

（二）蛋白质

蛋白质（protein）也是昆虫表皮层的主要成分，占表皮干重的1/2以上。表皮中的蛋白质大多以与几丁质或脂类结合成糖蛋白或脂蛋白的形式存在，在外表皮中极大部分蛋白质都已变成性质稳定、结构坚硬的鞣化蛋白。昆虫表皮蛋白的种类因虫种和发育阶段不同而异。表皮蛋白的组分和复合物不同，表现出不同的机械性能。疏水指数（HI）较高的蛋氨酸、苯丙氨酸、亮氨酸和异亮氨酸等，能增加表皮的硬度和疏水性；HI较低的天冬酰胺、谷氨酸、丝氨酸和

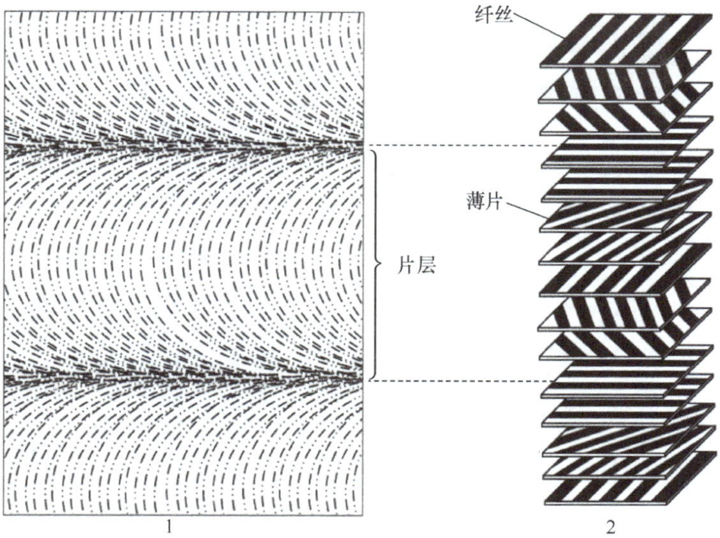

图3-6 昆虫原表皮的超微结构（仿Gullan and Cranston，2009）

1．几丁质纤丝形成抛物线形片层结构；2．每个片层中的若干薄片（图示8个）形成180°的旋转堆积

赖氨酸等，则增加表皮的柔软性和亲水性。在飞行能力强的昆虫中，翅关节处还存在节肢弹性蛋白。该蛋白无色透明，类似橡皮筋，有极好的弹性，利于机械能的贮存和释放。

昆虫表皮的硬化是指在酶的作用下，表皮蛋白质与醌交联，成为不溶性物质，使表皮硬化的同时也使其获得高度的稳定性。表皮的硬化作用有两种，鞣化（tanning）和骨化（sclerotization）。

1．鞣化作用 表皮鞣化的过程：真皮细胞分泌*N*-乙酰多巴胺进入表皮，在上表皮与多酚氧化酶接触，氧化成相应的醌，醌再扩散到原表皮层，与蛋白质的氨基或羧基相互作用，其中的氮原子通过共价键连接到芳香环上，醌被还原成为邻苯二酚。邻苯二酚通过与另一个游离醌分子发生非酶反应，又被氧化成醌，再与第2个蛋白质交联，或与别的醌相互作用，形成多聚体（图3-7）。

鞣化产物可能是氧化态的，也可能是还原态的，这取决于表皮中二元酚化合物的量。若蛋白质过量而醌不足，即以还原态的邻苯二酚形式存在，表皮的颜色较浅；相反，当醌过量时，结合后的物质则处于氧化态，表皮的颜色较深。

2．骨化作用 骨化作用不同于鞣化作用，主要是蛋白质与鞣化剂的碳原子结合的位置不同，最终形成的交联物结构也不同。骨化作用以*N*-乙酰多巴胺作为鞣化剂时，常常不氧化成醌，而呈还原状态，其支链可以被活化，产生一个中间体。该中间体同表皮蛋白相连，大多以邻近芳香环的碳原子即β-碳原子参加反应，因此这种骨化又称为β-骨化作用。然而，侧链α-碳原子也可以与蛋白质交联，将其也归入β-骨化作用。

（三）脂类、多元酚与色素

脂类（lipid）是形成上表皮蜡质层中蜡质的主要原料，缺乏脂类可导致上表皮形成受阻。脂类主要以蜡的形式存在于上表皮中，其熔点范围较广，一般为50～60℃，有些种类可达100℃以上。

多元酚及其氧化酶在昆虫表皮硬化与暗化过程中起重要作用。多元酚进一步氧化成相应的

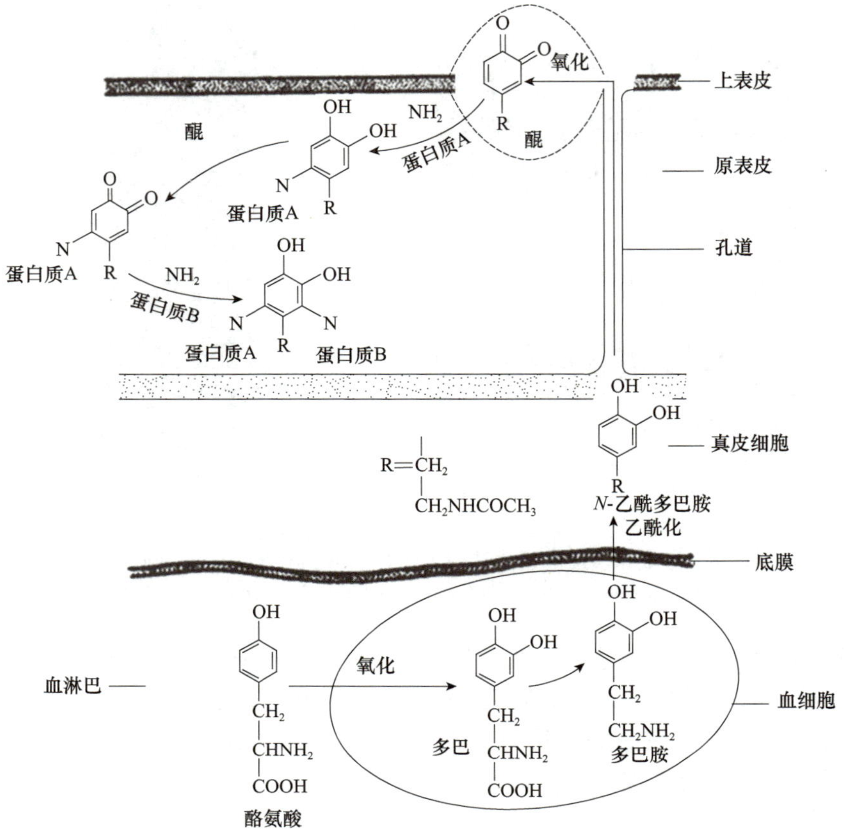

图3-7　表皮鞣化过程（仿王荫长，2004）

醌，醌与蛋白质结合使其鞣化。

体壁的色素一部分存在于表皮中（如黑色素），但大多数以色素颗粒的形式存在于真皮细胞中（如类黄酮），并受激素控制，可以产生暂时性的颜色改变。表皮呈现黑色是因为体壁中的黑色素。黑色素的形成往往与表皮的硬化同时发生，其前体物酪氨酸经酚氧化酶催化生成多巴，多巴脱羧并环化形成吲哚环，由吲哚醌结合成黑色素单体，最后聚合成为真黑素。体壁中的类胡萝卜素通常与蛋白质相结合，使昆虫表皮呈现黄色、橙色和红色。类黄酮包括黄酮和花色素苷。前者使昆虫表皮呈黄色到红色，后者则呈紫红色到蓝色，多以溶液状存在于细胞中。

三、蜕皮过程

昆虫的体壁具有坚硬的表皮，缺乏足够的延展性，限制了虫体的生长。因此，昆虫必须周期性蜕皮。在蜕皮过程中，整个体表及其外长物和体壁的内陷，如前肠、后肠、气管等均蜕掉。

蜕皮从开始到结束都是在激素的控制下进行的，可分为以下4个阶段。

1. 准备阶段　准备蜕皮时，真皮细胞先行分裂长大，产生很多新细胞，其中有些分化为蜕皮腺、绛色细胞、毛原细胞等；有一部分退化消失。在新生真皮细胞和旧表皮分离之前，由内表皮中的若干片层形成蜕皮膜，随即与旧表皮分离。由新生真皮细胞所特化的蜕皮腺分泌的蜕皮液内含几丁质酶和蛋白质酶，用来消化旧表皮中的内表皮。消化后的物质被真皮细胞重新吸收。

2．新表皮的形成 新表皮形成由外向内进行。最先形成的是表皮质层，依次再形成外表皮和内表皮。当旧表皮脱离虫体时，新表皮已形成蜡质层，外表皮已形成完毕，具有保水能力，但内表皮的产生往往要到蜕皮后的一定时间才可完成。旧表皮中未被消化的部分——上表皮与外表皮连同蜕皮膜一起由虫体蜕掉。蜕下的躯壳称为“蜕”或“虫蜕”。

3．蜕皮 当旧表皮脱离虫体时，首先从虫体的一定部位裂开，然后逐渐蜕下，其方式因虫种而异：可以借助内在的各种压力来实现，如蜚蠊吞入大量空气，使空气充满嗉囊而获得压力，将旧表皮撑破；在蜕皮时头部向下吊着，利用重力将旧表皮压破，如蝶类；多数种类的蜕裂线处表皮薄而脆，因此首先由此裂开。

旧表皮脱落后，新表皮十分柔嫩，呈褶皱状的翅展开时，需借助于嗉囊内充满空气和躯体肌肉的收缩将血淋巴向翅内挤压而完成。因此，初生翅表面略受损伤或将其麻醉会导致初生翅不能正常展开。随后，皮细胞腺开始在蜡质层上面分泌护蜡层。

4．硬化与暗化 蜕皮后数小时内，外表皮发生鞣化或骨化作用，使表皮硬化。同时，酪氨酸代谢产生黑色素使虫体的体壁暗化。这里需要说明的是，虽然硬化和暗化经常伴随发生，但这2个过程并非必定联系在一起，有时坚硬的表皮也可以是无色或浅色的。

四、体壁衍生物

（一）体壁外长物

昆虫体壁的表面，一般都会有一些细微的突起，如刻点、刺、距、刚毛、鳞片等，这些外长物可分为非细胞性外长物和细胞性外长物。非细胞性外长物是指表皮上的一些突起，如微毛、刻点、齿突、脊纹、毛垫等，与真皮细胞无直接的关系。细胞性外长物的结构中有真皮细胞，可分为单细胞性外长物和多细胞性外长物，如刚毛和鳞片就属于单细胞性外长物，而刺和距则属于多细胞性外长物。距和刺都是由体壁向外凸出形成的中空刺状物，其内壁包含着一层真皮细胞，但距的基部以薄膜与体壁相连，活动性强；刺的基部多固定在体壁上，一般不能活动（图3-8）。

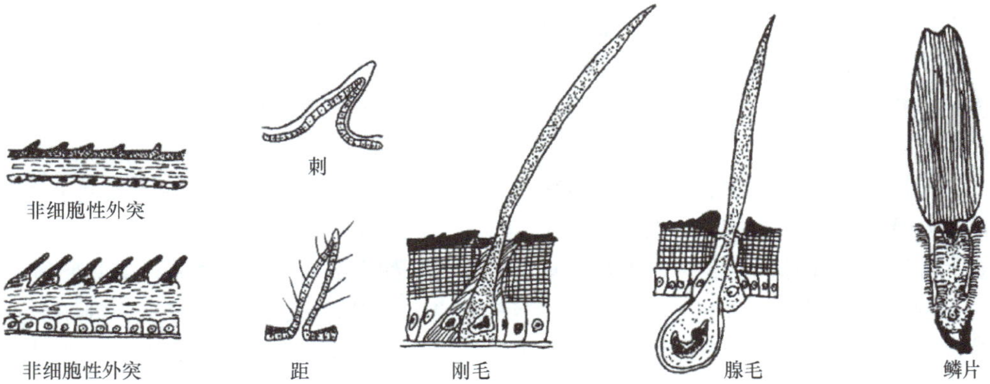

图3-8 昆虫体壁外长物（仿Snodgrass，1935）

（二）皮细胞腺

在真皮细胞层中，一些细胞特化成具有特殊分泌功能的皮细胞腺，其分泌物可通过导管输送到体壁外。这些腺体有的是单细胞腺体，有的是多细胞腺体。常见的腺体有唾液腺、丝腺、蜕皮腺、信息素腺、蜡腺、胶腺、臭腺等（图3-9）。

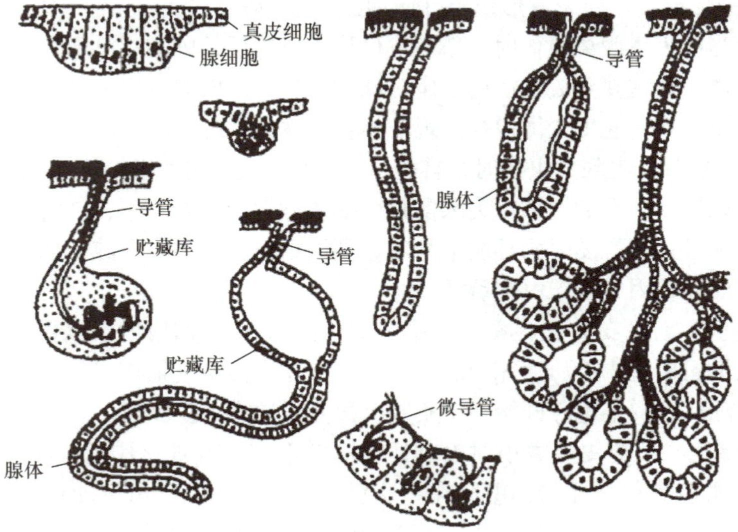

图3-9 皮细胞腺的类型（仿Snodgrass，1935）

五、体壁的特性及其功能

（一）穿透性

昆虫体壁作为屏障，并不是任何物质都不能穿透的，外源化合物在一定条件下可穿透体壁。物质的穿透能力和速率取决于体壁结构、物质的理化性状和环境因素。进入真皮细胞的物质，还会被酶类代谢和降解。

1. 水分 昆虫表皮的蜡质和鞣化蛋白，使水分很难穿透体壁。陆栖昆虫在潮湿环境中损失水分的量很少，但在干燥环境中容易失水，一般认为是气门开放导致水分逸出的结果。比较低等的昆虫，体表蜡质层较薄，只能栖息在阴暗潮湿处。陆栖昆虫每小时因蒸发而丧失的水分约为体内总水量的1%，但其中大部分不是通过体壁，而是通过呼吸途径丧失的。应用惰性粉防治储藏物害虫的原理，就是利用惰性粉的硬度，破坏上表皮的蜡质层和护蜡层，使虫体内的水分迅速蒸发而死亡。

2. 杀虫剂 杀虫剂等外源化合物进入虫体比水分容易。大多数杀虫剂都是脂溶性的，容易穿透蜡质层。当药剂进入原表皮层时，由于几丁质-蛋白质复合体及水分子的存在，极性物质容易穿透，因此药剂的穿透能力与脂水两相中的分配系数有很大的关系。兼具脂溶性和水溶性的药剂，是比较理想的杀虫剂。可使用溶剂来改进药剂的穿透能力。许多药剂还能沿着孔道直接进入真皮细胞层。除极性外，药剂分子量的大小和结构也会影响穿透能力。一般认为相对分子量小于200时，容易透过蜡质层。很多药剂进入虫体时，往往与蛋白质相结合，从而进一步改变它们的穿透能力。环境温度与药剂的穿透速率有较大的关系。有机磷类杀虫剂在高温时容易进入虫体，发挥药效，而拟除虫菊酯类药剂则相反。

（二）坚硬度和可塑性

昆虫表皮的机械性能包括硬度、强度和张力等。昆虫不同部位表皮的机械性能差异很大：作为外骨骼的表皮，决定昆虫的体形，并可经受各种机械冲击；体壁部分内陷形成坚韧的内骨骼，供肌肉附着；咀嚼式口器中构成上颚的表皮有极大的硬度和强度，不但能取食谷物、木材，甚至能咬破塑料、水泥和金属；节间膜和大多数内生翅类幼虫的表皮都是柔软的，有很大的张力，能承受内部组织和血淋巴变化产生的压力，并能保证体节、翅、足和附肢活动自如。

（三）感觉功能

昆虫的感觉器官、多种腺体都是由真皮细胞特化而来的。昆虫通过体壁中的各种感受器监测环境条件的变化，从而引发各种行为和生理过程。高等昆虫表皮的特化结构十分复杂，其感觉器官也更加灵敏。

（四）代谢功能

体壁是一个复杂的代谢库。蜕皮过程中，发生蛋白质、脂类和糖类（如几丁质）的分解、吸收、重组和合成。体壁还可作为营养库，有些昆虫饥饿时可利用表皮内的物质，维持其生命活力。忍受饥饿的昆虫，可以长期停食而不死亡，但会出现体壁变薄、体重下降等变化，表明体壁具有提供营养、维持生命等功能。

（五）防卫功能

昆虫的体壁常常呈现不同的颜色，为昆虫的保护色、警戒色和拟态提供了物质基础。这些颜色可分为两大类：结构色和色素色。

1. 结构色 结构色（structural colour）也称为物理色或光学色。这种颜色是由于昆虫体壁上有极薄的蜡质层、刻点、沟缝或鳞片等细微结构，使光波发生折射、反射或干涉而产生的各种颜色，如赤颈郭公虫体表具有的金属光泽。结构色不会因昆虫的死亡、漂白或煮沸等处理而消失或改变。

2. 色素色 色素色（pigmentary colour）也称为化学色，是昆虫着色的基本形式。这类颜色是由虫体某些部位存在的色素引起的。这些色素有的是新陈代谢的产物，有的是虫体的排泄废物，如黑色素和嘌呤色素等，通过吸收特定光波和反射特定光波而呈现出一定的颜色。按照各种颜色所处的位置不同，可分为表皮色、表皮上色、真皮细胞色和皮下组织色。

表皮色：这种色素主要存在于表皮内，如昆虫翅上的斑纹。由于表皮是非细胞组织，即使在昆虫死亡后，这种色素仍能在很长时间内保持稳定不变。

表皮上色：这种颜色实际上是体壁外长物上的颜色，如花斑皮蠹幼虫的黄褐色毛，鳞翅目昆虫翅上的花斑皆属于此。

真皮细胞色：这种色素位于透明表皮下面的真皮细胞内，昆虫死亡后真皮细胞即被破坏，这种色素也随之被破坏，其颜色就逐渐消失。

皮下组织色：这种颜色是指体壁透明的昆虫，其内部器官的颜色透过昆虫的体壁显露出来。例如，生活在粮粒内部的象甲科幼虫、豆象科幼虫、麦蛾幼虫等，其乳白的体色就是由体内脂肪体的颜色决定的。

有些昆虫体壁的色素能随季节或环境条件而发生变化，表现出明显的保护色。此外，昆虫表皮蜡质层中的有些烃类化合物还有抵抗微生物的功效，臭腺释放的化合物能吓退来犯之敌。

第三节 消化系统及其生理

消化系统（alimentary system）包括一根自口腔至肛门的消化道和与消化有关的腺体。昆虫的消化系统功能是消化摄入的食物，吸收消化过的养分，再经血淋巴将养分输送到各组织、器官中去，用于昆虫的生长发育。不能被消化和未被消化的残渣连同马氏管排出的尿酸一起由肛门排出体外。

一、消化系统的结构与功能

（一）消化道

昆虫的消化道（alimentary canal）包括前肠、中肠和后肠3部分。

1. 前肠 前肠（foregut）起源于胚胎发育时期的外胚层。前肠前面是口腔，前肠通常可分为咽喉、食道、嗉囊和前胃，以伸入中肠的贲门瓣与中肠为界。

咽喉（pharynx）是前肠最前端的部分，对于咀嚼式口器的昆虫来说，咽喉只是食物的一个通道；对于吸收式口器的昆虫，如具虹吸式口器、刺吸式口器的昆虫，其咽喉特化为具有抽吸作用的咽喉唧筒，取食时，与食窦唧筒交替伸缩将食物抽吸进消化道。

食道（esophagus）是位于咽喉之后的狭长管道，后面或直接伸入中肠，或与嗉囊相连，或终止于前胃，其作用仅为食物的通道。

嗉囊（crop）是食道后端的膨大部分，有些昆虫的嗉囊只是食道后端突出的一个圆球形支囊。鞘翅目（如玉米象成虫）及蜚蠊目（如澳洲大蠊）的昆虫都有膨大的嗉囊（图3-10和图3-11）。鞘翅目昆虫幼虫的嗉囊占据前肠的大部分，而成虫的嗉囊只突出于食道的一侧。嗉囊的主要功能是临时储存食物。有些昆虫的嗉囊还可吸收某些物质，如蜚蠊的嗉囊能吸收脂肪；有些昆虫在蜕皮前吞入空气，使嗉囊膨胀，帮助虫体蜕去旧皮。

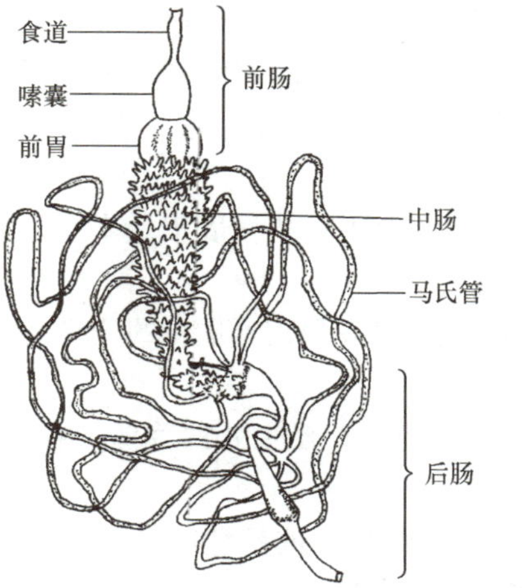

图3-10 玉米象成虫消化道（仿郑州粮食学院和吉林财贸学院，1986）

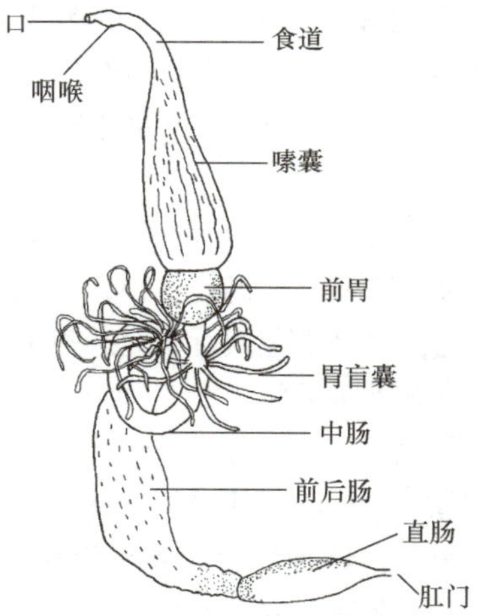

图3-11 澳洲大蠊消化道（仿郑州粮食学院和吉林财贸学院，1986）

前胃（proventriculus）位于前肠的末端，是消化道最特化的地方。取食固体食物的昆虫，其前胃尤其发达。前胃的外面包有强大的肌肉层，内壁往往还有一些由内膜特化而成的粗刺或坚齿，如玉米象、澳洲大蠊和东方蜚蠊（图3-12和图3-13）等，可用来磨碎食物。昆虫的前胃除有磨碎食物的功能外，还具过滤作用，并能调节食物进入中肠的速度。

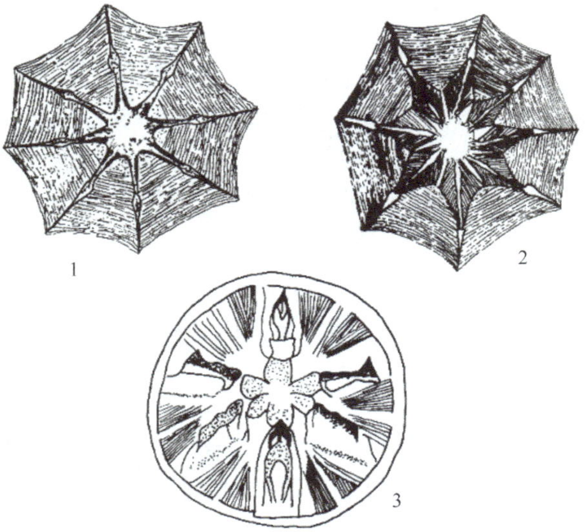

图3-12　玉米象成虫和澳洲大蠊前胃的横切面（仿郑州粮食学院和吉林财贸学院，1986）

1. 玉米象雄虫；2. 玉米象雌虫；3. 澳洲大蠊

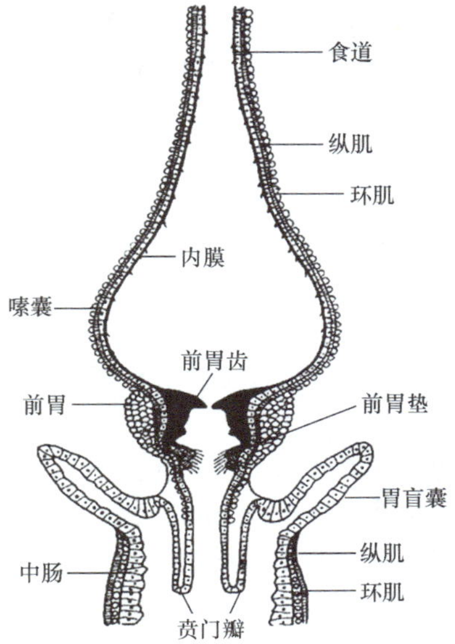

图3-13　东方蜚蠊前肠的纵切面（仿Snodgrass，1935）

贲门瓣（cardiac valve）位于前肠的后端，是前肠末端的肠壁向中肠前端内折陷而成，具单向阀门作用，可阻止中肠食物倒流入前肠。但对于某些昆虫（如直翅目）来说，中肠分泌的消化液也可倒流入嗉囊，与嗉囊中的食物充分混合，在嗉囊内进行初步消化，在这种情况下，贲门瓣可允许消化液倒流。

前肠的主要功能是摄取食物、储存食物和磨碎食物。由于前肠是由体壁内陷而成，所以在组织学上与体壁的结构相似。前肠的基本结构由内向外依次为内膜、肠壁细胞层、底膜、纵肌、环肌和围膜（图3-14）。内膜相当于体壁的表皮层，比较厚，可特化成小刺或坚齿。消化产物与消化酶等一般都不能穿过内膜，故前肠无吸收作用。前肠的肠壁细胞扁平，细胞间界限通常不明显。

2. 中肠

1）中肠的构造　　中肠（midgut）是一条前后粗细差异很小的管道，前面与嗉囊或前胃相连，后面以幽门瓣（pyloric valve）与后肠为界。有些昆虫的中肠壁上还有胃盲囊（gastric caeca）或隐窝（图3-15），以增加中肠的分泌和吸收面积。

中肠起源于胚胎发育时期的内胚层，自内向外依次为：围食膜、肠壁细胞层、底膜、环肌、纵肌和围膜（图3-16）。中肠肠壁细胞层较厚，肠壁细胞有分化；没有含几丁质的内膜；有一围食膜；肌肉层薄，可允许小分子营

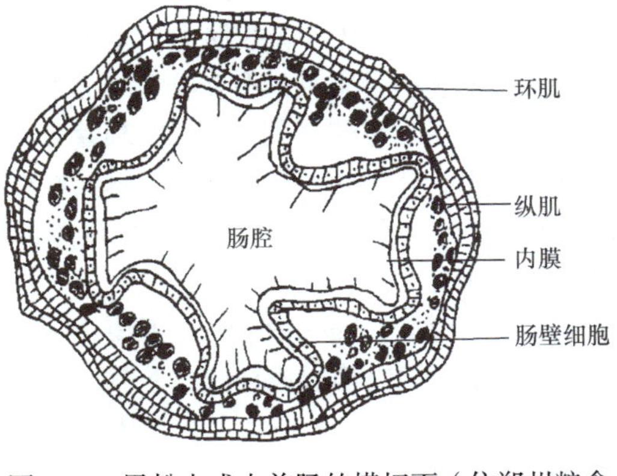

图3-14　黑粉虫成虫前肠的横切面（仿郑州粮食学院和吉林财贸学院，1986）

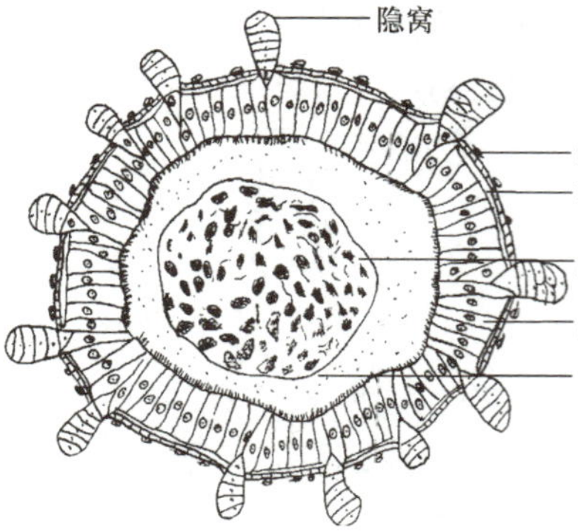

图3-15 杂拟谷盗成虫中肠的横切面
（仿郑州粮食学院和吉林财贸学院，1986）

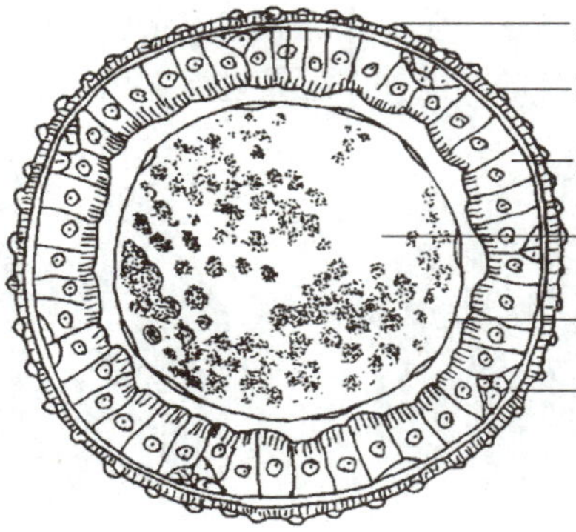

图3-16 昆虫中肠横切面模式图
（仿Snodgrass，1935）

养物质、水分和无机盐通过。

围食膜（peritrophic envelope）由平行排列的几丁质纤丝组成，纤丝交叉呈网状结构。在网格中充满蛋白质和糖类。消化酶类和消化产物都可以顺利地通过围食膜。在肠壁细胞层和围食膜之间常充满着消化液、颗粒状或球状分泌物等。围食膜具有许多功能：①对肠壁细胞层具有保护作用。围食膜位于肠壁细胞层的内侧，可将食物包裹起来，使肠壁细胞免受坚硬、尖锐的固体颗粒食物擦伤，以及病毒、细菌等病原体的损害。②对中肠具有区室化作用。将肠腔隔成内、外两个空间，能有效分离已消化的营养成分，在肠道中形成液流循环从而提高吸收效率。③分子筛作用。围食膜使分子量较小的淀粉酶和胰蛋白酶快速通过，而分子量较大的α-葡萄糖苷酶、羧肽酶和氨肽酶则被限制在围食膜外隙，甚至吸附在围食膜及微绒毛上，从而使其保持较高的浓度。因此，消化作用初期发生在围食膜内，产生寡糖和多肽，而后期则发生在围食膜外隙和肠壁细胞膜上。

2）*肠壁细胞及其功能* 中肠是食物进行消化和吸收的主要场所，中肠肠壁细胞具有分泌消化酶、消化和吸收营养物质的作用。组成中肠肠壁的细胞有柱状细胞、杯状细胞、再生细胞和内分泌细胞4类。

a．柱状细胞（columnar cell）：又称主细胞（principal cell）。细胞形态呈柱状，向着肠腔的表面有细胞顶膜特化成的微绒毛，附着多种消化酶，如二糖酶、肽酶等。基膜内褶，内含线粒体（图3-17）。质膜的高度折叠增加了细胞分泌消化酶和吸收营养物质的表面积，从而提高了对营养物质的消化和吸收能力。昆虫以3种不同的形式分泌消化酶：①局部分泌（merocrine secretion）。这是最常见的分泌方式，酶原合成后在高尔基体中加工成含酶的小泡，以胞吐作用（exocytosis）将酶释入肠腔。②顶端分泌（apocrine secretion）。细胞一部分微绒毛瓦解，酶原颗粒或液泡直接从顶部微绒毛间排入肠腔。③全浆分泌（holocrine secretion）。一种代价高，较为少见的分泌形式。含酶原颗粒的细胞彻底崩解，释出消化酶。一种昆虫可有几种不同的消化酶分泌方式。

b．杯状细胞（goblet cell）：鳞翅目幼虫的肠壁细胞中存在杯状细胞，其与柱状细胞相间排列。细胞顶端内陷形成杯腔，腔颈和腔底都有质膜折叠形成的微绒毛，底部的微绒毛较长，内有线粒体；中部的较短，无线粒体；颈部的最短，形成能够开关的瓣，可控制杯腔内外的液体交换，起到调节肠腔与血淋巴中K^+的作用（图3-18）。

c．再生细胞（regenerative cell）：其形状较柱状细胞小，其功能是补充和替换由于老化、

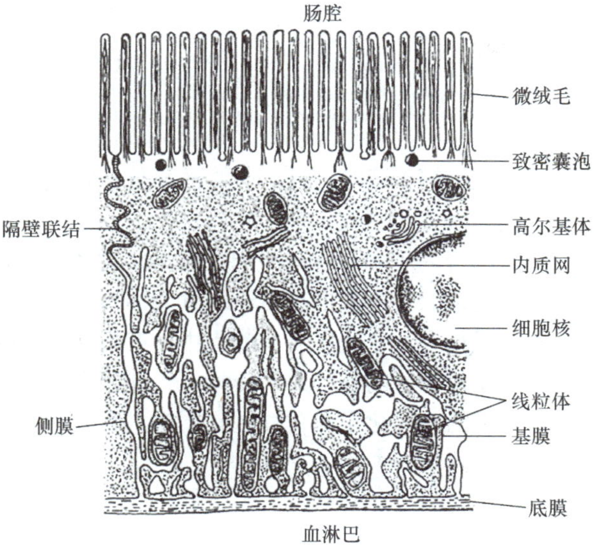

图3-17 柱状细胞模式图（仿Berridge，1970）

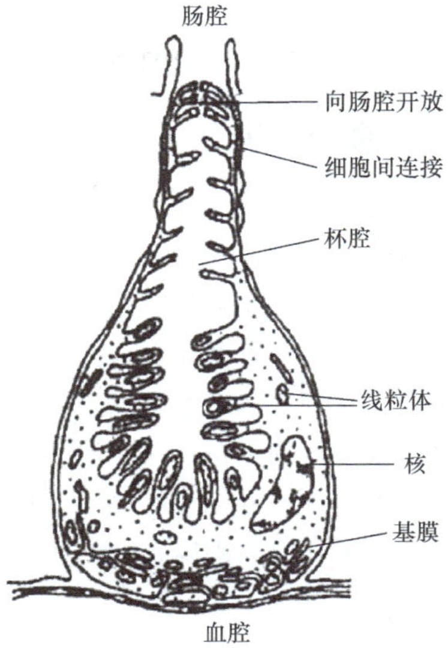

图3-18 杯状细胞模式图（仿Chapman，1998）

损伤、顶端分泌和全浆分泌而损失的细胞，或在蜕皮和化蛹过程中更新旧的细胞。再生细胞产生柱状细胞的过程可以是逐步的，也可以是节律性的。

d. 内分泌细胞（endocrine cell）：几乎存在于所有昆虫的肠壁细胞层中。细胞内有分泌颗粒，其形态和染色特征都与神经细胞的分泌颗粒相似，但确切功能不详。

3. 后肠 后肠（hindgut）起自幽门瓣，终于肛门（anus）。后肠起源于外胚层。组织学上与前肠基本相似，仅肌肉层排列不很规则，且常与中肠的肌肉层排列相类似，但几丁质内膜较前肠薄。后肠一般可分为前后肠和后后肠，前后肠包括回肠（ileum）和结肠（colon），后后肠即直肠（rectum）。直肠内常有环状或瓣状的直肠垫或直肠乳突，由单层或多层细胞组成（图3-19）。

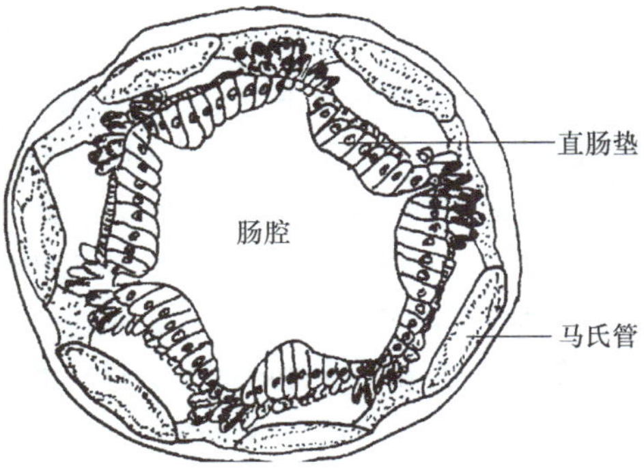

图3-19 黑粉虫成虫直肠垫
（仿郑州粮食学院和吉林财贸学院，1986）

后肠一般除了排出废渣外，还有吸收水分、无机盐、氨基酸、糖类等物质的作用。以木材为食的白蚁，其后肠内还寄生有原生动物，往往形成发酵室，是这些昆虫进行食物消化的主要场所。另外，马氏管的排泄物也经由后肠与食物残渣一起排出体外。

（二）唾液腺

在昆虫的消化系统中没有单独的腺体，与消化有关的腺体主要是唾液腺（salivary gland），包括上颚腺、下颚腺和下唇腺。大多数昆虫的唾液腺只有由外胚层内陷形成的下唇腺。鳞翅目幼虫的上颚腺起着分泌唾液的作用，而下唇腺演化成丝腺，用来吐丝结茧保护自己。

唾液的主要功能：润滑口器和溶解食物；含有少量消化酶，对部分食物进行初步消化；产丝建造自身的栖所。另外，有些昆虫的唾液中含有一些特殊的酶类，以适应其生活的需要。例如，蚊子的唾液中含有抗凝血酶，其在将口器刺入高等动物的血管吸血前，先将其唾液注入寄主血管内，防止寄主的血液凝固。

二、食物的消化

食物由大块的大分子物质，经过一系列作用最后分解为可被消化道吸收的小分子物质的过程称为消化（digestion）。食物的消化可分为物理消化和化学消化。

物理消化又称机械消化，即通过口器的咀嚼、前胃内刺或齿和肌肉的收缩将食物磨碎，并使食物与消化液充分混合，以及将食物不断地向消化道的后方推进。对于取食固体食物的昆虫来说，它们都具有发达的上颚，可将固体食物研磨成粉末，有些昆虫在前胃中还有发达的齿或刺，可对食物进行进一步研磨。化学消化，即在消化道分泌的各种酶的作用下，使蛋白质、脂肪、糖类等大分子物质逐步分解成小分子物质。物理消化和化学消化往往是同时进行、相互配合的，但在前肠内以物理消化为主，在中肠内以化学消化为主。

（一）主要营养物质的化学消化

昆虫的化学消化主要发生在中肠内，有的在肠壁细胞中进行胞内消化。肠道中存在的共生物也参与部分消化作用。

1. 糖类的消化 糖类主要以单糖形式吸收。淀粉和糖原等食物中的多糖，以及蔗糖、麦芽糖、海藻糖、乳糖和纤维二糖都在糖酶的作用下分解成单糖。糖酶由唾液腺和中肠肠壁细胞分泌，主要有α-淀粉酶和糖苷酶。淀粉的消化需要α-淀粉酶和糖苷酶。纤维素的完全消化需要C_x-纤维素酶（外葡聚糖酶）、C_I-纤维素酶（内葡聚糖酶）和β-葡萄糖苷酶3种酶。昆虫不能完全合成和分泌这些酶，许多昆虫仅能分泌C_x-纤维素酶和β-葡萄糖苷酶，而C_I-纤维素酶必须由共生的原生动物或细菌（如白蚁、蜚蠊和一些甲虫的共生菌）提供，或随食物摄入的真菌（如某些白蚁和甲虫的共生真菌）提供。

在蛀食木材的昆虫中，粉蠹不能合成纤维素酶，不能消化细胞壁，只能取食细胞内含物；窃蠹和天牛幼虫，能合成纤维素酶，能同时利用含纤维素的细胞壁和内含物。

2. 蛋白质的消化 蛋白质在蛋白酶的作用下，分解成为多肽或氨基酸，被肠壁细胞吸收。蛋白酶包括内肽酶、外肽酶和二肽酶。这些酶有的游离在肠腔中，有的结合在肠壁细胞膜上。内肽酶和外肽酶可穿过围食膜进入肠腔，促进大分子蛋白的消化。较小的肽可通过围食膜扩散到围食膜和肠壁细胞间隙，最终的消化作用发生在微绒毛表面，氨肽酶从末端依次水解小肽，生成的氨基酸从微绒毛表面穿过肠壁细胞进入血淋巴。

3. 脂类的消化 由于食物中脂类组分比较复杂，昆虫对脂类的消化方式也比较多样。甾醇类不经消化就能吸收，甘油三酯需要通过酯酶的作用，分解成甘油单酯和游离脂肪酸后，才能被吸收。酯酶由中肠细胞分泌，或由共生物提供。

（二）影响消化酶活性的因素

消化酶的活性受温度、pH和氧化还原电位等的影响。

1. 温度 大多数消化酶的最适温度一般在35～45℃；低于10℃时酶活性很低；高于10℃，酶活性随温度升高而升高；超过50℃，酶快速失活。

2. pH 昆虫蛋白酶的最适pH因其性质而异，如组织蛋白酶和丝氨酸蛋白酶分别在酸性和碱性条件下发挥作用。pH还可以影响其他消化酶的活性和化合物的溶解性，使一些潜在毒物发挥毒性，并能影响肠道微生物的群落组成。

多数昆虫中肠消化液的pH为6～8，植食性昆虫的比肉食性昆虫的高，如鞘翅目昆虫的pH为6～7，但鳞翅目昆虫幼虫的pH多为8.5～10，呈较强的碱性。消化道不同区段的pH也有较大差异。前肠的pH主要由食物决定，如取食富含蛋白质食物的蜚蠊前肠pH为6.3，取食麦芽糖的pH为5.8，取食葡萄糖的pH为4.5～4.8。中肠有较强的缓冲能力，因此pH比较稳定。后肠由于马氏管的分泌作用，通常比中肠略显酸性。在一些白蚁及其他能消化纤维素的昆虫中，共生物无氧发酵纤维素产生的短链脂肪酸使后肠呈酸性。

3. 氧化还原电位　在消化过程中，氧化还原电位（redox potential）决定生化反应的速率和方向，同时还影响消化酶的活性和肠壁细胞的吸收。大多数昆虫中肠的氧化还原电位约为＋200mV，因而氧化条件占优势。在取食毛皮和角蛋白的昆虫中，肠道内多呈强还原条件，如幕谷蛾中肠内氧化还原电位为−300mV，皮蠹的中肠也具有负氧化还原电位，这与它们以羊毛和羽毛为食和肠道缺少供氧的气管有关。中肠的强还原条件，促进食物角蛋白分子中的二硫键裂解出巯基，使角蛋白易被蛋白酶所消化。象白蚁后肠具有大量消化纤维素的微生物，氧化还原电位的高负值显示其厌氧条件。

三、营养物质的吸收

消化得到的小分子营养物质通过肠壁细胞进入血淋巴的过程称为吸收（absorption）。

昆虫对营养物质的吸收主要发生在中肠前端和胃盲囊中，但是一些物质特别是盐类和水分的吸收大多发生在后肠。吸收作用分主动吸收和被动吸收。随着吸收作用的进行，营养物质通过肠壁细胞进入血淋巴。

1. 水的吸收　中肠中水的吸收通常发生在局部区域。在蜚蠊的若虫中，水由胃盲囊吸收。吸收水分的肠壁细胞，基膜内褶超过细胞的1/2，甚至接近细胞的顶部，并与大量的线粒体紧密接触，线粒体提供的能量将K^+主动泵进基膜内褶，从而在肠腔和基膜内褶之间产生一个高渗透梯度，肠腔中的水渗透进入基膜内褶后，扩散进入血腔。

2. 糖类的吸收　糖类主要以单糖形式吸收。它通过扩散作用从高浓度的肠腔进入低浓度的血淋巴，并迅速进入中肠周围的脂肪体，将葡萄糖转化为海藻糖。这样，血淋巴中葡萄糖的浓度始终低于肠腔，从而促进中肠和血淋巴对葡萄糖的吸收。昆虫还能吸收肠腔中水分来提高糖的浓度，或将血淋巴中的葡萄糖转化为蔗糖或糖原，以此来维持肠腔到血腔的葡萄糖浓度梯度，使葡萄糖不断向血腔中扩散。

3. 蛋白质和氨基酸的吸收　蛋白质降解成为小分子的肽后，被肠壁细胞吸收，进而被分解成氨基酸，或在肠腔中分解成氨基酸后被肠壁细胞吸收。吸收作用主要发生在中肠中。

氨基酸的吸收方式取决于肠腔和血淋巴之间的浓度梯度。某些氨基酸在肠腔中的浓度高于血腔，以扩散方式进入血腔。通过代谢血淋巴中的氨基酸，可以维持肠腔和血腔之间氨基酸的浓度梯度，以促进氨基酸的被动吸收。当肠腔中的氨基酸浓度低于血腔时，氨基酸通过特异性转运蛋白，进行主动吸收，并与阳离子（通常为K^+）同向转运偶联。

4. 脂类的吸收　食物中的脂类，大多是甘油三酯，在肠腔中被水解成游离脂肪酸和甘油单酯。在中肠细胞内，还能重新结合成为甘油二酯。游离脂肪酸、甘油和甘油二酯到达血腔中，其中甘油二酯与专一性载脂蛋白结合，被运送到脂肪体，并以甘油三酯的形式贮存。甾醇类化合物能被昆虫的中肠和嗉囊直接吸收。

5. 无机离子的吸收　Na^+逆电位梯度由肠腔主动吸收进入血淋巴。主动运输的能量由胃盲囊细胞顶膜的质子泵提供，并借助于直肠细胞基膜的Na^+/K^+交换泵。K^+可能在电化学梯度下被动进入血腔。Cl^-和Ca^{2+}电化学梯度极低，在直肠中，Cl^-通过主动运输被泵入细胞顶膜，并通过被动运输由细胞到血淋巴。Ca^{2+}通过主动运输由肠腔到血淋巴。

四、昆虫的营养需求

昆虫所需的营养成分包括糖类、氨基酸和蛋白质、脂肪和甾醇、维生素、水分和无机盐。

（一）糖类

糖类是大多数昆虫主要的能源物质，还参与构成机体和调节血淋巴的渗透压，并可转化成脂肪和氨基酸。昆虫持续飞行时，首先动用血淋巴中的海藻糖，并通过脂肪体内糖原的降解，来维持血淋巴中海藻糖的水平。糖原可为血淋巴提供抗冻的甘油。糖原也是昆虫卵黄的组成部分，为胚胎发育提供合成几丁质的葡萄糖单位。但对大多数昆虫而言，糖类并非必需物质，因为昆虫能由脂肪或氨基酸合成糖类。

昆虫对糖类的利用取决于其对糖类的消化和吸收能力，如拟谷盗能够利用淀粉、乙醇、甘露醇、蔗糖、麦芽糖和纤维二糖，但多数植食性昆虫能利用糖类的种类较少。昆虫通常不能利用五碳糖，因为五碳糖会阻碍昆虫对其他糖类的吸收及抑制昆虫生长发育。由于缺乏相应的消化酶，大多数昆虫不能利用纤维素，而有些种类可借助共生物来消化纤维素。

（二）氨基酸和蛋白质

昆虫利用氨基酸合成结构蛋白、酶、转运蛋白及受体分子。此外，昆虫变态也涉及一些氨基酸，如表皮硬化需酪氨酸；色氨酸用于合成眼的屏蔽色素；脯氨酸是一些昆虫的主要能源物质。

昆虫利用蛋白质的能力取决于其对蛋白质的消化能力及蛋白质中氨基酸的种类和含量。昆虫的必需氨基酸包括精氨酸、组氨酸、异亮氨酸、亮氨酸、赖氨酸、蛋氨酸、苯丙氨酸、苏氨酸、色氨酸和缬氨酸10种，且都是L-氨基酸。非必需氨基酸和必需氨基酸还可能相互转化，转化的条件是它们结构的相似性。

多数昆虫成虫期需要的蛋白质都依赖于幼虫期的积累，但有些种类的昆虫在成虫期还需要取食含有蛋白质的食物补充营养，促进卵子发育和排卵，如鞘翅目象甲科、拟步甲科和皮蠹科的多数种类，蜚蠊目、半翅目等的多数种类，其成虫都需要补充营养。

（三）脂肪和甾醇

脂肪是昆虫体内含量最高、贮存能量最高的物质，可作为昆虫持续需要能量期间的主要能源。脂类也是表皮和细胞膜的结构组分。当幼虫的龄期逐渐增长时，其体内的脂肪积累也随之增加，到幼虫老熟时达到最高峰。由于脂肪储存的能量多，又具有较强的隔热性，因而越冬虫态体内脂肪含量的多少，往往成为它们能否越冬的重要指标。

多数昆虫能将食物中的糖类和蛋白质转化成脂肪并积累在体内，不必取食含有脂肪的物质。然而，有些种类的昆虫不能合成某些脂肪酸，特别是亚油酸、亚麻酸，这就要求食物中含有这类脂肪酸。如果这两种脂肪酸摄入不足，粉斑螟会生长缓慢，成虫出现翅畸形。用缺乏亚油酸的饲料饲喂德国小蠊，其雌性所产卵或卵孵化后的后代会出现畸形。

甾醇是细胞膜的组分之一，也是合成蜕皮激素的前体物质，还是昆虫表皮蜡质和脂蛋白载体的重要组分，其中主要是胆甾醇。由于昆虫没有合成甾醇的能力，必须从食物或共生物中获得。某些肉食性昆虫仅能利用胆甾醇和7-脱氢胆甾醇，但鳞翅目、鞘翅目、膜翅目能利用多种植物甾醇，并将它们转化成胆甾醇和7-脱氢胆甾醇。

（四）维生素

维生素是维持昆虫正常生长发育和繁殖所必需的微量有机物，是辅酶的主要组分。维生素的缺乏会影响细胞代谢，使昆虫的生长发育受阻，组织和细胞发生病变。由于昆虫不能合成维生素，所以必须从食物中摄取。昆虫需要的水溶性维生素，主要有B族维生素和维生素C。B族维生素包括硫胺素（维生素B_1）、核黄素（维生素B_2）、烟酸（维生素B_3）、泛酸（维生素B_5）、吡哆素（维生素B_6）等，为各类辅酶的组成部分。昆虫需要的脂溶性维生素有维生素A、β-胡萝卜素、维生素E及维生素B_{12}。

（五）水分和无机盐

水分是昆虫生理代谢和生化反应的主要媒介。昆虫的个体小，比表面积大，相对而言其蒸发面积大，所以保持水分对陆生昆虫，特别是对生活在仓库内的昆虫更为重要。但储藏物昆虫在长期演化过程中适应了这种干燥环境：许多储藏物昆虫的含水量很低，如谷象的含水量仅为46%～47%；有些储藏物昆虫的马氏管与直肠，可回收食物残渣中的水分；有些储藏物昆虫如黄粉虫在干燥的环境中可大量利用代谢水。但食物的含水量特别低时，也会使成虫的繁殖力、幼虫的成活率和化蛹率明显降低。

无机盐是某些酶类的组成部分，参与昆虫体内的生理生化反应，是调节体液渗透压、维持离子平衡和体液酸碱度的必需物质。

第四节 呼吸系统及其生理

呼吸作用包括两个过程：一是氧气进入虫体和二氧化碳释放出体外的过程，属于物理过程；二是能源物质氧化代谢产生能量的过程，此过程是在虫体的细胞内进行的，因而称为细胞内呼吸或呼吸代谢，是化学过程。昆虫和所有好氧生物一样，都通过呼吸作用产生高能磷酸化合物——ATP，为各种生命活动提供必需的能量。昆虫，尤其是具有飞行能力的昆虫，其剧烈活动所消耗的能量远大于其他动物，但一般不产生无氧酵解产生的乳酸积累，即氧欠（oxygen debt）。昆虫的这种适应机制依赖于呼吸系统的直接供氧和能源物质代谢中的3-磷酸甘油酯穿梭循环系统。

昆虫担负着体内组织与外界直接交换气体任务的系统是由气门、气管和微气管组成的呼吸系统（respiratory system）（图3-20）。

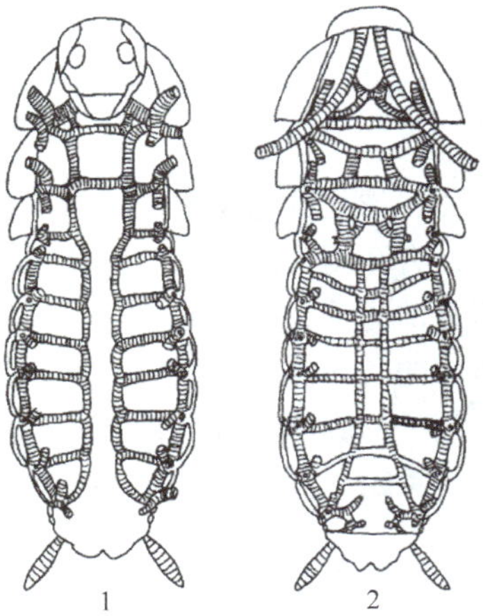

图3-20 蜚蠊的呼吸系统（仿Miall and Denny，1886）
1. 腹面观；2. 背面观

一、呼吸系统的一般结构

昆虫的呼吸器官由胚胎发育时期的外胚层内陷形成，依其生理功能可分为气门、气管和微气管3部分。

（一）气门

气门（spiracle）是气管与外界相通的门户，由体壁特化而成。一般昆虫的气门都位于身体的两侧，胸部的位于侧板上，腹部的则位于背板两侧或侧膜上。鞘翅目和鳞翅目幼虫有9对气门，成虫的气门太小或颜色太浅，难以观察到。同时，由于大多数昆虫成虫的腹节已发生不同程度的愈合，不同种类甲虫的气门数量差异也较大。

不同种类昆虫的气门结构也不同（图3-21）。无翅亚纲昆虫的气门简单，开口处无任何附带结构，本身也不能开关，大部分种类只能生活在比较潮湿的环境中。有翅亚纲昆虫气管的开口位于体壁的凹陷处，体壁凹陷与气管口中间形成一个空腔，称为气门腔。气门腔向外的开口称为气门腔口。这类气门有调节开关的结构，可以控制气体的进出。

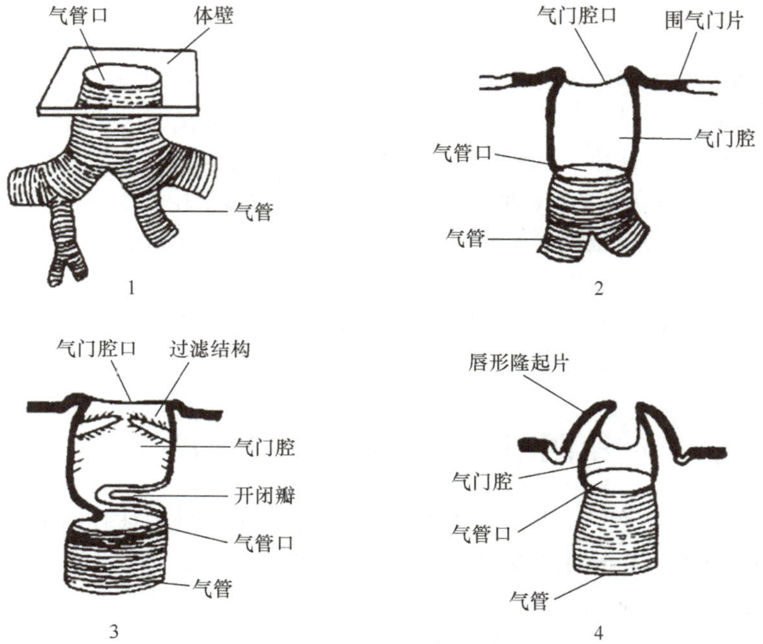

图3-21 昆虫气门构造的几种类型（仿Sondgrass，1935）

1．无翅亚纲昆虫的气门；2～4．有翅亚纲昆虫的气门

一般生活在潮湿环境中的昆虫气门较大，而且是开放式的；生活在干燥环境中的昆虫气门小，有开闭功能。气门的开闭结构上着生有肌肉，包括打开气门的开肌和关闭气门的闭肌。在通常情况下，昆虫的一部分气门是关闭的，这样可以减少水分的蒸发。气门的开闭可以调节虫体内的气体流量和方向。有些昆虫体内的气流方向是由前向后，即胸部及腹部的前2对气门是进气的，腹部其他气门是出气的。有些昆虫平时只以腹部第1对和第8对气门进行呼吸，其他气门关闭。

（二）气管

1．气管的组织结构 气管（tracheae）是昆虫体内具有弹性的呼吸管道，是气体流动的通道，也是气体扩散的场所。气管是体壁内陷形成的，其组织学与体壁基本相同，只是内外恰好相反，气管的上表皮没有护蜡层和蜡质层。气管的基本结构由内向外依次是内膜、管壁细胞层和底膜（图3-22）。内膜相当于体壁的表皮层，分内、外两层。内层与体壁的上表皮相同，不含几丁质，含有鞣化蛋白。外层即原表皮，由几丁质和蛋白质组成，并以内褶方式形成螺旋状加厚，称为螺旋丝（taenidium）。

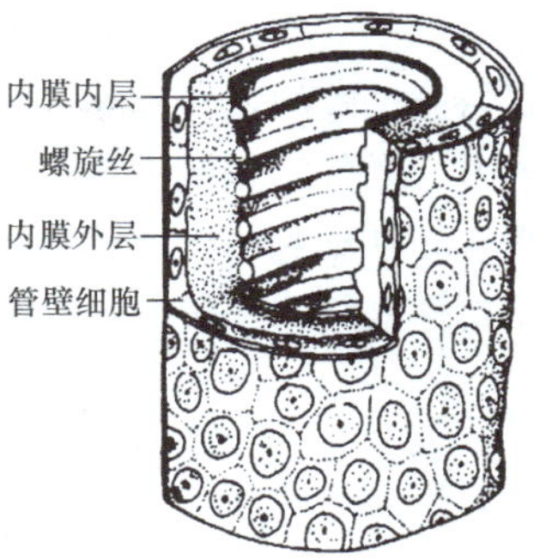

图3-22 气管的构造
（仿Wigglesworth，1965）

螺旋丝沿气管壁呈螺旋状伸展，使气管腔经受一定的压力时仍能保持扩张的状态，有利于气体在体内流通。螺旋丝表面虽无蜡质层，但表面有由管壁细胞分泌的亲脂性物质，因此管内不会被水浸润或堵塞气管。在蜕皮时，气管内膜及其螺旋丝也形成"蜕"，离开管壁细胞，并从气管的"连接部"断裂，从气门处与整个虫蜕一起脱出。

2. 气管的分布和排列 昆虫的每个体节气门气管之后的气管分为3支：背气管、腹气管和内脏气管。背气管是通向背部的气管，分布到背部肌肉、心肌及其他组织中；腹气管通向腹部，分布到腹部肌肉、腹神经索与腹部其他组织中；内脏气管通向内脏窦，分布到消化道、脂肪体和生殖腺（图3-23，1）。另外，在昆虫体内还有许多次生的纵向分布气管，即连接各体节背气管的是背纵干，连接各体节腹气管的是腹纵干，连接身体两侧所有气管的是侧纵干等（图3-23，2）。昆虫体内各部位的气管分布不完全相同，一般昆虫的头部和前胸无气门分布（蛾类幼虫前胸有气门），头部和前胸的气管皆由中胸进入。有些昆虫的飞翔肌和足肌发达，使胸部气管的分布非常复杂和多样化，腹部的气管分布一般较接近于模式，但在甲虫等高度特化的昆虫中，腹部的呼吸系统也非常复杂。

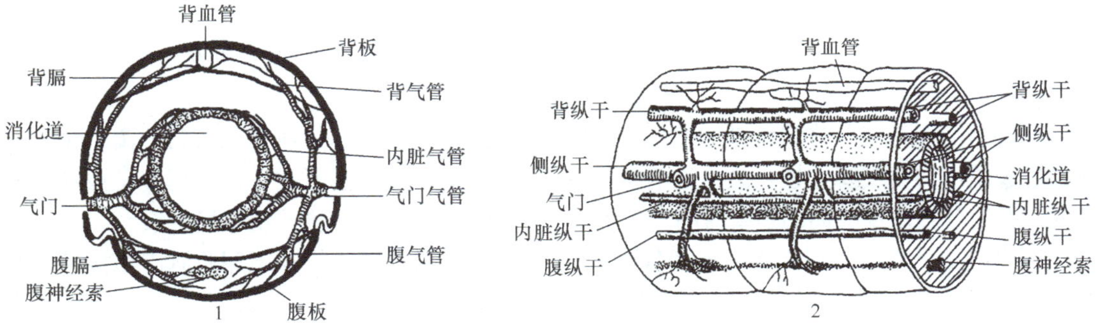

图3-23 昆虫气管分布模式（仿Sondgrass，1935）
1. 体躯横切面；2. 体躯侧面透视

3. 气管的特殊功能 气管的主要功能是向各组织及细胞直接供应氧气和排出二氧化碳。但气管还有结缔组织的作用，它能使许多游离在血腔内的组织得到支持和固定，其对脂肪体及生殖器官的固定作用尤为明显，如鳞翅目成虫的脂肪体就依靠气管连串在一起。在血淋巴中循环的血细胞，没有明显的气管供氧，常附着到其他组织上获得氧气。有些鳞翅目昆虫的缺氧血细胞会附着到腹部臀区最后一对气门附近，形成临时性单细胞层组织，来获得氧气。因此，臀区气管往往有很多小的分支。

（三）微气管

气管随着分支的增加和延长，直径不断变小，最后以微气管（tracheole）为终端。当气管直径减小到2μm时，与一个掌状的端细胞相连。端细胞分化出若干指状盲管，直径在1μm以下的即微气管。微气管长200～400μm，直径一般0.2～0.5μm。端细胞分泌内膜和螺旋丝，以保持微气管的弹性。微气管末端伸入肌肉纤维或其他组织细胞间。微气管管壁极薄，易为气体透过。微气管顶端充满溶有气体的液体（图3-24）。微气管一般不穿入需氧组织的细胞内，而是分布在细胞膜内陷处，接近线粒体几微米处。在耗氧量大的组织中（如精巢等），微气管像手指插入气球一般插入细胞，可将氧气直接供应于距离仅几个纳米的线粒体。

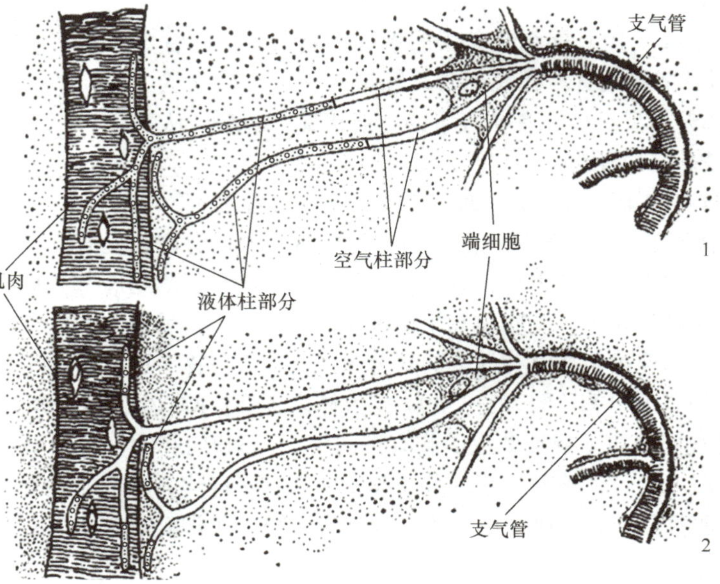

图3-24　微气管末端内液体和空气柱移动情况（仿Wigglesworth，1930）
1. 静止状态；2. 运动状态

鞘翅目、半翅目等许多种类的微气管不蜕皮。在气管蜕皮时，端细胞与气管分离，在蜕皮后通过胶质环与新气管连接。微气管不参与蜕皮过程是昆虫的一种重要适应，可使昆虫在蜕皮前期，新旧气管表皮分离的短暂时间内，仍由微气管内的空气给细胞或组织提供氧气。

很多昆虫的气管，局部膨大成为气囊（air sacs）。有时气囊直接与飞翔肌肌肉相接触，能使肌肉快速获得氧气。气囊的组织结构因特化程度不同而有一定差异。有的仅是气管的稍微膨大，其组织结构与气管类似；有的囊壁比较薄而柔软，螺旋丝很少或不规则，所以很容易因囊内外压力变化而进行大幅度的胀缩。气囊的功能很多，最主要的是增加气管的通风作用。气囊还可为昆虫取食后肠道的膨大提供空间。而当某些器官退化或缩小时，气囊可以扩充其体积，这利于内部器官发挥正常的机械和代谢功能。

二、呼吸系统的呼吸机制

（一）气门的开闭及其节律

在一般情况下，昆虫只开启少量气门进行呼吸，在需要加剧呼吸时，则可多开启几对气门，甚至所有气门全部开启进行呼吸。昆虫呼吸作用的强弱可以用“呼吸强度”（respiratory rate）来表示，即单位重量的活体在单位时间内吸入氧气或呼出二氧化碳的量，其单位为mL/（g · h）。

1. 气门的控制机制　气门的开闭主要取决于气门闭肌。闭肌上分布有来自本体节或前一体节神经节发出的中神经。当神经发出连续脉冲信号时，促使闭肌收缩，使气门处于关闭状态。一旦脉冲信号终止，闭肌松弛，会使气门开启。昆虫在特定生理状态下，可通过开肌与闭肌的联合作用保持气门的开闭节律，如停止取食的蛹，气门长期处于关闭状态，以控制水分的流失。有的昆虫气门闭肌像心肌一样，形成了固定的自主兴奋脉冲，用于控制气门的开闭，形成固定的气门开闭节律。

环境条件和昆虫的生理状态也会影响气门的开闭，如空气中二氧化碳浓度升高，可促进昆虫气门开放。用美洲大蠊做实验，空气中的二氧化碳含量达到2%时，蜚蠊的一些气门久开不闭，但不进行通风；二氧化碳增至5%时，蜚蠊开始通风，一些气门也随之进行开闭活动；二氧化碳增至10%时，所有的气门全部开启，不再关闭；二氧化碳增至15%时，通风的次数可达90～120次/min。因此，在使用熏蒸剂杀虫时加入适量的二氧化碳促使害虫的气门开启，使毒气更容易进入虫体，提高熏蒸效果。但应注意的是，二氧化碳过量，也可使害虫产生麻痹，继而使害虫死亡。气温高，昆虫代谢旺盛，气门的开放次数频繁，开放的时间也长。因此，仓库需要进行熏蒸时，最好选择闷热天气进行。

无论是中神经脉冲控制，还是闭肌自主兴奋脉冲控制，都接受中枢神经和体液因子的调控。气门周围的感觉器可以感受线虫等异物活动的刺激，并通过中枢神经的综合，由中神经发放脉冲信号，来关闭气门，以阻止异物的入侵。体液中的二氧化碳和离子浓度变化，也会影响并调节闭肌的收缩。例如，闭肌长时间接触较高浓度的二氧化碳，会使肌膜产生超极化，使肌肉停止收缩而导致气门开启。昆虫干旱失水、体液中K^+浓度升高，也会提高神经和肌肉的兴奋性，促进闭肌收缩而关闭气门。此外，昆虫神经系统也可以通过内感器监测体液因子的变化，并通过中枢神经调节气门的开闭。

2. 气门的开闭节律　昆虫气门在正常情况下保持关闭状态，只有节律性的短暂开放，但随着环境条件和昆虫生理状态的变化，其节律会发生变化。当雌虫产卵或在取食后进入消化高峰时，气门开放时间延长。随着环境温度提高，昆虫代谢速率加快，会使气门的开闭频率增加，并且有更多气门开放。

为防止水分过量散失，昆虫会将能量代谢控制在低水平状态，以降低氧气的消耗和二氧化碳的产生，使气门经常处于关闭状态，气体交换只在气门开启的瞬间暴发式地进行。关闭状态的气门还能微微开启，氧气可以缓慢渗入，补充组织中氧气的消耗，以维持呼吸系统内的氧分压在3.5%左右，并维持较低的二氧化碳分压。一旦二氧化碳分压达到6.5%，就会诱发气门开启进行气体交换。气门开启后，二氧化碳暴发式释放，使其分压由6.5%迅速下降到3%，而外界空气的进入，使氧分压迅速上升到18%。随后，闭肌收缩，气门紧闭。随着氧气被组织大量吸收，氧分压迅速下降至3.5%，并导致呼吸系统的内压下降，由此再使气门微微开启。这就表明气门开闭存在高二氧化碳和低氧的双重负反馈系统，由此形成气门的交替开闭节律。

（二）气管的气体交换

昆虫的气体交换在呼吸系统中进行，其交换的方式主要靠气体的扩散和气管的通风作用来完成。

1. 气体的扩散　由于空气中含有充足的氧气，其分压远大于昆虫体内的氧分压，因此，昆虫体内所需要的氧气依靠大气压与气管间、气管与微气管间、微气管与组织间的压力差而获得。

二氧化碳的排出也靠扩散的作用。因为在氧气消耗的同时，虫体内的二氧化碳浓度比大气中的二氧化碳浓度高得多，而且二氧化碳的扩散速度为氧气的20～30倍，所以二氧化碳极易经气管从气门扩散到体外。二氧化碳的排除也可以通过体壁扩散到体外，如鳞翅目幼虫的体壁很薄，整个体壁都可以允许二氧化碳通过，而鞘翅目昆虫的幼虫则只有节间膜等少数部位可以排出二氧化碳。

2. 气管的通风作用 通风作用（ventilation）指昆虫借助腹部或胸部的肌肉活动，进行身体的收缩和舒张，产生气管特别是气囊的泵动来完成气体抽吸。当昆虫身体收缩时，体内血压升高，呼吸系统受压迫，容积可减少30%，有的气囊容积可减少90%，从而使大量的气体排出体外；当昆虫身体舒展时，体内血压降低，气管和气囊依靠自身的弹性恢复原来的容积，并把外界空气吸入体内，从而有效地加速昆虫呼吸系统的气体交换，满足昆虫进行飞翔等剧烈运动时剧增的氧气需求。

（三）微气管中的气体交换

利用气管呼吸的昆虫，氧气很少能通过体壁或气管进入昆虫体内的组织或细胞，只能通过分布于全身的微气管，为各种组织提供氧气，甚至为线粒体直接提供氧气。微气管是末端封闭的盲管，管中充满组织液时，氧气进入微气管后，以空气柱的形式存在于微气管的液面之前，而不能进入微气管的末端。当肌肉或其他组织进行代谢活动后，微气管周围血淋巴的渗透压增高，微气管内的液体透过管壁向外渗透，空气柱也随之扩散到微气管末梢或透过管壁，直接与组织细胞接触。组织内产生的二氧化碳，同时向气管内扩散。当血淋巴内的代谢物被氧化移除后，血淋巴的渗透压恢复到原来的水平，体液重新进入微气管末梢，并将气体推出，微气管末端重新充满液体（图3-24）。

三、呼吸代谢

呼吸代谢是昆虫通过能源物质的氧化代谢为其活动提供能量的过程。昆虫的能源物质主要有糖类、脂肪和氨基酸。呼吸代谢因能源物质不同而有不同的代谢途径，糖酵解、脂肪酸β氧化、氨基酸氧化脱氨、三羧酸循环、呼吸链电子传递和氧化磷酸化是呼吸代谢的基本生化过程。代谢产生的能量一部分转变为热量而散失，另一部分以高能磷酸化合物的形式储存起来，并以ATP供耗能的生命活动使用，如肌肉的收缩、物质的跨膜运输和生化过程的底物活化等。

（一）能源物质的代谢

1. 糖的氧化 在正常情况下，昆虫体内消耗的主要是糖类。多糖物质一般分解转化为葡萄糖后才能被细胞利用。糖酵解发生在细胞质中，是糖类的初级能量代谢途径。由葡萄糖磷酸化开始，经过一系列反应，生成2分子丙酮酸、2分子ATP和2分子烟酰胺腺嘌呤二核苷酸（NADH）。

1）*无氧酵解与有氧酵解* 在无氧条件下，丙酮酸被还原产生乳酸；在有氧条件下，丙酮酸进入线粒体，氧化脱羧后，经由三羧酸循环和氧化磷酸化生成ATP、CO_2和水。细胞质中的NADH和NAD^+不能穿过线粒体膜或细胞膜，因此，在糖酵解中，消耗掉的NAD^+必须通过NADH的氧化再生，才能维持糖酵解的持续进行。

在无氧条件下，NAD^+通过乳酸发酵再生，即以NADH还原丙酮酸，生成NAD^+和乳酸。除飞翔肌以外的昆虫组织，如足肌经短时间强烈活动，细胞质内生成的丙酮酸在较高浓度的乳酸脱氢酶的催化下转化成乳酸。在这种情况下，持续的无氧酵解常引起体内乳酸的大量积累而产生氧欠，对机体造成伤害，并且随后还需要在有氧条件下进一步氧化才能恢复。在有氧酵解时，NADH通过基质循环再生成NAD^+，保证糖酵解继续顺利进行，而丙酮酸则进入线粒体进行三羧酸循环而彻底氧化（图3-25）。

2）*3-磷酸甘油酯穿梭循环* 再生NAD^+的基质循环，在不同的生物或不同的组织中存在差异。昆虫飞翔肌与气管供氧体系相适应，形成了高效的3-磷酸甘油酯穿梭（G-3-P shuttle）循环，以保证飞行时肌肉能始终进行高效的有氧酵解，即昆虫飞翔肌胞质中的NADH，在胞质甘油-3-磷酸脱氢酶的催化下，将氢和电子转移到磷酸二羟丙酮（DHAP），从而被氧化成NAD^+，DHAP则被还原成3-磷酸甘油酯（G-3-P）。G-3-P能穿过线粒体外膜，很容易被线粒体内膜外表面Ca^{2+}激活的甘油-3-磷酸脱氢酶所氧化，氧化过程将氢和电子传递给黄素蛋白（flavoprotein，FP），而G-3-P则重新形成DHAP，并返回细胞质中。FP将电子转移到呼吸链，最终生成ATP（图3-25）。

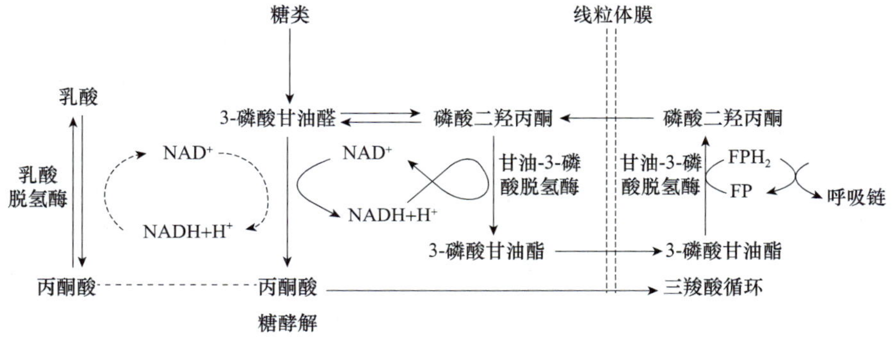

图3-25 飞翔肌中的糖代谢与3-磷酸甘油酯穿梭循环

在以糖类作为主要能源的昆虫飞翔肌中，G-3-P穿梭循环是有氧酵解供能的主要途径。G-3-P极易被线粒体所利用，它在线粒体中的氧化速率比三羧酸循环的其他中间代谢产物快50～100倍。G-3-P穿梭循环形成的有氧酵解机制，是昆虫飞翔肌糖类代谢的主要特点，它不仅解决了糖酵解过程中NAD^+的再生问题，使肌肉在持续的剧烈活动中不会因乳酸积累而产生氧欠，同时可将糖酵解过程中产生的胞质NADH与线粒体呼吸链连接，提高供能效率。

2. 脂肪的氧化 昆虫的脂肪通常以甘油三酯的形式贮存在脂肪体内，动用时在脂肪体形成甘油二酯进行释放，并与载脂蛋白结合后进行运输。甘油二酯被组织吸收后，在细胞质中由酯酶催化分解成甘油和脂肪酸。甘油经底物活化生成G-3-P进入糖酵解途径，而脂肪酸在底物活化后，则进入线粒体进行β氧化。

脂肪酸的β氧化属于线粒体有氧代谢途径。但一般情况下线粒体对各种脂肪酸是不通透的，脂肪酸在细胞质中必须首先活化生成脂酰辅酶A（CoA），然后通过线粒体膜上的肉毒碱及其脂酰转移酶的转移，才能进入线粒体。

进入线粒体的脂酰CoA，经一系列酶的催化，在β位进行氧化，碳链断裂生成乙酰CoA，并使脂肪酸碳链缩短2个碳单位。每次β氧化循环，可以产生1分子黄素二核苷酸（FADH）、1分子NADH和1分子乙酰CoA。β氧化是脂肪酸的初级氧化，该过程并不产生ATP，但每次β氧化循环生成的FADH和NADH，进入呼吸链后可产生ATP，而乙酰CoA进入三羧酸循环进行彻底氧化，也可产生能量。

3. 氨基酸的氧化 氨基酸一般只是作为补充能源物质，尤其是在启动大量供能的初始阶段，糖和脂肪初级代谢形成的丙酮酸或乙酰CoA积累时，通过氨基酸氧化，可以提供足够的三羧酸循环中间体，使三羧酸循环高效转运。但有些昆虫能利用特殊的氨基酸作为能源物质。

有些昆虫飞翔肌中具有高度活性的脯氨酸脱氢酶，能将脯氨酸氧化为谷氨酸。谷氨酸可以在谷氨酸氧化酶的作用下生成α-酮戊二酸，但其主要代谢途径是与丙酮酸进行转氨作用，从而形成丙氨酸和α-酮戊二酸。α-酮戊二酸进入三羧酸循环，氧化生成丙酮酸。该途径最终使脯氨酸转化成丙氨酸，ATP主要由三羧酸循环以及所产生的还原性辅酶进入呼吸链后，通过氧化磷酸化合成。

脯氨酸代谢产生的丙氨酸被快速从肌肉中移走，并转运到脂肪体，通过脂肪酸代谢衍生的中间体，再一次合成脯氨酸，然后释放并被运到肌肉，重复进行脯氨酸循环。这样脯氨酸代谢途径就表现出一个由脂肪体转运能源物质到肌肉的穿梭。

在呼吸代谢中，不同物质在氧化时的氧气消耗量和二氧化碳生成量是不同的，通常把在呼吸过程中释出二氧化碳与消耗氧气的体积比值（V_{CO_2}/V_{O_2}）称为呼吸商（respiratory quotient，RQ）或呼吸系数。根据呼吸商可以判断昆虫所利用的能源物质种类或代谢途径。RQ＝1时，被消耗的是糖类；RQ＝0.8时，被消耗的是蛋白质或氨基酸；RQ＝0.7时，被消耗的是脂肪。

（二）昆虫呼吸代谢的特点

昆虫是以呼吸系统直接供氧的，血淋巴及肌肉中无血红蛋白。此外，昆虫血淋巴营开放式循环，有翅昆虫在飞翔中需要消耗很高的能量，所以，虽然昆虫呼吸代谢的基本步骤与脊椎动物相同，但在某些方面存在相当大的差异。

海藻糖在昆虫血淋巴中含量颇高，每100mL血淋巴中含1～6g海藻糖。海藻糖酶是水解海藻糖的专一性酶，在昆虫的前肠、中肠的肠壁细胞和血淋巴中含量最高，其次是脂肪体和体壁肌肉内。在昆虫体内由葡萄糖合成海藻糖的主要器官是脂肪体。合成海藻糖的速率和释放海藻糖的速率都足以保持血淋巴中海藻糖含量的高水平。在需要时，海藻糖或糖原可被“动员”作为肌肉代谢的能源物质。果糖与甘露糖也可在脂肪体内迅速转化为海藻糖和糖原。

昆虫肌肉特别是飞翔肌中，乳酸脱氢酶的浓度很低，甚至没有，而甘油-3-磷酸脱氢酶的含量极高，因此绝大多数的昆虫，如鞘翅目、鳞翅目、膜翅目、蜚蠊目等目昆虫的飞翔肌中糖酵解的最终产物不是乳酸，而是3-磷酸甘油酯和丙酮酸。昆虫的足肌中也含有较高浓度的甘油-3-磷酸脱氢酶和低浓度的乳酸脱氢酶。多数昆虫肌肉中的乳酸脱氢酶活性与脊椎动物肌肉不同的原因，主要是由于呼吸系统供氧效率很高。所以昆虫飞翔肌和足肌中无氧呼吸代谢的重要性就比脊椎动物小得多。但在昆虫的前肠、中肠和神经索中，乳酸脱氢酶的活性是足基节肌肉的5～9倍，而中肠的乳酸脱氢酶活性最高，可见，这些组织中的呼吸代谢途径与脊椎动物相同。

四、杀虫剂对呼吸作用的影响

呼吸代谢是昆虫生命活动的能量来源，阻断呼吸代谢和能量供应，会导致机体迅速死亡。因而，在害虫防治中，以呼吸系统为作用靶标，开发了不少杀虫剂。它们有的阻断能源物质的氧化代谢，有的阻止呼吸链电子传递，有的直接阻断偶联磷酸化，使电子传递过程中释放的能量不能生成ATP，以此来杀死害虫。

亚砷酸是丙酮酸脱氢酶和α-酮戊二酸脱氢酶的抑制剂，使丙酮酸和α-酮戊二酸的氧化作用受到阻碍。昆虫组织中还普遍存在一种由谷氨酸、半胱氨酸和甘氨酸组成的三肽，称为谷胱甘肽。其巯基易脱去氢原子形成氧化型后，再次接受氢原子恢复还原型，因此是一种氧化-还原传递体。砷化物，特别是三价砷化物对巯基具有特殊的亲和力，从而抑制谷胱甘肽的活性。

鱼藤酮、抗霉素A、磷化氢、氢氰酸、一氧化碳等都能抑制呼吸链中的某种酶的活性，使昆虫的呼吸代谢受到抑制（图3-26）。

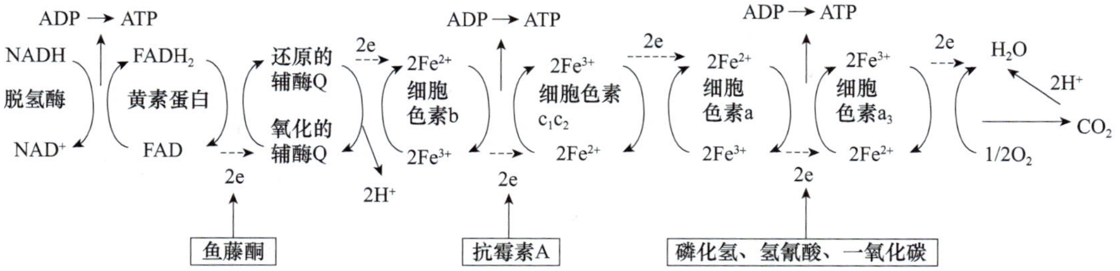

图3-26　呼吸链中氧化-还原连续反应示意图

第五节　循环系统及其生理

昆虫的循环系统（circulatory system）属开放式，即血淋巴在体腔内各器官和组织之间按一定的方向运行，血淋巴只在某些部位有专一的管道，其余均在组织、器官间流动。昆虫的血液兼有哺乳动物的血液及淋巴液的作用和特点，因此称为血淋巴（hemolymph）。这种开放式循环系统的最大特点是血压低、血量大，并随取食和生理状态的不同而变化。循环系统的主要功能是运输营养物质、激素和代谢产物，维持正常生理所需的血压、渗透压和离子平衡，参与中间代谢，清除解离的组织碎片，修补伤口，免疫应答，以及飞行时调节体温等，但无运输氧气的功能。

一、循环器官的构造和功能

（一）背血管

背血管（dorsal vessel）是主要的循环器官，起源于胚胎发育时的成心细胞团，由心脏和大动脉组成。在背中线体壁下方，由末端一直延伸到头内，前端开口于脑和食道之间，后端通常封闭。其下端有背膈，两侧着生有成对的翼肌。

1. 心脏与大动脉　心脏是背血管后段具有心门的部分，常局限于腹部，由一系列连续膨大的心室组成。每个心室有1对心门，位于心室的两侧（图3-27）。心室的数目随昆虫的种类不同差异很大，多的可达11个，如蜚蠊；一般昆虫的心室不超过9个；有少数种类的昆虫只有一个大心室，有2或3对心门，一般认为这个大心室是由几个心室合并而成。心门是血淋巴进入心室的开口，外观为一条垂直或斜的裂缝，其边缘向内折入形成心瓣。心脏由单细胞层的心肌组成，里面为一层很薄的底膜，外围是结缔组织构成的围膜，管壁有环肌和纵肌。

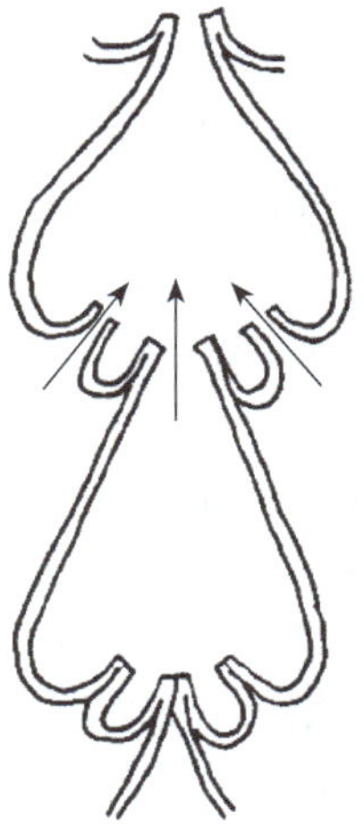

图3-27　心脏收缩图解（仿郑州粮食学院和吉林财贸学院，1986）

大动脉是背血管前端无心门的部分，通常为简单的直管，没有翼肌和隔膜与之相连（图3-28）。位于头内的部分称为头大动脉，位于胸内的称胸大动脉。大动脉的主要功能是将吸入心脏的血

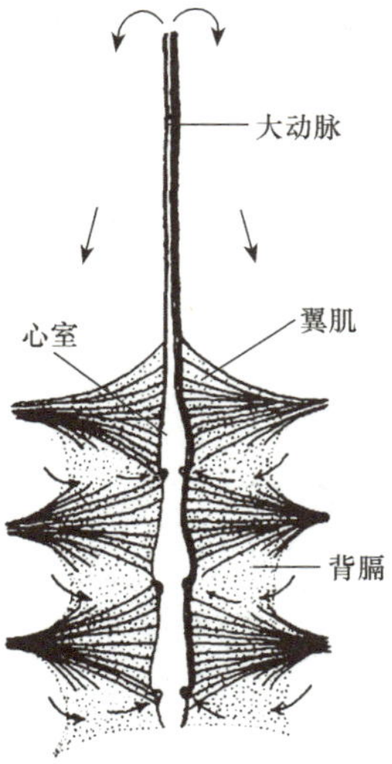

图3-28 昆虫的背血管
（仿Sondgrass，1935）

淋巴导入头内。

2. 翼肌 翼肌是一层很薄的脏肌。它从心门之间的心脏腹侧壁上呈翼状连接到两侧体壁上，其数量为2～12对，大致与心门数相等。功能是在舒张期协助心脏舒张，使血淋巴流入心门，但对心脏搏动无明显作用。

3. 控制心脏的神经 控制心脏的神经为两类侧神经元。一类位于心脏侧壁上，由体神经分支集结形成心神经索。另一类是源于腹神经节或某些高等昆虫胸腹复合神经节的神经。心神经元是一种牵引敏感型运动神经元，当肌源性（myogenic）伸张处于心舒展期时，该神经元高速发放，而在收缩期则停止发放，其功能是增强背血管的同期收缩。在大多数全变态昆虫中，没有心神经元和平行于心脏的神经索，它们的心脏只受体神经节的控制。

（二）辅搏器

除背血管外，昆虫体内尚有若干个辅搏器（accessory pulsatile organ），有的与背血管直接或间接相连，也有些是独立的，如分布在触角和翅基部、足的腿节与胫节交界处，分别形成触角辅搏器、翅辅搏器和足辅搏器。辅搏器由含肌纤维的薄膜组成，有膜状、瓣状、管状或囊状等多种形状。辅搏器的作用是推动血淋巴在部分血腔或附肢内循环。

二、血淋巴循环及其生理功能

昆虫血淋巴循环是依靠心脏和辅搏器的搏动，以及隔膜和肌肉的运动而完成的。循环的主要功能是控制血压、运输物质和调节体温。

（一）心搏

心搏（heartbeat）是心脏的节律性收缩动作，是由心室的收缩和舒张形成的。心搏由最后一个心室开始，由后向前有节奏地收缩和舒张。心搏的节奏性表现出3个阶段，即收缩期、舒张期及休止期。与大多数无脊椎动物神经性心搏不同，昆虫心搏多属肌源性的，即不受神经的支配，可自发产生动作电位引起收缩，随后由心脏壁的弹性产生舒张，从而进行节律性的搏动。

心搏的搏幅、频率、方向和节律，都受到神经系统、血淋巴中无机离子和神经激素的调控。心肌的静息电位和动作电位取决于肌膜两侧各种离子的浓度梯度和通透性变化。一般维持膜电位的主要是K^+，而产生动作电位与Ca^{2+}有重要关系。静止时，通过膜上K^+泵的作用，建立起膜两侧的离子浓度差异，形成静息电位；产生动作电位时，由膜释放Ca^{2+}从而诱发膜去极化，因而所有心肌都能自发产生节律性收缩。Na^+能使美洲大蠊心脏产生动作电位，而高浓度的Mg^{2+}会抑制其心搏。亲肌肽类激素，如直肠肽和心动神经肽可调节心搏的频率。

昆虫的种类、性别、发育状况、取食、氧气的供应和昼夜节律，以及环境温度等都影响心搏。昆虫的活动一般不增加心搏。温度对心搏有明显的影响。气温每增加10℃，大多数昆虫的心搏都增加1倍；温度高于45℃或低于5℃时会导致心搏停止。

（二）血淋巴循环的动力及途径

心搏是血淋巴循环的主要动力。心脏收缩时心门关闭，血淋巴向前流动；血淋巴的压力、心翼肌的收缩与心肌本身的弹性，使前一心室舒张，体腔内与后一心室内的血淋巴被挤入前一心室。如此连续动作，血淋巴不断向前流动。此外，背、腹膈的波动，内脏的蠕动和身体的活动也有助于血淋巴在体内的循环。

血淋巴循环的途径：当心脏舒张时，围心窦内的血淋巴经由心门进入心脏。当心室收缩波向前推进时，心脏内的血淋巴通过大动脉压入头部，于是在虫体的前端形成一个高压，使血淋巴在血窦中向虫体的后方推进，经胸部流进腹腔。围脏窦和腹血窦回流的血淋巴在围脏窦后端汇合后，被心脏抽吸流经围心窦进入大动脉，开始新一轮的循环。借助辅搏器的作用，可促进翅、触角和足等部位的血淋巴循环（图3-29）。

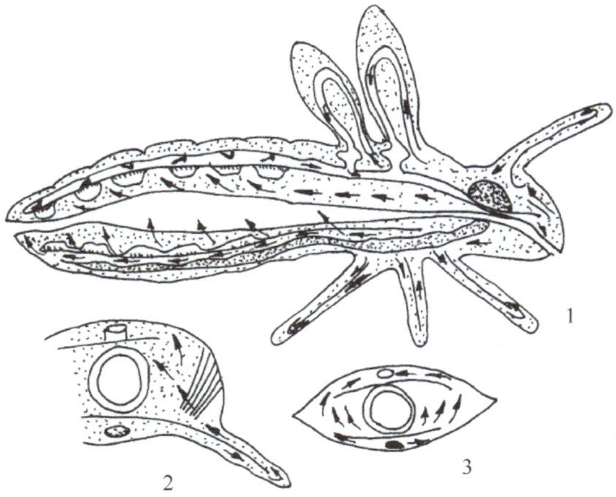

图3-29 昆虫的血淋巴循环途径（仿Wigglesworth，1972）

1. 体躯的纵切面；2. 胸部横切面；3. 腹部横切面；箭头示血淋巴流动的方向

（三）血淋巴循环的功能

1. 调节血压 昆虫的血压主要取决于血量与血腔的变化，因此变幅较大（−980.67～588.40Pa）。血量与昆虫生长发育中的水分平衡有关，当昆虫摄入大量水分时血量也随之增加。取食、饮水和吸入空气均能引起血腔容积的变化。体壁肌，尤其是腹壁肌的收缩能显著影响体腔的变化。虫体某一部分收缩产生的血压，可迅速传遍整个血腔。同时，也能利用特殊的构造，产生很高的局部血压。血压在昆虫生长发育和完成行为动作时都发挥重要作用，尤其是对呼吸和蜕皮更显得重要。呼吸的控制点通常位于腹神经节内，它通过神经使体壁肌收缩，引起血压上升，从而压迫气囊和气管将空气排出；反之，体壁肌松弛，血压下降时体壁和气管恢复原状，空气被吸入。蜕皮时，腹部收缩将血淋巴泵入头部，产生很高的血压，迫使旧表皮在蜕裂线处裂开。羽化时翅的伸展，也利用腹壁肌的收缩将血淋巴压入翅脉腔，使柔软的翅得以伸展。

2. 运输物质 昆虫的血淋巴虽是某些物质的贮存库，但由于受物质溶解度和血淋巴渗透压的限制，血淋巴的物质贮存能力有限。因此，大多数消化吸收的物质都要以一定的形式贮存在特定的组织内，当需要时才释放出来。这样，昆虫体内所有物质频繁地从一个组织运输到另一个组织，大都由血淋巴循环来完成。

依靠血淋巴运输的物质包括：①营养物质。通常由消化道吸收后进入血淋巴，在血淋巴中稍加改变（如谷氨酸变成谷氨酰胺）或直接运往代谢组织。有的先进入贮存组织，需要时再运往代谢组织。②血细胞。在止血、免疫和吞噬解离组织时，将血细胞快速移送到相应的部位。③代谢物。昆虫在体内的代谢废物、毒物或外分泌物等大都通过血淋巴循环由代谢组织运往排泄器官。④激素。由血腔从内分泌器官运往靶标组织，常与血浆中的载体蛋白结合后进行运输。

3. 调节体温 血淋巴循环是昆虫调节体温的一种重要方式。蛾类和甲虫飞行时都能将胸温维持在较高的特定水平，不受环境温度的影响。一般飞行昆虫都用血淋巴循环来冷却胸肌。大动脉和腹膈搏动促进液流紧贴体壁而过。液流中的血淋巴将热量迅速带入腹部，经腹面散热、降温，也可将热量传递给腹部气囊中的空气，并加速腹部的搏动（通风作用），通过气体交换将热量带到体外。

三、血淋巴的组成

血淋巴是虫体内细胞、组织和器官的内环境，包括有型的血细胞和液态的血浆。其功能相当于高等动物的血液、淋巴液和组织液。大多数昆虫的血淋巴因含有各种不同色素而呈黄色、橙色和蓝绿色。

（一）血细胞与造血器官

1. 血细胞 血细胞（hemocyte）在昆虫血淋巴中的含量很少，重量占血淋巴的2.5%。血细胞常附着在昆虫的内部器官表面或体壁上，只有少部分血细胞随血淋巴流动。昆虫的血淋巴中不含红细胞，无携带氧气的能力。

血细胞起源于胚胎期的中胚层。昆虫血细胞的种类较多，可通过相差显微镜活体观察、组织化学方法、电镜观察和单克隆抗体技术等加以区分。昆虫血细胞的基本类型包括原血细胞、浆血细胞、粒血细胞、珠血细胞、脂血细胞、类绛色血细胞和凝血细胞7类（图3-30）。其中前3类是常见的（图3-30），其他是多变的。

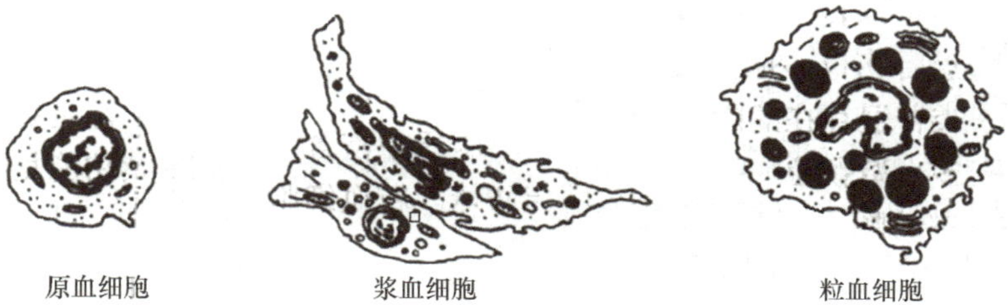

图3-30 昆虫3类常见血细胞的模式图（仿王荫长，2004）

1）原血细胞（prohemocyte） 是一类出现最早的血细胞，也是多种血细胞的干细胞。普遍存在于昆虫的血淋巴中。通常为圆形的小细胞，直径6～13μm。质膜无突起，内膜系统不发达。无吞噬作用，而分裂增殖能力强，能转化为浆血细胞。主要功能是通过分裂，补充血细胞。

2）浆血细胞（plasmatocyte） 是一类形态多样的吞噬细胞，直径40～50μm，典型的呈梭形，也有球形和叶形的。质膜通常形成多种外突，胞质丰富，有发达的内质网和高尔基体。内含丰富的微管，是细胞变形运动的骨架。它是昆虫血淋巴中的优势血细胞，并可以转化成粒血细胞。浆血细胞是重要的防卫血细胞，其功能是吞噬异物及愈合伤口，也参与包被与成瘤作用。

3）粒血细胞（granulocyte） 是一类普遍存在的圆形或梭形血细胞，直径可达45μm。质膜有不明显的突起，胞质内富含内质网、高尔基体、溶酶体和核糖体。胞质内有大量膜包被的颗粒，有的还有大小不等的脂肪球。粒血细胞可分化成其他类型的血细胞，如凝血细胞。功能与贮存、分泌和防卫有关。

2. 造血器官 造血器官（hemopoietic organ）是昆虫体内不断分化并释放血细胞的囊状构造，周围有膜包被，膜囊内有相互交织的类胶原纤维和网状细胞。它在体内的部位因昆虫种类而异，但多数与心脏有关。产生血细胞时，先由网状细胞分化出干细胞，干细胞经多次分裂后形成细胞群，再进一步分化成同类型的细胞群（如原血细胞、浆血细胞等），然后释入血淋巴中。在造血器官中，细胞都有活跃的吞噬功能，能吞噬血淋巴中的固体颗粒。

（二）血浆

昆虫的血浆（plasma）是一种浸浴着所有组织和细胞的循环液体，其中水分占85%，相对密度约为1.01。在血浆中，血细胞直接以质膜与其接触，两者间频繁的物质交换造成血浆组分的复杂多变。其他组织、器官均有一层底膜与血浆分隔，但底膜对血浆中的组分有选择性通透作用。

1. 无机离子 昆虫体内的无机离子种类很多。阳离子有K^+、Na^+、Mg^{2+}、Ca^{2+}、NH_4^+等，阴离子有Cl^-、$H_2PO_4^-$、HCO_3^-等。血淋巴中的无机离子，有相当部分是与大分子物质结合而存在的，如Fe^{3+}往往与铁蛋白和运铁蛋白结合，美洲大蠊中20%的Na^+和Mg^{2+}、10%的Ca^{2+}和Cl^-呈结合态。无机离子一般通过主动运输形式进出各种组织和细胞。离子的主要作用是参与物质运输和生物电异生，构成或调节神经和肌肉的电位差、酶的活力、pH和渗透压。

2. 糖类 昆虫的血糖主要是海藻糖，这是昆虫纲的一个生化特征。海藻糖（trehalose）是一种非还原性双糖，由2个葡萄糖分子以1,1-α-糖苷键连接而成。海藻糖仅能被海藻糖酶分解，而昆虫的很多组织中都含有海藻糖酶，所以能利用海藻糖。在脂肪体内，糖原可转化为海藻糖，使血淋巴中的海藻糖浓度保持在一定的水平。海藻糖作为血糖有3个优点：①由于生物膜对海藻糖的不通透性，能防止肠壁渗漏；②海藻糖的渗透压效应小，仅有葡萄糖的1/2，能更有效地在血浆中贮存和运输；③海藻糖的活性低，很少受非专一性转葡基作用，不会干扰正常的生化过程。这些优点对昆虫的开放式循环系统极为有利。

血淋巴还含有糖原、蔗糖、麦芽糖、纤维二糖等。此外，还含有极少量特殊的糖及其衍生物，如己糖胺、β-葡糖基-*O*-酪氨酸、葡萄糖醛酸和肌醇等。

血糖主要被用作能源物质，或合成表皮中的几丁质及各种黏多糖和糖蛋白。在越冬期，血糖可迅速转化成甘油和山梨糖醇等多元醇。这些物质不仅可通过溶质效应降低过冷却点，同时，还能保护细胞和酶蛋白免受冻害。另外，葡萄糖醛酸在毒物代谢过程中是重要的络合剂。

3. 脂肪 昆虫血浆中的脂类化合物包括甘油单酯、甘油二酯、甘油三酯、脂肪酸、甾醇、磷脂和其他烃类化合物，其中以甘油二酯为主，通常结合成脂蛋白进行运输。脂类由消化道吸收后，通过血淋巴运送至脂肪体内贮存；作为能源动用时，再由脂肪体释入血浆中运往代谢组织或器官。同时，血浆中也贮存少量的游离脂肪滴。

4. 游离氨基酸 血浆中具有高浓度的氨基酸，包括合成蛋白质所需的各种氨基酸及某些氨基酸衍生物。一般来说，在外生翅类昆虫的血浆中，不同氨基酸的含量在5～70mg/mL，谷氨酰胺和甘氨酸含量稍高。内生翅类昆虫血浆中氨基酸含量普遍比外生翅类高，其中谷氨酰胺和脯氨酸含量较高，而谷氨酸含量通常较低（低于1.5mg/mL），天冬氨酸、天冬酰胺、苯丙氨酸、亮氨酸和异亮氨酸含量也较低。含量高的氨基酸都与昆虫生长发育过程中的特殊需要（如产丝）有关。在昆虫的整个生活史中，血淋巴中的酪氨酸浓度变化很大，每次蜕皮前几天发生集聚（达0.8mg/mL），蜕皮后即显著减少，这与新表皮鞣化和暗化过程中对酪氨酸的利用有关。

血浆氨基酸最重要的功能是为合成蛋白质提供原料和调节渗透压。此外，某些氨基酸还有特殊的功能，如酪氨酸是表皮鞣化剂的前体，不少昆虫利用脯氨酸作为能源物质，L-谷氨酸和γ-氨基丁酸是神经递质。

5. 蛋白质 昆虫血淋巴中蛋白质的含量因虫种和发育阶段而异。根据功能不同可将血淋巴蛋白分为3类。

1）贮存蛋白（storage protein） 大多出现在幼虫血淋巴中，为以后生长发育所利用。它是一类六聚体蛋白，主要分为芳基蛋白、富甲硫氨酸蛋白和双翅目幼虫特异性蛋白等。它由昆虫取食期的脂肪体合成，然后释放到血淋巴中，蜕皮时其含量明显下降，然后再逐渐增加。全变态昆虫在化蛹前由于组织解离，血淋巴中蛋白质含量会明显升高。昆虫血淋巴中还有二肽或三肽，是贮存氨基酸的有效形式，需要时由酶催化降解，因而能迅速提供氨基酸给有关组织。

2）载脂蛋白（lipophorin） 其是血淋巴运载脂类的蛋白质。保幼激素结合蛋白是一种能与保幼激素结合的特异性多肽，具有运输和保护保幼激素在血淋巴中不被非专一性酯酶降解的功能。

3）其他蛋白 不良气候条件的胁迫，能激发昆虫产生抗低温或高温的有关蛋白。例如，冰核蛋白和抗冻蛋白与耐寒性有关；热激蛋白（heat shock protein，Hsp）是一类由高温等刺激诱导产生的蛋白，具有保护昆虫细胞免受高温损害的作用。此外，血淋巴中还有一类色素蛋白，是一种具有发色基团的血浆蛋白。它们大多来源于食物，使昆虫血淋巴形成不同的血色。

6. 酶类 昆虫的血淋巴中常含有蛋白酶、淀粉酶、海藻糖酶、酪氨酸酶和几丁质酶，还含有糖代谢中的各种脱氢酶等。

7. 氮素代谢物与其他物质 氮素代谢物主要有尿酸、尿囊素、尿囊酸、脲和氨。此外，还有激素和章鱼胺等神经调质，以及与三羧酸循环有关的有机酸、多元醇和一些共生菌合成的化合物等。

（三）血淋巴的渗透压与pH

昆虫血淋巴的渗透压比哺乳动物血液的渗透压高，如黄粉虫血淋巴的渗透压为14.39kPa（人只有6.95kPa）。昆虫维持血淋巴渗透压的主要是游离氨基酸等有机化合物，而高等动物维持血液渗透压的则主要是无机的阴、阳离子。不少昆虫在低湿条件下，进行飞翔或蜕皮后，血量会因失水而减少，从而使渗透压升高，这时昆虫会通过脂肪体的代谢作用，向血腔补充水分，或通过直肠、马氏管吸收水分，或将离子、氨基酸或尿酸排出体外，使血淋巴渗透压处于稳定状态。

血淋巴的pH为6.0～8.2，如黄粉虫血淋巴的pH为6.2～7.3。调节pH的主要缓冲物质是碳酸盐、磷酸盐、氨基酸和蛋白质。某些组织或细胞内的碳酸酐酶可能起一定作用，但缓冲能力不是很强。昆虫一旦进行飞行或受惊扰，也可导致pH发生变化。

四、血淋巴的功能

昆虫血淋巴是进行物质代谢的重要场所。血细胞能合成多种代谢酶，参与蛋白质、氨基酸、糖类和脂类的代谢。此外，血淋巴还具有解毒、止血和免疫等功能。

（一）代谢功能

1. 合成酶类　血细胞能合成蛋白酶，参与血淋巴中的蛋白质和肽类的水解，增加血浆氨基酸的供应，或进行渗透压调节。此外，还能将无活性的肽水解成神经递质L-谷氨酸；血细胞膜上的海藻糖酶能水解血淋巴中的海藻糖，用于合成黏多糖、糖蛋白及糖原；血细胞中的溶酶体不仅能消化异物，其中磷酸化酶还可调节糖原的降解，释放贮存的糖类；血细胞还可以合成和释放非专一性酯酶，参与脂类及某些激素的代谢。

2. 形成结缔组织　昆虫上皮组织（如真皮细胞以及各种管壁细胞）的底膜、肌肉和神经的围膜，以及辅搏器的膜状结构等结缔组织，大多由血细胞分泌形成。它们的间质主要是胶原纤维，有的含弹性蛋白、黏多糖和糖蛋白。许多结缔组织除由相关的细胞或纤维细胞分泌形成外，都有浆血细胞和粒血细胞参与。

3. 参与表皮形成　表皮中某些蛋白质、鞣化过程中的各种鞣化剂都是由血细胞合成和分泌的。这些血细胞包括类绛色血细胞、粒血细胞、凝血细胞和珠血细胞。在血淋巴中还有酚氧化酶，在表皮鞣化过程中催化多元酚氧化成醌。

4. 运输物质　血淋巴承担从中肠、脂肪体到肌肉、生殖腺等各种组织之间的物质运输功能。糖类、甘油二酯、多种激素及酶类，都通过血淋巴被送到有关组织中。

5. 解离组织　全变态昆虫在变态发育时，幼虫的组织或器官常全部或部分解离。解离碎片由血细胞吞噬进入胞内，形成由膜包被的颗粒，再与溶酶体融合形成消化泡，将组织碎片分解成脂肪、氨基酸和糖类，再用来组建成虫的组织和器官。在小地老虎幼虫化蛹时，可以见到大量血细胞集结在中肠和脂肪体周围，有的甚至进入脂肪体内部，进行解离作用。

（二）解毒作用

昆虫血淋巴对外源毒物具有一定的解毒能力。各种外源毒物（如植物次生物质及杀虫剂）进入血腔后，血淋巴中蛋白质（如凝集素）和非专一性酯酶会与之相结合，使毒物分解或钝化失毒。有的可能被血细胞摄入，通过胞质中的各种酶进行降解或贮存在脂滴内，减少体内的有效浓度。血淋巴中的解毒酶，如细胞色素P450单加氧酶、谷胱甘肽-*S*-转移酶和酯酶通过代谢，也能使植物次生物质和杀虫剂失毒。

（三）止血作用

止血作用是指昆虫在伤口处形成凝血块，以防血淋巴流出和病原物侵入，由血细胞凝集或血浆胶凝化或两者共同来完成。对由机械作用和捕食性或寄生性天敌造成的损伤，由于昆虫血压较低，依靠表皮即能阻止大多数伤口的失血，而且大量失血也不会直接威胁到生命。因此，昆虫的止血功能并不完善，只有部分种类具有良好的凝血机制，有的根本不产生凝血。

参与凝血的血细胞主要是凝血细胞。在伤口处，血细胞接受损伤刺激后（接触外界空气），迅速变形，伸出大量细长的线状伪足，形成疏松的网状凝集物，固定血淋巴中的固体颗粒形成凝血块，或是血细胞破裂，释放凝血因子，选择性凝集血浆中一些可溶性蛋白形成凝血块。

（四）免疫功能

免疫（immunity）是昆虫抵御病原微生物和寄生物入侵的能力。昆虫主要依靠增强血细胞的吞噬、成瘤和包囊作用，或者提高血浆中某些物质的浓度来发挥免疫能力。前者属细胞免疫（cellular immunity），后者属体液免疫（humoral immunity）。

1. 细胞免疫

1）吞噬作用（phagocytosis）　是指少量单细胞病原物（如细菌、真菌、病毒等）侵入血腔时，血细胞能摄取这些病原物，进行消化和清除。主要的吞噬细胞是浆血细胞，并有粒血细胞或其他血细胞参与。其过程包括附着、识别、信号传导、伪足形成、摄入、吞噬体（phagosome）装配、消化等多个步骤。识别主要依靠血细胞膜上的受体与病原物表面的特殊基团或附着的异源凝集素的相互作用。当血细胞识别异物后，由细胞膜外突将颗粒包围，形成吞噬体，通过溶酶体与吞噬体融合，释放水解酶，分解吞噬物。

2）成瘤作用（nodule formation）　当小型病原物大量进入血腔时，浆血细胞无法完全吞噬。这时，首先凝血细胞或粒血细胞与病原物接触并发生破裂，诱导病原物周围血淋巴凝集成块，将病原物固定在凝血块内；随后由血细胞破裂释放异源凝集素，诱使浆血细胞附着到凝血块周围；最后，周围的浆血细胞扁平化，相互以桥粒联结形成外鞘，被包围的病原物在血细胞分泌的酚和酚氧化酶的作用下，逐步黑化死亡（图3-31）。

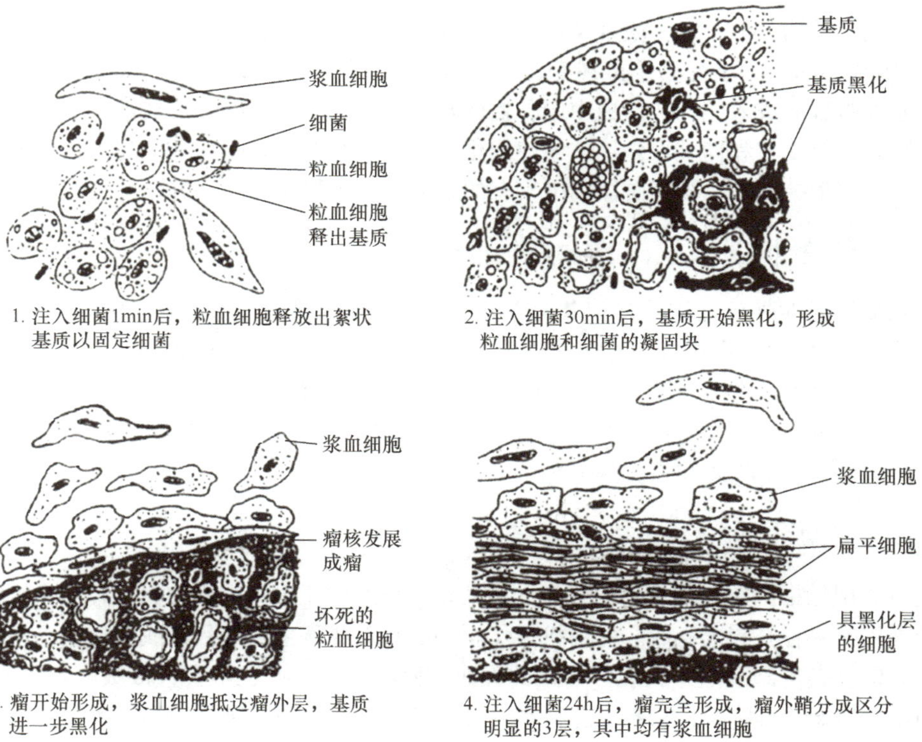

图3-31　昆虫血细胞的成瘤作用（仿Ratcliffe and Gagen，1977）

3）包囊作用（encapsulation）　当较大的外侵物如线虫和原虫等侵入血腔时，将外侵物围困于多层血细胞构成的或黑化的外套包囊内。这是针对大型入侵物的一种有效免疫机制。包囊作用分为细胞包囊和体液包囊。

细胞包囊作用，多见于鳞翅目中，先由粒血细胞通过膜上的受体识别异物，在接触后释放出趋化性物质，诱使浆血细胞附着到外源物表面，再形成由多层细胞构成的包囊。包囊内层细胞不扁平化，附着后大都坏死或自溶，释放的酚类逐步黑色素化，被包围的外侵物随着黑色素化而被杀死；中层细胞扁平，胞间以桥粒等方式结合，细胞间隙内含有丰富的电子致密颗粒；最外层是未变形的、排列疏松的浆血细胞。

体液包囊作用，能围绕外侵物进行黑色素沉积。先由外侵物表面的糖基激活血浆中的酚氧化酶酶原，酚氧化酶将血浆中的酚类化合物氧化，并与蛋白质一起形成黑色素蛋白质复合物，沉积在病原物的表面，使外侵物不能活动和吸收营养而死亡。体液包囊仅发生在少数血细胞很少的种类中。

4）*凝集作用*（coacervation） 指当昆虫受伤后，凝血细胞或粒血细胞在伤口处发生凝集，同时诱集浆血细胞在凝血块底部形成无组织的包被，从而杀死伤口内的病原物，阻止它们的侵入。

2. 体液免疫 昆虫体液免疫依赖血淋巴中的先天免疫因子和后天免疫因子。它们主要由脂肪体、血细胞和围心细胞合成，马氏管、中肠、生殖器官及受伤或受感染的真皮细胞也有一定的合成能力。后天性免疫因子需要人工或自然的诱导，如抗菌肽和抗真菌肽等。先天性免疫因子也可因诱导而得到增强，包括溶菌酶、凝集素、酚氧化酶等。

1）*溶菌酶* 溶菌酶（lysozyme）常存于昆虫体内，并可诱导产生。通过水解外来细胞细胞壁的肽聚糖中*N*-乙酰氨基葡萄糖和*N*-乙酰胞壁酸之间的β-1,4-糖苷键，从而起到杀菌作用。

2）*凝集素* 凝集素（lectin）是一类无免疫原性蛋白质或糖蛋白（不是酶或抗体），具有2个或2个以上糖基结合的位点，能使细胞凝集成复合糖沉淀。大多由脂肪体合成，也有血细胞合成的。凝集素具有糖基识别专一性。在血细胞附着和细胞分解过程中，作为血细胞表面受体，识别异体或介导血细胞吞噬异源分子。还可清除变态时不必要的组织和细胞。

3）*酚氧化酶* 酚氧化酶（phenoloxidase）通常以酚氧化酶酶原（prophenoloxidase，proPO）形式存在。proPO由血细胞合成并释放到血淋巴中。proPO级联被细菌细胞膜中的脂多糖和肽聚糖或真菌细胞壁中的β-1,3-葡聚糖所激活。酶原的裂解酶属丝氨酸蛋白酶类，该酶原也可被α-胰蛋白酶直接激活。酚氧化酶能参与单酚的加氧反应，催化生成邻苯酚和氧化邻苯酚成醌。这两种反应是黑色素合成的关键步骤。proPO级联的激活还可刺激血细胞附着、延展和去颗粒化，进而发生吞噬作用、成瘤作用和包囊作用。

第六节 排泄系统及其生理

昆虫排泄系统（excretory system）的主要功能是移除新陈代谢过程中产生的二氧化碳和氮素废物；调节体液中无机盐类和水分的平衡，从而保持血淋巴的一定渗透压和化学组成，使各器官能进行正常的生理活动。昆虫的排泄物包括气体、液体和固体，即二氧化碳、水、氮素废物和无机盐的结晶体。其中，二氧化碳通过气管系统排出，其他排泄功能则主要由马氏管完成。此外，体壁、消化道、脂肪体和围心细胞等在不同种类的昆虫中也起着一定的排泄作用。

一、马氏管和直肠

原尿从马氏管进入直肠，在排出体外之前，还要在直肠中回吸水分和盐分，形成了一个循环，因此直肠也是排泄器官。它与马氏管一起，构成了一个完整的系统。

（一）马氏管的结构

1. 马氏管的基本形态 马氏管（malpighian tubules）起源于胚胎发育时期的外胚层，是顶端封闭的长形细管，浸浴在血淋巴中，在中肠与后肠的交界处幽门的后方通入消化道。马氏管的数量因虫种而异。条数少者仅2条，条数多者可达150多条（如蜜蜂）。虫体内的马氏管条数与长度成反比，即条数多者则短，条数少者则长，以保证马氏管与血淋巴的接触面积，协调其排泄作用的正常进行。

根据马氏管的解剖构造可将其分为4个基本类型（图3-32）：①直翅目型。马氏管顶端游离，其端部与基部的功能相似，管内排泄物统一呈液态。直翅目、革翅目和某些鞘翅目昆虫属于此类。②鞘翅目型。马氏管顶端与直肠结合形成隐肾复合体，其端部和基部的功能相似，管内排泄物统一呈液态。鞘翅目和一些鳞翅目昆虫属于此类。③半翅目型。马氏管端部游离，其端部和基部的功能不同，端部允许水和溶质进入，管内排泄物呈液态；在基部发生水分的重吸收，管内排泄物呈固态。半翅目昆虫属于此类。④鳞翅目型。马氏管顶端与直肠结合形成隐肾复合体，其端部和基部的功能分化与半翅目型类似。鳞翅目昆虫属于此类。

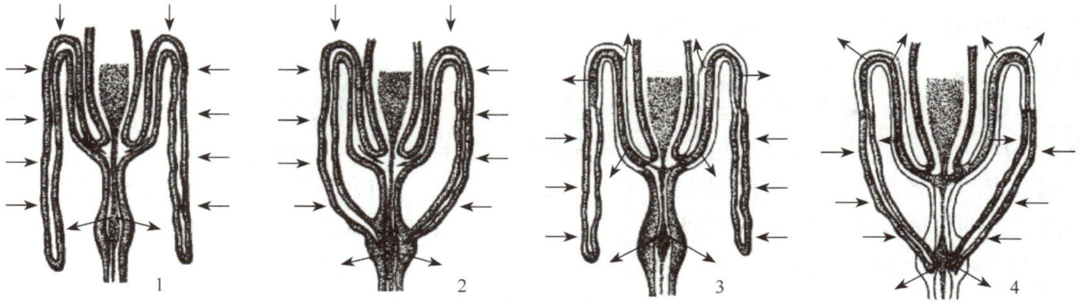

图3-32 昆虫马氏管的主要类型（仿白旭光，2008）
1. 直翅目型；2. 鞘翅目型；3. 半翅目型；4. 鳞翅目型；箭头表示物质运动方向

2. 马氏管的组织学结构 马氏管管壁为单层上皮细胞，由2～5个大型细胞围绕成管腔。外围常有肌肉层，有的还附有气管，使马氏管的位置得以相对稳定。在比较原始的昆虫（如缨尾目、等翅目）中，马氏管上无肌肉，不能在血淋巴中蠕动；在高等昆虫中，马氏管上着生有肌肉，可在血淋巴中蠕动，增加了马氏管与血淋巴的接触机会。

马氏管管壁细胞有几种不同的类型，最基本的是主细胞（principal cell），它是分泌原尿的细胞。端段的主细胞，面向管腔有排列不甚紧密的顶膜微绒毛。微绒毛内充满线粒体，在分泌作用减弱时，线粒体会离开微绒毛；当分泌作用再次增强时，又可重新进入。基膜内褶可达顶膜微绒毛附近，内褶中往往有线粒体。这样血淋巴中的化合物从基膜经内褶能很快到达顶膜，利于分泌原尿。在以吸收为主的基段，管壁细胞顶膜的微绒毛，一般比较粗短，而且稀疏，其中线粒体较少，基膜内褶较少。

（二）直肠的结构

在排泄过程中，直肠可进行选择性吸收，使水、无机盐离子、氨基酸、糖类等物质进入血淋巴。肠壁细胞的结构高度特化，既用于主动分泌，也用于主动吸收。为适应吸收功能，多数昆虫具有直肠垫（rectal pad）或直肠乳突（rectal papillae）。典型的直肠垫是6簇小而扁平的细胞群。直肠垫中细胞侧膜高度内陷，形成多层次的侧膜堆，其中有丰富的线粒体，是进行主动运输的部位。

美洲大蠊直肠垫是由主细胞和基细胞构成的双层结构，靠肠腔一面的表皮质内膜下是一层主细胞，顶膜高度折叠，线粒体接近或位于顶膜折叠内和侧膜堆内。膜大量折叠在细胞内产生许多弯曲的通道，这些通道可以从直肠腔中收集水和溶质，穿过细胞基膜进入血淋巴。第2层是连接在主细胞下面的基细胞，结构简单，细胞层较薄，外侧是血腔。在基细胞顶膜与主细胞基膜相连处，形成众多的梯状连接——线粒体复合体。直肠垫的周缘是长而薄的连接细胞，其顶膜与表皮层相连接，是非渗透性的，成为直肠垫四周不透水的外壁。在直肠垫以外的部分，肠腔的内膜都是不透水的表皮层，因此水和溶质的渗透只发生在折叠膜上（图3-33）。

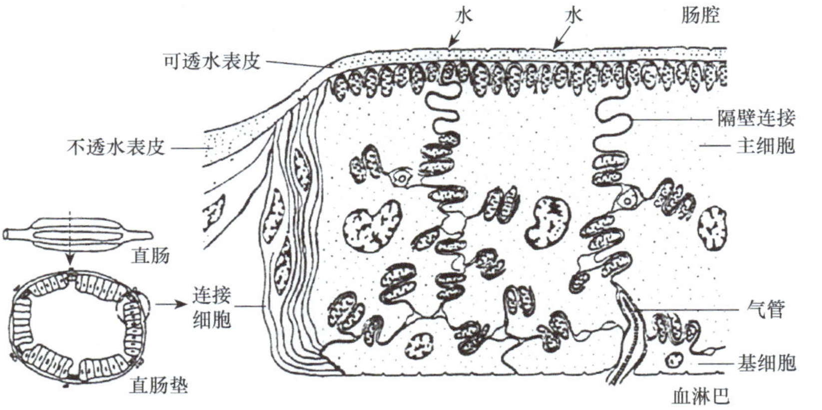

图3-33 蜚蠊直肠垫的结构（仿Noirot and Noirot-Timothee，1976）

（三）隐肾复合体

鳞翅目和鞘翅目的马氏管与直肠构成一个隐肾复合体（cryptonephridial complex）。储藏物昆虫如黄粉虫、拟谷盗的隐肾复合体是一个高效的水分再吸收系统，使生活在干燥环境中的昆虫排出干燥的粪便，减少水分流失。黄粉虫的隐肾复合体非常具有代表性：6根马氏管的端段迂回曲折成多层包围在直肠的周围，外围是由少数细胞产生的一薄层围肾膜（perinephric membrane），这部分马氏管称隐肾管。在隐肾管与直肠之间还有围膜相间隔。围膜与马氏管之间形成周隙（perirectal space）。围肾膜内鞘中有管壁细胞特化成的薄膈细胞，扩展成珠泡状薄膈结构，成为围肾膜上可渗透的部位（图3-34）。围肾膜的其余部分是不透水的，但血淋巴中的K^+能从薄膈处主动进入隐肾管，使管腔内形成高渗区。直肠腔中的水即可经周隙扩散进入马氏管管腔，最后在马氏管基段经重吸收回到血淋巴。

二、尿的组分与产生

昆虫通过马氏管-后肠系统排出的尿，是既复杂又多变的物质，其组成包括3部分：①含氮、硫和磷的有机代谢物，其中以氮素代谢物为最多；②食料中多余的水分和盐分，以及为了保持血淋巴渗透压和稳定pH必须除去的某些物质；③代谢过程中形成的色素或体内无法处理的物质。这些物质大部分由马氏管分泌，仅少数由肠道分泌，最后都经直肠随粪便一起排出。排泄液的产生有超滤和主动转运（包括主动分泌和重吸收）两个过程。

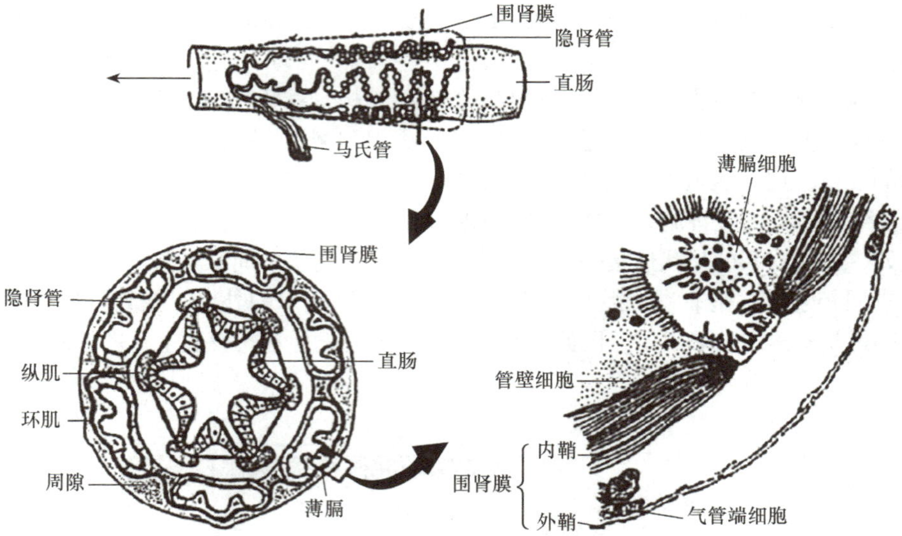

图3-34 黄粉虫的隐肾复合体（仿Grimstone et al.，1968）

（一）原尿的形成

原尿（primary urine）又称马氏管液，是一种血淋巴的过滤物。它最初形成于马氏管的端段，有的呈透明的溶液状，如吸血昆虫的原尿；有的则呈黏稠或乳浊状，如鳞翅目昆虫的蛹粪。原尿与血淋巴几乎是等渗的，但离子组成不同。在大多数昆虫中，原尿含有高浓度的K^+（其浓度至少为血淋巴的6倍）和低浓度的Na^+；Cl^-浓度与血淋巴相似，其他离子较少。由于原尿液中含有较多的阳离子，其电位往往高于血淋巴20～30mV。因此，尿酸盐、生物碱及Mg^{2+}和SO_4^{2-}等离子进入管腔都是逆电化学梯度运输的。还有一些溶质（如糖、氨基酸）则通过胞间途径直接进入管腔（图3-35）。

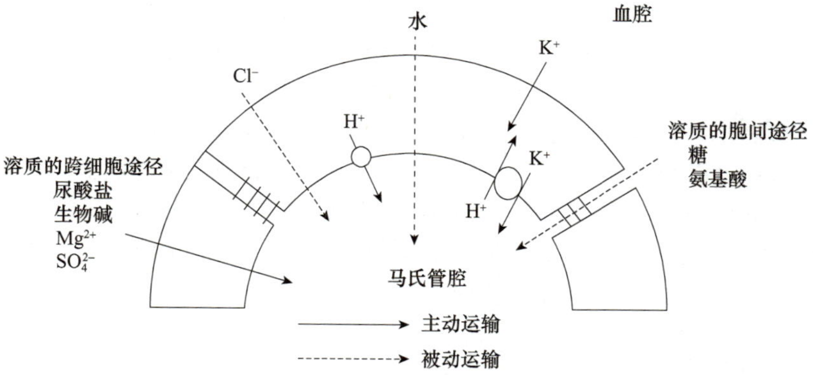

图3-35 原尿的形成示意图（引自Maddrell and O'Donnell，1992）

箭头示水进入管腔和溶质的跨细胞及侧细胞转运途径，○为质子泵

在所有昆虫中，阳离子的主动运输是原尿产生的基础，也是原尿液流的动力。阳离子的主动运输，通常以K^+为主，促进水从血淋巴进入马氏管。马氏管主细胞顶膜上的H^+-ATP酶质子泵被激活后，首先主动分泌H^+进入管腔，然后细胞内的K^+、Na^+与管腔中的H^+进行交换而进

入管腔。Cl^-跟随K^+的移动被动扩散进入管腔，从而降低电位梯度。水携带溶质（尿酸盐、单糖、氨基酸及一些生物碱和植物次生物质）也跟随离子通过细胞膜进入管腔，从而降低渗透梯度。这样就形成了含有代谢废物、毒物和某些有用物质的原尿。

（二）原尿到尿的改性过程

原尿形成后，其中某些物质的重吸收（reabsorption）称为原尿的改性。这一过程发生在马氏管基段和后肠中。

1. 马氏管基段的重吸收作用 在一些昆虫中，重吸收作用主要发生在马氏管的基段，如吸血蝽对K^+、Na^+、Cl^-和水的重吸收。重吸收的同时，管内形成尿酸沉淀。除离子外，有用的有机化合物也从原尿中得到回收。

马氏管的基段呈酸性，端段呈微碱性，说明尿酸可能是以尿酸氢钾或尿酸氢钠溶液分泌到马氏管内的（图3-36）。当含有尿酸氢钾或尿酸氢钠的溶液从端段进入马氏管后，在管腔内向基段逐渐移动的过程中与原尿中的二氧化碳相结合，生成碳酸氢钾或碳酸氢钠和游离的尿酸。由于马氏管基部的管壁细胞具有吸水能力，可将水分重新吸收，使溶于水中的碳酸氢钾（碳酸氢钠）与水分一起被吸收回血淋巴。这样，不溶于水的尿酸从尿液中以晶体状态析出。由马氏管基段进入血淋巴的碳酸氢钾（碳酸氢钠）再次与尿酸相遇，形成尿酸氢钾（或尿酸氢钠），被马氏管的端段吸收进入管腔。由此可见，在排泄过程中，一定量的水分和碳酸氢钾（碳酸氢钠）在不断地从血淋巴内移走尿酸，使血淋巴中的尿酸保持在一定的水平，而管腔内的水分和碳酸氢钾（碳酸氢钠）得以循环利用。

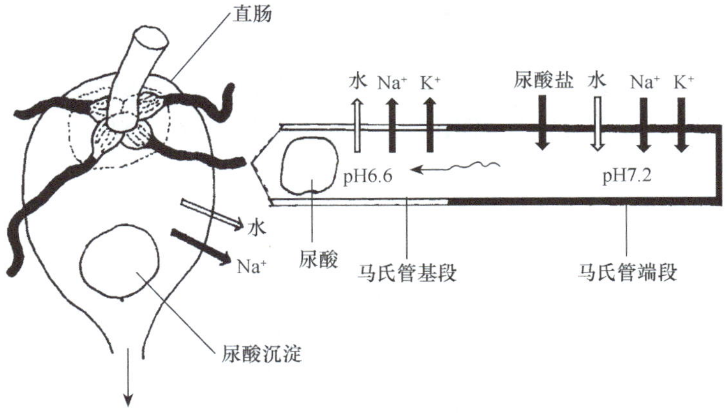

图3-36 昆虫马氏管尿酸排泄和沉积模式图（仿Chapman，1982）
实心箭头为主动运输，空心箭头为被动运输

2. 回肠的重吸收作用 一些昆虫的回肠也能进行部分重吸收。在沙漠蝗中，回肠对Na^+、Cl^-和水进行主动重吸收，其动力来自生电的Cl^-泵。心侧体分泌的一种离子转运肽能刺激Na^+、Cl^-和水的重吸收，并且通过电偶联促进K^+的重吸收；回肠将H^+分泌到肠腔，促进NH_4^+的形成和HCO_3^-的重吸收，并且调节酸碱平衡；原尿中存在的丙氨酸、天冬氨酸、谷氨酸、丝氨酸和脯氨酸等也被肠壁细胞重新吸收，并经代谢后产生ATP，为主动吸收提供能量。这些氨基酸代谢产生的氨，大约有80%被运进肠腔，并以铵盐的形式进行排泄。

3. 直肠的重吸收作用 直肠是离子、水分和营养物质重吸收的主要部位。通过重吸收最终产生浓缩的高渗排泄物。心侧体分泌的氯转运激素作用于肠壁细胞的Cl^-泵，促进Cl^-的主动重吸收，K^+则随Cl^-进入血淋巴，产生横跨肠壁细胞的渗透压梯度，水和其中一些溶质沿渗透压梯度也进入血淋巴中。由于水的重吸收，直肠中排泄物内水分减少，甚至十分干燥，这也是昆虫对于干燥环境的一种适应机制。

（三）含氮代谢物的排泄

昆虫除了贮存必需氨基酸及代谢非必需氨基酸以外，必须排泄过剩的蛋白质或核酸等代谢废物。大多数昆虫排泄的含氮代谢物主要是尿酸。另外，还有脲、尿囊素、尿囊酸和氨。在某些昆虫的尿中，还有黄嘌呤、次黄嘌呤、蝶啶、色氨酸衍生物、肌酸、肌酸苷及蛋白质。以尿酸的形式排泄含氮废物，对生活在干燥环境中的储藏物昆虫具有重要的意义。由于尿酸不溶于水，尿酸分子中所含氢原子比尿素、尿囊酸、尿囊素都少，因而以尿酸的形式进行排泄可减少水分流失。鸟类的含氮废物也是以尿酸的形式排泄，而哺乳动物则是以尿素的形式排泄。尿素在排泄过程中需要大量的水分进行溶解。

三、其他排泄方式

昆虫除了马氏管-后肠系统的基本排泄形式外，围心细胞（肾细胞）、蜚蠊的雄性附性腺等都参与代谢物的排泄，脂肪体和体壁也能贮存含氮废物，执行特殊的贮存排泄功能。

（一）围心细胞

围心细胞（pericardial cell）起源于中胚层，主要排列在心脏的表面或分散在背膈和心翼肌的表面。围心细胞的周缘质膜内褶成复杂的网状结构。细胞内有很多线粒体、高度发达的囊泡、微管、致密体和溶酶体。围心细胞可以从血淋巴中吸取直径在1.6～2.0nm的胶体状颗粒，而这些物质不能被马氏管吸收，其中包括很多染料或色素颗粒。蜚蠊的围心细胞在吲哚乙酸的刺激下，能产生吞噬反应。进入围心细胞内的物质，有的贮存在细胞内，而蛋白质则被降解成氨基酸，然后再释放到血淋巴中。

（二）大囊胞体

蜚蠊雄性附性腺的一部分称大囊胞体（utriculi majores），腺体内充满尿酸。雄虫交配时，将精包送进雌虫交配囊后，在精包上分泌大量来自大囊胞体的尿酸。当精子从精包释出以后，雌虫将精包壳卸下，并把它吞吃掉。从雄虫大囊胞体中的大量尿酸来看，这是一种排泄行为；但从雌虫吞吃来看，雄虫为卵子发育提供了养料。

（三）中肠

中肠在绝大多数昆虫体内不是排泄器官，但在某些种类中，它也具有一定的排泄功能。取食含有高K^+食物的鳞翅目幼虫，通过肠壁杯状细胞分泌K^+，调整血淋巴中K^+的含量，使它保持在适当的水平上。

（四）贮存排泄

贮存排泄（storage excretion）是昆虫将暂时不需要的或超过正常需要量的物质，保存在某些器官中的一种策略。这些物质分为两类：一类是代谢产生的废物，它以无毒的形式被永久封存在体内而不随尿排出；另一类只是短期内留存的物质，到一定时期（如蜕皮或卵孵化）被排出体外。例如，鳞翅目幼虫在化蛹前将尿酸存入脂肪体中，化蛹时再转移到马氏管，在羽化时以尿的形式排出体外。在脂肪体内，经常贮存有尿酸的钾盐或钠盐结晶，形成特殊的尿酸盐细胞，有的是永久贮存的，有的是流动贮存的，一旦营养不足，可以再度利用，其实质是一种代谢贮存。例如，蜚蠊虽有马氏管，但其中无尿酸，当食物中含有充足的含氮物质时，代谢产生的尿酸就贮存在脂肪体内，反之就减少贮存。

在所有昆虫的胚胎发育期间及在全变态昆虫的蛹期，无法进行排泄时，都会发生含氮代谢产物的贮存。在鳞翅目幼虫蜕皮期间，尿酸积蓄在真皮细胞中。

第七节 神经生理与感觉器官

神经系统（nervous system）是昆虫机体的主要调节机构。神经系统全面调节体内各器官和组织及其生理过程，使其适应体内外环境的变化，维持生命活动的正常进行。昆虫的神经系统由外胚层的一部分细胞特化而成，属腹神经索型，是环节动物和节肢动物特有的形式。神经系统包括脑和一系列神经节，其神经节数目、神经分布与走向因昆虫种类而异（图3-37）。

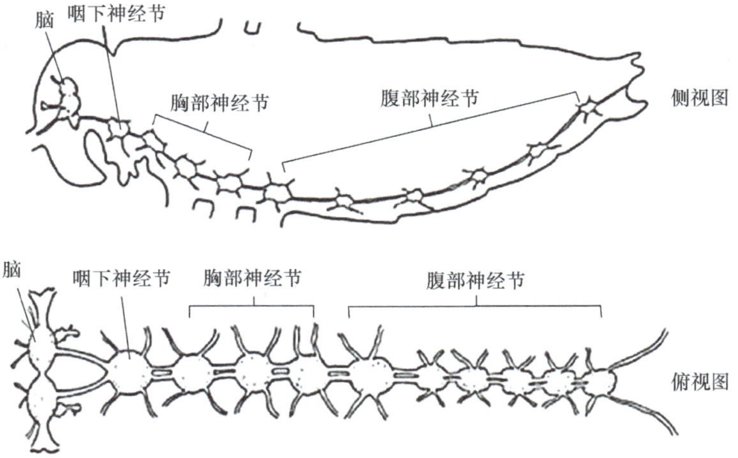

图3-37 昆虫的腹神经索型神经系统

一、神经系统的基本结构

神经系统由神经细胞和胶细胞两部分组成。神经细胞是可兴奋的，具有产生、传导和综合神经兴奋与神经信息的功能，但不能离开胶细胞对它的支持、保护和滋养。

（一）神经细胞与胶细胞

1. 神经细胞

1）神经细胞的基本结构　神经细胞（nerve cell）通常称为神经元（neuron），是构成神经系统的基本单元。神经细胞在形态上和其他组织的细胞极不相同，是具有突起的细胞，即由细胞体和细胞突起构成（图3-38）。

细胞体又称胞体（soma）或核周质（perikaryon）。细胞体的结构与一般细胞相似，由细胞核、细胞质和细胞膜构成，是神经元代谢与营养的中心。胞体中心有一个细胞核。细胞膜具有

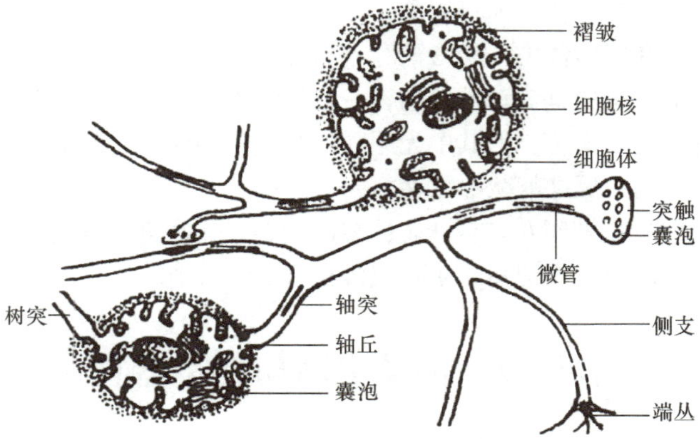

图3-38 神经元的结构（仿王荫长，2004）

发达的内陷，形成很多褶皱，增加了细胞膜表面积。由胶细胞提供的营养物质，可沿褶皱深入胞体内部。

胞体的突起极度延长成为神经突（neurite），又称神经纤维。神经突是神经兴奋和传导的功能区，在细胞膜上有很多选择性离子通道，构成了神经电位产生和神经兴奋传导的生理基础。神经突分为两种，一种是树枝状突起，称为树突（dendrite），其功能是接收信号；另一种是细长的单突，称为轴突（axon），其功能是输出信号。轴突上分出的短支称为侧支。神经突的端部形成很多的细小分支称为端丛（terminal arborization）。神经突之间依靠端丛之间形成的突触接收或输出信号。神经突与胞体连接部位一般直径较细，称为轴丘（axon hillock）。

2）神经细胞的类型

a. 按神经细胞的形态分类。根据神经元胞体上神经突着生的形式可分为单极神经元、双极神经元和多极神经元3种（图3-39）。

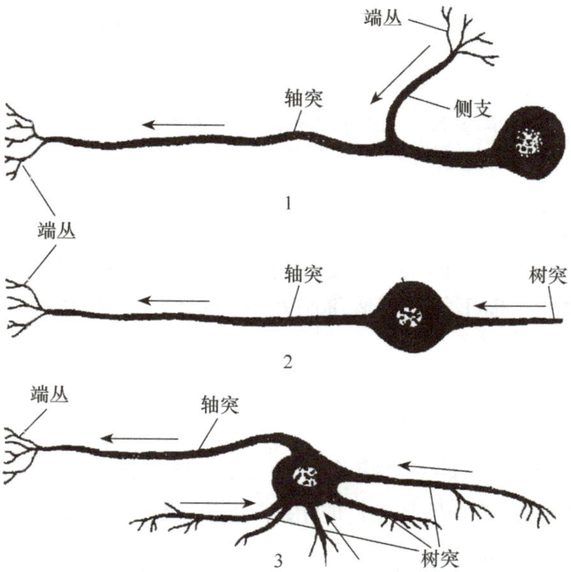

图3-39 神经元的类型（仿Chapman，1982）

1. 运动神经元（单极）；2. 感觉神经元（双极）；3. 感觉神经元（多极）；箭头示神经冲动的传导方向

单极神经元（unipolar neuron）：只有一个轴突，在轴突上常有侧支。

双极神经元（bipolar neuron）：从细胞体的两端各伸出一个突起，其中树突端与感受器相连，轴突端伸入中枢神经系统。

多极神经元（multipolar neuron）：从细胞体伸出多个突起，其中一个为轴突，其余为树突，树突至少有2个分支，分布在真皮细胞层、体壁肌或内脏肌上；轴突伸入相应的神经节内。

b. 按神经细胞的功能分类。根据神经元的功能可将其分为感觉神经元、运动神经元、联络神经元和神经分泌细胞4种。

感觉神经元（sensory neuron）：又称传入神经元，传导体表或体内感受器发放的神经冲动到中枢神经系统，另有一些位于体内内脏肌或腺体上，常为多极或双极神经元。树突相对较短，深入各种感受器中，将不同信息转化为神经电脉冲，并通过轴突将电脉冲传入脑或神经节。其轴突叫作感觉神经纤维或传入神经纤维。

运动神经元（motor neuron）：又称传出神经元，是将中枢神经系统的神经冲动（命令信息）传至效应器的神经元，其细胞体常位于神经节的周围，多为单极神经元。其轴突达到各种运动效应器，控制足的运动和翅的飞行，因此叫作运动神经纤维或传出神经纤维。

联络神经元（association neuron）：又称中间神经元，位于脑或神经节内的周缘，起神经之间的联系作用，为单极神经元。常以其侧支和轴突分别与感觉神经元和运动神经元构成突触，或以其侧支和轴突通过神经索或神经链锁与距离较远的感觉神经元或运动神经元联系起来，起联系作用。神经的会聚、信息的编码和整合，大多依靠联络神经元来完成。大量的联络神经元形成脑和神经节中的神经髓。

神经分泌细胞（neurosecretory cell）：神经细胞特化成具有分泌作用的细胞。这种细胞广泛分布于脑的一定区域和神经索的所有神经节内，有些可分泌激素。

2. 胶细胞 神经胶细胞（glial cell）是神经系统中除神经元以外的另一个重要组成部分，其数量远超过神经元，它包围神经元的胞体和轴突。直径大于1μm的大轴突，外周均有单独的胶细胞层，做卷筒状包裹；较小的轴突，则成束地被包在一个腔内。胶细胞在神经轴突外形成多层的胶细胞褶（glial fold），其不是全封闭的，并与神经细胞或轴突间保持一定的膜隙。胶细胞在轴突外形成的多层膜结构称轴突系膜（图3-40）。

在昆虫神经元中，除突触连接处外，几乎所有神经元的胞体和轴突都在胶细胞的包围之中。在神经节中，胶细胞形成3个层次。中心位置的为内层胶细胞，以大量的细胞质突起包围大轴突。在其外围，包围神经元胞体和小轴突的为外层胶细胞，有明显的胶细胞体和胞间空腔。神经节的最外侧由单层胶细胞排列形成，并向外分泌出神经围膜（neural lamella），由大量黏多糖和黏蛋白形成纤丝，与表面平行排列或成无定向结构。神经围膜对神经纤维既具有屏障和支撑作用，又赋予神经组织一定的弹性，保护神经轴突不受挤压或摩擦。胶细胞不但以各种形式包围着神经节和内部的神经细胞，而且胶细胞之间以桥粒、间隙连接和紧密连接3种方式相互连接在一起，构成对离子有选择性通透作用的血-脑屏障（hemolymph-brain barrier），保证神经细胞在进行电传导时不受血淋巴中化学物质和离子变动的干扰（图3-40）。

在胶细胞与胶细胞之间，或胶细胞与神经元之间，都是通过细胞膜上的离子通道及Na^+/K^+泵与围膜外血淋巴以及轴突系膜进行物质交流和保持离子平衡。

胶细胞也是神经系统的营养供应者。由于神经元不与血淋巴直接接触，无论脑或任何神经节中都不存在血淋巴循环，神经元的营养都通过胶细胞获得。胶细胞以大量突起与神经元接

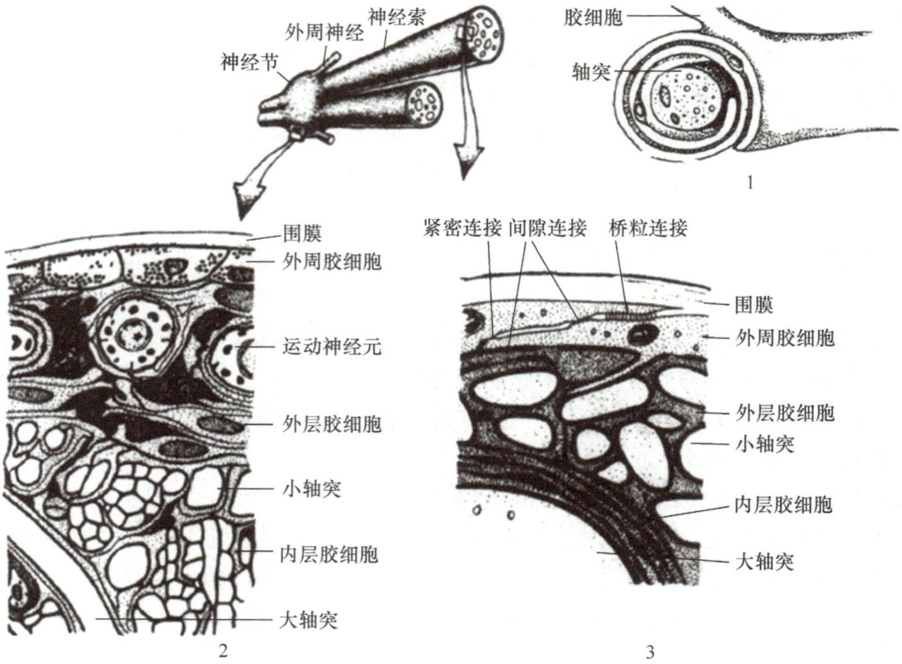

图3-40　神经系统中的胶细胞（仿王荫长，2004）

1．胶细胞在神经轴突外形成的轴突系膜；2．腹部神经节中的胶细胞；3．神经索中的胶细胞

触，而且深入胞体四周的褶皱中，为神经元提供糖原等各种营养需要，或代谢和吸收某些神经递质。

（二）脑与体神经节

脑和体神经节构成中枢神经系统的主体，两者都是神经元和胶细胞的集合体。由大量的运动神经元、联络神经元和部分感觉神经突聚合而成，并形成多个成对的神经髓（neuropil）。来自体神经节中的许多轴突也进入脑髓部，以接受脑中枢的整合与指挥。大量神经分泌细胞着生在脑的间部，并以神经突伸入心侧体和咽侧体，向血淋巴释放神经分泌物，由此构成神经血器官（neurohaemal organ）。

1．脑　脑通常位于咽喉的背面，由咽喉或食道下两侧的围咽神经链索连接，向后与咽下神经节（subesophageal ganglion）相连，因此脑也称为咽上神经节（supraesophageal ganglion）。昆虫的脑可分为前脑、中脑和后脑（图3-41）。

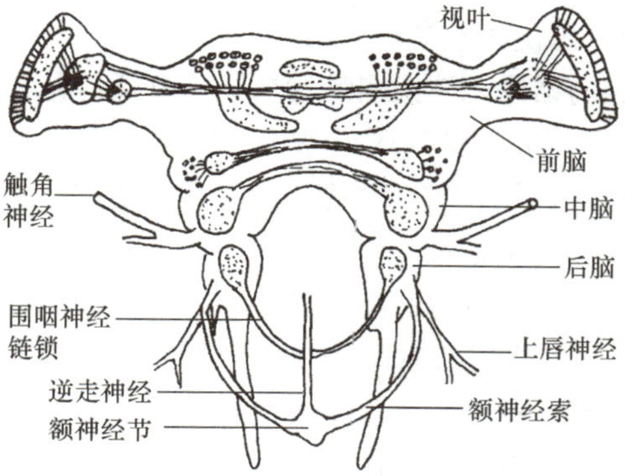

图3-41　昆虫脑的剖面（仿Sondgrass，1935）

前脑是昆虫视觉的中心。两侧有突出的视叶，视叶中含有几个神经髓区用来处理视觉信息（包括由单眼神经传入的信息）。储藏物昆虫由于长期生活在光线较暗的室内，故视叶不发达。有背单眼的幼虫前脑着生着与背单眼数目相同的单眼柄。

中脑是昆虫嗅觉的中心。两侧有膨大的中脑叶，接受和处理来自触角的感觉神经元输入的信息，传入触角叶，并由运动神经元向触角肌肉发送运动信息。

后脑不发达，由此发出通至上唇和前肠的神经。后脑通过额神经索与额神经节相连，而额神经节发出的逆走神经与脑下（后头）神经节和嗉囊神经节相连。

2. 体神经节 体神经节（ganglion）呈卵圆形或多角形，前后端各有2根神经索与邻近的神经节相连，构成腹神经索。神经节由很多神经细胞体和神经纤维集合而成，主要包括神经节内或神经节间联络神经元的细胞体、轴突、侧支与端丛，运动神经元及其纤维，中神经的感觉神经纤维和感觉神经元的轴突及端丛。神经细胞体都位于神经节内缘四周，轴突、侧支与端丛等神经纤维位于中央，形成紧密的神经纤维网络，起联系协调作用。

每个体神经节的两侧各有2～3根侧神经。神经由成束的神经纤维（轴突）集合而成。每根侧神经内有2根神经，分别称为背根和腹根。背根中有运动神经纤维，其细胞体及其侧支的树突则在神经节背根区，并与联络神经元的端丛形成突触。腹根中有感觉神经纤维，其端丛则与神经节腹根区的联络神经元的树突形成突触。

二、神经系统的组成与功能

昆虫的神经系统在解剖学上可分为中枢神经系统、交感神经系统和外围神经系统3个子系统。

（一）中枢神经系统

中枢神经系统（central nervous system，CNS）包括脑和腹神经索。腹神经索包括咽下神经节、胸部和腹部的一连串神经节及与之相连的神经索、神经链锁。

脑是昆虫接受外界信息并发出行为指令的中心，同时产生大量神经激素调控昆虫的生长发育和代谢。

咽下神经节（suboesophageal ganglion），又称食道下神经节，位于头部咽喉之下。由颚头节3对神经节合并而成，是腹神经索的第1个复合神经节，由此发出的主要神经分别通至上颚、下颚、下唇、舌、唾液管等处，是口器附肢的神经中心。

比较低等的昆虫和全变态昆虫的幼虫有3对胸神经节和8对腹神经节，最后1对神经节至少由3对神经节合并而成，因而叫作复合神经节（terminal abdominal ganglion，TAG）。在较高等的昆虫中，每个体节成对的神经节，常常向中央移动合并为1个神经节，神经链锁消失，后端的神经节有向前合并的现象。每个神经节的两侧各发出2～3条侧神经，前后各有2根神经索连接前后神经节。胸神经节发出的侧神经通至飞翔肌及足肌，是运动的神经中心。腹神经节的侧神经主要分布到各体节的体壁肌、气门肌、内脏肌等处，而复合神经节的侧神经分布到本节及其后几节的肌肉层、感觉器官和内脏器官。

（二）交感神经系统

昆虫的交感神经系统（sympathetic nervous system）与中枢神经系统的分工没有哺乳动物那样明显。根据交感神经系统所联系的器官不同，可将其区分为口道交感神经系统、中神经和复合神经节三大部分。

1. 口道交感神经系统 口道交感神经系统包括额神经节、后头神经节和位于前肠上的神经节（如嗉囊神经节）及由这些神经节所发出的神经，主要控制口器、前肠和背血管的动作。额神经节位于脑前方咽的背面，以额神经索与后脑相连，同时延伸出一根逆走神经（回神

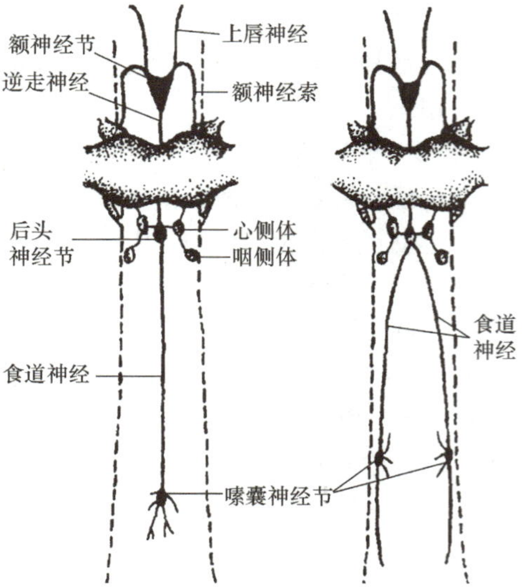

图3-42 口道交感神经的两种类型
（仿忻介六等，1985）

经），向后通过脑和背血管的下方，与后头神经节和嗉囊神经节相连。后头神经节既有神经与脑相连，又有逆走神经与额神经节相连，还有很多神经分支通至心侧体、咽侧体、食道、嗉囊及中肠前端（图3-42），而心侧体、咽侧体是脑激素的储存器，咽侧体又可分泌保幼激素。可见，口道交感神经系统与昆虫的生长发育、蜕皮、变态及生殖有密切的关系。

2．中神经 中神经普遍存在于幼虫体内，在其他虫态中看不到。中神经位于腹神经索的两神经索之间，起源于前一神经节。中神经向后延伸至中途，常分出1对侧神经到附近的气管、气门和气门闭肌上，控制气门的生理活动。没有中神经存在的虫种或虫态，气门肌由体神经节发出的侧神经控制。

3．复合神经节 复合神经节是腹神经索中的最后1个神经节，由之发出的神经分布于后肠、生殖器官、气门、尾须等部位，是控制后肠、生殖器官及其交尾活动的神经中心。

（三）外围神经系统

除中枢神经系统和交感神经系统以外，分布于虫体体壁真皮细胞层内或细胞层下、消化道壁、背血管等处的感觉神经元和分布于体壁肌上的运动神经末梢等组成的网络都属于外围神经系统（peripheral nervous system）。其作用是将昆虫感受到的内部和外部环境的各种信息传递到中枢神经系统，并将中枢神经系统的信息传递到相应的效应器。

三、神经元对刺激反应的生理基础

神经元对刺激做出的反应，都由神经的生理活动完成。这种活动又是依靠神经轴突膜内外的Na^+和K^+的瞬时变化而驱动的。因此，要了解神经系统的功能，首先要了解神经元，特别是神经突的结构及其功能。

（一）膜离子通道

神经轴突的离子通道（ion channel）是神经元双层脂膜上的跨膜蛋白，对离子通透具有高度选择性。通道的开关可以改变细胞膜内外的离子浓度和细胞膜电位，从而引发动作电位，触发细胞许多重要的生理过程。按照通道对电位的引发方式，神经轴突的离子通道分为电压门控通道和化学门控通道两大类。

1．电压门控通道 电压门控通道（voltage-gated channel）又称电压门控性离子通道，其开关由轴突膜电位控制。当膜电压发生变化时，能迅速做出反应，从而开启或关闭通道，造成膜内外离子浓度的改变，激发出轴突的动作电位。常见的有Na^+通道、K^+通道、Ca^{2+}通道和Cl^-通道。

2．化学门控通道 化学门控通道（chemically gated ion channel）又称为配体门控通道

（ligand-gated channel）。这类通道位于突触后膜上，由突触前膜释放神经递质，作为配体，作用于突触后膜上的受体。当受体与配体结合，启动突触后电位或肌肉的终板电位。在昆虫中，配体门控通道中与神经递质偶联的有乙酰胆碱受体、γ-氨基丁酸受体和谷氨酸受体等。

（二）突触传导

突触（synapse）是一个神经元与另一个神经元或肌细胞之间相互传递信息的连接点。一般由输出信息的轴突形成突触前膜，由接受信息的树突形成后膜。前膜和后膜之间有一均匀裂隙，宽20～50nm，称为突触间隙。输出信息神经元的神经纤维末端膨大呈囊状，称为突触小囊。在突触小囊内有许多线粒体和突触小泡。小泡直径20～60μm，内含神经递质。前膜以囊泡形式释放神经递质。当递质通过间隙与后膜或肌肉上受体结合时，后膜产生兴奋性或抑制性电位，即完成突触传导（synaptic transmission）。

昆虫的突触传导，根据其神经递质与受体的不同，以及产生的极化作用不同，分为兴奋性突触和抑制性突触两大类。

1. 兴奋性突触 兴奋性突触是昆虫中枢神经系统中一种重要的突触，大多以乙酰胆碱为神经递质。该类突触主要包括突触前膜内的乙酰胆碱（acetylcholine，Ach）及其小泡、合成Ach的胆碱转移酶，突触间隙或突出后膜皱褶中降解Ach的乙酰胆碱酯酶（acetylcholine esterase，AchE）和突触后膜的乙酰胆碱受体（acetylcholine receptor，AchR）及通道。每当一次神经冲动传导至突触前膜时，Ach从突触小泡中释放出来，经扩散作用进入突触间隙，作用于突触后膜上的AchR，Na^+通道打开，并达到一定量时，产生兴奋性突触后电位，从产生位点向下传递并逐渐衰减。如果刺激足以达到阈值，兴奋可以扩散到轴丘并引发峰电位（图3-43）。每次神经冲动释放的Ach引起突触后神经兴奋后，在1～2ms便迅速被AchE水解成为乙酸（Ac）和胆碱（Ch），然后被突触前膜吸收，作为重新合成Ach的原料。所以，一次兴奋仅起一次作用。

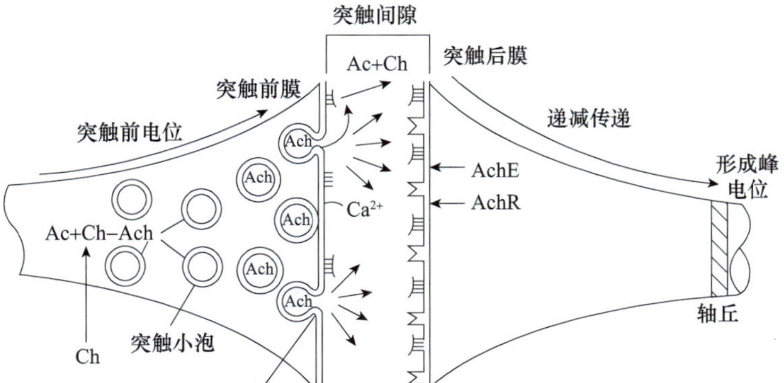

图3-43 胆碱能神经突触的传导机理（仿白旭光，2008）

2. 抑制性突触 抑制性突触和兴奋性突触相反，它引起Cl^-通道开放，使大量Cl^-进入突触后膜内产生超极化而抑制动作电位的产生。前膜释放的神经递质是γ-氨基丁酸（γ-aminobutyric acid，GABA），后膜的受体是GABA受体。

四、神经的电活动

神经系统的功能都是通过神经突和突触形成的神经网络来完成的。感觉神经元和运动神经元之间的反射动作，仅仅是最简单的例子。昆虫的许多行为和动作，在长期演化过程中已形成复杂的模式发生器，也就是神经调控程序。但不管它们的行为如何高级，都离不开神经系统最基本的电活动。

（一）反射弧

神经系统实现调节机能的基本方式是反射活动，它通过神经系统各个组成部分以及有关神经元的共同活动来完成，即通过感受器接受体内外环境的各种变化（刺激），并把刺激的能量转化为神经冲动，经传入神经传至中枢神经系统，经过中枢神经系统的分析综合作用，将信息沿传出神经传至效应器，以支配和调节各器官的活动。在中枢神经系统的参与下，机体对体内外环境的刺激做出规律性的反应称为反射（reflex）。进行反射活动的结构基础称为反射弧（reflex arc），一个最简单的反射弧由感受器、传入神经、中枢神经、传出神经和效应器5部分组成（图3-44）。反射弧的任何一部分受到破坏，反射活动都不能完成。

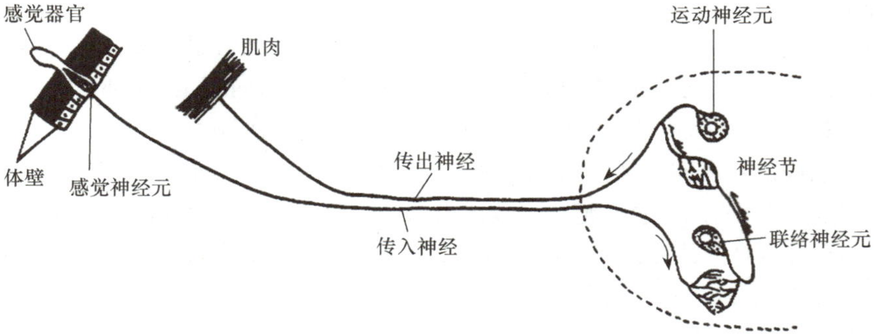

图3-44　神经系统的一个反射弧（仿Richards and Davies，1977）
箭头示神经冲动传导方向

（二）神经系统的电活动

神经电生理的基础是神经元跨膜电位的变化。当接受刺激时，电压门控通道和化学门控通道对离子的通透性发生变化，由此形成电位变化。这种电位变化往往先是分级电位，继而引发动作电位，从而将刺激传递下去。神经系统中的电活动是从不停息的，即使在没有刺激的时候，神经元通常也存在极微弱的电流，由此形成神经的本底电位。这种由膜电位产生的被动或自发的脉冲称为神经电紧张（electrotonus）。始终处于电紧张状态下的神经轴突，极易引发动作电位。

在每个神经突上，往往有1个或几个受体区域，由此感觉神经元产生电活动，并传递给联络神经元。在上述各种情况下，刺激都可被转换和放大而形成受体电位（receptor potential）。由此扩展到神经元的峰电位发生区，引起一个局部电位（local potential），如果达到阈值，就会产生1个或多个峰电位。

（三）静息电位

在静息状态下，神经细胞膜外面任意两点间的电位都是相等的。但在膜内和膜外却存在着明显的电位差，即膜内为负，膜外为正（图3-45）。这种在静息状态下神经细胞膜内外两侧存在的电位差称为跨膜静息电位，简称静息电位（resting potential）；这种膜外为正膜内为负的状

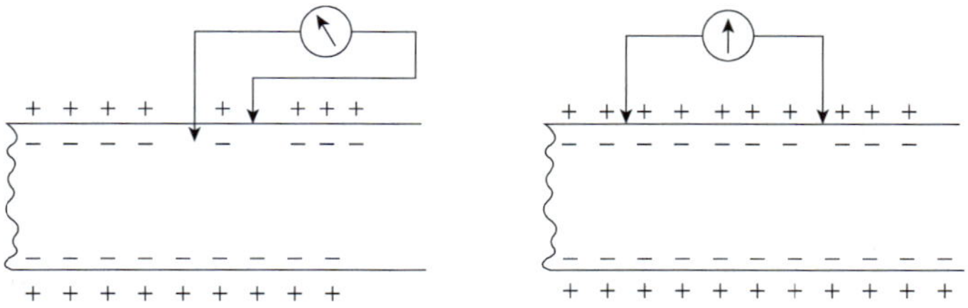

图3-45 神经轴突的静息电位(仿南开大学等,1980)
1. 膜内外有电位差,呈极化状态;2. 膜外各点无电位差

态,称为极化(polarization)状态。

在静息状态下,神经膜内外为什么会出现静息电位呢?其原因可通过物理化学原理来解释。

在静息状态下,神经纤维膜内的K^+浓度高,Na^+浓度低,而在膜外K^+浓度和Na^+浓度则恰好相反。此外,在膜内还有较高浓度的不能通过膜的负离子,膜外有较高浓度的Cl^-。在静息状态下,细胞膜对Na^+和带电荷的蛋白质大分子几乎没有通透性,对K^+和Cl^-有通透性。K^+顺着浓度梯度从膜内向膜外扩散,从而增加了膜外的正电荷。随着K^+的不断扩散,膜内的负离子也有向外扩散的倾向,但由于膜的选择通透性,负离子在膜内表面积聚,对K^+的外流起到一种限制作用。K^+外流使膜内电荷较负,膜外较正;K^+外流越多,膜内外的电位差就越大。但达到一定程度时,由于膜外正电荷的排斥,膜内负电荷的吸引,K^+外流停止。这样,膜内外的电位差也稳定在一定水平不再增加。因此,静息电位实际上就是K^+的平衡电位。

(四)分级电位

分级电位(graded potential)是神经元接受外界刺激而产生的原发性膜电位,因此也是神经元产生的一类非常重要的反应。分级电位的大小与刺激强度成正比。在传递过程中由于组织的阻抗作用,会逐渐衰减。和峰电位的1～3ms的发生时间相比,分级电位的上升和下降都很缓慢。因此,分级电位又称慢电位。分级电位经常以发生部位来命名,如突触电位、受体电位等。分级电位不能远距离传播,常局限于发生部位的附近。

(五)动作电位

神经元产生的分级电位,可在轴丘处引发出可传导性的电位变化称为神经动作电位(action potential)或峰电位(spike)。电位发生时其上升相即Na^+大量进入膜内的时期,下降相则相反。当Na^+通透性变化时,K^+和Cl^-等离子也在膜内外发生一连串变化,其间由Na^+活化和失活两个过程组成(图3-46)。

1. Na^+活化过程 当刺激的程度达到神经细胞膜去极化时,神经细胞膜对Na^+的通透性发生改变。由于膜外的Na^+浓度极高,膜内电位较膜外为负,发生兴奋后膜外体液中的Na^+立即涌入膜内,致使膜外电位迅速下降,膜内电位迅速上升,膜内外的电位差减小,这一过程称为去极化(depolarization)。极少量的Na^+流入膜内,即可使神经细胞膜去极化。在这种情况下,轴突系膜内的Na^+浓度几乎不会出现明显变化。在动作电位产生的过程中,Na^+内流使膜电位上升达到零电位后,再发展下去,不但膜内外原有的电位差消失,进而出现膜外电位较负、膜内电位较正的状态,这个过程称为超射(overshoot)。动作电位的大小是指去极化达到峰值的电位。

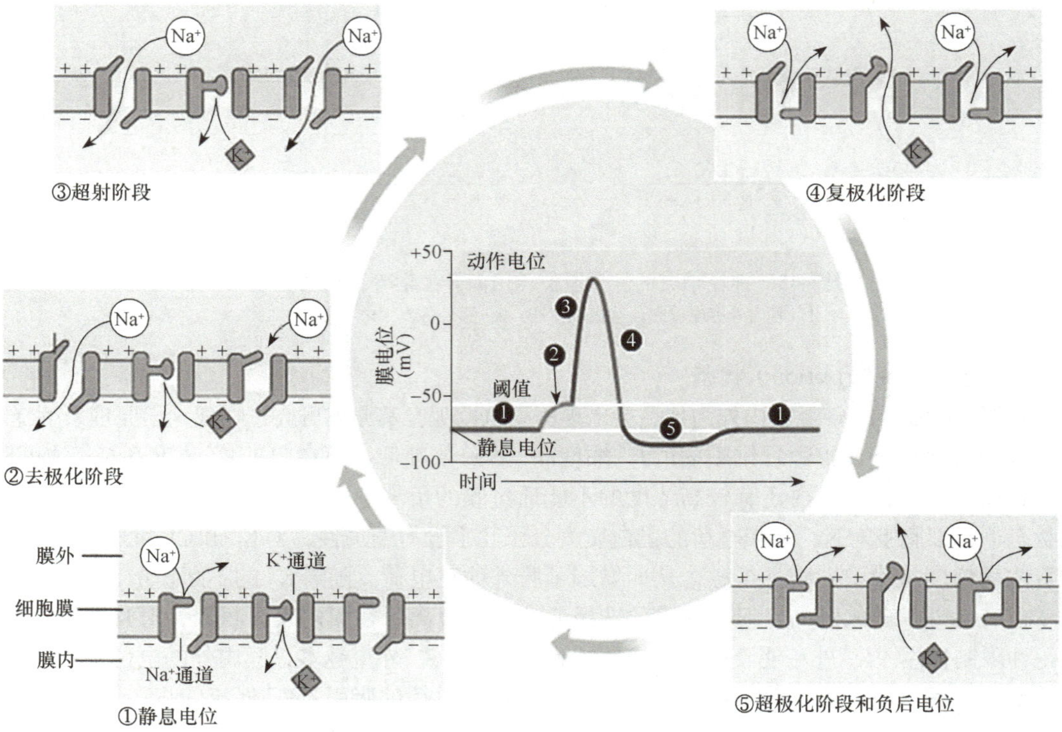

图3-46　动作电位发生过程的示意图（引自www.chegg.com/）

在动作电位的峰期内，再给予第2个刺激，不能引发第2个动作电位，这一时期称为不应期（refractory period），包括绝对不应期和相对不应期。当动作电位的高峰终结时，Na^+通道处于失活状态，不管多强的刺激都不能引发第2个动作电位，称绝对不应期，因此，第1个刺激后1～2ms内再给予第2个刺激不会引起轴突的反应。几个毫秒的绝对不应期后，一部分Na^+通道由失活恢复到活化状态，这时，若提高刺激强度，可能引发一个动作电位，因此称为相对不应期。虽然绝对不应期和相对不应期都很短，但它限定了一个神经元在单位时间内传导神经冲动的频率，大约为100脉冲/s。

2. Na^+失活和恢复极化　膜的兴奋状态通常是非常短暂的，Na^+通道具有依赖于时间的关闭机制，称为Na^+失活。在Na^+失活期间，Na^+通道是关闭的，膜对Na^+的通透性开始降低，对K^+的通透性有所恢复，K^+外流，动作电位会迅速下降，恢复原来的静息电位，称为复极化（repolarization）。一般情况下，随着动作电位的下降，会变得比静息电位更负，称为正相或正后电位（positive after potential），即膜电位的超极化（hyperpolarization），紧接着出现一个振幅比较低的更缓慢的负后电位（negative after potential）。这是由于轴突膜内随Na^+的流入，K^+大量流出，而Na^+要随着Na^+/K^+泵的启动而被泵出膜外，因此K^+再流入膜内的速度慢而且滞后。这时膜电位主要由向内的Na^+流控制。恢复极化相对于去极化来讲是非常缓慢的，完全恢复需要10ms到几十毫秒。

（六）动作电位的传导

神经轴突内含有的电解质是可以导电的；膜外体液内也含有电解质，同样也具有导电能力。当Na^+进入膜内产生动作电位时，受刺激部位的电位处于内正外负状态，而其他部位则处于内负外正状态。此时，受刺激部位与未受刺激部位便出现电位差并形成局部电流（图3-47）。同时，这局部电流又刺激未兴奋部位，使其产生兴奋，就像外加刺激在最初的刺激部位引起兴奋一样。这个过程在膜上连续进行下去，就表现为动作电流在整个神经细胞内的传导。兴奋之后的膜区域处于相对不应期，很难使这部分膜再次去极化，因此冲动在轴突上只会向前传导，不会返回到刚经过去极化的轴突部分。这就说明了为什么神经传导通常是单向的，而且速度相当迅速。

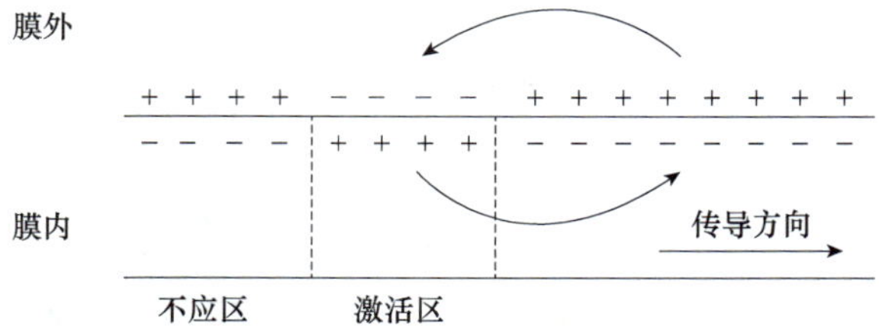

图3-47 轴突的神经传导示意图（仿Nation，2002）

由动作电位形成的电流在神经元中传导有3个特点：①神经纤维如果在中间段受到刺激，这时将有电流同时传向神经纤维的两端。②神经无论受到何种性质的刺激，只要达到一定的程度，它们在同一神经元内所引起的动作电位的波形和变化过程都是一样的，并且在刺激强度超过阈值后，即使再增加刺激强度，也不能使动作电位进一步提高，这一现象称为“全”或“无”现象。因此，动作电位一经引起，就会传遍整个细胞。③任一条神经纤维在传导冲动时，只沿着这一神经纤维本身进行传导，而不波及其他相邻的神经纤维，这种特性称为神经纤维的绝缘性。

五、昆虫的感觉器官

昆虫以多种多样的感受器来感受内外环境的信息。很多复杂的感觉器官，都是以感受器为基本单元组合成的。依其功能可分为机械感受器、化学感受器、视觉感受器等。昆虫体表的感受器（receptor）由接收和感受两部分构成。前者由真皮细胞特化而成，其形态因功能不同而异。感受部分由1个或多个双极感觉神经细胞组成，一端伸入接收装置，另一端直达中枢神经系统，并大多和联络神经元形成突触，复杂的还形成神经髓（如复眼的视叶）。在各种感受器中，神经细胞的轴突都被胶细胞所包围。

（一）机械感受器

机械感受器（mechanoreceptor）的主要功能是检测接触到的物体以及空气、水或基质所产生的振动波，包括感受外界刺激的外感器和感受虫体本身肌肉收缩而产生刺激的内感器。常见的有毛形感受器、钟形感受器、锥形感受器、坛形感受器等。

1. 毛形感受器 毛形感受器（trichoid sensilla）的表皮突起大多为刚毛状，也有的为刺状或鳞片状，分布于虫体的各部位，如触角、足、产卵器、尾须等。在毛基与表皮之间有韧性连接膜，其下方有悬丝等构造，保证感觉毛在受气流的作用时能够活动，并可使感觉神经细胞感受活动的程度和方向（图3-48）。

在大多数毛形感受器中，只有1个神经细胞。其树突分为3段：基段靠近细胞体，内含有大量的线粒体；中段细，称为纤毛区；端段细胞膜富含电子致密物质，神经微管数量很多，形成微管体。鞘细胞包围在神经细胞周围，最内层为鞘原细胞（thecogen cell），包住细胞体和树突基段，其顶端与树突鞘相接；中层为毛原细胞（trichogen cell），其分泌物特化成毛。有些成虫在分泌和形成表皮毛以后，毛原细胞消失；外层为膜原细胞（tormogen cell），分泌的表皮形成感器液腔，液腔的外侧与真皮细胞和内表皮相连。鞘细胞间在顶部均以桥粒连接，其他部位

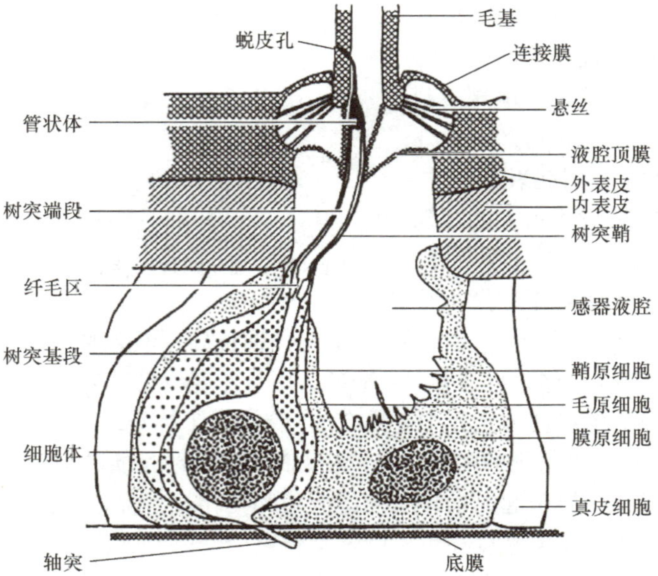

图3-48　毛形机械感受器的结构（仿Chapman，1998）

以间隙连接进行物质交流。鞘原细胞与神经细胞间也以桥粒相连接，但不存在间隙连接。在机械感受器中，包围树突端部的胶细胞形成树突鞘，终止于毛形感受器的中央。在昆虫蜕皮时，树突鞘延伸横跨新旧表皮间，最后从蜕皮孔处断裂。树突鞘保护神经细胞在皮层溶离过程中不被蜕皮液消化，可以行使正常的感觉功能。

外界机械作用，如物体接触、气流和水流产生的压力等都可以引起感触毛弯曲而带动毛基部振动，并进一步牵引其中的神经树突末梢，引起树突膜上的离子通道打开，产生感受器电位，从而将机械能转变为电能。

2. 钟形感受器　钟形感受器（campaniform sensilla）无毛状结构，中心部分多呈钟形或帽形，并陷入表皮的凹陷处。外表皮很薄，内层为片层结构的内表皮，中间还有一海绵层。周围以连接膜与表皮相连，其表皮下细胞的排列与毛形感受器类似。一个树突直接与钟形外表皮相连（图3-49）。这种感受器分布于虫体各部位，如鳞翅目昆虫的翅基、双翅目昆虫的平衡

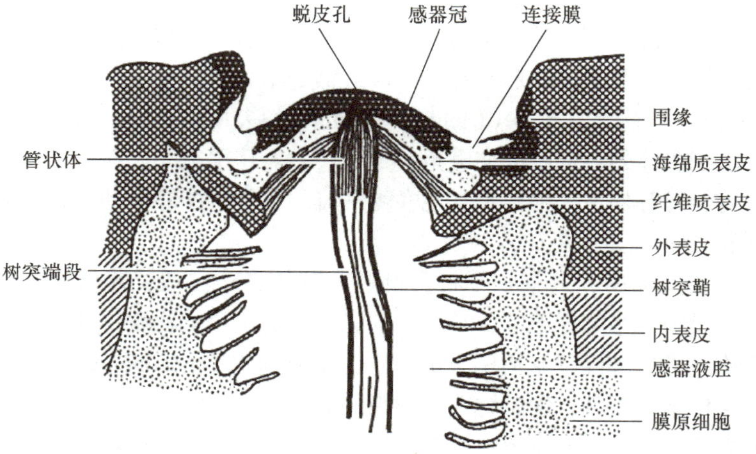

图3-49　钟形机械感受器的结构（仿Chapman，1998）

棒、蜚蠊目昆虫的足上等都有。钟形感受器具本体感受功能，能对钟形表皮凹凸产生的张力进行感受，从而转变为感受器电位。

（二）化学感受器

化学感受器（chemoreceptor）能感受化学刺激。它与昆虫的觅食、求偶、产卵、寻找寄主、选择栖息地等活动有关。化学感受器可分为嗅觉感受器和味觉感受器两类。前者能检测到空气中浓度极低的气态分子，其嗅觉的阈值非常低；后者只能检测液态分子，它必须与之接触才能进行感受，因此味觉感受器又称为接触化学感受器。化学感受器还可分为普通型感受器和专化型感受器两类。普通型感受器能对多种化合物产生反应。专化型感受器只对特定的化合物产生反应。

1. 嗅觉感受器　嗅觉感受器（olfactory sensilla）都是多孔感受器。其形状和大小变化多样，广泛分布于触角、下颚须和下唇须上，在尾须和产卵器上也有少量分布。

嗅觉感受器的基本结构类似于毛形感受器，通常含有20个或更多的神经细胞。神经细胞的树突分为基段、中段和端段。在毛形感受器中树突分支较少，在锥形或其他类型的感受器中，分支多达50个，这些分支都伸向毛的顶端，端段树突内有微管而无线粒体。中段为纤毛区，含有9对紧贴在树突膜上的神经微管。纤毛区的功能可能是在蜕皮后由它形成树突的端段。树突的基段含有很多神经微管和线粒体，是氧化代谢旺盛的区域。神经细胞被鞘原细胞、膜原细胞和毛原细胞所包围。感受器的表皮上有数量不等的微孔（直径10～100nm），孔内侧有微管，长的能和树突端部直接接触（图3-50）。气味分子可被微管吸附再扩散到树突。在触角上，感受器的轴突在中脑的触角叶形成突触或会聚，有的在触角基部即形成会聚。

2. 味觉感受器　味觉感受器（gustatory sensilla）的基本结构与嗅觉感受器相同，典型的是单孔感受器，主要位于口器、尾须、触角、产卵器和足跗节等部位。在上唇表面和舌上还有内部味觉感受器。味觉感受器多为短的毛形感受器。

每个味觉感受器内含有1个至多个感觉神经细胞，一般为4～6个，同时伴随有2个到多个鞘细胞。

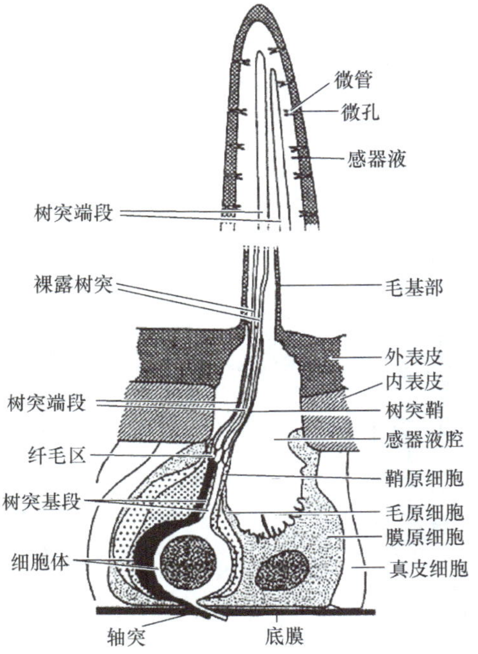

图3-50　化学感受器的结构（仿Chapman，1998）

（三）视觉感受器

昆虫主要依靠视觉感受器（visual receptor）接受光波。视觉感受器由集光部分和感光部分组成。集光部分由角膜细胞（特化的真皮细胞）和其分泌形成的角膜（cornea）及晶锥（cystalline cone）组成，起传递和聚集光波的作用。角膜又称角膜晶体或角膜透镜，常向上凸出。晶锥在角膜下方，为圆锥形的透明结构。感光部分则由光感觉神经细胞聚集形成，主要包括感杆束（retinula）和视神经（optic nerve）。感杆束由感杆集合而成，具有接受与传递信息的功能。感杆是感觉神经细胞在视觉感受器内的杆状特化部分，由细胞膜向中腔伸出大量微绒毛形成，是视紫红质（视色素）的所在部位。视紫红质将光波转化为感受器电位后，通过视神经传递给中枢神经系统而引起视觉反应。因为感杆结构的特化，光感觉神经细胞又被称为感杆细胞。

视觉感受器的功能与下列因素有关：①角膜和晶锥的透光和聚焦能力；②各种色素细胞的滤光或屏蔽作用，有的色素在细胞中能移动，由此形成瞳孔效应；③气管构成的反光层的反射能力；④感杆细胞的光敏感性；⑤视神经的综合能力。

昆虫的视觉感受器包括单眼和复眼，其视觉中心分别位于单眼柄顶端和视叶。复眼和背单眼只在成虫和不全变态昆虫幼期存在；全变态昆虫的幼虫只有侧单眼。

1. 单眼 绝大多数的成虫都有背单眼，内生翅类幼虫有侧单眼。典型的背单眼有3个。某些种类中只有1或2个，有的全部消失，如美洲大蠊的单眼退化成表皮上的一个亮区。

单眼（ocellus）的表面是由表皮特化成的角膜。角膜的下方有角膜细胞。几个至几百个感杆连接在角膜下，聚合成感杆束。感杆细胞的轴突和第2级神经细胞在视叶中形成突触会聚，所以连接到脑的神经要比感杆细胞的数目少得多（图3-51）。

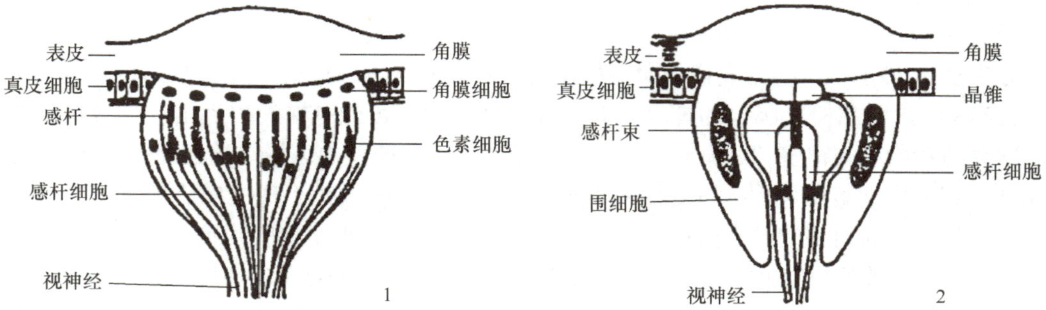

图3-51 单眼的结构（仿王荫长，2004）
1. 背单眼；2. 侧单眼

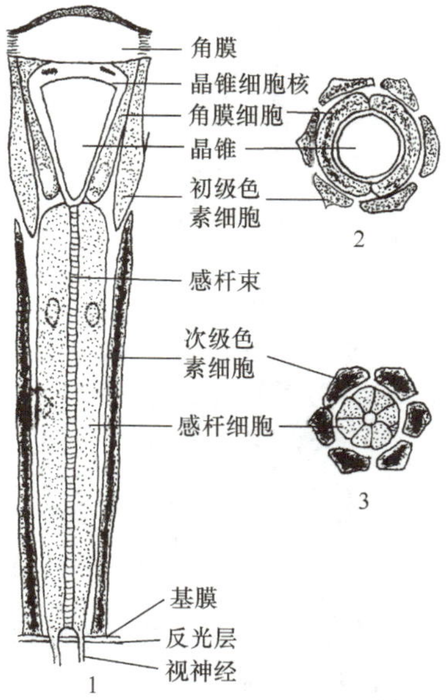

图3-52 小眼的结构（仿Snodgrass，1935）
1. 小眼结构；2，3. 1相应部位的横切

背单眼只能感光，不能辨认形状。不同种类幼虫的侧单眼构造差别很大，而且数目变化也很大。有些种类的侧单眼构造与背单眼相似，只可对光线定位；有些种类的构造在一定程度上近似于构成复眼的小眼，如蛾类幼虫，能辨别颜色和形状。

2. 复眼 昆虫的复眼（compound eyes）是一对大而突出的感光器。每个复眼由许多小眼（ommatidia）构成。绝大多数的小眼面都呈六边形，互相拼合成蜂窝状。昆虫的复眼没有调节焦距的能力，视力很差，一般只能分辨近处的物体。昆虫对光谱的敏感范围很小，对紫外光区的光波敏感。

1）小眼的结构 小眼同样由集光部分和感光部分组成（图3-52）。除角膜和晶锥外，有些昆虫的复眼还含有一些辅助性集光构造，如底膜上的气管层，能通过反射，提高夜适应眼的光敏感性。感杆细胞的轴突直接进入脑的视叶。由真皮细胞特化而成的初级和次级色素细胞包围着感杆束，它们能吸收、分散或折射来自相邻小眼的光线。具屏蔽作用的色素在细胞内移动，使昆虫的复眼能够调节到达感杆束的光量，以适应环境中光强的变化。

2）复眼的类型　根据小眼的结构和对光的适应性，昆虫的复眼可分成双翅目的明视型眼和蛾类的暗视型眼两类（图3-53）。

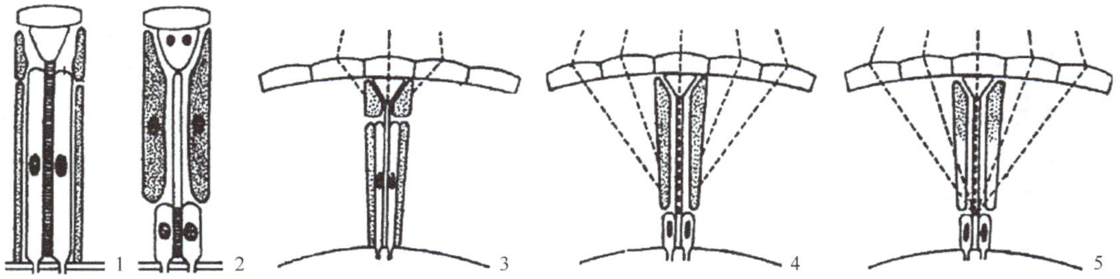

图3-53　昆虫的两种小眼及其光适应状态（仿王荫长，2004）

1．明视型眼；2．暗视型眼；3．明视型眼接受光线的状态；4．暗视型眼的明适应；5．暗视型眼的暗适应

明视型眼（photopic eye）存在于日行性昆虫，其主要特征是小眼的感杆束较长，从晶锥下方一直延伸至小眼的近基膜处；感杆束周围色素细胞中的色素移动性很差。因此，只有垂直于小眼面的光波才能到达感杆束上；而从邻近小眼折射过来的光波均被感杆束周围色素细胞中的色素所吸收。物体的成像聚焦于感杆束上，清晰度高。由于小眼的光路是并立的，又称联立型像眼（apposition eye）。

暗视型眼（scotopic eye）存在于夜间或黄昏活动的昆虫中。在外界光强发生变化时，具有灵敏的调节能力。与明视型眼相比，其感杆束很短，往往只有从基膜到晶锥距离的1/3左右，其余部分由晶束填充。周围被色素细胞包围，其中色素颗粒在光线较弱时聚集于顶部区域，这样，每个小眼可接受相邻小眼侧向折射进来的光，增加了到达每个感杆束的光强度，于是形成重叠像，因此这种眼也称为重叠型像眼（superposition eye）。但由于聚焦效果较差，成像清晰度较低。而当光线较强或环境温度较高时，色素则向下扩散，来自邻近小眼的光线被吸收而不能到达感杆束上，其视觉效果与联立型像眼相似。

六、神经毒剂对神经传导的影响

有机磷和氨基甲酸酯类杀虫剂能抑制乙酰胆碱酯酶的活性，使乙酰胆碱不能及时水解，大量积累在突触部位，不断地激活突触后膜上的乙酰胆碱受体，突触后神经长时间处于兴奋状态，导致突触部位的正常神经传导受阻。中毒的害虫最初出现高度兴奋、痉挛，最后瘫痪、死亡。在产生抗药性的昆虫体内，乙酰胆碱酯酶活性往往增强，或乙酰胆碱酯酶变构，使杀虫剂失效。

烟碱和巴丹类杀虫剂是乙酰胆碱受体的阻抑物。这些物质与突触后膜上的乙酰胆碱受体紧密结合在一起，使受体被占领，突触前神经纤维受冲动释放的乙酰胆碱不能与突触后膜上的受体结合，从而使神经传导受阻。

拟除虫菊酯杀虫剂和DDT能与神经细胞膜的钠离子通道结合，并干扰钠离子通道的正常功能。在去极化期间，它们通过抑制钠离子通道的失活，使钠离子通道开放时间延长，跨膜钠离子流和钠尾流明显延长，出现重复的动作电位，昆虫表现出过度兴奋和痉挛，随之发生麻痹而死亡。

第八节 肌肉系统及其生理

昆虫各种形式的运动，都是靠肌肉细胞的收缩活动来完成的。例如，昆虫的爬动、飞翔、取食、交配、产卵以及心脏搏动、消化道蠕动等，都是靠肌肉的收缩来完成的。

一、昆虫肌肉的起源与着生部位

昆虫的肌肉（muscle）起源于胚胎发育时期的中胚层。按其着生的部位和作用不同，可区分为体壁肌（包括附肢肌、飞翔肌）和内脏肌两大类。昆虫的大多数肌肉属于体壁肌或称为骨骼肌，少数属于内脏肌。

体壁肌由长条形的平行肌纤维组成，着生于体壁下面或体壁内突上，控制体节、附肢和翅的运动。昆虫的体壁肌属于横纹肌，其结构基本与脊椎动物的骨骼肌相似，但其收缩产生的能量和做的功与脊椎动物相比是相当惊人的，有些种类可举起超过其本身体重数倍乃至数十倍的物体。

内脏肌包围在内脏器官的外面，大多与围鞘或围膜结合在一起，有些排列比较整齐，如消化道外面的环肌和纵肌；有些排列成不规则的网状，如背膈与腹膈上的肌肉。

二、体壁肌的结构

昆虫的肌肉由肌细胞（muscle cell）和外围的基膜组成。肌细胞呈纤维状，特别细长，因此统称肌纤维。肌纤维是肌肉的基本单位，而肌原纤维是肌纤维中执行收缩功能的特殊细胞器。

（一）肌纤维

肌纤维（muscle fiber）细胞个体较大，内含大量肌原纤维和线粒体。肌膜（sarcolemma）的垂直方向内陷构成肌肉的横管系统（transverse tubular system，T管系统）。这种横管系统能通过电扩散传递神经脉冲。在肌原纤维之间，有许多由内质网分化形成的纵向小管，构成纵管系统，又称肌质网（sarcoplasmic reticulum）。肌质网与横管系统密切相连，是贮存和释放钙离子的主要场所，对启动肌肉收缩有十分重要的作用。肌质网在快速同步肌中非常发达，与T管形成双重或三重连接（每个T管连接2～3个肌质网）。肌原纤维间有排列整齐的大型线粒体，是肌原纤维收缩时ATP的直接供应者。线粒体附近还有陷入肌膜的微气管，这些微气管与线粒体的距离很近，能为线粒体氧化代谢提供充足的氧气（图3-54）。

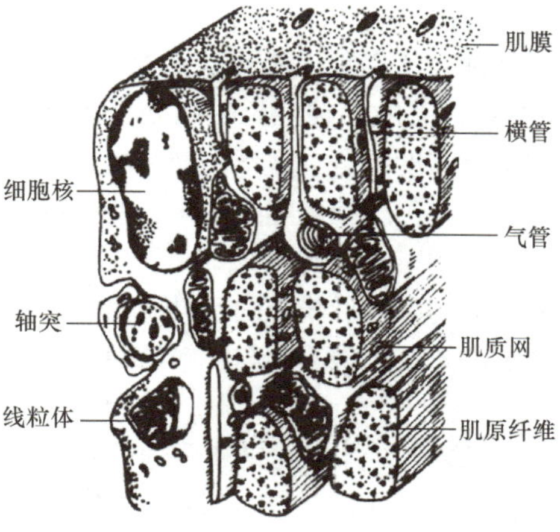

图3-54 肌纤维的超微结构（仿王荫长，2004）

肌纤维是昆虫除神经元以外另一类兴奋性细胞，它在肌膜两侧建立起内负外正的跨膜静息电位，电位值因肌肉不同有一定差异。所有肌纤维都有神经分布，运动神经纤维兴奋引起肌膜上的离子通道开启，产生去极化而引起肌肉的兴奋，但传播距离较短。另外，有些内脏肌（如心肌）能产生自发的周期性电活动。

（二）肌原纤维

肌原纤维（myofibril）是肌细胞内特化的细胞器，由直径大于11nm的粗肌丝（thick myofilament）和直径小于5nm的细肌丝（thin myofilament）组成。快收缩的肌肉中，肌原纤维较短。即使松弛时，长度仅2～3μm，而在一些慢收缩的肌肉中，可长达10μm。

每根肌原纤维由若干个较宽的A带和较窄的I带交替组成。A带（anisotropic band）由粗肌丝和细肌丝构成。I带（isotropic band）由细肌丝构成。在光学显微镜下，密度大、折光系数高的A带发暗，称为暗带（dark band）；密度小、折光系数低的I带发亮，称为明带（light band）。在暗带中央有一小段发亮的小区，称为H区（Hansone zone），H区只含有粗肌丝。H区的中部有M线（masophagma）。在明带中央有一条致密而狭窄区，称为Z盘（Z disc）。Z盘为肌节的分界线，两Z盘之间的一段为一个肌节（sarcomere）。每条肌原纤维都有许多肌节，它是肌原纤维的收缩单位（图3-55）。

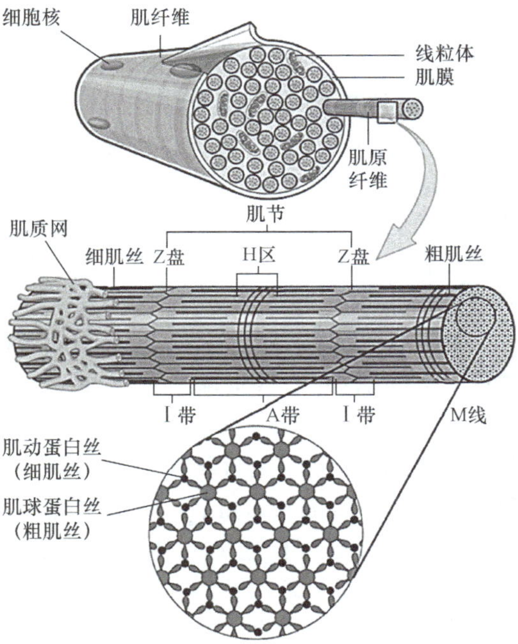

图3-55　肌纤维构造模式图

（三）肌纤维与体壁的连接

昆虫的体壁肌一般与体壁紧密地连接在一起。在胚胎发育时期，发育成肌纤维的中胚层细胞直接连接于体壁真皮细胞层的内侧，有些种类的幼虫肌肉和体壁的连接仍保持这种方式，但连接处体壁真皮细胞的底膜已消失。在大多数种类的昆虫中，肌肉着生处的真皮细胞已特化成坚韧的皮肌纤维，相当于脊椎动物的肌腱，因而被称为肌小腱，与肌原纤维相连。这些已特化的真皮细胞的原生质已消失，只有细胞核还保留于皮肌纤维之间或在肌肉组织的末端。皮肌纤维不仅与表皮相连，而且深达表皮之内，当蜕皮时连同旧表皮一起蜕掉，然后再由原来的真皮细胞或相邻的真皮细胞产生新的皮肌纤维。

三、肌丝的结构与功能

粗肌丝和细肌丝是肌原纤维的主要组分，分别由肌球蛋白（myosin）和肌动蛋白（actin）组成，因此又称肌球蛋白丝（myosin filament）和肌动蛋白丝（actin filament）。它们与其他蛋白质结合成一个收缩系统。在这个结构中，通过各种蛋白质的变构作用，引起细肌丝在粗肌丝之间滑动，造成肌肉收缩（图3-56）。

细肌丝起始于Z盘，按一定的比例和方式插入该肌节的粗肌丝中。昆虫肌肉的粗、细肌丝的数量比通常为1∶3，而且每一细肌丝均位于相邻的2根粗肌丝的中间，在粗肌丝周围形成一个包围圈。内脏肌中粗、细肌丝的比例可达1∶6，也就是每根粗肌丝的周围有12根细肌丝。

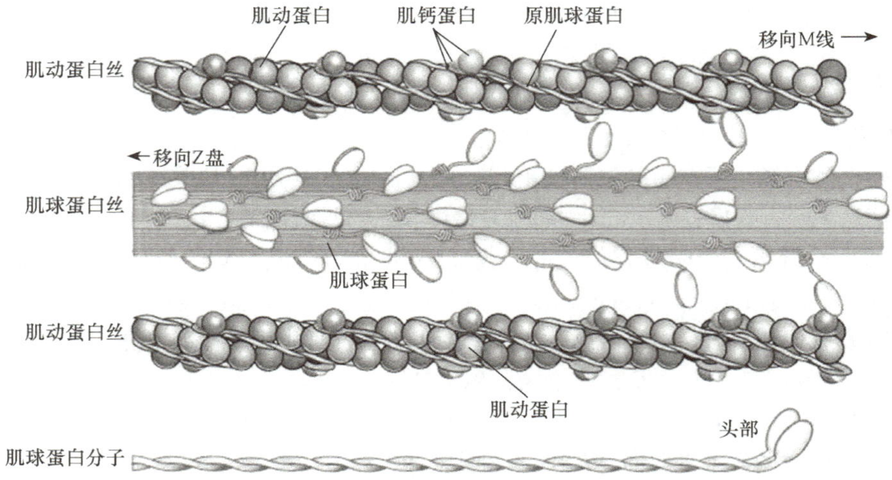

图3-56 肌丝的蛋白组成

1. 肌球蛋白 昆虫肌原纤维中，由单一的肌球蛋白分子聚合成粗肌丝。肌球蛋白是一种原纤维蛋白，分子质量约480kDa，分子结构呈蝌蚪状，包含2条重链和4条轻链。在肌节中，肌球蛋白分子尾部对尾部反向排列，头部向两边外突。头部的外突具有2个活性中心，一个是肌动蛋白结合中心，能与肌动蛋白结合形成肌动球蛋白横桥；另一个是ATP酶活性中心，它在形成肌动球蛋白横桥时，分子构象发生变化而被激活，水解ATP释放能量，从而改变肌动球蛋白横桥的角度。

肌球蛋白具有3种功能：①聚合成粗肌丝；②与肌动蛋白结合，形成以横桥联结的肌动球蛋白（actomyosin）；③水解ATP，为横桥处的分子变构提供能量。

2. 动蛋白 细肌丝的主要组分肌动蛋白存在两种形式：一种是球形蛋白单体，分子质量约42kDa，称为G-肌动蛋白（G-actin）；另一种是束状聚合多肽链，呈串珠状，称为纤维状肌动蛋白丝（filament actin，F-actin）。细肌丝是由两条肌动蛋白丝形成的双股α螺旋。在双股螺旋分子中，每个肌动蛋白单体的极性相同，都以头尾相连的方式进行聚合。

肌动蛋白具有两种功能：①球形单体表面有肌球蛋白的结合位点，可与肌球蛋白的头部结合成肌动球蛋白横桥；②提高肌球蛋白头部ATP酶的活性。尽管肌球蛋白自身水解ATP的速度不慢，但释放ADP和Pi的速度较慢，而肌动蛋白能与ADP及Pi结合，加速它们的释放。当肌肉放松时，肌球蛋白再与ATP结合，导致肌动蛋白和肌球蛋白分离，可进行第2次收缩反应。

3. 原肌球蛋白 原肌球蛋白（tropomyosin）是一种纤丝状蛋白，以双股螺旋镶嵌在肌动蛋白缠绕的凹槽内，每7个肌动蛋白球分子结合1个原肌球蛋白分子。其功能是当它覆盖肌动蛋白与肌球蛋白的结合位点时，能阻止肌动球蛋白横桥的形成。

4. 肌钙蛋白 肌钙蛋白（troponin）是一种钙结合蛋白，是肌肉收缩的一种重要的调节蛋白。在细肌丝上，与原肌球蛋白相似，每7个肌动蛋白球分子结合1个球形的肌钙蛋白分子。它能与Ca^{2+}结合，改变整个分子的构象，使肌动蛋白能与肌球蛋白形成肌动球蛋白横桥。肌钙蛋白由3个亚基组成：钙结合亚基，可以与Ca^{2+}结合；肌动蛋白结合亚基，可与肌动蛋白结合，以阻止肌动蛋白与肌球蛋白相互作用，还可抑制肌球蛋白的ATP酶活性；原肌球蛋白结合亚基，可与原肌球蛋白结合。

四、昆虫肌肉收缩的机制

（一）肌丝滑动学说

关于肌肉收缩的机制有不少学说，但被广泛接受的是肌丝滑动学说。该学说认为：肌原纤维内的粗、细两类肌丝相互分隔，平行排列，与肌原纤维的长轴相平行。粗肌丝固定在A带上不能移动，其两端均游离；细肌丝的一端固定在I带的Z盘上不能移动，另一端伸向A带的H区，呈游离状态。因为Z盘与肌膜连接，所以它在肌肉收缩时可维持肌原纤维内肌丝的排列，并限制肌丝滑动的范围，使其只能在2条Z盘组成的格内进行滑动（图3-57）。

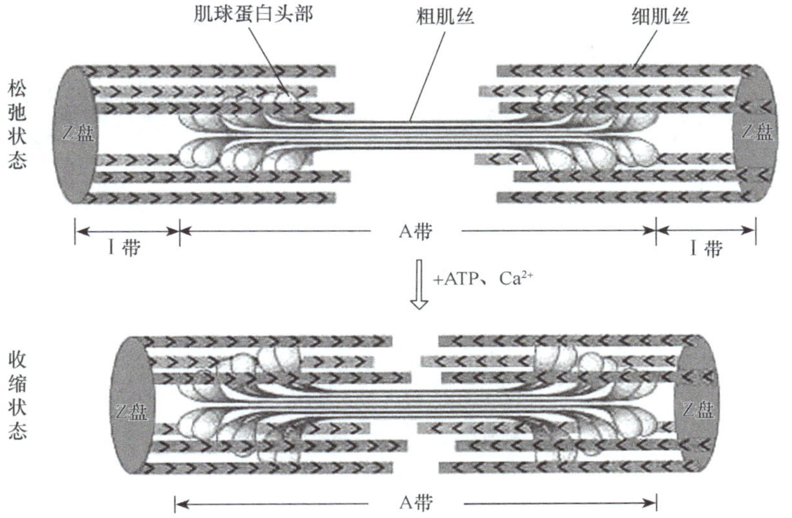

图3-57 肌肉收缩时的肌节变化

肌肉收缩即细肌丝的游离端沿粗肌丝长轴向H区的M线滑动，两类肌丝游离端在滑动过程中相互靠拢、重叠，使肌节缩短变粗，但细肌丝的长度不变。细肌丝沿粗肌丝滑动是粗肌丝发出的横桥与细肌丝接触的结果。肌肉松弛时，横桥方向背向H区，即与粗肌丝的纵轴形成约90°的角，不与细肌丝连接。肌肉收缩时张力的产生取决于横桥的数目，即横桥与细肌丝接触的数量越多，两类肌丝重叠的程度越大，则张力越强。

（二）肌丝的收缩过程

肌肉收缩时，肌钙蛋白和原肌球蛋白本身并不收缩，但参与对肌肉收缩的调节。Ca^{2+}通过肌钙蛋白→原肌球蛋白→肌动蛋白→肌球蛋白的途径，控制肌肉收缩。当神经冲动到达肌膜时，肌膜的动作电流通过横管系统内传，并通过肌质网释放Ca^{2+}。若肌浆内Ca^{2+}浓度增加到10^{-7}～10^{-5}mol/L，Ca^{2+}便与肌钙蛋白结合，使其构象发生变化，从而增加其与原肌球蛋白及肌动蛋白间的结合力。这一变化影响到原肌球蛋白，使它移动到肌动蛋白的双螺旋沟深处，排除了肌动蛋白与肌球蛋白结合的障碍，暴露出肌动蛋白分子上与肌球蛋白的结合部位，于是肌球蛋白的头部就能与肌动蛋白结合，产生横桥联系。随着横桥的键角变化，牵动细肌丝在粗肌丝之间滑动，引起肌肉收缩。当Ca^{2+}被肌质网膜和线粒体内膜重新聚集，即Ca^{2+}被重新泵入肌质网膜与线粒体膜时，则肌肉松弛（图3-58）。

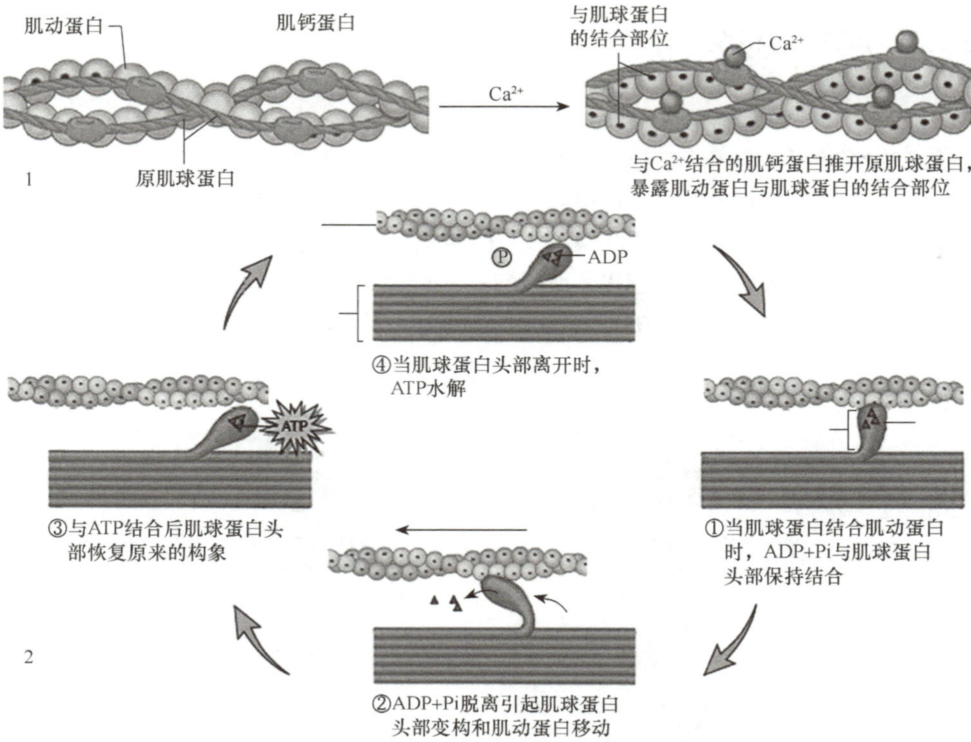

图3-58　肌丝的收缩过程

1．细肌丝的变构；2．粗肌丝的变构

（三）肌肉收缩的动力

引起肌丝滑动的动力是肌动球蛋白横桥键角的改变。在收缩开始时，肌球蛋白和肌动蛋白结合形成横桥。横桥角度由原来的90°变成45°，拉动细肌丝沿粗肌丝移动。肌球蛋白是一种结构蛋白，包含ATP酶。当横桥角度发生40°改变时，暴露出ATP结合位点，ATP与之结合，水解时释放能量。能量使肌球蛋白头部恢复原来的构象和角度，形成的ADP和Pi仍结合在头部，直到肌球蛋白与肌动蛋白再次结合，ADP和Pi释出即开始新的收缩周期（图3-58）。

昆虫肌肉收缩的能量来源有两种：①足肌和一般体壁肌在肌肉收缩时，细胞中的中间代谢物3-磷酸甘油酯、丙酮酸和乳酸被释放出来，参加线粒体中的三羧酸循环与呼吸链进行的氧化磷酸化偶联等反应合成ATP，提供能量；②在飞翔肌中，主要以磷酸二羟丙酮参加3-磷酸甘油酯穿梭循环和呼吸链进行有氧代谢，供应快速飞翔需要的大量能量。昆虫在飞翔中不产生乳酸或产生很少量的乳酸，产生的丙酮酸也较少。此外，昆虫飞翔肌中还含有占体内全磷量50%的磷酸化合物及75%的磷酸腺苷（ATP、ADP、AMP）和磷酸精氨酸等能量转移化合物。

在肌肉收缩时，Ca^{2+}是活化剂，Ca^{2+}可激活甘油-3-磷酸脱氢酶，促进3-磷酸甘油酯穿梭循环，加速有氧代谢的能量生成。当线粒体外Ca^{2+}浓度低于线粒体内Ca^{2+}浓度时，能量代谢受到抑制，从而使肌肉松弛。

五、肌肉兴奋的调控机制

昆虫肌肉的兴奋是由肌膜去极化引起的，大多由运动神经释出化学递质进行调控。这些肌肉与神经端丛都以突触方式连接。一些内脏肌没有神经分布，它们能自发地产生兴奋。此外，昆虫肌肉的兴奋性，通常还受到激素等其他因子的调节。

1. 神经的分布 运动神经末梢与肌肉连接的突触称为终板（terminal lamella）。昆虫肌肉上的神经呈多点式分布，即每条肌纤维都与运动神经末梢形成多个运动终板。昆虫肌膜的电激应性较差，终板电位按分级方式传递，通常只能形成局部的兴奋，不能做远距离传递。因此，昆虫肌纤维的兴奋由分布在肌膜上的许多终板形成的局部兴奋综合而成。运动神经在肌纤维上除形成多点式终板以外，末端还产生大量分支，使整条肌纤维成为一个能同时兴奋的运动单位。

在运动神经元中，有兴奋性和抑制性两类。兴奋性神经又分为快神经、慢神经及一些中间类型。昆虫肌肉的运动单位较少，一个运动单位要承担多种运动功能，这由同一肌纤维与不同的运动神经元形成多神经元分布型来完成，但一个肌纤维通常仅接受1个或少数几个运动神经元的控制。

2. 神经递质及其调控作用 运动神经元末端以大量分支与肌纤维形成终板，通过不同的神经递质来调节肌肉的兴奋。终板由神经末梢深入肌纤维膜表面凹槽内，与肌膜的突起形成间隙联结，这部分神经末梢大部分是裸露的，无胶细胞覆盖。兴奋性神经释放的递质是L-谷氨酸，也可能有L-天冬氨酸。快神经释放的递质量较大，通常一次冲动足以引起肌膜的去极化，但慢神经一次冲动仅释放少量的递质，不足以使肌膜去极化，必须有连续的脉冲，才能释放足够的递质，使肌膜产生兴奋。抑制性神经的化学递质是γ-氨基丁酸，它能激活氯离子通道，使肌肉不产生兴奋或降低其兴奋性。

第九节 内分泌与激素生理

内分泌系统（endocrine system）是昆虫机体内的一个重要的机能调节系统。昆虫的内分泌系统由神经分泌细胞和一些腺体组成，由这些细胞或腺体分泌的对靶细胞（或靶组织）有特殊激动作用的微量活性有机物质，称为激素（hormone）。昆虫的生长发育、蜕皮与变态由体内的一系列激素所控制。内分泌腺体与唾液腺等分泌腺体不同，它分泌的激素不是通过特殊的分泌管道输送出来的，而是由腺体细胞直接释放进血淋巴，然后再由血淋巴循环转运到全身各处的靶标部位。

一、几种重要的昆虫激素

昆虫体内的激素很多，但研究得比较多也比较清楚的主要有脑激素、保幼激素和蜕皮激素。

（一）脑激素

脑激素（brain hormone）也叫活化激素、促激素，主要是由脑神经分泌细胞分泌的。脑神经分泌细胞大于一般神经细胞，常排列成两组，位于前脑两半球中央沟两侧，呈对称分布。一般情况下，每组由4个以上的分泌细胞组成。两组分泌细胞的轴突组成一对神经，在脑内交叉后分别延伸到对侧的心侧体，称为心侧体神经Ⅰ。在许多种昆虫中，上述两组神经分泌细胞外侧，还有两组由2～4个细胞组成的侧神经分泌细胞群，它们发出的一对神经也延伸入心侧体，但不相互交叉，称为心侧体神经Ⅱ。这些神经具有运送脑激素到达心侧体的作用。脑激素可从心侧体经此神经输送到咽侧体。另外，脑激素还可以经由逆走神经输送到背血管区，直接渗入血淋巴。

脑激素至少含有两类多肽成分：一种分子质量较大，能刺激各种RNA的合成；另一种分子质量较小，能提高膜电位，因而对膜的通透性有促进作用。一般认为，脑激素是一种活化激素（activation hormone），是体内内分泌系统的控制总中心，它可以活化咽侧体和前胸腺。此外，许多昆虫还可以由脑神经分泌细胞分泌蜕壳激素，控制它在一昼夜中某个时刻内进行羽化。脑激素还可以影响呼吸代谢与肠壁细胞中脂酶的产生等。

（二）保幼激素

保幼激素（juvenile hormone，JH）由咽侧体分泌。多数昆虫的咽侧体是一对卵圆形、外包一层结缔组织薄膜和微气管的腺体，位于咽喉两侧与心侧体的侧下方，各有一根咽侧体神经与心侧体相连。咽侧体受脑神经分泌细胞分泌的促咽侧体神经肽、抑咽侧体神经肽等激素的调控后，合成和分泌一种能控制生长发育的激素。由于这种激素在幼虫期的主要功能是抑制“成虫器官芽”的生长与分化，使虫体能够保持幼期（若虫或幼虫）的形态和结构，因而称为保幼激素。昆虫体内JH的种类很多，但大多为含有16～18个碳原子的倍半萜类化合物及其衍生物（图3-59）。

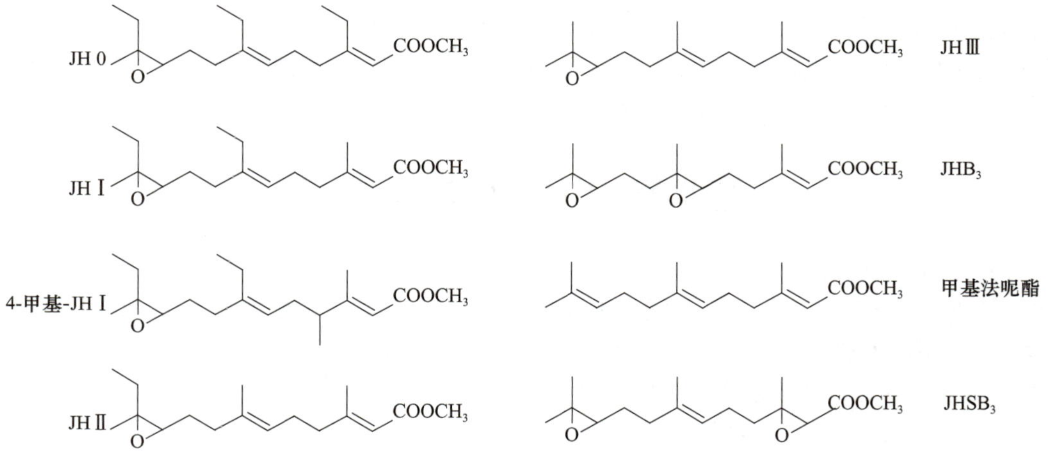

图3-59 天然保幼激素的结构式

昆虫血淋巴中JH的种类及其滴度因昆虫的种类而异。多数种类的昆虫只有JH Ⅲ，鳞翅目昆虫还合成JH0、JH Ⅰ和JH Ⅱ，一些双翅目昆虫有JHB_3，而蜚蠊有甲基法呢酯。即使同一种昆虫，在不同的发育时期，其体内JH的滴度也有一定的差异。JH以临界期（hormone-sensitive period）作用模式调控昆虫的变态。在临界期，如果存在一定量的JH，则昆虫维持现有的发育形态，不会进入下一个发育阶段；反之，则昆虫体内的基因表达会发生改变，昆虫朝下一个发育阶段进行变态。也就是说，幼虫是否发生变态，JH的绝对滴度并不重要，重要的是它在临界期与发育变化临界阈值的相对高低。

在不全变态昆虫发育过程中，若虫的每个龄期都存在一个JH的临界期，同时要求JH滴度必须在阈值以上。在末龄若虫的临界期，咽侧体停止合成JH而使其降至阈值以下，从而激活若虫到成虫的转变。在全变态类昆虫末龄幼虫的临界期，JH降低至阈值以下，使蛹的基因得到表达。在化蛹前，还有一个JH临界期，如果这时缺乏JH，翅芽的发育就向成虫转变。

咽侧体在昆虫羽化为成虫前停止分泌JH，但在成虫期又恢复分泌，这时JH在雌、雄虫体内，分别促进雌虫卵细胞的成熟和雄性附性腺的发育。在雌虫体内，JH能调控卵黄原蛋白的合成、卵母细胞对卵黄原蛋白的吸收及卵母细胞的成熟。雄性附性腺中的JH在相关蛋白的基因转录水平上进行调控，并影响其与雌虫的交配行为。

综上所述，JH对昆虫的生长发育有两个方面的调控作用：在幼虫（或若虫）期，维持幼体形态，防止变态；在成虫期，促进雌虫卵细胞的成熟和雄性附性腺的发育。

（三）蜕皮激素

蜕皮激素（moulting hormone，MH），又称蜕皮甾醇（ecdysteroid），是由前胸腺或其同功腺体（如双翅目的环腺）分泌的。前胸腺一般位于头部与前胸之间，但种间差异较大，如鳞翅目幼虫的前胸腺位于前胸气门附近的气管上；缨尾目昆虫的前胸腺位于头部。前胸腺是一对透明、带状的细胞群体，有些种类还有分支。腺体细胞的细胞核呈椭圆形或瓣状，有很多微气管分布在腺体中。由咽下神经节和胸神经节发出的神经纤维分布在腺体表面（图3-60）。

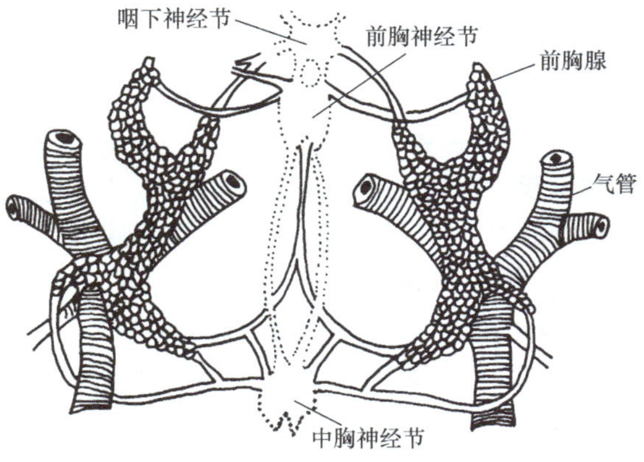

图3-60　一种鳞翅目幼虫前胸腺的位置
（仿白旭光，2008）

有翅亚纲昆虫中的绝大多数种类变成成虫后，前胸腺（或同功腺体）很快退化消失，因此成虫不再蜕皮。而缨尾目昆虫的前胸腺终生保持活性，成虫一年内能蜕皮3～5次。

前胸腺（或其同功腺体）在脑神经分泌细胞分泌的促前胸腺激素（prothoracicotropic hormone，PTTH）的作用下合成和分泌蜕皮激素。目前发现的蜕皮激素主要有两种，α-蜕皮酮（α-ecdysone）和β-蜕皮酮（β-ecdysone），前者又称蜕皮酮，后者又称20-羟基蜕皮酮。两种蜕皮激素均属甾醇类物质，其化学结构如图3-61所示。在昆虫体内还发现其他的甾醇类物质，如3-脱氢蜕皮酮、2-脱氢蜕皮酮、2-脱氧蜕皮酮等也具有蜕皮激素活性。蜕皮酮及其类似物不仅在昆虫体内有发现，在其他节肢动物（如螃蟹等）、棘皮动物、软体动物和环节动物中都有发现。在动物体内所发现的蜕皮酮及其类似物，称为动物蜕皮甾醇。从多种植物中分离得到的许多具蜕皮激素活性的甾醇类物质，称为植物蜕皮甾醇。两者总称为蜕皮甾醇。

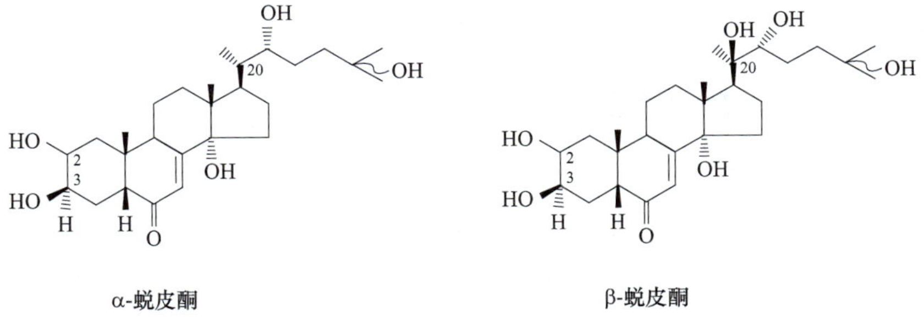

图3-61　两种蜕皮激素的化学结构

α-蜕皮酮合成后并不在分泌腺体中贮存，而是在脂肪体、马氏管和中肠等组织中被转化为β-蜕皮酮。这些组织都存在使α-蜕皮酮转化的单加氧酶。

昆虫进入成虫期后，前胸腺退化，由其他组织合成蜕皮激素，最常见的是卵泡细胞。有些鳞翅目昆虫的精巢，在末龄幼虫后期及蛹期也能合成蜕皮激素。此外，在有些昆虫中，真皮细胞也能合成蜕皮激素。

蜕皮激素对昆虫的生长发育有两个方面的调控作用：①在幼虫期，控制幼虫的蜕皮与变态。蜕皮激素可刺激真皮细胞表达特定的蛋白进行细胞分化，或刺激真皮细胞中各种酶的活性，使真皮细胞分泌蜕皮液，用于溶解旧表皮中的内表皮。②在成虫期，调控生殖细胞的生长发育。可刺激脂肪体合成卵黄原蛋白，启动卵原细胞的有丝分裂和卵泡细胞的形成、卵母细胞的减数分裂等。

（四）其他肽类激素

昆虫体内有许多肽类激素，调控昆虫的一系列生理和代谢过程。

1. 高血糖激素 昆虫在剧烈运动时，咽侧体可以释放出一种十肽激素，即高血糖激素，又称高海藻糖激素（hypertrehalosemic hormone，HTH）。它抑制血淋巴中的海藻糖酶，促使脂肪体和肠壁细胞中的糖原降解，合成并释放海藻糖，以提高血糖浓度，从而加速糖类能源物质的代谢。

2. 激脂激素 激脂激素（adipokinetic，AKH）是由心侧体神经分泌细胞合成和分泌的肽类激素。它可作用于脂肪体和肌肉，提高脂肪体甘油二酯的合成和释放速率、载脂蛋白的携带运输能力及肌肉对甘油二酯的吸收利用能力，为长时间飞行供应能量。

3. 蜕壳激素与蜕壳引发激素 蜕壳激素（eclosion hormone，EH）与蜕壳引发激素（ecdysis-triggering hormone，ETH）是两种与蜕皮有关的神经肽。在家蚕（*Bombyx mori* Linnaeus，1758）及烟草天蛾（*Manduca sexta* Linnaeus，1763）中，EH由脑中部的两对神经分泌细胞合成，在蜕皮或羽化前，经后肠神经分泌细胞或心侧体释放至血淋巴中，调控蜕皮过程的发生。EH的释放与蜕皮激素滴度下降密切相关。在蜕皮激素滴度下降时，后肠神经分泌细胞分泌EH，但受高浓度蜕皮激素的抑制。ETH由位于每个体节的成对内分泌腺——表气管腺（epitracheal gland）中的Inka细胞所释放，作用于昆虫的中枢神经系统，引起蜕皮前及蜕皮中的一系列行为反应。EH诱发ETH的释放，两者间存在正反馈的关系，从而产生蜕皮前的行为反应。

4. 鞣化激素 鞣化激素（bursicon）是脑或胸腹复合大神经节的神经分泌细胞所分泌的神经肽，在绝大多数的昆虫中都有发现。鞣化激素能活化血细胞中的酪氨酸酶，并使酪氨酸进入真皮细胞，在酶作用下转变为*N*-乙酰多巴胺。它还能直接作用于真皮细胞，促进部分骨化酶的产生，控制形成醌的前体物在表皮上的通透性。此外，鞣化激素还有维持新表皮可塑性的作用，使新表皮在硬化前能充分伸展。

二、激素对昆虫生长发育的协调作用

（一）激素对昆虫蜕皮与变态的调节

昆虫的蜕皮与变态主要是由促前胸腺激素、保幼激素和蜕皮激素相互作用所形成的两条内分泌链索控制的（图3-62）。其中，促前胸腺激素启动蜕皮与变态的发生，蜕皮激素启动和调控蜕皮与变态发育的过程，而保幼激素调控变态发育的方向。

在生长发育时，昆虫各种组织的特征及各虫期行为习性等性状都是由遗传因子控制的，而这些性状在什么时候表现出来则是由激素调节的。在幼虫生长期间，咽侧体和前胸腺分别分泌适量的保幼激素和蜕皮激素控制幼虫的生长和蜕皮；当幼虫发育到老熟阶段时，保幼激素的分泌量降低到适当水平，蜕皮激素照常分泌，控制幼虫化蛹；当幼虫化蛹后，保幼激素停止分泌，出现成虫性状（图3-63）。

咽侧体和前胸腺的分泌活性均由脑激素激发和控制。同时，保幼激素和蜕皮激素也可以对脑神经分泌细胞产生反馈，形成完整的体液调节系统。

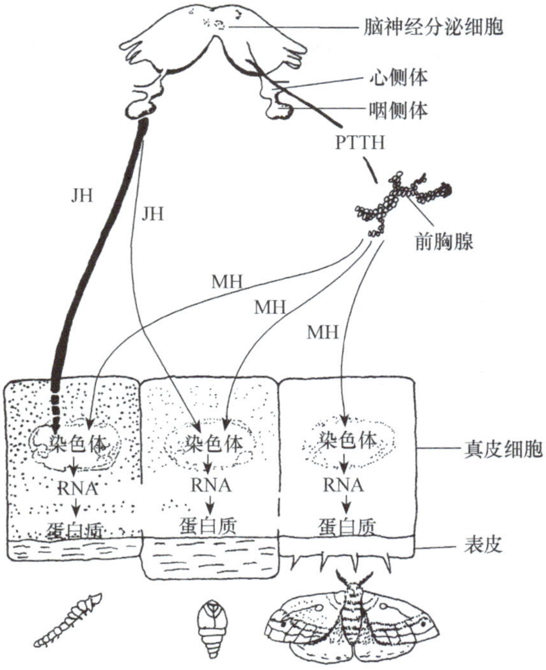

图3-62 激素对昆虫蜕皮与变态的控制（仿白旭光，2008）

粗线代表激素量大，细线代表激素量小

（二）激素与滞育

昆虫滞育的发生受激素调控，如家蚕胚胎的滞育由滞育激素所控制；幼虫、蛹及成虫的滞育则由促前胸腺激素、保幼激素和蜕皮激素所控制。幼虫期的滞育一般与血淋巴中高滴度的保幼激素有关。高滴度的保幼激素抑制促前胸腺激素的释放，从而导致血淋巴中蜕皮激素的滴度保持在低水平状态，幼虫不能发育成蛹。而蛹期的滞育与促前胸腺激素的释放受到抑制及缺乏蜕皮激素有关。在短日照环境下，某些昆虫的咽侧体活性受抑制，保幼激素滴度下降使性腺发育停止，从而在成虫期进入滞育。

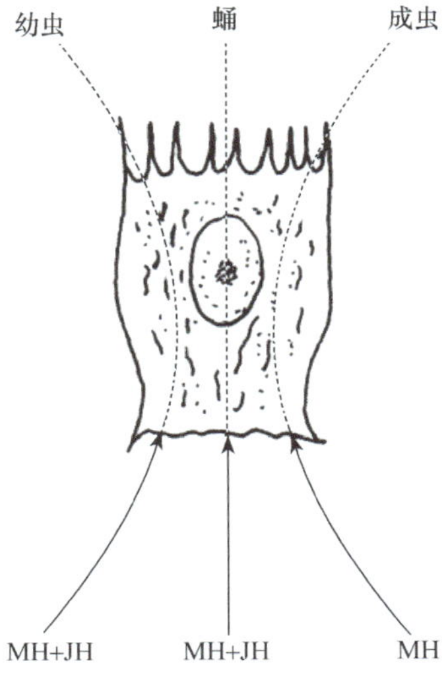

图3-63 激素对昆虫变态的控制图解（仿Wigglesworth，1972）

（三）激素与多型现象

在昆虫纲中，有些种类的成虫具有多型现象。这种现象与保幼激素有关。例如，社群性昆虫的白蚁中，兵蚁分化需要较多的保幼激素。若在适当的时间以保幼激素处理工蚁，则工蚁可变为兵蚁。

三、激素类似物

保幼激素和蜕皮激素的类似物对昆虫的生长、变态、滞育等有重要的调控作用，可使昆虫发育异常，甚至死亡，因此被用于开发杀虫剂。其中，研究和应用较多的是保幼激素类似物（JH类似物）。JH类似物按其结构和来源可以分为3类：JH结构类似物，以JH结构为先导，模拟合成的具有一定活性的杀虫剂，如烯虫酯（蒙515）；JH活性类似物，其结构完全不同于JH，如双氧威、蚊蝇醚；植物源具有JH活性的化合物。JH类似物可通过昆虫表皮或取食后致死，但作用比较缓慢。其更重要的作用是影响非成熟虫期的生长发育和变态，如使幼虫不能化蛹，蛹不能羽化为成虫，或形成幼虫和蛹或蛹和成虫的中间体。这些畸形个体没有生命力或者不能繁殖，故也有间接不育的效果。

第十节　生殖系统及其生理

昆虫生殖系统（reproductive system）复杂多变的结构是构成其强大的生殖能力、丰富的适应性和多种生殖方式的基础。两性生殖（bisexual reproduction）使昆虫种群能保持大量的遗传结合体和突变体；单性生殖（parthenogensis）使昆虫获得大量个体并进行广泛的扩散。在世代交替的昆虫中，单性生殖的稳定性和两性生殖的重组性结合起来，充分发挥了不同生殖方式的优越性。

昆虫的生殖器官位于腹部，包括外生殖器和内生殖器两大部分。前者在外部形态部分已有介绍，本节只讲内生殖器。

一、雌性生殖器官

雌性生殖器官主要包括1对卵巢、2根侧输卵管和1根中输卵管。对于大多数种类的昆虫来说，中输卵管后端开口于生殖腔。此外，多数昆虫还有受精囊和附性腺（图3-64，1）。卵巢和侧输卵管起源于中胚层，中输卵管、生殖腔、受精囊和附性腺等则起源于外胚层。

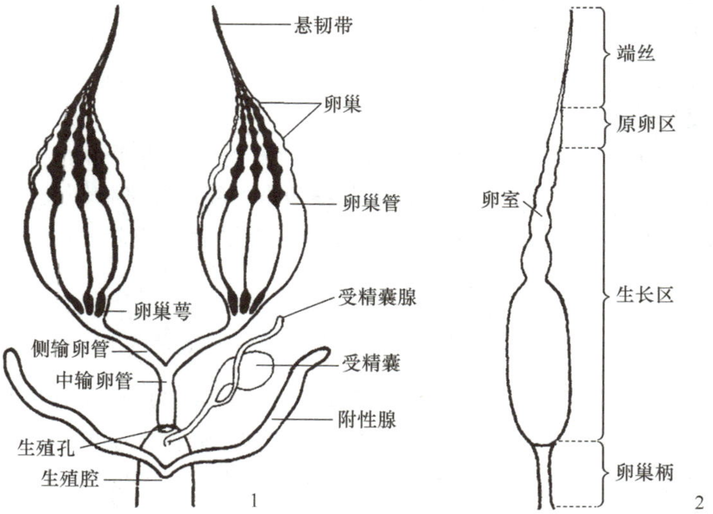

图3-64　雌性生殖器官的模式图（仿Snodgrass，1935）

1. 雌性生殖器官；2. 卵巢管

（一）卵巢与卵巢管

对于大多数昆虫而言，每个卵巢（ovary）都由若干个管状的卵巢管（ovariole）组成。每个卵巢管前端伸出的端丝集合成悬韧带，附着在邻近的脂肪体、体壁内侧或背膈等组织上。卵巢管的数目在各类昆虫中差异较大，如鳞翅目昆虫有4～8根，鞘翅目昆虫可达8根以上，膜翅目昆虫可达100～200根，等翅目中的有些种类可多达2000根以上。

卵巢管由端丝、原卵区（增殖区）、生长区和卵巢柄4个部分组成（图3-64，2）。在生长区内形成一系列大小不同的卵室。每个卵室中央是一个卵母细胞，逐渐发育为成熟的卵，外围为一单层卵泡细胞（follicle cell）。

卵巢管以滋养细胞（trophocyte）的有无和它们在卵巢管内的位置分为无滋式、端滋式和多滋式3类。在无滋式卵巢管中，原卵区的卵原细胞未分化出滋养细胞，卵母细胞积累卵黄主要依赖卵泡细胞吸取血淋巴中的养料；在端滋式卵巢管中，卵原细胞分化的滋养细胞集中在原卵区，以原生质丝形成营养索与卵母细胞相连，供给营养；在多滋式卵巢管中，卵母细胞与滋养细胞交替排列，通过细胞间桥传递营养物质。当卵母细胞成熟时，滋养细胞内的营养物质也消耗殆尽（图3-65）。

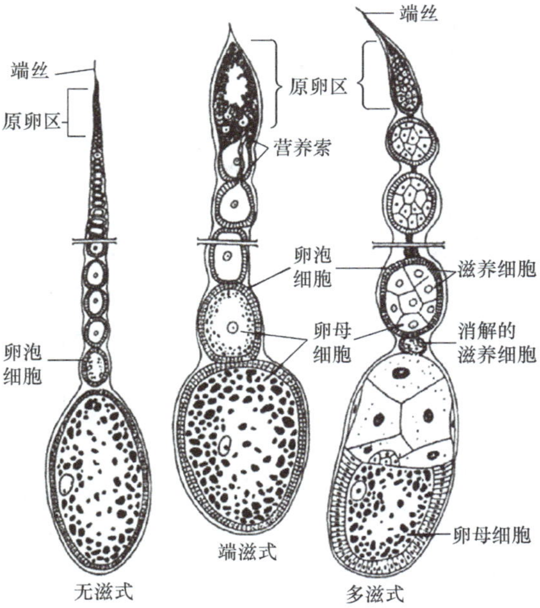

图3-65 昆虫卵巢管的类型（仿Mahowald，1972）

（二）生殖管

雌虫的生殖管包括侧输卵管（lateral oviduct）、中输卵管（common oviduct）和生殖腔（genital chamber），以及由生殖腔演化而成的交配囊（bursa copulatrix）和受精囊（spermatotheca）。

侧输卵管和中输卵管都是排卵的通道。每一侧输卵管的前端与卵巢管连接处常膨大为囊状，称为卵巢萼，起暂时储存卵子的作用。在侧输卵管的外面常包围有环肌和纵肌，这些肌肉的伸缩有利于排卵。中输卵管后端膨大的部分叫生殖腔。雌虫的生殖腔特化成阴道，对于没有交配囊和交配孔的昆虫来说，阴道是接纳阳茎进行交配的部位。

交配囊接纳雄虫阳具排出的多种物质，在囊内形成精包，并将精子和精液贮入精包中。鳞翅目昆虫大多数种类的交配囊与阴道不共用一个体表开口（双孔类），交配囊开口于第8腹节的后面，称为交配孔；阴道开口于第9腹节的后面，称为产卵孔，是卵向体外排出的开口（图3-66）。

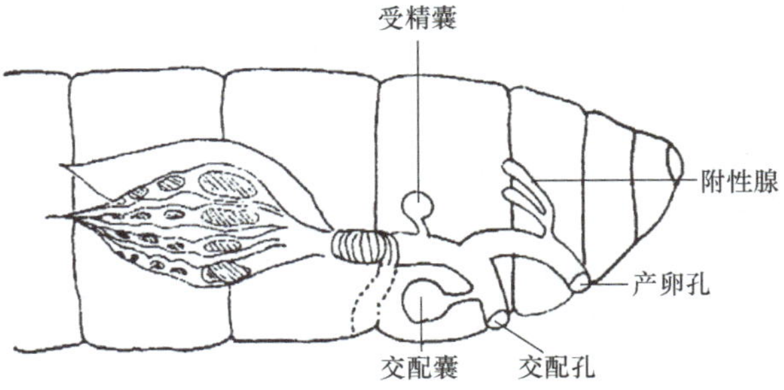

图3-66 鳞翅目（双孔类）雌性生殖器官构造（仿管致和等，1955）

受精囊一般为1个，通过导管与生殖腔相连。它的功能是贮存由交配囊排出的精子。当卵向体外排出时，由受精囊释放出精子使卵受精。

（三）附性腺

雌虫附性腺有黏腺、受精囊腺和卵萼腺等多种。受精囊腺的分泌物含有蛋白质和黏多糖，

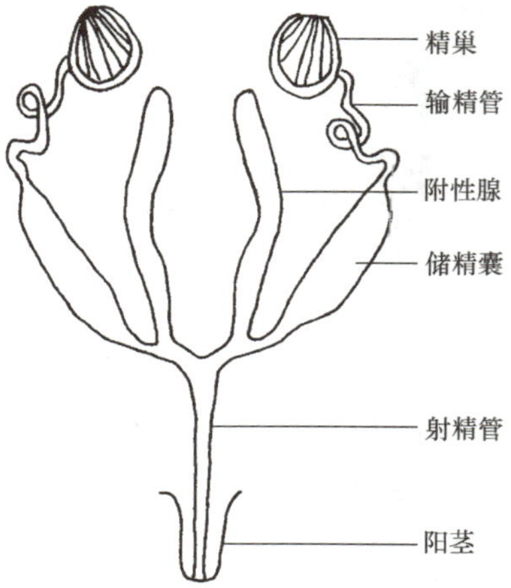

图3-67 雄性生殖器官
（仿Snodgrass，1935）

能为精子提供养分和能量。多种雌虫具有开口于生殖腔的黏腺（colleterial gland），能分泌保护卵的胶质。

二、雄性生殖器官

雄性生殖器官包括起源于中胚层的1对精巢和2条输精管。输精管与起源于外胚层的射精管相连，后者与阳茎相连（图3-67）。输精管的基部膨大成一个储精囊。在射精管的前端或输精管的基部，常有若干对起源于外胚层或中胚层的附性腺。

（一）精巢与精巢管

精巢（testis）也叫睾丸，一般为圆形。不同种类昆虫的精巢大小差异很大。在同类昆虫中，雄性的精巢均较雌性的卵巢小。每个精巢皆由若干个精巢管组成，外面包有一层围膜。精巢管一般为管状结构，其基部形成输精小管，与输精管相连。

精巢管（testicular follicle）是精子形成的地方。根据生殖细胞在其中发育的顺序，可将精巢管分为4个区域，即精原区（增殖区）、生长区、成熟区和转化区（图3-68）。

精原区位于精巢管的顶端，其中的原始生殖细胞在此进行有丝分裂，形成大量的精原细胞。生长区位于精原区的下方。精原细胞进入生长区后可进行有丝分裂，形成初级精母细胞，并在此区长大。成熟区位于生长区的下方。初级精母细胞进入这一区域后，经过成熟分裂，每个初级精母细胞分裂成4个精细胞。这样，每个精细胞中只含有相当于体细胞染色体数目1/2的染色体。转化区位于精巢管的最下端，在此区内，精细胞分化出具有游动作用的鞭毛，转化为精子（spermatozoa）。

（二）生殖管

从精巢基部引出的细长管道称为输精管，在组织学上相当于雌性的输卵管。有些昆虫的输精管有一部分膨大成囊状，储存从精巢管中排出的成熟精子团，称为储精囊。2根输精管在下端联合成一根公共通道，与射精管相连。在比较低等的昆虫中，2根输精管各自直接开口于体壁上，是种原始状态。

射精管在形态学上相当于雌性的中输卵管。射精管与阳茎相连，管外包围有发达的肌肉层，肌肉的排列次序一般是纵肌在内，环肌在外，依赖肌肉的伸缩完成射精过程。

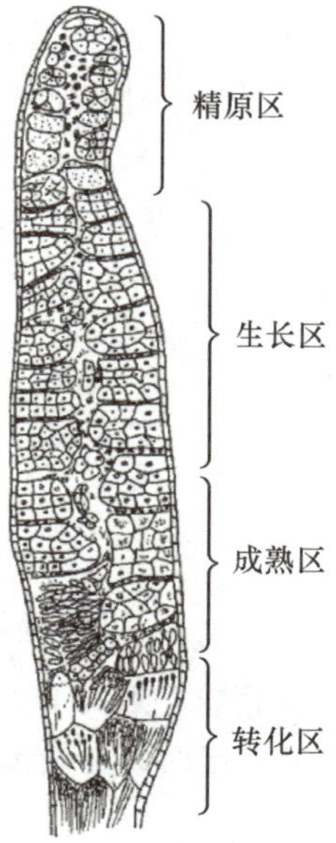

图3-68 雄虫的精巢管纵切面图（仿白旭光，2008）

（三）附性腺

附性腺一般为成对的囊状物或管状物。若是管状物，则常卷曲。附性腺分两种，一种起源于外胚层，另一种起源于中胚层。在有些种类中，起源于外胚层和中胚层的附性腺同时存在。附性腺的分泌物包括蛋白质、氨基酸、糖类和脂肪等组分，这些物质能在交配时形成精包，组成精液，为精子提供营养基质和能量，使精子保持活性，还能在雌性生殖腔内形成交配栓塞，提高精子的利用效率。

三、卵子的发生与形成

（一）卵子发生

卵子发生（oogenesis）起始于卵原干细胞，经过3个阶段，最后发育成为卵细胞，也就是卵子。其过程是在增殖期形成卵原细胞（oogonium），在生长期形成卵母细胞（oocyte），在成熟期形成卵细胞（ootid）。

早期原卵区包含有原卵泡组织、卵原干细胞及其衍生细胞。卵原干细胞数目因虫种而异。当卵原干细胞发生分裂时，其中有一个细胞为功能性干细胞（stem line cell），而另一个变成特定的卵原细胞。前者继续分裂产生更多的卵原细胞，而后者大多经3次分裂，形成1个卵原细胞，其余的分化为滋养细胞，进入生长期。在生长期，卵母细胞开始沉积卵黄，体积迅速增大。初级卵母细胞经过2次成熟分裂（减数分裂），成为卵细胞，然后逐渐从卵巢管向外排放，但这时卵核并未成熟，尚处于第2次成熟分裂的中期，一直要等到精子进入卵母细胞才完成分裂，形成1个单倍体卵细胞和3个极体，至此卵细胞才完全成熟（图3-69）。

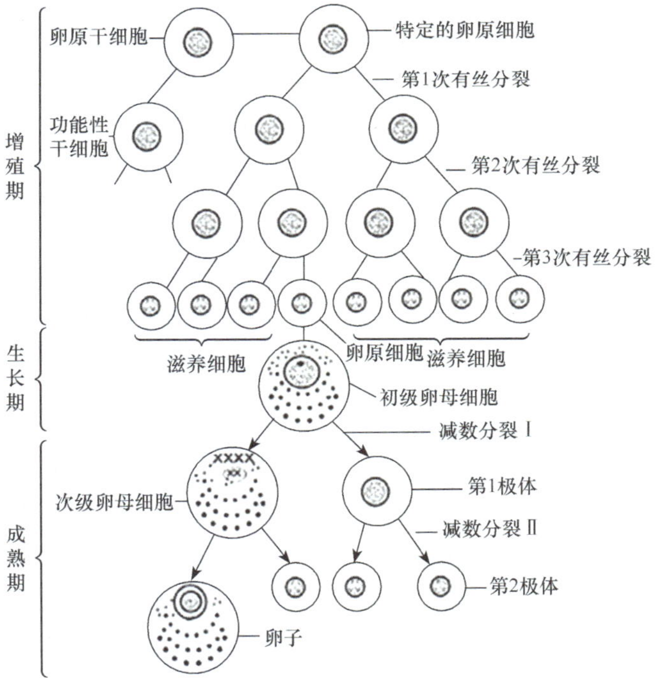

图3-69 卵子形成示意图

（二）滋养细胞的发生

在无滋式卵巢管中，不形成滋养细胞。在端滋式和多滋式卵巢管中，原卵区的卵原细胞进行有丝分裂时，其中1个细胞分化为卵母细胞，其余的分化为滋养细胞（图3-69）。滋养细胞间有细胞间桥相连接。当卵母细胞进入生长区后，滋养细胞通过营养索为卵母细胞发育提供营养。当卵母细胞不再分裂时，营养索断裂。

在卵母细胞发育早期，滋养细胞将mRNA和核糖核蛋白运进卵母细胞，随后核糖体和核质的其他物质也会进入卵母细胞。在多滋式卵巢管中，滋养细胞可能受细胞收缩单元

（contractile unit）的调节而崩解，所有的物质均转入卵母细胞。

（三）卵泡细胞的分化

卵泡细胞包围在卵母细胞和滋养细胞的外周，当卵母细胞和滋养细胞进入生长区后，卵泡细胞经有丝分裂增殖，形成单细胞层的卵巢管围鞘。当卵母细胞开始沉积卵黄后，卵泡细胞不再分裂，同时体积不断增加，变成扁平体。卵泡细胞的功能随卵母细胞的发育而异：在前期产生特异性卵黄蛋白和某些参与卵黄加工的酶；卵黄沉积时，细胞出现开放间隙，卵母细胞能通过间隙从血淋巴摄取卵黄原蛋白；有些昆虫的卵泡细胞还能合成蜕皮激素或其前体；在发育后期，卵泡细胞分泌卵黄膜；最后分泌特异性脂蛋白，并形成卵壳。

四、精子的发生与形成

精子发生（spermatogenesis）是以生精囊（spermatocyst）为单位进行的。外生翅类昆虫多始于末龄若虫期，内生翅类昆虫则始于末龄幼虫或蛹期。在同一生精囊中，精原细胞进行不完全的胞质分裂，使所有的精母细胞都通过细胞质桥彼此连接。在减数分裂以后，精细胞继续保持了这种连接方式，细胞质桥可以使细胞内营养物质在细胞之间流通，因此，同一生精囊内所有精细胞的分裂和发育都是同步进行，在同期产生大量发育整齐的精子。

（一）精子发生

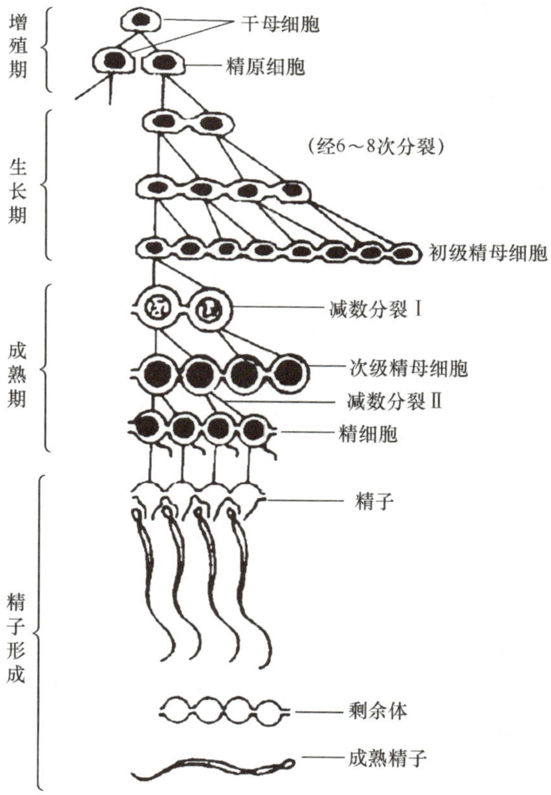

图3-70 雄虫生殖细胞的形成和成熟精子的释放（仿王荫长，2004）

精子发生是从原始生殖细胞开始形成精细胞的过程，期间经历增殖期、生长期和成熟期（图3-70）。

精子发生初期，在精巢管顶端有许多干母细胞围绕着一个起源于中胚层的巨大的端细胞（apical cell）。每个干母细胞通过有丝分裂产生1个新的干母细胞和1个精原细胞（spermatogonium）。当干母细胞退化时，这种分裂结束，精子发生终止。端细胞能为精原细胞提供营养，两者有胞间连丝相通。每个精原细胞被起源于中胚层的多个非生殖细胞所包围，分别形成独立的生精囊。在生长区，生精囊中的精原细胞一般经过6～8次分裂，可以产生64～256个双倍体的初级精母细胞（primary spermatocyte）。初级精母细胞在生长后期，进行2次成熟分裂（减数分裂），生成4个单倍体的精细胞（sperm cell）。经2次成熟分裂，mRNA依次分配到次级精母细胞和精细胞中，一直到精子形成前，才具有继续转录和翻译的功能，从而开始合成雄性特异性蛋白质，促进精细胞向成熟的精子转化。

（二）精子的形成

昆虫的精细胞发育成精子还有一段形态和结构的转变过程，统称精子形成（spermiogenesis）。鳞翅目真核精子（具有生殖功能的精子）在形成过程中，首先是精细胞囊伸长，核向精细胞头部移动，鞭毛部分急剧伸长，然后核也随着伸长，精细胞囊由长菱形发育成纤维状，并由生精囊内众多的精子聚集在一起，形成精子束。成熟的精子束，鞭毛呈波浪形弯曲，长达360nm，核长27nm，内含丰富的DNA。真核精子束直到精包（spermatophore）形成后才被释放出来，游离出分散的精子。

思　考　题

1．昆虫的体壁有何生理功能？
2．简述昆虫体壁的结构和主要化学成分。
3．昆虫为何要蜕皮？简述昆虫的蜕皮过程。
4．昆虫表皮硬化的机制有哪两种？两种硬化作用有什么异同？
5．如何利用体壁的特性进行害虫防治？
6．简述昆虫消化系统的组成及各部分的功能。
7．简述昆虫中肠肠壁细胞的主要类型及其功能。
8．什么是消化和吸收？
9．昆虫需要的营养物质包括哪些类型？
10．昆虫的呼吸作用包括哪两个过程？
11．简述昆虫呼吸系统的组成。
12．简述昆虫微气管内的气体交换过程。
13．昆虫的呼吸代谢有何特点？
14．什么是呼吸商？呼吸商的数值与能源物质有何关系？
15．昆虫的循环系统由哪些部分组成？
16．昆虫的心脏是如何搏动的？
17．昆虫的血淋巴循环有何功能？
18．昆虫的血淋巴有何代谢功能？
19．昆虫的血淋巴有何免疫功能？
20．昆虫的排泄器官包括哪些？各有何特点？
21．昆虫的马氏管有哪几种类型？各有何特点？
22．简述原尿的组分及其形成过程。
23．原尿改性的目的是什么？简述原尿改性的过程。
24．昆虫体内的含氮废物主要以何种物质排泄？有何意义？
25．昆虫的排泄方式有哪些？
26．根据功能，神经元可分为哪几种？
27．根据神经突的着生形式，神经元可分为哪几种？
28．昆虫的中枢神经系统包括哪些部分？
29．什么是突触？试述胆碱能神经突触的传导机理。
30．什么是反射弧？一个最简单的反射弧包括哪几部分？
31．什么是静息电位和动作电位？试述静息电位和动作电位的产生过程。

32. 简述昆虫机械感受器的组成及各部分的功能。
33. 简述昆虫化学感受器的组成及各部分的功能。
34. 简述昆虫视觉感受器的组成及各部分的功能。
35. 与普通细胞相比，昆虫的肌纤维有哪些构造特点?
36. 肌原纤维中粗、细两种肌丝分别由哪些蛋白质组成? 它们各有何特性和功能?
37. 什么是肌丝滑动学说?
38. 试述昆虫肌肉的收缩过程。
39. 什么是昆虫激素? 简述昆虫体内常见激素的种类及其分泌器官和作用。
40. 激素是如何控制昆虫的生长发育的?
41. 简述昆虫雌虫内生殖系统的组成及各部分的功能。
42. 简述昆虫雄虫内生殖系统的组成及各部分的功能。

主要参考文献

白旭光．2008．储藏物害虫与综合治理．2版．北京：科学出版社．

彩万志，庞雄飞，花保祯，等．2011．普通昆虫学．2版．北京：中国农业大学出版社．

管致和，吴维均，陆近仁．1955．普通昆虫学．上海：永祥印书馆．

南开大学，中山大学，北京大学，等．1980．昆虫学（上册）．北京：人民教育出版社．

王荫长．2001．昆虫生物化学．北京：中国农业出版社．

王荫长．2004．昆虫生理学．北京：中国农业出版社．

忻介六，杨庆爽，胡成业．1985．昆虫形态分类学．上海：复旦大学出版社．

严毓骅，段建军．1989．普通昆虫学．北京：中央广播电视大学出版社．

郑州粮食学院，吉林财贸学院．1986．仓库昆虫学．北京：中国财政经济出版社．

Berridge M J. 1970. A structural analysis of intestinal absorption. *In*: Neville A C. Insect Ultrastructure. Symposia of the Royal Entomological Society of London, vol. 5. Oxford: Blackwell: 135-151.

Caveney S. 1969. Muscle attachment related to cuticle architecture in Apterygota. Journal of Cell Science, 4 (2): 541-559.

Chapman R F. 1982. The Insects: Structure and Function. 3rd ed. London, Sydney, Auckland, Toronto: Hodder and Stoughton.

Chapman R F. 1998. The Insects, Structure and Function. 4th ed. Cambridge: Cambridge University Press.

Grimstone A V, Mullinger A M, Ramsay J A. 1968. Further studies on the rectal complex of the mealworm *Tenebrio molitor* L. (Coleoptera, Tenebrionidae). Philosophical Transactions of the Royal Society of London. Biological Sciences, 253 (788): 343-382.

Gullan P J, Cranston P S. 2009. The Insects: An Outline of Entomology. 3rd ed. New Jersey: Wiley-Blackwell.

Mahowald A P. 1972. Oogenesis. *In*: Counce S J, Waddingyon C H. Developmental System: Insects, vol. 1. London: Academic Press.

Miall L C, Denny A. 1886. The Structure and Life-history of the Cockroach (*Periplaneta Orientalis*): An Introduction to the Study of Insects. London: Lovell.

Nation J L. 2002. Insect Physiology and Biochemistry. Boca Raton: CRC Press.

Noirot C, Noirot-Timothee C. 1976. Fine structure of the rectum in cockroaches (Dictyoptera): general organization and intercellular junctions. Tissue and Cell, 8 (2): 345-368.

Ratcliffe N A, Gagen S J. 1977. Studies on the *in vivo* cellular reactions of insects: an ultrastructural analysis of nodule formation in *Galleria mellonella*. Tissue and Cell, 9(1): 73-85.

Richards O W, Davies R G. 1977. Imms' General Textbook of Entomology. Volume 1: Structure, Physiology and Development. 10th ed. London: Chapman & Hall.

Snodgrass R E. 1935. Principles of Inset Morphology. New York: McGraw-Hill.

Wigglesworth V B. 1930. A theory of tracheal respiration in insects. Proceedings of the royal society B: Biological Sciences, 106(743): 229-250.

Wigglesworth V B. 1965. The Principles of Insect Physiology. London: Methuen.

Wigglesworth V B. 1972. The Principles of Insect Physiology. 7th ed. London: Chapman & Hall.

第四章　储藏物昆虫的生物学

本章提要

- 掌握储藏物昆虫的生殖方式。
- 了解储藏物昆虫的胚胎发育。
- 掌握储藏物昆虫的变态。
- 掌握储藏物昆虫的生长发育。
- 掌握成虫的生物学特性。
- 了解储藏物昆虫的世代与生活史。

昆虫生物学（insect biology）是研究昆虫生命活动的一门科学，主要研究昆虫的个体发育史（从生殖、胚胎发育、生长发育，直至成虫的各个时期的生命特征）和年生活史（昆虫在1年中的发生经过或特点）。昆虫种类繁多，不同种类在进化过程中，由于长期适应其生活环境，逐渐形成了各自相对稳定的生物学特性。昆虫生物学，不仅是研究昆虫分类和进化的基础，而且对害虫的防治和益虫的利用都有着重要的指导意义。

第一节　储藏物昆虫的生殖

生殖又称繁殖（reproduction），是生物在新陈代谢基础上产生后代的现象，是生命的基本特征之一。储藏物昆虫与其他动物一样，也要进行繁殖。通过生殖，储藏物昆虫得以延续和发展。大部分储藏物昆虫是两性生殖的，成熟的雄性和雌性个体必须同时同地出现才能进行交配与生殖。神经内分泌系统对生殖起着重要的调节作用。很多双翅目昆虫的交配和产卵受到一系列激素和行为改变的调控，但在昆虫生殖的控制和调节方面还有很多需要研究地方，特别是与我们已知的脊椎动物的生殖相比，这些复杂的调控系统非常高效。例如，在储粮害虫的迅速暴发方面，短世代、高生殖力和种群动态与环境信号同步等使许多昆虫在适当的环境下迅速做出反应，如在某种食物短缺或天敌失控时。在此情形下，临时或专一地失去雄性（孤雌生殖）是一些昆虫可以迅速利用临时性（或季节性）丰富资源的另一种有效途径。

一、昆虫的性别

在正常情况下，昆虫个体的性别有3种情况：雌性、雄性、雌雄同体。

（一）雌性

雌性（female）文献中常用符号“♀”表示。大多数种类中，雌性成虫略比同种的雄性个体大，颜色较暗淡，活动能力较差，寿命较长。

（二）雄性

雄性（male）文献中常用符号“♂”表示。多数昆虫的雄性个体比同种雌性体小，色泽鲜艳，活动能力强，寿命短。

雌雄两性的差异主要表现在生殖器官的形态上。除生殖器官外同种昆虫雌雄个体还有一些不明显但又稳定的差异，即所谓的第二性征。例如，一些蛾类雌性的触角为丝状，翅缰为1根，而雄性的触角为羽状，翅缰在2根以上；蝇类的复眼，雌性的较小而相互远离，雄性的则大而几乎左右相接。同种的雌、雄个体除生殖器官的结构差异和第二性征的不同外，在大小、颜色、结构等方面存在明显差异的现象叫雌雄二型现象（sexual dimorphism）。有些昆虫雌性个体显著大于雄性个体，如嗜虫书虱（*Liposcelis entomophila*）雌性个体的体长是雄性个体长的2倍多。一点谷螟前翅的斑纹，雄虫在翅中央纵列一个淡色的叉状纹，在叉状纹的尖端近前缘处有一个小黑点，雌虫在翅的亚缘线和内横线处各有一条淡色波状纹，在中横线外方有个明显的大黑点。绿豆象的触角，雄虫为梳齿状，雌虫为锯齿状；长角扁谷盗等的触角，雄虫的细长呈丝状，雌虫为串珠状；黑毛皮蠹的触角末三节膨大，雄虫的末节扁长呈牛角形，雌虫的末节为圆锥形；阔角谷盗的雄虫头部前缘具有雌虫所没有的两个角状突起和发达的上颚（图4-1）。

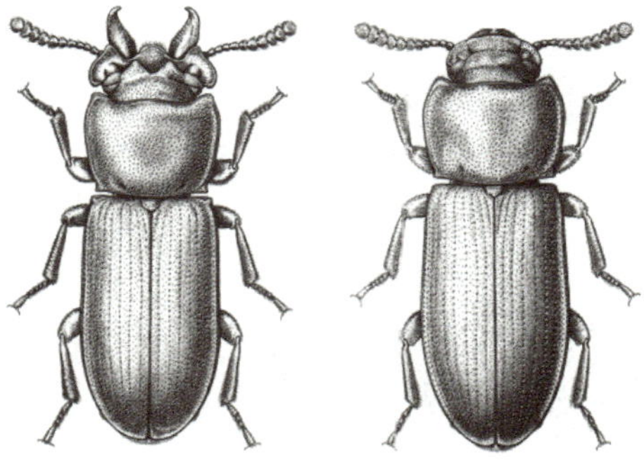

图4-1　阔角谷盗雌雄虫的性二型
（仿Bousquet，1990）
1. 雄虫；2. 雌虫

雌雄二型和第二性征之间的界限是人为规定的。有人认为雌雄二型现象的产生是第二性征分化的进一步发展或高级阶段，与“性选择”（sexual selection）密切相关。

同种昆虫同一性别的个体间在大小、颜色、结构等方面存在明显差异的现象称为多型现象（polymorphism）。多型现象不仅出现在成虫期，也可出现于卵、幼虫或若虫期及蛹期。

二、昆虫的性别决定

大多数昆虫的受精卵能产生雌虫和雄虫，遗传上由特定的性别决定机制决定性别。昆虫的性别决定（sex determination）是指雌雄异体（dioecism）在生长发育过程中，决定性别分化的机制，包括染色体决定、基因决定和其他因子影响。昆虫的性别有雌性、雄性和雌雄同体3种。绝大多数昆虫是雌雄异体，极少数昆虫的雌性和雄性生殖器官并存于同一个体内，为雌雄同体。雌雄同体仅见于半翅目、鞘翅目和双翅目昆虫中的极少数种类。雌雄同体不同于雌雄间体或雌雄嵌体。多数昆虫是二倍体（diploid），从双亲那里分别得到一套染色体。子代性别决定的最普遍的机制是靠与其他常染色体不同的性染色体（X染色体；异染色体）遗传而决定的。因此个体的性别是按照出现1个性染色体（XO）或2个性染色体（XX）而决定的，尽管通常XX是雌虫，XO是雄虫，但这种性别分配在同一类群内和不同类群间有所变化。一些涉及多条性染色体的性别决定机制也存在，而且曾观察到性染色体和常染色体间的复杂融合。我们常常不能识别性染色体，特别在像一些蚊子和瘿蚊性别是由单基因决定的昆虫中。内部和外界环境条件作用于基因组（外遗传因子）使性别决定变得更为复杂。另外，出生时的性比变化很大；尽管后代的性比一般是1∶1，但是也有许多偏移，幅度从100%为这种性别到100%为另一性别。

昆虫的性别决定因种类的不同而异，主要由性染色体和基因决定。

（1）性染色体决定。昆虫的染色体包括性染色体和常染色体。性染色体用X表示，常染色体用O、W、Y或Z表示。在多数昆虫中，雄性只有1条性染色体（XO或XY），雌性有成对的性染色体（XX）。在鳞翅目、毛翅目和部分双翅目昆虫中，雄性为成对的常染色体（ZZ），雌性为两条不同的常染色体或只有1条常染色体（ZW或ZO）。

（2）染色体倍数和等位基因决定。在膜翅目、缨翅目和少数半翅目、鞘翅目昆虫中，性别由染色体组的倍数决定。雄性的染色体是单倍体，雌性的是二倍体。但是，在一些膜翅目昆虫中，性别由染色体组的倍数和多位点的等位基因共同决定，雄性的染色体是单倍体或纯合的二倍体，雌性的是杂合的二倍体。

昆虫的性别受体内遗传物质控制，同时也受一些细胞质内共生物等因子调节。目前，已知有细菌、立克次氏体和病毒等5类昆虫体内共生物能引起昆虫子代性比的变化，导致子代出现雌性。其中对沃尔巴克氏体（*Wolbachia*）的研究最为深入，它是一类以昆虫、螨类和线虫等为寄主的细胞质共生菌，这类共生菌通过宿主卵细胞质的垂直传递并参与宿主多种生殖过程的调节。

三、储藏物昆虫的交配

储藏物昆虫的交配涉及雌雄外生殖器的身体结合，然后发生受精，即通过雄虫部分阳茎的插入将精子转移到雌虫的生殖道中。很多种类的雄虫在交配时阳茎的伸出包括两个阶段：整个外生器从腹部伸出，然后插入的器官翻转或扩展而形成变长的结构（其变化的状态称为内阳茎、鞭状体、阳茎端囊）能使精液深深地注入雌虫的生殖道内。在许多昆虫的雄虫腹间末端具有特化的抱握器，其在精液转移时可抓住腹部末端的相应部位以保持它们外生殖器的连接。

研究人员对8种储藏物甲虫的交配行为研究发现，不同的甲虫在交配前和交配过程中的行为模式有所区别，但大部分雌雄虫在交配前由雄虫用触角或者下颚须触碰雌虫鞘翅的后端，然后沿着如图4-2所示的箭头方向进行90°旋转，雄性一边移动身体，一边用上额须轻轻敲打雌虫的身体，当其移动尾端，到达腹部顶点后，停止移动，并用上额须触碰雌虫的鞘翅末端并伸

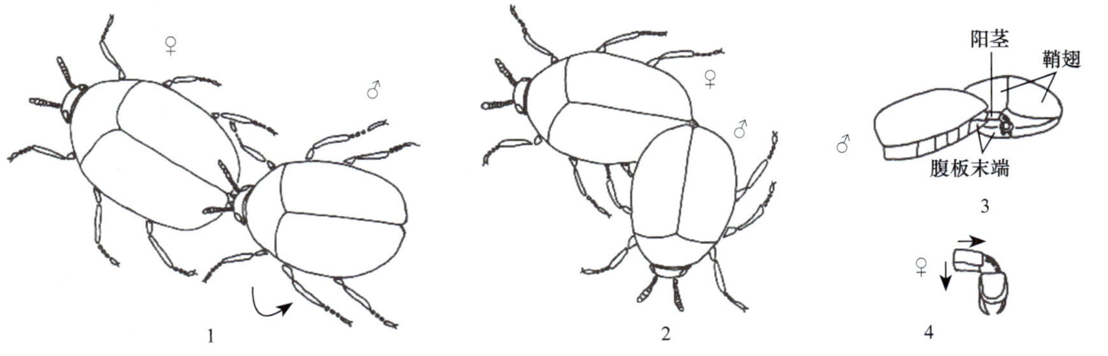

图4-2 谷斑皮蠹雌雄虫交配前后的行为模式（仿Wojcik，1969）

1. 交配前的行为模式（箭头方向是雄虫的旋转方向）；2. 交配过程中的行为模式；3. 生殖器部分放大；4. 阳茎的弯曲方向（箭头方向）

出阳茎试图交配。研究发现储藏物甲虫赤拟谷盗、玉米象和黑毛皮蠹的雌雄交配均存在着种群水平的左右不对称性，并且是偏左性，也就是说雄虫优先选择左侧分布的雌虫进行交配。

四、储藏物昆虫的生殖方式

大多数储藏物昆虫的生殖方式为两性生殖（amphigony），又称有性生殖，需经过雄雌虫交配，雄性个体产生的精子与雌性个体产生的卵结合后，由雌虫排出体外，才能发育成新个体。这是储藏物昆虫最主要的生殖方式。储藏物昆虫两性生殖的特点：通常卵接受精子以后，卵核才进行成熟分裂（减数分裂）；而雄虫在排精时精子已经减数分裂。

（一）卵生

储藏物昆虫是属于雌雄异体的动物，所以绝大多数种类进行两性生殖。但也有些种类以其他特殊方式进行繁衍后代。大多数昆虫是卵生的，它们将卵产出，并开始发育。而有些种的昆虫是胎生的，这些种类的卵在母体内就开始了发育。大多数储藏物昆虫的生殖方式都是卵生。

卵保持在母体内，甚至幼体在母体内发育以缩短昆虫的生活周期。在不同种类的昆虫类群已发现卵胎生、腺营养胎生、血腔营养胎生和伪胎盘营养胎生4种主要的胎生类型，有些为很多高等双翅目昆虫所特有。例如，卵胎生是受精卵含有卵黄，后者被某种形式的卵壳包围，卵在雌虫的生殖道内孵化。该生殖方式见于一些蜚蠊（蜚蠊目）、个别甲虫（鞘翅目）、蓟马（缨翅目）及一些蝇类（家蝇科、丽蝇科和寄蝇科）。腺营养胎生是昆虫胚胎在卵巢管内发育，孵出幼虫转移到生殖腔中，由母体的特殊腺体提供营养，幼虫发育至将要化蛹时产出，不久即化蛹。该生殖方式见于舌蝇及蛹蝇类昆虫，如虱蝇、蛛蝇及蜂蝇等。血腔营养胎生的昆虫没有输卵管，卵发育成熟后，卵巢破裂，卵释放在血液里，通过卵膜从血腔中吸取养分。当胚胎发育完成后，刚孵化的幼虫从母体爬出（如捻翅目），或先取食母体组织，再破母体而出，如部分瘿蚊。伪胎盘营养胎生是无卵黄的卵在雌虫生殖道内发育，雌虫提供一种特殊的胎盘状组织，通过这个组织营养物质转移到发育中的胚胎内，如少数啮虫（啮虫目）是以这种方式生殖的。

（二）非典型生殖方式

昆虫的两性生殖方式几乎存在于昆虫的所有目中，而其他生殖方式则不常见；不同类型的无性生殖方式发生于多个昆虫类群，未受精的卵发育是比较常见的现象，而一个卵形成多个胚的现象则罕见。一些种类中两性生殖与无性生殖交替进行，该现象取决于季节与食物的有无；个别昆虫一个虫体内同时具有雄虫与雌虫的生殖系统（雌雄同体现象），但仅发现一个属的昆虫有自体受精现象。

1. 孤雌生殖 实际上每个目都有一些或个别不经过交配就能产出未受精但可育的卵的雌虫。其他的种群，特别是膜翅目昆虫，交配虽然发生，但是精子并不为所有的卵受精。未受精的卵发育的现象称孤雌生殖（parthenogenesis），嗜卷书虱是孤雌生殖的典型种类。孤雌生殖及所产卵的性别可能是外界环境条件波动的反应，一般可以分为三类。

1）兼性孤雌生殖（facultative parthenogenesis） 又称为偶发性孤雌生殖。在正常情况下行两性生殖的种类中，偶尔发生未受精卵发育成新个体的现象。例如，鳞翅目昆虫中的家蚕、马铃薯块茎蛾等能进行偶发性的孤雌生殖。

2）专性孤雌生殖（obligate parthenogenesis） 又称为经常性孤雌生殖，即所有的卵都未受精而发育成新个体的生殖方式。储藏物昆虫中的嗜卷书虱至今还未发现自然情况下的雄虫，该种类的繁殖完全是通过孤雌生殖进行的，雌虫生产的卵都是未受精的，但是都可以发育成为新的雌性个体。在膜翅目昆虫（如蜜蜂）中，交配过的雌虫也进行着孤雌生殖，即雌蜂排卵时并非所有的卵都是受精的。未受精的卵将发育成雄蜂，受精过的卵则发育成雌蜂，所以孤雌生殖是这类昆虫的正常生殖方法之一。还有些种类，如叶蜂的雄虫极少，未交配的雌虫也行孤雌生殖。

3）周期性孤雌生殖（cyclical parthenogenesis） 即孤雌生殖和两性生殖随季节的变化而交替进行，即所谓的“世代交替”（alternation of generation）。例如，蚜虫一般从春季到秋季连续十多代都进行孤雌生殖，这段时期几乎不产生雄蚜，在冬季来临时产生雄蚜，进行雌雄交配，产受精卵越冬。

孤雌生殖对昆虫的广泛分布起着重要作用，即使只有一个雌虫偶然被带到新地区，也可能在这个地区繁殖起来，当遇到不适宜的环境条件时，孤雌生殖的昆虫也更容易保留它的种群。所以孤雌生殖是对付恶劣环境和扩大分布的有利适应。

2. 多胚生殖 一个卵产生两个或更多胚胎（个体）的生殖方法，称多胚生殖（polyembryony）。这种生殖方式存在于寄生种类（如小茧蜂）中。多胚生殖是对活物寄生的一种适应。

3. 幼体生殖 昆虫是卵生动物，但也有的昆虫产出的不是卵，而是幼虫或若虫（如蚜虫和某些蝇类），这种生殖方式称为胎生（viviparity）。但昆虫的胎生不同于高等动物的胎生，它们的胚胎发育仍然依靠卵里的营养，而不是靠胚盘吸取母体营养，与卵生所不同的仅在于卵没离开母体前就孵化了，所以昆虫的胎生又称卵胎生或伪胎生。胎生是对卵的保护的一种适应性，而且因没有卵期，生活史也较短。

五、昆虫生殖方式的进化及生物学意义

两性、卵生的生殖方式应该是最原始的，其他特殊的生殖方式均由两性生殖演变而来，有实验表明，人工改变外界因子（如光周期、X射线、化学刺激、机械刺激等）可以使某些行两性生殖的昆虫进行孤雌生殖。

长期以来，人们认为孤雌生殖的昆虫由于没有雌雄的基因组合，进化只能沿着单系突变的积累进行，是进化上的“死胡同”，甚至有人预言，专性孤雌生殖的昆虫终将不能适应环境条件的变化而灭绝。但近年的研究表明，某些孤雌生殖昆虫的基因分化水平相当高。孤雌生殖是昆虫长期为生存而斗争的过程中适应环境的结果，它对昆虫种群的繁盛起着很大的作用。第一，这种生殖方式有利于昆虫的分布，事实上孤雌生殖的种类往往比两性生殖的种类具有更广泛的分布区；第二，孤雌生殖方式使昆虫更能充分地利用有利的自然条件；第三，周期性孤雌生殖的昆虫具有复杂的生活史，异态交替现象能使昆虫更好地发挥两种生殖方式的优势。

六、体内共生物对生殖的影响

人们第一次发现一种细胞内的细菌（沃尔巴克氏体）侵染淡色库蚊（*Culex pipiens*）的卵巢后引起一些种群间（种内）的交配，并产生不能成活的胚胎。这种胚胎在孵化前就流产了，如果对雌雄两性进行抗生素处理，可以使后代恢复正常存活力，这样就把该类微生物与昆虫不育联系在了一起，这种现象称为细胞质不相容性（cytoplasmic incompatibility）或生殖不相容性（reproductive incompatibility）。现在已知有多种沃尔巴克氏体的“菌系”广泛存在于无脊椎动物中。对38种储藏物昆虫体内的沃尔巴克氏体进行了检测，发现杂拟谷盗、烟草甲、药材甲、锯谷盗、绿豆象、黑毛皮蠹、嗜卷书虱、麦蛾、地中海粉螟和麦蛾茧蜂10种昆虫和一种

储粮昆虫的捕食性天敌直腹伪蝎中感染有沃尔巴克氏体。调查表明，高达76%的昆虫种类可以被沃尔巴克氏体侵染。沃尔巴克氏体可以进行垂直传播（继承性地经卵从母体传染给子代），造成一些不同的但相关的影响。特化的影响包括以下几个方面。

细胞质（生殖）不相容性的定向性变化取决于亲代中的一个或全部被沃尔巴克氏体侵染及被哪个菌系侵染。典型情况下非定向性的细胞质不相容性表现为只侵染亲代中的一个，并且产生可存活的后代。双向的细胞质不相容性通常涉及双亲昆虫被不同的沃尔巴克氏体菌系侵染，这种情况下交配产生的后代均不可存活。

孤雌生殖或单倍体系统的昆虫后代的性比偏向于双倍态性别（通常是雌性），在已研究的一些寄生蜂［赤眼蜂属（*Trichogramma*）］中被沃尔巴克氏体侵染的雌虫只产生可育的雌性后代。其机制是配子染色体减数分裂时分离破坏，导致细胞核未受精，被沃尔巴克氏体菌侵染的卵含有两套同源的染色体（双倍性）。用抗生素处理双亲昆虫，或提高对沃尔巴克氏体敏感的温度，可恢复后代正常的性比。

沃尔巴克氏体的策略可以看作生殖寄生现象，与未被侵染的寄主相比，沃尔巴克氏体可以操纵其寄主产生不平衡的雌性后代（该性别负责沃尔巴克氏体侵染的垂直传播）。只有在极少的情况下被沃尔巴克氏体侵染对于寄主有利，主要是通过增强寄主的繁殖力。当然，从沃尔巴克氏体与其寄主的系统发育关系的证据看，沃尔巴克氏体常在非相关寄主间水平传播，明显地不是协同进化。

七、昆虫生殖的激素调控

雌性昆虫的生殖发育过程受到神经肽、保幼激素和蜕皮激素的调控。在不完全变态昆虫生殖发育过程中主要由保幼激素调控，如蜚蠊目的德国小蠊，在全变态昆虫赤拟谷盗中，保幼激素对于其生殖发育起着主要的作用。另外，营养物质刺激脑和几个外围组织释放神经激素和类胰岛素肽与昆虫的主要激素——保幼激素及蜕皮激素一起调控生殖发育的各个方面，如在赤拟谷盗中，保幼激素通过类胰岛素信号通路间接刺激卵黄蛋白的产生。

神经肽、类固醇激素和保幼激素在生殖调节上均起着必要的作用，蜕皮甾类由预成虫前胸腺生产到成虫的卵巢生产转变在不同阶元间有所变化，如图4-3所示。

保幼激素和（或）蜕皮甾类对于生殖是必需的，保幼激素多促进器官（如卵巢、附腺及脂肪体）功能的形成，而蜕皮甾类则影响形态发生及生殖腺的功能。神经肽在不同的生殖阶段起着不同的作用，它们可以通过咽侧体与前胸腺调节内分泌功能，也可直接影响生殖事件，特别是排卵、产卵和产幼（larviposition）。

神经肽对生殖的调控作用是一个不断扩展的研究领域，特别是生物化学和分子生物学等新技术的运用使得对其了解成为可能。至今大部分研究限于蜚蠊和鞘翅目的赤拟谷盗。

（一）昆虫卵黄生成与生殖

在卵巢中，滋养细胞和卵泡细胞都与卵母细胞有联系。这些细胞把营养物质传递到正在成长的卵母细胞中。卵母细胞形成相对较慢的时期是在卵黄快速沉积或卵黄生成（vitellogenesis）之后，卵黄生成大多发生在卵巢管中卵母细胞的端部并使卵完全成熟。卵黄生成涉及特定的称为卵黄蛋白原（vitellogenin，Vg）的雌虫脂糖蛋白（lipoglycoprotein）（大多由脂肪体产生），紧接着它们进入卵母细胞中。一旦进入卵母细胞，它们就被称为卵黄蛋白（vitellin），其化学结构也与卵黄蛋白原稍有不同。类脂体（大部分来源于卵泡细胞、滋养细胞或脂肪体的甘油三

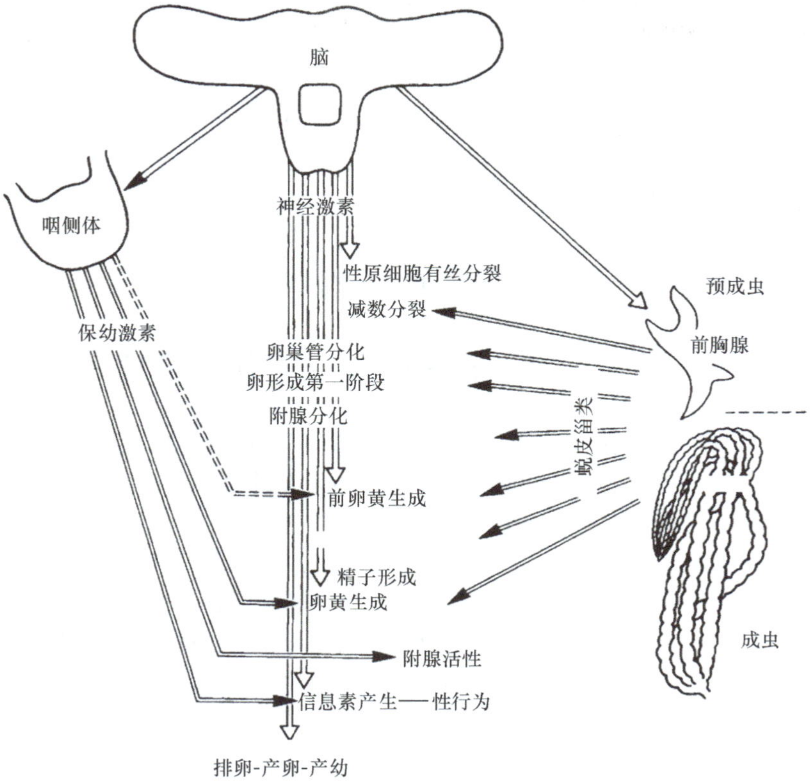

图4-3　激素调节昆虫生殖的示意图（仿Raabe，1986）
虚线箭头表示这一条还没有完全研究清楚；虚线表示还没有验证，只是假设

酯）也沉积在生长中卵母细胞里。卵子成熟过程中卵黄蛋白原的合成及卵子成熟过程中卵母细胞的摄取是雌性繁殖的必要条件。

（二）激素对卵黄生成的调控作用

激素对卵黄生成的调控作用曾是昆虫激素研究的一个热门领域。卵黄生成的调节在不同昆虫阶元中有所变化，咽侧体生成的保幼激素，前胸腺或卵巢产生的蜕皮甾类及脑神经激素（神经肽，如卵巢蜕皮素形成激素）被认为在不同昆虫种类不同程度地诱导或促进卵黄蛋白原的合成（图4-3）。

在卵黄生成期卵巢泡囊中对卵发育的抑制是通过抗促性腺激素（antigonadotropin）调节的。其抑制作用可以确保在每个卵巢循环中有少数的卵母细胞进行卵黄生成。负责这一抑制作用的抗促性腺激素是被称为抑卵激素（oostatic hormone）的肽。在大部分已研究的昆虫中抑卵激素是由卵巢或与卵巢相关的神经分泌组织产生的（因种而定），可能以下面3种方式之一而起作用。

（1）抑制卵巢蜕皮素形成激素（又叫卵发育神经激素）的释放或合成。

（2）通过抑制蛋白水解酶的合成和中肠中血液的降解影响卵巢的发育，如在蚊子中。

（3）抑制保幼激素对卵黄形成卵泡细胞的作用，这样就可以抑制卵巢积聚从血淋巴中来的卵黄蛋白原。

最初大家都认为保幼激素在大多数昆虫中调控着卵黄生成。后来，在某些昆虫中发现了蜕皮甾类的重要作用。随着研究手段的不断进行，越来越多的研究证明神经肽在卵黄生成中起重要作用。神经肽为一组蛋白，调节生殖是其在昆虫体内一系列功能中的一个，如类胰岛素神经肽类。类胰岛素及其通路不仅可以直接调控昆虫生殖活动，还能与蜕皮激素（molting hormone）和保幼激素（juvenile hormone，JH）互相影响，共同调节昆虫繁殖，主要体现在卵黄蛋白的合成与卵子成熟等过程。例如，在对赤拟谷盗进行牛胰岛素注射或者对类胰岛素信号传导途径中的转录因子FOXO进行基因沉默处理后，其卵黄蛋白的mRNA转录水平显著上升，将类胰岛素受体基因沉默后，卵黄蛋白的mRNA转录水平显著下降。

第二节　储藏物昆虫的胚胎发育

卵通常被认为是昆虫生命活动的开始。卵自母体产出后到幼虫孵化或若虫所经历的时间，称为卵期。卵期是昆虫胚胎发育的时期，也是个体发育的第一阶段。昆虫卵期的长短因种类、季节或环境条件不同而异。短的只有1～2d，长的可达数月之久。

胚胎发育（embryonic development）是指从受精卵内的合子开始卵裂至发育成幼虫（或若虫）为止的过程，又称为卵内发育。昆虫的胚胎发育是完成其个体发育的一个必经过程，也是完成其种族延续的一个重要时期，研究昆虫的胚胎发育无论是对益虫的利用，还是对害虫的防治都有着十分重要的意义。以性不育法作为防治害虫的一种新途径，也是以昆虫生殖生理及胚胎发育为依据的。

卵生昆虫的胚胎发育大致可分为卵裂、胚盘形成、胚带形成、胚膜形成、胚层形成、胚体分节、附肢形成、胚动、体壁形成及背合等若干阶段，但有些发育现象常常是同步进行的。

两性繁殖的昆虫，其胚胎发育是从精子和卵子结合而成的受精卵分裂开始。胚盘形成后，细胞分化形成带状的胚带（germ band）。胚带通过内陷和扩增形成不同的胚层。胚层分化的同时胚胎开始分节，分别形成原头（protocephalon），其上发生眼和头部的附肢；其余狭窄的部位形成原躯（protocorm），主要形成颚节和胸、腹部。在胚胎的各个体节上出现一对附肢原基（appendages primordia），最终扩展成为附肢。随着胚胎背合（dorsal closure）的完成，一个完整的胚胎即形成。与此同时，昆虫内部的各个器官系统，主要包括消化道、气管、循环、神经系统相继形成。最终胚膜退化，胚胎发育完成。

一、成熟卵

昆虫卵的外形和体积变异颇大，但一般均可分出前端和后端（图4-4，1）。

卵母细胞在卵巢管内，前端与母体头部的方向一致，背腹面也和母体的背腹面相符。除少数例外，成熟胚胎的头、尾、背、腹方向均与母体的相符合（图4-4，2），昆虫卵虽为中黄卵，但不同昆虫的卵所含卵黄多寡不一。卵分成细胞质和卵黄两部分，细胞质在卵膜下层形成卵周质，部分深入卵黄，在其间形成网状结构（图4-4，3）。在卵巢管内卵母细胞的周围有卵泡细胞，当卵母细胞即将成熟时它们分泌含蛋白质成分的卵壳以保持水分。在卵壳一定位置有卵孔以便接收精子。在未受精的卵中，被细胞质所围绕的细胞核常位于卵黄中央，成熟分裂时向近卵孔的周质移动并分裂出极体。卵一般是在产下后才受精的，受精后合子核向卵内部移动，并开始分裂。

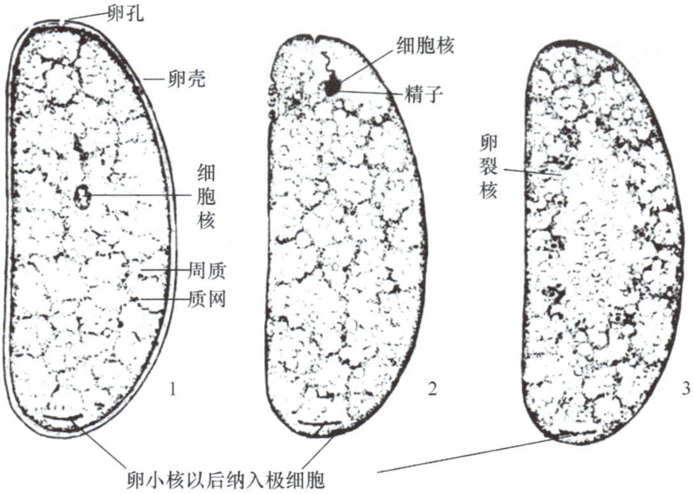

图4-4 昆虫胚胎发育过程中卵的形态（仿管致和等，1955）
1. 昆虫卵的放大；2. 昆虫卵受精；3. 昆虫的中卵裂

二、卵裂与囊胚形成

卵裂（cleavage）是指合子经过若干次分裂形成很多子核的过程。子核再进行若干次分裂，并向卵的周缘移动，直至进入周质内（图4-5）。在周缘再经过一次或数次分裂后，即在子核间出现细胞膜，并逐渐形成围绕卵黄的单层细胞层（图4-5），称为胚盘（blastoderm）。卵裂时留在卵黄内的部分子核，形成消黄细胞（vitellophage）；胚盘形成后，部分子核又从卵的周缘再回到卵黄内，也形成消黄细胞。前者称为初生消黄细胞，后者称为次生消黄细胞，都有消化卵黄供给胚胎发育营养的功能。在胚盘形成的过程中，在卵的下端（即与卵孔相对的一端）就已分化出原始生殖细胞。由于昆虫的卵属于多黄卵中的中黄卵，所以其卵裂的方式为不完全分裂和表面分裂。合子核反复分裂，使卵细胞核数目成倍增长，它们各被一团星状的胞质所包围，多数向卵的周围移动，在周质中造成囊胚，一部分可仍留在卵黄中，形成初级卵黄细胞。形成囊胚的细胞核在分裂后其子核也有的向内移动而形成次级卵黄细胞。

昆虫卵细胞激活后，合子通过有丝分裂，生成很多子核，子核组成的合胞体叫卵裂活质体（cleavage energid），这些活质体迁移到卵的周围，那里的膜内褶而细胞化形成一个单细胞厚的胚盘（blastoderm）。昆虫早期胚胎发育的这种明显的表面卵裂导致卵内出现大量卵黄。胚盘通常生成幼虫身体的所有细胞，而中心的卵黄部分提供胚胎发育的营养，到孵化时或新个体从卵中出来时卵黄被用尽。子核迁移到周质中，逐渐在卵的表面形成单层细胞的胚盘。胚盘在卵的腹面不同步分裂，逐步形成了胚带。

胚盘形成后，细胞即开始分化。位于卵腹面的胚盘细胞增厚变大，由方形变为柱形，成为以后发育成胚胎的细胞带，即胚带（germ band）。位于卵侧面和背面的胚盘细胞则逐渐薄化成胚膜（embryonic envelope）（图4-6，1）。在以后的发育中，胚带细胞分裂增殖旺盛，并由前向后沿腹中线内凹，中间的凹陷部分称为胚带中板（median plate），两侧部分称为胚带侧板（lateral plate）（图4-6，2）。胚带中板内陷加深而形成1条纵沟，称为原肠沟（gastral groove）（图4-6，3）。以后原肠沟逐渐消失（有的昆虫不发生原肠沟），胚带侧板在中板腹面相向延伸

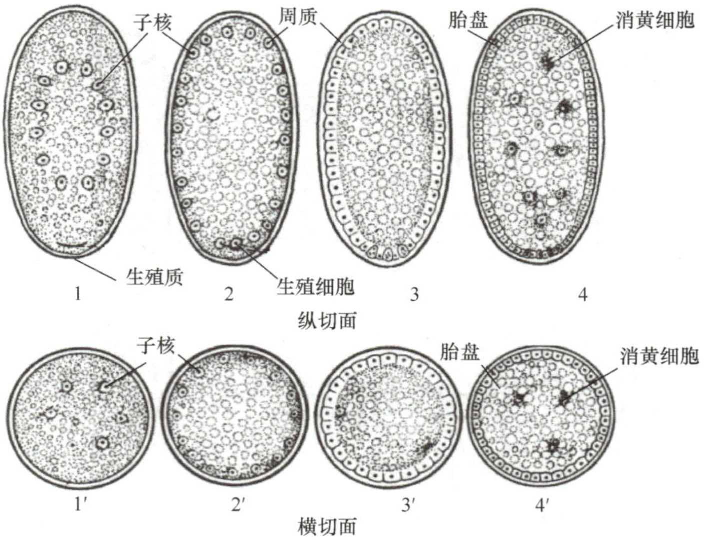

图4-5 昆虫胚盘形成过程（仿管致和等，1955）

1, 1′. 合核分裂为若干子核；2, 2′. 子核向周缘移动至周质；3, 3′. 子核间出现细胞膜；4, 4′. 胚盘形成

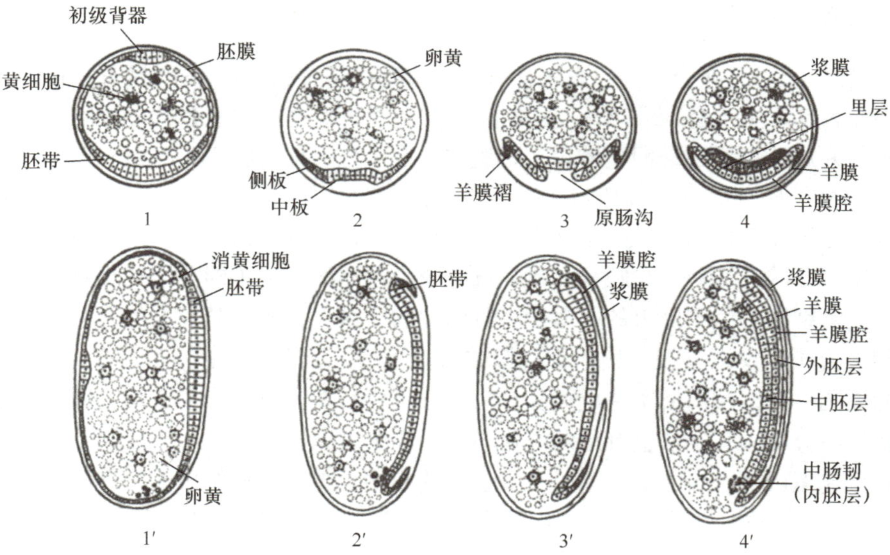

图4-6 胚带、胚膜及胚层形成过程（仿 Johannsen and Butt，1941）

1～4. 横切面；1′～4′. 纵切面；1, 1′. 胚带形成；2, 2′. 胚膜出现和中板形成；3, 3′. 中板两侧相向伸长，浆膜向下包，形成羊膜褶；4, 4′. 羊膜腔形成和胚层发生

并最后会接，形成胚带外层（outer layer）。同时，胚带中板两端也在腹面相向延伸并最后愈合，使中板形成双层细胞的胚带里层（inner layer）（图4-6，4）。里层的分化还有另外两种方式，分别为长覆式胚层分化和内裂式胚层分化。长覆式胚层分化在胚带中板内陷时，侧板相向延伸，愈合后覆盖在中板之外，形成胚带外层，而中板两端并不相向延伸，故形成的胚带里层为单层细胞；内裂式胚层分化则是由中板向里分裂出一群细胞，形成胚带里层，而原来的胚带即外层（图4-7）。

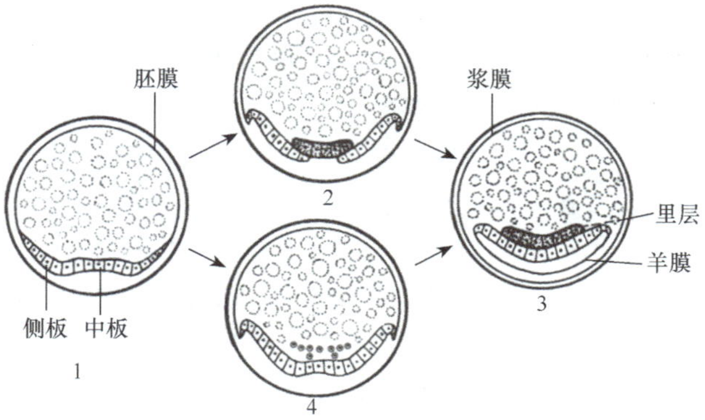

图4-7　长覆式胚层分化（1→2→3）和内裂式胚层分化（1→4→3）（引自 Johannsen and Butt，1941）
1. 中板形成；2. 侧板与中板断裂，相向覆盖；3. 胚带中间向内裂出一部分细胞；4. 里层形成

三、胚体分节和附肢形成

在胚带伸长和胚层分化的同时，胚体即已开始分节，即在外胚层上出现一系列横沟。胚体初呈波浪形弯曲，以后分节逐渐明显。胚带的前端较宽，称为原头（protocephalon），其上发生上唇、口、眼、触角等；胚带其余较窄的部分，称为原躯（protocorm）。原躯首先出现下唇节与前胸节的界限，并以此为界向前和向后两端进行分节。以后，颚节（上颚节、下颚节和下唇节）与原头合并为昆虫的头部。多数昆虫再自前胸节向后端分节，依次形成胸部和腹部各节。但一些甲虫原躯的分节则是自胸部向前后两端进行的。胚胎出现分节后，每个体节的两侧各发生1个囊状突起，以后发育成分节的附肢。附肢出现的顺序与胚胎分节相同，但以后有的体节（尤以腹部）上发生的囊状突起又消失，故幼虫孵化后，在这些体节上不再保留附肢。在胚胎出现分节的同时，每一体节的两侧各发生1个囊状突起，以后逐渐发育成分节的附肢。附肢在发育过程中，有些体节上的退化消失，有些体节上的则进一步完善，因而形成了不同的幼虫类型。

胚盘区域性分化导致胚原基或胚芽的形成，胚原基是胚胎发育的第一个标志，胚原基以外的胚盘变薄形成浆膜（serosa）或称胚胎包被；接下来，胚原基发育到一个内折的过程叫原肠形成（gastrulation），并被包在卵黄中形成两层的胚胎包含着羊膜腔。原肠形成后，胚原基变为胚带（germ band），外面有分节组织。胚带基本形成将来身体的腹部层面，慢慢地头体节和附肢相继分化并逐渐明显；这时有一个叫胫体下降胚胎后退的过程将胚胎带到卵内的最终位置。

四、胚动、背合和胚膜消失

（一）胚动现象

昆虫的胚动（blastokinesis）是指在胚胎发育过程中，胚胎在卵内发生不同程度位置移动的现象（图4-8）。这个过程可分成几个阶段：首先是胚带在卵的腹面因沉入卵黄及胚带边缘细胞增殖而形成羊膜。在飞蝗等昆虫中，胚带以尾端向卵前端的方向移动，称为反向移动或胚体上升。以后，羊膜腔破裂，胚体头部向卵背面弯转，造成转旋。多数不全变态

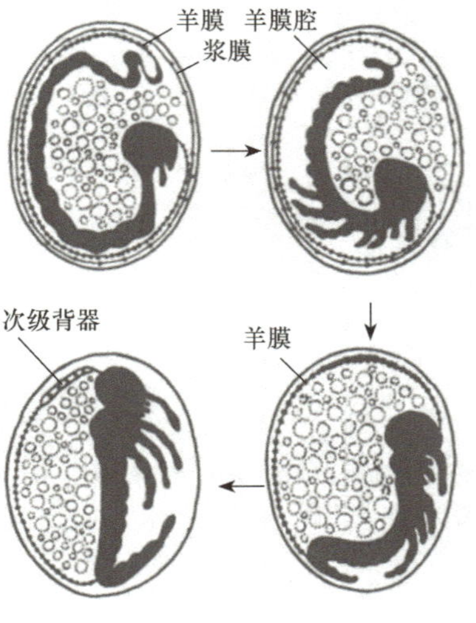

图4-8 胚动的连续过程
（仿 Johannasen and Butt，1941）

昆虫，如直翅目、蜻蜓目和部分半翅目等属于短胚带昆虫，它们的卵黄多而胚带短，胚动的幅度较大，在胚膜形成时，胚带的尾端逐渐向卵黄内陷入，除头端外，整个胚带陷入卵黄内，而且随着陷入程度的加深，胚带渐渐沿卵的后端倒退，直到整个胚胎的方向倒转为止，即胚胎的头端由原来的指向前端变为指向后端，胚胎的背面转而朝向卵的腹面，以后又恢复到原位。

全变态昆虫大多属于长胚带昆虫，胚动的幅度较小。除卵形长的双翅目和膜翅目的胚胎在发育过程中沿卵的长轴做180°转动外，多数种类的胚动是原先弯向卵背面的尾端，先缩短再伸长并弯向腹面，使原来位于卵腹面的胚带迁移到卵的背面，因而其胚胎只做短距离的移动而不沉入卵黄内。

一般认为，胚动与更充分地利用卵内营养物质有关。同时，又可使胚胎在有限的卵内空间得以充分地发育。

（二）体壁形成与背合

随着胚胎发育的进程，位于卵腹面的胚带两侧围绕着卵黄向背面发育而伸展，胚胎部分越长越大，而卵黄则由于作为营养物质被利用而逐渐减少，最后胚胎的两侧伸至背中线而闭合，形成一个完整的胚胎，这一过程称为背合（dorsal enclosure）。一般昆虫的腹部背合较早，然后向胸部背合，在胸部最前端留一个未背合的小孔，称为脐孔，至孵化前才完全闭合。背合完成于胚胎发育的后期，背合的结束标志着体壁与体腔的形成。

（三）胚膜消失

胚胎发育进入中后期时，浆膜和羊膜从它们各自的愈合处破裂，背合时逐渐被牵引到胚胎的背面，多呈管状下陷于卵黄中，退缩为背器（dorsal organ）。背合末期，背器也逐渐离解而被卵黄吸收。胚膜消失的情况因种类而异，一般羊膜和浆膜全部消失；有些昆虫（如摇蚊等）的羊膜保留，浆膜消失；还有些昆虫（如叶甲等）的浆膜保留，羊膜消失；鳞翅目昆虫的羊膜和浆膜均保留，并往往有少部分卵黄被夹存于两膜之间。有些种类的初孵幼虫常取食卵壳作为最早的营养。

（四）胚胎的分节

飞蝗等昆虫的胚带在反向移动中已分节；另一些昆虫的胚带在原肠沟形成时已分节，一般在内层分离后分节便趋于明显。分节开始于胚带的前端，这时胚带形成了原头和原躯两部分，前者有侧叶，由此产生触角前节。原头前端中央有小突起，以后形成上唇；在小突起后面的外胚层有内陷，以后形成前肠。原头的第2节为中脑节，它的一对突起以后形成触角；第3节为后脑节或称颚节。原头以后的三节各有一对突起，以后分别形成上颚、下颚和下唇。这三节与原头一起形成以后的头部。在它们后面的三节以后形成胸部；它们各有一对突起，将来形成胸部附肢。再往后的体节形成较晚，将来形成腹部。在多数昆虫的胚胎中，腹部共有10节，另加最末的尾节，共11节；尾节中央有内陷，以后形成后肠。

腹部各节在一定的发育阶段均各有一对突起；第一腹节的突起特化成为胚足带，在蝗虫中分泌溶解浆膜表皮的酶。根据腹部各节和附肢突起出现的情况，胚胎的发育可分为3个阶段：最早为原足期，这时分节不明显，只在头、胸有附肢突起；第二为多足期，这时腹部已明显分节，各节均有一对附肢；第三为寡足期，这时腹部分节明显，但附肢已经消失（图4-9）。

不同昆虫完成胚胎发育所需的时间不同，一般以不完全变态的种类较长，完全变态的种类较短。发育的进展明显地受温度的影响。发育温度的下限在10℃，上限为40℃。

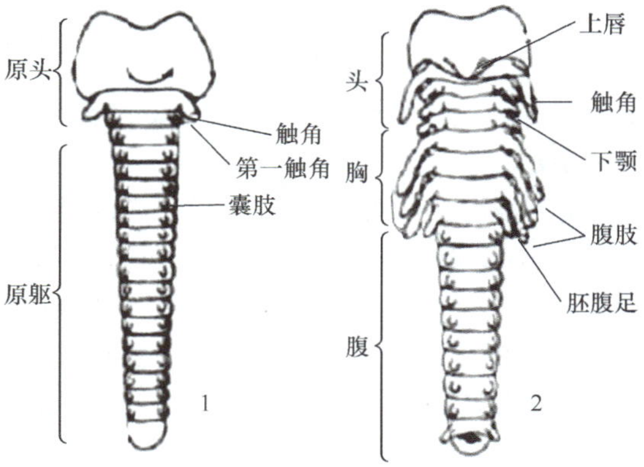

图4-9 昆虫胚胎的分节（仿Richard and Davis，1987）

1. 胚胎分成原头和原躯两部分；2. 胚胎分为头、胸、腹三部分

第三节 储藏物昆虫的变态

一、变态

昆虫从卵发育到成虫的过程中所经历过的一系列内部构造和外部形态的阶段性变化，称为变态（metamorphosis）。储藏物昆虫在胚后发育过程中，不仅体积有所增大，同时在外部形态和组织等方面也有变化。从卵孵化出来的幼期昆虫与性成熟的成虫相比，总有或多或少的差异，这在外形上就可以看出来。

昆虫身体形态的变化是变态的实质，这是靠身体各部分不同生长而实现的。成虫期发挥作用的器官在幼虫期处于未发育状态，其发育速率比身体平均发育速率快。翅芽的加速生长是最明显的例子，但足、生殖器、性腺和其他内部器官大小和复杂性也有相当程度的增长。变态的发生通常与身体达到一定大小有关，过去曾认为是脑通过调节激素水平来控制变态。然而，在已经研究的大多数甲虫的变态中，却发现变态与脑的影响相当独立，特别是在蛹期。在大多数昆虫中，循环着的保幼激素量的降低（咽侧体活力降低的结果）对于变态的开始是至关重要的。

二、变态的类型

根据成虫与幼虫体态的分化、翅的发生，以及幼虫期对生活环境的特殊适应和其他生物学特性的分化，可把昆虫的变态分为表变态、不完全变态、全变态、增节变态、原变态五大类。储藏物昆虫中的变态类型主要有表变态、不完全变态和全变态等。

（一）表变态（epimorphosis）

表变态也属于原始变态类型。其主要特点是从卵孵化出的幼虫已经基本具备成虫的特征，在胚后发育中仅表现在个体增大、性器官的成熟等，其他方面无明显差别，故又称为无变态。但该类变态保留了成虫期仍继续蜕皮这一节肢动物祖先遗留的特征，如衣鱼目昆虫。

（二）不完全变态（incomplete metamorphosis）

又称为直接变态（direct metamorphosis），是有翅亚纲外生翅类，如革翅目、啮虫目、蜚蠊目和半翅目等昆虫所具有的变态类型。昆虫一生只经历卵、若虫和成虫3个发育阶段。幼期的翅在体外发育，成虫期的特征随着幼期的生长发育而逐步显现。不全变态又可分为3个亚型。

1. 半变态（hemimetamorphosis） 该类昆虫的幼期营水生生活，其幼体在体形、取食器官、呼吸器官、运动器官及行为习性等方面均与成虫有明显的分化现象，因而特称为稚虫（naiad）。由于稚虫适于水生生活的某些适应性构造在转变为成虫时全部消失，这些构造又被称为“暂时性构造”。属半变态类的昆虫有蜻蜓目、鞘翅目等。

2. 渐变态（paurometamorphosis） 该类昆虫的幼期与成虫期在体形、习性及栖境等方面都很相似，仅是幼体的翅和生殖器官尚未发育完善，故特将其称为若虫（nymph）。属渐变态类的昆虫有直翅目、螳螂目、蜚蠊目、革翅目、等翅目、啮虫目、纺足目、半翅目、大部分半翅目等。

3. 过渐变态（hyperpaurometamorphosis） 过渐变态为缨翅目、半翅目粉虱科和雄性介壳虫具有的变态类型。与一般渐变态不同的是，由幼期转变为成虫期需要经过一个不食和不大活动的类似蛹的虫龄，特称为“伪蛹”或“拟蛹”，因而比渐变态稍显复杂一些。一般认为该类变态是由不完全变态向全变态过渡的中间类型。

不完全变态和表变态的主要不同是成虫不再蜕皮，幼期属寡足型（只有胸足，无腹足）。

（三）全变态（holometabolism）

全变态也称完全变态，是昆虫纲中最进化的变态类型。昆虫在生命周期中经历卵、幼虫、蛹和成虫4个不同虫态（图4-10），幼虫期的翅在体内发育，幼虫与成虫间不仅在外部形态和内部构造上差别很大，而且在食性、栖境和生活习性等方面也存在很大差异。包括有翅亚纲中比较高等的各目，如鞘翅目、鳞翅目、膜翅目等储藏物昆虫。由于它们幼虫时的翅隐藏在体壁下发育，整个幼虫期在体外看不见翅的痕迹，直到末龄幼虫蜕皮化蛹时才由体内翻出来，所以在分类上把这些目均归属于有翅亚纲的内生翅类。

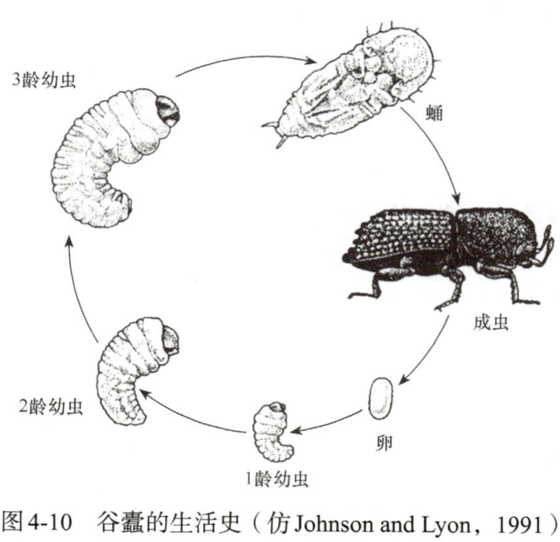

图4-10 谷蠹的生活史（仿Johnson and Lyon，1991）

在形态方面，除了成虫的触角、眼、口器、翅、足、外生殖器等都以器官芽的形式隐藏在幼虫体壁下外，往往还具有成虫所没有的附肢或附属物，如腹足、呼吸管等临时性器官。在生活习性方面，特别是食性的差别常常是十分显著的，因而内部器官也相应地有很多不同。例如，鳞翅目幼虫的口器是咀嚼式，绝大多数以植物的各部分为食物，并以食料植物作为栖息环境，而它们的成虫是以虹吸式口器吸食花蜜等液体食物，有的甚至完全不取食。双翅目、膜翅目中的大多数寄生性种类，幼虫在寄主体内生活，成虫则营自由生活。在鞘翅目昆虫中，幼虫和成虫往往具有颇为相似的食性和栖境，但在器官芽发生为成虫器官这一点，与上述诸目是相同的。

由于全变态的幼虫和成虫间有着很多明显的分化，所以从幼虫转变为成虫时，必须经过一个将幼虫构造改变为成虫构造的过渡虫期，这就是蛹期。蛹是从幼虫转变为成虫必须经过的一个过渡虫态。幼虫组织器官的解离和成虫组织器官的重建均在蛹期内完成。幼虫在化蛹蜕皮时，各器官芽形成的构造同时翻出体外，因此蛹已具备有待羽化时伸展的成虫外部构造。

（四）增节变态（anamorphosis）

增节变态是昆虫纲中最原始的变态类型，节肢动物中的三叶虫纲、甲壳纲及多数多足纲也都属于该变态类型。其特点是由幼期发育到成虫期腹部的体节数随蜕皮次数的增加而增加。初孵化时腹部只有9节，至性成熟时逐渐增加到12节，所增加的3节均是由第8腹节（尾节前一节）增生而来。这种变态在六足总纲中仅见于低等的原尾纲昆虫。

（五）原变态（prometamorphosis）

原变态是有翅亚纲昆虫中最原始的变态类型，其特点是从幼期转变为成虫期需要经过一个亚成虫（subimago）期。亚成虫在外形上与成虫相似，已性成熟，翅已展开并初具飞翔能力，但体色较浅，足较短，多呈静息状态。亚成虫期较短，一般经1至数小时后蜕皮变为成虫。亚成虫蜕皮属成虫蜕皮现象，这是表变态类昆虫演化为有翅昆虫时保留下来的发育阶段（前若虫）。前若虫期只取食卵黄，能够独立存活。

三、变态的进化

变态使昆虫幼虫期在生态学上与成虫期分开以避免竞争，其进化似乎是鼓励分化的重要因子。

虽然全变态类如何逐步从半变态类演化而来一直有争论，但现有的假说认为前若虫（孵化或前孵化期，与随后的若虫期不同）是全变态幼虫的进化前身，全变态的蛹仅是若虫期。

在无变态个体单元（它们形成六足类系统发育的最早分支）中，每一次蜕皮后的龄期都是前一个龄期较大的个体，发育是线性、前进式及持续的，甚至早期的飞行昆虫，如古网翅目，在若虫化石的所有阶段（大小）都有大小成比例的翅芽，因此是无变态的。半变态昆虫与无变态昆虫的区别在于具有发育完全的外生殖器和翅的成虫期不再经历蜕皮，也有一个可明显识别的前若虫。

前若虫的身体比例不同于随后的若虫期，这或许受限于卵内的制约和协助孵化的需要（必要时，这个就是孵化的虫态）。显然，有翅亚纲的前若虫并不仅仅是高度微型化的第1龄若虫。在一些目（蜚蠊目、虱目、半翅目）中，孵化出来的可能是预1龄若虫，位于前若虫表皮之内。孵化时，若虫从卵脱出，因为第1次蜕皮与孵化同时发生。在蜻蜓目和直翅目中，孵化的实际是前若虫，它可以进行有限的（经常是特化的）孵化后移动，以寻找潜在的若虫发育地点，然后才蜕皮成第1龄真若虫。

全变态类的幼虫期，理论上与这种前若虫期同源，而半变态类的若虫期被收缩成全变态的蛹，这是唯一的若虫期。这种观点的支持证据是发现了前若虫、若虫及幼虫表皮的区别，不同表皮相对于胚胎发生期的形成时间，以及在若虫期停顿的幼虫期成神经细胞诱导神经元产生的解释。

造成发育中这样剧烈变化的机制是异时发育（heterochrony），这涉及发育阶段不同控制活化时间的交替。变态受神经肽、蜕皮甾类，特别是保幼激素（JH）的相互作用控制。控制因子间的平衡开始于卵期，并且继续到整个发育事件时机的细微差异导致非常不同的后果。胚胎中较高浓度JH的较早出现阻止若虫某些方面的成熟，导致前幼虫的发育，然后通过持续的高浓度JH抑制成熟，保持幼虫形态。当JH浓度降低时蛹化（进入若虫期）发生，然后成熟需要提高JH浓度。全变态类的发育出现，因为JH浓度保持高值，无JH期推迟，直到幼期生长结束（变态）。这与半变态相反，后者胚后持续低JH值使若虫发育平稳进行，直到成虫形成。

在早期分支的全变态类中，JH阻止幼虫中成虫特征的任何过早产生，直到蛹。然而，在较后分支的目和较进化的科中，有些成虫特征可能避开JH的抑制，并且可以在幼虫早龄中开始发育。这样的特征包括翅、足、触角、复眼及外生殖器。它们的早期表达见于成为器官芽的几组原基细胞——已经为它们最终的成虫功能而分化。随着幼虫中每个成虫器官分化开始的不同，生活史进化表现出极大的变异和灵活性。

发育控制的时机在基本幼虫形状中也是很明显的。JH表达的开始可以在足表达的任何阶段延缓前若虫/前幼虫的发育，从无足（无表达）到基本上完全发达。这样的足，虽然称为幼虫的原足，其神经分布类似于成虫，但发达程度低于成虫足中所见。显然，幼期和成虫期的足是同源的（由于成虫足的器官芽在原足内发育，无论原足发达程度如何）。

如果幼虫进化来自前若虫期的相应延长，那么前若虫如何能够取食？虽然甲壳类的前若虫（如十足类的无节幼体期）取食，但现生六足类中相应的虫态显然不能取食。前若虫有一个短暂的孵化后存在，但它如果由于雌性产卵场所选择或它本身有限的寻找能力而发现自己处在适宜的微生境中，并且能够取食，那么在随后的龄期中就将会有选择这种能力的趋势。可见选择是连续的，因为幼虫和成虫食物资源的解连锁减少了幼期和成虫对食物的竞争，因此把用于生长的资源和用于生殖的资源分开。全变态类的明显成功并不仅仅是来自这种分割。

第四节 储藏物昆虫的生长发育

昆虫自卵内孵出到成虫羽化并达到性成熟为止的发育过程，称为生长发育过程，也称为胚后发育（postembryonic development），其中包括幼虫（或若虫）、蛹及成虫性成熟之前的产卵前期等发育阶段。胚后发育所需的时间因昆虫种类不同而异。同种昆虫在不同季节也不相同。例如，蚜虫只需几天，黑毛皮蠹和金龟子需1～2年，美洲十七年蝉长达17年。多数昆虫的胚后发育为数周至数月，但遇有休眠或滞育时，常达数月之久。

一、孵化

储藏物昆虫的胚胎发育完成后，脱卵而出，这种现象称为孵化（hatching），又叫昆虫的胚后发育。

一般储藏物昆虫在完成了胚胎发育后就能孵化。但也有不马上出壳的，如书虱在胚胎发育完成后仍可留在卵内越冬，而实际上是以未离卵幼虫越冬的。

各种储藏物昆虫突破卵壳的方法不同，有些在出卵时，首先由消化道将卵内的羊水全部吸入以扩大内部张力，使虫体能完全充塞卵内的整个空间，然后依靠肌肉的动作产生压力以挤压卵壳。有些直接用口器的上颚将卵壳咬破（如鳞翅目的幼虫）。有的在虫体表面上生有临时性的刺状、刀状或锯状的破卵器（egg burster），将卵壳刺破，如豌豆象幼虫的前胸刺盘，这种刺盘随幼虫第一次蜕皮脱去。还有少数昆虫通过扭动身体或吸入空气来脱离卵壳。

从卵内孵出到取食之前的幼虫称为初孵幼虫。初孵幼虫体壁中的外表皮尚未形成，所以身体柔软，它们以吸收空气来伸展体壁。因此，孵化不久的虫体要比卵大。随着外表皮的形成，体壁变硬且颜色加深。

二、幼虫期及生长和蜕皮

（一）幼虫期

昆虫个体从卵中孵化出来后，无论是不完全变态还是全变态的类型，其若虫变为成虫或幼虫变为蛹之前的生长发育阶段称为幼虫期（larval stage）。

幼虫是储藏物昆虫个体发育的第二个虫态，也是生长阶段和取食的主要时期。幼虫取得足够的食物，从外表上看是虫体迅速增长，从生物学特性来说是大量获取和积累营养，使虫体的各种器官（包括器官芽）得到充分的发育，以完成胚胎发育中未能完成的发育过程。为发育成为性成熟、能生殖的成虫创造条件，随后依其种类的发育规律而变为成虫。真正的幼虫每一龄都与最后一龄成虫有很大的区别，而若虫每次蜕皮后就更接近其成虫的外表。幼虫的食物和生活方式与其成虫很不相同，而若虫经常吃相同的食物且与其成虫生活在一起，因此幼虫与它们成虫很少有竞争，而若虫与成虫间的竞争似乎是存在的。

广义上的幼虫类型很多，它们在很大程度上体现了昆虫个体发育，特别是变态类型的分化，根据不同的学说，将广义的幼虫综合为下列几种类型。

1. 原型幼虫　无翅亚纲昆虫属增节变态和表变态，其幼体通常也称为若虫。因腹部除生殖附肢外，还保留了一些其他附肢（如针状突、弹跳器官等），因而与有翅亚纲的若虫不同。为了表示无翅亚纲的原始性，特称为原型幼虫。

2. 同型幼虫　包括有翅亚纲中属不完全变态的所有渐变态类。幼体除有翅芽和未完全发育成熟的生殖器官外，体形和外部构造（如口器、感觉器官、胸足等）、内部构造（如消化道、神经系统等）及食性、习性、栖境等与成虫都大致相同，故称为同型幼虫或若虫。

3. 亚同型幼虫　包括有翅亚纲中属不完全变态的半变态类。因幼体水生，具有适应水中生活的某些临时性器官，如气管鳃、直肠鳃，蜻蜓幼虫的下唇演变成的捕食器官“面罩”等。这类昆虫的幼期与渐变态类的同型幼虫有很多相似之处，故称为亚同型幼虫或稚虫。

4. 过渡型幼虫　包括有翅亚纲原变态的蜉蝣目。幼体水生，一般也称为稚虫。但由于其腹部有由附肢演变而来的气管鳃（多足型），与半变态的气管鳃（非附肢）不是同源器官，而且其变态性质上还保留一些无翅亚纲的特性，故称为过渡型幼虫或蜉型幼虫。

5. 异型幼虫　包括有翅亚纲所有全变态类。幼体在体形、内部和外部器官构造及习性、栖境等方面都与成虫差异很大，故称为异型幼虫，即通常所指的狭义上的幼虫。

由于全变态类昆虫种类繁多，生境、食性、习性等差别很大，所以幼虫的形态远比若虫、稚虫等复杂。根据足的多少及发育情况把幼虫分为以下几类。

1）*原足型幼虫*（protopod larvae）　原足型幼虫在胚胎发育的原足期即已孵化，有的连腹部尚未完成分节，胸足仅为突起状芽体，神经系统和呼吸系统简单，器官发育不全，行寄生性生活，浸浴在寄主体液或卵黄中，通过体壁吸收寄主的营养，如膜翅目许多寄生蜂类的早龄幼虫。根据腹部的分节情况，原足型幼虫又分为两类。

（1）寡节原足型幼虫（oligosegmented protopod larvae）。形似胚胎，腹部不分节，胸足及其他附肢仅呈芽体状态，如广腹细蜂科中某些种类的早龄幼虫（图4-11，1）。

（2）多节原足型幼虫（polysegmented protopod larvae）。附肢虽然未发育，但腹部已明显分节，如环腹蜂科、姬蜂总科、小蜂总科和细蜂总科的某些早龄幼虫（图4-11，2）。

2）多足型幼虫（polypod larvae） 多足型幼虫除具胸足外，还具有数对腹足，如广翅目、鳞翅目和部分膜翅目等的幼虫。根据腹部的构造，多足型幼虫又分为两类。

（1）蛃型幼虫（campodeiform larvae）。形似石柄，体略扁，胸足及腹足都较长，如一些广翅目、脉翅目、毛翅目的幼虫（图4-11，3）。

（2）蠋型幼虫（eruciform larvae）。体圆筒形，胸足和腹足均较短，如鳞翅目、膜翅目叶蜂类等的幼虫（图4-11，4）。鳞翅目幼虫有2～5对腹足，腹足末端具趾钩；叶蜂类幼虫多于5对腹足，且腹足末端无趾钩。所以有人将前者称为蠋型幼虫，将后者特称为伪蠋型幼虫。

3）寡足型幼虫（oligopod larvae） 寡足型幼虫具有发达的胸足，但无腹足，多见于鞘翅目及部分脉翅目等的幼虫。根据其体形和胸足的发达程度，又分为4类。

（1）步甲型幼虫（carabiform larvae）。口器前口式，胸足很发达，行动较敏捷，多为捕食性昆虫的幼虫，如步甲、龙虱、瓢虫、水龟虫、草蛉和蚁蛉等的幼虫（图4-11，5）。

（2）蛴螬型幼虫（scarabaeform larvae）。体肥胖，常弯曲呈“C”形，胸足较短，行动迟缓，如金龟甲的幼虫（图4-11，6）。

（3）叩甲型幼虫（elateriform larvae）。体细长，略扁平，胸足较短，如叩甲、拟步甲等的幼虫（图4-11，7）。

（4）扁型幼虫（platyform larvae）。体扁平，胸足有或退化，如一些扁泥甲科和花甲科等的幼虫（图4-11，8）。

4）无足型幼虫（apodous larvae）或称蠕虫型幼虫（vermiform larvae） 无足型幼虫显著特点是胸部和腹部无足，多见于双翅目、蚤目、部分膜翅目和鞘翅目。根据头部的发达或骨化程度，通常又将无足型幼虫分为3类。

（1）全头无足型幼虫（eucephalous larvae）。头部骨化，全部露出体外，如低等双翅目（蚊类）、蚤目、膜翅目细腰亚目、部分蛀干性鞘翅目等的幼虫（图4-11，9）。

（2）半头无足型幼虫（hemicephalous larvae）。头部仅前半部分骨化并显露，后半部分缩入胸内，如双翅目短角亚目和一些寄生性膜翅目等的幼虫（图4-11，10）。

（3）无头无足型幼虫（acephalous larvae）。又称蛆型幼虫。头部十分退化，全部缩入胸内，或仅口钩外露，如双翅目环裂亚目（蝇类）的幼虫（图4-11，11）。

幼虫类型的分化，取决于两个主要因素：一是基本因素，即幼虫属于什么类型，与胚胎发育终止在什么阶段有关。各种储藏物昆虫，由于卵内卵黄含量的不同，幼虫在不同的胚胎发育时期孵化而表现为不同类型。二是变异因素，幼虫期是以取食为主的时期，所以有不少虫种因适应食性分化及生活环境而在体形和附肢等重大外部形态方面产生遗传性的变异。但这些变异都是在上述基本类型的基础上产生的变异。

储藏物昆虫的幼虫类型，是依据基本类型与变异程度而形成的外部形态特征，划分为不同的类型。

（二）生长和蜕皮

昆虫自卵孵化出后，随着虫体的生长，经过一定时期，要重新形成新表皮，而将旧表皮脱去。这种现象称为蜕皮（moult），脱下的那层旧表皮称为“蜕”。

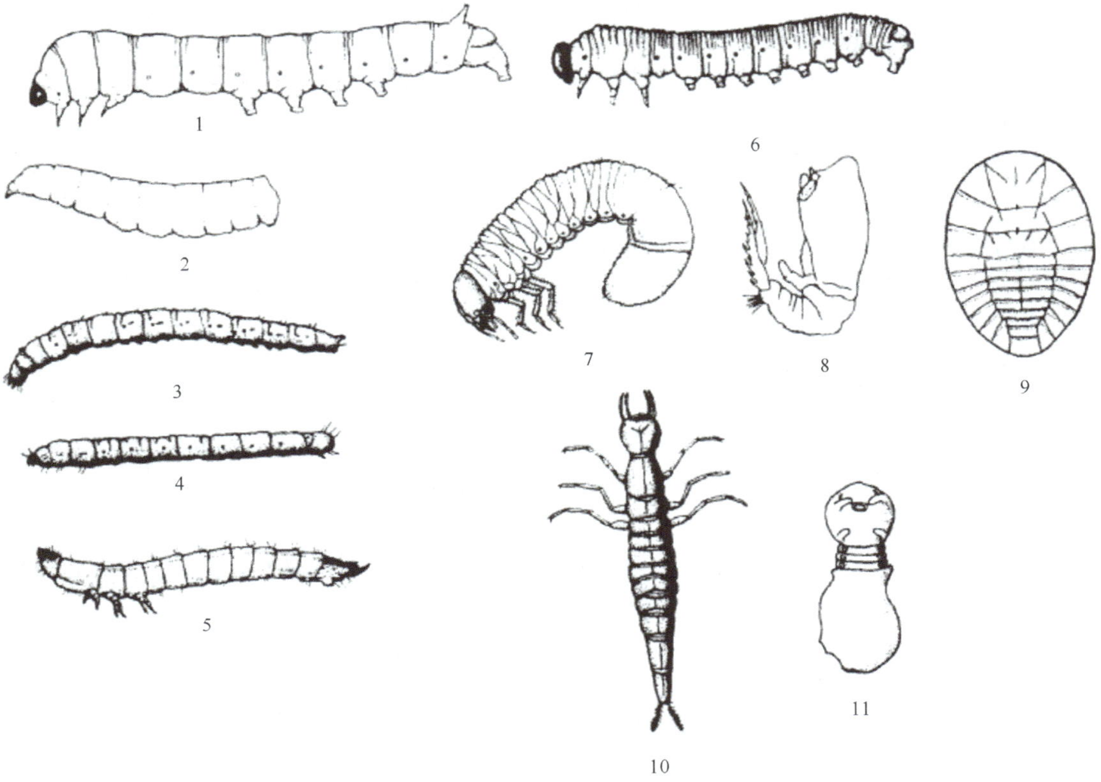

图4-11 异型幼虫的类型（仿陈世骧，1987）
1. 寡节原足型；2. 多节原足型；3. 蛃型；4. 蠋型；5. 步甲型；6. 蛴螬型；7. 叩甲型；8. 扁型；9. 全头无足型；10. 半头无足型；11. 无头无足型

昆虫的生长和蜕皮是相互伴随，同时又常常是交替进行的。在刚蜕皮后，虫体体壁的新表皮尚未硬化时，虫体急速增长，随后生长又趋迟缓，直至下次蜕皮前，几乎停止生长。幼虫自孵化到老熟要经过若干次蜕皮，幼虫的生长，不是连续的，而是随着蜕皮做周期性的生长。所以，幼虫的生长速率不是均衡的。但是，Dyar（1890）发现鳞翅目幼虫各龄之间的头壳宽度是按几何级数增长的，即前后两龄幼虫头壳宽度比为一个常数，据此作为判断幼虫虫龄的重要依据，这就是戴氏定律（Dyar's law）。戴氏定律虽不能适用于所有昆虫种类，但在实践中仍有一定的参考价值。在此过程中，表皮细胞活跃，它们负责部分裂解旧表皮与形成新表皮。蜕皮开始于表皮细胞从旧表皮内层的回撤，通常由前向后进行；这种分离不彻底，因为肌肉和神经仍与旧表皮连接着。皮层溶离与皮层细胞有丝分裂同时发生或发生于其后，从而导致皮细胞层的体积和表面区域的增大。皮层溶离后，形成了一个亚表皮空间（subcuticular space）或溶离空间（apolysial space），里面充满特殊的但尚无活性的蜕皮液。在表皮细胞形成新表皮保护性外层之前，蜕皮液中的几丁质降解酶和蛋白质水解酶是没有活性的。之后，旧表皮内层（内表皮）被溶解，部分可能被吸收；同时，新的预表皮作为一种没有分化的原表皮继续沉积。蜕皮开始于血淋巴压力的增大，残余的旧表皮沿着背中线开裂；蜕离的表皮壳由旧上表皮及外表皮中不能被消解的蛋白质、类脂和几丁质组成。一旦脱离老“皮”的限制获得自由，刚蜕皮的昆虫身体不同部分淋巴压的增大使新表皮扩展，使皱缩、折叠的上表皮伸平，使原表皮展开。表皮伸展后，由于原表皮形成外表皮过程中化学性硬化与黑化，昆虫表面的一些或大部分区域骨化。然而，在幼虫中身体表皮大部分保持膜质状态，外表皮仅见于头壳。随着蜕皮，表皮细胞分泌出更多蛋白质和几丁质到原表皮内层，内表皮在两次蜕皮期间也会继续积累这些物质。有时，内表皮在龄期内部分硬化，通常表皮的外面被有蜡质分泌物。最后，龄期结束，新一轮的皮层溶离开始。

各种储藏物昆虫的蜕皮次数是不同的，大多数种类脱皮次数在4～12次，鳞翅目幼虫通常为4～7次。也有个别虫种例外，如露尾甲科的细胫露尾甲的幼虫仅蜕皮两次。还有蜕皮一次的种类。

对某一虫种来说，在正常情况下，其蜕皮次数是固定的。但因环境条件的改变也可产生变异，如温度升高就可能增加蜕皮次数，如地中海粉螟在15℃时蜕皮4次，而在18℃时，则增至5次。因温度降低或食物不足，花斑皮蠹幼虫的蜕皮次数可由4次增加到30多次，发育期则由26d延长至900d，且虫体变小，甚至小于孵化时。这种现象的生物学意义目前还不十分清楚，一般来说，营养不足往往阻滞蜕皮。

蜕皮次数在同种储藏物昆虫的不同性别间有时也有差别，一般是雌虫比雄虫多蜕1～2次皮。这种现象在皮蠹、毛衣鱼等昆虫中是常见的。

在正常情况下，幼虫生长到一定程度就要蜕一次皮，所以它的大小或生长进程（虫龄）可用蜕皮次数作为指标。两次蜕皮间所经历的时间，称为龄期（stadium），而在该龄期内的虫态称为龄（instar），即幼虫从孵化到第1次蜕皮的历程为第1龄期，其虫态为第1龄幼虫；从第1次蜕皮至第2次蜕皮的历程为第2龄期，其虫态为第2龄幼虫。每蜕一次皮，增加一龄，依次类推。

幼虫生长时，伴随着生长的蜕皮，称为生长蜕皮。当幼虫生长到最后一龄时（习惯上称为老熟幼虫或末龄幼虫）再蜕皮变为蛹（完全变态）；或老熟若虫再蜕皮变为成虫（不完全变态）。这种同变态联系在一起的蜕皮，称为变态蜕皮。

三、化蛹与蛹期

蛹（pupa）是全变态类昆虫在胚后发育过程中，由幼虫转变为成虫时，必须经过的一个特有的静息虫态。蛹的生命活动虽然是相对静止的，但其内部却进行着将幼虫器官发育为成虫器官的剧烈变化，如幼虫的肌肉系统需改造为适合成虫飞行的肌肉系统；幼虫消化固体食物的消化道需改造成消化液体食物的消化道等。

（一）化蛹

全变态昆虫从自由生活的幼虫蜕皮变为不食不动的蛹的过程称为蛹化或化蛹（pupation）。末龄幼虫在蜕皮变蛹前，先要停止取食，将消化道内的残留物排光，寻找适当的化蛹场所；有些种类的幼虫还要吐丝作茧或建造土室，把自己包起来。多数种类的幼虫身体显著缩短，也有不缩短的（如黑皮蠹），甚至有些体胖多皱的幼虫，身体反而伸长变瘦（如玉米象、蚕豆象等）。鳞翅目幼虫的体色通常变淡甚至消失（如米黑虫），鞘翅目幼虫的体色一般不变或加深（如黑粉虫）。这种现象称为前蛹期（prepupa），前蛹期通常只有1～2d，较长的为2～4d。

前蛹期中的虫态称为前蛹，是末龄幼虫变成蛹时的一个过渡性虫态，也是一个静止的虫态。这个时期，幼虫的表皮已部分与虫体脱离，成虫的翅芽和附肢等，已由表皮下翻出前蛹的体外，体形也已改变，但仍被末龄幼虫的表皮所掩盖，必须经过蜕皮后，才变成蛹。

储藏物昆虫前蛹期的现象，通常发生在无茧或薄茧的种类中，能比较明显地观察到（如四点谷蛾、长角扁谷盗等）；而在厚茧的种类中，必须剥开茧皮才能看到（如印度谷螟、日本蛛甲等）。

（二）蛹的类型

根据翅和触角、足等附肢是否紧贴于蛹体上，以及这些附属器官能否活动和其他外形特征，可将昆虫的蛹分为离蛹、被蛹和围蛹3种类型（图4-12）。而储藏物昆虫的蛹，基本上可分为离蛹和被蛹两种类型。

1. 离蛹（free pupa） 离蛹又称裸蛹。这类蛹的特征是触角、足和翅等与蛹体分离，而不紧贴附在蛹体上，可以活动，腹部各节间也可以自由扭动，一些脉翅目和毛翅目的蛹甚至可以爬行或游泳，如脉翅目、长翅目、鞘翅目、毛翅目、膜翅目、鳞翅目轭翅亚目等昆虫的蛹。

2. 被蛹（obtect pupa） 这类蛹的特征是触角、足和翅等紧紧地贴在蛹体上，不能活动，大多数腹节或全部腹节因化蛹时分泌黏液，硬化后在外面形成一层硬膜，也不能扭动。腹部只有第4、5、6节可以扭动，如鳞翅目、鞘翅目的隐翅虫、双翅目的蛇、瘿蚊等的蛹，其中以鳞翅目最为典型。

3. 围蛹（coarctate pupa） 围蛹为双翅目蝇类所特有。其蛹体实为离蛹，只是在离蛹体外被末龄幼虫的蜕形成的蛹壳包围。蝇类幼虫将第3龄蜕下的皮硬化成为蛹壳，第4龄幼虫就在蛹壳里，成为不吃不动的前蛹，前蛹再经蜕皮即形成离蛹，而蜕下的皮又附加在第3龄幼虫的皮下，其蛹体被第3、4龄幼虫所蜕的皮共同构成的蛹壳所包围。

鳞翅目昆虫蛹有两种类型，其中被蛹的附肢和翅等被一种透明而黏滞的液体物质黏着在蛹体上。这种液体硬化之后，便在蛹体外形成一层坚硬的围膜。鳞翅目中的离蛹外形与被蛹相似，但没有围膜，腹部有3节以上的腹节可以活动，又称为不全蛹。而鞘翅目中的离蛹体外也没有围膜，所以又称为裸蛹；由于腹节可以自由活动，又称为自由蛹。

储藏物鞘翅目昆虫的蛹，虽是各式各样的，但在某一虫种蛹的外形上，已经显示出其成虫的某些特征，如玉米象头部象鼻状的喙、膝状的触角和锯谷盗前胸背板两侧各有6个锯齿等，因此比较容易鉴别。鳞翅目储藏物昆虫的蛹，除蛹体大小有别外，外形基本相似，就不易区分。但依据某些部位的特征，仍可作为借鉴。例如，依据某些蛹的前、中、后胸背板长度之比（只能区分到属或科），织蛾科为1∶6∶2，斑螟科为1∶4∶1，螟蛾科为2∶8∶1。但也有例外，如同属蜡螟科的一点谷螟为3∶6∶1，而米蛾为3∶9∶1。依据蜕裂线中干长度的不同，一点谷螟自前胸前缘伸达至腹部第7节，而谷蛾只伸达至中胸后缘。依据腹末尾钩的有无或多少，一点谷螟无尾钩，粉斑螟腹末背面有6个尾钩，相对的腹面两侧各有1个尾钩，印度谷螟腹末有

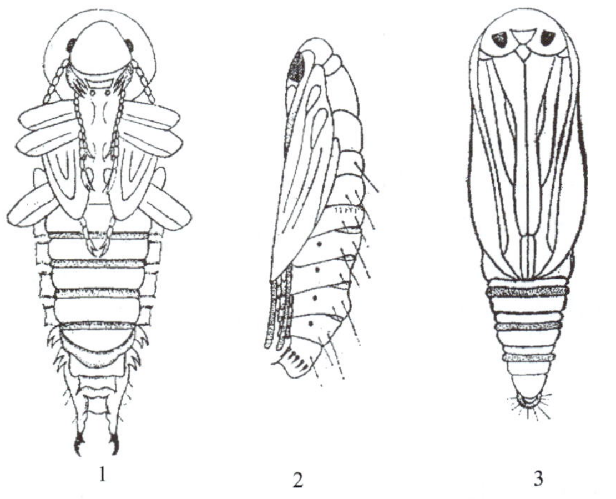

图4-12 储藏物昆虫蛹的类型（仿郑州粮食学院和古林财贸学院，1986）

1, 2. 离蛹（1为黑粉虫，2为褐斑谷蛾）；3. 被蛹（紫斑谷螟）

16个尾钩。另外，触角、翅和足伸达腹节部位的不同，也可作为区分时的参考。

（三）蛹的生物学特性

蛹在外观上虽然是个不吃不动的静止时期，但体内却起着剧烈的变化，因为完全变态类的幼虫与成虫之间有显著的差别。在幼虫的生长过程中，成虫的外部和内部器官芽，虽然已在幼虫的体内逐渐发生，有些外部器官芽在幼虫发育后期迅速生长，已在前蛹期从表皮下翻出体外，但仍要到蛹期才能显现出来。而幼虫的许多临时性器官及其有关构造要在蛹期消除，称为组织解离。而成虫特有的器官和构造需要在蛹期形成，称为组织发生。这两个过程是同时并进而又互相衔接的，这就形成了一个渐进的取代过程。

内部器官的变化程度，因种类而异，即使同一虫种内的不同器官也有差异。一般来说，在各类器官中，背血管、中枢神经系统和气管系统的大部分，往往不经过组织解离和彻底破坏，因为这些器官若停止工作，实际上就意味着个体的死亡。所以这些器官仅在蛹期进行着连续的生长和组织分化。有些器官和组织，如马氏管、脂肪体和部分肌肉，可能只有很小的变化，而如皮细胞层、消化道、与取食有关的肌肉，以及翅、足、生殖肢等有关肌肉和腺体等，往往需要全部重新形成。昆虫在蛹期，进行着剧烈的组织解离和组织发生的生理活动，在旧组织解离、成虫器官尚未形成时，蛹的代谢率很低，整个蛹期的呼吸率呈“U”形曲线。蛹的抗逆力一般都比较强，且多有保护物或隐藏于隐蔽场所，所以许多种类常以蛹的虫态躲过不良环境或季节，如越冬等。

（四）蛹的保护物

蛹是一个静止的时期，容易遭到敌害和不良环境条件的影响。因此，幼虫在化蛹前，常常有许多特殊的习性，以保证安全渡过蛹期。有些幼虫选择适宜化蛹的隐蔽场所，如墙壁、地板、包装品等缝隙中，粮粒间、粮食碎屑内及仓内阴暗角落等处。有些幼虫则预先做好茧，然后在茧内化蛹。做茧的材料有所不同，一般鳞翅目幼虫都以吐丝器吐丝做茧；鞘翅目扁甲科幼虫以丝腺的分泌物做茧；鞘翅目中有些幼虫（如日本蛛甲）则以分泌液连缀粮食碎屑或排泄物等做茧。

四、羽化与成虫期

（一）羽化

成虫从它的前一虫态（蛹或末龄若虫和稚虫）蜕皮而出的过程，统称为羽化（emergence）。成虫自羽化到死亡所经历的时间，称为成虫期。

不完全变态类的若虫，经最后一次蜕皮，就羽化为成虫。然而，这一变态可能完成了几个小时、几天或几周，预成虫会在蛹壳内休息直到适当的环境条件出现才发生羽化。对大多数昆虫，温度或光照及化学信号可能会同时引发羽化。在蜕皮前，通常要寻找适当的场所，停止取食和行动，不久就开始蜕皮。成虫的头部先从胸部的裂口外伸，然后全体蜕出。完全变态类的蛹，在完成内部的变化后，颜色显著变暗，即进行蜕皮。成虫以体躯和附肢的扭动，增加体内血淋巴对体壁的压力，迫使蛹皮沿胸部背中线（或蜕裂线）或附肢黏附的部位等处裂开，然后成虫由裂口脱出。在茧内化蛹者，羽化时还要破茧。一般鞘翅目成虫就用上颚将茧咬破而出，鳞翅目成虫则能分泌一种溶丝的液体，将茧的一端溶破一个洞，成虫从洞口出茧。麦蛾的幼虫在化蛹前，就为成虫做好了羽化孔。

羽化的激素控制已经在鳞翅目中得到最为深入的研究，特别是Jams Truman、Lynn Riddiford及其合作者对烟草天蛾（*Manduca sexta*）（鳞翅目：天蛾科）的研究。下述关于羽化的描述大部分都是基于对烟草天蛾的研究，这与其他昆虫的羽化及蜕皮相似。至少有5种激素参与了羽化。羽化的前几天，蜕皮甾类的水平降低，并发生一系列生理和行为的变化为蜕皮做准备，包括两种神经肽的释放。产生于气管上腺英卡细胞的蜕皮引发激素（ecdysis triggering hormone，ETH）和产生于脑神经分泌细胞的蜕壳激素（eclosion hormone，EH）与激发羽化前的行为有关，如寻找适合蜕皮的地点及从旧表皮中蜕出。ETH首先释放，而且ETH和EH相互刺激对方的释放，形成一个积极的反馈环。EH的集结也促使腹神经索细胞释放甲壳动物心脏活性肽（crustacean cardioactive peptide，CCAP），CCAP使羽化前行为结束，同时启动羽化行为，如腹部收缩、翅基运动与心脏加速跳动。EH似乎促使释放更多的神经激素，如心肽（cardiopeptides）和鞣化激素（bursicon），它们都参与了蜕皮后翅的扩展。心肽刺激心脏，促进血淋巴向胸部的运动以达翅内。鞣化激素诱导表皮可塑性的短暂增加以促进翅的扩展，随后表皮骨化，翅呈伸展状态。

初羽化的成虫色浅而身体柔软，翅和部分附肢尚未伸展，成虫就用吞吸空气和收缩肌肉等作用，来迅速增加并维持体内压力，以帮助翅和附肢的伸展。有些种类的成虫，还需要静止一个时期，待体壁硬化后才开始活动。许多全变态昆虫从蛹壳中羽化后会排泄出称为蛹便（meconium）的废液，即蛹期所积累的代谢废物。有时候初羽成虫直到骨化完成时还在直肠中保留着这种废液，因为这样有助于增加身体的大小。羽化后不久，成虫体色加深，体壁硬化，并开始飞翔、觅食、寻偶、交配、产卵等。

（二）成虫期

成虫是昆虫个体发育的最后一个虫态。绝大多数虫种只在幼虫期生长和蜕皮，而成虫不再生长和蜕皮（少数昆虫如无翅亚纲缨尾目的毛衣鱼，成虫还继续蜕皮），而且有些虫种在成虫期仍需继续取食（鳞翅目中大多数种是不再取食，但衣蛾科成虫也有取食的）。这时感觉器官得到充分发育，还具有飞行的机能（翅退化或消失除外）。它的一切生命活动，基本上都是围绕着生殖而展开的，因此成虫是一个生殖时期。

成虫具有生殖功能，对于相对固定的幼虫来说，成虫期是扩散的。成虫从其前一龄表皮中出来（羽化）后，就可能马上具有繁殖能力或者需要一段时间才能成熟，以便为其精子转移和产卵做准备。根据种类和食物充足与否，成虫期会形成一个或几个繁殖周期。某些种类的成虫期非常短（麦蛾和印度谷螟），它们一般口器退化或没有口器，仅飞行几个小时或一两天，交配后就会死掉。大多数的成虫至少要活几周，通常活几个月，有时可达几年，尤其是白蚁的生殖性个体、蚁后和蜂后寿命特别长。

第五节　成虫的生物学特性

一、性二型和多型现象

（一）性二型现象

同种昆虫雌雄个体之间除生殖器官（第一性征）不同外，许多种类还在个体大小、体形、体色、构造等（第二性征）方面存在差异的现象，称为性二型现象（sexual dimorphism）。储藏物昆虫的雌雄两性差异，在成虫期得到了明显的表现。

性二型现象表现出比较明显的差异，如日本蛛甲的雄虫，鞘翅近长椭圆形，雌虫的近卵圆形；脊胸露尾甲等的腹部腹面，雄虫为6节，第5腹板后缘中部呈极深凹弧形，第6腹板椭圆形，雌虫为5节，第5腹板后缘呈圆形。

性二型现象也有表现得不太明显的种类，一般以微小的特征来区分。例如，储藏物鳞翅目昆虫的翅缰，雄虫只有一根，雌虫为两根以上；锯谷盗雄虫后足腿节腹面内侧中部具有一个尖锐的小刺；赤拟谷盗雄虫前足腿节腹面近基部1/4处，有一卵形浅窝，窝内具有许多直立的金黄色毛；玉米象头部的喙，雄虫比雌虫的短而粗，弯曲度小，喙上的点刻，雄虫的较粗，雌虫的较细，愈向端部愈小，并逐步消失；二带黑菌虫雄虫头部前缘具有一个隆脊，脊后部有一陷窝，其中有两条纵向突起，靠近复眼的两侧的两颊隆起，并向上弯曲呈犀牛角状。

雌雄虫体的大小固然有所不同，一般都是雄虫较小。但也有例外，如日本蛛甲的雄虫就比雌虫体大。由于虫体大小受到很多因子的影响，往往同一性别的虫体，大小之差甚为悬殊，所以一般不常用作区别两性的可靠依据。有些储藏物昆虫的性二型现象极不明显，难以在形态特征上加以区分，只能通过解剖根据其外生殖器来进行鉴别。

昆虫的性二型现象，是其在长期演化过程中性选择（sexual selection）的结果。需要指出的是，几乎所有种类昆虫都或多或少、或明显或不甚明显地存在着第二性征，但是这些特征只有进一步发展到高级阶段时，才分化为性二型。了解和掌握某些昆虫的性二型现象，具有重要意义。例如，在实践中不需要做生殖器官解剖，即可准确识别雌雄，还可避免将某些同种昆虫不同型的雌雄个体误认为不同的种等。

（二）多型现象

同种昆虫同一性别的个体间在身体大小、体色、结构等方面存在明显差异的现象，称为多型现象（polymorphism）。多型现象主要出现在成虫期，但有时也出现在幼虫或若虫期，如绿豆象的体色变异，有明色型与暗色型之分。这种现象不仅出现在成虫，也可出现在幼虫期。

多型现象常由不同的因素造成。昆虫本身的遗传物质、激素动态和外部的气候条件、食物等是造成多型现象的主要原因。这些内、外因子综合作用于昆虫，因而使多型现象的产生常与特定的季节及地理位置相适应。

与上述遗传性多型现象不同的还有非遗传多型现象。非遗传多型现象多有环境因素引起，如分布在同纬度的同种昆虫体色会随季节在夏型和秋型之间变化。了解昆虫的多型现象，不仅可以帮助我们正确区分昆虫的种类和性别，同时对昆虫发生数量的预测预报，以及防治害虫、保护利用益虫等都有重要意义。

二、昆虫的性成熟与寿命

（一）昆虫的性成熟

性成熟是指成虫体内的性细胞（精子和卵）发育成熟。一般刚羽化的成虫，其性细胞尚未完全成熟，但不同种类或同种昆虫的不同性别，性成熟的早晚也有差异。多数昆虫的雄虫性成熟较雌虫为早，如全变态类昆虫的雄虫往往在羽化时精子即已发育成熟，而且离开睾丸，贮存于储精囊中。

性成熟的早晚取决于虫种的遗传性，即与幼虫时期取得的营养足够与否有很大关系，这一点常反映在成虫是否取食上。鳞翅目储藏物昆虫和鞘翅目中的花斑皮蠹等，因幼虫期已取得充分营养，性器官也已成熟，所以羽化后的成虫，不久就能交尾、产卵，产完卵很快就死亡。这类成虫不再取食，而且寿命很短，往往经过几天，甚至几个小时。例如，一点谷螟羽化后当天或第二天就开始交尾，交尾后的当天或第二天开始产卵，产卵期为9～11d，成虫的寿命为11～15d。

但大多数鞘翅目储藏物昆虫，由于幼虫期没有取得生殖细胞所需要的营养，所以成虫羽化后还要经过一段继续取食的时期，有些成虫尚需取得与幼虫不同的食料。例如，皮蠹、豆象和露尾甲等的成虫需取食花粉、花蜜，以增加性器官的营养，待性成熟后才能进行生殖。这种对性细胞发育不可缺少的成虫期营养，称为补充营养（complementary nutrition）。由于补充营养的需要，许多害虫不仅在幼虫期为害，而且在成虫期也为害。昆虫性成熟后即能进行交配，其交配次数因种类而异。有的一生只交配一次，有的成虫取食而且一生中能交尾几次及多次产卵，这样的成虫寿命较长。例如，赤拟谷盗羽化后1～3d交尾，交尾后3～8d产卵，产卵期为174d，成虫寿命可达226～547d。一般雄虫交配次数比雌虫多。了解害虫交配的次数与不育防治效果等有密切关系。

（二）昆虫的寿命

昆虫的卵（或幼虫和若虫）从离开母体到死亡为止所经历的时间，称为该种昆虫的寿命（lifespan）。所以，多数昆虫的寿命往往比其生命周期长一些，两者差异的大小取决于成虫开始生殖后所存活的时间。例如，蛾类羽化为成虫后仅存活几十个小时，其寿命与生命周期无多大差别；而许多甲虫的成虫性成熟后能存活半年到一年，其寿命就比完成一个生命周期所需时间长。

成虫寿命的长短，还与其越冬虫态有关，如绿豆象以幼虫越冬，成虫寿命为5～33d。而豌豆象成虫羽化后未待性器官成熟，就在豆粒内寻找隐蔽场所准备越冬，至来年豌豆开花时才外出活动，但不能立即交尾，需取食豌豆的嫩叶，花粉和花汁，以补充营养，经6～7d，性器官发育成熟后才交尾，交尾后5～6d开始产卵，产卵期为16～24d，产完卵后便死亡，寿命长达10～11个月。另外，营社会性生活的白蚁，因有照顾子代的特殊作用，所以寿命是很长的，一般认为其能活20～25年。此外，同种昆虫的寿命一般雌虫长于雄虫。大多数昆虫的雄虫在交配后不久便死亡，因而寿命较短；而雌虫产卵后有些种类还有护卵和护幼习性，所以寿命较长。

三、产卵方式与生殖能力

成虫在性成熟以后，当即表现出两性活动，即交尾和产卵，交尾与产卵的次数因虫种而异，即使是同一虫种，还与外界条件有关，也不是完全不变的。

（一）产卵方式

昆虫在产卵之前必须找到并选择适于产卵且有利于后代生长的场所。昆虫在长期的进化过程中形成了对特定产卵环境的反应。储藏物昆虫的产卵方式也随种类而异，有的单粒分开产的称为散产；有的一处产几粒或几十粒并在一起成为卵块的称为聚产；有的产在暴露的地方称为裸露式；有的产在隐蔽场所，甚至有的产入粮粒组织内的称为隐藏式。

有的昆虫将卵产在物体表面，如绿豆象在嫩豆荚或豆粒的种皮上产卵，豌豆象在豌豆嫩荚上产卵。豌豆象所产的卵除单粒外，还有很多是两卵上下重叠的重卵和极少三卵叠在一起的三重卵。这种产卵方式，能使上面的卵保护下面的卵不受天敌侵害，以保持一定量的新个体得到正常发育。产在物体表面的卵，大多由雌虫附腺所分泌的以鞣化蛋白组成的黏胶层黏附在物体上。有的昆虫将卵产在隐蔽场所，如麦蛾产卵在粮粒的护颖或腹沟中。有的昆虫将卵产在粮粒组织里，如玉米象产卵时，以口器将粮粒钻一个与喙等长的卵窝，然后把产卵器插入卵窝内产一粒卵，再以口器分泌的黏液混合粉屑将卵窝口封闭。但是，很多储藏物昆虫的卵是产在粮粒空隙间、粉末或粮食碎屑中的。储藏物昆虫的各种产卵方式，都为孵化后幼虫的取食创造了有利条件，这也反映出了它们的适应性。

（二）生殖能力

成虫的生殖能力在不同种类中有很大的差异，一般来说都是很高的。每一种类生殖能力的大小，取决于两个基本因素。一个因素是种的遗传性，是指每一种类雌虫有卵巢小管的多少，以及每个卵巢小管内能产生的卵数，这是决定昆虫潜在生殖能力的物质基础。另一个因素是生活条件，是指外界环境因子的影响。环境条件对生殖器官的发育程度和产生性细胞的多少都有影响，最大的产卵数量只有在最适宜的生活条件下才能显现出来，如麦蛾能产卵389粒，紫斑谷螟能产卵500粒，赤拟谷盗能产卵1000粒，大谷盗能产卵1300粒。

每一种类的生殖能力虽然能发挥其遗传性的势能，而外界环境因子对生殖能力的影响是具有一定作用的，因此表现在每一种类的产卵数目并不是一个常数，经常会发生变化，有的差异相当悬殊。例如，绿豆象的产卵数为11～120粒，一点谷螟产卵数为13～442粒，地中海粉螟产卵数为14～1218粒。

在影响一个种群繁殖率的因素中，平均生殖能力是其中的一项，还必须考虑种群的性比率、存活率和单位时间内的发生世代数等。例如，豌豆象每年发生一代，产卵数为72～380粒，平均150粒，孵化幼虫成活率为66%。因此，成虫虽有很大的潜在产卵力，但其所能存在的后代数目，却常与潜在的能力不符合。

第六节　储藏物昆虫世代和生活史

一、昆虫的世代

习惯上把昆虫的生命周期（life cycle），即昆虫的新个体自离开母体到性成熟能产生后代为止的个体发育历程，称为一个世代（generation）。但从一些资料上来看，在记载完成一个世代所需的时间内，往往没有把成虫羽化到交尾和交尾到产卵的所需时间计算进去。实际上，一个世代只是由卵开始至成虫羽化为止的历程。

（一）年发生的世代数

各种储藏物昆虫完成一个世代所需的时间不同，在一年内能发生的世代数也不同。有的昆虫在个体发育历程中，需经过一个越冬时期，完成一个世代需要一年时间，因此一年也只能发生一个世代，即一年一代（如一点谷螟）。许多储藏物昆虫完成一代所需时间，一般为几个月，短的只几周，所以一年内能连续发生几代，如谷蠹一年发生两代，印度谷螟一年发生3～4代，绿豆象一年发生5～6代。

一年内发生的代数，除一年一代者外，习惯上以当年卵期出现的先后次序，分别称为第一代、第二代、第三代等。由于最后这一代也需要经过一个越冬时期，因此把最后这一代称为越冬代。但在有些资料中，也有把当年第一代羽化出现的成虫，称为第一代成虫。这样就容易与它所产的第一代卵发育羽化的第一代成虫混淆，所以应该把当年第一次出现的成虫，正确地称为越冬代成虫。

同一种储藏物昆虫完成一代所需时间和一年内发生的代数，常常因所处的地理环境和纬度不同（主要是气候因子的影响）而有差异。例如，玉米象在东北寒冷地区每年只发生1～2代，华北地区为3～4代，中南温暖地区为4～5代，而华南炎热地区可达6～7代。大谷盗在一般情况下，每年能发生1～2代，但在不良的环境条件下，则需2或3年才能完成一代。

（二）影响世代长短的因素

昆虫世代的长短和在一年内的发生代数，受环境条件和昆虫遗传性的影响。

很多昆虫世代的多少和长短受气候条件（主要是温度）的影响，它的分布地区越往南，一年发生的代数越多。昆虫在适温范围内，温度增高，发育加快，完成一代所需的时间就缩短。有些昆虫一年内世代的多少完全由遗传性决定，不受外界条件的影响。

不同温湿度条件下嗜卷书虱的世代历期不同，其世代历期随温度的升高一致地变短，且幅度较大；随湿度的升高世代历期也有所缩短，但幅度较小。嗜卷书虱生长发育较快的温度是30～35℃，湿度的影响不明显。嗜卷书虱的世代历期（Y）对温度（X_1）与湿度（X_2）的回归方程：

$$Y=105.3252-3.9006X_1+0.0392X_1^2-0.0003X_2^2 \quad (R=0.9822，P<0.01)$$

取书虱若虫期发育始点温度13.77℃、最低湿度55%代入方程，得到嗜卷书虱在最低温下可以存活并发育至成虫的最长时间为60.0d，其中卵期32.5d，若虫期27.5d。说明即使在较低温度情况下嗜卷书虱仍可发育存活，并延长发育时间，这给储粮造成一定的威胁。嗜卷书虱营孤雌生殖，繁殖能力极强，只要有一头存活下来就可能发展成一个种群。

食物的不同对世代的长短也有影响。例如，在相同的饲养条件下，用全麦粉、脱脂奶粉、酵母以10：10：1混配的饲料饲养的嗜卷书虱的世代比用大米作饲料的稍短。饲料品质是影响嗜卷书虱种群生长发育的重要因素之一。

二、昆虫的化性和生活史

（一）昆虫的化性

昆虫是短寿命的生物，它的生命可以用化性（voltinism）（即一年所发生的代数）来衡量。通常情况下，滞育性昆虫受遗传性决定在一年内发生的世代数和完成1代所需要的时间是固定的，这一特性称为昆虫的化性。一年只发生1代的昆虫称为一化性（univotine）昆虫；一年发生2代的昆虫称为二化性（bivoltine）昆虫；一年发生3代以上的昆虫称为多化性（polyvoltine）昆虫等。但也有将二化性昆虫和多化性昆虫合称为多化性昆虫的。例如，在一些极地环境中栖居的昆虫，对它们来说一年中仅有几周的适宜条件供其发育。依赖于食物营养缺乏的大型昆虫也会发育缓慢，数年才能完成一代。例如，一些在木头中生活的甲虫需要20多年才能发育完全。

二化性和多化性昆虫由于发生期及成虫产卵期长等原因，会发生前后世代明显重叠的现象，称为世代重叠（generation overlapping）。多化性昆虫世代重叠的现象非常普遍，因而给分清各世代的发生情况及准确测报和开展防治等，都带来一定困难。一化性昆虫世代重叠的情况比较少见，但也有少数种类由于越冬期、出蛰期的差异而出现世代重叠现象。

多化性昆虫趋于个体小，发育快速，所用资源一年中较稳定。一化性常见于温带昆虫中，尤其是那些使用的资源多受季节性限制的昆虫，包括那些取食生活期很短的一年生植物的植食性昆虫。二化性昆虫包括依赖于均匀分布资源的发育缓慢的昆虫及需要双峰分布因子资源（如春天或秋天的气温）的昆虫。一些种类具有固定的化性模式，然而另一些种类的化性会因地理变化而变化，特别是一些具有较广水平或垂直分布范围的昆虫。

一种昆虫在同一地区具有不同化性的现象，称为局部世代（partial generation）。许多昆虫的化性除受遗传特性控制外，还受环境因素特别是温度的影响，因而常随地理位置的变化，其化性有所不同。

（二）昆虫的生活史

昆虫的生活史（life history）是指昆虫完成一个生命周期的发育史。无论一年一代还是一年多代的种类，总有一个世代的某个虫期要经过一个越冬时期。越冬的虫态也常不相同。它们在一年内的发生经过情况，并不是从年初开始到年底结束，而是要跨越前后相连的两个年度。因此，习惯上把由当年越冬虫期开始活动到第二年越冬结束为止的发生经过，称为生活年史。研究害虫的生活年史，摸清其在一年内的发生规律和为害情况，针对其生活史中的薄弱环节，确定防治的有利时机，具有重要的意义。

由于各种储藏物昆虫的变态类型、一年发生代数、每代各虫期发育时间、成虫寿命和产卵期的长短、生活习性、越冬虫态和场所等有所不同，因此每一虫种都有它自己特殊的生活年史。即使一年发生代数相同的不同种类，它们的生活年史也不一样，如一点谷螟和豌豆象都是一年一代，而一点谷螟以幼虫越冬，豌豆象却以成虫越冬。但同一虫种在不同地区生活年史也不相同，如米黑虫在寒冷地区一年发生一代，而在温暖地区可以发生两代，以幼虫越冬却是相同的。

一年发生多代的种类，前后世代之间常有首尾重叠的现象，极少有世代与世代之间截然分开的，这样的生活年史就比较复杂。一般来说，凡是成虫产卵后立即死亡或产卵期短的虫种，世代间即使有极少的重叠现象，前后两个世代也容易划分得比较清楚。例如，绿豆象第3代与第4代的幼虫就有部分重叠现象，同时世代中各虫态的出现比较有规律。而在一些成虫寿命较长和产卵次数多，产卵期长的种类，前后世代间就有明显的重叠现象，往往在同一时期可以找到各个不同的虫期，世代划分就很困难，在防治上也复杂得多（如玉米象和赤拟谷盗等）。

每一虫种都是以群体方式存在着的，在每个世代中，其所有的个体不可能都在同一时期开始发育，也不可能都在同一时期完成发育。通常总是有少数个体发生较早或较迟，这种现象称为个体差异。由于个体差异的存在，对一年多代的种类来说，其是出现前后世代间重叠的原因之一。当发生早的个体出现时，称为发生始期；大量个体发生时，称为发生盛期；而少数发生迟的个体出现时，称为发生末期。在虫种的生活年史中掌握这一发生规律，对害虫的测报和防治工作是非常重要的。

储藏物昆虫的生活年史，有的用文字来记载，但这种方式比较烦琐；有的简化成用公式或图表的方式来表示。图表方式在目前应用得比较广泛，在图表内一般能表示出每年发生代数，各世代和各虫期发生的时期，以及越冬虫期等。

三、休眠与滞育

在昆虫生活史的某一阶段，当遇到不良环境条件时，生命活动出现停滞现象，以安全渡过不良环境阶段。这一现象常与隆冬的低温和盛夏的高温相关，即所谓的越冬或冬眠（hibernation）和越夏或夏眠（aestivation）。储藏物昆虫在生活年史中，大多有或长或短的生长发育或生殖中止的现象。例如，幼虫在每龄蜕皮及变态之前，都有一个不吃不动的静止状态，而在生活年史中比较突出的是跨年度的越冬时期。这种现象在生理上常分为两种不同性质的情况，即休眠和滞育。

（一）休眠

休眠（dormancy）又称“蛰伏”，是由不利环境引起的生命活动暂时停滞的现象，当环境条件变好时能立即恢复生长发育。例如，玉米象在常温下每年发生4代，到秋冬停止一切活动进入休眠状态，但遇到粮食发热，温度达到发育始点以上时，就可以继续生长发育。

具有休眠特性的虫种，有的需在一定的虫态休眠。例如，花斑皮蠹的幼虫，在食料不适宜时就进入休眠，可达5年之久，而获得适宜食料时，就能恢复生长发育，在正常情况下，是以幼虫越冬的。有的则任何虫态都可休眠，如细胫露尾甲的成虫、幼虫或蛹均可越冬。

休眠固然可以渡过不良环境来保持个体的生存，但由于不同虫态及各龄的生理特点不同，它们的抗逆能力是不同的。休眠性越冬的昆虫耐寒力一般较差，所以在渡过不利环境条件的死亡率就不同，这就会影响以后的发生基数，因此利用严寒来防治害虫是个有利条件。

因此休眠是昆虫生理上无准备，只要条件不适就可休眠，条件适宜了又可立刻恢复生长发育，而且没有固定虫态。

（二）滞育

滞育（diapause）也可以说是环境条件引起的，但往往受遗传性的限制，而看不到不利环境条件的直接作用。在自然情况下，当不利的环境还远未到来之前，昆虫就进入滞育了，即使当时条件很适宜它生长发育。而且一旦进入滞育，即使给予最适宜的条件，也不会立即恢复生长发育。所以它具有一定的遗传稳定性，是经过长期演化适应而形成的。因此，滞育对种的保存具有重大意义。

滞育在生理上是有所准备的，而且发生滞育的种类，都有其固定的虫态。滞育可分为专性滞育和兼性滞育两类。

1. 专性滞育（obligatory diapause）　专性滞育又称绝对滞育。出现在一年一代的虫种。无论外界环境条件如何，只要到了滞育虫态，就进入滞育。例如，豌豆象无论在南方还是北方，都是一年一代，通常羽化时期是在7月间，当时气温还未寒冷，但成虫就进入滞育（越冬）状态。

2. 兼性滞育（facultative diapause）　兼性滞育又称任意性滞育。同一虫种在不同的地理分布区，一年发生代数不同，滞育出现的世代也不同。例如，麦蛾在寒带一年发生2～3代，而在热带一年最多可达12代，但各以末代的老熟幼虫越冬，即兼性滞育发生在一年多代的种类，可发生在不同世代，但滞育虫态不固定。

昆虫的滞育虫态因种类而异，可出现在任何虫态或虫期。卵期滞育一般发生在胚胎发育前期，进入滞育后，其呼吸速率显著降低；幼虫期滞育表现为不吃不动，不化蛹，体内脂肪量增加，水分减少，呼吸速率明显下降；蛹期滞育的生理状态与幼虫相似，有的滞育蛹和非滞育蛹在形态上有一定的差异。成虫期滞育主要是性腺发育停滞，不能交配产卵，但有的仍可取食。

（三）引起滞育的条件和滞育的解除

昆虫的滞育既受遗传特性的控制，同时也受环境因素的影响。影响昆虫滞育的主要环境因素有光周期、温度、食物、湿度和种群密度等，而内在因素则主要是激素。

1. 引起滞育的条件

1）光周期的变化　所谓光周期是一昼夜中光照时数与黑暗时数的节律，通常以光照时数表示。在自然界中，光周期的变化比任何别的因素都稳定。因此，昆虫在不利条件（如寒冷）到来之前，依靠光周期的反应，进入滞育。

在生态学中，把能引起昆虫种群中50%个体进入滞育的光周期，定为临界光周期（critical photoperiod）。每种昆虫都有其固定的滞育虫态，这就说明感受光照刺激也有其固定虫态，这一固定虫态是滞育虫态前一虫态（龄），在生态学上称为临界光照虫态，处于临界光照虫态的昆虫对光的反应最为敏感，一般1～2lx的照度即发生作用。昆虫滞育对光周期有以下4种反应类型。

（1）短日照滞育型即长日照发育型。在短于临界光周期的条件下产生滞育，滞育的个体数随日照时数的减少而增多，通常光周期长于12h，仍可继续发育而不滞育。

（2）长日照滞育型即短日照发育型。在长于临界光周期的条件下产生滞育，滞育的个体数随日照时数的增加而增多，通常光周期短于12h，仍可继续发育而不滞育。

（3）中间型：光周期过短或过长均可引起滞育，只有在相当窄的光周期范围内才不滞育。

（4）无光周期反应型：光周期变化对滞育无影响。

光周期对滞育的作用是显著的，因为光周期长度的变化在很大程度上预示着未来季节的环境条件，如光周期变长即说明夏热在接近，变短则趋向冬冷。昆虫通过脑里光接受器（而非复眼或单眼），能感知光周期刺激（天长或夜长变化），有时极为准确，昆虫脑中还储存着控制滞育“程序”，如把一个滞育蛾蛹的脑移植到一个非滞育蛾蛹的脑内将引发后者的滞育，相反操作会导致滞育蛹恢复发育。这种程序可能很长地先于滞育存在甚至可传至下一代，如母体的状态可控制其后代滞育发生的阶段。

2）温度　自然界温度的季节性变化是有规律的，昆虫在长期进化过程中适应并利用温度的季节性变化信息来调节其生活史。所以，温度是仅次于光周期影响昆虫滞育的重要因素。对兼性滞育的昆虫，低温能诱导冬季滞育的发生，高温能诱导夏季滞育的发生。

而自然条件下，光周期的变化常与温度的变化有相关性，所以滞育昆虫对光周期的反应总是同温度联系在一起的。短日照昆虫适当的高温可抑制滞育。一般它们的临界光照周期，随温度的升降而减增。一般温度每升5℃，临界光照周期将缩短1～1.5h；若温度下降，临界光照周期相应延长。

3）其他环境因素　食物、湿度和种群密度等环境因素，在自然界也或多或少地呈现有规律性的季节变化，从而可以成为标志季节变化的特征因子，对昆虫的季节性发生起着重要影响。昆虫不同程度地利用这些因素来调节其生活史中的滞育现象。

食物对昆虫滞育的影响，主要体现在食物的有无和食物的营养。例如，光周期缩短，温度下降，植物逐渐老化，含水量减少，昆虫取食后代谢作用缓慢，即会促进其滞育。关于湿度对昆虫滞育的影响研究较少，通常认为湿度对滞育的解除有重要影响。

种群密度对昆虫滞育的影响，在很多情况下很难与因食物的恶化区别开来。但许多研究表明，种群密度有时也是影响滞育的重要因素之一，特别是对一些仓库害虫和群聚型昆虫，种群密度常是控制其滞育的决定因素。例如，为害贮藏期柠檬果肉的光裳夜蛾（*Ephestia cautellsa*），当幼虫的饲养密度较大时，便进入滞育状态；皮蠹（*Trogoderma xariabile*）则恰恰相反，当幼虫群体饲养时，蛹不滞育，而单头饲养时，则引起蛹期滞育。

构成环境的各因素是综合起作用的，但光照周期是最稳定的，所以昆虫以它作为滞育信息最为适宜。

4）激素的调控作用　引起和解除滞育的所有外界因子，必须通过虫体内激素的分泌来实现。滞育激素是引起昆虫滞育发生的直接因素。

2. 滞育的解除　昆虫一旦进入滞育，即使给予平时足以阻挠进入滞育的温度、光周期、水分等，也不能使滞育解除。这时给予适宜生长发育的温度，也不能解除滞育。当经过一段时期的滞育代谢后，昆虫都能自动解除滞育。

1）温度因素　进入滞育的昆虫必须经过一定时间的滞育代谢后，才能解除滞育。多数冬季滞育的昆虫，到“冬至”日基本上都已解除滞育，只是当时气温过低而不能恢复正常活动。温度、光周期和湿度是解除滞育的重要因子，这三者与昆虫滞育持续时间的关系是很复杂的。适当的温度可加速解除滞育，而较高或较低的温度常可推迟滞育终止的时间。冬季滞育的昆虫，解除滞育最适的温度比其正常发育所需的温度低，但一般在0℃以上。但少数种类，结束秋冬滞育需特殊条件，夏季滞育的种类，则均需一定的外界条件刺激才能解除。

2）光照因素　当昆虫过了对光周期反应最灵敏的临界光照虫态而进入滞育后，随着滞育的进展，多数昆虫进入滞育后对光周期的感受能力越来越弱，以致最后对光周期变化无反应。但少数种类，在滞育过程中对光周期一直很敏感。春季光照时数超过临界光周期时才能解除滞育。一些一化性昆虫，也需以光周期作为解除滞育的条件。

3）水分因素　滞育昆虫长期处于滞育状态，其代谢率长期维持在较低水平，虫体组织呈现不同程度的脱水现象，所以在恢复正常的代谢作用之前，常需要补充水分。

上述解除滞育的条件均是外因，而激素才是解除滞育的内在因素。

思考题

1. 昆虫的主要生殖方式有哪些？
2. 昆虫的精子和卵子是如何形成的？
3. 简述昆虫卵的结构构成，分析卵对杀虫剂的反应。
4. 储藏物昆虫卵的主要类型有哪些？
5. 胚后发育要经过哪些发育阶段？
6. 孵化的定义是什么？
7. 根据幼虫足的发育情况可将其分为哪几种类型？
8. 幼虫蜕皮的作用有哪些？
9. 幼虫的龄与龄期是如何计算的？
10. 储藏物昆虫的变态类型有哪几种？
11. 储藏物昆虫蛹的类型有哪几种？
12. 昆虫蛹期在其生命活动过程中的作用是什么？
13. 成虫生物学特性包括哪些内容？

14．成虫活动的昼夜节律有哪几种？
15．食性的分类有哪几种？
16．趋性种类有哪几种？
17．世代与生活史的区别是什么？
18．休眠和滞育的区别是什么？
19．昆虫滞育的类型有哪些？
20．引起昆虫滞育的因素有哪些？

主要参考文献

北京农业大学．1999．昆虫学通论（上册）．2版．北京：中国农业出版社．

彩万志，庞雄飞，花保祯，等．2001．普通昆虫学．北京：中国农业大学出版社．

曹阳，白旭光．1991．温度和湿度对嗜卷书虱生长发育的影响．郑州粮食学院学报，(4)：59-62．

陈世骧．1987．进化论与分类学．2版．北京：科学出版社．

陈跃溪．1986．仓库害虫．北京：农业出版社．

管致和，吴维均，陆近仁．1955．普通昆虫学（上）．上海：永祥印书馆．

雷朝亮，荣秀兰等．2003．普通昆虫学．北京：中国农业出版社．

南开大学，中山大学，北京大学，等．1980．昆虫学．北京：人民教育出版社．

孙冠英．1999．储粮书虱不同温湿度下实验种群生命表及其粮仓分布的研究．郑州：郑州粮食学院硕士学位论文．

孙少轩．1959．麦叶蜂的胚胎发育．昆虫学报，9(1)：29-50．

吴熙载．1985．简明生物学词典．武汉：湖北人民出版社．

赵养昌．1966．中国仓库害虫．北京：科学出版社．

郑州粮食学院，吉林财贸学院．1986．仓库昆虫学．北京：中国财政经济出版社．

Benelli G, Romano D, Kavallieratos N, et al. 2017. Multiple behavioural asymmetries impact male mating success in the khapra beetle, *Trogoderma granarium*. Journal of Pest Science, 90: 901-909.

Benelli G, Romano D, Stefanini C, et al. 2016. Asymmetry of mating behaviour affects copulation success in two stored product beetles. Journal of Pest Science, 90: 547-556.

Bousquet Y. 1990. Beetles Associated with Stored Products in Canada: A Identification Guide. Ottawa: Canada Government Publishing Centre.

Johannsen O A, Butt F H. 1941. Embryology of Insects and Myriapods. New York: McGraw-Hill.

Raabe M. 1986. Insect reproduction: Regulation of successive steps. Advances in Insect Physiology, 19: 29-154.

Richards O W, Davies R G. 1953．Imms昆虫学纲要．管致和，吴维均译．北京：中华书局．

Richards W, Davisr G. 1987. 伊姆斯普通昆虫学教程．忻介六，苏德明，杨庆爽，等译．上海：上海高等教育出版社．

Wojcik D. 1969. Mating behavior of 8 stored-product beetles (Coleoptera: Dermestidae, Tenebrionidae, Cucujidae, and Curculionidae). The Florida Entomologist, 52(3): 171-197.

第五章　储藏物昆虫的行为学

本章提要

- 掌握昆虫的基本行为模式。
- 掌握储藏物昆虫的取食和为害行为。
- 了解昆虫的生殖行为。
- 掌握昆虫通信行为。
- 了解昆虫的社会性行为。

行为（behavior）是昆虫的感觉器官接受刺激后通过神经系统的综合而使效应器官产生的反应，研究昆虫行为的科学称为昆虫行为学（insect ethology），是研究昆虫的行为类型、模式及其行为产生机制的一门科学。

自1973年Frisch、Lorenz和Tinbergen以其出色的行为学研究获得诺贝尔奖后，昆虫行为学研究的进展非常迅速，出现了大量的论著。其中主要内容包括昆虫本能、昆虫学习行为和昆虫行为周期性与昆虫钟。昆虫学习行为的研究是目前国际上研究寄生蜂及利用其学习行为进行有效生物防治的热点和重点。昆虫行为周期性是研究昆虫信息素的前提条件，但对于昆虫生物钟的研究是近两年随着分子生物学技术和神经生物学发展而发展起来的新型学科，是研究人类神经生物学的基础，具有非常广阔的发展前景。

第一节　昆虫的基本行为模式

一、昆虫的本能

本能又称先天行为（innate behavior），是一种天赋的遗传行为，是由遗传因子决定的固有的行为。本能行为又是种群共有的行为，或是种群内特定对象的特征性表现，有长效性，随种群的存在而延续，随物种的进化而调整。是否为本能行为，须符合以下4条准则：①是定型行为；②出现在同一物种的所有个体上；③即使是被隔离培养的个体，也具有该行为；④即使该行为被短暂抑制，过后还会发生。

（一）本能行为的特点

1. 遗传性　昆虫本能行为的可遗传性（heritable）由DNA编码，可从上一代传到下一代。由于本能行为由DNA编码，突变、重组和自然选择等就能带来遗传的改变，这也许能够解释一些昆虫奇异行为的起源。一种舞虻（dance fly）在交配前具有别具一格的求偶仪式，求偶过程中，雄舞虻要付给雌舞虻一个用丝包被的食物球，交配过程中，雌舞虻打开享用。这被认为是雄舞虻通过提供求偶礼物分散雌舞虻的注意力，从而降低被攻击的风险，为受精提供足够的时间。

2. 固有性 固有性（intrinsic）是同一物种的所有个体都具备的一种相同的行为方式，与其他种个体明显不同。

3. 刻板性 刻板性（stereotypic）对昆虫个体而言每次表达方式都是相同的。例如，蜜蜂侦察蜂发现一个新的食物源后，返回蜂巢后都会跳一种暗示食物源距离和方位信息的“圆圈舞”（round dance）或“∞字舞”（waggle dance）。

4. 不变性 不变性（inflexible）是指行为不会随发育或被经历所改变。

5. 完美性 完美性（consummate）是指第一次行为反应就可完全表达。

（二）本能行为的类型

昆虫本能分为反射、动态、趋性和定向活动等。

1. 反射 反射是最简单的本能反应，是在中枢神经系统参与下，机体对内外环境刺激所做出的规律性反应，完成反射的物质基础是反射弧（reflex arc）。

2. 动态 非定向的行为随着刺激强度的变化而改变；动态（kinesis）包括无运动（akinesis），即没有刺激，缺乏运动；正动态（orthokinesis），其速度依赖于刺激的强度；偏动态（klinokinesis），是在一种不适宜刺激下的随机行走，其路线变化的频率依赖于刺激的强度。随着暴露在不适宜刺激条件下时间的延长，昆虫忍耐性（适应性）增加，因此，随机行走和适应性可使昆虫过渡到有利的环境中。雄虫对雌虫呈羽毛状扩散的性信息素反应就是化学刺激的偏动态例子。正动态和偏动态对呈扩散状的刺激是有效的，如温度和湿度。但也有不同的时候，如有时昆虫对很少扩散的或梯度的或点刺激源显得更为有效。

3. 趋性 趋性（taxis）是指昆虫对外界因子（光、温度、湿度和某些化学物质等）刺激所产生的趋向或背向行为活动。其中，趋向活动称为正趋向，背向活动称为负趋向。趋性是昆虫较高级的神经活动，仍属非条件反射。昆虫的趋性主要有趋光性、趋化性、趋温性和趋湿性等。

趋光性是指昆虫对光的刺激所产生的趋向或背向活动。趋向光源的反应为正趋光性，背向光源的反应为负趋光性。不同种类，甚至不同性别和虫态的趋光性也会不同。例如，多数夜间活动的昆虫，对灯光表现为正趋性，特别是对黑光灯的趋性尤强；而蜚蠊经常藏身于黑暗的场所，即有负趋光性。

趋化性是指昆虫对一些化学物质所表现出的反应。其正趋化性或负趋化性通常与觅食、求偶、避敌和寻找产卵场所等有关。例如，一些鳞翅目的蛾类对糖醋酒混合液发出的气味有正趋性；大多数储藏甲虫，如赤拟谷盗、锈赤扁谷盗、烟草甲等对含有1-辛烯-3醇（1-octen-3-ol）的食物有显著的趋性。

趋温性和趋湿性是指昆虫分别对温度和湿度刺激所表现出的定向活动。储粮害虫经常在高温高湿的地方发生，具有明显的趋温性和趋湿性。

无论哪一种趋性，往往都是相对的，昆虫对刺激的强度（或浓度）有一定程度的可塑性。许多昆虫当同时遇到几种温度梯度时，总是向它最适的温度移动，而避开不适宜的温度。有趋光性的昆虫对光的波长和照度也是有选择的，谷蠹的飞行每天有两个高峰期，第一个小高峰期在早上太阳升起时和日落前2～3h，起飞的规律与温度的上升有关，并且谷蠹在黑夜不飞行。昆虫对化学刺激也表现相似的反应，如过高浓度的性引诱剂不但起不到引诱作用，反而成为抑制剂。

在生产实践中，人们常利用趋光性和趋化性等防治害虫。例如，灯光诱杀即以趋光性为依据，食饵诱杀以趋化性为依据，趋避剂以负趋化性为依据。

4. 定向　昆虫的定向（insect orientation）是昆虫接受环境中的化学或物理刺激，从而做出调整位置或姿势的行为反应。定向虽是简单的动作，但在昆虫复杂的活动中也蕴含着定向行为。

依据定向行为的作用或生物学意义，昆虫的定向行为分为对食物或寄主的定向、对配偶的定向、对巢穴的定向及对迁飞方向的定向等。

根据昆虫接受刺激和产生感觉的性质，分为嗅觉定向（olfactory orientation）、听觉定向（acoustic orientation）、视觉定向（visual orientation）和磁场定向（magnetic orientation）等。

5. 昆虫的爬行、扭动、游泳和行走　拥有流体骨骼的软体幼虫通过爬行来移动，部分肌肉收缩产生的动力能完全传递给身体其他松弛的部位。在无足的幼虫中，如双翅目蝇蛆，可以看到收缩舒张波形从头传到尾部。幼虫成排的黏性钩或结节通过连续抓握和释放物体表面（有些蝇蛆还借助口钩）以产生向前的运动。在水中，流体骨骼的侧收缩波能产生像蛇一样蜿蜒的游泳动作，在游泳动作过程中通过这种从前到后的摇摆产生一个个的波动动作。

像鳞翅目具有胸足和腹足的一类幼虫，已发展到具有从后向前收缩的膨压肌，同时具有3个明显可见的收缩波动方向。运动机能使胸足循环地各自分开、向前抓握物体表面并产生向前的运动。拥有坚硬外骨骼的昆虫能够控制收缩和松弛连接到表皮的各对拮抗肌。与甲壳纲和多足纲相比，昆虫足要少一些，一般只有6只，且比较集中在腹面的胸部上，这样可以让行走和飞行的运动肌都集中在胸部，便于集中控制以产生更高的运动效率。在昆虫用6足低速或中速行走时，通过一侧的前足和后足与另一侧的中足形成三角状与地面保持持续不断的接触并向后侧伸展（retraction），同时每个相对的足向前方移动（protraction）（图5-1）。这样缓慢移动昆虫的重心一直处于三角平面之中，有着非常好的平稳性。昆虫的运动是胸肌作用于足部并通过足部各肌肉的传输使足产生伸屈动作的结果。昆虫通过爪和爪垫（或者中垫，一些蝇类和甲虫用跗垫）来固定在物体表面提供给虫体向前的推力。

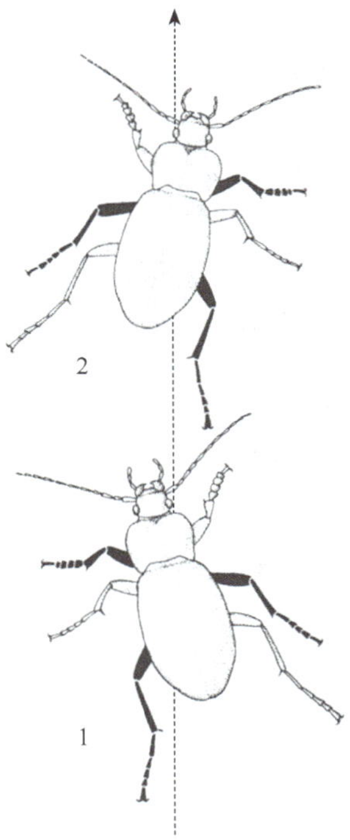

图5-1　一种步甲［鞘翅目步甲科大步甲属（*Carabus*）］的非直线行走状（仿 Wigglesworth，1972）

3条黑色足示两种着地状态——动作1在前，动作2在后

二、昆虫的学习行为

（一）学习行为的主要类型

学习行为（learning behavior）是指动物后天获得的行为，如经验性的学习行为、印记学习、习惯化、条件反射、尝试与错误、推理等。学习行为是自然选择的结果，昆虫在自然竞争中的学习能力得到了选择，并得以不断发展、进化。昆虫后天的行为是通过联系学习（associative learning）获得的。联系学习是指（昆虫）通过学习把无特定意义的（中立的）刺激与有意义的（正作用或副作用）刺激联起来，原先只对有意义的刺激产生的反应，也可以通过中立刺激的反应获得。这种有意义刺激称为非条件刺

激（unconditioned stimulus），中立的刺激称为条件刺激（condition stimulus）。

不同昆虫的学习能力有一定差异。例如，寄生蜂的学习能力较强。在某一特定生理状下，昆虫在感受某一种外界刺激时，其先天反应潜能不同，这种能力是自然选择的结果。昆虫对外界刺激的先天反应潜能越弱，其行为的可塑性就越大；而对外界刺激的先天反应潜能越强，其行为就越不易被学习经历所改变。

（二）学习行为的基本特征

1. 不可遗传性（non-heritable） 昆虫学习行为只能从经历中获得。

2. 非固有性（extrinsic） 昆虫学习行为在隔离条件下发育不会发生。

3. 可改变性（permutable） 昆虫学习模式或序列（pattern或sequence）会随时间的进行而发生改变。

4. 适应性（adaptable） 昆虫学习行为通过改变可以适应变化的环境。

5. 渐进性（progressive） 昆虫学习能力通过实践得到不断加强，如红足侧沟茧蜂（*Microplitis croceipes*）只给予一次经历并不足以让其建立有效的偏好，而多次重复的经历会诱导产生这种偏好。但学习致使行为反应的改变会随经历的增加而达到渐近线。

三、昆虫的行为周期性与昆虫钟

（一）行为周期性

行为周期性是指昆虫的生命活动表现出一定时间节律的现象。根据昆虫周期性活动时间节律的性质，可分为外生性节律和内生性节律。

昆虫的活动在长期的进化过程中形成了与自然中昼夜变化规律相吻合的节律，即生物钟（biological clock）或昆虫钟（insect clock）。绝大多数昆虫的活动，如飞翔、取食、交配等均有固定的昼夜节律。通常把在白天活动的昆虫称为日出性或昼出性昆虫（diurnal insect），把夜间活动的昆虫称为夜出性昆虫（nocturnal insect），把那些只在弱光下（如黎明时、黄昏时）活动的昆虫称为弱光性昆虫（crepuscular insect）。例如，绝大多数蝶类为日出性昆虫，而绝大多数蛾类是夜出性的，蚊子则喜欢在弱光下活动。无论是日出性昆虫、夜出性昆虫还是弱光性昆虫，在一天当中，多在相对集中的活动时间内活动。

由于自然中昼夜长短是随季节变化的，所以许多昆虫的活动节律也有季节性。一年发生多代的昆虫，各世代对昼夜变化的反应也会不同，明显地表现在迁移、滞育、交配、生殖等方面。

昆虫活动的昼夜节律表面上看似乎是光的影响，但昼夜间还有不少变化着的因素，如湿度的变化、食物成分的变化、异性释放外激素的生理条件等。

（二）昆虫钟

昆虫钟是昆虫体内的生物钟，即昆虫生命活动和行为的时间节律。昆虫钟具有机械钟的类似性质，可以对时、拨动和调整。昆虫钟对昆虫的定向和定位活动也起着重要作用。昆虫的交配、产卵、卵孵化、蛹羽化等，是由体内的生物钟所控制的。生物钟可随外界环境条件而变化，但并不依赖于外界的因素。例如，光照的调节，动物处在持续的黑暗中，在不知道白天与黑夜的情况下，体内的生物钟可照样运行，各种生理活动与行为也照样地保持着一定的节律。

现在已经明确昼夜节律是由脑和视叶的起搏细胞主宰的。对果蝇等昆虫分子生物学的研究，了解到起搏细胞内有两种基因*per*和*tim*，它们的表达促成周期性地合成两种蛋白质PER和TIM，二者偶联进入细胞核，作用于其他基因，从而促成昆虫各种生理活动。其中TIM蛋白对光极为敏感，在白天有光时逐渐减少，因而影响细胞核内这两种蛋白质的含量，黑夜无光时它们在核内的含量增加，生理活动又恢复，所以有周期节律。在赤拟谷盗中发现了与昼夜节律有关基因，如*Tctimeles*、*Tccycle*、*Tcclock*、*Tcperiod*，其中*Tctimeles*基因的表达具有明显的日节律，这些基因沉默后赤拟谷盗的存活率和活动规律受到明显的抑制。

第二节 储藏物昆虫的取食与危害行为

昆虫的取食行为是指昆虫在食物上所进行的摄取食物以及与此相关的一系列活动，是昆虫生理活动的第一个环节，反映了昆虫对寄主植物的适应性和寄主植物对昆虫的吸引与营养作用。取食行为是昆虫在接受内外信息后，由神经系统和肌肉系统综合反应的结果。

中生代以后，开花植物的出现，极大地限制了昆虫的取食范围。在这种情况下，昆虫随着环境开始进化，表现出不同的食性。

一、食性

（一）昆虫食性的分类

食性（feeding habit）就是取食的习性。昆虫在长期演化过程中，对食物形成了不同的选择性。无论哪种昆虫，其食物的种类均有一定的范围。

在储藏物昆虫中，通常按照食物范围的广狭而分为单食性（monophagy）、寡食性（oligophagy）、多食性（polyphagy）或杂食性（omnivore）等。仅以一种植物的果实为食料的称单食性，如豌豆象专取食豌豆；能取食相近种属或科的植物果实或动物尸体的称为寡食性，如麦蛾只能取食禾本科的稻谷、小麦、大麦和玉米等；食性要求范围广，可以多种不同科的植物及动物为食料的称为多食性或杂食性，如蜚蠊目和皮蠹科等。

食性如果按照食物性质来分，还可以分成植食性、肉食性、腐食性和菌食性。以植物有机体为食料的称植食性，包括根、茎、叶、花、果实、种子及其加工成品。绝大多数储藏物害虫属此种食性。以其他动物活体为食料的称为肉食性，如捕食仓库害虫的窗虻；吸食仓库害虫体液的食虫蝽象等。取食陈腐的粮食、动植物尸体，即非生活的有机体的称腐食性，如黑粉虫等。取食其他昆虫的粪便、已发霉的粮食及农副产品的菌类的，称菌食性，如薪甲科害虫。

（二）影响昆虫食性的物理和化学因素

食物的选择基本上是遗传性决定的，是昆虫长期适应的结果。有些种类成虫期与幼虫期的食物完全不同，或成虫根本不吃东西，但还是把卵产在它们下一代幼虫需要的食物上。食性不是恒久不变的习性，有些种类在食物不充裕或完全缺乏时，可以被迫改变食性，但常常以大量死亡来换取一个新的适应。昆虫对食性的选择是可以遗传到下一代，因此食性虽然有它的稳定性，但也不是绝对不变的，有它一定的可塑性。

在自然的情况下，每一种植食性昆虫都各有其一定的寄生范围，单食性昆虫只取食某种植物，而多食性昆虫则选取固定的几十种到几百种植物。从识别的过程来说，昆虫不像高等动物那样，对食物的认识靠传教、靠经历、甚至靠思维；对昆虫视觉生理研究也表明，植食性昆虫的视觉在寄主选择的过程中不起很重要的作用。那么植食性昆虫为何或如何来选择它的寄主植物呢？这一问题早就引起了有关学者的密切注意。早期的观点多单一地强调昆虫对寄主植物的选择是凭能否从植物体内获得特需的营养物质，但是若只从获得营养的角度来说，实际上每种植物都能满足昆虫生长发育的需求，无须进行选择。近二三十年来，由于植物化学和昆虫行为生理研究技术的迅速发展，终于对昆虫的食性问题有了较深的认识。国际上现在公认，不同种植食性昆虫的寄主范围各不相同，即便是两个很近缘的种，也存在着寄主偏爱程度的差异。之所以有这一现象，和不同种植物具有特异成分的次生物质组成与不同种昆虫具有特异功能的化学感受器有着最为密切的关系。

二、昆虫的觅食行为

大多数昆虫在其整个生活史周期内均需取食，以补充其生长发育所需的营养。昆虫在摄取食物过程中所表现出的觅食行为多种多样，但觅食步骤大体相似，即多以化学刺激作为决定择食的最主要因素。例如，植食性昆虫通常以植物的次生性物质为信息化合物或取食刺激剂，捕食性昆虫则多以猎物的气味为刺激取食的因子。以寄生性昆虫和捕食性昆虫的觅食行为为例，其觅食步骤一般可分为：①食物定位；②发现食物；③食物识别；④食物接受；⑤食物可适性检验（图5-2）。

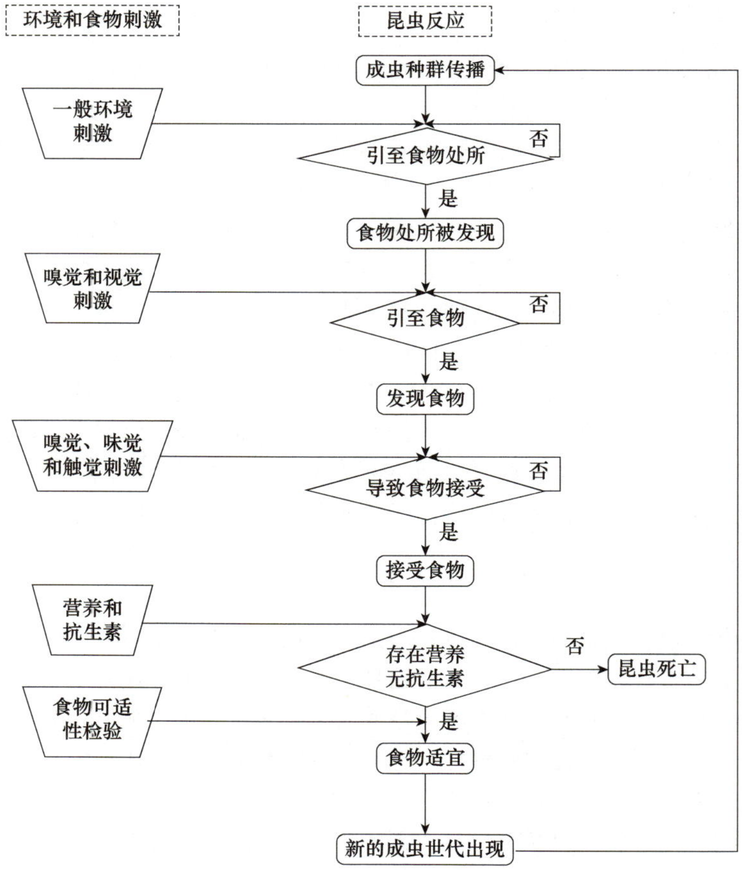

图5-2　昆虫选择食物的过程图解

不同的昆虫在觅食过程中拥有各自不同的觅食策略，即为达到最大的觅食效率所采用的方法和措施。在食物的定位过程中，不同种类的昆虫表现出的行为也存在很大差异。有的昆虫表现出积极的搜索行为，主动去寻找食物（如大多数捕食性昆虫）；有的则采取坐享其成的方式，如盗食寄生（cleptoparasitism），即寄生者产卵于宿主巢内，幼虫孵化后首先杀害宿主幼虫，取而代之地利用宿主储粮完成其发育的现象；有的则与其他生物不同程度地生活在一起，即共生。营盗食寄生的澳大利亚蜘蛛寄生蜂（*Ceropales ligea*），在蜘蛛捕食其猎物时将卵隐藏于蜘蛛的书肺中。产卵动作非常迅速，在蜘蛛的一不留神间便找好了产卵的位置。在社群性昆虫的觅食策略中，多数具有集体取食行为，如蜜蜂寻找蜜源等。而交哺现象，即昆虫种内或种间的液体食物相互交换，并借以传达有关信息的现象，在社会性昆虫中也是最为常见的。

在食物定向和寻找食物这两个阶段，昆虫并不是随意取食的，当来自寄主食物的气味刺激了昆虫的嗅觉器官后，昆虫依靠味觉判断寄主食物的营养价值等与取食相关的因素，最后决定该寄主食物是否适合取食和生存。在寄主的选择过程中，化学感受器官起着重要作用。同时，昆虫综合运用其他感觉器官，从而顺利完成整个取食过程。

三、储藏物昆虫的危害方式

不同种类的储藏物害虫危害方式不一样，因而被害物的状况和受害程度也不相同，大致可以分为4个类型。

1. 钻蛀式危害　以这种方式取食的都属于危害性害虫，如为害仓房建筑的白蚁；为害禾谷类粮食的谷蠹、玉米象、米象、谷象、麦蛾；为害豆类的绿豆象、豌豆象、蚕豆象；为害竹、木制品的竹蠹和粉蠹等。钻蛀式危害这种方式又称内部取食危害，它们共同的特征是整个幼虫发育阶段都在寄主物内部生活，羽化后成虫自羽化孔爬出来，使被害物呈现圆形孔洞。

钻蛀式危害的害虫也称为前期害虫。由于它们的危害会在粮堆中产生破损粮粒和粉状粮食，为随后发生的粉食性害虫创造了有利的生存条件，导致后期害虫的大量发生。

2. 缀食式危害　以这种方式取食的是蛾类的幼虫，它们的共同特征是能吐丝把粮粒或其他被害物连缀起来，形成巢穴状或隧道状，或在粮面上铺盖一薄层绸子似的天幕，幼虫就躲在其内进行取食危害。凡是被具有这一类危害方式的害虫为害过的粮食，其营养价值大为降低。

3. 侵食式危害　这类危害方式的害虫，能使粮粒或其他储藏物呈不规则状的缺刻，如大谷盗的为害状。

4. 粉食式危害　以粮食的碎屑粉末为食料，不能为害完整粮粒的害虫。这类储藏物昆虫通常依靠玉米象、谷蠹等前期性害虫开辟道路，之后才能危害，因此被称为后期性害虫。

研究昆虫食性在理论上有助于我们理解昆虫与植物的协同进化，在应用上有助于我们发展新的害虫防治策略。在利用天然生物活性物质防治害虫、选育植物的抗虫品种和生物防治中具有积极意义，尤其在农药污染和害虫抗药性日益严重的今天显得更为重要。对于寡食性的昆虫可以恶化其环境条件，改变农业种植的品种，抑制其发生数量。对于广食性的昆虫，虽然其繁殖力低，种群密度一般较低，但常直接为害农作物和林木的花、果实、枝干，造成的经济损失大。故对其的防治策略应以农业防治为基础，重视化学防治，采用荫蔽性、局部性施药，坚持连年防治，以持续压低种群密度，因其种群密度一旦压低，不易在短期内恢复；当其种群密度处于相当低时，应重视保护利用天敌，或进行不育防治或遗传防治，以彻底控害。

四、储藏物昆虫的捕食行为

捕食性昆虫分布在昆虫纲18目200多科中，蜻蜓目、螳螂目、长翅目、脉翅目的昆虫全部为捕食性类群，直翅目、半翅目、鞘翅目、膜翅目、双翅目、鳞翅目等都有一部分捕食性天敌。

捕食性昆虫较其寄主猎物一般情况下都大，它们捕获、吞噬猎物肉体或吸食其体液。捕食性昆虫在其发育过程中要捕食许多寄主，而且通常情况下一种捕食性昆虫在其幼虫和成虫阶段都是肉食性的，独立自由生活，都以同样的寄主为食。

黄色花蝽［*Xylocoris flavipes*（Reuter）］捕食储粮害虫过程为5个过程：寻找、捕获（钳住猎物）、麻痹、吸食汁液和休息。有些捕食性昆虫还具有将被食猎物空壳背在自己体背上的习性，如部分蝽的若虫和部分草岭的幼虫等。捕食性昆虫则多以猎物的气味作为刺激取食的因子，当把猎物的体液涂到与猎物相同或不同的人工模型或其他物体上，均能引起猎物的取食反应。

五、储藏物昆虫的寄生行为

寄生蜂是膜翅目昆虫中的重要类群，在自然界种类多，数量大。寄生蜂的寄主一般为昆虫和其他节肢动物，寄生行为仅发生在未成熟阶段，其成虫阶段营自由生活，寄生期间不转移寄主，在寄生生活结束时，寄主被杀死。寄生蜂的寄生方式多种多样，如内寄生（endoparasitism）是寄生蜂将卵直接产到寄主体内；而寄生蜂将卵产到寄主体外，幼虫在体外生活则称为外寄生（ectoparasitism）。根据寄主虫期不同，又可分为卵寄生、幼虫寄生和寄生。根据寄主范围大小可分为专一性寄生（monophagous parasitism），即只寄生一种或少数几种寄主；广寄生（polyphagous parasitism），即能寄生几种或多种寄主。

虽然寄生蜂（图5-3）的寄生对象、范围、寄生方式不同，但对于每一个刚羽化的雌蜂，其寄生行为基本可以分为寄主寻找、产卵和产卵后行为。

1．寄主寻找　寄生蜂在寻找寄主的过程中，倾向于在一定的栖境内搜索，然后逐步缩小范围，直至发现寄主。研究结果表明，寄生蜂的寄主选择行为的产生受到多种因素，如气候、化学物质、寄主密度及本身生理状态等的影响，是外部因子和内部因子共同作用的结果。当环境条件发生变化，如温度、湿度等改变不适于寄生蜂寄生，寄生蜂雌虫羽化后周围寄主的可适性发生了变化，环境中寄主密度过低，寄生蜂遇到寄主的概率降低等，为了寻找足够的寄主，寄生蜂都会被迫开始寄主搜索行为。另外，当某一地区中寄生蜂种群密度过大时，寄生蜂也会进行主动扩散，这是昆虫的一种生态策略，对于种群的生存具有重要意义。

为了能够顺利找到寄主，寄生蜂必须借助与寄主有关的信号来逐步缩小搜索范围。在这个过程中，挥发性化学物质起着至关重要的作用，这些挥发性化学物质一般来源于寄生蜂寄主的寄主植物、寄主本身、寄主的排泄物和分泌物，寄生蜂通过触角、足跗节和产卵器上的化学感受器来识别这些挥发性化学物质（图5-3）。

2．产卵　寄生蜂找到寄主后，并不是立即产卵，而是先对寄主进行严格的检验，判断寄主的健康状况、发育阶段、大小是否适合或者是否已经被寄生。对寄主的检验主要是利用寄生蜂的触角和产卵器上的感器及视觉感器。寄生蜂的种类不同和寄生对象不同，其检验行为也有差异。例如，对于活动性较强的寄主，如植食性鳞翅目昆虫的幼虫，寄生蜂首先对寄主活动区域进行搜索，发现寄主后，对寄主的检验、产卵器钻入到完成产卵这一过程进行得比较迅速。对于静止不动的寄主，如卵和蛹，寄生蜂的检验就非常严格。对于特定环境，如虫瘿、洞穴、卷叶及茧中的寄主，寄生蜂首先对寄主生存环境进行检验，然后将产卵器钻入并刺探，判断是否产卵。

图5-3　麦蛾茧蜂寄生印度谷螟幼虫

对于已经被寄生的寄主，寄生蜂能够对其进行识别，从而避免重复寄生，这是寄生蜂的一种生态策略，可以避免种内竞争。寄生蜂的识别过程是通过对寄主进行标记来完成的。寄生蜂对寄主产卵后，在寄主表面或体内留有作为标记的化学物质，这些化学物质称为标识信息素，主要成分可能是一些碳氢化合物，寄生蜂通过它的某些器官（如触角或产卵器等）接触到这类化合物才引起反应。寄生蜂标记行为的主要作用为：避免将卵过多地产到同一个寄主上，避免由于产卵过多而引起的寄主死亡和寄生蜂后代的相互竞争，促使寄生蜂在栖境中合理分布。

3. 产卵后行为　对于大多数寄生蜂，产卵后行为一般为梳理或清扫。例如，一些单卵寄生的寄生蜂，如棉平突蚜茧蜂［(*Lysiphlebia japonica*（Ashmead)］，在连续寄生10余头蚜虫后，休息片刻，梳理触角，然后再寻找新寄主去产卵。

第三节　储藏物昆虫的生殖行为

在昆虫的生活史中，为了繁衍后代必须完成一定的生殖行为。在昆虫的生殖行为过程中化学通信起重要的作用。绝大多数昆虫的生殖行为都要经过两性的聚集、求偶与交配及产卵行为等过程。目前研究较多是储藏物昆虫的信息素及其应用。

一、两性的聚集

大多数两性生殖的昆虫在求偶及交配之前一般要经过两性聚集。最简单的两性聚集形式是主动寻找配偶或等待一个配偶从其附近经过。例如，在一些半翅目昆虫中，雄虫接近任何一个近似大小的移动对象时，只有在近距离范围内才能判断它是否为同类。在许多昆虫种群中，雄虫只有在得到确切的视觉刺激后，才会对一个对象做出反应。

药材甲、石蛾、石蝇及许多双翅目长角亚目昆虫均具有婚飞的群体繁殖行为。参与婚飞的昆虫通常只有雄虫，一般源于一定数量的同种昆虫个体对一个视觉目标的反应，而不是针对其他个体的聚集反应。引起婚飞的目标迥异，可以是植物阴影中的一小片阳光，或天空映照下树枝的轮廓，也可以是具有明显地理特征的山尖等。在婚飞过程中，参与飞行个体经常上下翻飞或从一边飞到另一边，做出不同的舞蹈动作。一般认为，昆虫的婚飞行为是为了提高性兴奋程度，或增强附近雌虫接收到的信号。在婚飞群体附近或中间见到有雌虫出现时，雄虫便会与之交配。在许多情况下，山的轮廓常常成为昆虫比较明显的目标，如一些蝴蝶、蚂蚁和飞行能力强的蝇类等，常聚集在山顶。储藏物甲虫则常常聚集在破碎的食物周围。

二、求偶与交配行为

昆虫通过某种方式完成两性聚集后，在求偶与交配之前通常还有一个对同类异性的识别过程，虽然求偶过程本身也包含了部分识别行为。在某些昆虫种群中，雄虫只试图与吸引它的对象受精，然而多数昆虫的同种异性个体间需要以多种方式进行相互识别，性别的识别是在相遇后的一些特异性反应下进行的。

（一）求偶行为

昆虫的求偶（courtship）是成虫性成熟期向异性表示交配欲望的行为，是交配前促使异性接受交配的行为活动。昆虫求偶行为至少有三个作用：①每种昆虫的求偶行为都有特异性，这可避免不同昆虫的种间杂交。②求偶行为通过神经系统和内分泌激素的作用激发雌雄双方排精、排卵的协调，提高受精率。③求偶过程是互相选择的过程，使后代能获得良好的遗传基因，求偶不成的弱者，就缺乏繁殖的机会。

昆虫的求偶行为极其复杂，其行为方式也是多种多样的，复杂的求偶过程可以持续几个小时，甚至几天。这种行为有时表现得非常有趣，因为它常常涉及一些奇特的动作，如展示鲜艳的色彩和发出复杂的声音等。通常雄性昆虫为了获得配偶，必须在雌性昆虫面前尽力展现自己华丽的“婚装”和做出各种复杂的动作；而雌性昆虫则静观雄性极为卖力的表演却迟迟不做出选择。这两个方面便构成了昆虫求偶行为的全过程。还有一些昆虫具有求偶竞技场，即施展求偶夸耀行为的公共场所，在那里雄虫群集的唯一目的是引诱雌虫并与之交尾。例如，有些实蝇雄虫释放能引诱同种雄虫的信息素，这样就通过化学作用使得雄虫群集并形成求偶竞技群。

在近距离范围内，昆虫的听觉、视觉、嗅觉和触觉刺激等对求偶都很重要。

昆虫的听觉通信十分普遍，而且可越过一定的障碍物。蝗虫、蟋蟀、蝉、蜂、蚊等都存在听觉通信系统，一些昆虫种类中听觉信号对其寻找配偶和性识别有重要作用。例如，蟋蟀雄性个体利用前翅和后足腿节或腹部摩擦发出声音吸引雌性，种类不同，其声音的持续性及脉冲频率均有差异，同时决定了雌性昆虫寻找配偶的精确性。伊蚊婚飞时常借一定频率的音调寻找配偶，加入雄虫婚飞中的雌蚊可通过拍翅的声音被雄性识别，即使两个体间相隔36m之遥也能被另一蚊子听到，且可同时探测几个目标。

昆虫的视觉在昼行性昆虫寻找配偶行为中的作用很早被发现，如蝴蝶、蜻蜓和部分双翅目昆虫。视觉感受刺激能激发典型的求偶行为，雄性蝴蝶依靠飞行姿势和颜色模式来识别同种雌性，这就是许多蝴蝶和一些蝇类拥有鲜艳色彩的重要原因。蜻蜓拥有大眼睛，是为了识别翅的颜色和特定的飞行姿势，许多雄性蜻蜓建立领地等待雌性前来交配产卵，同样种类雄性的颜色与雌性不同，颜色信息是最主要的鉴定特征。夜行性昆虫识别异性主要靠释放的光的颜色，夏夜里空中游荡的一盏盏“活灯”是雄性萤火虫利用“灯光”在寻找配偶，灯光每隔5.8s闪亮一次，停留在草丛深处的雌性萤火虫由于无翅不能飞翔，只有靠闪烁的荧光识别“求偶信息”，并以每隔2.1s一次的闪光做出应答，可以看出，光线闪耀的频率是识别的重要特征。

早在20世纪80年代，就有700多种昆虫被研究发现能产生300多种不同的化合物，这些化合物称为化学信息素。雄蜂依据雌蜂上颚腺分泌物的气味识别雌蜂是否未交配。目前研究发现大部分的昆虫在求偶过程中是雌性昆虫释放性信息素，引诱雄虫前来寻找雌虫，在昆虫的求偶高峰期也是昆虫释放信息素的高峰期。也有一些昆虫是雄虫释放信息素，雌虫的触角或者前足上存在有特殊的感受器和性信息素特异性的受体，可以感知特异昆虫的性信息素的成分而完成其求偶过程。例如，雄蝶跳起那独特的求婚舞蹈，在雌蝶面前炫耀它那美丽四翅，从颤动翅到有节奏地张合其翅，然后高抬两个前翅，摆出一副极优美的姿势，并深深地在雌蝶面前低下头去，接着合拢翅膀，并轻轻地把雌蝶的触角夹在翅中间，让雌蝶嗅到雄蝶香鳞的芳香味，这就是“蝶吻”，如果雌蝶接受了这一切，雄蝶便拉开翅膀，在雄蝶周围转来转去地跳起欢快的舞蹈，标志求偶成功。

（二）交配行为

在大多数昆虫中，成功的求偶行为通常是以达到交配为目的的。交配（mating）行为指两性成虫性交的动作和过程，包括围绕受精作用的所有活动。一部分昆虫种类雌雄个体之间并不接触即可完成受精作用，即雄虫间接地转移精子，这种情况多是雄性将精包留在雌性容易接近或经常出没的地方。而大部分昆虫则是将精包通过不同的方式直接送入雌性的内生殖器官。

昆虫交配行为的产生和完成，关键在于雌虫的接受性。这与雄虫引诱雌虫的效果和雌虫的生理状态有关。若雌成虫的年龄较大，卵已大量成熟或受精囊内充满精液，往往会拒绝交配。这可能是膨大的受精囊壁或由它分泌出来的激素，抑制了雌虫接受交配的神经功能。雌虫体内卵的发育状态也可直接影响雌虫的接受性。鳞翅目夜蛾科昆虫大多具有多次交配习性，交配次数与卵巢发育有一定的相关性。例如，棉铃虫在卵黄沉积前行第一次交配，在产卵始期到盛期行第二次交配，进入产卵高峰期之后还可能进行第三次，直至产卵末期才停止交配。

几乎所有的高等昆虫都具有真正意义上的交配行为，其交配方式多种多样。例如，蚱蜢和蝶类的雄虫将精液直接送入雌性的内生殖器官，从而完成受精作用；床虱的交配方式则较为奇特，是由雄虫将精液直接注入雌性皮下充满血液的体腔内，而完成受精过程，因而被称为损伤性受精。在交配过程中，不同种类的昆虫，其雌雄虫的位置和姿态也存在种群特异性，如几种储藏物甲虫（黑毛皮蠹、赤拟谷盗等）交配的方式有所不同（图5-4）。

有些昆虫种内含有许多不同的形态型或族，在这些昆虫种群中，雌雄两性的交配方式可以表现为选型交配（assortative mating），也可以表现为非选型交配（disassortative mating）。前者是指选择与自己同型的个体交配，后者是指选择与自己不同型的个体交配。例如，果蝇通常都喜欢同稀有型的异性个体进行交配，这种行为可以避免发生近交，并有利于增加后代的遗传多样性。

昆虫交配地点的选择与下一代幼虫的取食有关。鳞翅目植食性昆虫多在幼虫的寄主植物附近交配，这些植物的气味能刺激雌虫释放性信息素，从而吸引雄虫；寄生性昆虫常在寄主密集的场所交配和产卵，使幼虫孵化后可迅速发现寄主。刚羽化的雌性多音天蚕蛾不产生性行为，只有当触角与杨树叶或与含（E）-2-乙烯醇的抽提物接触后，激发了中枢神经系统的活动，腹部末端才释放雌性信息素，即（E-Z）-6-11-十六碳二烯醇与乙酸酯的混合物。这种信息素作用于雄性触角感受器，通过中枢神经系统，产生交配行为。

三、产卵行为

昆虫将卵从母体中排出的过程，称为产卵（oviposition、egg-laying、egg-deposition）。许多昆虫种类在完成受精作用后，在较短的时间内即开始产卵，这种行为是由于机械的或化学的刺激所引起的。产卵行为一般包括搜索寄主、定位寄主、评估寄主和接受产卵等步骤。昆虫产卵的方式也是多种多样的，有的单产，有的块产；有的产在寄主或猎物或其他物体的表面，有的产在隐蔽的场所，如土中、石块下、树皮下、缝隙中、寄主组织中等。首先，成虫把卵产在幼虫食物源上或附近，为幼体提供了觅食之便，如很多植食性昆虫大多把卵产在寄主植物表面或体内，如多数鳞翅目昆虫直接把卵产于植物叶片或嫩梢，鞘翅目天牛科昆虫产卵于植物组织内，直翅目昆虫产于松软的土中，双翅目蚊子等则产卵于水中等。其次，保护卵不受天敌或同

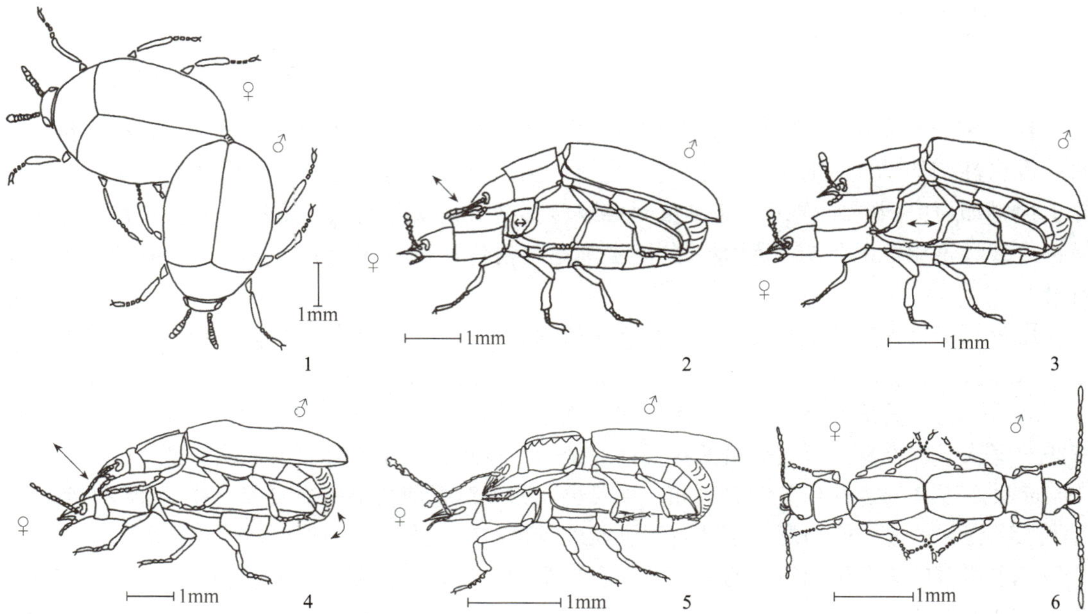

图5-4　几种储藏物甲虫交配过程的姿势（仿Wojcik，1969）

1．黑斑皮蠹；2．杂拟谷盗；3．赤拟谷盗；4．黑粉虫；5．大眼锯谷盗；6．长角扁谷盗。图中的箭头表明雄虫在交配过程中的移动的方向

类的侵害，如储藏物昆虫米象、玉米象常常把卵产在粮粒内部，在粮食的颗粒表面看到一个小小的产卵孔。螳螂、蜚蠊的卵包在坚硬的卵鞘中，蜚蠊还常把卵鞘携在腹末；草蛉产卵时，先分泌一点黏胶，并随腹部上翘把胶拉成细丝，再把卵产在细丝顶端，这样不仅在一定程度上能防止其他捕食性昆虫把这些卵吃掉，而且避免了先孵化出的幼虫将同类的卵吃掉。有些昆虫在产卵时为了避免其他昆虫再次在寄主植物上产卵，常常在寄主植物上分泌产卵抑制剂，抑制其他昆虫在已经产卵的寄主植物上产卵。目前对昆虫产卵抑制剂的研究是昆虫行为学研究的一个研究热点。

昆虫在产卵之前必须找到并选择适于产卵且有利于后代生长的场所。许多昆虫种类用外生殖器或腹部末端的接触感受器官探测产卵基质的适应性，如蝗虫对地表、植食性昆虫对叶片的形态或结构等，成虫往往产卵到其幼虫喜食的植物上，这类植物一般含有刺激其幼虫取食的化学成分及足够的和适宜其幼虫生长的营养物质，能保证足够吸引其幼虫取食。昆虫在长期的进化过程中形成了对特定产卵环境的反应。例如，蚊子在产卵前，首先通过感知水体表面的植被及光线的反射而靠近水面，但也并不是一接近水面就马上产卵，而是先进行一系列的“检测”工作，包括水的盐度等，主要通过足跗节上的感觉器检测水的pH是否适合于产卵；雌性菜粉蝶（*Pieris brassicae*）在产卵前，通常是被蓝色或黄色所吸引，而准备产卵时则受绿色物表的吸引。

第四节　储藏物昆虫的通信行为

在数以百万计的昆虫中，通信的方式多种多样，主要有化学通信、视觉通信、听觉通信、触觉通信、行为通信等。例如，蝉、蟋蟀、蝗虫等种类的雄虫以鸣叫的方式招引雌虫；雄蚊借助振翅产生的声音吸引雌蚊；萤科昆虫的雄虫尾部可产生光亮与雌虫取得联系；蜜蜂可用优美的“舞姿”表达它们的语言。但在整个昆虫纲中，上述的通信方式只占少数，而化学通信是一种主要的通信方式。

一、昆虫的化学通信

化学通信（chemical communication）是指以化学物质为媒介的信息交流方式。化学通信是生物普遍的相互作用的方式，通常在生物间起通信作用的化学物质为次生物质，一般分子质量不大，具有挥发性，昆虫利用嗅觉进行感受，但也有大分子质量的物质，挥发性不强，需要利用味觉感器感受。昆虫除了可以在同种之间利用化学通信、听觉通信、视觉通信和触觉通信等方式进行交流外，在不同种类的昆虫之间，也存在着各种通信交流方式，即种间通信（interspecific communication）。例如，一些种类的蚂蚁与生活在蚁巢中的其他昆虫之间就存在着这种密不可分的种间联系方式。它们有的被蚁类照顾，有的则捕食蚁类或其幼虫。这种现象产生的原因在于这些蚁冢昆虫破译并模拟了蚁类的各种通信交流方式。

化学通信是生物种内和种间最重要的通信形式。在昆虫中，个体间许多活动都利用化学信息进行沟通和调节，如交配、繁殖、寄主的选择和定向、产卵场所的识别、报警和防御等。许多昆虫都利用性信息素进行生殖通信交流，其中研究较多的是蝶类和蛾类。在一些多次交配的鳞翅目昆虫中，雌虫能在数天内持续释放性信息素，以保证获得多只雄虫的精子，通过精子竞争来获得最优基因。

自然界中，一个完整的化学通信系统，包括信息的释放、传播和接受三个环节。昆虫化学信息物质的释放器官主要是外分泌腺体，一般位于腹部、胸部及翅等部位；传播的介质主要是空气；信息的接受则依赖于化学感受器来完成。

（一）昆虫信息素的概念及分类

昆虫信息素（pheromone）是一类由特定腺体产生的微量挥发性化学物质，释放到环境中，可被同种其他个体特异性感受，并引起特定行为和内分泌反应，如能刺激、诱导、调节或抑制昆虫同种其他个体的生殖、发育、觅食、召集个体聚集、调整种群密度等行为活动。“pheromone”一词，最先是由Karlson和Luscher在1959年提出的，由希腊语“*pherein*”（运载）和“*hormone*”（兴奋）两词组合而成，前者具有“传递”（to carry），后者具有“刺激”（to excite）的意思。昆虫第一个信息素是由Butenandt于1959年发现的，他从50万头家蚕雌蛾腹端粗提物中进行分离并鉴定，称为蚕蛾醇（bombycol）。Bethe曾把这类生物活性物质称为外激素，并被广泛应用。但外激素这个概念很容易与内分泌系统的激素相混淆，因此目前使用得越来越少了。

（二）储藏物昆虫信息素的种类

昆虫信息素主要包括性信息素（sex pheromone）、聚集信息素（aggregation pheromone）、追踪信息素（trail pheromone）、告警信息素（alarm pheromone）和标记信息素（sign pheromone）等。

1. 性信息素　性信息素是由同种昆虫某一性别的特殊分泌腺体分泌到体外，扩散于周围环境中的微量化学物质，经空气或其他媒介（如水）传递到同种异性个体的感受器，引起种群中接受者的行为或生理效应。目前已有170余种昆虫的性信息素化学结构被鉴定出来，其中以鳞翅目为多。

鳞翅目雌性昆虫释放的性信息素大都是脂类化合物，其化学结构的特征仅表现在碳链的长短、双键数目与其位置、末端功能基团性质等方面有所差异。在储藏物蛾类中，麦蛾科有3种、斑螟科有4种、蜡螟科有1种性信息素被鉴定出来。其中，棉红铃虫（*Pectinophora gossypiella*）和麦蛾（*Sitotroga cerealella*）的性信息素国内已经合成。

性信息素是目前已知信息素中活性最高的一种。据资料介绍，一般情况下每头雌虫产生的性信息素仅5～1000μg。但如此微量的物质却可以将几十米、几百米甚至数千米外的雄虫引诱来进行交配。用30个纯的性信息素分子就可以使美洲蜚蠊的异性产生性行为反应。

昆虫的性信息素由特殊腺体释放出来，这些腺体的构造与部位随种类和功能的不同而异。鳞翅目雌蛾释放信息素的腺体一般位于腹部第8和第9节的腹节间，由节间膜特化而成。例如，棉红铃虫（麦蛾科）的性信息素腺体位于第8和第9节的腹节间，是一种可外翻的囊状物，若用手指轻轻挤压腹部，即可看到腹端有一个白色囊状物突起，长约750μm，无鳞片，中部和尾端着生细长纤毛，背面鼓起呈囊状。印度谷螟和粉斑螟的性信息素腺体也位于第8和第9节的腹节间，属于折叠形腺体。

雄虫也可产生信息素，其腺体因种而异。一般位于腹部或翅上，腺体的形状有毛刷状和鳞片状。例如，印度谷螟、粉斑螟、烟草螟（斑螟科）的味刷器官位于第8腹节上，形如毛簇。

从雄蛾味刷中鉴定出来的性信息素的化学结构几乎都是简单的醛、羧酸或萜类，分子量低，挥发性强，如米蛾的雄性信息素为（E, E）-法尼醛和（Z, E）-法尼醛的混合物。

鞘翅目是昆虫纲中的一个大目，但至今被鉴定出来的性信息素颇少，对于储藏物甲虫来说就更少。表5-1中列出了几种储藏物甲虫的性信息素组分，其中除了菜豆象的性信息素由雄虫分泌外，其余均由雌虫分泌，且其分泌部位不详。

表5-1 目前已经鉴定的主要储藏物昆虫信息素的化学成分

科名	昆虫种类	信息素的化学成分
窃蠹科	烟草甲	4,6-二甲基-7-羟基-3-壬酮
	药材甲	3,3-二氢-2,3,5-三甲基-6-（1-甲基-2-氧代丁基）-4H-吡喃-4-酮
长蠹科	大谷蠹	（E）-2-甲基-2-戊烯酸异丙酯；（E,E）-2,4-二甲基-2,4-庚二烯异丙酯（10 ∶ 1）
	谷蠹	（E）-2-甲基-2-戊烯酸仲戊醇酯（dominicalure Ⅰ）；（—）（E）-2,4-二甲基-2-戊烯酸仲戊醇酯（dominicalure Ⅱ）
豆象科	菜豆象	（—）（E）-2,4,5-十四碳三烯酸甲酯
	绿豆象	（E）-3,7-二甲基-2-辛烯-1,8-二酸
	四纹豆象	（Z）-3-甲基-3-庚烯酸；（Z）-3-甲基-2-庚烯酸
扁谷盗科	锈赤扁谷盗	（E,E）-4,8-二甲基-4,8-癸二烯-10-内酯（ferrulactone Ⅰ）；（3Z,11S）-3,11-十二碳烯-11-内酯（ferrulactone Ⅱ）
	长角扁谷盗	（Z）-3-十二碳烯内酯（Ⅰ）；（Z）-5-十四碳烯-13-内酯（Ⅱ）；（Z,Z）-3,6-十二碳二烯内酯（Ⅲ）
	土耳其扁谷盗	（Z,Z）-5,8-十四碳二烯-13-内酯（Ⅴ）；（Z）-5-十四碳烯-13内酯（Ⅵ）
锯谷盗科	大眼锯谷盗	（Z）-3-十二碳烯-11-内酯（Ⅰ）；（Z,Z）-3,6-十二碳二烯-11-内酯（Ⅲ）
	锯谷盗	（Z,Z）-3,6-十二碳二烯-11-内酯（Ⅲ）；（Z,Z）-3,6-十二碳二烯内酯（Ⅳ）；（Z,Z）-5,8-十四碳二烯-13-内酯（Ⅴ）

续表

科名	昆虫种类	信息素的化学成分
麦蛾科	马铃薯麦蛾	(E,Z,Z)-4,7,10-十三碳三烯醇乙酸酯；(E,Z)-4,7-十三碳二烯醇乙酸酯（1 ∶ 1）
	麦蛾	(Z,E)-7,11-十六碳二烯-1-醇乙酸酯
螟蛾科	粉斑螟	(Z,E)-9,12-十四碳二烯-1-醇乙酸酯
	烟草粉螟	(Z,E)-9,12-十四碳二烯-1-醇乙酸酯；E-叶绿醇；癸内酯；γ-十一内酯
	地中海粉螟	(Z,E)-9,12-十四碳二烯-1-醇乙酸酯
	印度谷螟	(Z,E)-9,12-十四碳二烯-1-醇乙酸酯；(Z,E)-9,12-十四碳二烯-1-醇
蜡螟科	米蛾	(E,E)-法尼醛；(E,Z)-法尼醛；6,10,14-三甲基-2-十五碳醇
象甲科	米象	(R*,S*)-4-甲基-5-羟基-3-庚酮（sitophilure）
	玉米象	(R*,S*)-4-甲基-5-羟基-3-庚酮
皮蠹科	黑斑皮蠹	(E)-14-甲基-8-十六碳烯-1-醇；(E)-14-甲基-8-十六碳烯醛
	谷斑皮蠹	(Z)-14-甲基-8-十六碳烯醛；(E)-14-甲基-8-十六碳烯-1-醇（92 ∶ 8）
	肾斑皮蠹	(Z)-14-甲基-8-十六碳烯-1-醇；(Z)-14-甲基-8-十六碳烯（trogodermal）；(Z)-14-甲基-8-十六碳烯醇甲酯
	花斑皮蠹	(Z)-14-甲基-8-十六碳烯醛
拟步甲科	杂拟谷盗	4,8-二甲基正癸醛；1-十五烯；正十六烷；1-十七烯；十七碳二烯
	赤拟谷盗	4,8-二甲基正癸醛

2. 聚集信息素　聚集信息素也叫集结信息素。由某一性别释放并能召唤同种昆虫中不同性别的个体聚集的化学物质。对于性信息素来说，只有性成熟的成虫才能分泌，而聚集信息素除了成虫可分泌释放外，幼（若）虫也可分泌释放。

分泌聚集信息素的昆虫有蜚蠊和甲虫等。对于聚集信息素的分泌部位，目前还不太清楚，有些种类存在于两性之一的后肠与粪便中，如锯谷盗和大眼锯谷盗，均由羽化初期的雄虫分泌，其化学成分是不饱和的大环内酯（表5-1）。大眼锯谷盗产生的聚集信息素包括化合物Ⅰ和Ⅲ。生物测定结果证明，单独用Ⅰ、Ⅲ或Ⅰ∶Ⅲ＝1∶1时，对雌雄都有诱集作用。锯谷盗产生的聚集信息素包括化合物Ⅲ、Ⅳ、Ⅴ，但只有Ⅲ∶Ⅳ∶Ⅴ＝1∶1∶3时（接近天然组分）对雌雄有诱集作用。

土耳其扁谷盗和长角扁谷盗的聚集信息素也是由雄虫产生的。土耳其扁谷盗的聚集信息素是化合物Ⅴ和Ⅵ（表5-1），天然化合物Ⅴ单独存在时有活性，并能被无活性的Ⅳ增效。有趣的是，纯的右旋和左旋结构都没有活性，但右旋和左旋结构的混合物是有活性的。长角扁谷盗的聚集信息素是化合物Ⅰ、Ⅱ、Ⅲ，其中化合物Ⅱ是该种雄虫产生的主要挥发性物质，单独存在时即有活性。化合物Ⅲ单独存在时无活性，但对化合物Ⅱ有增效作用。化合物Ⅲ在高浓度下单独存在时有活性，但将其加到最有活性的化合物Ⅰ和Ⅱ的混合物中时，则无显著的增效作用。因此，化合物Ⅲ是否是长角扁谷盗聚集信息素的组分还有待进一步研究。

米象和玉米象的聚集信息素皆为4-甲基-5-羟基-3-庚酮。Walgenhach等采用一种乙酰乳酸衍生程序测定了米象产生的聚集信息素的手性。结果表明，玉米象产生的4S，5R（4-左旋，5-右旋）多于98%，米象产生的4S，5R至少为92%。用米象和玉米象测试了4-甲基-5-羟基-3-庚酮的4种立体异构体对这两种象虫的引诱作用，正如所预料的那样，4S，5R旋光异构体的引诱作用最强。因此可以认为，（4S,5R）-4-甲基-5-羟基-3-庚酮是米象和玉米象聚集信息素的主要成分。

3. 追踪信息素 追踪信息素是社群性昆虫能分泌的一种物质，这种物质能指引同一种群中的其他个体找到食物源的所在地。例如，蚂蚁、白蚁等，在爬行的道路上用腹末或胫节上的腺体分泌一种化学物质标记在地面上，从而使同种其他个体循着这一痕迹找到食物源。

目前已鉴定出化学结构的追踪信息素为数不多。这类化合物的特点是挥发性低、结构复杂、种间特异性强。从白蚁中分离出的第一个高活性追踪信息素是顺-3,顺-6,反-8-十四碳三烯醇，这是美洲白蚁和法国白蚁的追踪信息素。这种追踪信息素也可以从真菌感染的木材中分离到。

4. 告警信息素 告警信息素也叫报警信息素。它由某些个体释放并能引起同种其他个体的警戒、逃避或奋起自卫的化学物质。

膜翅目昆虫的一些种类可以释放一些化学活性物质诱导产生聚集和防御行为来对抗外来侵犯。这类化合物多具有分子质量小、挥发性强的特点。

等翅目昆虫在受到威胁时释放报警信息素直接弥散于空间，以刺激附近同种个体产生聚集行为。例如，一种澳洲白蚁的兵蚁，其头部的特殊腺体中可分泌一种α-蒎烯，引诱其他兵蚁聚集并具有致使小动物麻痹的作用。*Drepanotermes*属和*Amitermes*属的白蚁可释放一种苧烯和萜品油烯化合物刺激其他兵蚁产生攻击行为。半翅目昆虫中的臭虫可分泌一种反-2-辛烯醛作为报警信息素。

5. 标记信息素 标记信息素是指某些动物生活在一定领域内，或接触过一些物质后常留下一种特殊的标记物质或某种特殊气味，借以告知同种其他同性个体，排斥它们进入该处，保持其领域不受同类中同性个体的侵犯，使它们不在该处栖息、不交配、不产卵等。

雌的苹果实蝇与樱桃实蝇产卵在果实上以后，在果实上遗留下一种高度稳定的、有极性的、水溶性的物质。虽然这种化合物不驱逐其他雄蝇，但能抑制其他雌蝇产卵于这一果实。纯峡蝶的雄蝶能够产生一种标记信息素，在交配时传到雌蝶的外生殖器上，这种信息素非常持久，其气味能“驱逐”其他雄蝶再来交配。

（三）昆虫信息素的应用

利用昆虫信息素来进行虫情侦察并用于指导防治工作已日趋成熟，在应用中也取得了明显的效果。与传统的杀虫剂相比，具有灵敏度高、安全可靠、不杀伤天敌，不易产生抗性等优点。而且昆虫信息素的研究方兴未艾，进入20世纪90年代，仓储害虫信息素领域步入更具规模的商业化发展时代，一些国家已建立专业公司，生产销售仓库昆虫诱捕器，即信息素诱芯。例如，美国加利福尼亚州的Thece Inc生产名为STORGARD的系列仓库害虫检测诱捕器，可适用印度谷螟、粉斑螟等7种仓库昆虫。美国的另一公司Insect Limited Inc自从1981年以来专门从事仓库昆虫信息素的研究和生产，可供应印度谷螟、谷斑皮蠹、烟草甲等9种仓库昆虫的成药诱捕器的诱芯。此外，英国的Agrisense-BCS Ltd、Russel Fine Chemicals、Oecos等多家公司从事包括仓库昆虫在内的多种类检测器诱捕器及诱芯的生产、开发和销售。

二、昆虫的发光与视觉通信

昆虫的发光（insect bioluminescence）有两种情况，一种是由于发光细菌的存在，如很多鳞翅目幼虫的发光；另一种是昆虫自身的发光，通常所说的发光昆虫即指此类。

自身发光的昆虫有4目，即弹尾目、同翅目、鞘翅目和双翅目，其中以鞘翅目种类发光最多，发光的虫态有卵、幼虫（或若虫）及成虫，发光的部位可及头、胸、腹，甚至全身，发光的时间有的是在受刺激时，有的仅限于交配求偶时，有的则是在捕食或遇敌时发光。视觉通信（visual communication）在昆虫中普遍存在而且变化较大，个体间需要直接的视线，是昆虫短距离通信的重要方式之一。一些蜉蝣目、毛翅目、双翅目的雌虫通过视觉可以被吸引到上下飞舞的雄虫群体中。

三、昆虫的发音和听觉通信

发音昆虫达16目之多，不但成虫能发音，有些幼虫，甚至蛹也能发音。发音方式可分为三大类。第一类是昆虫正常活动的副产品，这类发音昆虫不具独特的发音器，其声音是昆虫飞行、求偶、取食活动的产物；昆虫飞行时的翅振频率快慢不一，蠓科昆虫飞行时翅振高达2000Hz，蚊虫约594Hz，家蝇为147～220Hz，而蝶类一般在7～13Hz；而人耳听到的振频在20～20 000Hz；所以，我们只能听到蚊、蝇的嗡嗡声，而听不到蝴蝶的飞行声。第二类发音是昆虫的身体碰击其他物体的结果，如窃蠹在其所蛀的木头里，用头敲击隧道壁而发出一种独特的声音；一种拟步甲在求偶时，雄虫用腹片摩擦雌虫胸部的两个瘤，能发出一种尖锐的声音，在几米外都能听到。第三类昆虫的声音是由昆虫体上特殊的发音器官所发出，它又可分为两类，一类是摩擦发音，即发音器的两部分相互摩擦而发音，这类发音方式普遍存在于昆虫中，如蝗虫，蟋蟀、螽斯、蝼蛄、猎蝽的发音等均属此类；另一类是膜振动发音，仅为同翅目、半翅目、鳞翅目的部分种类所具，是昆虫中发音效率最高的方式。膜振动发音是由于空气的流动而发音，这种发音方式有点像人的发音原理。同种昆虫可发出不同类型的声音，如多数直翅目昆虫可以发出5种明显不同的声音，用于召唤、求爱、交尾、攻击和报警。

听觉通信（audio communication）是昆虫近距离和较远距离的有效通信方式之一。

昆虫用不同类型的听器接收同种昆虫个体或异种所发出的各类音频信号，判别发音者的状态，并做出相应的反应。昆虫虽然不能区分音质，但它们可根据声音的频率和强度辨别不同的声音信号。

四、触觉通信

触觉通信（tactile communication）是指昆虫靠身体的互相接触传递信息的通信方式，只有当同种或不同种的个体相遇才能发生。例如，蚂蚁可通过触角的拍打告诉对方食物的性质、大小、距离等信息。蚂蚁通过拍打与其共生的昆虫的身体可使对方分泌出蚂蚁喜食的蜜露等物质。触觉通信在很多昆虫的求爱过程中起着非常重要的作用。通常一种昆虫不是孤立地使用上述通信方式，而是综合地使用两种或两种以上的通信方式来完成种内及种间通信。

第五节　储藏物昆虫的社会性行为

昆虫的社会性行为（social behavior）是指同一种群的昆虫个体之间相互协作所表现出的各种行为活动，主要包括亲代照护、筑巢、护巢、分级、分工、利他（altruism）、合作等。终生孤独生活的昆虫很少，绝大多数种类的个体在其生活周期中总有一段时间生活在一起，形成所谓的“昆虫社会”（insect society）。对于社会性昆虫的定义及类型的划分，不同学者的见解不尽相同，Michener（1974）按照昆虫社会化的特点进行了如下的划分。

（1）独居性（solitary）：大多数昆虫不群居，也不管下一代。

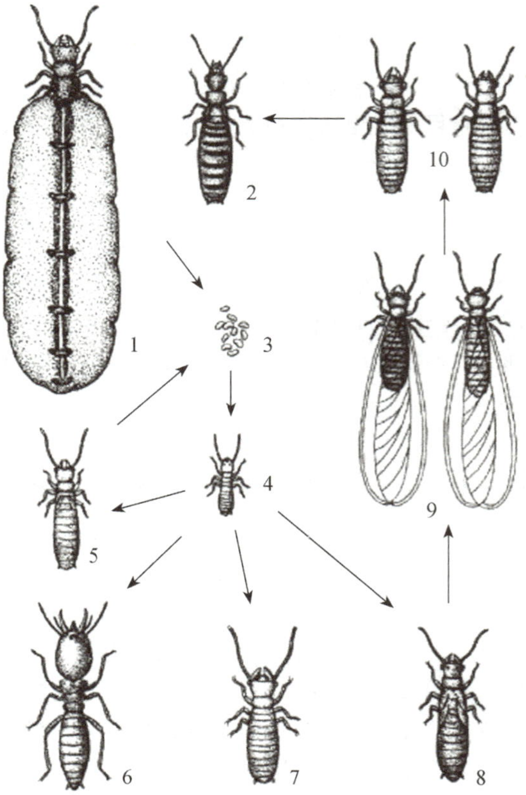

图5-5 家白蚁的生活史图解（引自彩万志，2001）
1. 蚁后；2. 雄蚁；3. 卵；4. 若蚁；5. 补充生殖蚁；6. 兵蚁；7. 公蚁；8. 长翅生殖蚁若虫；9. 长翅雌、雄生殖蚁；10. 脱翅雌、雄生殖蚁

（2）亚社会性（subsocial）：成虫照顾自己后代，但为时很短。

（3）群居性（communal）：同一世代的成虫共巢，但是都各自养自己的后代。

（4）准社会性（quasisocial）：同一世代的成虫共巢，并且合作哺幼。

（5）半社会性（semisocial）：除了有准社会性的特征外，出现初步分工，有的成虫帮助别的成虫哺育幼虫，但自己不生殖。

（6）真社会性（eusocial）：具有共同哺育幼虫、世代重叠和生殖分工3个特点。

真社会性昆虫是指由不同世代个体组成、营高级群体生活、成员间分工协作、共同完成群体各项工作的社会性昆虫（图5-5）。

社会性昆虫虫群最典型的特征是存在等级分化。在一个虫群中通常只存在一个或少数几个个体进行生殖，其他个体则不能生殖或生殖力大大减退。在有些种类中，职虫的生殖器官完全退化，而在另一些种类中，职虫不能交配，因此它们总是不育的或只能产出雄性的后代。虫群中的非生殖个体常依其形态和年龄而有所分工。

通常所说的社会性昆虫（social insect）就是指真社会性昆虫，只出现在膜翅目和等翅目昆虫中，典型的代表有白蚁、蜜蜂、蚂蚁和胡蜂等。

白蚁在中生代后期就出现在世界的热带地区，至今已有几亿年发展史。白蚁缺乏植物消化酶，因此必须依靠它们肠内的共生鞭毛虫，且这种鞭毛虫必须在白蚁个体间持续不断地感染，以帮助它们消化食物。这些肠内的共生者从老个体到新个体的传播过程看来似乎是白蚁向更高级的社会行为发展的一个阶段。

绝大多数进化程度更高的白蚁会建造土丘状巢穴。有翅繁殖蚁常在雨季开始时羽化飞出，在短暂的飞行之后，繁殖蚁翅膀脱落，进行筑巢行动。第一代全部是工蚁。兵白蚁随后出现，一些群体有第二及第三位的蚁后，随着群体的个体数增加，土丘的尺寸由于一层层加上去的土和排泄物而增大，形成一座非常精致的昆虫建筑。食物由工白蚁收集，它们通过一个地下坑道系统或地下小道能够爬出地面，通过信息素标记进行搜索。热带白蚁的土丘状巢穴通常具有因种而异的鉴别性特征。白蚁的生物学行为主要体现在以下几方面。

一、严密分工，各司其职

白蚁生物学最主要的特点是在群体中存在若干不同形态的个体类型，每个形态有其不同的职能、严密的分工、协调的生活，从而有效地促进它们社群的发展。群体内的个体从其形态和作用上，可分为生殖和非生殖两大类型。

原始蚁王和蚁后由繁殖蚁经分飞、脱翅、配对后逐步发育形成，是巢群的创始者。成年巢群一般只有一对，也有一王多后现象存在。蚁王的体形变化不大，而蚁后的腹部逐年膨大，与蚁王相比，可以大十倍，甚至数十倍。蚁王主要职能是与蚁后交配，蚁后则专司产卵、繁殖。

工蚁在白蚁群体中数量最多（占总数的80%～90%），担任群体的一切事务，如取食、筑巢、筑路、运卵、吸水和饲喂蚁后、兵蚁和幼蚁等，是直接参加破坏的主体。

兵蚁上颚特别发达，主要职能是警卫和战斗。为了保卫巢群安全，它们会本能地尽力战斗。根据上颚形状不同，兵蚁可分为上颚兵蚁与象鼻兵蚁两大类。它们不能直接取食，要靠工蚁养活。如果将兵蚁单独饲养，虽供给足够的食料和水分，也会在短期内饿死。

二、营巢的群体性

白蚁是过群体营巢、穴居生活的昆虫。脱离巢群的个体无法独立生存。巢居可分为分散与集中、地上与地下、木头与土壤等几种类型。家白蚁树中筑巢较常见。云南土白蚁能筑数米高、形似坟墓或小山丘的坚硬土垄，人们想在荒山上种植橡胶和作物，摧毁白蚁巢，非用炸药包和推土机不可。分布在云南、广西的土垄大白蚁也能筑1～2m高的土垄。但是，初建群体时它们仍在地下筑巢。随着群体的发展，蚁巢由地下向地面发展，土垄由小逐渐变大。分布在海南岛五指山的歪白蚁也能筑土垄巢，这一点是我国特有的现象，国外未见报道。黑翅土白蚁筑巢在地下，深2～3m。主巢与为数众多的菌圃（副巢）有隧道相通。蚁道纵横交错，四通八达，常是造成堤坝漏水的主要原因。

三、生活的隐蔽性

白蚁长期过着隐蔽生活，绝大多数种类怕光，兵蚁和工蚁眼已退化，通常不暴露于地表活动。兵蚁和工蚁外出取食都要用泥土、排泄物和白蚁的分泌物筑成的泥被（片状）、泥线（条状）作为掩蔽。这些物体还可防止天敌的入侵和白蚁体表水分的蒸发，所以白蚁的危害往往不容易被人发现。但是，有翅成虫却并不畏光，相反，分飞时有强烈的趋光性。

四、迁移和分飞

白蚁的扩散迁移途径主要有三条。

（1）分飞。也称分群或移殖飞翔，是白蚁群体扩散、延续后代的主要形式。白蚁群体中的有翅成虫，在每年一定季节（我国白蚁多在4～6月）从分飞孔飞出巢外，进行移殖，只要有一雌一雄配成对，就可创建新群体。

（2）蔓延。白蚁从蚁巢或危害处爬行到另一场所寻找食物，如条件适宜，会从策源地搬迁而来，定居筑巢。

（3）运进。人们在搬运东西时，把寄生有白蚁的物件从一个地方携带到另一个地方。

由于白蚁本身习性和人为的原因，白蚁会不断扩散迁移。一个地方只要一出现白蚁，若不及时防治，就会迅速增殖、蔓延和扩展。

思考题

1. 储藏物昆虫有哪些行为习性?

2．储藏物昆虫的信息素主要有哪些?

3．如何利用昆虫信息素防治害虫?

4．昆虫的食性是如何划分的?

5．储藏物昆虫的危害方式有哪几种?

6．昆虫的社会行为主要表现在哪些方面?

7．社会性昆虫的特征如何？举例说明常见社会性昆虫的社会性行为。

主要参考文献

彩万志．2001．普通昆虫学．北京：中国农业大学出版社．

杜家纬．1986．昆虫信息素及其应用．北京：中国林业出版社．

杜永均，严福顺．1994．植物挥发物次生物质在植食性昆虫、寄主植物和昆虫天敌关系中的作用机理．昆虫学报，37（2）：233-250．

范志勤．1988．动物行为．北京：科学出版社．

广东省昆虫研究所．1979．白蚁及其防治．北京：科学出版社．

李月红，刘树生．2004．植食性昆虫的学习行为．昆虫学报，47（1）：106-116．

钦俊德．1987．昆虫与植物的关系：论昆虫与植物的相互作用及其演化．北京：科学出版社．

秦玉川．2009．昆虫行为学导论．北京：科学出版社．

尚玉昌．2005．动物行为学．北京：北京大学出版社．

许再福．2009．普通昆虫学．北京：科学出版社．

阎凤鸣．2003．化学生态学．北京：科学出版社．

Cunningham J P, West S A , Zalucki M P. 2001. Host selection in phytophagous insects: A new explanation for learning in adults. Oikos, 95: 537-543.

Edde P A. 2012. A review of the biology and control of *Rhyzopertha dominica* (F.) the lesser grain borer. Journal of Stored Products Research, 48: 1-18.

Fields P G, Xie Y S, Hou X. 2001. Repellent effect of pea (*Pisum sativum*) fractions against stored product insects. Journal of Stored Products Research, 37(4): 359-370.

Jermy T. 1987. The role of experience in the host selection of phytophagous insects. *In*: Chapman R F, Bernays E A, Stoffolano J G. Perspectives in Chemoreception and Behavior. New York: SpringerVerlag: 143-157.

Larson A O. 1927. The hostselection principle as applied to *Bruchus quadtrimaculatus* Fab. Annals of the Entomological Society of America, 20: 37-80.

Li C J, Yun C P, Yu X J, et al. 2020. Functional analysis of the circadian clock gene timeless in *Tribolium castaneum.* Insect Science, 3: 418-428.

Oehlschlager A C, Pierce A M, Borden H. 1988. Chemical communication in cucujid grain beetles. Journal of Chemistry Ecology, 14: 2071-2098.

Papaj D R, Prokopy R J. 1989. Ecological and evolutionary aspects of learning in phytophagous insects. Annual Review of Entomology, 34: 315-359.

Wojcik D P. 1969. Mating behavior of 8 stored-product beetles (Coleoptera: Dermestidae, Tenebrionidae, Cucujidae, and Curculionidae). Florida Entomologist, 171-197.

第六章　储藏物昆虫的生态学

本章提要

- 掌握昆虫生态学的基本概念
- 了解储藏物昆虫与环境的关系。
- 掌握各种环境因素对储藏物昆虫的影响及作用关系。
- 掌握储藏物昆虫的种群动态。

昆虫生态学是影响昆虫生长发育和种群发展的环境因子的科学。储藏物昆虫所处的生态系统比较特殊，是一个半开放的生态系统，研究储藏物昆虫的生态系统，尤其是影响储藏物昆虫的生长发育的温度、湿度及其他环境条件，对于储藏物害虫的物理防治具有重要的意义，掌握储藏昆虫种群动态，以及种群的演替规律和生态对策对于抑制种群的发展，制定综合防治策略具有非常重要的理论意义和实践指导价值。

第一节　昆虫生态学的基本概念

一、昆虫生态学的定义与发展

昆虫生态学（insect ecology）是研究昆虫与周围环境相互关系的学科，是昆虫学和生态学的分支学科，它是利用实验、物理、化学、数学、地理、遗传、行为生态学等基础学科和应用学科的理论和方法研究昆虫的生命现象与周围环境相互作用的学科，包括昆虫个体生态学、昆虫种群生态学、昆虫群落生态学。在科学研究和发展过程中，昆虫生态学与其他学科间又相互渗透，应用其他基础学科和应用学科的理论、方法研究昆虫生态学，形成了许多分支学科，一般有昆虫实验生态学、昆虫物理生态学、昆虫化学生态学、昆虫数学生态学、昆虫地理生态学、昆虫遗传生态学、昆虫古生态学、昆虫比较生态学、昆虫行为生态学、昆虫经济生态学等。

储藏物昆虫生态学又是昆虫生态学的一个分支。它是害虫综合治理的理论基础，只有从储藏物生态系统的整体观念出发，才能对储藏物害虫防治做出科学的决策。构成储藏物昆虫生存环境条件总体的各种生态环境因素，按其性质可以分为两大类：一类是非生物因素，即气候因素，或称为无机因素，主要有温度、湿度、光、风等；另一类是生物因素，即有机因素，主要包括昆虫的食物和天敌。人为因素则主要是指人类在生产实践活动中对储藏物昆虫所产生的影响。

中国昆虫生态学的研究是在对害虫防治和益虫利用的实践中发展起来的。包括针对东亚飞蝗和三化螟等从20世纪50年代初期起开展的较深入的生态学研究，掌握了种群动态规律，提出了有效的综合防治策略和措施；同时期对棉红铃虫、棉蚜等主要害虫的种群生态研究也较有成效。中国的害虫预测预报工作是从1956年开始建立的。20世纪60年代对亚洲玉米螟、果树害虫和地下害虫等进行了种群生态的研究。20世纪70年代，稻纵卷叶螟、稻褐飞虱的迁飞规律研究取得了进展；随着农业害虫生物防治的发展，对天敌资源的分布和优势种生态特性开展了研究，昆虫群落生态也已开始被注意。20世纪80年代前后随着害虫综合防治的需要，水稻、棉花、蔬菜、果树等农业植物生态系统害虫管理的研究得到迅速的发展，分别进行了经济阈值、种群模型、种间模型及防治对策的研究并已进入以系统生态学为基础、运用电子计算机技术、经济学法则和环境科学相结合的研究阶段。储藏物昆虫的生态学研究则由于储藏物的生态特殊性而研究不多。李隆术等从20世纪40年代起对中国的仓库昆虫生态进行了的研究，70年代末在国内提出了粮堆生态系统的观点。

二、昆虫生态学的分类

（一）按研究对象的层次分类

1. 昆虫个体生态学（autecology of insect） 以昆虫个体为对象，研究某种昆虫对环境条件的适应性和可塑性，以及环境条件对其形态、生长发育、繁殖、存活、休眠、习性和行为的影响。

2. 昆虫种群生态学（population ecology of insect） 以种群为对象，研究在一定环境和时间、空间条件下，其性比、出生率、存活率、迁移率、年龄结构、分布、种内竞争、种间竞争、生态对策、种群模型，以及种群调节和数量波动原因等。

3. 昆虫群落生态学（community ecology of insect） 以群落为对象，研究一定地域和时间内昆虫群落的结构和功能、群落多样性、相似性、均匀性、稳定性、群落演替及其原因等。

4. 生态系统生态学（ecosystem ecology） 以生态系统为对象，研究昆虫在该生态系统中的地位和作用，查明植食昆虫与寄主植物之间，捕食性或寄生性天敌与猎物或寄主之间，以及群落与环境之间的相互关系，它们的生产过程、物质循环过程、能流和信息流过程等。

（二）按研究的手段和方法分类

1. 昆虫实验生态学（experiment ecology of insect） 运用各种实验方法研究昆虫与环境因素的相互关系。

2. 昆虫物理生态学（physical ecology of insect） 运用物理学的理论和方法，研究昆虫对物理因素（如温度、湿度、风、光、电、声、微波、辐射和宇宙线等）的反应和生态效应。

3. 昆虫化学生态学（chemical ecology of insect） 运用化学的理论和方法，研究昆虫种内、种间及与其他生物之间的化学信息联系，以及昆虫对化学因素的适应等。

4. 昆虫数学生态学（mathematical ecology of insect） 运用数学手段，研究昆虫种群、群落在不同环境条件下的动态数学模拟模型，以及在生态系统中，“作物-害虫-天敌”系统的动态数学模拟模型和防治优化决策模型等。

5. 昆虫地理生态学（geographic ecology of insect） 运用地理学知识，研究昆虫在不同地域环境中的种类分布规律，形态变异、习性、行为和丰盛度的地理变化，以及昆虫区划等。

6. 昆虫遗传生态学（genetic ecology of insect） 运用遗传学知识，研究昆虫多态现象、生物型、生态型、抗药性种群的遗传机制、染色体和酶系的变异等。

7. 昆虫古生态学（paleoecology of insect） 运用古生物学方法，研究昆虫化石形成的环境条件、进化过程等。

8. 昆虫比较生态学（comparative ecology of insect） 运用比较方法，研究昆虫形态、习性、行为的相似性，以及其与环境条件的关系。

9. 昆虫行为生态学（behavior ecology of insect） 研究昆虫种内、种间关系及其对环境条件反应的行为机制。

10. 昆虫经济生态学（economical ecology of insect） 运用经济学的理论，研究害虫的管理和益虫的利用，使生态效益和经济效益统一。

11. 系统生态学（systems ecology） 运用系统科学的理论和方法，研究昆虫种群、群落和生态系统的生态模拟、控制和最优化决策。

12. 生态昆虫学（ecological entomology） 运用生态学的理论和方法研究昆虫的适应、行为、种群自然控制、昆虫在生态系统中的作用和效应，以及昆虫种群的管理等。

三、储藏生态因子

储藏物昆虫与环境间的相互关系，实际上就是“生态学”的关系。确切地说，是适应与死亡的关系。所以环境包括许多生态因子（ecological factor），即对生物有生态效应的环境因素。环境中的各种生态因素相互影响，对昆虫的习性、行为和繁殖起综合作用，随着时间、空间的不同，这种作用也有所变化。

从动物的分布或丰盛度（abundance，指一定时间和空间条件下某种群的个体数、生物量或能量在群落中所占比例大小）考虑，可将生态因子分为气候、食物、同种或异种生物、生活场所诸因素及化学因素。

从动物与环境的进化关系考虑，可将生态因子分为稳定因素，指常年恒定的因素，如地心引力、地磁、太阳常数等，可决定动物的分布和居住场所；变动因素，又分有规律的变动因素和无规律的变动因素，前者如季节、潮汐等，可影响动物分布，后者如风、疾病和捕食者，影响动物的数量。

按照对种群作用的程度可将生态因子分为作用大的主导因素或关键因素；作用较小的或依附其他因素才能起作用的次要因素或伴随因素。

按照环境的性质，生态因子可分为生物因素，包括天敌（捕食者、寄生物、病原微生物）、寄主（植物或动物）及其他生物等；物理因素，包括温度、湿度、光照、气流等；化学因素，包括生物之间起信息作用的各种化学物质，以及存在于大气中的盐分、氧、二氧化碳等。

按照生态因子的作用可分为适应性因素（facultative factor），或称作用因素，或密度制约因素，是调节种群平衡的因素，主要属生物因素，如天敌、食物等，通过影响害虫的种群密度调节数量平衡；突变性因素（catastrophic factor），或称非作用因素，或非密度制约因素，如气候因素等非生物因素，对昆虫种群的作用均等，表现为对昆虫适宜或不适宜，在一定时期内能大量杀伤或激发昆虫群体。

生态因子对昆虫的作用非常复杂，不同因素作用不同。

温度是太阳辐射能的一种表现形式，是表示物体冷热程度的物理量。能直接影响昆虫代谢率，对昆虫的分布、活动、生长、发育、生殖、遗传、生存和行为等起作用。也能通过影响昆虫取食的食物或寄主，对昆虫间接起作用。

水分是生物生命活动的重要介质之一。生物的新陈代谢必须在有水的条件下才能进行，昆虫体内的渗透压、细胞间的营养物质和代谢产物的扩散和输送，都以水溶液状态进行。

光是生物的主要能源，植物依靠光合作用将光能转换为化学能，昆虫直接或间接以植物为生，并由此获得能源。光的波长、照度和光周期对昆虫的繁殖、生长、发育、行为、分布和生存都有直接影响。光的昼夜和季节节律控制着昆虫的行为，表现为日出性、夜出性、滞育等。

大气是陆生生物的气体环境，含有生物生存必需的氧，以及其他微量气体，大气运动对昆虫的活动、迁移和分布有着重要影响。

储藏场所是昆虫栖息场所之一，储藏场所的结构、性能、防护处理等对昆虫的生存和分布有直接影响。

食物是一种营养性环境因素，食物的质和量影响昆虫的分布、存活、生长、发育和繁殖，从而影响种群密度。昆虫对食物的适应引起食性分化或种型分化。食物联系是表达生物种间关系的主要基础，对生物群落结构和动态起着重要作用。

天敌是生物种间斗争的重要因素之一。捕食或寄生直接影响昆虫种群数，既可抑制其过度暴发，又对其起自然选择作用。同种或异种生物引起对食物或栖息场所的竞争，直接或间接地影响昆虫的种群数量。

四、种群、群落和生态系统

（一）种群和群落

在一定的生活环境中，生存着大量不同种的生物。每一种生物都有相当数量的个体，同一生态环境中能自由交配、繁殖的一群同种个体称为种群（population）。

种群占有一定空间，种群内的个体在单位时间和空间内存在不断的增殖、死亡、侵入或迁出，但作为种群整体是相对稳定的。种群既有与个体相类似的特征（如生长、死亡等），又有个体所不具备的一些特征，如密度、出生率、死亡率、性比、年龄结构、空间分布形式、种群数量变动等。每个种群在生境内并不是孤立存在的，而是相互紧密联系的。例如，一种储藏物害虫种群要求在生境内取食植物质或其他动物质食物而获取营养，要求一定的温度、湿度、水分及其他生活条件等，而且常常与植物、微生物及其他动物发生各种不同的联系。

在一个生境内相互联系着的各个种群，形成一个较复杂的单位（包括动物和植物），称为生物群落（biotic community）。

（二）生态系统

生物种群之间、生物种群和生物群落与生境中的其他无机环境之间，构成一个相互作用，相互影响、相互制约、相互联系的系统，称为生态系统（ecosystem）。

按照物质循环和能流状况，生态系统可分为封闭生态系统（closed ecosystem）和开放生态系统（open ecosystem）。前者可以自成体系，如宇宙飞船机舱是典型的封闭生态系统，原始森林和储藏物害虫所处的环境是近似的封闭生态系统。后者既可自成体系又受其他生态系统的干扰和影响，即其物质循环、能流和信息流与周围生态系统互有联系。

生态系统包括整个生物群落及其所在的环境，是一个自然系统的整体。在成熟的生态系统中，各种因素接近平衡状态，整个系统通过这些因子的相互作用而得以维持。生态系统是生物与非生物环境之间或生物之间相互作用，彼此进行物质、能量、信息交换，构成一个动态平衡的整体。

不同的生态系统有不同的特点。例如，林区的生态系统与草原的生态系统是不同的；果园的生态系统与农田的生态系统也是不相同的。同样，储藏物昆虫的生态系统自然也不同于其他的生态系统。在不同的生态体系中，存在着不同的生物群落组成和种群之间的关系。一个种群对于生境中某些生态条件具有一定的要求，这种要求是该种群在长期历史演变过程中适应而形成的，也就是种的生态标准。生物种一方面具有保守性或遗传性，另一方面又不是一成不变的。当生活条件（生态条件）改变时，往往它们的行为、发育和繁殖速度也会随着起变化，甚至在新的生境影响下，其自身内部也可能相应地产生新性质，新性质积累到一定阶段时，可能演变成新的类型，放弃原来的生活习性上的要求，以适应新的生活环境。这种变异性，即种的进步性。

不同种群的生物，对于同一生态条件的反应各不相同。有的比较宽，有的很窄，生态可塑性大而遗传保守性小的种群，当生活环境发生变化时，能逐渐适应而生存下来；反之，不能适应则死亡。甚至出现明显的生物群落的演替，即原来占据主要地位的种群被其他种群所取代。

五、储粮生态系统

（一）储粮生态系统概念的提出

粮堆（无苫盖或密封处理的露天储粮除外）是一个封闭或半封闭的生态系统，由若干相互作用和相互制约的生态成分组成，生物成分包括粮食本身、昆虫、螨类、鼠、雀、微生物及人类活动等；非生物成分有气候、仓温、仓湿、粮温、水分、气体及仓型、结构、堆藏方式等。这些组成部分相互连接起来形成具有一定结构和机能的有机整体，即储粮生态系统（图6-1）。

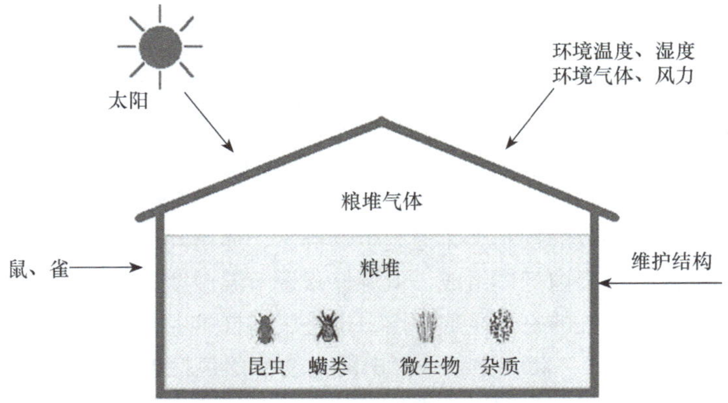

图6-1　储粮生态系统的构成

储粮生态系统作为一个概念被提出，是在1960～1970年。储粮生态系统包括物理的、化学的和生物的各种变量与粮堆相互影响，最后造成储粮品质变化。储粮生态系统包括两个部分，一是处于各种不同状态的客观实体，如粮食、昆虫、螨类、菌类、温度、湿度、气体等；二是客观实体之间，物质和能量的输入、输出及其间的转换环节。

（二）储粮生态系统各组成部分之间的联系

1. 营养联系——食物链（food chain） 生物体之间通过食物链联系在一起，这个链中任何一个环节改变，必将引起食物链结构的改变，从而引起群落组成的改变。分析储粮生态系统内的种群变动，必须考虑这一点，这是粮仓管理和生物防治的基础。

2. 信息联系（information connection） 储粮生态系统中普遍存在信息联系，这是长期历史发展过程中形成的特殊联系，研究这种联系有利于解决粮仓害虫的防治问题。

寄生蜂与寄主之间往往有两种信息联系。一只雌的寄生蜂寄生了一个虫卵，另一寄生蜂就不再去。由于前者留有一种从跗节腺分泌的特殊气味，不仅留在寄主上，也可留在寄生蜂走过的地上，称臭迹效应（trail odor）。这种信息可以防止复寄生，从而可扩大有效寄生范围，对发展种群有利。

存在于同类群之间的信息联系，有利于群体生活。例如，散白蚁追踪信息素类似物4-苯基-顺式-3-丁烯醇-1，对黑胸散白蚁、黄胸散白蚁和家白蚁均具有良好的活性，活性浓度为 $1\times10^{-6}\sim5\times10^{-5}$g/mL。利用这种信息素的功能在蚁路上快速形成一条新路，连通人设置的食物箱，即形成了从蚁巢至食物箱之间的闭合道路，然后在食物箱中施放化学药剂，可以达到灭治蚁群的目的。

在两性之间的性信息素，如皮蠹类的未交配雌虫有一种性信息素可以影响雄虫的行为，肾斑皮蠹的雌性信息素的乙醚抽提液，以4头当量的量吸引雄虫的能力最高，每25头雄虫中平均有23.2头被吸引。肾斑皮蠹雌虫的性信息素对谷斑皮蠹的雄虫很敏感，称交互诱性，提取肾斑皮蠹雌虫的性信息素或人工合成这种性信息素可以检验粮堆中是否有谷斑皮蠹存在，在检疫上很有用。

（三）储粮生态系统的特点

储粮生态系统是一个特殊的生态系统，与大自然中的森林、草原、湖泊、农田等生态系统有着不同的特征。

1. 粮堆是人工生态系统 人类将粮食和油料储存于一定的围护结构内，自觉或不自觉（不自愿）地把一些其他生物类群和杂质也带到了这个有限的空间中，形成储粮生态系统。该系统时刻受到外界生物类群的侵染和不良气候因子的影响。但是随着储粮技术的发展，今天人类已经能够对该系统实现有效的控制。无论是生物群落，还是环境因子都是可控的。例如，人们可以通过气调储藏改变粮堆内气体组成，低温储藏调节温湿度，对粮堆中的有害生物进行人为的控制，这是储粮生态系统的一个显著特点，也是区别自然生态系统的一个重要标志。

2. 没有真正的生产者 储粮生态系统中的生物群落包括粮食、昆虫、螨类、微生物等（有时包括鼠、雀）。其中，粮食是粮堆生物群落的主体，已完成营养制造和能量固定的光合作用，在储藏过程中只能被动地受消费者及分解者的消耗，同时为了维持自己生理活动还必须自我供应，营养物质只减不增，是一个有限资源。在储粮生态系统中，粮食之所以被称为“生产者”，因为它们是食物链中第一个营养级，是粮堆中一切生物的能量和物质的源泉。但这个“生产者”是不生产的“生产者”，只能是物质和能量的储存者。由此可见储粮生态系统中没有真正的生产者。

3. 不平衡的生态系统 储粮生态系统受到强烈的人为活动干扰，在一般情况下处于非生态学稳定状态。消费者的多种层次均处于抑制状态，分解者也同样处于不活动状态。更由于粮食本身的休眠，系统本身很少有自我调节和补偿能力（物质循环），整个系统的热焓始终保持下降趋势。一旦压抑消费者的环境因子失控而变得对它们有利，就会很快引起一级消费者（储粮微生物或植食性储粮虫、螨）生物量急剧增加，加速该系统热的散失。通过控制环境条件，使储粮生态系统处于非生态学稳定状态，是粮食安全储藏的根本。

4. 未成熟的生态系统 与成熟生态系统比较，储粮生态系统中的生物量小，种群层次有限。种群营养水平一般只处于两个层次，一级是粮食，二级是植食性虫螨和微生物，只在管理粗放的粮堆中，才能发现食菌性虫、螨和捕食寄生虫螨的天敌。食物链短，食物网不复杂，个体或物种的波动大，生活循环简单，个体寿命短，种群控制以非生物为主，故属于未成熟的生态系统。

第二节 储藏物昆虫与环境的关系

研究储藏物昆虫生态学的目的，主要是立足于储藏物品的安全储藏。储藏物昆虫和其他动物一样，它们与其所处的生境有着不可分割的有机联系。对储藏物害虫要进行有效的防治，必须研究、分析其生境内生物群落的组成和种群之间及与生态环境间的相互关系，从错综复杂的关系中，找出其中对储藏物害虫生长、发育、繁殖起主导作用的关系，以便更好地控制其危害。

一、温度与储藏物昆虫的关系

温度是储藏物昆虫生境内最重要的气候环境因素，它对储藏物昆虫发育的影响最为重要。一般来说，在一定的温度范围内，外界温度上升，储藏物昆虫的体温也就相应地上升；外界温度下降，储藏物昆虫体温也相应地下降，即储藏物昆虫体温保持着与外界温度相接近的水平。

储藏物昆虫和其他昆虫一样是变温动物，生理上缺乏（或不完善）调节体温的机能，对保持和调节体温的能力不强。温度直接作用于变温动物，即变温动物的体温随着外界温度的高低而产生不同的反应，表现在动物的新陈代谢强度、生长速率等方面，从而影响其发生数量、体形、大小、行为变异、全年活动期长短及地理上的分布区域。

（一）储藏物昆虫温区的划分

由于储藏物昆虫的体温随着环境温度的变化而变化，新陈代谢的速率和行为，必然要受环境温度的影响。只有当环境温度上升到一定高度的时候，储藏物昆虫才能开始生长发育。过高或过低的温度都会对昆虫的发育造成影响，甚至导致死亡。为了便于说明温度对储藏物昆虫生命活动的影响，可将影响昆虫生命活动的温度范围划分为下列5个温区（图6-2）。

1. 致死高温区（zone of high lethal temperature） 在该温区内，昆虫经短时期兴奋后即死亡。这是由于高温直接破坏酶系的作用，甚至蛋白质也遭到破坏，这一破坏过程是不可逆的。对于储藏物昆虫而言，该温区的温度大约为50℃以上。

2. 亚致死高温区（zone of high sublethal temperature） 在该温区内，昆虫各种代谢过程的速度不一致，表现出热昏迷状态。随着时间的延续，也会导致死亡。昆虫的死亡取决于高温的程度和持续时间。该温区的温度一般在40～50℃。

3. 适宜温区（zone of high favorable temperature） 在该温区内，昆虫的生命活动正常进行，因此，该温区又称为有效温区。适宜温区还可以细分为高适温区、最适温区和低适温区。

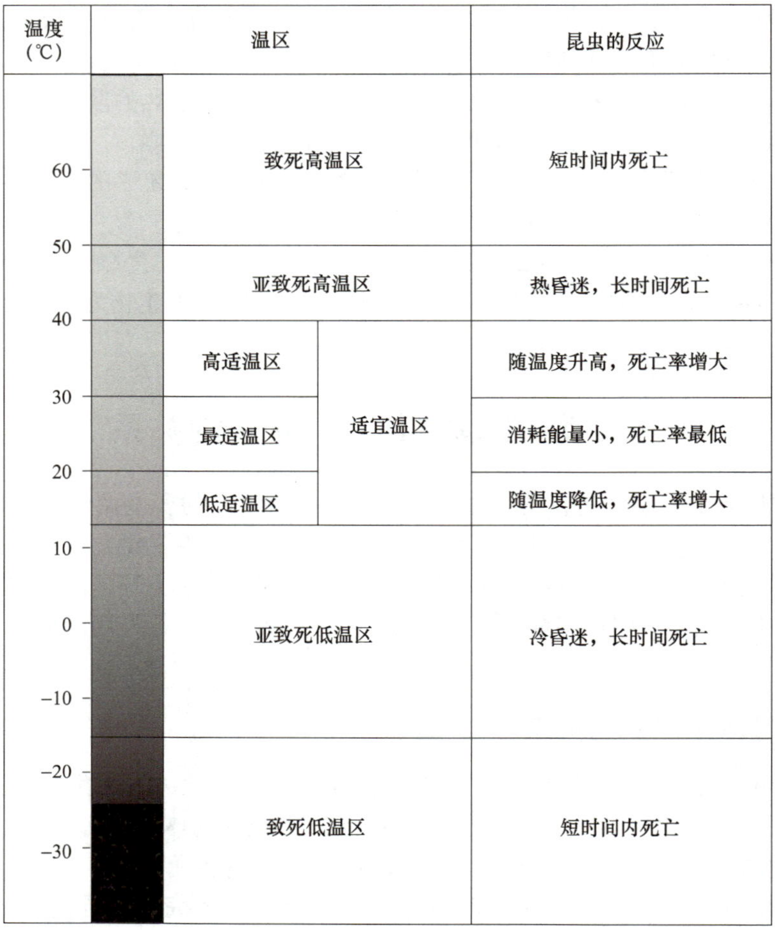

图6-2　储藏物昆虫温区的划分（白旭光图）

高适温区的温度一般为30～40℃。在该温区内温度越高，对昆虫的发育和繁殖越不利。

最适温区的温度一般为20～30℃。在该温区内，昆虫体内能量消耗最小，死亡率最低，生殖力最大，但寿命不一定最长。

低适温区的温度一般为15～20℃。在该温区内，随着温度的下降，昆虫发育缓慢，死亡率上升。其最低限称为最低有效温度，高于此温度昆虫才能开始生长发育，所以，这一温度又称为发育始点温度（developmental zero）或生物学零点（biological zero）。

4. 亚致死低温区（zone of low sublethal temperature）　在该温区内，昆虫体内各种代谢过程不同程度减慢而处于冷昏迷状态。随着时间的延续，也会导致死亡。昆虫的死亡取决于低温的强度和持续时间。若经短暂的冷昏迷又恢复正常温度，通常都能恢复正常生活。该温区的温度一般在－15～15℃。

5. 致死低温区（zone of low lethal temperature）　在该温区内，由于昆虫体内原生质析出水分结冰，不断扩大的冰晶可使原生质遭机械损伤、脱水和生理结构受到破坏，细胞膜受到破损，从而引起组织或细胞内部产生不可复原的变化而引起死亡。该温区的温度一般在－15℃以下。

由于不同种类的昆虫对温度的反应存在差异，因此每种昆虫的温区划分也会有一定差别。例如，麦蛾的发育始点温度是12.3℃，适宜温区为12.3～35℃，最适宜温区为17.5～27.3℃。

（二）温度对储藏物昆虫生长发育和繁殖的影响

温度对储藏物昆虫的生长、发育和繁殖的影响是显著的。在有效温区内，通常能完成其正常的发育和繁殖，温度愈高，生长发育的速率就愈快。但是，储藏物昆虫的种类不同，须从外界摄取的热量不一样，受影响的程度有差异。不同种类的储藏物昆虫完成一个世代，从外界摄取的热量不同，即使在同一温度条件下，对温度的反应也不完全相同。

温度不仅明显影响储藏物昆虫的生长发育速率，与储藏物昆虫的产卵量和成虫的寿命关系也非常密切。例如，谷蠹在25℃下，每雌虫平均产卵244粒；在34℃下，每雌虫平均产卵418粒；在－6～2.2℃的低温下，成虫寿命不超过7d，在5min后开始死亡。

据报道，米象成虫在春季室温9℃时，饲养于玻璃瓶中的越冬成虫不食不动；当温度上升到10～11℃时，有的能颠跛爬行，但不能交尾产卵，当温度上升至15～17℃时，便非常活跃，并大量钻蛀粮粒产卵；温度高达35℃时，几乎不产卵，即使能产少数的卵，也不孵化。又据资料记述，大谷盗在27～28℃时，完成一个世代需65d；温度若降至21℃以下，约287d才能完成一个世代；在－9.4～6.7℃时，成虫及幼虫均能活数星期，但卵及蛹的抗寒力远较成虫和幼虫弱。

锯谷盗生长发育的有效温度是17.5～40℃，发育最适温度为30～35℃，但是，温度到达40℃时，部分卵虽能孵化，而幼虫却完不成发育；在37.5℃时，虽能完成卵至成虫的发育，但卵与幼虫的死亡率极高，温度低到7.5℃时，虽能化蛹，但不能羽化为成虫。

赤拟谷盗在38℃时，雄虫的精子虽然发育正常，但雌虫不能产卵。

同一种储藏物昆虫在不同地区或不同环境，因温度不同，发生代数也不相同。例如，玉米象在哈尔滨每年发生2代，而在郑州则为5～6代，在中国越往南代数越多。

（三）温度对储藏物昆虫的地理分布与危害地带的影响

储藏物害虫的传播与分布是随着国际、国内贸易的发展和物质交流，不受海洋、沙漠、山脉、大面积不同植被等自然障碍的阻隔。因此，许多储藏物害虫已经成为世界性分布的害虫。

储藏物昆虫的生长发育要求一定的温度条件。如果温、湿度条件不能全面满足其生长发育的要求，或超出了储藏物昆虫可能适应的范围，储藏物昆虫在这个地区内不能生存。在我国，起源于印度-马来亚区系的储藏物昆虫向北分布的低温界限，对于一些储藏物昆虫来说是比较明显的。例如，谷蠹是热带、亚热带蛀食性的储粮重要害虫，在我国淮河以南各省危害严重，以成虫越冬。目前，它虽已传到哈尔滨，由于那里的1月平均气温在－18℃以下，所以谷蠹很难在寒冷的东北和西北立足。

在不同的分布区内可形成不同的储藏物昆虫区系，由于地理上的隔离而独立发展。其中有害的种如果进入新的分布区，当地的环境条件如果适于这些有害虫种的要求，这些有害虫种也就可以定居下来而繁衍发展，甚至由于缺乏原产地的有效天敌而数量更大。在1～2月平均气温为3℃的地区，米象的发生受到限制。但事实上曾在黑龙江省牡丹江市的一个大米加工厂发现米象，并且它们在那里连续不断地繁殖。同时，米象除在常温下生活外，还能靠自身发热生活，因而无春季活动秋季潜伏的现象。在寒冷的冬季若繁殖的数量多，可产生大量的热，这些热量即能维持其活动与繁殖；若数量少，则不能保持其必需的热量，冬季就会被冻死。

此外，有人根据昆虫发育对高温和低温忍受的临界点，说明昆虫向南北两极的分布情况，用等温线指出种在地理上的分布界限，如家白蚁分布于中国、日本、菲律宾、美国檀香山，在我国自海南岛向北到北纬32°～北纬33°。在南京一带生存很少，主要分布地区约在一年内最冷月份平均温度高于4℃和1月内日平均温度高于0℃的地带。

储藏物昆虫地理分布的研究，是制定植物检疫策略和采取检疫措施的基础，也是制定害虫天敌引进策略的基础。

（四）积温和有效积温法则及其应用

1. 积温和有效积温法则 昆虫在生长发育过程中，完成某一发育阶段须从外界摄取热量的总和，称为积温。这个概念一般以下式表示：

$$NT=K$$

式中，N为完成生长某一发育期所需的时间；T为发育期内平均环境温度；K为常数。

同样，发育速率$V=1/N$。因此，发育速率与温度的关系可用下式表示：

$$V=T/K$$

由于各种储藏物昆虫的发育始点温度不是0℃，而是在0℃以上，外界温度对生长发育的作用只有在发育始点温度以上才能显示出来。因此，在发育始点以上的温度才是有效温度。而储藏物昆虫在生长发育过程中，所受的总热量应该是有效温度的总和，故上面的积温公式也应修改为

$$N(T-C)=K$$

式中，C为发育始点温度；$(T-C)$为发育有效平均温度；K为有效积温。这个公式就是有效积温法则（law of effective temperature）。

同样，发育速率与积温的关系公式也应该校正为

$$V=(T-C)/K$$

储藏物昆虫在发育期内，要求摄取有效温度（发育始点以上的温度的总和），称为有效积温。在计算有效积温时，如果以每天平均有效温度的累计，温度以℃为单位，发育历期以天（日）为单位，则有效积温的单位为“日度”（℃·d），如果以每小时平均有效积温累计，温度以℃为单位，发育历期以小时为单位，则有效积温的单位是“小时度”（℃·h）。

2. 发育始点温度与积温的推算 通常采取多种温差对某储藏物昆虫分别进行饲养观察。某种储藏物昆虫在各个高、低不同温度的条件下，完成阶段发育的时间不同，或采取前人对某种储藏物昆虫所做的研究结果，或可以通过2个及以上的不同温度处理及其相应的发育历期，计算出发育始点温度和有效积温。

这里介绍只用2个温度处理的简单计算方法。假如第一个处理温度为T_1，第二个处理温度为T_2；第一个处理的发育历期为N_1，第二个处理的发育历期为N_2。可按公式先求出发育始点温度，再求出有效积温。

$$(T_1-C)N_1=K$$
$$(T_2-C)N_2=K$$
$$(T_1-C)N_1=(T_2-C)N_2$$
$$C=(T_1N_1-T_2N_2)/(N_1-N_2)$$

C值确定以后，代入原式，可求出有效积温值：

$$K=\left(T_1-\frac{T_1N_1-T_2N_2}{N_1-N_2}\right)N_1 \text{ 或 } K=\left(T_2-\frac{T_1N_1-T_2N_2}{N_1-N_2}\right)N_2$$

例如，玉米象在21℃时，完成一个世代需63d；在27.9℃时，完成一个世代需30d，代入公式

$$63（21-C）=K$$
$$30（27.9-C）=K$$

因为生物所受热总量，对生长发育的影响为一常数，所以上述两式应相等。

即

$$63（21-C）=30（27.9-C）$$

则

$$C=\frac{63\times21-30\times27.9}{63-30}=14.7（℃）$$

所以玉米象的发育始点温度为14.7℃。代入原式，即可求出玉米象完成一个世代所需要的积温。

即

$$63（21-14.7）=396.9（℃·d）$$
$$30（27.9-14.7）=396（℃·d）$$

计算结果，玉米象的发育始点温度为14.7℃，完成一个世代的有效积温为396.9（℃·d）。

在实际计算害虫的发育始点温度时，应尽量避免使用高于害虫生长发育最适温区的发育历期数据，以防止无效积温对计算结果的干扰，同时应注意在温度相同的情况下，害虫的发育始点温度还受到粮食水分含量等因素的影响，在计算害虫的有效积温和预测害虫发生动态时也要结合具体的粮食水分等环境情况。

3. 昆虫世代与发生时期的推算　求出了某种昆虫的有效积温和发育始点温度以后，可以推测其在不同地区可能发生的世代数，在地理上可能分布的界限，并预测其发生时期。

当确定某种昆虫完成一个世代的有效积温后，再根据气象资料，计算出某地区对这种昆虫全年有效积温的总和，两者相比，便可推测其在该地区一年内可能发生的世代数。公式如下：

$$\frac{\text{某地区全年总有效积温}}{\text{某昆虫完成一个世代的有效积温}}=\text{世代数}$$

现以麦蛾为例求其在郑州的全年总有效积温，即根据郑州历年的平均气温，选择略高于其发育始点温度的月份或旬平均温度，逐月或逐旬减去发育始点温度后，再乘以每月（或每旬）实际天数，即得该月（或旬）有效积温。然后将各月（或各旬）的有效积温累加，这就是麦蛾在郑州的年总有效积温（表6-1）。

表6-1　麦蛾在郑州的全年总有效积温

月份	4	5	6	7	8	9	10	11	全年总有效积温/（℃·d）
月平均温度/℃	17	20	24	26	28	22	20	17	
月有效积温/（℃·d）	138	235.6	348.0	421.6	483.6	288	235.6	138	2288.4

已知麦蛾的发育始点温度为12.4℃，完成一个世代的有效积温为401℃·d，在郑州全年有效积温为2288.4℃·d，代入上述公式即得

$$\frac{2288.4}{401}=5.7\text{（代）}$$

推算结果，麦蛾在郑州一年可能发生5～6代。

根据麦蛾的生活习性，羽化后经一昼夜可开始交配，交尾后1～2d内开始产卵。假设于5月20日有麦蛾在仓内飞翔（越冬代），可依据下式推算出第一代麦蛾成虫可能出现时间（当时的平均气温为24℃）。

$$\frac{\text{某昆虫完成某一发育阶段所需的有效积温}}{\text{某一时期内的平均温度}-\text{该昆虫的发育始点温度}}=\text{完成某一发育阶段所需天数}$$

代入公式：$\frac{401}{24-12.4}\approx 35\text{（d）}$

可知第一代麦蛾可能在6月24日前后出现。

如果采用3个以上的温度处理，计算上比较复杂，但结果更加可靠。其计算方法如下。

设有几个处理，其温度分别为T_1，T_2，T_3，…，T_n；其发育速率依次为V_1，V_2，V_3，…，V_n。按照有效积温公式$K=(T-C)N$，$V=1/N$，代入得

$$T=C+KV$$

为了在多个处理中求出发育始点温度（C）和有效积温（K），可采用统计学上常用的“最小二乘法”进行计算，其推导公式为

$$K=\frac{n\sum VT-\sum V\sum T}{n\sum V^2-\left(\sum V\right)^2}$$

$$C=\frac{\sum V^2\sum T-\sum V\sum VT}{n\sum V^2-\left(\sum V\right)^2}$$

必须指出，按照有效积温法则的标准，某种昆虫在某地区一年内可能发生的世代数，是指通常情况下而言的，如果超过有效积温上限和下限，昆虫的发育会受到抑制，世代就会减少。此外，相对湿度和昆虫从环境中摄取食料的水分也直接影响着昆虫的发育速率。因此，应用有效积温法则推算出来的世代数或发生时期，与实际情况有一定差异和局限性。然而在上述的应用范围内，只要注意其局限性并结合各种生态因素加以分析和考虑，还是有重要参考价值的。

（五）昆虫的耐热性与耐寒性

温度对昆虫的影响是非常明显的。然而，昆虫对不适温度又具有一定抵抗能力，不过不同种的昆虫对高温和低温的抵抗能力是不同的。在55℃的高温下，米象成虫可忍受20min，谷象只忍受10min；而地中海粉螟的成虫和豆粒内的豌豆象的成虫等，在60℃的高温下能忍受60min。这种忍受高温的能力称为昆虫的耐热性。

在5℃的低温条件下，米象只能忍受21d就死亡，而玉米象和谷象分别能忍受100d和152d。这种忍受低温的能力称为昆虫的耐寒性（cold hardiness）。

1. 昆虫耐热的原因　昆虫在高温下致死的原因至今所知尚少，也许是由昆虫体内蛋白

质凝固所致。蛋白质本身的凝固温度与其水分含量有关，如与蛋白质结合的水分含量为18%时，凝固温度为80～90℃；与蛋白质结合的水分含量为6%时，凝固温度为140℃；无水蛋白质的凝固温度为160～170℃。

因此，在干燥季节，昆虫体内水分蒸发加速，体温下降，同时水分减少，提高了蛋白质凝固的温度，从而增强了昆虫耐热性。

近年来，有人认为昆虫高温致死的原因是窒息、体内废物积累、酶被破坏及原生质均衡状态发生障碍等所造成。还有人解释高温致死是因为脂肪体从动物组织中游离出来的缘故等。昆虫的致死高温也随接触高温时间长短而有差异（表6-2）。

表6-2 高温致死菜豆象和米象的时间

昆虫名称及虫态	致死温度/℃	接触时间/min
菜豆象胚胎	52	10
菜豆象初化幼虫	55	20
菜豆象老熟幼虫	55	20
菜豆象蛹	55	25
米象成虫	47.8～48.9	60

在温带地区内的异常高温年，更能引起某种雄虫生殖力丧失，雄虫不能交尾产卵，或产下的卵不孵化，这种现象在蛹期内最为显著。因为蛹期是全变态类昆虫体内组织剧变的时期，对高温刺激最为敏感。所以在自然界，夏季异常高温能引起某些昆虫死亡，种群密度发生变化。在27℃下饲养的地中海粉螟幼虫，有30%的雄虫不育，其原因是精子发育退化；雌虫卵巢受到抑制或不育，结果繁殖率降低。这种生理反应在蛾类中是常见的。

2. 昆虫耐寒的原因 关于昆虫增强过度冷却的能力及在低温条件下死亡原因，曾有很多不同的解释，现将几个主要的论点分别介绍如下。

1）*复苏理论* 巴哈梅契耶夫曾用热电温度计，测得昆虫在冰冻下的变动现象，创立了"复苏理论"。他认为昆虫在冬眠时，体温与环境温度相等；若外界温度骤然降到冰点（0℃）以下，即出现过冷却点或称临界低温点（T_1），一般在－10℃左右。这时体液因结冰放出热量，使虫体内温度回升到近0℃，他称此为体液正常冰点（N）。这时候昆虫虽呈冰冻状态，新陈代谢几乎完全停止，但未冻死，他称该时期为"复苏状态"（冻昏迷状态）。如果此后温度增高，昆虫可恢复活动。若昆虫第一次结冰后，温度再行下降，使温度降低到另一低温（T_2）时，新陈代谢几乎停止，但昆虫的生命活动仍然保持，当温度继续下降到致死点（T_3）时，昆虫方死亡。

巴哈梅契耶夫在实验中发现有些实验结果与这一规律不相符合，如某些昆虫未到T_1点即死亡，某些种群到T_3点尚能复活。其他学者的实验中也发现有些昆虫经两次以上冰冻仍然生存。因此，有各种不同意见。例如，将粉斑螟由室温环境移入低温环境，体内温度降到－24.3℃时，虫体液因结冰放出热，致使虫体温度一时升高5.7℃，以后下降到－18.6℃，由结冰所放出的热被吸收后，体温再逐渐下降，停留在过冷却点－24.3℃。

2）*结合水和游离水比例的差异* 昆虫的耐寒性不仅与体内含水多少有关，而且取决于水的状态。Robison改进了巴哈梅契耶夫的穿刺法，用热电偶进行直接测定，避免了昆虫因失去一部分水分而使过冷却点（临界点）和冰点（死亡点）与正常昆虫有差别。其实验结果对昆虫在低温下的抗寒力与水分的关系做出了物理和化学上的解答。他认为，昆虫抗寒力的强弱，因体内结合水与游离水的比例有差异。例如，耐寒力强的虫种，结合水和游离水在低温下没有变异；耐寒力极弱或不耐寒的虫种，组织内的结合水逐渐减少，游离水显著增加。

（六）温度对昆虫行为及其形态构造的影响

外界温度的变化，也可影响到昆虫体躯外形。一般生长在温暖气候下的昆虫体形较寒冷地区的大。例如，云南省的景洪、西畴和海南岛等地区的玉米象体躯比北方各省玉米象体躯大得多，触角第3节也较长，颜色也较深。在温带地区，由于季节温度的差异，也影响到昆虫的类型，如绿豆象的隐型和显型，粉缟螟的春型和夏型等。同时外界温度的改变常引起行为上的各种反应：在不适宜的低温下行动表现迟缓，甚至麻痹；在不适高温下行动常表现敏捷。昆虫受温度的刺激产生反应，不同种的昆虫对相同温度有正趋和负趋的反应。

二、湿度与储藏物昆虫的关系

储藏物昆虫不断地由体壁蒸发水分，呼吸过程散失水分，马氏管排泄水分，腺细胞的分泌也要排出水分；同时，储藏物昆虫体内的水分又必须从周围环境中获得。所以水分对储藏物昆虫生理活动的影响极为重要。

储藏物昆虫在其生活中对湿度的要求与对温度的要求一样，有适生湿度、最适湿度、不活动湿度和致死湿度。储藏物昆虫对外界湿度的选择取决于虫体水分的多少和外界湿度的变化情况。当储藏物昆虫体内的水分高或失去水分能够及时补充时，在高温下虫体需要低湿，若水分虽高，但失去的水分不能及时补充，则即使在高温下仍需较高的湿度。在一般情况下，低温时通常都是高湿，此时昆虫活动少，失水也少。试验和实践都证明，自然界大多数储藏物昆虫的最适湿度，接近高湿范围，即相对湿度在70%～90%，适宜湿度不但因种类不同有差别，即使同种昆虫的各个虫态和龄期也常不一致，主要是因为各种储藏物昆虫体液的浓度与体壁骨化程度都不相同。

（一）直接关系

湿度的高低可以支配虫体内水分的蒸发，直接影响储藏物昆虫的生长、发育和繁殖。相对湿度过低，会减缓储藏物昆虫发育速率，甚至会使虫体内水分失去平衡，造成死亡率增加。若相对湿度过高，通常能延长储藏物昆虫发育天数，并容易发病而引起死亡。

在储藏物昆虫中，有些种群喜好生活在高湿环境，而另一些种群，则在干燥环境下有利于发育和繁殖。例如，麦蛾幼虫和蛹的新陈代谢，常因湿度（在适宜湿度以上）的增加而减退，若相对湿度达到100%，则不能发育，并在17d内死亡。如果在最适湿度范围内，蛹期则随相对湿度的增高而延长，成虫寿命则随相对湿度的降低而缩短，或相对湿度在26%以下，均不能生存。

药材甲在相对湿度为70%～90%，温度24～30℃时，温、湿度与发育速率成正比。若温度在24℃，而相对湿度低于70%，则湿度越低，其生长发育越慢（表6-3）；如果相对湿度超过95%时，则多数幼虫因发病而死亡。

绿豆象对湿度的要求范围比较广，相对湿度18%或100%为发育开始困难的低湿或高湿。

蚕豆象在恒温21.1℃时，湿度高达100%，蛹期为22d，当湿度降到44.6%，蛹期为14d。在成虫期湿度愈低，寿命愈长。由上可知，蚕豆象是不适于高湿环境的种群，它对生活场所的要求是比较干燥的。

表6-3　药材甲在同温不同相对湿度条件下的发育速率

温度/℃	相对湿度/%	卵期/d	幼虫期/d	蛹期/d	完成一代/d
24	45	9	57	9	75
24	35	14	104	15	133

拟裸蛛甲的发育适宜相对湿度为70%～90%，若低于30%，即不能完成其发育。谷象在60%的相对湿度条件下才能产卵。

袋谷蛾的幼虫能在20%的相对湿度条件下完成其发育，但在75%的相对湿度内，其生活史较短，而成虫的寿命较长。

（二）间接关系

前面提到储藏物昆虫在其生命活动中，消耗了大量的水分，需要及时补充，否则就会影响代谢作用的正常进行。储藏物昆虫体内水分的主要来源是食物。一般来说，储藏物都是比较干燥的。但由于各地全年的降雨量不同，大气的变化也不相同，而储粮和一切农副产品及其加工成品水分变化，又直接受大气的影响。大气中的相对湿度大，储存物受潮就大，其水分相应地增高；大气中相对湿度小，储存物吸潮量就小。因此，储藏物昆虫在其生长发育过程中，除直接受大气湿度的支配外，还间接受大气湿度影响。

所以储藏物水分的高低，对储藏物昆虫生活的影响是显著的。降低储藏物水分，对防止储藏物害虫危害具有重要意义。

在仓内为害储藏物的害虫，其所取食料都是比较干燥的，但其身体内的水分并不是特别低，大都在60%左右。例如，谷象体内总水分为48%，结合水占总水分的35%，这说明储藏物害虫具有一种特殊获得和保持体内水分的能力。

不同的昆虫种类对水分的要求也不一致。例如，米象要求食物的水分比较高，所取食料（粮食）的水分至少在10%以上方能生存；若食料水分低到8.5%，生活52d即死亡。

谷象在27.5℃条件下，生殖所要求的相对湿度与米象相同，但在低温下，高于或低于某一适宜湿度时，谷象的生殖即减少。

所以，在防治储藏物害虫工作中，应尽可能地降低储藏物的水分，可使大部分储藏物昆虫的繁殖力减低，从而保证储藏物免受虫害。

（三）昆虫代谢水的利用

在储藏物昆虫中，也有少数种类专以其自身的新陈代谢水维持生命的。例如，白腹皮蠹及杂拟谷盗能在水分仅5%的食物中生长，在其生活过程中每增加一单位体重，需要吃更多食物且幼虫期较长，但幼虫期愈长，所化成的蛹重量愈轻。谷蠹在食物水分8%～10%，相对湿度50%～60%，温度35～40℃时，还能正常繁殖。

黄粉虫在遇到食物特别干燥时，食量大大增加，但在其粪便里可以检查出绝大部分营养物质未被吸收，而粪便中的水分仅存0.5%，由此证明，黄粉虫取食过量的食物是要获得所必需的水分。在生产实践中了解到储藏物鳞翅目幼虫在化蛹前要大量取食，其原因也就在于此。

许多储藏物昆虫体内的水分大部分由食物的氧化而产生。另有若干种储藏物昆虫则能在缺乏水分环境内生活，如长蠹科的昆虫，能从空气或食物中获得生活必需的水分。

湿度对储藏物昆虫发育的影响，不仅各个虫期不同，而且在同一虫期的前后期也有差异。

很多幼虫，在幼龄期水分高达82%，生长10d后减到79%，蛹后期为79%，成虫期仅60%。如果寄主和天敌在生活过程中对湿度的要求不同，那么在外界湿度变动下，寄主和天敌的死亡率也不一致，了解这种生态关系，在进行害虫生物防治上颇为重要。

三、食物与储藏物昆虫的关系

储藏物昆虫是有机化合物形式的消费者，因此储藏物昆虫能否获得足够的食物，是能否生存繁殖的重要因素。

储藏物害虫十分适于在储藏、运输和工艺设备的食物残留中生活。其适应性包括可以利用和取食大范围的食物，以及即使数量很少时的寻找食物、交尾和产卵能力。它们可以利用有限的食源，这使得储藏物害虫难以治理，在拟定害虫防治方案时必须考虑到这个因素。

四、储粮状况对害虫的影响

食物是一种营养性环境因素，食物的质和量影响昆虫的分布、生长、发育、存活和繁殖，从而影响种群密度。储粮害虫能否获得足够的食物，是其能否生存繁殖的重要因素。

（一）粮食种类的影响

没有一种植物可以免受害虫的危害，也没有一种害虫可以为害所有的植物。昆虫在漫长的进化过程中，逐渐形成了自己独特的食性，所以不同的粮食种类中发生的害虫种类也不一样。储粮害虫对食物的辨别主要是靠粮食本身释放出的挥发性气味物质。

禾谷类粮食，如小麦、稻谷、玉米等原粮是我国粮食储备的主要品种，所以禾谷类原粮中发生的害虫是造成储粮损失的主要种类。对禾谷类原粮造成损失较大的主要是玉米象、米象、谷蠹、麦蛾、印度谷蛾和粉斑螟等。这些害虫都可以为害完整的粮粒，而且损失很大。而拟谷盗、扁谷盗、锯谷盗、书虱等害虫也常常发生在原粮中，它们主要取食破损的粮粒和粉屑，通常不能把整个粮粒完全破坏掉，所以这些害虫造成的损失相对较小。

豆类中发生的害虫基本都是豆象科的害虫，而为害禾谷类粮食的害虫，如玉米象、米象、谷蠹、麦蛾等不会对豆类造成危害和损失。绿豆象、四纹豆象等主要为害绿豆、豇豆等小豆类，豌豆象只为害豌豆，蚕豆象只为害蚕豆。

大豆和油菜籽等油料中经常发生印度谷蛾，印度谷蛾是一种杂食性的害虫，不仅为害禾谷类，对油料为害也很严重。

成品粮中的害虫种类与原粮中的也有差别，如赤拟谷盗在原粮中不是主要害虫，但在粉状粮食中却是非常重要的害虫。成品粮中发生的害虫主要是粉食性害虫，如拟谷盗、锯谷盗、扁谷盗、书虱等。但在大米中，由于大米是完整的粒状粮食，所以玉米象和米象也会为害大米。

储粮害虫群落的结构和组成常常受储粮种类的影响，禾谷类粮堆中，其储粮害虫种群结构十分丰富，而豆类粮堆中的储粮害虫的组成和结构则相对单一。

虽然一些储粮害虫可以为害多种粮食，但对不同粮食种类的偏爱情况有所不同。例如，玉米象虽能在19种粮食中取食，但只偏爱玉米、稻谷、小麦、大米、糯米和地脚粮，最偏爱的是玉米、小麦和地脚粮；麦蛾虽能在17种粮食中取食，但只偏爱小麦、玉米、稻谷、大米、糯米、面粉、地脚粮等；锯谷盗虽能在18种粮食中取食，但只偏爱玉米、稻谷、小麦和地脚粮等，最偏爱地脚粮和稻谷；腐食酪螨几乎能在所有粮食中出现，但更偏爱于在玉米、稻谷、糯米、小麦、豆类和地脚粮中危害，最偏爱地脚粮；而专门为害豆类的绿豆象最偏爱绿豆。

（二）粮食状况的影响

除了粮食种类外，粮食本身和粮堆的状况对储粮害虫危害的影响也很大。粮食状况包括粮食的含水量、粮粒的完好性、粮堆杂质的多少等。

粮堆本身是一个相对干燥的环境，储粮害虫在此环境中获得水分是很困难的。所以在储粮正常的水分范围内，粮食水分越高害虫危害就越严重。由于害虫的代谢会进一步增加局部粮食水分和环境湿度，从而进一步加剧害虫的危害。同时由于粮食水分的增加会导致一些喜湿性的害虫出现，如书虱、露尾甲、米扁虫、小蕈甲等。所以，储藏期间降低粮食水分含量有利于减轻害虫的危害。

外观完好、没有破损的粮食对害虫的抵抗能力较强，而表面有破损的粮食对害虫的抵抗力就较差。如果稻谷的颖壳完整无裂缝，则麦蛾的1龄幼虫，完全不能侵入危害，结果经2～3d全部死亡。而裂缝的稻谷，其被害率达到90%左右，麦蛾也大量发生。表皮无损伤的小麦，谷蠹的1龄幼虫也很难蛀入，从而导致其幼虫死亡率大大增加。

储粮中的破碎粒、被害粒和杂质的多少，与储粮害虫的发生有密切的关系。因为储粮中的破碎粒、被害粒和杂质多，就为后期性害虫创造了条件。如果储粮中的破碎粒与含杂质量不超过1%，并且不曾遭受初期害虫的蛀食或其他的害虫剥食，则后期性害虫不易发生。例如，书虱常常在湿度高、杂质多的粮堆中大量发生。

所以要求入仓粮食“干、饱、净”是有道理的，在一定程度上可以减轻储粮害虫的危害。

另外，储粮害虫十分适于在储藏、运输和工艺设备的残留食物中生活。它们可以利用有限的食源，使其种群得以延续。所以粮库环境中和仓储设备要经常清理，避免残留的粮食成为储粮害虫的滋生地。

（三）食物与昆虫生长发育和繁殖的关系

食物的营养成分和组织结构对储藏物昆虫消长规律有明显的影响。一般来说，储藏物昆虫取食最喜爱的食物时，生长发育快，死亡率低，繁殖率高。除单食性储藏物昆虫外，通常在缺乏嗜食的食物时，也可取食别的食物，不过生长发育慢，生存率、产卵数等明显下降。例如，赤拟谷盗在相同温度（27.3～29.2℃）和相同湿度（60%）情况下，取食不同食物的发育速率为：小麦麸＞粗麦粉＞全麦粉＞全玉米粉＞碎小麦＞白米粉＞碎玉米。表6-4给出了米象在不同粮食中的繁殖情况。

表6-4　米象在不同粮食中的繁殖情况

粮种	水分/%	试虫数（对）	试验时间/d	总头数
大米	12.7	20	95	509
高粱	12	20	95	1262
玉米	13.3	20	95	250
小麦	13.7	20	95	3250
稻谷	14	20	95	165

注：温度15～28℃；粮食重量1kg

杂拟谷盗在去糠的米粉中生活，幼虫发育极慢，可能是由于大米去糠后，缺乏维生素。取食小麦胚部的杂拟谷盗幼虫，生长发育最快。

绿豆象对食物的选择性很明显，在温度28℃、相对湿度75%～80%、食物水分12.5%～13.5%等环境条件下，在其嗜好的绿豆和比较喜食的赤豆、豇豆中发育快；而在其他粮粒（蚕豆、豌豆、树豆、大豆、芸豆、玉米、小麦等）上虽产卵，也孵化，但发育缓慢，或不发育，甚至很快死亡。

粉斑螟幼虫在缺乏维生素B_{12}、维生素C时，不发育或生长极慢。说明食物的营养成分，对害虫的消长规律是很明显的。

（四）食物的引诱作用

昆虫在寻找配偶、产卵场所和食物时的活动是影响其种群动态的一个重要方面，所有的储藏昆虫都可通过化学信息来寻取这些生存资源。

从不同粮食中释放出的多种挥发性化合物，玉米有12种、燕麦23种、裸麦16种、小麦24种、大麦64种、稻谷83种。对所有食物进行仔细测试，可以发现它们几乎都能释放出上百种挥发性化合物，这些农产品释放出的许多化合物彼此都是相同或相近的，一般都含短链乙醇、脂肪酸、酯类等，杂环化合物是其中最多的一类化合物。储藏农产品中除了挥发性的有机化合物外，水和二氧化碳也不断地释放出来，和农产品相关的细菌和真菌也能释放出水和二氧化碳。

许多关于昆虫对食物气味反应的文献都提到低挥发性脂肪和长链脂肪酸。尽管许多有价值的资料都假设这些农产品的挥发物质是作为食物信息而存在的，不过它们作为产卵信息的作用可能更大，在雌虫通过选择产卵场所而选择幼虫食物时起主要作用。有人指出在不同种类的玉米、稻谷和小麦中，存在着产卵刺激物质。

五、温度、湿度与食物的综合作用

一些制约储藏物害虫分布与聚集的首要因素包括温度、湿度、食物的可用性与食物品质。环境的因素和食物是通过对害虫各生长期、生活和产卵的影响来影响其行为。而其他诸如储藏物品的加工处理、所含化学物质也影响其生长和行为。害虫的行为影响害虫的分布，害虫倾向于选择一定的环境条件，同时必须有必要的资源，如食物、交尾与产卵地点。

储藏物昆虫在其生长、发育过程中，要求相对湿度在70%～90%，食物水分在12%以上，温度在18～32℃。在适温范围内，湿度与食物水分对储藏物昆虫个体繁殖力和生存率的高低，常起着重要作用，并能控制种群密度的波动。

必须指出，温度与湿度因子对储藏物昆虫生长发育的影响是相互联系的。如果环境温度适宜而空气特别干燥，害虫因其在适宜的环境温度下，新陈代谢作用旺盛，虫体内储藏的物质很快地被消耗掉。同时，虫体内的水分也容易被蒸发掉，造成体内水分失去平衡，结果很快趋于死亡。反之，空气湿度大，虽会降低其适宜温度范围，但其新陈代谢缓慢，又能保持足够的水分，即使在缺乏食物的情况下，也能生活一个较长的时期。总之，只有在最适宜的温度范围内，湿度愈大，储藏物昆虫的生长发育愈快，繁殖愈多，危害愈烈，储藏物损失愈严重。

（一）综合作用对昆虫发育期的影响

粮食的温度和湿度是影响害虫发育和发展的主要因素。表6-5显示了温度对11种储藏物甲虫和3种储藏物蛾类发育期的影响。一般而言，温度对储藏物甲虫的影响要比湿度和食物大。

表6-5显示，在17.5～37.5℃，3种蛾类的平均生长期比7种长寿命甲虫要长。蛾类成虫寿命短，一般不须进食，相比之下，许多长寿命甲虫成虫必须进食才能产卵，它们一生的大部分时间都在繁殖。蛾类与长寿命甲虫生长期的不同主要是由于蛾类的整个生长期的大部分时间是幼虫生长发育。像蛾类一样，几个种类短寿命甲虫，如大豆象、四纹豆象，羽化后无须取食。短寿命甲虫生长期不如蛾类的那么长，但前者产的卵更少。

表6-5　温度对储藏物害虫从卵到成虫预测发育期（d）的影响

虫种	温度/℃								
	17.5	20	22.5	25	27.5	30	32.5	35	37.5
蛾类									
地中海粉螟	—	69.1	56.0	46.5	40.6	39.2	—	—	—
印度谷螟	150.9	99.3	67.3	48.1	37.9	34.9	38.4	49.1	—
粉斑螟	108.9	76.7	57.1	45.3	38.3	34.4	32.5	31.8	—
长寿命甲虫									
锈赤扁谷盗	—	—	53.4	37.0	28.1	23.2	20.6	19.0	18.2
长角扁谷盗	—	—	53.1	45.1	38.5	32.9	28.4	25.1	24.5
锯谷盗	—	—	48.5	36.4	27.9	22.4	19.8	20.8	27.0
米象	—	52.9	43.2	35.9	30.6	27.4	26.7	29.1	36.7
赤拟谷盗	—	—	—	41.8	32.7	28.4	26.3	23.4	21.7
杂拟谷盗	—	—	56.2	44.6	35.6	28.5	23.0	20.0	34.1
谷蠹	—	—	—	58.8	49.9	42.4	31.0	36.1	—
短寿命甲虫									
菜豆象	82.0	60.4	45.4	35.7	30.2	28.9	—	—	—
四纹豆象	167.4	72.5	42.0	31.5	27.3	25.3	23.9	22.8	27.0

注："—"表示没有相应数据

害虫对食物的消耗量随温度而增加，由此可解释温度对生长期的影响。温度从13℃升到25℃，幼虫的取食活动增加，在25～38℃基本持平，当温度再由38℃增至45℃时反而下降。温度的昼夜波动也会影响同种储藏物害虫的生长期，恒温下的生长期同与变温条件相比，低温时要长得多，高温时短得多，这种差异表现出温度和生长期的非线性关系。

（二）综合作用对储藏物昆虫存活的影响

害虫的数量增长要受到非成熟虫态和成虫成活率的影响，以赤拟谷盗为例，在25～37.5℃时从卵到成虫的平均成活率在80%以上，一旦低于或高于这个温度，成活率就会迅速下降。根据标准偏差可以得出，在25～37.5℃，置信度为65%的害虫平均成活率为71%～100%。相似的研究表明，谷蠹和米象的非成虫虫态的死亡大部分发生在幼虫第1龄期，幼虫的高死亡率很可能是卵到幼虫期变态的影响和幼虫初期取食的不同所造成的，可以认为其他许多虫种具有此特征。

随着湿度降低，谷蠹的存活率降低。害虫的存活率曲线也随着温度引起的存活情况而变化，低温的影响比高温时要大。在制定治理计划时，当条件不允许以足够的低温来降低害虫生长率时，可以考虑通过干燥或高温环境来降低害虫发生率。

成虫的成活率也要受温度和湿度的影响，由于成虫生命中的大部分时间都可以繁殖，成虫成活率就会影响总产卵率，在一定的温度和湿度范围内，成虫的成活率随着湿度的增加而增加，但随着温度的增加反而下降。

（三）综合作用对储藏物昆虫产卵量的影响

储藏物昆虫的雌虫一生中所产卵的数目随着虫种温度、湿度、食谱的不同而异。储藏物甲虫和蛾类的产卵方式不一样。蛾类在还是幼虫时就为产卵而积累营养，一旦羽化之后就产下大量的卵，随后迅速死去。相比之下，一些甲虫成虫要比蛾类成虫寿命长得多，并且在几个月之内都可以产卵。随温度和湿度的增加，赤拟谷盗的产卵量增多。27℃和76%相对湿度时成虫的存活率和产卵量都最大。20头谷象每4d的产卵量，在燕麦中为9.4粒，在大麦中为96.7粒。

对螟蛾科的害虫而言，当交配延迟或者雌虫在连续光照下与雄虫交尾时产卵率下降，当雌虫可以吸取水时产卵量则上升。取食可以增加绿豆象的产卵量。

害虫的发育、存活、产卵和种群增长都受环境的影响，因此降低环境对害虫的适宜性成为害虫治理中一个重要的部分。

六、光与储藏物昆虫的关系

光与储藏物昆虫的关系与其他昆虫相似，主要表现在昼夜节律即光周期反应（photo periodical reaction）上。昆虫对环境光照周期变化节律的适应所产生的各种反应，也称光周期现象（photoperiodicity）。光周期变化对昆虫的地理分布、形态、季节生物学、生长发育、新陈代谢和行为都有深刻的影响。

光周期即光照由昼夜交替形成的光周期日变化。一年内光周期的日变化又有季节变化，在北半球，夏至昼最长夜最短，冬至昼最短夜最长；秋分是夏至昼长向冬至昼短变化的转折期；春分是冬至昼短向夏至昼长变化的转折期。“春分秋分，昼夜平分”，这是光周期的年变化。同一纬度上光周期年变化节律相同，不同纬度上光周期年变化的节律不同。但在赤道上夏至和冬至光照时数没有差别，随着纬度增加，夏至光照时数依次增加，冬至则依次缩短。在北纬65°以上，夏至前后整天可见太阳，冬至前后整天都呈黑夜。

对昆虫光周期现象研究最多的是滞育问题。滞育昆虫在恶劣环境，如冬季低温、夏季极端高温、干旱或食物缺少的季节来临前即可从日照变化获得信息，提早进入发育停顿状态。已滞育昆虫即使移放到适温下，也难解除滞育，因此具有较深沉的反应。滞育是昆虫对不利环境的一种适应，是抑制发育的一种遗传决定状态。光滞育昆虫表现出发育停滞、代谢下降、相对不活动并潜伏在特定环境中。不同种类昆虫的滞育虫期不同。昆虫对临界光周期的敏感虫期往往在滞育虫期之前。

光照的昼夜变化，也可使不同种类昆虫表现不同的生活方式，可分为夜出性（nocturnal）（如蜚蠊）、昼出性（如许多储藏物昆虫）、晨昏性（如烟草甲等）。光周期对迁飞昆虫行为有影响。

一些昆虫受到光周期变化的刺激时，也会引起体内色素的重新排列，如粉缟螟在长光照下呈夏型，在短光照下呈春型。

七、气体成分与储藏物昆虫的关系

储藏物昆虫在其生命活动中要进行呼吸，氧气是不可缺少的生态因子，同时还要排出二氧化碳。储藏物昆虫生态环境中的氧气与二氧化碳浓度的变化，又直接影响着储藏物昆虫呼吸调节作用。当其周围环境中氧气的含量低于10%时，储藏物昆虫气门全部开放，其开放时间的长短，取决于聚集在虫体内的二氧化碳含量，当周围环境中的二氧化碳含量增高时，储藏物害虫气门的开放时间也随之延长。如果环境中的二氧化碳含量在10%～15%，气门有节奏地开放，二氧化碳含量若增至20%～30%，则全部气门都敞开。此时，如果再加上高温，就会影响害虫的生存。

据试验表明，昆虫在完全缺氧的条件下，其生存的时间与环境温度成反比。但是，害虫的种类不同，生存的时间长短也不一致。因此，尽量设法排出储藏物中的氧气，增加二氧化碳浓度，不仅可以促使储藏物害虫自然死亡率增加，而且能提高熏蒸杀虫效果。

粮粒是活的有机体，在储藏过程中，也要进行新陈代谢作用，吸收氧气放出二氧化碳。经过较长时间储藏的粮食，其粮堆内部可能充满二氧化碳，影响害虫的生活与生存。例如，储藏物昆虫在粮堆表层多于中、下层，粮堆四周和袋与袋之间多于袋的中心，有新鲜空气的地方多于没有新鲜空气通入的地方。这就充分说明了害虫在其生命活动中，需要有足够的氧气才能生存。同时，昆虫呼吸放出二氧化碳，增加粮堆局部二氧化碳的浓度，可间接用于检测害虫。

八、其他生物与储藏物昆虫的关系

（一）个体和种群之间的相互影响

害虫个体之间的相互影响，如拥挤可能是制约害虫在空仓、运输和加工设施中残留食物生存数量的一个重要因素。但是如果在拥挤出现之前成虫有迁徙的趋势，那么拥挤的重要性就会降低。拥挤对储藏物害虫死亡率和产卵有显著的影响，如受感染的商品中有8种害虫，当密度达到1～32头/g时，死亡率达到20%；密度在7～130头/g时死亡率达到80%。对许多虫种而言，密度达0.3～16头/g时产卵将减少20%，密度高于3头/g时产卵减少80%，并且在一定的密度下，繁殖率降低得比死亡率明显。小麦中害虫虫口密度≥0.002头/g时，就可以认为是被感染了，0.3头/g的密度即可导致谷物发热。

空间活动也是影响害虫种群分布特征的一个重要因素。在害虫密度过大时，许多储藏物害虫会取食它们自己或其他虫种的卵、蛹等这些不活跃虫态，如印度谷螟的卵或成虫可以作为赤拟谷盗的食物；在玉米中以死亡的蛾子喂养长头谷盗和赤拟谷盗，前者的数量增长要大大于后者。另外，肾斑皮蠹和谷斑皮蠹的幼虫有箭刚毛，这些箭刚毛可以缠住其他害虫，并通过缠住附肢使它们无法活动。米象和长角谷盗对此最敏感，缠绕72h后它们的死亡率分别达到93%和83%。许多虫种可以通过用足和口器来清除其身体表面的箭刚毛，不过这样做会减少它们用于取食和繁殖的时间。

一个虫种的信息素可以影响另一个虫种，如印度谷蛾和地中海粉螟能够释放出同一类抑制剂，其可以减少虫种间的交配。区域标记信息素对于减少同一虫种的个体同其他虫种的个体之间相互干扰具有重要性。蛾类幼虫特殊的上颚腺所产生的信息素都落在它们结成的丝或食物上，当蛾类幼虫有选择余地的时候，它们不会选择被同种幼虫上颚腺分泌物作用过的食物，而宁愿选择没被影响过的食物。因此，上颚分泌物的沉积物质可以用来圈定每只幼虫的区域范围，并减少自食的可能。正在产卵的地中海粉螟雌虫可以对这种由幼虫产生的上颚分泌物做出反应，所产卵的数量同幼虫分泌物的数量是呈比例的。一直以来人们都认为，当拟谷盗属的成虫感染真菌之后或处于一种高种群密度状态时，它们的一对“防护腺”会产生有毒的醌，这些醌可以抑制真菌在它们的食物上生长。近年来，在这些腺体中也发现了另外的化学物质，如1-烯烃、β-羟基酮等，这些物质可以大量地产生，并被释放到环境中用来圈定取食或产卵场所，或来驱逐其他昆虫，或改变其他昆虫的生命活动等。

暗褐毛皮蠹幼虫虫口密度与幼虫化蛹时间在一定条件下呈线性关系，并且暗褐毛皮蠹幼虫虫口密度与化蛹率的关系也是随虫口密度增加，末龄幼虫的化蛹率降低。在粮堆中处于聚集状态的成虫比非聚集状态的成虫产卵率一般要减少50%左右。

气候因子对拟谷盗影响的研究结果表明，在控制饲养中竞争的优胜者往往不是数量多的种。在有一定数量成虫的面粉中将两种拟谷盗混合饲养，每月计数一次成虫及大幼虫和蛹的数量，大约一年后，由于环境资源或其他条件的限制，其中一种会被另一种取代。确定何种被取代与温度和寄生物有关，当温度超过29℃时对赤拟谷盗有利，但低于29℃时，则杂拟谷盗占优势。

（二）天敌的影响

在自然界里存在着一种昆虫被其他昆虫类群或其他动物所捕食或寄生的现象。捕食（predation）是一种生物取食另一种生物，以获得营养而维持生活的现象。前者称捕食者（predator），后者称猎物（prey）。捕食有广义和狭义两种解释。狭义的捕食现象是指食肉动物取食食草动物（herbivores），如瓢虫取食蚜虫，这是典型的捕食。捕食者可使猎物种群数量下降或降低其种群增长率，这是害虫生物防治的理论基础。

寄生（parasitism）是一种生物生活于另一种生物的体内或体上，并摄取其体内物质以维持生存的现象。

每一种昆虫都存在着大量的捕食者或寄生者，这些自然的敌害称为天敌。昆虫在生长发育过程中，常因天敌侵袭而大量死亡。在农业生态体系中，天敌已成为抑制害虫种群数量的一个重要因素，是一个重要的害虫防治措施。近年来，人们对利用天敌昆虫防治储藏物害虫也进行了一些研究。

据报道，一头黄色花蝽一生可杀死赤拟谷盗539粒卵，或34头幼虫，14头蛹。

在储粮生态系统中，为害粮食、油料的害虫很多，但真正造成为害威胁的种类很少，多数害虫的种类经常维持在相当低的水平，不致引起储藏物的严重损失。对于占总数1%～5%的重要害虫，也并不都是经常地、全面地大量危害，而是有时发生量很大而带来威胁；有时则发生数量较少，不致造成大的灾害。害虫的这种间歇性大量发生的现象，对于某些种群来说，常与天敌的自然控制作用有密切的关系。这一现象在储藏物害虫中也有发生。

（三）种间竞争与共生现象

自然界生物间常存在着种间竞争、食物链和相互依属的关系。在仓库里也常发现某种储藏物昆虫的发生有被另一种寄主性或捕食性昆虫或螨类等抑制的现象。例如，谷蠹和麦蛾在同一粒小麦中生活，麦蛾的幼虫常被谷蠹吃掉；书虱和螨类一起时，后者可抑制前者；米象或玉米象和谷蠹在一起生活时，它们的生存彼此受到妨碍，繁殖的数量都有减少，这就是种间竞争的表现。

昆虫和其他生物的共生现象，在储藏物昆虫中也是存在的。例如，白蚁的消化道里有许多种原生动物存在。这些原生动物只有在白蚁的消化道中（温、湿度合适）才能生存、繁殖，同时可以分泌酶类消化白蚁所食入的木材纤维，以取得营养，而白蚁也靠它们来消化食入的纤维，吸取营养物质。

（四）微生物与储藏物昆虫

有些储藏物如粮食是活的有机体，在储藏期间要进行新陈代谢活动。当感染了害虫时，如果温度和食物水分符合害虫的要求，害虫就会迅速发育和大量繁殖起来。若是第一食性害虫，将把完整的粮粒破坏，变成大量的破碎粒，这就为微生物的发展和繁殖创造了良好的条件。由于粮堆内各种生物都要进行呼吸作用，释放出大量生物热，促进微生物的发展，结果粮食霉烂，害虫迁移或死亡。

九、人类活动与储藏物昆虫的关系

人类活动对储藏物害虫来说，有两个主要方面的联系。

第一，人类的活动可以创造有利于储藏的条件，使吃、穿、住、用的生活物资及生活用品等，在储藏过程中处于稳定状态。例如，坚持清扫、消毒和日常性的清洁卫生制度，以减少害虫感染和传播的机会，干扰或破坏储藏物昆虫的安定环境，影响其生长发育和繁殖，以达到减少或消灭虫害的目的。

实践经验证明，仓库、加工厂、粮站、粮店内的经常性清洁卫生与定期性的大扫除、车间修检、粮食、货物等出入仓库的装卸运输，尤其是粮食在整晒、冷冻、烘干、翻扒过程中，一般裸露的害虫，常因直接受到碰撞和粮粒间的猛烈冲击，造成断肢或创伤，并遭致病菌的侵入，或者由于激烈的震荡，而产生生理机能破坏，结果导致死亡。

第二，频繁经济活动（农业引种、商业流通、国际贸易），加上检验检疫制度不严格和杀虫不够彻底，使本来是地区性的储藏物昆虫或国内原来没有的储藏物昆虫得以蔓延。现在有许多原为局部分布的储藏物害虫，其分布已遍及世界各地。

许多用于收割、干燥、输送、除尘等的设备都是储藏物昆虫生态的一部分，它们对害虫种群可能有正面或负面的影响。虽然一般认为储藏物害虫生命中的大部分时间都钻在食物中，但食物毕竟是有限的。在散装储藏中，有一些害虫需要在外表面找到一些破碎的小麦粒或玉米粒和破了皮的稻谷或花生粒。商品在某些工艺区段对害虫的敏感度有时要比其他工艺区段大，害虫抗性包装可以防止害虫找到食物。

（一）收获

大型联合收割机会导致粮食20%～50%的破碎率，破碎粒比完整粒更易受到害虫的侵害，在小麦中主要是锯谷盗、赤拟谷盗、米象和锈赤扁谷盗。就小麦而言，锯谷盗可能是唯一需要有破碎粒才可生长发育和繁殖的害虫，尽量减少破碎损伤也是储粮害虫治理的一个重要部分。

（二）干燥

干燥可直接通过降低害虫成活率，也可通过产生害虫十分敏感的破碎粒间接地来影响害虫数量。害虫对热量的敏感度会随着商品湿度的下降而上升。对小麦中5种害虫的致死干燥条件的研究发现，害虫存活率取决于致死温度是否持续了足够长的时间。谷蠹的耐力最大，米象和谷象的耐力又比长角扁谷盗和赤拟谷盗大。由于空气具有穿过粮堆中空隙的性质，在厚度为

5～10cm的粮层上可以形成2.8℃的温差，这种温差使得害虫可以在干燥的环境下存活。在日本，农民将大麦晒干，只需10min即可杀死一些1～2龄的玉米象幼虫，但不能杀死4龄幼虫或蛹。用热空气干燥过的稻谷，其外壳破裂产生裂缝，米象和玉米象可以在此取食并产卵。美国佐治亚州玉米在田间受玉米象感染，脱粒可以从种子中分离出少于20%的象虫，干燥则可以杀死大约90%的象虫。

（三）输送

通过螺旋或气力输送可以减少害虫数量，通过螺旋输送可以导致锈赤扁谷盗61%的幼虫死亡和83%的成虫死亡。经过气力输送后害虫死亡率可以超过90%，并将不同虫种对气力输送的敏感性依次排列为：谷象＜米象＜锈赤扁谷盗＜谷蠹＜赤拟谷盗＜锯谷盗。

气力输送降低害虫存活要比螺旋输送多。输送所导致的害虫死亡并不是立即表现出来的，输送在一天后谷象死亡率达33%，12d后达92%。当玉米从0.9m、1.8m、4.3m、11.0m的高度落下，可以分别导致米象80.7%、81.1%、63.7%和46.7%的存活率。以6.4m/s和12.8m/s的速度冲击，相当于分别从3.3m和6.6m的高度落下，可导致谷象蛹65%和90%的死亡率，相比之下成虫和幼虫的存活率高。

粮食的工艺处理也会增加破损粒、破碎粒和粉屑的数量，而这些有利于一些储藏物害虫取食。储藏于农场仓库的小麦，其粉屑从中心到仓壁减少。

（四）磨粉

机器磨粉过程并不能杀死所有的害虫。赤拟谷盗成虫、幼虫和蛹可以通过第一道粗磨，幼虫可以通过第二道粗磨，蛹可以通过第三、四、五道粗磨和第二道初精磨。不过，当把小麦碾磨成小于210μm的粉或将面粉通过210μm网格进行筛理时，可以除掉玉米象、粉斑螟和赤拟谷盗的卵。

商品对害虫的敏感性随碾磨工艺阶段而变化，用筛子筛过的筛上物或低级面粉喂养赤拟谷盗，与用粗磨和中磨加工的产品喂养相比，其生长期要短，成活率和产卵率要高。用去壳稻谷喂养的米象和玉米象的生长期要比带壳或有损伤稻谷喂养的短；用带壳稻谷喂养时，这两种害虫寿命和产卵期最短；用损伤稻谷喂养时害虫寿命和产卵期则最长。

第三节　储藏物昆虫的种群动态

一、储藏物昆虫种群的主要特征

储藏物昆虫中的害虫为储藏生态系统中的消费者，在此系统中其种群的发展变化既具有一般昆虫种群动态变化的性质，也具有在储藏物场所这一半封闭生态的特殊性。储粮是特殊的封闭或半封闭性的生态环境，生境内又划分为不同的生活小区。在生活小区内生活的同种个体构成生态种群。生活小区经常变化，如粮堆各部的温度水分不同，往往种群也不同，形成不同生态种群的个体经常重新组合。

（一）种群的适应幅度

适应性是昆虫在自然发展过程中和它的环境相互作用的结果。适应性只有相对的定义，一旦环境条件变化超过了能适应的范围，原来的适应就转化为不适应了。另外，适应是有一定方向的，种群对某一特定环境条件的适应，常常导致对另一环境条件的不适应。

种群的适应幅度反映了种群对环境条件变化的适应能力，常用“生态价”（ecovalue）来表示。生态价高即适应幅度广，称广生性，反之称狭生性，还有广温性、狭温性，广食性、狭食性、广湿性、狭湿性，广栖性、狭栖性等。适应幅度大小直接影响种群在一定环境下的存活率或死亡率。不同生态条件下，适应性不同，掌握种群适应幅度变化的规律，找出其薄弱环节在防治上有重要意义。

（二）种群的生殖力和繁殖速率

种群的生殖力指一个种群的平均繁殖数量，用以下公式表示：

$$N=ef/(m+f)$$

繁殖速率指种群个体数量增加的能力，即种群在若干世代或单位时间内增长其个体数量的最高理论倍数，它反映了这种数量增长的内在能力，繁殖速率取决于种群的生殖力和性比，用r表示：

$$r=[ef/(m+f)]n$$

式中，e为每雌虫平均繁殖力；f为雌虫数；m为雄虫数；n为代数。

在自然情况下种群繁殖速率变化很大，因害虫种群数量的消长是其内在生物学特性和外界条件之间不断斗争、统一的结果，但并不等于各个体繁殖量的总和。在全年繁殖过程中，各代生殖力、性比都不同，而且还有大量寄生或捕食及不良环境、人类活动的影响、死亡或迁移等。所以与理论值有差异，经过多年实际调查得到一种害虫种群各代的平均自然繁殖速率，就可以根据当年一定面积或一定容积内的种群基数，预测下一代的发生量。

下一代发生量＝上代残留虫量×该代平均自然繁殖速率

（三）种群的活动性和害虫的死亡因素

活动或迁移是生物在长期历史发展过程中，通过种群与环境相互作用的结果逐步形成和巩固的，是一种适应性。这种特性在储粮害虫中很明显，由于活动，增加了不同种群或生态种群间交配的机会，有利于保持种的优势和较强的适应能力。

种群还具有不断向四周扩大其分布的趋向，称扩散。扩散力的大小影响到种群的存活率和扩大分布区的可能性，这是植物检疫的理论基础。

在木板泥壁储存稻谷的仓房和用沥青防潮储存稻谷的仓房等观察玉米象、锯谷盗在粮堆内的变动和季节变化。可以看出，玉米象、锯谷盗在同一粮堆，粮食水分相同的情况下，因温度不同有不同分布的现象。一般随温度升高，玉米象、锯谷盗的种群变化有相反的趋势，玉米象密度以26℃左右最大，每千克最多239头，随温度逐升密度渐减，35～36℃时几乎不见玉米象，此时锯谷盗反而上升，每千克最多1150头，32℃下繁殖快，32～34℃时最适宜，幼虫在38℃时尚能生存21.9d。玉米象、锯谷盗在同一粮堆中各层活动因不同仓型和粮类而有差异。玉米象密度一般以上层最大，中层次之，下层没有；锯谷盗无论上、中、下层都有分布，而中下层较少。从发生季节看，玉米象在1～3月多集中在中层，3月以后则多在上层，中下层较少或无，其原因是1～3月粮食温度和水分一般是上层低于中层（上层14～18.5℃，中层19.7～21℃），3月以后，各层粮温和水分接近平衡，或上层大于中层和下层，同时玉米象具有活动期上爬的习性。锯谷盗全年均是上层大于中层，中层大于下层，原因是锯谷盗往往随玉米象危害后的碎粒增多而加重危害，储粮碎粒率0.5%时，70d后的害虫数量较对照高2.6倍；碎粒率5%时，70d后虫数较对照高6.7倍；碎粒率10%时，70d后虫数较对照高11.3倍，说明清洁储粮在防治锯谷盗等害虫的重要性。

造成储藏物害虫死亡有以下原因。①过高或过低的温、湿度，如谷象在过低湿度下会引起大量死亡，谷蠹抵抗不适环境的能力是较强的，但在0.6～2.2℃中生存也不超过11d。②天敌是导致害虫死亡的因素之一。仓库中害虫天敌有寄生蜂、螋螋、伪蝎、捕食螨、蜘蛛、菌类、病毒等，它们的寄生或捕食可使部分害虫死亡。③害虫种间和种内竞争会导致其死亡率增加。④另外，各种防治措施，常常是致使害虫大量死亡的主要原因。

（四）储藏物昆虫群落的一般结构

一个储藏物昆虫群落由多种储藏物昆虫种群组成。如果按一定方法把它分门别类再行考察，就可发现无论何种储藏物昆虫群落，它们都有其内在的规律性。

可从分类类群和生态功能两个方面考察储藏物昆虫群落的结构规律。就分类类群而言，无论何种储藏物昆虫群落中，鞘翅目都占优势地位，这说明鞘翅目昆虫的有无和多寡对储藏物昆虫群落的组成影响极大，对储粮的危害也十分严重。螨类虽然个体小，种类不多，但其密度很大，其危害不可忽视。

如果按生态功能可把储藏物昆虫划分为初级储藏物昆虫，如取食原粮的玉米象、谷蠹、绿豆象、豌豆象等；次级储藏物昆虫，如取食粉质粮食的锯谷盗、拟谷盗（杂拟谷盗和赤拟谷盗）等；三级储藏物昆虫，如取食粉末残屑的螨类、黑菌虫、小圆虫等；取食储藏物昆虫的天敌，如拟蝎、米象金小蜂、麦蛾茧蜂等。每个储藏物昆虫群落中，各级储藏物昆虫种类的比例十分相似，这说明虽然不同储藏物昆虫群落在物种组成上不尽相同，但是当它们组成一个群落后，在生态功能上都起着相似的作用。

农户、收纳和转运仓库、普通商品物资库、国家粮食储备库、粮食加工厂、饲料厂、粮店等储粮环境，储藏物种类和数量在储藏、流动及管理水平上很不一致。国家粮食储备库储粮多，流动性较小，粮种相对单一，且管理严格，其中的储藏物昆虫不但种类少，而且密度也很低。农户储粮资源丰富，储粮种类多，通常储藏条件差，且缺乏严格的管理技术和防治措施，储藏物昆虫基本上处于自生自灭的状况。因此，其中的储藏物昆虫种类和密度都比国家粮食储备库高得多。粮店和加工厂的储粮流动性大，管理也较国家粮食储备库粗放，因此其中的储藏物昆虫种类和密度也较国家粮食储备库高，尤其是饲料加工厂等。

（五）种群数量

国外用生命表（life table）来预测储藏物害虫种群的消长趋势，近年来国内也有这方面的研究。生命表最初是用来研究人寿保险的一个手段，调查人口的死亡年龄和死亡原因。把害虫的死亡情况和引起死亡的原因记录在生命表内，可以看出影响害虫和种群大量死亡的主要虫期和因素，进一步按照整个虫期的存活率、生殖力、性比，估计其后代种群数量的发展趋势。目前生命表在大田害虫研究方面应用比较多。

综合以上种群的生物学特性，害虫种群数量变动的因子有发生基数（P_1）、繁殖速率（R）、死亡率（D）或生存率（$C=1-D$）、活动或迁移率（m）、世代数（n）。其间的关系为

$$P（种群数量）=P_1\times[R\times(1-D)]n\times(1-m)$$
$$=P_1\times[ef/(m+f)\times(1-D)]n\times(1-m)$$

若种群只在粮堆内活动，没有迁出，则$m=0$。

以上因子随昆虫内在的适应性和环境条件变化，必须根据实际情况调查分析，多年积累资

料，就可了解仓库内种群数量的变动规律，作为储藏物管理的参考。

（六）储藏物昆虫群落中的常见种与优势种

一般而言，常见种是指发现率高的物种；优势种（dominant species）是指发现率高、发生数量大且危害严重的物种。为了定量地确定储藏物昆虫群落中的常见种和优势种，做如下定义：

$$\delta_i = \frac{N_i}{\sum N_i}$$

式中，N_i为第i种储藏物昆虫在同一群落中的发现次数；$\sum N_i$为同一储藏物昆虫群落中所有储藏物昆虫的发现次数之和；δ_i为同一群落中，第i种储藏物昆虫的常见度，即某种储藏物昆虫的常见度表示为其发现次数与群落中所有储藏物昆虫的总发现次数之比。

同一群落中，各种储藏物昆虫的平均发现次数与其总发现次数之比为平均常见度；如果δ_i大于平均常见度，那么物种i就为该群落中的常见物种；具有$\delta_{i\max}$的物种，为该群落中的最常见物种；常见度高，平均密度大且危害又重的物种为优势种，是防治的重点对象。

（七）主要储藏物昆虫对储粮及其他资源的危害

虽然不少储藏物昆虫，如玉米象、拟谷盗、腐食酪螨等储藏物昆虫适应性广，在各种储粮环境中都能生存、繁殖、建立种群、组成群落，但也有些储藏物昆虫，如郭公虫、皮蠹等仅在有动物蛋白的饲料（蚕蛹、鱼粉）厂中才能发现。这种差异正是由于储藏物昆虫的食性不同所致，就是说它们对不同资源的偏爱程度不同。储藏物昆虫对储粮资源的偏爱程度反映了储粮受储藏物昆虫危害的程度，为了定量比较储藏物昆虫对不同储藏物偏爱程度，特做如下定义：

$$\alpha_{ij}=N_{ij}/\sum N_{ij}$$

式中，N_{ij}为第i种储藏物昆虫在第j种资源中的发现次数；$\sum N_{ij}$为第i种储藏物昆虫在所有资源中的总发现次数；α_{ij}为第i种储藏物昆虫对第j种资源的偏爱度。

一种储藏物昆虫在所有资源中的平均发现次数与其在各种资源中的总发现次数之比为平均偏爱度。如果α_{ij}大于平均偏爱度，第j种资源中的储藏物昆虫密度又高，那么第i种储藏物昆虫就偏爱取食第j种资源。换言之，第j种资源就易受第i种储藏物昆虫的危害，应加强保管。

地脚粮在粮店、加工厂中都大量存在，其丰富的各种资源、复杂的组成为各种储藏物昆虫提供了良好的营养条件和生存、繁殖的栖息空间。因此，几乎各种储藏物昆虫对它的偏爱度都很高，导致其中的储藏物昆虫种类丰富，密度很高，为粮店和加工厂潜伏下大量虫源。可见，经常清除地脚粮，保持清洁卫生是减少虫害的一项重要措施。

二、储藏物环境中昆虫种群的演替

（一）储藏物昆虫的感染

1. 田间感染 有几种储藏物害虫可感染田间未收获的农产品。与其他虫种相比，那些生存在粮粒内部的害虫在收割、脱粒过程中更不容易被清理或杀死。蛀食性害虫的感染更有可能发生在田间生长时而不是收割时。

田间作物感染的害虫不易被发现，但即使是不易发现的种群密度仍然可以在储藏期间发展到危害水平。美国有人研究在49块田地中四纹豆象引起田间感染以后的储藏中，在储藏期的前42d中以每半个月0.066头/L的平均密度发生。四纹豆象雌虫易于在豇豆豆荚上产卵，幼虫则钻过豆荚侵食籽粒。在印度，四纹豆象对木豆造成的田间感染水平随播种时间的不同而各异，为3.5%～13%。

绿豆象在日本感染田间一种豆类，从8月中旬到11月上旬在田间都有发现，在10月上旬最多。从9月中旬到10月中旬在成熟了的豆荚上产卵，收割时豆类的感染水平可达到14.26%，平均每个豆荚上有两个卵，从卵到钻过豆荚的幼虫的存活率可达41%。

在美国的研究观察表明，小麦和玉米在田间就能被麦蛾感染。小麦的田间感染水平低，当农田与储粮之间的距离从52.7m增加到237.7m时，感染水平随之从0.4%下降到0.03%。在其他国家的几种农作物，其在田间就可以被麦蛾感染，并且田间感染水平随田地和储藏地距离的增加而下降。在印度研究观察中发现，害虫感染玉米的数量从距离为200m时的每3个穗轴16头降到1000m时的每3个穗轴4.5头。在孟加拉国，感染田间稻谷的麦蛾的数量随着田地与储藏地之间距离的增加而减少。在澳大利亚，田间小麦会被米象感染，玉米会被麦蛾感染。已知米象感染田间小麦的水平非常低，在调查的320个样品中，只有42个遭感染，而且通常米象的密度小于15头/样品。不过，感染田间玉米的麦蛾的头数要比感染小麦的米象多，对20个早熟品种，感染数为14.5～186头/0.6L；对18个晚熟品种，感染数为12.5～65.7头/0.6L。

关于田间害虫感染，研究最多的是玉米象。这个虫种可以从它的原来群落中飞行400m以上感染玉米，对田地边缘的玉米感染最严重。穗顶玉米包皮的紧紧包裹可以减少感染，玉米皮的包裹一旦破坏就会增加害虫的感染水平。在玉米穗须被抽去之前，被捕捉的玉米象数目很少，但是在7月迅速增加，8月时减少。这两个研究都运用了捕捉法来说明象虫进入田间后是在玉米穗的顶部活动。当玉米适合于产卵时，玉米象趋向于在田间活动。研究发现，从田间玉米穗上落到地上的玉米象在－10℃的存活情况比在实验室内培养的好，但它们在－15℃的温度下不能存活。在菲律宾研究发现，玉米象在收获前4～5周感染田间玉米，直到收获时约93%的玉米穗被感染。

另外，一些螨类如食酪螨、跗线螨及蒲螨等也可感染田间的粮食。

在许多国家，多种储藏物害虫可以在收获前在田间感染许多农作物，研究表明感染水平随田间与储藏地距离的增加而下降，说明了受感染的粮食是田间感染的首要来源。感染受作物生长期的影响，在多数情况下，田间感染水平是很低的，但当作物被置于田间干燥，且害虫可以在收获前完成一个世代时感染水平则较高。

以上这些研究都表明了田间感染是储粮害虫的一个普遍来源，储藏物害虫感染作物的治理中应包括种植抗虫品种等。

2. 残存粮感染 害虫可以在联合收割机、粮仓、面粉厂、花生仓、花生脱壳厂、运输车辆、港口仓等的残存粮中取食。这些残存粮中的害虫可以感染没被感染的粮食，田间作物也会被来自残存粮中的害虫所感染。这些残存粮食有助于害虫渡过空仓时期。这些害虫也会在仓内实施熏蒸后再从外部感染熏蒸过的粮食。

几项在澳大利亚的研究调查了粮食残存中的害虫种群，从联合收割机中清理出的小麦残存中害虫密度高达70头/kg。在澳大利亚的57个农场中，每个农场的平均粮食残存水平为被抛撒的粮食达270kg，在绞龙底部的残存粮有65kg，在联合收割机中100kg，在其他地方的有70kg。在这些粮食残存中，米象、谷蠹、扁谷盗和赤拟谷盗的数量分别占储粮中数量的14.6%、10.4%、11.6%和23.7%。

在加拿大，从296个农场的1752个空仓粮食残存中抽取的样品中（每个样品1～1.5L），有11.9%的样品中有锈赤扁谷盗，2.3%的有赤拟谷盗。如果是在6月中旬到8月中旬采集的样品，锈赤扁谷盗成虫和幼虫的平均密度分别为每个样品0.11头和0.15头，赤拟谷盗分别为0.02头和0.018头。在这些样品中发现的16种储藏物害虫中，其中只有两种害虫可直接取食未损伤粮粒。

从美国中西部17个面粉厂采集的2367个样品中（每个样品0.23kg），残存害虫虫种主要是赤拟谷盗、扁谷盗、谷蠹、米象和长头谷盗。每个样品中这5个虫种的平均活虫密度分别为13.25头、1.00头、0.32头、0.17头和0.17头，而地中海粉螟和印度谷螟几乎没有或数量极少。谷蠹和米象主要存活于小麦筛中和小麦提升机底部（分别为94%和82%），在第三或第四道磨以后就不再有了，在这些场所赤拟谷盗的平均密度在8.85%～20.09%。

在英国的面粉厂，当地最常见的土耳其扁谷盗和地中海粉螟从2月或4月开始就一直增加，一直到每年6月、7月或8月的熏蒸。8个离心风机中土耳其扁谷盗的数量在5年内非常稳定，而其数量的多少取决于生长于残存的潮湿面粉中的霉菌。

在日本的16家手工拉面厂，用引诱剂和食物诱捕法捕获了6037只烟草甲成虫，该成虫在5～8月处于增加时期，然后下降。在所有设置诱捕器的地方都可以发现这个虫种，它在小麦粉产品废料附近是最常见的。厂房墙角和地板的裂缝处是成虫最可能出现的地方，捕获地点和数量说明工厂中存在大量的残存害虫种群。在一个空的花生仓中，粉斑螟和印度谷螟的总数以每个月翻两番的速度增加，在残留花生上从232只迅速攀升到2146只。

对于在田间不感染农产品的那些虫种和不接收感染商品的仓库而言，残存害虫就成为入仓商品感染害虫的首要来源，生产中要非常重视这一问题。

3. 野外寄生或大面积传播 许多种储藏物害虫似乎都保留有其对野生习性的某些适应性。有一些可以长距离飞行，可以以许多不同的野外作物为食，能以花为食从而增长其成虫寿命。不过，这些野生虫种可能会从储粮仓、运输和加工设备中迁出，并且有可能再次迁入。

在远离储藏物品的地方可以诱捕到储藏物害虫，这种现象既可以用大面积传播，也可以用害虫利用野生寄主的能力来解释。一些研究表明，许多储藏物害虫可以在野外取食。绿豆象可以取食11种野生豆类中的4种。在一些国家发现橡树果很适于储藏物害虫的生长发育。

储藏物害虫在啮齿目洞穴和蚁巢中也有所发现，在印度的80个啮齿目洞穴中害虫的平均水平为谷蠹38头、米象45头、锯谷盗27头。在40个蚁巢中，发现的害虫平均水平为米象12头、锯谷盗11头和赤拟谷盗6头。

储藏物害虫成虫也能以花为食，花可能延长害虫的寿命。在日本，从4月中旬到5月米象可以取食14个花种。太阳花从刚开始开花到花蕊凋谢的17d中，玉米象非常喜欢光顾，被试验的太阳花中有50%发现有象虫，有时候甚至超过100头/朵。在希腊试验的9个属的蓟类中，有6个属的花上在3～11月都可以找到烟草甲。

受感染的商品由于体积大数量多，与残存食物相比，它是储藏物害虫的一个更重要的食源。这些害虫可以感染田间的农作物及新储藏的粮食，可在熏蒸之后重新感染粮食。在靠近仓库的地方装满玉米的诱捕袋会很快遭感染。在澳大利亚平房仓中粮食的气味会使双倍的害虫找到粮食，加拿大和美国研究发现5～11月，在粮仓外和小麦地或从储藏到田间的小麦周围，谷蠹的飞行活动性很高。在离小麦地或储藏小麦的几千米处可以捕获到这个虫种，数据显示此害虫可以飞行较长距离，但是它也能以野生寄主为食。

在河南省郑州的室外环境中曾采集到44种储藏物昆虫，其中包括麦蛾、玉米象、赤拟谷盗、药材甲、绿豆象、豌豆象、蚕豆象、黑毛皮蠹、花斑皮蠹、露尾甲等重要的储藏物害虫。这些储藏物昆虫栖息场所包括居民小片菜地的菜花、路边的草丛、室外腐烂的水果及蔬菜、鸡毛、骨头等。这些害虫的成虫大多具飞翔能力，极易飞入室内感染储藏物。

（二）原粮中的害虫

在美国新收获的小麦在农场或中转站通常不被感染。害虫通常在4～10月以小量进入储藏的小麦中。锈赤扁谷盗从粮食的上部分布到粮堆中，导致了从粮堆上部到底部害虫密度的相对数量下降。谷蠹活动范围较小一些，多发生于顶部60cm的中心部位，赤拟谷盗分布与锈赤扁谷盗相似。

在储藏的前3个月，锈赤扁谷盗的数量稳定增长。不过，被*Cephalonomia waterstoni*（Gahan，1924）寄生后，或在秋天温度下降时，种群增长率会下降。*C. waterstoni*可很快找到寄主，是因为它们可以追踪寄主幼虫爬过粮食时留下的化学信息。储藏在仓房中的粮食在秋天会从外围到中心渐渐冷却，于是出现很大的温度梯度。海洋运输中也发现相似的温度梯度，粮堆不同部位湿度也在不断变化。实验室研究表明在温、湿梯度作用下的害虫，可以选择它们喜爱的温度或湿度。

利用回捕法在美国亚利桑那州研究了谷斑皮蠹对大麦和高粱的感染，在距释放地30cm的范围内重新捕获了大多数害虫，但在150cm远的地方就很少了。在麦芽储存中，幼虫的迁移变化随温度突然发生变化或随麦芽出仓而有很大变化，有些幼虫活动范围可达12m。低温、拥挤或降低食物质量会使谷斑皮蠹幼虫发育期延长，不过升高温度或增加新鲜食物、减小拥挤影响会刺激化蛹。对黑斑皮蠹，幼虫发育期的延长是缺乏食物的直接结果，而化蛹必须要先有食物。长光照可以刺激化蛹，雄虫蛹的存在可以加速雌虫化蛹。在延长的幼虫发育期内，两个虫种都会周期性蜕皮，如果有可利用的食物，谷斑皮蠹还会周期性地取食。每次蜕皮后黑斑皮蠹会变小一些。幼虫发育期较长的现象在皮蠹科的其他虫种，如花斑皮蠹、白腹皮蠹等中也存在。

在农场储藏的小麦、燕麦、大麦中可以找到嗜卷书虱、暗褐书虱和暗书虱。发现在夏末和秋天时书虱数量非常多。观察玉米在8年储藏期中的9种害虫的变化，可发现一开始出现最多的是麦蛾，其后4年里，在不同的时期锯谷盗、锈赤扁谷盗、玉米象分别占大多数。象虫金小蜂［*Anisopteromalus calandra*（Howard，1881）］在其寄主玉米象最多的时候，它的数量相应地也很多。在大部分储藏期内，赤拟谷盗的数量都很多，而在第3～5年时达到绝对多数。5年后，当粮食严重受损时，长头谷盗、大黑粉虫、肾斑皮蠹是占主要地位的虫种。

气温19.5℃，仓温22℃，谷物水分12.4%～14.6%，玉米象多在中部底层活动。6月气温、仓温渐高，气温27.5℃，仓温26℃，水分14%～14.2%，玉米象转移到粮堆中央和东南的中层。7月气温30.5℃，仓温30℃，水分14%～14.8%，玉米象虫口逐增，聚集在粮堆中央的中层和东北、东南的上层。8月气温32℃，仓温34℃，水分14.2%～14.9%，由于高温，高水分，二氧化碳多，玉米象多聚集在粮堆的西北、西南和东北的上层。9月气温20℃，仓温19℃，水分14.4%，玉米象多聚集在东北、东南、中部和西南的上层。10月气温21℃，仓温17.5℃，水分14%～15%，玉米象多聚集在东北上中层以及东南、西北和西南的上层。

群落发展中储藏物害虫种群演替的例子较多。演替的原因有物理方面的，也有因有机体和环境之间的反复作用而引起的。群落的虫期阶段则由于种群相互更替，表现为不稳定性，最后阶段则趋于稳定，生长力强的占优势。有时由于群落受到干扰，有可能使演替倒退。终结一种群落的演替，称为演替顶级（climax）。顶级概念的中心是群落的相对稳定性。由于环境变化和种群的特性，一个顶级群落的种群在时间上显示出某种不规则的波动，而某些顶级则显示出较有规律或周期性的波动。

为了使一个顶级群落中的种群保持稳定，必须在出生率和死亡率之间保持平衡，在理论上这种平衡会成为顶级群落的所有种群的特征，这种平衡是动态平衡（dynamic equilibrium）或稳定状态（steady state）。一种是由区域性气候引起的群落演替，该地区不同群落演替最后是向着一个顶级群落趋同，这种称为气候顶级（climatic climax），也称单顶级理论。另一种群落演替的趋同是局部的，在不同生境发育的顶级中依然保持着本质的差异，形成生境的镶嵌，称多顶级理论。

演替的终点相对稳定，对其生境能适应，如果不受干扰，基本上能保持下去。

在储藏农产品中害虫的种群动态受多种因素的影响，包括温度的季节性变化、温度梯度、害虫的迁移性、农产品处理和加工、幼虫的滞育、休眠、寄生虫、病原体等，很少有综合性的研究来描述害虫的种群动态，在某些情况下，很多数据都是从在不同气候条件下做的实验中得到的，必须把许多研究的结果进行综合分析。

思 考 题

1. 如何对昆虫生态学和生物因素进行分类?
2. 什么是昆虫区系? 昆虫区系形成的原因是什么?
3. 中国昆虫区系的特点是什么?
4. 什么是种群、生物群落和生态系统?
5. 储粮生态系统的原理与特点是什么?
6. 说明温度与储藏物昆虫的关系。
7. 举例说明积温法则在害虫研究和防治中的用途。
8. 温、湿度是如何综合影响昆虫生存和发展的?
9. 说明储粮生态中的生物因素及其相互影响。
10. 试述人类生产活动与害虫防治的关系。
11. 储藏物昆虫的感染途径有哪些?
12. 说明储藏物昆虫的演替规律。

主要参考文献

曹阳，白旭光，周玉香．1992．兼营室外生活的储藏物昆虫种类调查．郑州粮食学院学报，（2）：94-98.

李隆术．2000．储藏物昆虫和农业螨类研究——李隆术论文选．成都：四川科学技术出版社．

李运甓，李百炼，张国安．1987．昆虫生态学概论．武汉：湖北科学技术出版社．

王殿轩，曹连昌．1994．暗褐毛皮蠹的生物学研究及其幼虫拥挤效应对化蛹的影响．郑州粮食学院学报，15（4）：27-32.

吴熙载．1985．简明生物学词典．武汉：湖北人民出版社．

谢开春，苏梅．1992．仓库害虫防治手册．上海：上海科学技术出版社．

徐汝梅．1987．昆虫种群生态学．北京：北京师范大学出版社．

郑州粮食学院，吉林财贸学院．1986．仓库昆虫学．北京：中国商业出版社．

中国农业百科全书昆虫卷编辑委员会．1990．中国农业百科全书（昆虫卷）．北京：中国农业出版社．

Khan M A. 1983. Effect of humidity on adults of 10 different species of stored product beetles. Zeitschrift fur Angewandte Entomologie, 95: 217-227.

Sauer D B. 1952. Storage of Cereal Grain and Their Products. 4th ed. Paul: American Association of Cereal Chemists.

Subramanyam B, Hagstrum D W. 1996. Integrated Management of Insects in Stored Products. New York: Marcel Dekker.

第七章　重要储藏物害虫

本章提要

- 掌握重要储藏物害虫的概念，包括检疫性害虫、蛀食性害虫及其他主要害虫。
- 掌握主要检疫性害虫的分类、形态特征、生活习性、经济意义及分布。
- 掌握蛀食性害虫的分类、形态特征、生活习性、经济意义及分布。
- 了解其他重要害虫的分类、形态特征、生活习性、经济意义及分布。

本章描述的重要储藏物害虫，是指经济意义重大、发生频率高的主要储藏物害虫。包括检疫性害虫、蛀食性害虫和其他一些常见的重要储藏物害虫。

检疫性害虫：是指《中华人民共和国进境植物检疫性有害生物名录》中规定的禁止入境的植物检疫性储藏物害虫。2007年5月28日，农业部以第862号公告发布了新的《中华人民共和国进境植物检疫性有害生物名录》，自发布之日起执行。由于新名录涉及的储藏物害虫种类较多，此处不便一一列举，本章仅对其中的7种做了描述。

蛀食性害虫：是指在寄主（储藏物）内部完成其主要生长发育阶段的储藏物害虫，通常也称为隐蔽性害虫、内部取食害虫或前期害虫。这类害虫可以为害完整的储藏物，常常将粮粒蛀空，是造成储藏物损失的主要类群。

其他重要储藏物害虫：是指除以上两类害虫以外，经济意义重大并且较常见的储藏物害虫。

第一节　检疫性害虫

一、长蠹科（Bostrychidae）

大谷蠹

1. 命名　学名*Prostephanus truncatus*（Horn，1878），异名*Dinoderus truncatus* Horn，1878。英文名larger grain borer。

2. 形态特征

（1）成虫：体长3.0～4.0mm，圆筒状，暗褐色至赤褐色。体表面刻点颇密，被短毛。头与前胸背板几乎垂直，由背方不可见。唇基侧缘明显短于上唇侧缘。触角10节，触角棒3节，其中索节较细，其上着生长毛，触角棒末节与其基部2节等宽或稍宽。前胸背板长宽几乎相等，上面具多列小齿，侧缘由基部至端部呈弧形狭缩。鞘翅刻点粗而密；鞘翅在后部变得陡斜，形成平坦的坡面，坡面两侧有明显的侧脊。后足跗节总长短于胫节。腹面无光泽，刻点不明显。

（2）幼虫：弯弓式。老熟幼虫体长可达10.0mm。头长大于头宽，缩入前胸内，除触角着生处的后方有少量刚毛之外，其余部分光裸。唇基宽短，前缘及后缘弯曲，前缘中央消失，两侧密生长毛；上唇大，近圆形，前缘密生长刚毛，中区光裸，侧缘骨化狭窄。上内唇近前缘每侧各有长刚毛3根。刚毛的近基部有前缘感觉器3排：第1排2个，相互远离；中排6～8个；后排2个，彼此靠近。前缘感觉器群的两侧各有1内唇杆状体，感觉器后面有大量后指向的微刺。触角3节，第1节短；第2节长宽几乎相等，端部着生少量刚毛和1感觉锥；第3节短而窄，端部有微刺。

（3）蛹：乳白色，随后体色渐暗。前胸背板光滑，在前半部约有瘤突18个。腹部多皱，但无任何突起物；腹部第1～5腹节背板各有褶2个。背板和腹板侧区的微刺端部不分叉或分成2～3个叉（图7-1）。

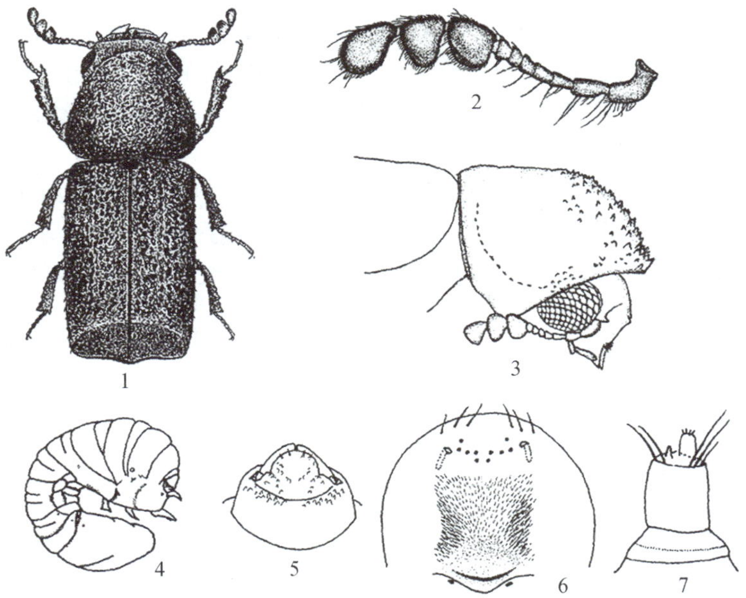

彩图

图7-1　大谷蠹（仿刘永平等，1996；Spilman，1984）

1. 成虫；2. 成虫触角；3. 成虫头、胸侧面观；4. 幼虫；5. 幼虫头部背面观；6. 幼虫上内唇；7. 幼虫触角

3. 生活习性　在12～40℃、相对湿度30%～90%的条件下，取食玉米的大谷蠹发育的最适条件为32℃和相对湿度70%～80%。当相对湿度为40%时，发育温度的上、下限分别为32℃和25℃；当相对湿度为70%时，发育温度的上、下限分别为37℃和18℃；当相对湿度为90%时，发育温度的上、下限分别为30℃和20℃。在最适条件下，在完整玉米粒或紧实的玉米粉内，发育周期为24～25d；但在松散的玉米粉内，发育周期为35.4d。

成虫羽化后开始寻觅玉米棒或玉米粒，钻蛀玉米粒时，形成整齐的圆形蛀孔，一粒玉米可被几个成虫蛀食。为害未脱粒的玉米并在玉米粒之间蛀食前行时，产生大量的碎屑。交尾后，雌虫在与主虫道垂直的盲端室内产卵。卵成批产下，一批可达20粒，上面覆盖玉米粉屑。雌虫产卵可持续70～80d，平均产卵50粒。产卵集中于开始产卵后的20d内，之后逐渐降低。在32℃、相对湿度80%的最适条件下取食松散的玉米粉时，产卵前期5～10d，卵期4.7d，幼虫期25.4d，蛹期5.2d，平均发育周期为35d。成虫平均寿命，雄虫44.7d，雌虫61.1d。在32℃，相对湿度由80%降到50%时，平均发育周期延长6d，平均死亡率增加13.3%。

大谷蠹的发育最适相对湿度为80%，但相对湿度的降低对该虫发育的影响有限，在炎热干燥的条件下也能较好地适应。例如，在坦桑尼亚和中非，当玉米含水量低于9%时该虫的危害仍很严重。在中美，很少表现出它的最大危害潜力，主要是因为其他虫种，尤其是象虫属（玉米象、米象、谷象）的种间竞争限制了其虫口的增长。在东非，由于气候干燥，相对来说不利于象虫属的生存（该属害虫要求谷物含水量大于10.5%），使大谷蠹变成优势种。原产美洲的一种阎虫 *Teretriosoma nigrescens* Lewis，1891是大谷蠹的有效天敌。

4. 经济意义 大谷蠹主要为害玉米和木薯干，也为害软质小麦、花生、豇豆、可可豆、咖啡豆和糙米，对木制器具和仓库的木质结构也造成危害。是农村储藏玉米的重要害虫，很少发生于大仓库中。成虫穿透玉米棒的包叶蛀入籽粒内，并可由一个籽粒转移到另一个籽粒，形成大量的玉米碎屑。该虫的危害既可发生在玉米收获之前，也可发生在收获后的整个储藏期。在尼加拉瓜，玉米经6个月储藏，因大谷蠹危害造成的重量损失为40%；在坦桑尼亚，经3～6个月的储藏，玉米被害率达70%，重量损失达34%。对木薯干的危害也很大。由于成虫蛀食，木薯干很容易变为粉状，储藏4个月内的重量损失可达70%。干燥前未经发酵的薯干损失较少，其原因是质地较硬，成虫不易钻蛀。

5. 分布 原产于美国南部，后在美洲扩散。20世纪80年代初在非洲立足。当前国外分布于多哥、布隆迪、肯尼亚、坦桑尼亚、赞比亚、马拉维、墨西哥、危地马拉、洪都拉斯、萨尔瓦多、尼加拉瓜、哥斯达黎加、巴拿马、波多黎各岛、哥伦比亚、巴西、秘鲁、美国南部。我国尚未发现。

（该科昆虫由卢少华、王争艳编写）

二、豆象科（Bruchidae）

（一）菜豆象

1. 命名 学名 *Acanthoscelides obtectus*（Say，1831），异名 *Mylabris mimosae* Olivier，1811、*Bruchus obtectus* Say，1831、*Acanthoscelides obsoletus*（Say，1831）。英文名American seed beetle。

2. 形态特征

（1）成虫：卵圆形，体长2.0～4.5mm，宽1.5～2.3mm。深褐色。足橘红色；前胸及鞘翅为黑色或黄褐色，鞘翅仅端部边缘橘红色；腹部橘红色，第1腹板基部黑色，臀板橘红色，背面为暗灰色条斑状。毛被色：头及前胸密被黄色毛；鞘翅密被黄色毛，在近鞘翅基部、中部及端部有褐色毛斑；腹面密被白色毛，或杂以黄色毛。足被白色毛，或杂以黄色毛。臀板被白色毛或黄色毛。头黑色，头部长且宽，密布刻点，额中线光滑无刻点，由额唇基缝延伸至头顶，有时稍隆起；通常具橘红色的眼后斑；上唇及口器多橘红色；腹部及臀板为橘红色或红色。触角11节，第1～4节为红褐色，丝状；第5～10节为锯齿状黑色，第11节端部尖细，为红色或褐色。端部2裂，密布倒伏的黄色毛。前胸背板圆锥形，中区布刻点，端部及边缘刻点变小。鞘翅行纹深，行纹3、4及行纹5、6分别在基部靠近。后足腿节端部与基部缢缩，中部膨大约与基节等宽；腹面无脊，近端部有锐齿3个，1个长而尖的齿及2个小齿，大齿长度约为小齿的2倍；后足胫节具前纵脊、前侧纵脊、侧纵脊及后纵脊，其中前侧纵脊端部1/4不明显；后足胫节端部前方的刺长度约为第1跗节长的1/6。臀板隆起；雄虫第5腹板后缘凹入，雄虫稍凹入。雄虫外生殖器的阳基侧突端部膨大，两侧突在基部愈合，愈合部分的长度约为整个侧叶长的1/5；阳茎细长，外阳茎瓣端部稍尖，两侧缘稍凹入；内阳茎基部密生微刺，中部及端部的骨化刺变粗。

（2）幼虫：第1龄幼虫体长0.8mm，宽0.3mm。头的两侧各有1小眼，位于上颚和触角之间；触角1节。前胸盾呈“X”形或“H”形，上面着生齿突；中胸及后胸最宽，向腹端渐细；第8、9腹节背板具卵圆形骨化板；足2节。老熟幼虫体长2.4～3.5mm，宽1.6～2.3mm；无前胸盾，第8、9腹节背板无骨化板；体粗壮，弯曲成“C”形，上唇具刚毛10根，其中8根位于近外缘，排成弧形，其余8根位于基部两侧（图7-2）。

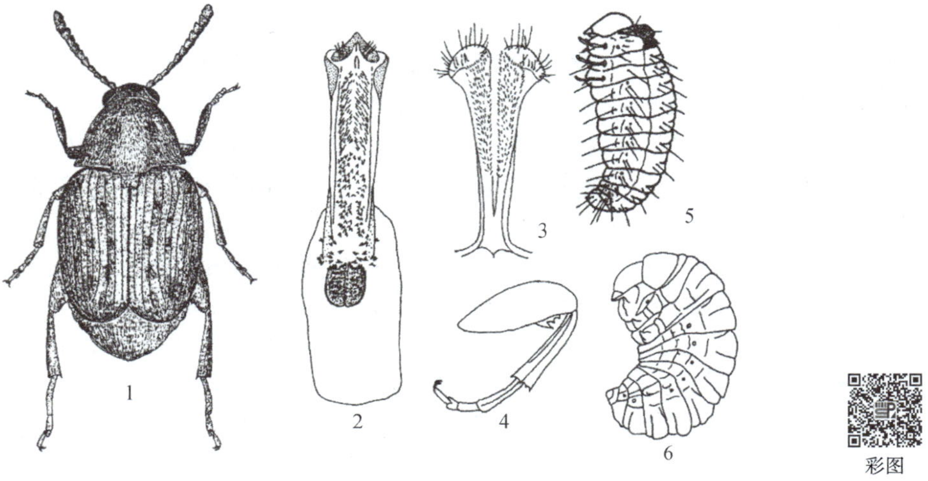

图7-2　菜豆象（仿白旭光，2008）

1. 成虫；2. 雄成虫阳茎；3. 雄成虫阳基侧突；4. 后足；5. 第1龄幼虫；6. 老熟幼虫

3. 生活习性　以幼虫形式在仓库内越冬，部分在田间越冬，第2年春播时随侵染的种子被带到田间，或以成虫从仓内飞到菜豆地块。成虫寿命20～28d，不需要补充营养。交尾持续6～7min，交尾后2～3h开始产卵。雌虫产的卵并不黏附在豆粒上，而是分散于豆粒之间或产在仓内的地板、墙壁或包皮上，产卵持续10～18d。单雌产卵50～90粒，个别多达100余粒。若以蜂蜜饲喂雌虫，产卵量可大大提高。卵期6～11d，因温湿度而异。温度显著影响成虫寿命、产卵量及产卵历期；温度越高，寿命越短，产卵历期长，产卵量多。高于31.6℃和低于－12.9℃都是卵的致死温度。当温度为25～30℃时，发育周期为18～22d，当温度为32～34℃时，发育周期为15～16d。干燥不利于卵的发育。1粒菜种子最多发现34头幼虫蛀食。成虫具有假死性。

4. 经济意义　菜豆象为多种菜豆和其他豆类的重要害虫，幼虫在豆粒内蛀食，对储藏的食用豆类造成严重危害。在田间，菜豆象主要侵染菜豆、多花菜豆等，也侵染豇豆。如果侵染大豆、豌豆和胡豆的话，只发生于仓内而很少发生在田间。寄主植物有鹰嘴豆、木豆、草香豌豆、兵豆、菜豆、金甲豆、红花菜豆、乌头叶菜豆、绿豆、赤小豆、豌豆、蚕豆、长豇豆、豇豆。可造成豆类储藏期间重量损失达7.4%～35%。

5. 分布　菜豆象原产于中美和南美，现已成为世界性分布的检疫性害虫。国内分布于吉林、云南、贵州等地。

（二）鹰嘴豆象

1. 命名　学名*Callosobruchus analis*（Fabricius，1781），异名*Bruchus analis* Fabricius，1781、*Callosobruchus glaber* Alibert，1847。英文名graham bean weevil、gram pea weevil。

2. 形态特征

（1）成虫：体长2.5～4.0mm，头小，暗褐色；额部具中纵脊，被灰白色毛；鞘翅淡褐色至暗褐色，每一鞘翅的中部和端部各有1个黑斑，2个黑斑在翅外缘相连；鞘翅表皮的褐色部分着生黄褐色毛，黑斑上光裸少毛，在2个黑斑之间有1个卵圆形白毛斑，有时在该白毛斑之前的第3行间也着生白色毛。触角黄褐色，弱锯齿状。前胸背板亚圆锥形，暗褐色，疏被黄褐色毛。近后缘中部有瘤突1对，上面着生白色毛。小盾片方形，着生白色毛。肩胛突出。鞘翅长约与两翅的总宽相等，行纹4和5在端部远短于相邻的其他行纹。足黄褐色，后足色较暗；后足腿节腹面有纵脊2条，外缘脊上的端齿粗钝，内缘脊上的端齿短而尖，或完全消失，沿内缘脊基部3/5处着生微齿多数。臀板黑色，雄虫臀板与体轴近垂直；雌虫臀板倾斜，具有1条白色中纵毛带。雄虫外生殖器的阳基侧突端部着生刚毛10余根；内阳茎端部的骨化区呈矩形，端缘不凹入；囊区有椭圆形的骨化板2个。

（2）卵：椭圆形，扁平，紧贴于种子表面，长平均0.63mm，宽0.41mm。

（3）幼虫：老熟幼虫身体弯曲呈“C”形，长3.6～4.0mm，宽1.9～2.0mm，淡黄白色。头圆形，两侧及后面骨化较强；有小眼1对；额区每侧有刚毛3根，排成弧形，具感觉窝1对；唇基着生刚毛和感觉窝各1对；上唇卵圆形，横宽，基部骨化，前缘有多数细刺及长的亚缘刚毛4根，基部每侧有1根刚毛和1个感觉窝；上内唇中部有短刚毛2对，稍弯曲，前缘有缘刚毛4根；触角2节，仅端节骨化，末节刚毛长为末端感觉乳突长的2倍以上；后颏膜质，与前颏的界限不明显，着生前侧刚毛2对；前颏具1块圆形骨片，前端呈双叶状，在凹缘两侧各有1根短刚毛；唇舌有刚毛1对和感觉窝1对。前、中、后胸节上的环纹数分别为3、2、3。足3节。腹部1～8节上有环纹2条，第9～10节上有环纹1条。足退化（图7-3）。

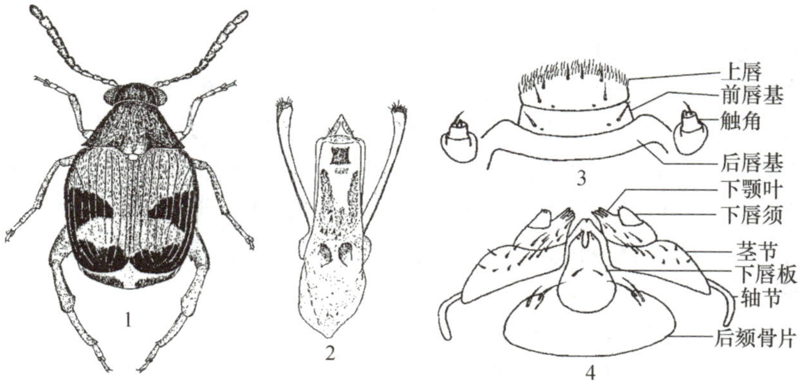

彩图

图7-3 鹰嘴豆象（仿张生芳等，1998；白旭光等，2008）

1. 成虫；2. 雄成虫外生殖器；3. 幼虫下唇和触角；4. 幼虫下颚和下唇

3. 生活习性 成虫羽化时已达性成熟，随即交尾产卵。交尾持续3～6min，有多次交尾现象。卵散产于豆粒上，雌虫选择完整豆粒的光滑种皮上产卵。用绿豆作寄主，每豆粒上可有卵1～3粒，多达7粒，卵借雌虫排出的黏性分泌物固定在豆粒表面。

温度和湿度对该虫的发育、产卵和寿命有直接的影响。用25℃、30℃、35℃、40℃及相对湿度为40%、70%、90%的温湿度组合进行试验，证明在30℃及相对湿度70%的条件下卵和蛹成活率高，幼虫发育快，产卵多；在40℃下幼虫不能发育。

幼虫孵化后，向下用上颚咬破卵壳及种皮，垂直蛀入豆粒内，然后又90°转折，向水平方向前进，继续食害子叶。幼虫有4龄。化蛹之前，老熟幼虫在种皮下做1个圆孔，从外部看来呈圆形“小窗”状，是幼虫开始化蛹的标志。幼虫静伏于圆孔内，上颚正对着羽化孔盖，以此种姿态渡过前蛹期及蛹期。成虫羽化后静止1～2d，然后顶开羽化盖由豆粒中逸出。成虫雌雄性比为1∶1。

4. 经济意义　鹰嘴豆象既可以在仓内危害，又可以在田间危害。与四纹豆象比较，鹰嘴豆象的危害更多地发生于田间。寄主为鹰嘴豆、黑豆、绿豆、眉豆、豇豆、扁豆、蚕豆等多种豆类植物。对豇豆、绿豆、鹰嘴豆等造成严重危害，在印度、印度尼西亚等国家的危害尤其严重。在热带地区，对豇豆属的绿豆危害最甚。

5. 分布　世界性分布。国内仅分布于云南。

（三）四纹豆象

1. 命名　学名*Callosobruchus maculatus*（Fabricius，1775），异名*Bruchus maculatus* Fabricius，1775、*Callosobruchus quadrimaculatus*（Fabricius，1792）。英文名southern cowpea weevil。

2. 形态特征

（1）成虫：体长2.5～3.5mm。表皮暗红褐色至黑色，足红褐色，后足腿节基半部色暗，全体被灰白色及暗褐色毛。每鞘翅有黑斑3个，肩部的黑斑小，中部及端部的黑斑大，两鞘翅的淡色区多构成“X”形图案。触角弱锯齿状，基部几节或全部黄褐色。由于不同性别和不同的“生物型”，鞘翅斑纹在种内变异甚大。腹部第2～5腹板两侧无浓密的白毛斑。后足腿节内缘齿大而尖，呈三角形。雄虫外生殖器的阳基侧突较直，顶端着生刚毛40根左右；内阳茎端部骨化部分呈“U”形，大量的骨化刺在中部构成直立的穗状体2个；囊区无骨化板或有骨化板1对（图7-4）。

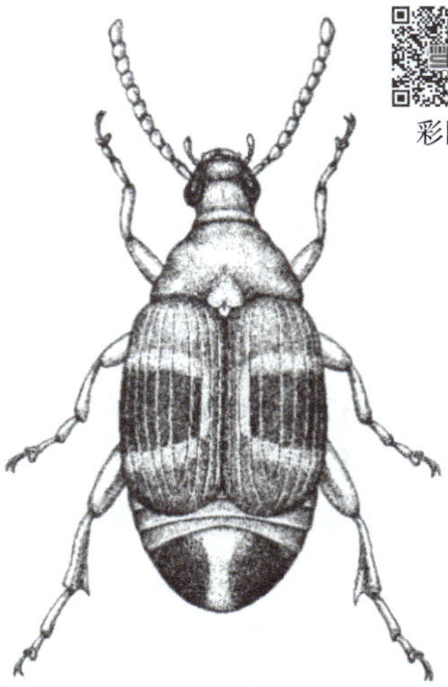

彩图

图7-4　四纹豆象成虫

（2）幼虫：与绿豆象幼虫极为相似，主要不同处为上颚端部边缘圆而尖，下唇片两条强骨化臂平直，两臂基部外侧各有1个清晰的白色圆斑，臂后部分近方形。

3. 生活习性　在美国加利福尼亚州，1年发生6～7代；在北非及我国广东，1年可达11～12代。成虫寿命短，在最适条件下一般不多于12d。单雌产卵可达123粒，平均90粒，产卵最适温度为25℃。雌虫喜欢在光滑的豆粒表面产卵，卵牢固地黏附在寄主种子表面。幼虫的发育在1粒种子内进行，共经历4龄。发育的最适温度为32℃，最适相对湿度为90%，在上述条件下，幼虫期为21d。在25℃及相对湿度70%的条件下，在豇豆种子内发育，整个生活周期为36d。四纹豆象以成虫或幼虫在豆粒中越冬。越冬幼虫于次年春化蛹。成虫活泼善飞，新羽化的成虫与越冬成虫离开豆粒，飞到田间产卵，或继续在仓内产卵繁殖。

豌豆品种对四纹豆象单雌产卵量、成虫羽化和生殖力都存在一定影响。

4. 经济意义　严重为害菜豆、豇豆、兵豆、大豆、木豆、豌豆、野豌豆及扁豆等。在非洲的一般储藏条件下，经3～5个月豇豆种子被害率可达100%。在埃及，豇豆经3个月储存重量损失可达50%。在尼日利亚，豇豆储藏9个月重量损失可达87%。

5. 分布 四纹豆象原产于东亚热带，国外分布于印度、土耳其，广布于世界热带及亚热带区。国内分布于广东、广西、福建、云南、湖南、江西、湖北、山东、河南等地。

（四）灰豆象

1. 命名 学名*Callosobruchus phaseoli*（Gyllenhal，1833），异名*Bruchus phaseoli* Gyllenhal，1833。英文名dolichos weevil、green bean beetle、bean weevil。

2. 形态特征

（1）成虫：体长2.5～4.0mm。体壁黄褐色至暗红色，被灰黄色及暗褐色毛。每鞘翅中部外侧各有1个半圆形的暗色大斑，斑内又有淡色纵条纹。触角基部4～5节及末节黄褐色，其余节色暗；具有雌雄二型性，雄虫触角强锯齿状；雌虫触角锯齿状。前胸背板赤褐色，中区有暗褐色纵纹2条；近后缘中央有并列的瘤突2个，上面着生白色毛。鞘翅表皮赤褐色，密被大量淡黄色毛，沿翅缝形成1条纵宽带，并在翅后半部形成1条不清晰的横带。臀板红褐色，几乎着生均一的淡黄白色毛，暗色斑不清晰或全缺。后足腿节腹面近端部的内缘齿大而尖。雄虫阳茎囊区具骨化板3对（图7-5）。

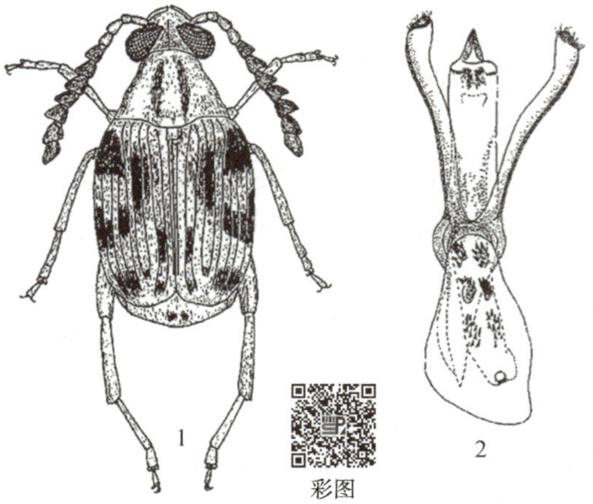

图7-5 灰豆象成虫（仿张生芳等，1988）
1. 成虫；2. 雄成虫虫外生殖器

（2）卵：椭圆形，扁平，长平均0.63mm，宽平均0.37mm。

3. 生活习性 灰豆象在我国云南与缅甸交界地区1年发生8代，以幼虫在豆粒内越冬，越冬幼虫于翌年2月上中旬开始化蛹，3月上中旬羽化出越冬代成虫。成虫羽化后，在蛹室内静止1～2d，以头部和前足顶开羽化盖爬出。昼夜均可羽化，自然条件下羽化率平均为88.9%。

成虫由豆粒钻出不久即行交尾。交尾持续7～8min，最长25min。成虫有多次交尾现象。产卵前期少则几小时，多则1～2d。雌虫选择完整和光滑的豆粒上产卵。卵黏附在豆粒表面，不易脱落。卵散产，有时几粒卵堆在一起。单雌产卵18～73粒，平均44.1粒。卵期5～10d，平均7d。幼虫经历4个龄期，幼虫期9～50d，平均21.8d。蛹期7～23d，平均13.5d。成虫寿命5～26d，平均12.7d。

发育始点温度约为11℃，有效积温为450℃・d。最适发育温度为30～32.5℃。研究显示，豆子的种类和温度是影响其生长发育的两个主要因素。在最喜食的白扁豆中存活率最高，发育周期较短；白扁豆、黑扁豆、豇豆、绿豆、蚕豆蛀孔率在95%以上，大豆、赤豆蛀孔率仅40%～56%，而菜豆、大菜豆、芸豆、利马豆、棉豆、木豆、鹰嘴豆、豌豆、饭豆等能被产卵，但卵不能孵化产生危害。灰豆象各世代历期与温度密切相关。温度越高，完成1个世代所需日数越短，反之越长。例如，灰豆象在白扁豆中，第1代、第4代发生期室内日平均温度为26.6℃和26.8℃，完成1个世代分别需要35d和34d；而第2代、第3代发生期室内日平均温度为30.1℃和29.6℃，完成1个世代分别为26d和29d。

幼虫孵化时同时咬破卵壳和与其接触的种皮垂直蛀入豆粒内，然后再改为与种皮呈平行的方向蛀食前进，近老熟时又向种皮方向前进，做一个弧形隧道。

4. 经济意义　灰豆象的寄主植物有鹰嘴豆、扁豆、金甲豆、绿豆、豌豆、蚕豆、菜豆和豇豆等，其中对菜豆、豇豆、扁豆等危害最为严重。

5. 分布　国外分布于日本、缅甸、印度、斯里兰卡、巴基斯坦、俄罗斯、意大利、法国、尼日利亚、肯尼亚、坦桑尼亚、卢旺达、安哥拉、马达加斯加、南非、美国、古巴、巴西。国内分布不详。

（五）巴西豆象

1. 命名　学名*Zabrotes subfasciatus*（Boheman，1833），异名*Spermophagus subfasciatus* Boheman，1833。英文名Mexican bean weevil。

2. 形态特征

（1）成虫：体宽卵形，雄虫体长2.0～2.9mm，雌虫体长2.5～3.6mm。表皮黑色，仅触角基部2节、口器、前足及中足胫节端部、后足胫节距红褐色。雄虫鞘翅被黄褐色毛，有不规则的深褐色毛斑；雌虫鞘翅中部有横列白毛斑构成的宽横带。头小，被灰白色毛；额中隆脊明显；复眼缺切宽，缺切处密生灰白色毛；触角细长，锯齿状，雄虫与雌虫相比触角锯齿更明显，第1触角节膨大，其长为第2节的2倍。前胸背板宽约为长的1.5倍，两侧均匀突出，后缘的两侧向前凹入；雄虫前胸背板被黄褐色毛，后缘中央有1个淡黄色斑；雄虫前胸背板有较明显的中纵纹和分散的白毛斑。小盾片三角形，着生淡色毛。鞘翅呈方形，长约与两鞘翅的总宽相等，端部圆。臀板宽大于长，与体轴略垂直；雄虫臀板着生灰褐色毛，偶有不清晰的淡色中纵纹；雌虫臀板多被暗褐色毛，白色中纵纹较明显。腹面被灰白色毛；后胸腹板中央凹陷，窝内着生浓密的白毛。后足胫节端有等长的红褐色距2根。雄虫外生殖器的阳基侧突大部分联合，仅在端部呈双叶状分离，顶端着生刚毛。外阳茎腹瓣卵圆形；内阳茎骨化刺粗糙，中部有一“U”形大骨片。

（2）卵：近圆形，长约为宽的1.2倍。

（3）幼虫：老熟幼虫呈菜豆形，肥胖无足，乳白色。头部有小眼1对，额部每侧着生刚毛2根；唇部着生长的侧刚毛1对，基部有感觉窝1对；上唇近圆锥形，基部骨化，端部有小刺数列，有亚缘刚毛2根，后方有长刚毛2根，基部每侧有1个感觉窝；上内唇中区有短刚毛1对，端部具缘刚毛7根及细刺少数；触角2节，第2节骨化；上颚近三角形；下颚轴节显著弯曲，茎节前缘及中部着生长刚毛，下颚须1节，下颚叶具截形突5个，下方着生刚毛4根；后颏与前颏界限不分明，上着生前侧刚毛2对和中央刚毛1对，前颏具1长的盾形骨片。腹节上的环纹第1～8节为双环，第9、10节为单环（图7-6）。

3. 生活习性　在巴西1年可发生6～8代。幼虫经4龄后化蛹。成虫羽化后即达性成熟，但多在羽化孔内停留，数日才爬出来活动。交尾4～5min。雌虫直接将卵产在豆粒表面，卵牢固地黏附在种皮上。单雌平均产卵量多达50粒，但由于虫口密度和其他条件不同，平均产卵量为20～50粒。产卵持续0.5～1个月，大部分卵产于前5d。产卵的适温为25～30℃。卵的孵化率在最适条件下达90%以上。幼虫发育最快的温度为32.5℃，在该温度和相对湿度70%的条件下幼虫期平均24.5d。在35℃下发育速率稍减。发育最低温度接近20℃。在相对湿度75%的条件下，发育可以进行的温度为20～37.5℃。一般认为，巴西豆象未成熟期发育起点温度为15℃，最适的发育温度为27℃，相对湿度为75%。在一定的温度范围内，成虫寿命与湿度呈负相关，如在适温下，相对湿度低于50%时成虫寿命缩短。

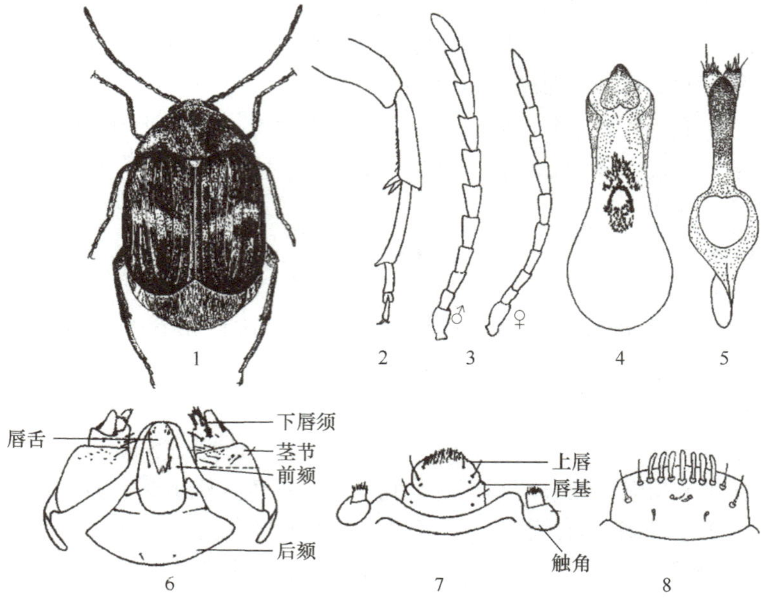

彩图

图7-6 巴西豆象（仿张生芳等，1998；白旭光等，2008）

1. 成虫；2. 成虫后足；3. 成虫触角；4. 阳茎；5. 阳基侧突；6. 幼虫下颚及下唇；7. 幼虫上唇和触角；8. 幼虫上内唇

幼虫孵化时，通过前胸刺、上颚破开卵壳，幼虫垂直蛀入种子内。当虫体全部蛀入种子后，幼虫又成与种子表面平行的方向蛀食前进。

4. 经济意义 主要为害菜豆、豇豆、豌豆和扁豆，也为害某些野生的豆科植物。已报道的寄主植物包括菜豆、金架豆、多花菜豆、豇豆、蚕豆、扁豆等。在仓内以幼虫蛀食豆类种子进行为害，对储藏的菜豆和豌豆危害尤为严重。在中美、墨西哥和巴拿马，巴西豆象和菜豆象共同对菜豆造成的损失约35%；在缅甸和印度，巴西豆象可全年在仓内繁殖，主要为害金甲豆。在巴西，曾对11个栽培品种进行观察，在自然条件下储藏9个月，巴西豆象对种子的侵染率为50%，储藏12个月侵染率均达100%。

5. 分布 巴西豆象原产于墨西哥或美国南部，现在已成为世界性的害虫。国外分布于越南、印度尼西亚、缅甸、印度、几内亚、尼日利亚、刚果（金）、布隆迪、肯尼亚、埃塞俄比亚、坦桑尼亚、安哥拉、莫桑比克、马达加斯加、乌干达、波兰、匈牙利、德国、奥地利、英国、法国、意大利、葡萄牙及美洲大部分地区。国内在云南南部已有分布。

（该科昆虫由陈志腾、曾芳芳编写）

三、皮蠹科（Dermestidae）

谷斑皮蠹

1. 命名 学名*Trogoderma granarium* Everts，1898，异名*Trogoderma khapra* Arrow，1917、*Trogoderma afrum* Priesner，1951。英文名khapra beetle。中文别名谷皮蠹、椰子干核甲虫。

2. 形态特征

（1）成虫：雄虫体长1.6～2.8mm，平均2.2mm；雌虫体较宽大，长2.6～3.1mm，平均2.8mm。长椭圆形或倒卵形。背面隆起，被有红褐色、深褐色或黑褐色的毛。腹面被有淡黄色或暗黄色的毛。头和前胸背板暗褐色，触角和足淡褐色。鞘翅色泽单一，花斑模糊，显示出基部的环形状带、中部的亚中带和端部的亚端带斑纹。头稍向下弯，大部分折藏在前胸背板的下面。复眼内缘略凸，绝不凹入。颏的前缘具深凹，中间的长度仅为两侧的1/2。触角11节，雄虫触角棒5节，末节长为第9、10节长之和；雌虫触角棒3～4节，末节长略大于宽；触角窝宽而深，后缘隆线出现退化，雄虫约消失全长的1/3，雌虫约消失2/3。前胸背板中突，无中隆线，端部有瘤状隆起。中胸腹板中沟两侧隆起，呈矩形。后胸腹板的陷线短。腹部第1腹板无侧中陷线。雄虫第9腹节腹面圆形，外生殖器阳基侧突端部着生稀疏绒毛数根，阳茎较细，阳端略弯呈钩状。雌虫交配囊骨片极小，上面的齿稀少。

（2）卵：长0.6～0.8mm，宽0.2～0.3mm。圆筒形。初产卵乳白色，逐渐变淡黄色、深黄色，将要孵化的卵深褐色。

（3）幼虫：老熟幼虫体长4.2～6.5mm，平均5.4mm，宽1.5～1.8mm，平均1.6mm。纺锤形。体背乳白色至红褐色，极少淡褐色。体上密生长短刚毛，尾端着生刚毛1丛。自第4龄后幼虫毛丛更密，黑褐色，每一胸节和腹节背板后侧都出现少数倒钩毛。体毛有两类：一类为芒刚毛，短而硬，周围有许多细刺，着生于头部及胸、腹部各节背面；另一类为分节箭刚毛，细长形，其箭头一节的长度约为其他各节长度的4倍，着生于各腹节背板后侧区并形成浓密的毛簇。触角3节，第1、2节等长，第1节除外侧1/4以外均散生刚毛。上内唇的边缘有扁至细的感觉刚毛1排，在中间的4根刚毛中，两侧的2根较细长，中间的2根较扁宽；端感觉环内有乳突4个；感觉环两侧各有1根向后外侧倾斜的大型感觉棒。腹部9节，末节小型，第8腹节背板的前脊沟已经消失，或已退化成间断线。胸足3对，短小型，每足连爪共5节（图7-7）。

（4）蛹：雄蛹长3.2～4.1mm，平均3.6mm，雌蛹长4.5～5.5mm，平均5.3mm。纺锤形。化蛹于末龄幼虫的虫蜕内，背腹均密生黄褐色细毛。

3. 生活习性 谷斑皮蠹1年发生的代数因温度而异。在日本东京1年发生1代。在东南亚，1年发生4～5代或更多，4～10月为繁殖危害期，11月至翌年3月以幼虫在仓库缝隙内越冬。

卵期6～10d。幼虫期的长短及龄数因食物和温度而异。在适宜条件下幼虫4～7龄，每龄历期约5d，在不适宜的条件下可增至10～15龄。第1～3龄幼虫仅能食害腐败或破碎粮粒，或钻入虫害粮粒内食害，第4龄以后能为害完整粮粒。幼虫有明显的趋触性，进入第3龄后喜钻入缝隙内群居。墙壁、地板缝、包装物及仓内梁柱裂隙均可能成为幼虫的隐匿场所。幼虫最后一次蜕皮的虫蜕不弃掉，末龄幼虫在该虫蜕内化蛹。一般在储藏物表面化蛹。蛹期3～6d。发育最适温度为32～36℃，最高温度为40～45℃，最低温度为10℃。在21℃，完成1个世代需220d；在30℃，需39～45d；在32℃，约需40d；在35℃，需26d。

成虫羽化时将蛹壳蜕掉，在幼虫的虫蜕内蛰伏1至数天，皮肤变硬，体色加深后钻出。适温时，雌雄比为1∶1；在25℃，雌雄比为1∶1.5；在38℃，雌雄比为1.4∶1。成虫不取食，有翅而丧失飞翔能力。成虫羽化24h后即可交配，在昼夜均可交配，但温度高于42℃或低于10℃时不交配。雌虫可交配多次，但交配1次就能满足全部卵受精的需要。雌虫产卵并不是连续的，有的雌虫停止1～2d再继续产卵。卵单产或成排产于粮粒缝隙中，卵的表面无黏附物，极易脱落在粮粒碎屑之中。单雌最多产卵110粒，在32～35℃产卵量最高。成虫寿命随温度升高而缩短，雌虫寿命比雄虫长，未交配的成虫比交配的寿命长。在30℃，雌虫寿命9～12d。

谷斑皮蠹对环境的适应性强。其耐干性大大超过一般储藏物害虫，一般储藏物害虫需要食物含水量不低于8%，而此虫在含水量2%～13%的食物中均发育良好。此虫有很强的耐热和

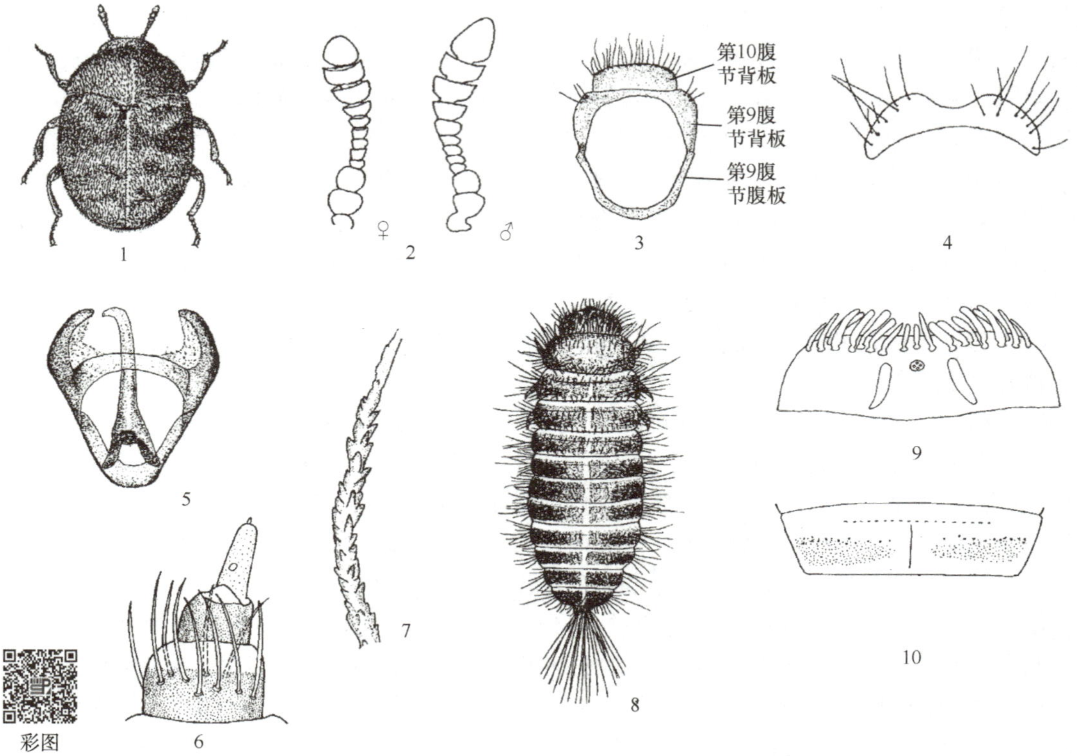

彩图

图7-7 谷斑皮蠹（仿Hinton，1945；刘永平和张生芳，1988）

1. 成虫；2. 成虫触角；3. 雄成虫第9腹节背板和腹板及第10腹节背板；4. 成虫颏；5. 雄成虫外生殖器；6. 幼虫触角；7. 雌成虫交配囊骨片；8. 幼虫；9. 幼虫上内唇；10. 幼虫第8腹节背板

耐寒性。在相对湿度75%，51℃高温中经136min仅能杀死95%的第4龄幼虫，在50℃中经5h才能杀死其各虫态；在10℃时个别成虫仍可交尾；在−10℃下处理25h，幼虫死亡率为25%；在−21℃仍可经受4h。此虫还有突出的耐饥饿能力，在不适宜的温度、虫口密度太高或营养条件恶化的情况下幼虫均可滞育，在完全断绝食物的情况下又可导致饥饿休眠，不休眠幼虫能耐饥饿2～3年，休眠和滞育可持续4～8年。如提高温度或提供新鲜食物，约在40℃下经10～15min就可打破滞育，进入蛹期，再羽化为成虫。

4. 经济意义 谷斑皮蠹食性复杂，大量发生于小麦、大麦、燕麦、黑麦、玉米、稻谷、面粉、通心粉、大米、麦芽、花生仁、花生饼等中；又食干果（如葡萄干和椰枣）、坚果、干草、稻草等；还食动物产品，如干鱼、鱼粉、蚕茧、皮毛、奶粉等。对谷类、豆类、油料等植物产品及其制品危害严重，造成的损失通常为储藏总量的5%～30%。幼虫非常贪食，且具有粉碎食物的习性，即粉碎损坏的多，取食的少，取食量最多只占粉碎量的1/2。幼虫发生密度高时可使产品温度升高、变质霉烂。幼虫体上的倒钩毛散落在储藏物中，影响人体健康。

谷斑皮蠹对许多防护剂和熏蒸剂有显著的抵抗力。当钻入缝隙时，化学防治和清洁卫生防治更难奏效。其对高温、低温、干燥、饥饿的抵抗力很强，故难以利用这些因素进行防治。

5. 分布 起源于马来西亚、泰国、缅甸、斯里兰卡等干热地区，以南亚、地中海东部和北非、西非为分布中心。在我国大陆地区还没有分布，在山东、广东、福建、云南等地曾有发现，仅在台湾定居。

（该科昆虫由王争艳编写）

第二节　蛀食性害虫

一、长角象科（Anthribidae）

咖啡长角象

1. 命名　学名*Araecerus fasciculatus*（De Geer，1775），异名*Anthribus peregrinus* Herbst，1797、*Araecerus coffaea* Frieser，1990、*Araecerus coffeae*（Fabricius，1801）等。英文名coffee bean weevil。中文别名咖啡豆象。

2. 形态特征

（1）成虫：长椭圆形，背方隆起，体长2.5～4.5mm。暗褐色或灰黑色，密生黄褐色细毛，头顶宽扁下倾，喙短而宽。不同寄主药材上的种群个体有差异。触角细长，共11节，红褐色，向后伸越前胸基部，第3～8节细长，末3节膨大呈片状，黑色，两侧不对称，松散排列。前胸背板梯形，宽大于长，前端略呈圆形，后端内侧略凹，小盾片很小，圆形，密生细毛。鞘翅两侧平行，末端圆形；鞘翅上有成行细而密的刻点，表面密生黄褐色细毛，鞘翅行间交替嵌着特征性的褐色及黄色方形毛斑；前胸背板、鞘翅表面有黄褐色细毛密生，常杂生褐色或黄白色不规则小毛斑。雄虫臀板直立，末端圆，腹板末节的长等于前1节；胫节无斑点。雌虫臀板较长，三角形，末端边缘向上弯；腹部末端外露。不完全遮盖腹末，腹末外露部分呈三角形。

具有雌雄二型性，雄虫最后1节暴露的腹板垂直，与前面几节无差异；雌虫该腹板倾斜，区别于前几节。

（2）卵：圆形，顶阔而圆，底薄而光。长约0.56mm，宽约0.35mm。亮白色。

（3）幼虫：幼虫共4龄，其中第1～2龄体小，体长小于0.6mm，老熟幼虫4龄时4.5～5.2mm，少数6.0mm，弯弓式。乳白色，有皱纹，背、腹面被有白色短毛。头部大，淡黄褐色，近于圆形。内上唇端缘有较远，像似位于1个方形的角上。胸足退化，仅留痕迹。前胸较大，淡黄色，腹部末端大且呈圆形（图7-8）。

（4）蛹：长4.0～7.0mm，淡黄白色，伴随发育，有体色变化。羽化前复眼由乳白色变为棕黑色，触角细长向背后弯，全身密披灰白色细毛。头和胸部大，后端尖而小。触角可见，细长，弯向背面。鞘翅沿腹侧缘延伸达腹面第5节，其尖端着生1根褐色肉刺。腹末左右侧各有1疣状小突起。

3. 生活习性　咖啡长角象在贵阳地区1年发生3～4代，少数发生5代。多以幼虫越冬，极少见蛹越冬，未发现库房有成虫越冬。

雄虫羽化后3d性成熟，雌虫羽化后6d性成熟，成虫羽化6d后开始交尾。产卵时，雌虫以产卵器在

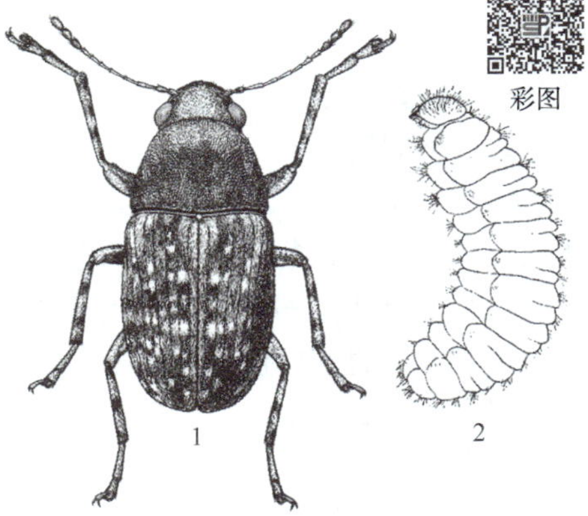

图7-8　咖啡长角象（仿Bousquet，1990；张生芳等，1998）

1. 成虫；2. 幼虫

粮粒的胚乳部凿1个孔，然后产1粒卵于其中。单雌产卵多至130～140粒。幼虫自卵内孵出后蛀入粮粒内部危害。越冬期间取食量较小。越冬幼虫在次年初夏前后开始活动，进食量变大，10～15d后化蛹，蛹期较短。羽化后1周达到性成熟，即开始交配产卵。5月末出现当年第1代幼虫，第1代幼虫发育较快，多于6月末或7月初达到性成熟。第2代成虫于7月底前出现，其中发育较快的个体在9月中旬可繁殖出当年第3代幼虫，于11月之前第4代成虫顺利交配产卵，然后孵化幼虫进入越冬期。

在27℃及相对湿度50%～100%下，卵期为5～8d。在27℃及相对湿度60%的条件下完成1个生活周期需57d；若相对湿度提高到100%，生活周期缩短为29d。幼虫蜕皮3次。该虫发育的最低温度为22℃，最适发育温度为28～32℃；最适相对湿度为80%，在相对湿度50%～100%时咖啡长角象皆可发育。在低湿度处理下（相对湿度30%、45%），幼虫化蛹率差异显著，仅36.25%以下的幼虫能完成。卵孵化率在相对湿度45%～90%下差异不显著，而在相对湿度30%条件下显著低于其他处理，仅有68.38%能够完成孵化。幼虫发育历期有显著性差异，随着相对湿度的增加幼虫期逐渐缩短，相对湿度90%时幼虫期最短。高湿度处理下（75%、90%）则差异不显著，78.75%以上的幼虫能够完成化蛹。

在相对湿度30%～60%时，种群的内禀增长率和周期增长率可随相对湿度的增加而显著增加，相对湿度60%以上时，种群增长能力增强，种群加倍所需时间缩短。

成虫活泼善飞。

4. 经济意义 在仓内外皆可为害。在田间可为害可可、咖啡、肉豆蔻等，其中以可可受害最重，咖啡次之。在仓内为害咖啡豆、玉米、薯干、干果、酒曲及中药材等，以上物品常受害严重。在国外主要为害咖啡豆和棉籽，主要以幼虫形式危害。

5. 分布 世界性分布。国内分布于内蒙古、辽宁、河北、陕西、甘肃、河南、湖南、湖北、安徽、山东、江苏、浙江、江西、福建、四川、广东、广西、云南、贵州和青海等地。

（该科昆虫由曾芳芳、陈志腾编写）

二、长蠹科（Bostrychidae）

谷蠹

1. 命名 学名*Rhyzopertha dominica*（Fabricius，1792）。英文名lesser grain borer。中文别名小谷长蠹、赤长蠹、硬壳虫、谷长蠹、小粉长蠹。

2. 形态特征

（1）成虫：体长2.0～3.0mm。长圆筒形，赤褐至暗褐色，略有光泽。头被前胸背板覆盖，从上方不可见。触角叶片状，10节，第1、2节几乎等长，末端3节扁平膨大，呈三角形。前胸背板前半部有成排的鱼鳞状短齿呈同心圆排列，后半部具大而密的扁平小瘤突。小盾片方形。鞘翅颇长，两侧平行且包围腹侧；刻点成行，其内着生半直立的黄色弯曲短毛。

（2）卵：长0.5mm，长椭圆形，乳白色。

（3）幼虫：弯弓式。体长2.5～3.0mm，乳白色，胸节的腹面及胸足和尾部均着生有短毛。头小，半缩在前胸内，上颚不尖长。触角3节。胸部显然比腹部粗大。第8腹节气门不大于前数节气门，第1对气门位于前胸后缘。足细小（图7-9）。

（4）蛹：体长约3.0mm，头下弯。乳白色，但复眼、口器、触角及翅略带褐色，前胸背板跟成虫相似，前胸背板和腹部两侧生有黄褐色细毛。

3. 生活习性 在华中地区1年发生2代。在广东可发生4代。以成虫越冬，越冬场所常在发热的粮堆中，或当粮温降低时向粮堆下层转移，蛀入仓底与四周木板内，以仓板和储粮接触处为最多。也有的潜伏在粮粒内或飞至野外树皮裂缝中越冬。越冬成虫于翌年4月开始活动，交尾产卵，7月出现第1代成虫，8、9月出现第2代成虫，此时危害最严重。单雌产卵200～500粒，每天产卵不超过10粒。卵单产或集产于谷颖或粮粒裂缝中，产在粉屑中或粮粒外面的较少，有时也产在包装物或墙壁缝隙中。卵的孵化率高，一般能达100%。孵出的幼虫一般钻入粮粒内为害，直至羽化为成虫后钻出，未蛀入粮粒内的幼虫则在粮粒间或粉屑中生活，侵食粮粒表面，尤喜食害胚部。

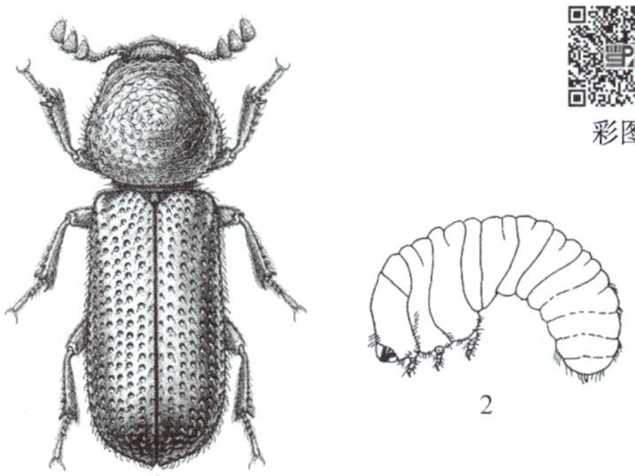

图7-9 谷蠹（仿Bousquet，1990；白旭光，2008）
1. 成虫；2. 幼虫

谷蠹成虫具飞翔能力，在黄昏或是天气闷热的午后进行短暂的飞翔，耐低氧，耐高二氧化碳，有趋光性，喜群聚。有较强的耐热、耐干能力，在水分含量为8%的粮食中仍能发育繁殖。常钻入粮堆里温度最高的地方或聚集在距粮面60～100cm处为害。成虫寿命120～240d。在广西，卵期11～13d，幼虫期28～71d（一般4龄，偶尔也有5～6龄），预蛹期1～4d，蛹期3～7d，完成1代需43～93d，成虫寿命可长达1年。该虫发育的温度为18～39℃，最适发育温度为32～34℃；发育的相对湿度为25%～70%，最适相对湿度为50%～60%。在最适条件下完成1代需25d。在最适条件下每月虫口增长率可达20倍。该虫抗寒能力差，在0.6℃以下存活7d，在0.6～2.2℃下最多能存活11d。

4. 经济意义 谷蠹是重要的蛀食性储粮害虫，食性复杂，不仅能为害禾谷类、粉类、豆类、淀粉、干果、豆饼、药材、各种植物种子，还能为害竹、木材及其制品、皮革、图书等，其中以稻谷、小麦被害最烈，受害粮粒常被蛀成空壳。大量繁殖时往往引起储粮发热，使粮温高达38℃以上。此虫对储粮所造成的损失，不亚于玉米象。在大洋洲，它的重要性大于玉米象和谷象，因为它所咬下的谷物重量大大超过它所吃的重量，所以它造成的粮食重量损失为其体重的5～6倍，而玉米象造成的损失约等于其体重。幼虫在蛀食的过程中，可在粮粒间产生大量的白色粉末。这些粉末可减少粮堆的孔隙度，影响熏蒸剂的扩散，导致杀虫效果下降。蛀食木材后，喜在木质内潜伏、化蛹及越冬，严重破坏仓房木质结构。

5. 分布 广泛分布于世界的温暖地区，尤以热带和亚热带地区发生最多，已在西欧较冷的地区定居。国内大部分地区均有分布。

（该科昆虫由卢少华、王争艳编写）

三、豆象科（Bruchidae）

（一）豌豆象

1. 命名 学名：*Bruchus pisorum*（Linnaeus，1758），异名*Laria pisorum* Linnaenus，

1758、*Dermestes pisorum* Linnaeus，1758、*Bruchus pisi* Linnaeus，1767等。英文名pea weevil。

2. 形态特征

（1）成虫：体长4.0～5.5mm。表皮黑色，仅触角基部4～5节及前足与中足胫节红褐色。每鞘翅基半部有小白毛斑2～3个，端半部常有1条白色斜毛带，两翅端半部的斜毛带构成"八"字形。前胸背板宽约为长的1.5倍；侧齿着生于侧缘中央稍前处，齿尖指向后方；侧缘在齿后凹入且外斜。鞘翅两侧缘近平行，长约为肩宽的1.25倍，肩胛突出；臀板有明显的黑色斑1对。后足腿节腹面的端前齿大而尖。

来自世界不同国家或地区的豌豆象标本的触角、足和毛被的颜色变异较大。例如，来自中亚的标本，臀板上的黑色斑不明显，雄虫触角全部黄色，雌虫触角基部5节和末节、前足和中足胫节黄色；来自东亚和南亚的标本，有的个体身体背面全部着生淡灰色毛，无明显的暗色毛斑和横带。

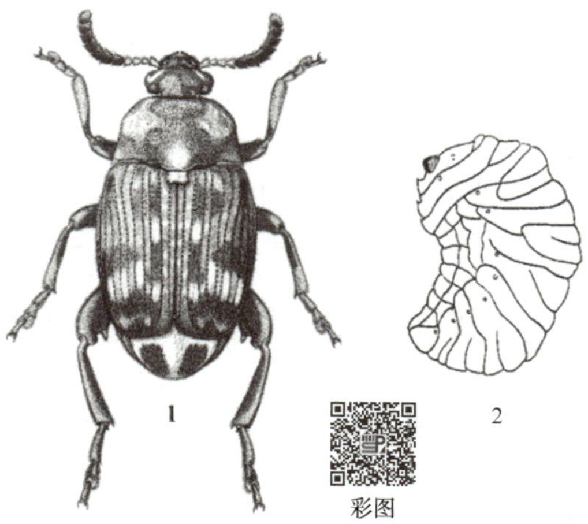

图7-10 豌豆象（仿Bousquet，1990；白旭光，2008）
1. 成虫；2. 幼虫

（2）卵：椭圆形，长约0.8mm。淡橙黄色。在较细一端着生长约0.5mm的细丝2根。

（3）幼虫：体粗肥并弯曲如弓，体长5.5～6.0mm，黄白色。头小，带棕褐色，口器褐色。各体节多横皱纹。胸足3对。身体背部无背线。成熟幼虫肥胖，背部隆起，无背线，腹部底面凹陷不平坦。体长4.5～6.0mm，头部小，口器褐色，上唇与唇基的长度几乎相等，下唇板侧缘向后向内弯曲。无足。仅第1龄幼虫具临时性短足3对和带刺的前胸背板（图7-10）。

（4）蛹：体长5.5～6.0mm，椭圆形，淡黄色。前胸背板和鞘翅上光滑无皱纹。前背板侧缘具齿。

3. 生活习性 1年发生1代，以成虫在仓房缝隙、包装物内、豆粒内、树皮下和杂物内越冬。第2年4月下旬至5月上旬，当豌豆开花结荚时，成虫飞往田间取食花粉花蜜，交尾产卵。产卵盛期在5月中旬。卵散产于豆荚表面，单雌平均产卵150粒。卵期5～18d，平均8～9d。幼虫孵化后直接穿透荚壁蛀入豆粒。幼虫4龄，幼虫期35～40d；蛹期14～21d；到7月成虫羽化后由籽粒钻出，但仍有部分成虫留在豆粒内越冬。

4. 经济意义 严重为害豌豆属的作物，对豌豆种子的侵染率可达40%以上，为我国豌豆种植业的一大害虫。此外，还为害决明属、金雀儿属、山黧豆属、菜豆属、野豌豆属的某些植物。

5. 分布 国外分布于几乎整个欧洲及中亚、西亚、北非、北美、中美、俄罗斯、印度、日本等地。国内大部分地区均有分布。

（二）蚕豆象

1. 命名 学名*Bruchus rufimanus* Boheman，1833，异名*Bruchus ecalcaratus* Daniel，1906。英文名bean seed beetle。

2．形态特征

（1）成虫：体长4.0～4.5mm。表皮黑色，仅触角基部4～5节及前足淡黄褐色。触角向后伸达前胸背板后缘，第1节长为第2节的2倍以上，第3、4节几乎等长，短于第1节，第4节稍宽于第3节，第5节长大于宽，其余节稍横宽。前胸背板显著横宽，侧齿位于侧缘中央，短而钝；侧缘在齿后的部分稍凹。鞘翅两侧缘近于行，长约为肩宽的1.5倍，淡色毛形成明显小毛斑，在近小盾片处形成1个大斑，在翅的端半部形成不明显的弧形横带。臀板不横宽，上面的暗色斑不明显。后足腿节腹面的端前齿钝，近直角；雄虫中足腿节远比前足腿节粗，中足胫节明显弯曲，具纵脊3条。

（2）卵：分级为4级。1级卵为乳白色；2级卵为淡黄色；3级时中部出现黄红色污斑，周缘乳白色；4级卵后期一端出现1个黑褐色点，即幼虫头部。

（3）幼虫：体粗肥而弯曲如弓，体长5.5～6.0mm，乳白色。头小，淡黄白色。虫体背面着生红褐色的明显背线。各体节上多横皱纹。幼虫4龄，各龄体长分别为0.4～1.5mm，1.5～2.9mm，3.0～3.9mm，4.0～6.0mm；头壳长分别为0.12～0.36mm，0.37～0.59mm，0.60～0.89mm，0.90～0.97mm（图7-11）。

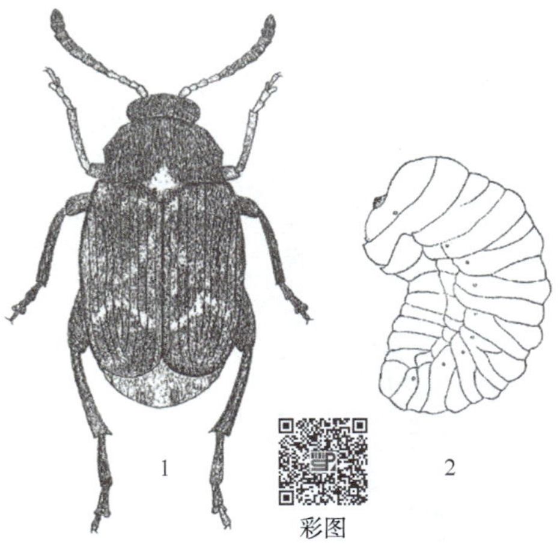

图7-11　蚕豆象（仿张生芳等，1998；白旭光，2008）

1．成虫；2．幼虫

（4）蛹：椭圆形，体长5.0～5.5mm，淡黄色。前胸及鞘翅上都密生细皱纹；前胸两侧各着生1个不明显的小齿；中胸背面的后缘中央向后突出；后胸中央有沟。腹节中央及两侧均有隆起线。根据蛹的发育期可将蛹分为4级：1级蛹为乳白色；2级蛹复眼外观出现棕红色弯斑；3级蛹棕红色斑扩大为“U”形，胸部附肢淡黄色；4级蛹复眼全部黑褐色，腹部附肢黄色。

3．生活习性　1年发生1代，以成虫在豆粒内、仓内角落、包装物缝隙及在田间、晒场、作物遗株内及杂草或砖石下越冬，春季大量飞往豆田活动，交尾产卵。成虫需要补充营养，取食蚕豆的花瓣和花粉后才可以正常交配和产卵。卵产于蚕豆嫩荚上，散产，单雌产卵35～40粒，最多可产96粒。幼虫共4龄，蚕豆收获时幼虫多发育至2龄。豆粒被蛀后，表面留有1个小黑点，即1龄幼虫的蛀入点。幼虫在豆粒内蛀成弧形虫道，接近老熟时又移动到种皮下，做一圆形蛹室，并在豆粒上咬出1个圆形的羽化孔盖，然后开始化蛹。成虫羽化后经过1～2d的静止期，然后冲开羽化孔盖离开豆粒。卵期7～12d，平均9d；幼虫期70～100d；蛹期6～20d，平均14d。幼虫孵化后直接穿透荚壁蛀入豆粒内食害。当蚕豆收获时，豆粒内的幼虫随豆入仓继续为害。

4．经济意义　该虫主要为害蚕豆，是蚕豆种植业的大害虫。在许多国家对蚕豆造成的损失达20%～30%。1949年前华东地区蚕豆种子最高被害率达96%，一般为45%。此外，蚕豆象还可为害野豌豆属的多种栽培豆类，以及山黧豆属、兵豆属、鹰嘴豆属、羽扇豆属、豌豆属等的个别种类。

5．分布　国外分布于中欧、南欧、地中海地区、加那利群岛、日本、俄罗斯、古巴和美国。国内分布于河北、内蒙古、河南、陕西、湖南、湖北、云南、贵州、广东、广西、江苏、浙江、福建、安徽、江西和四川等地区。

（三）绿豆象

1. 命名 学名*Callosobruchus chinensis* Linnaeus，1758，异名*Curculio chinensis* Linnaeus，1758、*Bruchus pectinicornis* Linnaeus，1767、*Laria chinensis* Linnaeus，1758等。英文名Chinese cowpea bruchid、Chinese pea weevil、bean weevil。

2. 形态特征

（1）成虫：卵圆形，体长2.0～3.5mm，宽1.3～2.1mm，深褐色。鞘翅灰白色毛与黄褐色毛组成斑纹，中部前后有2条向外倾斜的纹。头部黑色，额部有1条纵脊，雄虫触角栉齿状，雌虫锯齿状。前胸背板后端宽，两侧向前部倾斜，前端窄，着生刻点和黄褐色毛，后缘中叶有被白色毛的瘤状突起1对，中部两侧各有1个灰白色毛斑，小盾片被有灰白色毛。臀板被灰白色毛，近中部与端部两侧有褐色斑4个。鞘翅基部宽于前胸背板，小刻点密，后足腿节端部内缘有1个长而直的齿，外端有1个端齿，后足胫节腹面端部有尖的内、外齿各1个。

（2）卵：椭圆形，体稍扁平，初为乳白色，后变成淡黄色，长0.5mm，宽0.3mm。

（3）幼虫：无足式，体长3.0～3.5mm，乳白色，肥胖，背部隆起，腹部底面凹曲。头小，大部分伸缩入前胸内，淡黄白色；额前缘呈不明显的淡褐色。口器为浅红褐色，上颚顶端平截，上唇较唇基长，下唇板呈菱形，黄褐色，胸足退化，呈肉突状（图7-12）。

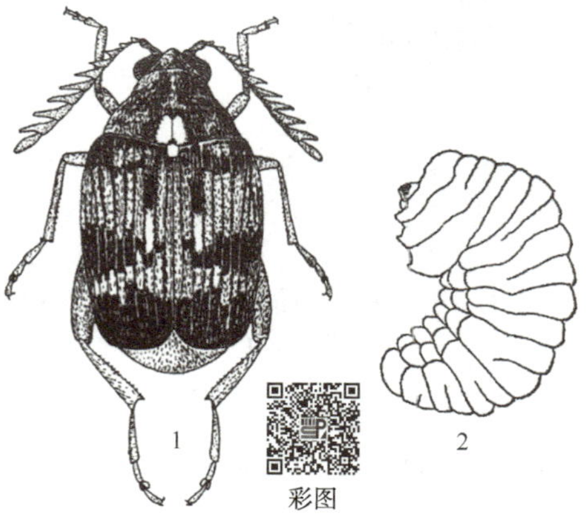

图7-12 绿豆象（仿张生芳等，2016；白旭光，2008）

1. 雄成虫（暗色型）；2. 幼虫

（4）蛹：体长3.0～3.5mm，椭圆形，淡黄色，头部向下弯曲，腹部末端颇肥厚，朝腹面有显著性的斜削型。

3. 生活习性 在我国中部地区1年发生5～7代，在广东发生10～11代。以幼虫或成虫越冬，幼虫于次年春化蛹和羽化。成虫寿命短，在最适条件下一般不多于12d。雌虫喜欢将卵产在光滑的种子表面，单雌平均产卵约70粒。产出的卵带有大量的黏性物质，可牢固地黏附在种皮上。幼虫孵化后直接穿透卵壳和种皮，垂直蛀入种子内，然后改成与种皮平行的方向蛀食前进。最适于幼虫发育的温度为32℃、相对湿度为90%。在不同条件下，每完成1代一般需要20～67d，其中卵期4～15d，幼虫期13～34d，蛹期3～18d。当温度低于10℃或高于37℃时都不能发育。

幼虫4龄，其中幼虫和蛹在豆粒内发育，不易被发现。随着温度的升高，发育速率相应加快。在20℃时，卵期、豆内期、未成熟期、雄虫历期及雌虫历期均最长，分别为18.33d、36.43d、54.76d、43.93d和25.33d；在35℃时，卵期、豆内期、未成熟期、雄虫历期及雌虫历期均为最短，分别为4.40d、15.20d、19.60d、8.07d和8.07d，显著短于20℃、25℃和30℃的。

最初几代一般都在仓内繁殖，当田间绿豆快要成熟时，成虫可从仓内飞往田间，将卵产于豆荚缝隙内。在田间繁殖数代后，又随收获的豆子入仓继续繁殖。成虫具有假死性。

4. 经济意义　可为害小麦粉及黑豆、蚕豆等各种豆类。严重为害绿豆、赤豆、豇豆、鹰嘴豆、兵豆等多种豆类，田间被害率有时高达43%～69%。在中东，扁豆被害率高达70%，造成严重的经济损失。

5. 分布　世界性分布。国内分布于绝大多数地区。

（该科昆虫由陈志腾、曾芳芳编写）

四、象甲科（Curculionidae）

（一）谷象

1. 命名　学名*Sitophilus granarius*（Linnaeus，1758），异名*Calandra laevicosta* Philippi，1864、*Curculio granarius*（Linnaeus，1758）、*Curculio unicolor*（Marsham，1802）、*Calandra granarius*（Billberg，1820）。

2. 形态特征

（1）成虫：圆筒形，背部有隆起，体长2.5～4.7mm。栗褐色或黑色，发红发亮。喙细长，圆筒形，略弯，其长约为前胸的2/3。触角8节，位于喙的基部；末节膨大，其长稍小于宽的2倍，端部尖。前胸背板刻点大而稀，顶区的刻点长卵圆形。鞘翅颜色单一，无淡色斑。后翅退化，丧失飞翔能力。雌虫腹部第4～5节透明背板下游可见1个“C”形棕色受精囊。具有雌雄二型性：与雌虫相比，雄虫的第5和6腹板明显偏斜；雄虫喙通常较宽而短，雌虫喙窄而长。

（2）幼虫：外形同玉米象幼虫，不同点为上颚尖端短而钝，无明显的端齿；第1～4腹节背面被横皱明显地分为3部分；腹部各节下后侧片中叶有1条刚毛（图7-13）。

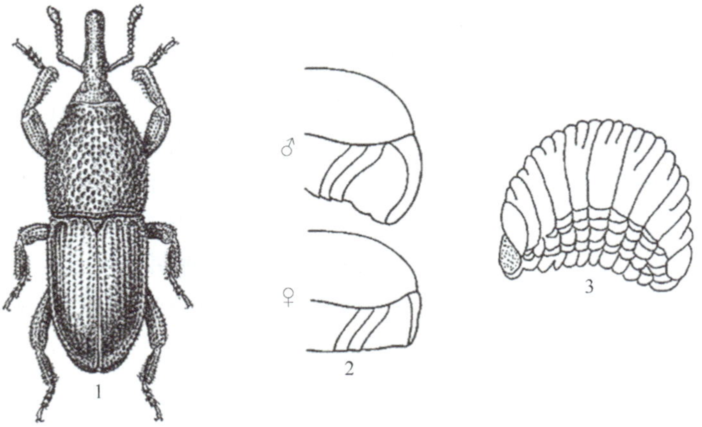

彩图

图7-13　谷象（仿Bousquet，1990；张生芳等，1998）
1. 成虫；2. 成虫腹末侧面；3. 幼虫

3. 生活习性　谷象1年发生的世代数因地而异。在加拿大和俄罗斯北部1年1代；在俄罗斯南部1年发生2～3代；在美国东部地区1年发生4代，在印度及某些热带国家多达7～8代。当粮温下降到15℃以下时停止发育和繁殖。发育的最适温度为26～30℃，最适相对湿度为70%～80%。主要以成虫越冬。越冬场所主要在仓内的潮湿阴暗处，也可转移到仓库附近的砖瓦石块下、草堆、垃圾堆、杂草根际或树皮下越冬。春天，当温度回升至11～12℃时成虫开始取食，12.5～13℃时少数成虫开始交尾。交尾结束后雌虫钻入粮堆内产卵。雌虫用喙先在种子表面做卵窝，然后产卵于其中，并用黏液封口。单雌产卵100～400粒，平均150粒。幼虫在粮粒内发育，共有4龄。在25℃及相对湿度70%的条件下，卵期4.5～5d，幼虫期22～24.5d，蛹期8～16d。成虫羽化后在粮粒内停留数日才爬出来活动。在最适条件下，完成1个发育周期需要28～43d。最适合于发育的食物含水量为15%～17.5%。在发育前期适应高湿度环境，在相对湿度50%下发育历期为63d，而在相对湿度80%下发育历期仅49d。相对湿度为100%时产卵率可达到最大值。成虫表现为先适应湿润环境再慢慢适应干燥环境。在羽化52h内相对湿度低于60%时产生不良反应，但后期耐脱水能力增强，能在相对湿度30%的条件下存活良好。

4. 经济意义　在世界的温带地区，谷象是一种十分重要的储粮害虫，成虫幼虫都可为害，为蛀食性害虫。1头谷象幼虫平均消耗谷物约30mg，同时形成6mg粉屑。危害严重时，对玉米造成的重量损失可达22.5%～23.6%，对小麦造成的损失达50%以上。谷象除为害谷物之外，还为害豆类、薯干、干果及中药材。

5. 分布　世界性分布。国内分布于新疆和甘肃等地区。

（二）米象

1. 命名　学名*Sitophilus oryzae*（Linnaeus，1763），异名*Curculio oryzae* Kuschel，1961、*Calandra oryzae* Linnaeus，1763、*Calandra minor* Sasaki，1899等。英文名rice weevil。

2. 形态特征　该种与玉米象极其近缘，外部形态十分相似。

（1）成虫：圆筒状，体长2.3～3.5mm。红褐色至暗褐色，背面不发亮或略有光泽。触角8节，第2～7节约等长。前胸背板密布圆形刻点。每鞘翅近基部和近端部各有1个红褐色斑，后翅发达。雄虫阳茎背面均匀隆起，雌虫的“Y”形骨片两侧臂末端钝圆，两侧臂间隔约等于两侧臂宽之和。

（2）幼虫：头部呈宽卵形，内隆脊从端部到茎部宽窄一致，长度超过额长的1/2（图7-14）。

3. 生活习性　米象1年发生4～12代。在我国贵州，1年4～5代，第1代和第4代的历期为42～52d，第2代和第3代的历期为38～40d。成虫于4月中下旬开始交尾产卵，单雌每天产卵2～3粒，在适宜条件下单雌一生产卵多达576粒。幼虫在寄主内蛀食为害，经历4龄。在25℃和相对湿度70%的条件下，卵期4～6.5d，幼虫期18.4～22d，蛹期8.3～14d，预蛹期3d，完成1个发育周期需34～40d。又据报道，在相对湿度70%的条件下，完成1个发育周期，在30℃下需26d，在21℃下需43d，在18℃下需96d。成虫寿命为7～8个月，最多达2年之久。米象发育的温度为17～34℃，最适温度为26～31℃；发育的相对湿度为45%～100%，最适相对湿度为70%。

彩图

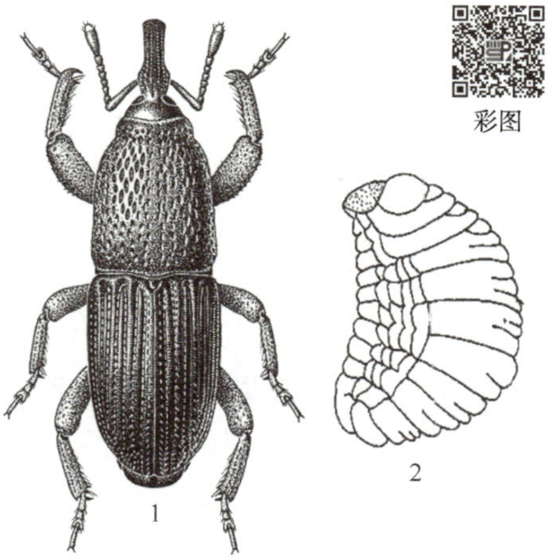

图7-14　米象（仿张生芳等，1998）

1. 成虫；2. 幼虫

该虫的爬行临界温度为11℃，爬行速度在爬行临界温度至30℃呈线性增长。表现为一定的上爬习性，但在粮堆内迁移速度为：水平＞向上＞向下。

飞行能力也与温度相关：23℃时，米象即可起飞；在23～35℃，60.0%～73.3%的米象个体具备飞行能力；温度对米象雌成虫的24h累计飞行距离、24h累计飞行时间和飞行速度均有显著影响。米象雌雄成虫的最适飞行温度分别为32℃和29℃，较玉米象更适应高温环境，米象雌雄成虫的日常日行活动呈现一定的节律性，每日上午和傍晚以后有两个飞行活动高峰。

4. 经济意义 严重为害各种谷物及种子、谷物加工品，还为害某些豆类、油料、干果和药材等，造成严重的经济损失。

5. 分布 世界性分布。国内分布于内蒙古、四川、福建、江西、贵州、湖南、云南、广东和广西等地区。

（三）玉米象

1. 命名 学名*Sitophilus zeamais* Motschulsky，1855，异名*Calandra zeamais* Kuschel，1961、*Calandra oryzae*（Linnaeus，1763）、*Calandra platensis* Zacher，1922。英文名greater grain weevil。

2. 形态特征

（1）成虫：圆筒形，体长3.0～5.0mm，全身锈褐色至暗褐色，甚至黑色，背面稍有光泽。每鞘翅基部和端部各有1个橙黄色的椭圆形斑纹。头部向前延伸呈象鼻状，称为“喙”。雄虫喙粗短，表面粗糙；雌虫喙较细长，表面光滑。触角膝状，无刻点，柄节长大，第3节与第4节长度之比约为5：3；端节长椭圆形，由第8、9两节愈合而成。前胸背板端缘较后缘狭，与头部相连接的部分呈窄领状，中央稍向后方凹入。领状后缘生有刻点，呈1条横列，并生有淡黄色叶状毛。前胸背板布满圆形刻点，中央似有1条隆起线，部分个体不明显。鞘翅长形，后缘细而尖圆。两鞘翅刻点和隆起线不明显，约有纵刻点行13条。后翅发达，膜质透明。足3对，前足最粗大，后、中足次之。各节以腿节最粗，特别是前足腿节。跗节5节，其中第1、2节等长，第3节二裂，第4节微小隐于第3节背面的凹陷内，第5节细长，具2爪。雄虫外生殖器阳茎表面几乎扁平，中间具1条纵隆脊，脊两侧各有1条明显纵沟。阳茎横切面呈“山”字形；阳茎基片呈长三角形。雌虫外生殖器“Y”形骨片两臂较狭长，略向内弯；臂顶端略尖。

（2）幼虫：体肥胖，背隆起，体长3.0～4.0mm，无足，腹部底面平坦，除头部有色泽外，胸腹部均为乳白色。头部呈椭圆形，但上方略为细小，有光泽。内隆脊长度超过额长的1/2，端部宽，基部细，上颚其明显的端齿2个。胸、腹部背面除前胸无横皱外，其余各节至少具1条横皱，而其中第1、2、3腹节各具横皱2条，将各腹节分为3部分，尾节小而不明显，腹部各节的两侧均有纵皱，第1、2节有2条，第3节3条，以后各节均为5条，而尾节及其相连的则不明显（图7-15）。

3. 生活习性 在我国北方地区1年发生1～2代，在中原地区3～4代，亚热带地区可达6～7代。主要以成虫越冬。当气温下降到15℃以下时成虫不再活动。成虫用喙在粮粒表面做卵窝，每个卵窝内产1粒卵，然后用黏液封口。卵期一般为3～16d，幼虫期13～28d，前蛹期1～2d，蛹期4～12d。幼虫有4龄。在27℃及相对湿度66%～72%下，第1～4龄幼虫历期分别为3.6d、4.7d、4.8d、5d。玉米象发育的温度为17～34℃，最适温度为27～31℃；发育的相对湿度为45%～100%，最适相对湿度为70%。

与米象相比，玉米象的抗寒力比较强。因此，该种在我国的分布大大向北伸延。在月平均温为3℃的地区米象的生存即受到限制。

从食性上比较，玉米象喜食大粒谷物，如玉米；而米象则喜食小粒谷物，如大米。

从行为上比较，玉米象的爬行临界温度为10℃，自临界温度到30℃爬行速度呈线性增长。同时表现出一定的上爬习性，但在粮堆内迁移速度为：水平＞向上＞向下。玉米象更善飞，而

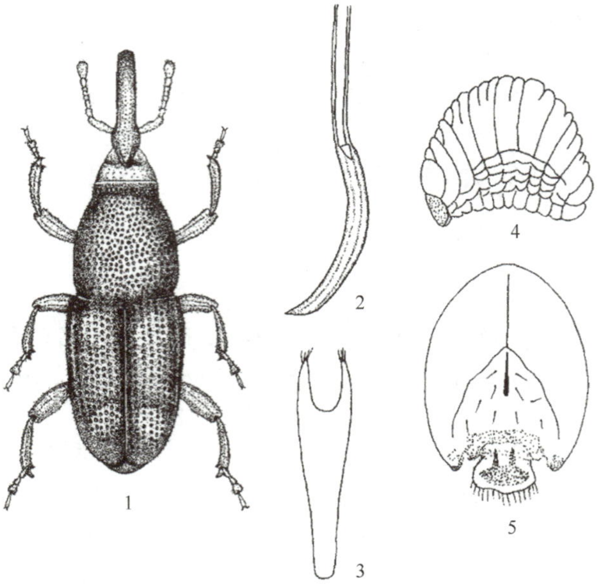

彩图

图7-15　玉米象（仿张生芳等，1998）

1. 成虫；2. 雄虫阳茎；3. 雌虫“Y”形骨片；4. 幼虫；5. 幼虫头部正面

米象较少飞翔。

4. 经济意义　玉米象为头号储粮害虫，对多种谷物及加工品、豆类、油料、干果、药材均造成严重危害。在适宜的条件下，粮食储藏期所造成的重量损失在3个月内可达11.25%，6个月内可达35.12%。

5. 分布　世界性分布。国内分布于各地区。

（该科昆虫由曾芳芳、陈志腾编写）

五、麦蛾科（Gelechiidae）

麦蛾

1. 命名　学名*Sitotroga cerealella*（Olivier，1789）。英文名Angoumois grain moth。

2. 形态特征

（1）成虫：体长4.0～6.0mm，翅展8.0～16.0mm。虫体淡黄色或黄褐色，即似麦粒色或稻粒色，且有光泽。头顶无丛毛。复眼圆形，黑色，触角细长多节呈丝状，较前翅为短。有喙，下唇须3节，向上弯曲，超过头顶，第2节被有粗圆鳞片，腹面粗糙；末节长于第2节，细长而尖且弯曲。前翅竹叶状，翅端较尖，翅面灰黄色，通常在翅端部及翅中横线处各有若干黑色鳞片形成的小黑点。后翅菜刀形，翅端较突出，前缘在近翅中室中部的位置向内凹入，翅面银灰色，缘毛均较长，尤以后缘毛更长，其长度约为后翅宽度的2倍。外生殖器的抱握器似桃形，顶端有1个向外侧延伸较长而尖的弯钩突；爪形突呈二裂状；囊形突较抱握器为短。阳茎棒状，基部收缩较细。雌虫产卵器的交配节呈矩形；后棒较前棒长1倍，交配囊为细长颈瓶形，骨化的交配孔呈椭圆的菱形囊内底部有分离的长椭圆形交配刺2个。

（2）卵：扁平椭圆形，长约0.5mm，一端较细，并呈平截状。表面有横凸凹纹数条。初产时乳白色，后变淡红色。

彩图

（3）幼虫：成熟幼虫体长6.5～8.0mm，除头部为淡黄色外，其余均为乳白色。头部小，胸部较肥大，向后逐渐稍微缩小，胸足发达，腹足退化成肉突状，其上仅有2～3个退化的趾钩。前胸气门群3根毛，排列成三角形。幼虫体上的刚毛均细小且色白，不易看清，但在粮粒内生活的幼虫，腹足退化但有退化的趾钩2～3个，前胸气门群3根毛。雄虫第5腹节背面有紫黑色斑1对。

（4）蛹：体长5.0～6.0mm，黄褐色。前翅狭长，并伸达第6腹节。各腹节两侧各生1个细小瘤状突起。腹部末节圆而小，其背面中央有1个深褐色短而直的角刺，其左右侧各有1个褐色角状突起（图7-16）。

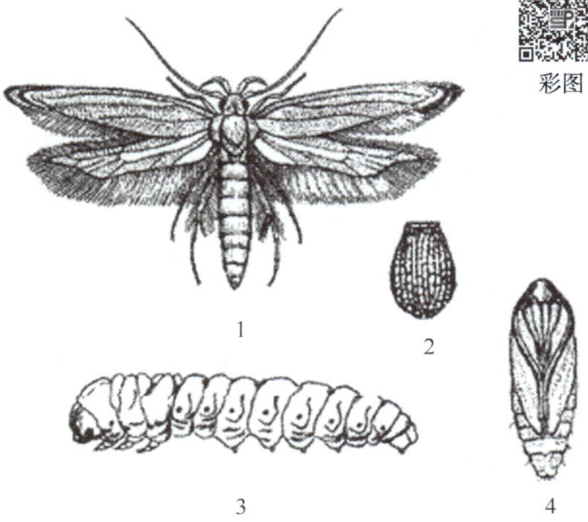

图7-16　麦蛾（引自Hill，2002；李照会，2002）
1. 成虫；2. 卵；3. 幼虫；4. 蛹

3. 生活习性　麦蛾1年发生的代数随温度、湿度、食料等环境条件不同而异。一般在温暖地区1年发生4～6代，寒冷地区1年发生2～3代。在江西，此虫从越冬幼虫到翌年6月出现第1代成虫，大部分在田间产卵繁殖，7月上旬出现第2代成虫，7月底出现第3代成虫，8月底出现第4代成虫，9月下旬或10月上旬出现第5代成虫，11月上旬或中旬出现第6代成虫。麦蛾的生长发育最适温度为21～35℃，发育最低温度为10～12℃。在温度30～33℃，相对湿度75%，稻谷水分14.5%～15%的情况下，卵期为5～7d，平均为5.7d；幼虫期15～21d，平均16.2d，蛹期5d，完成1代发育的日数为25～33d。粮食含水量在9%以下则不能生长。温度44℃经6h，各虫期均死亡。幼虫在低温－17℃中经25h死亡。卵在10℃以下即不能孵化。

麦蛾大部分以老熟幼虫在粮粒内越冬，到次年春暖化蛹。成虫羽化1d后即交配，交配约1d后即开始产卵，交配和产卵都在清晨和黄昏进行。在距粮面30cm以内羽化的成虫，则爬出粮面进行交尾，在粮面深度30cm以下羽化的成虫因不能钻出粮面而死亡。在仓内产卵多产于粮堆表层，并多数产在稻谷的内外颖（稃）的间隙，护颖与外颖的间隙；小麦的胚部、腹沟、顶部；玉米的胚部。在田间产卵时多数产在灌浆后近黄熟的稻、麦或玉米粒上。卵少数散产，多数集产，每块数粒至数十粒，每粮粒上能产卵10～20粒。单雌产卵平均为86～94粒，多达389粒。

孵化的幼虫一般从粮粒的胚部或损伤处侵入粮粒内蛀食，在粮面孵化的幼虫钻入粮堆侵入粮粒的深度，一般为18～21mm，95%在18mm以内。初孵化的幼虫耐饥能力为3～4d，若找不到食物则死亡。幼虫侵入粮粒后边取食边生长，至老熟化蛹前在蛀食成空洞的顶端与粮粒的皮层下咬成1个直径1～2mm的羽化孔。这个孔仅留着一层薄薄的膜和外面隔开，孔的周围有的被咬穿，有的未咬穿，彼此交错，以备羽化后成虫顶破此薄膜从粮粒钻出。老熟幼虫将羽化孔凿好后，则结一白色薄茧，在其中化蛹至羽化脱出。

4. 经济意义　1736年首先在法国Angoumois省的小麦产区发现麦蛾，其英文名由此得来。此虫在仓内及田间都能繁殖为害，是一种严重的初期性储藏物害虫。麦蛾也是我国储粮的重要害虫，在我国长江以南危害尤为严重。以幼虫蛀入粮粒为害，主要为害大麦、大米、稻谷、高粱、玉米、燕麦、荞麦及禾本科杂草种子，其中以小麦、稻谷、玉米受害最烈。被害粮粒大部被蛀空，以小麦及稻谷受害最重，其次为玉米及高粱。被害粒的重量损失，小麦平均43.8%，玉米因籽粒大小不同，平均损失为13.1%～24%。且一般被害后的小麦、稻谷籽粒几乎都丧失了发芽力。除重量损失外，还影响麦类的品质，受害小麦的淀粉、总蛋白、面筋和灰分含量分别下降13.8%、48%、45%和23%，水分含量升高到14%。成虫善飞，对温度适应性较强，能在仓内和田间产卵繁殖，如小麦在收获前被害率可达0.26%～2.06%。

5. 分布　世界性分布。国内除西藏外，其余各地区均有分布。

（该科昆虫由李慧编写）

第三节　其他重要储藏物害虫

一、粉螨科（Acaridae）

（一）粗脚粉螨

1. 命名　学名*Acarus siro* Linnaeus，1758，异名*Tyroglyphus farinae*（De Geer，1778）、*Acarus farinae* De Geer，1778、*Aleurobius farris* Oudemans，1902。英文名flour mite、grain mite。中文别名粗足粉螨、粗腿粉螨、壁虱、粉螨。

2. 形态特征　成虫：雄螨躯体长320～460μm，雌螨躯体长350～650μm。躯体无色，颚体和足的颜色因食物和年龄而异，呈淡黄色或淡棕色。螯肢粗壮，定趾有齿4个，动趾有齿3个。躯体上的刚毛细，有些稍有栉齿。顶内毛（vi）和胛毛（sc）的栉齿较多。顶内毛伸达螯肢顶端，顶外毛（ve）较短（不及vi长的1/4）。胛外毛（sce）比胛内毛（sci）稍短。4对背毛（d_1、d_2、d_3、d_4）的长度与粗细和成螨形成之前所摄取食物的营养成分有关。营养差的食物所产生的成螨，其刚毛短且细；营养丰富的食物所产生的成螨，其刚毛长而粗。肩外毛（he）的长度约是肩内毛（hi）的3倍。末体后缘有长毛2对，即骶内毛（sai）和肛后毛（pa）。足粗，每足6节（基节、转节、腿节、膝节、胫节、跗节）。第1对足膝节外膝管毛（δ_1）比内膝管毛（δ_2）长3倍以上。雄螨的第1对足较雌螨发达、粗大，腿节上有1个较大的刺状突起，在突起上着生有腿节毛（vF）（图7-17），雌螨无。雄螨第4对足的跗节上各有吸盘2个，雌螨无。

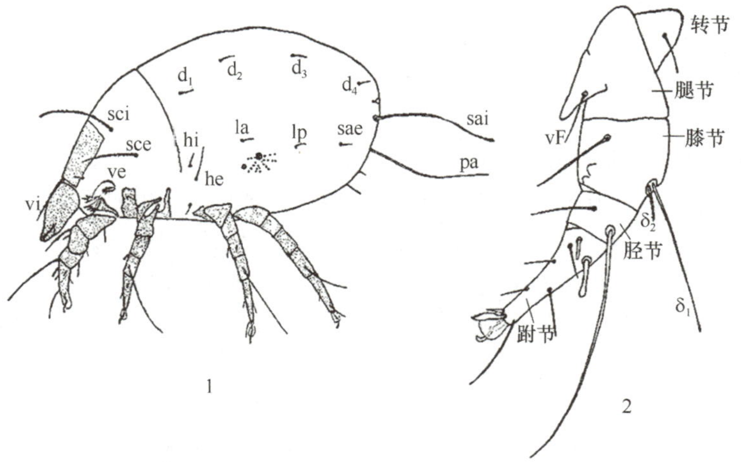

图7-17　粗脚粉螨成螨（仿Hughes，1961；白旭光，2008）
1. 雌螨侧面观；2. 雄螨第1对足内侧

雌螨生殖孔位于第4对足的基节之间。雄螨阳具也位于第4对足基节之间，其尖端略弯，在肛门孔后端两侧有1对肛门吸盘，在肛门吸盘之前有1对肛前毛（pra）。

3. 生活习性 粗脚粉螨1年发生多代。发育的适宜温度为20～25℃，相对湿度为75%～80%。相对湿度75%以下或85%以上不易存活。在28℃、相对湿度80%的条件下，完成1世代约需9d。食物含水量为15%～18%时，利于其繁殖。当食物含水量低于13.4%时，不能存活。能以真菌为食，真菌的存在对其有利。单雌产卵平均230粒，取食麦胚、酵母、干酪、面粉、奶粉或种子的雌螨产卵力最强。若饲以麦胚或乳粉，在20℃、相对湿度80%的条件下，单雌产卵多达670粒，每日产卵1～24粒。雌螨的寿命长短取决于温湿度、食物及其生殖活动。条件适宜时，用麦胚饲养雌螨，可存活42～63d，在28℃能存活30d，雄螨寿命通常要短几天。

粗脚粉螨在粉状食物如面粉、奶粉中，一般只感染表面，在表层数厘米的范围内活动。在比较粗糙的食物如谷粒中，活动范围从表层至粮面下60cm处。在有粗脚粉螨和腐食酪螨共存的储藏物中，粗脚粉螨的种群数量比腐食酪螨增长快，25d后，前者的数量增加20倍，后者的数量仅增加5倍，45d后前者正常生长，后者种群消亡。遇不适环境即可转变为休眠体。休眠体是介于第1、2若螨之间的一个异型阶段，一遇适宜环境即变为第2若螨。

4. 经济意义 粗脚粉螨是一种重要的储藏物害螨，常与腐食酪螨混生为害。在我国，只要有储藏物的环境，就有此螨存在。只要温、湿度适宜，就可为害禾谷类及其产品、饲料、药材、烟草、食品、衣物、床褥、沙发、皮革、书籍、动植物标本、木材等。被为害谷物的发芽力和营养价值都大为降低。该螨的排泄物和蜕皮会严重污染粮食，产生霉臭味。还是传播致病菌的媒介。

5. 分布 世界性分布。国内大部分地区均有分布。

（二）腐食酪螨

1. 命名 学名*Tyrophagus putrescentiae*（Schrank，1781），异名*Tyroglyphus putrescentiae* Oudemans，1916。英文名mold mite、mould mite、cheese mite、mushroom mite。中文别名卡氏长螨、嗜菌酪螨。

2. 形态特征

（1）成虫：雄螨躯体长280～370μm，雌螨躯体长320～480μm。椭圆形。螯肢小，定趾和动趾各有齿4个。顶内毛（vi）前伸超过螯肢前端，顶外毛（ve）较顶内毛短，位置也较靠后。胛内毛（sci）比胛外毛（sce）长。肩内毛（hi）比肩外毛（he）长。背毛d_1最短，d_2长为d_1的2～3倍，d_3和d_4很长，均伸出体末。前侧毛（la）与d_1几乎等长，后侧毛（lp）的长度约为前侧毛的6倍。体末共有长刚毛5对，形成扇状，在行动时常拖在后面如扫把。足粗而短，第1对足基部生有矛形假气门刺。雄螨第4对足跗节上各有吸盘2个。雄螨腹面肛门两侧各有吸盘1个。雄螨阳具呈“S”形，位于第4对足基节之间。雌螨的生殖孔从第3对足的基部伸至第4对足之间，生殖褶约为生殖孔全长的1/2（图7-18）。

（2）卵：椭圆形。长90～120μm，宽50～80μm。乳白色，表面有不规则的刻斑。

3. 生活习性 腐食酪螨在重庆地区1年有2个发生高峰期，分别为每年的5～6月和9～10月。该螨发育经过5个时期，即卵、幼螨、第1若螨、第2若螨和成螨。在进入第1若螨、第2若螨和成螨之前，各有一个短暂的、不食不动的静息期。喜群居，并常与粗脚粉螨群居。但螨体密度过大，对其发育不利。成螨性活泼，行动快速，但由于体上刚毛多而长，常

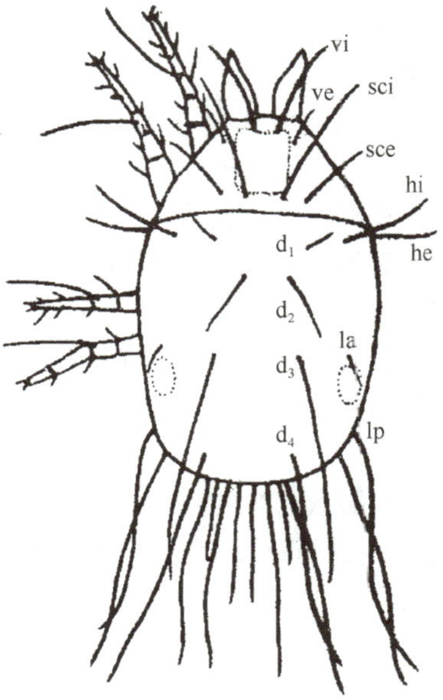

图7-18 腐食酪螨
（仿白旭光，2008）

被肉食螨捕食。该螨喜生活在较潮湿而生霉的储粮与食物中，嗜食菌类，多种霉菌都有利于此螨的生长。在发育过程中如遇低温、低湿和食物缺乏等不良环境条件时，其第1若螨即转变为休眠体。休眠体可持续数月之久，待环境改善后，继续发育为第2若螨。

该螨的发育起点温度为7～10℃，发育上限温度为35～37℃，发育的适宜温度为24～28℃。发育适宜相对湿度为80%～90%，相对湿度低于70%或高于90%，发育和繁殖受到抑制。粮食含水量低于12%，不能繁殖，含水量高于13%，繁殖较快。在26～28℃、粮食含水量为15%～18%时大发生，在全麦粉中完成1代约需2周。在27℃，随着相对湿度的增加，发育速率加快；在相对湿度75%时，温度的增加可明显加快其发育速率。雄螨可交配多次。雌螨通常在交配1d后开始产卵，单雌产卵500粒，每天产卵约20粒。成螨寿命与温湿度和食物有关。相对湿度85%，用麦胚饲养的成螨寿命，9.3℃时为115d，25℃时为66d，31℃时为43d；相对湿度85%以上寿命缩短。

4. 经济意义 腐食酪螨是一种重要的储藏物害螨，危害范围极广，大量发生于脂肪、蛋白质含量高的储藏食品中，如奶粉、火腿、肉干、干酪、杏仁、葵花籽、花生等；也大量发生于小麦、稻谷、大米、面粉等各种粮食及其制品中；也发生于红糖、白糖、红枣、大蒜、烟草、中西成药及药材中。为害大米和小麦时，常从粮粒胚部附近蛀入，食去胚乳，使粒内形成许多不规则的蛀道。该螨不仅为害储藏物造成直接损失，而且幼螨的皮蜕、排泄物、虫尸及虫体产生的特殊臭味，会对粮食造成污染。此外，还可传播霉菌，人体接触后会产生皮炎或体内螨病，经它污染的饲料还可影响家畜的生长。

5. 分布 世界性分布。国内各地区均有分布。

（该科昆虫由王争艳编写）

二、窃蠹科Anobiidae

（一）烟草甲

1. 命名 学名*Lasioderma serricorne*（Fabricius，1792），异名*Lasioderma castaneum* Melsheimer，1846。英文名cigarette beetle。中文别名烟草窃蠹、烟草标本虫、苦丁茶蛀虫。

2. 形态特征

（1）成虫：体长2.0～3.0mm，宽约2.5mm。宽卵形至椭圆形，红褐色，密生倒伏状淡色茸毛，有光泽，背面凸起。头下口式，隐于前胸背板下。触角淡黄色，较短，第4～10节锯齿状。前胸背板半圆形，后缘与鞘翅基部等宽。鞘翅上散布小刻点，刻点不成行。前足胫节在端部之前强烈扩展。

（2）卵：长0.4～0.5mm，长椭圆形，淡黄白色，壳表有蜡质物，表面光滑。

（3）幼虫：弯弓式。体长3.0～4.0mm。淡黄白色或灰黄色，体被白色细毛，略呈圆筒形。头部骨化呈黄褐色，其余均为乳白色，额中央两侧各有1条纵向的深色斑纹。触角短小，1节。

胸部有皱纹，各节大小近等。第1对气门位于前胸后缘，其余8对气门等大。各腹节背面无骨化微刺。肛前骨片月牙形（图7-19）。

（4）蛹：离蛹，体长3.0mm，宽1.5mm，乳白色到浅黄色。复眼褐色，唇须、触角、翅及足与身体分离外露，前胸背板后角向两侧显著突出。

3. 生活习性　烟草甲年发生代数因食物类型和地理分布而异，一般1年发生3～6代（温度较高的地区7～8代，温度较低的地区1～2代），世代重叠严重。在25℃、相对湿度70%时，雌虫寿命为31d，产卵期6～25d，单雌产卵103～126粒，卵在夏季约1周即可孵化。幼虫耐饥性强，有假死性，以老熟幼虫在烟草、中药材碎屑或包装物上做一半透明的薄茧居于其中越冬。第2年当气温升到20℃以上时开始活动取食，老熟幼虫行动迟缓，幼虫化蛹前要经过7d左右的预蛹期，不食不动，然后分泌黏液结茧在其中化蛹。该虫在温度高于19℃、相对湿度高于20%～30%的条件下即可生存繁殖，但最适宜的条件为30～35℃及相对湿度60%～80%。成虫交尾后不久即开始产卵，卵散产于烟草皱褶及中肋处，也可产于成品烟支的两端，或产于中药材碎屑、缝隙及容器壁等处。刚孵化出的幼虫十分活泼，孵化不久即蛀入烟叶中肋、成品烟或中药材等寄主内，具有负趋光性。成虫不取食，有假死性，畏光善飞。

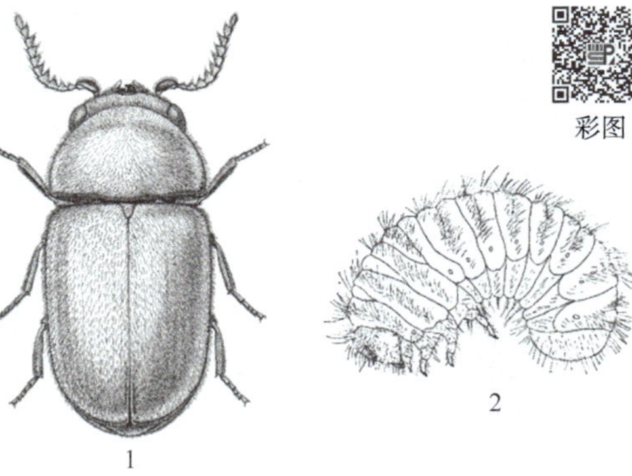

彩图

图7-19　烟草甲（仿Bousquet，1990；白旭光，2008）

1. 成虫；2. 幼虫

4. 经济意义　烟草甲食性广泛，繁殖量大，危害严重。主要以幼虫为害烟叶、烟草种子、卷烟、茶叶、谷物及其制品、动植物标本、书籍等，也取食菊花、天冬、生姜等干药材和干香料植物等，但主要取食烟草商品，特别喜食储存1～2年的正在醇化的上、中等烟叶。

5. 分布　世界性分布。国内大部分地区均有分布。

（二）药材甲

1. 命名　学名*Stegobium paniceum*（Linnaeus，1758）。英文名drugstore beetle。中文别名药甲、面包蠹虫、饼干甲虫、药谷盗。

2. 形态特征

（1）成虫：体长1.7～3.4mm。长椭圆形，黄褐色至深赤褐色，密生倒伏状毛和稀的直立状毛。头下口式，被前胸背板遮盖。触角11节，末端3节扁平膨大、松散，末3节长之和约等于其余8节的总长。前胸背板明显隆起，背面观近三角形，最宽处位于前胸背板基部。鞘翅完全遮盖腹末，肩胛突出，鞘翅有明显的刻点行。

（2）卵：长约0.3mm，圆形或椭圆形。表面较光滑，乳白色，不透明。略有光泽，孵化前呈乳黄色。

（3）幼虫：老熟幼虫体长约3.5mm，弯弓式。乳白色，头淡褐色，体被直立的黄色细毛。腹部除第10节外，其余各节都具横向排列的骨化微刺1排。肛前骨片不明显或全缺（图7-20）。

（4）蛹：裸蛹。体长约2.8mm。鞘翅伸达第3腹节后缘。腹部末端两侧各有1个小肉刺状突起，雄性球状而不突出，雌性分3节且分岔明显。

3. 生活习性　药材甲通常1年发生2～3代，在温暖地区可达4代以上，在寒冷地区1年

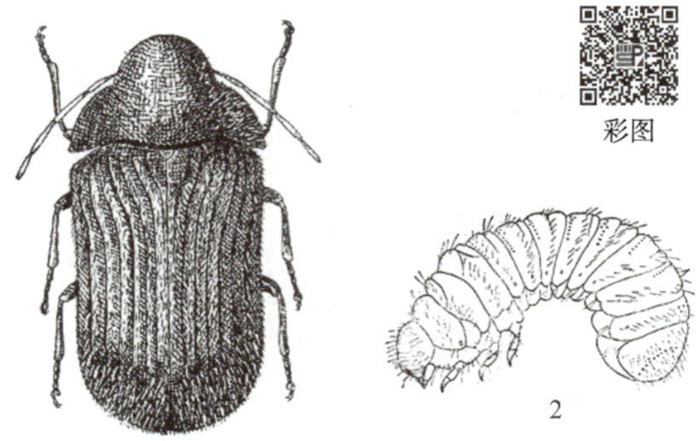
1　　2

彩图

图7-20　药材甲（仿Lepesme，1945；白旭光，2008）
1. 成虫；2. 幼虫

1代或完不成1代。通常以幼虫越冬。幼虫4龄。在22～25℃，卵期10～15d，幼虫期50d，蛹期10d。温度17℃时，完成1代约需200d。发育温度为15～35℃，最适温度为25～28℃；发育相对湿度为30%～100%，最适相对湿度为95%。成虫羽化后2d开始产卵，单雌产卵20～200粒。卵集中产于寄主表面，尤喜产于皱褶及裂缝部位。成虫寿命13～85d。耐饥饿能力强，穿透能力强。

4. 经济意义　药材甲食性复杂，主要以幼虫在寄主体内为害。主要寄存于干性植物及中药材内，常发现于图书、储藏性中药材及一些金属制品中。是药材的主要害虫，为害党参、川芎、黄芪、桔梗、人参、豆蔻、茯苓、虫草、地龙等动植物药材，还为害粮食及其制品，以及香料、书籍、纸张、酒曲、烟叶、皮革、木料、纤维等。

5. 分布　世界性分布。国内大部分地区均有分布。

（该科昆虫由卢少华、王争艳编写）

三、皮蠹科（Dermestidae）

（一）黑毛皮蠹

1. 命名　学名*Attagenus piceus*（Olivier，1790），异名*Attagenus unicolor*（Brahm，1791）、*Attagenus unicolor japonicus* Reitter，1877、*Attagenus piceus japonicus* Reitter，1877、*Attagenus megatoma japonicus* Reitter，1877。英文名black carpet beetle、pitchy carpet beetle。中文别名黑皮蠹、短角黑皮蠹、黑鲣节虫、日本鲣节虫、毛毡黑皮蠹。

2. 形态特征

（1）成虫：体长3.0～5.0mm。椭圆形。体壁为单一黑色，足棕褐色。除前胸背板边缘与鞘翅基部被金黄色毛外，其余被褐色毛。头部扁圆形，头部额上方有1个赤褐色中单眼，复眼间距约为复眼最大直径的2倍。触角11节，触角棒3节；雄虫触角末节牛角形，长度为第9、10节长之和的3～4倍；雌虫触角末节长圆锥形，仅略长于第9、10节长之和。小盾片小，三角形。鞘翅掩盖住腹部，有的臀板部分外露。中足胫节的长约为宽的5倍。后足第1跗节短于第2跗节的1/2，第2跗节与第5跗节等长，第3、4跗节几乎等长。腿节腹面均有放置胫节的沟，前足胫节沟内缘与外缘均隆起，且等高；中、后足胫节沟的内缘比外缘略隆起，且很明显。

（2）卵：长0.6～0.9mm，宽0.3～0.4mm。椭圆形。乳白色，略具光泽。

（3）幼虫：爬虫式。末龄幼虫体长9.0～10.0mm。圆锥形，背面隆起，腹面平坦。触角3节，第2节无毛。胴部12节，第1节最宽，至尾部逐渐狭小。体壁骨化为赤褐色或褐色，节间乳白色。骨化部分密被深褐色刚毛，刚毛长而尖。第2～7腹节背板近侧缘中部各有直立粗刺2根，后缘粗刺（气门周围的几根粗刺除外）的长度通常约为所在背板长度的1/2，极少与所在背板等长。尾部背面无臀叉，有长毛1束，其长度约等于6个腹节的总长，每根刚毛具纵纹2条（图7-21）。

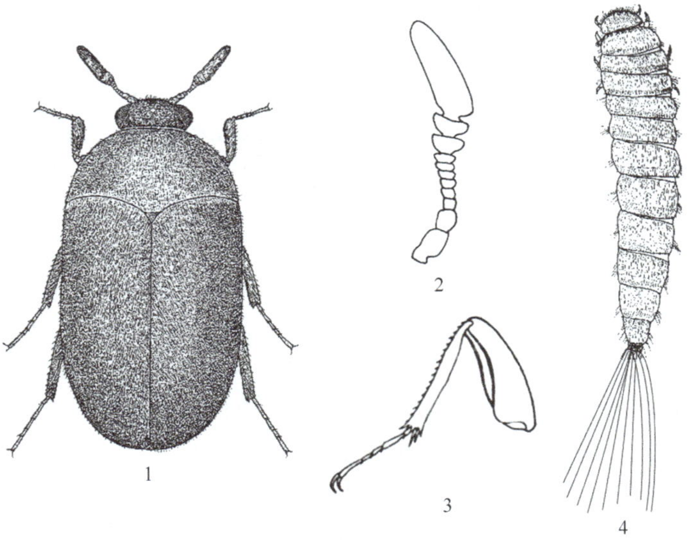

彩图

图7-21 黑毛皮蠹（仿张生芳等，1998；陈耀溪，1963；刘永平等，1996）

1. 成虫；2. 雄成虫触角；3. 成虫后足后面；4. 幼虫

（4）蛹：长5.0～8.0mm，宽2.0～3.0mm。扁圆锥形。淡黄褐色，密被淡黄褐色细毛。通常外裹末龄幼虫的虫蜕。翅芽沿腹面伸达第5腹节。腹部背面第2～7节间各有1个黑褐色口形凹陷，凹陷前缘具细小齿状突。腹末有褐色肉刺1对。

3. 生活习性 黑毛皮蠹一般1年发生1代。完成1个世代至少需要6个月，最长需3年。以幼虫群集于墙壁、地板、垫木、砖石等的缝隙或尘土杂物内越冬。1年发生1代的地区，4月中下旬越冬幼虫开始化蛹，延续到7月上旬。越冬代成虫于4月下旬至8月上中旬出现，5月中下旬至8月上中旬产卵。6～9月第1代幼虫开始取食为害，10月开始越冬。

在23.8℃、相对湿度20%～93%时，卵期9.5～10.6d，且相对湿度对卵期的影响不大。幼虫期的长短随温湿度及食物而异。环境不良时，虫龄由7～12龄增加到20龄或更多。幼虫各龄历期8～43d，越冬幼虫的历期194～297d。1年完成1代的幼虫期为222～472d，2年完成1代的幼虫期为603～784d。幼虫有假死性、负趋光性，喜阴暗潮湿环境，常群集于地板、砖缝、仓内墙角、铺垫物、加工厂的机座下等处。幼虫耐饥饿和耐寒性强。在没有食料的情况下，幼虫可食自身的虫蜕维持生命。在−1.1～1.7℃，幼虫能存活314d，在−3.9～−1.1℃，幼虫能存活198d。

黑毛皮蠹在末龄幼虫的虫蜕内化蛹，蛹常夹杂在粮食碎屑中，蛹期5～24d。在18.3～29.4℃，蛹期5.5～17.6d。在23.8℃，相对湿度20%～93%时，蛹期9.1～9.5d，且相对湿度对蛹期的影响不大。初羽化的成虫淡褐色，不活动，经2～3d体色固定，成熟后方出来活动。成虫喜在粮食中栖息，具正趋光性，飞行及爬行迅速，但不取食粮食。遇晴朗无风的天气，成虫常飞到室外，取食花粉、花蜜或菌类等补充营养，在野外或飞回室内交尾。交尾在日间进行，交尾场所在仓外向阳地方或在仓内光亮处，每次交配2～3min。在18.3～29.4℃，雌虫产卵前期和产卵期随温度升高而缩短；成虫寿命随温度升高而缩短，温度对未交配成虫寿命的影响极显著。已交配的雄虫平均寿命略长于雌虫，未交配的雄虫平均寿命短于雌虫。

雌虫产卵量与温度有关。在18.3℃，单雌产卵60.8粒，日产5.3粒；在23.8℃，单雌产卵82.8粒，日产5.7粒；在25.0℃，单雌产卵128.3粒，日产28粒；在28.0℃，单雌产卵160.5粒，日产18粒；在29.4℃，单雌产卵74.4粒，日产5.6粒；在30.0℃，单雌产卵88.7粒，日产17.3粒。在12.7℃，停止产卵。卵散产在幼虫的食物表面或附近。当食料不足时产卵量随之减少，约为正常产卵量的1/2。在整个产卵期中，雌虫并不连续产卵，通常在每次产卵后休止1至数日。

4. 经济意义　黑毛皮蠹食性复杂，以幼虫为害禾谷类、油籽类、花生、豆类、粉类、大米、麸糠、油饼、蚕茧、蚕蛹、丝及其织品、皮毛、皮革、羽毛、羊毛、毛织品、奶粉、干酪、骨骼、干肉、干鱼虾、烟叶、胡椒、中药材和动物标本等。此外，还喜食虫尸、鼠粪及腐败食物。发生场所包括粮食、土特产、中药材、食品、皮毛等的仓库，居民家里的衣橱、抽屉等。幼虫第3龄前取食碎屑粉末和碎粮粒，自第4龄后取食完整粮粒。被为害粮粒的蛀孔呈卵圆形或不规则形，齿缺明显，老熟幼虫为害的蛀孔长2～4mm。

5. 分布　国外分布在日本、朝鲜、蒙古国、俄罗斯、欧洲、美国。国内分布于宁夏、青海、山西、河南、云南等地，以及东半部大部分地区。

（二）白腹皮蠹

1. 命名　学名*Dermestes maculatus* De Geer，1774，异名*Dermestes truncatus* Casey，1916、*Dermestes maculatus vulpinus* Kalik，1955。英文名common hide beetle。中文别名白腹褐皮蠹、具斑皮蠹。

2. 形态特征

（1）成虫：体长6.0～10.0mm，雌虫略大。长椭圆形。黑褐色至黑色。头下口式，无单眼。触角锤状，11节，末端3节膨大。前胸背板密布细小刻点，两侧缘与端缘密被白色或黄白色毛，由此形成1条较宽而倒伏的黄白色或白色毛带。鞘翅长，覆盖至腹末，鞘翅内缘末端各具1个尖刺，刺的两外侧各有短刺数个。腹面密被白色倒伏状毛，仅前胸前背折缘后部1/4～1/3及中胸腹板侧缘被黑色或黄褐色毛，后胸前侧片侧缘中部有1个黑色椭圆形毛斑。每腹节腹板两侧的前角各具1个黑色毛斑，第5腹板中央还有1个板斧状黑色毛斑，使其上白色毛斑呈倒“八”字形。雄虫第4腹板中间有1个凹窝，窝中间着生1束褐色毛刷，而雌虫无。

（2）幼虫：爬虫式。老熟幼虫体长10.0～15.0mm。圆锥形，除头部外13节。背面隆起，腹面略平坦，自胸部至腹末逐渐缩小，末端近于截形。头部大，黑褐色，两侧各具单眼6个，排列成环状。触角3节。胸、腹部各节骨化部分呈褐色至黑褐色，背中线宽而明显，但不连续，淡黄褐色，终于第9节。第1对气门位于中胸前缘。第9腹节背面着生臀叉1对，臀叉基部粗，并突然收缩变细，至端部逐渐收缩成尖，侧面观其末端向上方弯曲。足褐色，胫节后面末端上部具1根长刚毛，下部具1根粗刺，在长刚毛与粗刺之间无细刺或刚毛（图7-22）。

白腹皮蠹与拟白腹皮蠹（*D. frischii* Kugelann，1792）、赤毛皮蠹（*D. tessellatocollis* Motschulsky，1860）在外部形态上较为相似，三者的主要区别见表7-1。

3. 生活习性　在适宜的条件下，白腹皮蠹1年可发生6代；在不利的条件下，需数年完成1代。各虫态都可越冬。在四川、重庆1年发生2～3代，以老龄幼虫或成虫越冬，越冬地点在室内墙壁、地板、砖石缝隙或杂物内等处。

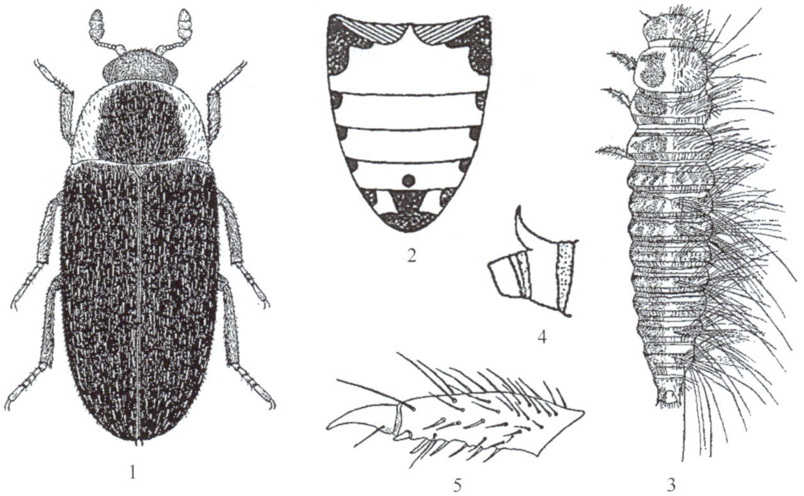

图7-22 白腹皮蠹（仿刘永平和张生芳，1988；郑州粮食学院和吉林财贸学院，1986）

1. 成虫；2. 雄成虫腹部腹面；3. 幼虫背面；4. 幼虫腹末臀叉侧面；5. 幼虫胫跗节后面

表7-1 白腹皮蠹、拟白腹皮蠹和赤毛皮蠹外部形态的主要区别

虫态	特征部位	白腹皮蠹	拟白腹皮蠹	赤毛皮蠹
成虫	前胸背板	前胸背板两侧缘与端缘毛形成1条较宽而倒伏的白色毛带	前胸背板两侧白毛带的基部各有1个卵圆形黑色毛斑	前胸背板被赤褐色毛，毛不规则地指向各个不同方向
	鞘翅内缘末端	各具1根尖刺，刺的两外侧各有数个短刺	未向后突出成刺状，末端边缘无细齿	同拟白腹皮蠹
	第5腹节腹板	白色毛斑呈倒“八”字形	白色毛斑呈倒“凹”形	黑色毛斑呈“V”形
幼虫	背中线	背中线宽而明显，但不连续，终于第9节	背中线宽而完整，自前胸纵贯至末节	同拟白腹皮蠹
	腹末臀叉	侧面观其末端向上方弯曲	侧面观其末端向前上方弯曲	同白腹皮蠹
	胸足胫节	后面末端上部长刚毛与下部粗刺间无细刺或刚毛	后面末端在上部长刚毛与下部粗刺间具1或2根细刺或细刚毛	同白腹皮蠹

发育最低温度为20℃，最适温度为30～35℃。发育最低相对湿度为30%，最适相对湿度为90%。在28～30℃，从卵发育至成虫需42～46d，在23℃约需55d。卵期在27℃为3d，在22～23℃为5d。在23℃、相对湿度40%时，幼虫7～12龄，幼虫期44d。温度升高可导致幼虫期缩短。相对湿度由70%增加到100%，幼虫的蜕皮次数可由7～8次减少到5次。幼虫活泼，贪食，喜阴暗潮湿，有较强的负趋光性、群集性和假死性。在虫口密度高或食物缺乏时，常发生幼虫自相残食现象。老熟幼虫离开食物，爬至木质物或其他硬质物品如书籍、石膏等处蛀孔化蛹。25℃时蛹期8d，34℃时5d，冬季可达55d。

成虫可短距离飞翔，有假死性。成虫在16℃以上开始交配。雌虫在相对湿度73%时仍需饮水才能产卵。产卵前期在35℃时6d，21℃时13d。在21.3～23.7℃，雌虫可持续产卵60d，单雌产卵198～845粒。卵集产于寄主缝隙中或粗糙的食物表面。在21℃、相对湿度75%时，成虫寿命最长，雄虫平均169d，雌虫平均173d，在高温和低湿下寿命缩短。

4．经济意义 白腹皮蠹主要为害蛋白质含量较高的动物产品，如肉类和鱼类制品、干酪、动物性药材和标本、羽毛、蚕丝、皮革及其制品等。也为害书籍、烟草、茶叶、棉布等，还为害粮食、油料及其制品如饼干等。成虫、幼虫均能取食为害，食量极大，常与其他皮蠹一起为害，使储藏物遭受很大损失。老熟幼虫有开凿蛹室化蛹的习性，可破坏建筑物的木质部分、软木塞、硬纸板、棉花、亚麻、石棉甚至铅块等。

5．分布 世界性分布。国内各地区均有分布。

（该科昆虫由王争艳编写）

四、扁谷盗科（Laemophloeidae）

（一）锈赤扁谷盗

1．命名 学名*Cryptolestes ferrugineus*（Stephens，1831），异名*Laemophloeus ferrugineus*（Stephens，1831）、*Cucujus ferrugineus* Stephens，1831。英文名rusty grain beetle。

2．形态特征

（1）成虫：体长1.7～2.3mm。扁平。赤褐色，具光泽。体上密被金黄色细毛。头部和前胸背板上的刻点稀少。头部后方无横沟，额中部的刚毛辐射指向。雄虫上颚近基部有1个外缘齿。触角念珠状，11节，较短，雄虫触角长约等于体长的1/2，雌虫触角长约为体长的2/5，雄虫的触角节比雌虫的稍长。前胸背板倒梯形，两侧缘向基部方向显著收缩，雄虫更明显；前角略突出；雄虫前胸背板后角尖而明显，雌虫的后角钝，几乎成直角。鞘翅长为两翅合宽的1.7倍；第1和第2间室各具刚毛4纵列。雄虫跗节5-5-4式，雌虫跗节5-5-5式。雄虫外生殖器的阳茎在端部后方显著收缩，端部两侧角各具1个显著突起；附骨片2块呈新月形，同等弓曲，上方的一块比下方的一块略粗。雌虫交配囊骨片为一近环状构造，一端膨大呈棒状，另一端骨化强。

（2）卵：长0.7～0.8mm，宽0.2～0.3mm。长椭圆形，白色，半透明，有光泽。

（3）幼虫：爬虫式。末龄幼虫体长3.5～4.5mm。扁长形。头部赤褐色，腹末暗褐色，其余淡黄白色。触角3节，第1节宽短，第2、3节略等长并且长过第1节的2倍。头部的骨化舌杆伸达头部腹面后缘，骨化杆状物近端部1/4处各有1个分支伸向触角基部。侧单眼5对，位于头部侧缘触角后方，排列成向腹面开口的缺环。前胸腹面中纵骨化纹明显，其色泽远较头部色泽深而与骨化舌杆色泽接近。前胸腹面具丝腺1对，丝腺的端部位于前胸侧角，膨大呈肩状，与体愈合，其顶端有显著的直刚毛，在背面能看见。腹末有臀叉，末端略向内弯，两尖头末端间距短于尖头的长度。腹末腹面环形围肛骨片完整无缺口。

（4）蛹：体长2.0mm，宽0.7mm。初化蛹时乳白色，羽化前暗褐色。胸背着生细长毛。头顶中央两侧在复眼间略后方具毛1对，前、中足腿节、胫节间各具毛1根，胸、腹各节两侧有毛1～2根，腹末具刺状毛1对（图7-23）。

锈赤扁谷盗、长角扁谷盗和土耳其扁谷盗的主要区别见图7-24和表7-2。

3．生活习性 锈赤扁谷盗耐干和耐寒能力很强。在20～40℃、相对湿度40%～95%条件下，可顺利完成发育和繁殖。在－20℃、相对湿度10%条件下仍可存活。在40℃、相对湿

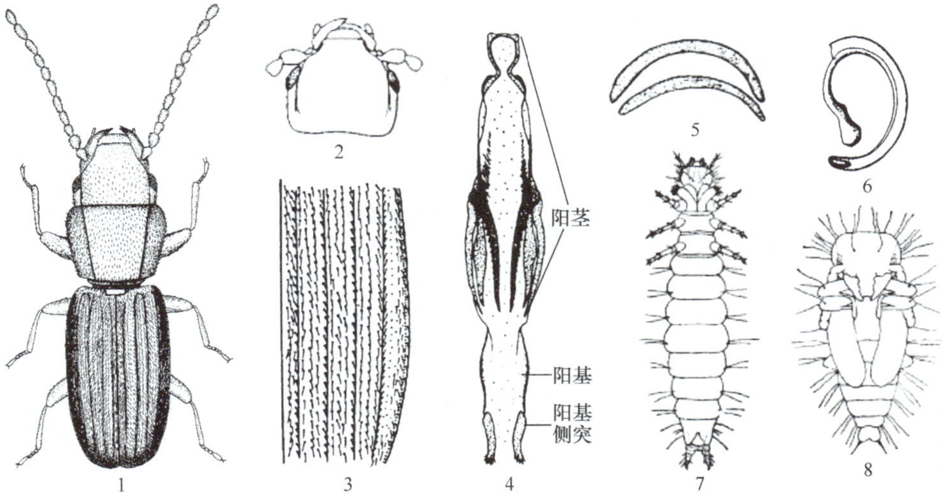

彩图

图7-23　锈赤扁谷盗（仿张生芳等，1998；陈耀溪，1984；祝长清等，1999）

1. 成虫；2. 成虫头部背面观；3. 成虫鞘翅局部；4. 雄成虫外生殖器；5. 雄成虫外生殖器附骨片；6. 雌成虫交配囊骨片；7. 幼虫；8. 蛹

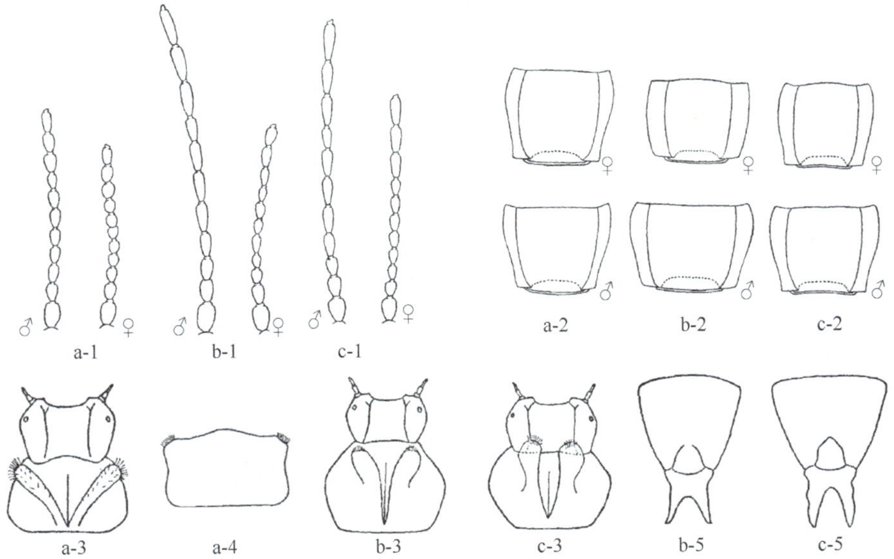

图7-24　锈赤扁谷盗、长角扁谷盗和土耳其扁谷盗的形态区别（仿赵养昌，1966；Bishop，1960）

a. 锈赤扁谷盗；b. 长角扁谷盗；c. 土耳其扁谷盗；1. 成虫触角；2. 成虫前胸背板；3. 幼虫头、前胸腹面观；4. 幼虫前胸背面观；5. 幼虫第8、9节腹节腹面

度70%时，卵的孵化率为50%。发育最适温度为32～35℃，最适相对湿度为70%～90%。在最适条件下，1个月的增殖速率为60倍。在32℃、相对湿度60%～90%时，卵期3.8d，幼虫各龄历期分别为第1龄4.1d、第2龄3.0d、第3龄3.5d、第4龄6.8d，蛹期4.3d，由卵孵化至成虫羽化需25.4d。幼虫可在小麦等粮食上发育，喜食种胚。也经常发生于树皮下、土壤内或植物性材料的堆放处。有同类相残的习性，捕食对象多为预蛹及蛹。化蛹前不做茧，常先用粪便堵塞被蛀空粮粒的洞，然后在粮粒内化蛹。此外，也在粮粒之间化蛹。

表 7-2　锈赤扁谷盗、长角扁谷盗和土耳其扁谷盗外部形态的主要区别

虫态	特征部位	锈赤扁谷盗	长角扁谷盗	土耳其扁谷盗
成虫	体色	赤褐色，光泽显著	黄褐色至赤褐色，光泽不显著	赤褐色，光泽显著
	触角	雌、雄虫触角均为念珠状，且短。雄虫触角长于雌虫，约等于体长的1/2	雄虫触角末端3节两侧缘近于平行。雌虫触角短于雄虫，约等于体长的1/2	雄虫触角末端3节两侧缘自基部向端部略扩张。雌虫触角短于雄虫，约等于体长的1/2
	前胸背板	倒梯形，后缘远较前缘狭窄，雄虫更甚	近方形，宽明显大于长。雄虫的后缘比前缘明显窄	近方形，宽不明显大于长。后缘较前缘略窄，侧缘较直
	鞘翅	鞘翅长为两翅合宽的1.7倍	鞘翅长为两翅合宽的1.5倍	鞘翅长至少为两翅合宽的2倍
幼虫	丝腺	丝腺末端位于前胸腹面前侧缘，从背面看得见。末端刚毛明显	丝腺末端游离，完全位于腹面，从背面看不见。末端刚毛不明显	丝腺末端游离，较大，略向中线弯曲，从背面看不见。末端刚毛明显
	围肛骨片	完整无缺口	中央有开口	同锈赤扁谷盗
	腹末臀叉	末端略向内弯，尖头间距短于尖头之长	末端略向外弯，尖头间距大于尖头之长	同锈赤扁谷盗

成虫善飞翔。下午或黄昏前，当温度在21℃以上时，成虫常飞行，每次飞行时间最长可达30min。成虫羽化后1～2d开始交尾，产卵前期1～2d。在35℃、相对湿度70%时，单雌产卵423粒，平均每天产卵6粒。卵成块地产于缝隙内，每块10粒或更多。有时卵也散产于饲料内或整粒小麦胚的缝内。在21℃，雄虫寿命180d，雌虫寿命214d；在32℃，雄虫寿命90d，雌虫寿命134d。

4. 经济意义　锈赤扁谷盗常发生于面粉厂、米厂的加工车间、原料库、成品库，在酒厂存放酒曲的仓库内发生也很严重，有时也发生于一些粮食仓库中。锈赤扁谷盗的成虫和幼虫都可为害破碎和受损的原粮，如稻谷、麦类、豆类、油料等，也可为害豆饼、大米、粉类、酒曲、糕点、干菜、干果、药材等储藏物，其中在粉类和油料类中发生最多。

5. 分布　广泛分布于世界温带和热带地区。国内各地区均有分布，在南方各地危害较重。

（二）长角扁谷盗

1. 命名　学名*Cryptolestes pusillus*（Schonherr，1817），异名*Cryptolestes minutus*（Olivier，1791）、*Cucujus pusillus* Schönherr，1817、*Laemophloeus minutus*（Olivier，1791）、*Laemophloeus pusillus*（Schonherr，1817）。英文名flat grain beetle。中文别名长角谷盗、角胸谷盗、长角谷甲。

2. 形态特征

（1）成虫：体长1.3～2.0mm。扁长形。淡红褐色至淡黄褐色，密被黄白色绒毛，略有光泽。头部近三角形，头顶中央有1条细纵隆线，唇基前端截形略凹，头部额区的刚毛呈辐射状指向，两侧的刚毛为前侧方指向。复眼圆形，突出，黑色。触角长，11节。雄虫触角丝状，长度是体长的0.53～0.86倍，第5～11触角节比雌虫的长，末3节两侧近于平行。雌虫触角串珠状，长度约等于体长的1/2，各触角节较短小。前胸背板明显横宽，宽为长的1.2～1.3倍，前角不突出，后角钝，两侧近侧缘处各有1条细纵隆线，两侧向基部方向稍狭缩。小盾片近横长方形，后缘圆。鞘翅短，长为两翅合宽的1.5倍；第1和第2间室各具刚毛4纵列。腹部第1腹

板的长度通常为后胸腹板长度的1/2。雄虫外生殖器阳茎在端部后方显著收缩，端部两侧角呈宽圆形；阳基呈牛角状；阳基侧突端部宽圆形；附骨片2块，上方的1块较窄且骨化强，下方的1块较宽且直，骨化弱。雌虫外生殖器交配囊的骨化部分呈螺旋形。

（2）卵：长0.4～0.5mm。椭圆形。乳白色。

（3）幼虫：体长3.0～4.0mm。淡黄色。头部扁平，淡赤褐色；中央有1个深色“八”形斑纹。侧单眼3对排成不规则的环形。触角短小，3节。前胸腹面有丝腺1对，其端部游离，略向外弯，末端的刚毛短而直，不明显。胴部的前半部扁平，后半部略肥大，末节圆锥形胴部各节两侧各着生淡黄白色细毛2根，全体散生淡黄白色绒毛。腹末有臀叉，末端略向外弯，两尖头末端间距常大于尖头的长度。腹末腹面环形围肛骨片中央开口而不完整。

（4）蛹：体长1.5～2.0mm。淡黄白色。头顶宽大，复眼淡赤褐色。前胸背板呈梯形。后足伸达腹面第4节后缘。翅芽狭长，伸达腹部腹面第5节后缘。腹部末节狭小，近方形，末端着生小肉刺1对。全身背面散生黄褐色细长毛（图7-25）。

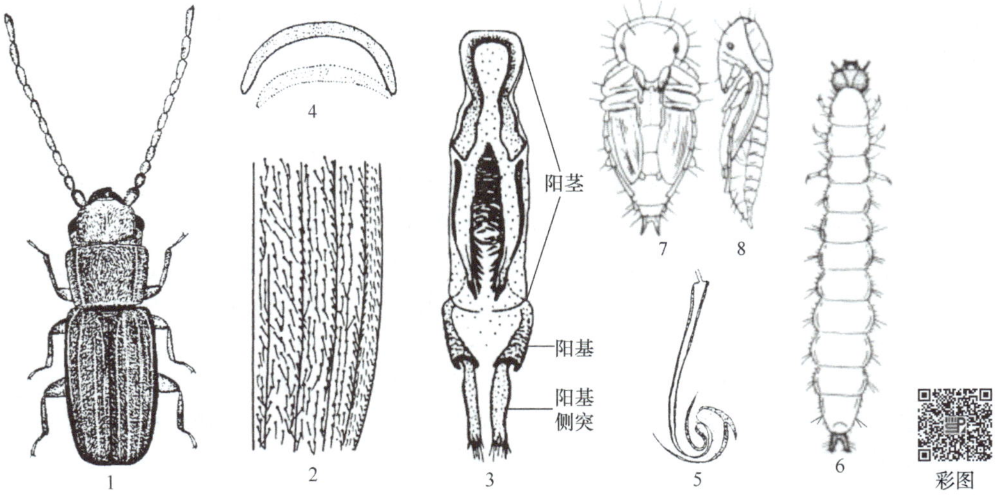

图7-25　长角扁谷盗（仿张生芳等，1998；祝长清等，1999；袁锋，2001）

1．成虫；2．成虫鞘翅局部；3．雄成虫外生殖器；4．雄成虫外生殖器附骨片；5．雌成虫交配囊骨片；6．幼虫；7．蛹腹面观；8．蛹侧面观

3．生活习性　长角扁谷盗1年发生3～6代，以成虫在较干燥的碎粮、粉屑、尘芥或仓库缝隙中越冬。幼虫通常4龄。温、湿度对该虫的发育繁殖影响很大。该虫发育的适宜温度为18～38℃，适宜相对湿度为45%～100%。发育最适温度为35℃，最适相对湿度为90%，每月虫口最大的增殖速率为10倍。在21.5℃、27℃和32℃完成1代分别需80～100d、40～50d和28d。幼虫为害粉类及碎屑，还喜吃种子的胚部。幼虫老熟后即吐丝连缀粉屑做成白色薄茧，在茧内化蛹，在茧外化蛹的极少。在不利的营养条件下可发生同类相残现象，偶尔钻入米象产卵孔内食米象的卵。

成虫善飞翔。成虫羽化后，在茧内蛰伏1至数日，钻出后便开始交尾。产卵前期在25℃为6d，33℃为2d。单雌产卵20～334粒。在25℃和33℃，相对湿度70%～90%的高温高湿环境中，产卵期115～125d，每日产卵1～8粒。在21℃产卵较多，32℃产卵较少。在21℃，相对湿度70%时，单雌产卵16.7粒；相对湿度90%时，单雌产卵85.1粒。卵散产于疏松的食物内或谷物缝隙内，卵上黏附着食物颗粒。在21℃和32℃，成虫寿命分别为242d和98d。

4. 经济意义 长角扁谷盗成虫及幼虫为害破碎或受损的谷物、油料、粉类、豆类、香料、可可及干果等多种农产品及其制品，其中以粉类及油籽中发生最多。在完整和干净的粮食中则多发生在大谷盗、印度谷螟、米象、谷蠹等初期性储藏物害虫为害之后，一般与锯谷盗，偶尔与锈赤扁谷盗同时发生。除直接取食外，也往往导致农产品发热霉变。由于1年中发生代数多、繁殖快，因此是重要的后期性储藏物害虫。

5. 分布 世界性分布。国内各地区均有分布。

（三）土耳其扁谷盗

1. 命名 学名*Cryptolestes turcicus*（Grouvelle，1876），异名*Laemophloeus truncatus* Casey，1884、*Laemophloeus turcicus* Grouvelle，1876、*Cryptolestes truncatus*（Casey，1884）。英文名smaller rusty grain beetle。

2. 形态特征

（1）成虫：体长1.2～2.2mm。扁平细长。表皮赤褐色，有时呈黄褐色，有显著光泽。头部额中区的刚毛呈辐射状排列。触角长，11节。雄虫触角丝状，为体长的0.69～0.80倍，触角节细长，末端3节两侧缘自基部向端部略扩张；雌虫触角串珠状，为体长的0.50～0.54倍，触角节粗长。前胸背板近方形，后缘略较前缘窄，背面刻点通常大而浅，常有1个中纵无刻点区域，该区域较小。前胸与鞘翅衔接处呈颈状。两鞘翅外侧直且平行，鞘翅长至少为两翅合宽的2倍；第1和第2间室各具刚毛3纵列。雄虫跗节5-5-4式，雌虫跗节5-5-5式。雄虫外生殖器阳茎在端部后方仅略收缩；阳基呈圆筒形，两侧近于平行；阳基侧突端部较尖；附骨片由1个较大的“U”形骨片和1个较小的弓曲不均匀的骨片组成。雌虫交配囊骨片简单，由2条平行且稍弓曲的骨片和端部的1块短骨片组成（图7-26）。

（2）幼虫：体长3.5～4.5mm。扁长形，后半部较肥大。除头部及臀叉为淡赤褐色外，其余均为乳白色。头部扁，以中部最宽。头部每侧有单眼5个，位于头部侧缘触角后方，常排列成不规则的环形。上颚具端齿2个，臼齿明显。触角3节，短于头长，第1节宽短，第2、3节约等于或长过第1节的2倍，各节宽度约为前1节宽度的1/2，第3节端部具1根长刚毛。前胸腹面着生丝腺1对，丝腺末端游离，较大，略向内弯，伸达头部腹面后缘基部，因此两丝腺端部间距离较窄，比较接近中线，末端的刚毛长而明显，刚毛端部略弯曲。腹末有臀叉，末端自基部略向后上方弯翘，且略向内弯，两尖头末端间距常短于尖头的长度。腹末腹面环形围肛骨片完整无缺口。

3. 生活习性 土耳其扁谷盗1年发生数代，野外多生活于树皮下。以成虫在较干燥的碎粮、粉屑、垫糠、尘芥及仓内各种缝隙中越冬。该虫耐寒能力较强，故在我国最北部地区仍有发生。

在32℃、相对湿度90%的条件下，卵期3.5d，幼虫期20.1d，蛹期4.4d，由卵至成虫羽化需时28d。发育最适温度为28℃，最适相对湿度为90%。在相对湿度90%时，该虫发育的温度为17.5～35℃。若相对湿度降至70%，在上述极端的温度下则不能发育。即使在发育最适温度下，若相对湿度低于40%，此虫也不能发育。对干燥的抵抗力很弱，因此相对湿度的变化对其产卵量、发育、死亡率的影响都很显著。产卵量随相对湿度增加而增加，在24℃，相对湿度70%时，单雌产卵21.8粒，相对湿度90%时，单雌产卵131粒。各虫期死亡率随相对湿度增加而降低，特别对第1龄幼虫的影响更显著。发育历期随相对湿度增加而缩短，尤以前3龄幼虫的发育历期更为明显，但对第4龄幼虫、蛹的发育期无显著影响。

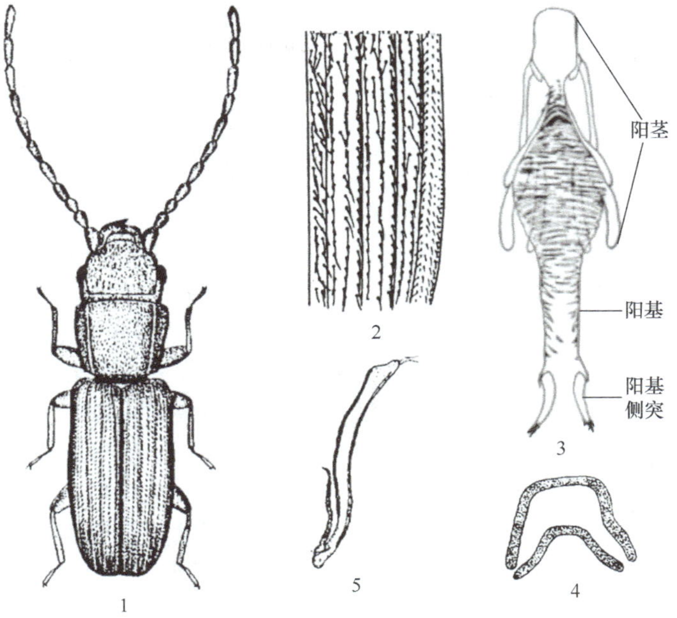

彩图

图7-26　土耳其扁谷盗成虫（仿祝长清等，1999；陈耀溪，1984；张生芳等，1998）
1. 成虫背面观；2. 鞘翅局部；3. 雄虫外生殖器；4. 雄虫外生殖器附骨片；5. 雌虫交配囊骨片

幼虫喜食种子的胚，还同长角扁谷盗幼虫一样能钻入玉米象卵窝内，取食玉米象的卵，并在其中食害。面粉中滋生的霉菌对该虫的发育有利。成熟幼虫常在化蛹前，以吐丝连缀碎屑粉末做茧化蛹，有时在适宜环境中也能在没有茧的情况下化蛹。成虫行动迅速且善飞，在夜间常飞向附近灯光处。成虫羽化当天交尾，交尾后不久就开始产卵。卵一般10粒或更多地成块产于缝隙内，或散产于粉屑内，尤喜产于粮粒胚部的缝隙内。

4. 经济意义　土耳其扁谷盗属后期性害虫，成虫及幼虫为害破碎或受损的谷物、油料、粉类、豆类、干果、香料、可可、椰肉及中药材等多种农产品及其制品，有时虫口密度极高。除直接取食外，也往往导致农产品发热霉变。

5. 分布　分布于世界广大温暖地区。国内大部分地区均有分布。

（该科昆虫由王争艳编写）

五、书虱科（Liposcelidae）

（一）嗜卷书虱

1. 命名　学名*Liposcelis bostrychophila* Badonnel, 1931，异名*Liposcelis granicola* Broadhead & Hobby, 1944。英文名book louse、cereal psocid。

2. 形态特征

（1）成虫：体长0.9～1.2mm。身体为一致的褐色至深褐色。腹部第3～7节背板后缘均有浅色的膜质横带。头顶及腹部背板具中至大型瘤突，并常有由瘤突分隔形成的梭形区。下颚须末节近端部有2根长感觉毛，s毛和r毛，其长度均超过邻近感觉毛的2倍。每复眼具小眼5～8个，

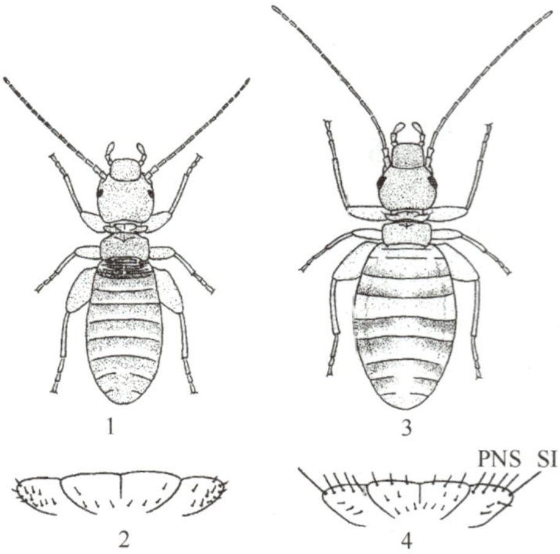

彩图

图7-27 嗜卷书虱和嗜虫书虱（仿白旭光，2008）

1．嗜卷书虱成虫；2．嗜卷书虱成虫前胸背板；3．嗜虫书虱成虫；4．嗜虫书虱成虫前胸背板

通常7个。前胸背板侧叶SI毛短小，稍长于或约等于周围小毛的长度，小毛5～6根，无PNS毛。前胸腹板前缘具3～4根末端平截的长刚毛，后半部两侧还各具1根长刚毛。中胸腹板前缘具长刚毛6～9根（图7-27）。

（2）若虫：半透明，白色。头部淡褐色，眼红色。腹部11节。跗节2-2-2式。第1龄若虫触角9节，触角第3～9节粗细相当。第2龄若虫触角第3～9节中间有初步的分裂，分裂到第3龄完成。

3．生活习性 嗜卷书虱为不全变态昆虫。1年发生3～6代，世代重叠。此虫是目前发现的储藏物书虱中唯一营孤雌生殖的种类，并为产雌性孤雌生殖，没有雄虫。若虫3～4龄。在25℃、相对湿度76%的条件下，卵期为11d；以酵素为食物，第1～4龄若虫的历期分别为4.7d、3.0d、2.9d和4.2d；以面粉为食物，若虫各龄历期分别为4.8d、3.4d、3.4d和5.7d。发育的最适温度为35℃，最适相对湿度为88%，此时完成1个世代仅约需22d，产卵前期3.8d。发育的上限温度为38℃。在相对湿度32%下不能存活。成虫一般将卵散产于生活环境中，单雌每天最多产卵5粒，通常1～2粒。卵散产于寄主碎屑或缝隙中。在25℃、相对湿度76%的条件下，以酵素为食物，单雌产卵212粒，成虫平均寿命为175d。

嗜卷书虱具有群集性及负趋光性，日间潜伏在背光处或尘芥内，夜间活动。食性杂，除储藏的动、植物品及家庭用品外，还嗜食储藏物中的霉菌。在储藏环境中，当温湿度升高到适合霉菌繁殖时，书虱数量也上升，但当霉菌大量滋生时，书虱的数量反而下降。耐饥能力强，在20℃、相对湿度70%的条件下，不进食也能存活2个月以上，当重新取食后又能照常产卵。

4．经济意义 同嗜虫书虱。主要取食淀粉及动物碎片。室内发现于储粮、书籍、厨房、昆虫标本、中药材、衣物和灰尘中。繁殖迅速，危害较重。

5．分布 世界性分布。国内分布于内蒙古、陕西、河北、山西、河南、上海、湖北、湖南、江西、浙江、广东、四川、云南等地区。

（二）嗜虫书虱

1．命名 学名*Liposcelis entomophila*（Enderlein，1907）。异名*Liposcelis virgatulus* Pearman，1929。

2．形态特征 成虫：雄虫体长0.8～0.9mm，雌虫体长1.3～1.4mm。体黄褐色。腹部第3、4节和6～9节背板通常有1条褐色横带，横带中部有明显间断。头顶具由弧线分隔的梭形区，区内瘤突不明显。头顶小细毛的间距约等于或稍小于其长度。每复眼具小眼6～8个，通常8个。前胸背板侧叶SI毛很长，PNS毛3～5根，稍短于SI毛，几乎形成1横排。前胸腹板前缘有长刚毛4～7根，后半部无刚毛。中胸腹板前缘有长刚毛6～11根，在前缘几乎形成弓形排列（图7-27）。

3．生活习性 嗜虫书虱为不全变态昆虫，有卵、若虫和成虫3个虫期。喜欢温暖潮湿的环境。发育的适宜温度为28～34℃，适宜相对湿度为80%～90%。当温度低于21℃时，种群增长缓慢。当温度高于36℃时或相对湿度低于60%时，不能存活。在20～35℃、相对湿度75%时，卵期5～19d，若虫期17～53d，产卵前期4～8d，完成1世代需26～80d。在26～34℃，相对湿度65%～85%，小麦破碎率4%～12%的条件下，卵期6～10d，若虫期17～24d，产卵前期5～6d，完成1世代需28～40d；温度和相对湿度对发育历期有显著影响；3种生态因素对种群增长影响的主次顺序为温度＞湿度和小麦破碎率；种群增长的最适条件为温度34℃、相对湿度85%、小麦破碎率12%。各阶段的发育起点温度和有效积温分别为：卵期，14.8℃和100.5℃·d；若虫期，15.2℃和306.8℃·d；全世代，15.7℃和460.7℃·d。

4. 经济意义 嗜虫书虱是常见的储藏物害虫，食性杂，可取食动植物标本、书籍、纸张、档案、禾谷类及其加工制品、米糠、干果、奶粉、豆粉、砂糖、食盐、药材、茶叶、衣物等。它不仅直接为害各种储藏物，而且使储藏环境湿度升高，使储藏物发热、发霉，造成严重经济损失。当嗜虫书虱在粮堆中发生时，3个月内可导致小麦质量损失8.5%，并通过取食胚芽降低种子发芽率，引起粮食霉变。此外，它还能传播致病菌，对人体有致敏作用，威胁人类健康。

5. 分布 世界性分布。国内分布于黑龙江、北京、河南、山东、江苏、上海、湖北、湖南、江西、浙江、福建、广东、四川、重庆等地区。

（该科昆虫由王争艳、白春启编写）

六、露尾甲科（Nitidulidae）

（一）细胫露尾甲

1. 命名 学名*Carpophilus delkeskampi* Hisamatsu，1963。

2. 形态特征 成虫：体长2.0～4.0mm，宽1.5～2.0mm。卵圆形，体侧缘向外扩展较强。体褐色至暗褐色，密被倒伏状的细毛，有光泽。触角11节，第2节长于第3节，末端3节呈锤头状。前胸背板宽大于长，侧缘弧形，基部明显较端部宽。两鞘翅合宽大于长，基部与前胸背板近等宽，每鞘翅的肩部及端部各有1个不太鲜明的黄色斑，斑边缘不太清晰，端部色斑外侧部分总是朝外侧后方渐趋缩小；有时雄虫端斑较小且不明显，呈椭圆形至长卵形状，位于翅缝两侧旁。中胸腹板具中纵脊1条及弧形侧隆脊2条。后胸腹板中足基节窝后缘线与基节窝相平行至侧端略向后弯，腋区极小。后足胫节向端部方向不显著加宽，胫节两侧相对平行。雄虫外生殖器阳基侧突侧面观显著狭窄，端部尖细。雄虫臀板末端圆形；雌虫臀板末端尖圆形（图7-28）。

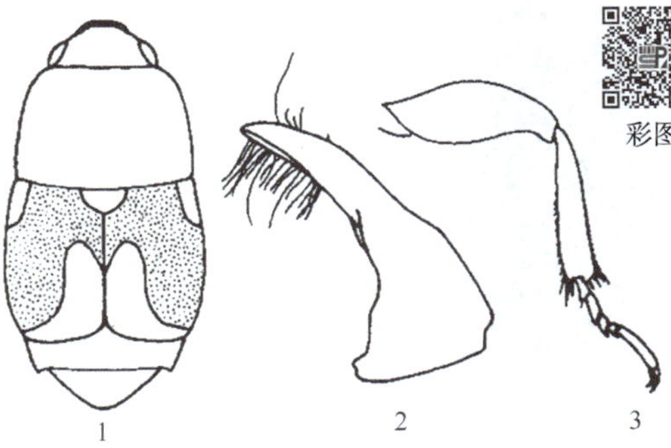

彩图

图7-28 细胫露尾甲成虫（仿张生芳等，1998）
1. 主体背面观；2. 雄虫阳基侧突侧面观；3. 后足

该种与酱曲露尾甲［*C. hemipterus*（Linnaeus，1758）］的外形十分相似，二者成虫的形态区别见表7-3。

表7-3 细胫露尾甲和酱曲露尾甲成虫外部形态的主要区别（张生芳等，2016）

特征部位	细胫露尾甲	酱曲露尾甲
体型	体侧缘向外扩展较强，体长稍小于宽的2倍	体侧缘向外扩展弱，体长稍大于宽的2倍
鞘翅花斑	淡色斑不太明显，边缘不太清晰，黑色斑向后延伸至鞘翅近端部	淡色斑鲜明，边缘清晰，黑色斑向后延伸达翅端1/3处
后足胫节	向端部方向不显著加宽，胫节两侧相对平行	向端部方向显著加宽，胫节较明显呈三角形
雄虫阳基侧突	侧面观显著狭窄，端部尖细	侧面观较宽，端部钝圆

3. 生活习性 细胫露尾甲1年可发生数代，每代历期与温度有关，多以老熟幼虫、蛹、成虫在各种缝隙中越冬，或在田间土下或夹杂物中越冬。幼虫一般3龄，约10d成熟，然后离开食物，寻找适宜化蛹场所，或者就在食物中化蛹。在适宜条件下，完成1世代最短需17～20d。成虫善飞、性活泼，在适宜环境中以发酵物进行饲育时，雄虫常紧紧尾随着雌虫，除在雌虫产卵时以外，常处于交尾状态。雌虫喜产卵于寄主表面的裂缝中。

4. 经济意义 细胫露尾甲主要以幼虫为害。广泛发生于粮仓、酿造厂、米面加工厂、中药材库及食品仓库。

5. 分布 国外分布于日本、菲律宾。国内分布于黑龙江、吉林、辽宁、内蒙古、宁夏、甘肃、新疆、青海、河北、山西、山东、福建、广东、广西、贵州、云南等地区。

（二）干果露尾甲

1. 命名 学名*Carpophilus mutilatus* Erichson，1843，异名*Brachypeplus mutilatus*（Erichson，1843）。英文名confused sap beetle。

2. 形态特征

（1）成虫：体长2.3～3.9mm。背面稍隆起，两侧近平行。表皮淡锈褐色至黑色，略有光泽。触角11节，第2、3节等长，第8节宽小于第9节宽的1/2。前胸背板宽约为长的1.5倍，近基部处最宽。鞘翅两侧近平行，以端部1/3处最宽。前胸腹板的前足基节间突无隆脊，前背折缘几乎无刻点而具小颗瘤。中胸腹板有1条光滑而略隆起的中纵纹。后胸腹板中足基节窝的后缘线与基节窝中部2/3平行，端部后弯，终止于后胸前侧片中部，腋区光滑无刻点。雄虫后足腿节腹面无小隆起。雄虫腹部有可见腹板6个，最末腹板中部凹陷。雌虫腹部有可见腹板5个。雄虫外生殖器阳基侧突较小露尾甲相对粗短（图7-29）。

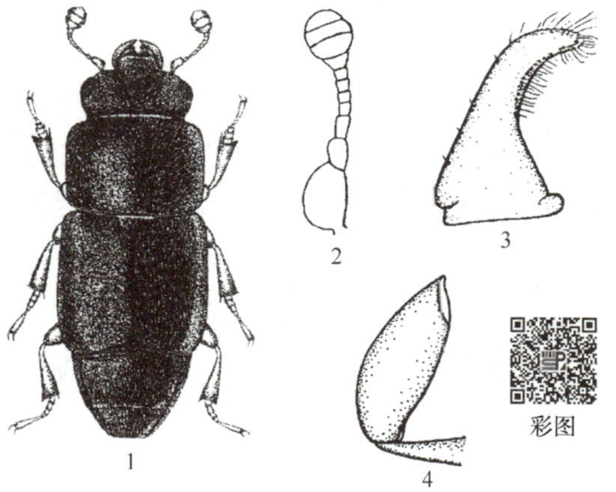

图7-29 干果露尾甲成虫（仿张生芳等，1998；Dobson，1954）
1. 成虫背面观；2. 触角；3. 雄虫阳基侧突侧面观；4. 雄虫后足腿节

（2）幼虫：体长5.6～6.2mm。扁长形。体白色。

3. 生活习性 干果露尾甲1年可发生数代，每代历期与温度有关，多以老熟幼虫、蛹、成虫在田间土下及废弃物或仓内各种缝隙中越冬。幼虫共3龄，偶尔2龄，且喜高湿。初孵幼虫先侵入粮粒外表，长大后蛀入粮粒内部，蛀成不规则的隧道。成虫性活泼，飞翔力强，有群集、假死和趋光等习性，对腐败发酵气味有强趋性，往往在黄昏时飞出仓外取食花蜜、花粉及腐烂发酵的果实。雌虫喜产卵于寄主表面的裂缝中。

4. 经济意义 干果露尾甲可为害储藏的椰干、果干、粮食、芝麻、花生等。

5. 分布 世界性分布。国内大部分地区均有分布。

（该科昆虫由王争艳编写）

七、螟蛾科（Pyralidae）

（一）粉斑螟

1. 命名 学名*Cadra cautella*（Walker，1863），异名*Ephestia cautella*（Walker，1863）。英文名almond moth、tropical warehouse moth。

2. 形态特征

（1）成虫：体长6.5～7.0mm，静止时连翅长8.0～9.0mm。灰黑色。有喙，下唇须发达，弯向前上方，可伸达复眼顶端。前翅长三角形，翅面暗灰色，近翅基2/6处即近内横线处从翅的前缘至后缘有1条淡色较宽而直的横带纹，紧靠该横带纹的外侧还有1条较直的黑色横纹，另外在翅端1/6处，即亚缘线处有1条呈小波浪状的淡色纹。后翅灰白色。前、后翅缘毛均短。前翅Sc脉伸达前缘不明显，R脉3根，R_3与R_4脉愈合，缺R_5脉。M脉2根，Cu脉2根，A脉1根。后翅Rs脉与Sc＋R_1脉自基部即愈合直至翅端，有的Rs脉与Sc＋R_1脉分离成短小的脉，终于前缘。M脉2根，M_3脉与Cu_1脉共柄的交点位于翅的中横线处，A脉3根。雄虫的抱握器长椭圆形，内侧近中部有1个齿尖指向尾后的齿突。囊形突为抱握器长度的2/5。爪形突不分裂。雌虫交配节横长方形，前、后棒几等长，阴道内有细长纤维丝1束，交配囊壁上有排列成行的众多骨化的小刻点，囊底有骨化的小半月形的交配刺2～4个。

（2）卵：球形，乳白色。

（3）幼虫：体长12.0～15.0mm，头赤褐色，前胸盾及腹末臀板褐色至深褐色，其余各节为乳白色或稍带粉红色。头部颅中沟与额沟长度之比为2∶1，单眼每侧6个。前胸气门群2根毛，中胸及第8腹节ρ毛（3毛）基部有深色骨化环，其余各节各刚毛基部均有深色毛片。第3～6节腹足趾钩为双序环形（图7-30）。

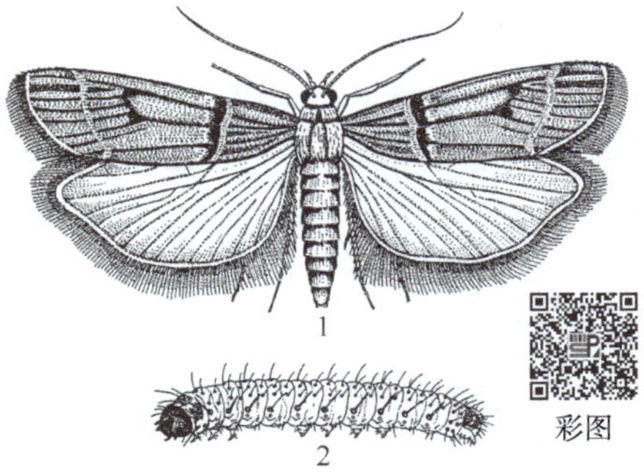

图7-30 粉斑螟（仿Hill，2002）
1. 成虫；2. 幼虫

3. 生活习性 粉斑螟1年发生4代。以幼虫结茧越冬，翌年春暖化蛹羽化为成虫，交尾产卵。卵产于被害物的表面。幼虫有吐丝结网或连缀食物并潜伏其中为害的习性，幼虫老熟后离开寄主食物，上爬至墙壁、梁柱、天花板及各种缝隙中吐丝结茧化蛹或越冬。一般在夏季完成1代需时1～2个月，如温度在25℃时，完成1代需41～45d。在0℃时，各虫态经1周即死亡。

4. 经济意义 粉斑螟是重要的储藏物害虫。幼虫可为害大米、玉米、麦类、高粱、各种粉类、豆类、花生、干果及中药材。

5. 分布 世界性分布。国内各地区均有分布。

（二）印度谷螟

1. 命名　学名*Plodia interpunctella*（Hübner，1813）。英文名Indian meal moth。中文别名印度谷蛾。

2. 形态特征

（1）成虫：雌蛾体长5.0～9.0mm，翅展13.0～16.0mm；雄虫体长5.0～6.0mm，静止时连翅长9.0～10.0mm。赤褐色。头部灰褐色，腹部灰白色。头顶复眼间有1个伸向前下方的黑褐色鳞片丛。有喙，额前有1个锥状鳞片脊，下唇须发达，向前平伸。前翅长三角形，亚基线与中横线之间为灰黄色，其余为赤褐色并散生有紫黑色斑点。后翅灰白色。前、后翅缘毛均短。前翅Sc脉端部伸达前缘不明显，R脉3根，R_3脉与R_4脉愈合，缺R_5脉。M脉2根，Cu脉2根，A脉1根。后翅Rs脉与Sc脉+R_1脉自基部即愈合至翅端，有的在端部分离并伸达前缘。M脉2根，M_3脉与Cu_1脉共柄的交点位于中横线外方，A脉3根（图7-31）。雄虫的抱握器长椭圆形，内侧近端部有1个尖齿突。囊形突为抱握器长度的1/2。爪形突不分裂。阳茎粗壮长炮弹形。雌虫交配节近似矩形，前、后棒几等长，交配囊为不规则的袋形，交配囊中有排列在一起的骨化交配刺4个。

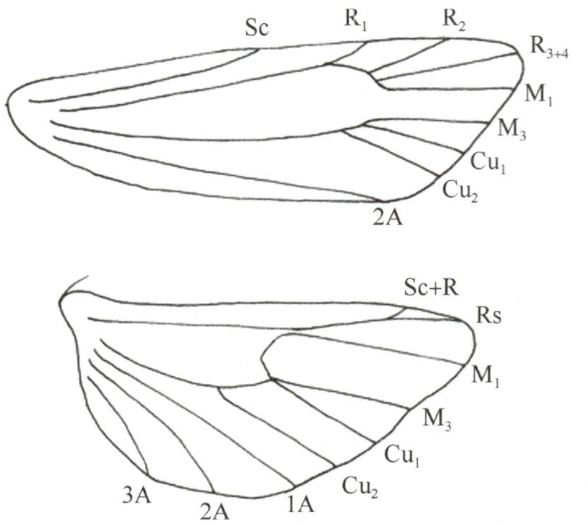

图7-31　印度谷螟成虫脉序（仿白旭光，2008）

（2）卵：椭圆形，长约0.3mm，乳白色，一端尖形。表面粗糙，有许多小粒状突起。

（3）幼虫：体长11.0～14.0mm，头赤褐色，前胸盾及腹末臀板淡黄色，其余各节为淡黄白色或黄绿色。体呈圆筒形，中间稍膨大。头部颅中沟与额沟长度之比为2∶1，单眼每侧5～6个（第1单眼与第2单眼有时愈合）。上颚有齿3个，中间的最大。前胸气门群2根毛，中胸及第8腹节ρ毛（3毛）基部有深色骨化环，其余各节各刚毛基部均无毛片。第3～6节腹足趾钩为双序环形。雄虫部第8节背面可看到有暗紫色斑点1对。

（4）蛹：体长约6.0mm，细长形，橙黄色，背部稍带淡褐色，前翅带黄绿色。复眼黑色。腹部常稍弯向背面。腹末着生尾钩8对，其中以末端近背面的2对最接近及最长。

3. 生活习性　印度谷螟1年通常发生4～6代，在温暖地区，1年可发生7～8代，在辽宁南部1年可发生3～4代。在四川和重庆1年发生5～6代，以幼虫在包装物及梁柱、天花板、缝隙或仓内隐蔽的角落滞育越冬，第2年春天气温回升后化羽化，产生第1代成虫；6～8月是成虫发生高峰期，11月后即进入越冬状态。此虫发生极不规则，在同一时期内可发现卵、幼虫及成虫。卵期一般2～14d，幼虫期22～35d，蛹期7～14d，成虫寿命8～14d。成虫羽化后即可交配产卵，交配全天都可进行。成虫在粮堆或油料种子表面产卵，散产或聚产。产卵期1～18d，产卵多在夜间，单雌一生可产卵40～400粒，平均可产170粒，卵通常在交尾后4d之内产完。此虫在低温、短光期和密度大时进入滞育，不同品系的印度谷螟滞育条件不同，有的仅在20℃时滞育，经过2～4个月；有的在25℃以上进入滞育，经过9个月以上。施用性外激素可以影响印度谷螟的交配行为。

在18～33℃及相对湿度25%～95%时，印度谷螟可顺利地完成发育和繁殖，最适条件为26～29℃和相对湿度70%～75%。1个月内虫口的最高增长速率为30倍。此虫生长繁殖的适宜温度为24～30℃。在27～30℃下，每完成1代约需36d；21℃下，完成1代需6～8周。幼虫如暴露在48.8℃下，经过6h即死亡。各虫期在低温下的致死时间分别为：－3.9～1.1℃时为90d，－6.7～3.9℃时为28d，－9.4～6.7℃时为8d，－12.2～9.4℃时为5d。

初孵幼虫先蛀食粮粒柔软的胚部，再剥食外皮。最喜吃玉米，常蛀入玉米胚部食害。幼虫常在粮面吐丝结网，封住粮面，或吐丝连缀粮粒成小团，潜伏其中危害。幼虫一般5～6龄，条件不适合时，有的可延长到8龄。幼虫老熟以后，即离开粮堆，爬向仓壁、梁柱、天花板及包装物等缝隙或者背风角落，吐丝结茧化蛹或越冬，少数则在粮堆中吐丝，并在连缀粮粒所形成的小团中化蛹或越冬。

4. 经济意义 印度谷螟是我国主要的储粮害虫之一，也是家庭最常发生的储藏物害虫之一。食性极杂，可为害各种谷类及其制品、豆类、油料、种子、干果、药材及昆虫标本等。

5. 分布 世界性分布。国内各地区均有分布。

（该科昆虫由李慧编写）

八、蛛甲科（Ptinidae）

拟裸蛛甲

1. 命名 学名*Gibbium aequinoctiale* Boieldieu，1854，异名*Gibbium aegyptiacum* Pic，1894、*Gibbium chevrolatii* Boieldieu，1854、*Gibbium einsteini* Bellés，1980。英文名smooth spider beetle。

2. 形态特征

（1）成虫：体长2.0～3.0mm，雌虫较雄虫大。体赤褐色至暗赤褐色，有强光泽。外形似蜘蛛，背面强烈隆起，呈球形。头小，下垂；额区有1条纵凹纹。复眼圆形，黑色。在复眼上方、下方和后方有许多近平行的脊纹，伸达前胸背板前缘。触角丝状，11节，约为其体长的1/2，位于两复眼之间的前方。两触角窝后缘线在中央构成直角。前胸背板短小，光滑、少毛、无刻点。鞘翅宽约为其腹板宽的3倍，鞘翅光滑，无毛无刻点，两鞘翅愈合，并向两侧扩展包围腹部。无后翅。雄虫后胸腹板中央具1个直立毛簇。腹部可见4节腹板，第4节最长。足细长，腿节端部膨大；转节发达，后足转节长为腿节长的1/2（图7-32）。

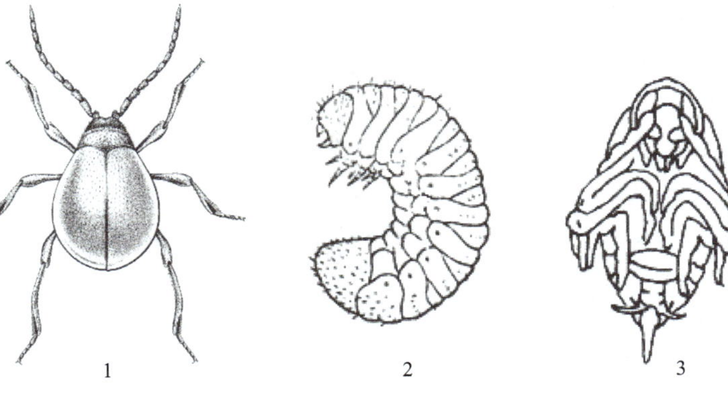

彩图

图7-32 拟裸蛛甲（仿Bousquet，1990；邓望喜，1992）

1. 成虫；2. 幼虫；3. 蛹

拟裸蛛甲与其近缘种裸蛛甲［*Gibbium psylloides*（Czenpinski，1778）］的外形极其相似，但裸蛛甲两触角窝后缘线在中央构成锐角，雄虫外生殖器阳茎中叶背方的骨化脊侧面观细长；拟裸蛛甲两触角窝的后缘线在中央构成直角，阳茎中叶背方的骨化脊侧面观粗短（图7-33）。

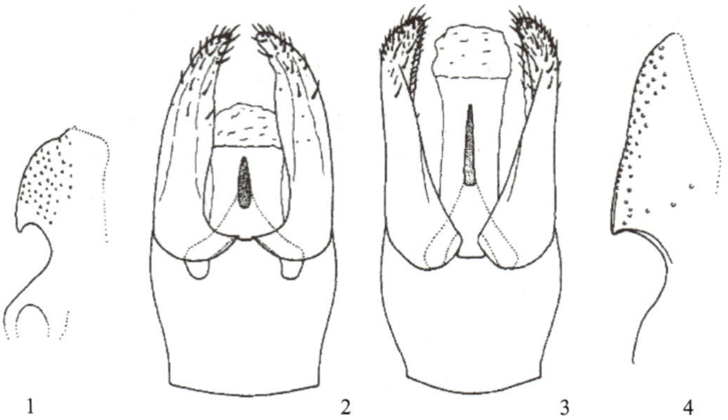

图7-33 拟裸蛛甲与裸蛛甲的雄成虫外生殖器（仿Belles and Halstead，1985）

1, 2. 拟裸蛛甲；3, 4. 裸蛛甲；1, 4. 雄虫阳茎骨化脊侧面观；2, 3. 雄虫外生殖器

（2）卵：长约0.5mm，宽约0.3mm。卵圆形。表面光滑，乳白色，有光泽。

（3）幼虫：外形与日本蛛甲相似。拟裸蛛甲的特征在于老熟幼虫体长3.8mm，额上的淡赤褐色“八”形斑不明显或无，第1腹节气门最大宽度约为气门后上方的鸭嘴状突宽的8倍。腹末腹面具1块“V”形肛前骨片，骨片小，仅包围肛门后缘。

（4）蛹：体长约2.5mm。背面隆起呈弧形，腹面平，两端较细削，中部最宽。乳白色。腹末近腹面处具钩状突1对，其基部相连，端部伸向两侧；近背面处着生1个柄状突，其基部较粗，末端钝圆（图7-32）。

3. 生活习性 在辽宁、山东、河南、湖北，拟裸蛛甲1年发生2～3代。以成虫在各种缝隙中越冬，或以幼虫在以其分泌物连缀的粮食碎屑团块中越冬。在武汉，越冬成虫4月中旬开始交配、产卵。卵期平均20.8d，于5月上旬孵化，幼虫期54.8d，于6月中下旬结茧化蛹。蛹期12.6d，于7月出现第1代成虫。第2代卵期6.4d，幼虫期36.6d，8月下旬开始结茧化蛹，蛹期9.4d，9月上旬出现第2代成虫。

幼虫一般3龄，多潜伏在粮食碎屑中或粉底层，喜以分泌物连缀碎屑及粪便成团，第3龄排出分泌物最多，往往做白色丝质茧潜伏其中，若食物充足则不喜活动。幼虫最喜食全麦粉，其次为小麦粉。老熟幼虫做白色球形坚韧薄茧化蛹。茧多混杂在粮食碎屑及尘芥中或黏附在包装品、地板及板壁缝隙内。

成虫羽化后在茧中蛰伏数日，性成熟后爬出交尾产卵，在产卵期的前几天内产下大部分的卵。卵多产在粮食表面及碎屑中。单雌可产卵45～524粒，平均283粒。食物缺乏时，产卵量极少。成虫有假死性，畏光，移动缓慢，多在粮食表面及包装品缝隙中活动，喜食较干燥的面粉及其他尘芥杂物。一般能耐饥饿7d，最长达50d。

该虫发育最适温度为25～33℃，最适相对湿度为70%～90%，若低于30%即不能完成发育。较耐高温，在35℃能完成世代发育。在40℃、相对湿度70%的条件下，卵全部死亡。相对湿度70%，在23℃时，用鱼粉饲养，卵期14.6d，幼虫期69d，蛹期13.4d，完成1代约需97d；在25℃时，用小麦饲养，完成1代约需49d，雌虫寿命可长达113d；20℃时约经120d才能完成1个世代。该虫能抵抗干燥环境，在25℃，相对湿度0%的条件下，没有食物和水也能存活近3个月。

4. 经济意义 拟裸蛛甲除了为害粮食和面粉外，还为害某些动物性物质，如干鱼、干肉。常发生于仓库、加工厂和住宅内。

5. 分布 近乎世界性害虫。国内各地区均有分布。在过去的一些国内文献中，将该种误定为裸蛛甲，但后者仅分布于古北区（欧洲和地中海地区）、东南亚和北非，包括西班牙、法国、英国、比利时、瑞士、波兰、捷克、斯洛伐克、匈牙利、俄罗斯、意大利、马耳他、希腊、黎巴嫩、伊朗、埃及、阿尔及利亚、摩洛哥。

（该科昆虫由王争艳编写）

九、锯谷盗科（Silvanidae）

锯谷盗

1. 命名 学名*Oryzaephilus surinamensis*（Linnaeus，1758），异名*Dermestes surinamensis* Linnaeus，1758、*Silvanus surinamensis* Linnaeus，1758。英文名sawtoothed grain beetle。中文别名锯胸谷盗。

2. 形态特征

（1）成虫：体长2.0～3.5mm。扁长形。深褐色，密被金黑色细毛，无光泽。头部近三角形。复眼小，圆而突出，黑色。复眼后的后颊大而端部钝，其长度为复眼直径的1/2～2/3。触角棍棒状，11节，第9、10节的宽大于长；背面观第9、10节的基角圆滑。前胸背板长大于宽，略呈长方形，每侧各具齿6个；背面有明显的纵脊3条，中纵脊直，两侧纵脊呈弧形。鞘翅长，直达腹末，两侧近于平行，表面密生黄褐色微毛，各有刻点行10条，且有相距较远的纵脊4条。雄虫后足腿节腹面近端部有1个小刺突，雌虫无。第8腹节腹板后缘二裂各呈宽圆形，各具长刚毛4根以上及多量微小刚毛。雄虫外生殖器阳基侧突外缘的刚毛较长，内缘的刚毛较多、较短，末端着生长刚毛约10根。

（2）卵：长0.8～0.9mm。长椭圆形。乳白色，表面光滑。

（3）幼虫：爬虫式。体长3.0～4.0mm。扁长形，后半部肥大，近末端数节又逐渐缩小。除头部和各节背面骨化区颜色较深外，其余呈灰白色。头部横椭圆形，淡褐色。口器赤褐色。触角3节，与头部等长，第1节最短，第2节次之，第3节最长。胴部12节，乳白色至灰白色。胸部各节背面左右各有1个近方形的暗褐色斑，腹部各节背面中央横列1个椭圆形或半圆形黄褐色斑。在第2～7腹节背面深色斑的后缘各具刚毛4根。腹部末节呈半圆形，无臀叉和臀刺，也无伪足状突起（图7-34）。

（4）蛹：体长2.5～3.0mm。乳白色，无毛。复眼黑褐色。前胸背板近方形，两侧各有锯齿6个。翅芽伸至腹面第4节后缘。腹部两侧各有刺状突6个。腹末呈半圆形突出，末端着生褐色小肉刺1对，刺的基部着生1根小毛。

本种与大眼锯谷盗［*O. mercator*（Fauvel，1889）］极为相似，二者的区别见图7-35和表7-4。

3. 生活习性 锯谷盗1年发生3～4代，以成虫越冬，少数在仓内的缝隙中，多数爬至仓外附近的墙缝或砖石、树皮、杂物下越冬，来年春天再返回仓内繁殖。成虫和幼虫均取食破碎粮粒和粉屑，在含水量适宜其生活的粮食中，发育和繁殖的速率会随粮食破碎率的增加而增加。在含水量12%以下的整粒大米中很难见到此虫。

彩图

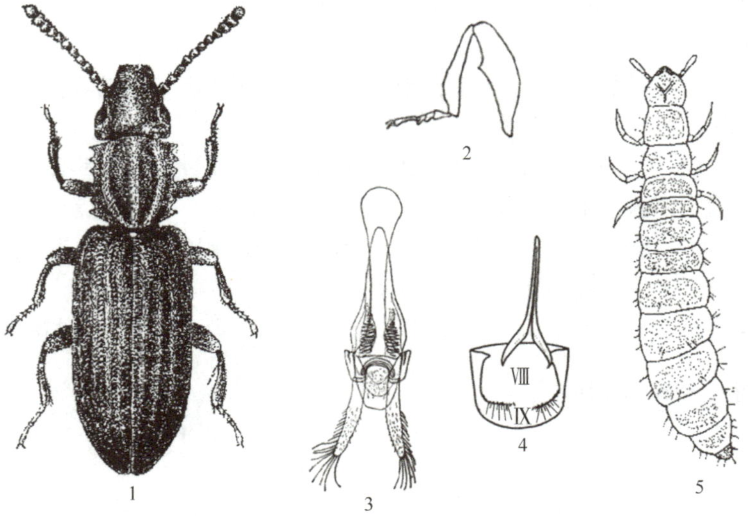

图7-34 锯谷盗（仿Cotton，1950；郑州粮食学院和吉林财贸学院，1986）

1. 成虫；2. 成虫后足；3. 雄成虫外生殖器；4. 雄成虫第8、9腹节腹板；5. 幼虫

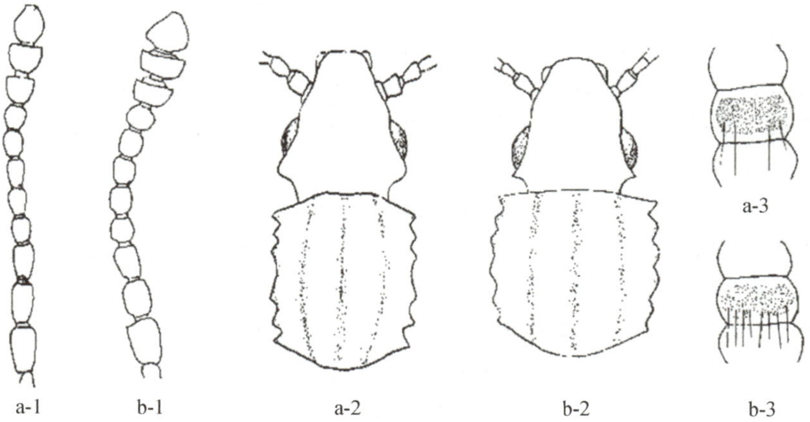

图7-35 锯谷盗和大眼锯谷盗的形态区别（仿郑州粮食学院和吉林财贸学院，1986）

a. 锯谷盗；b. 大眼锯谷盗；1. 成虫触角；2. 成虫头、前胸背面观；3. 幼虫腹节背面

表7-4 锯谷盗和大眼锯谷盗外部形态的主要区别

虫态	特征部位	锯谷盗	大眼锯谷盗
成虫	后颊	复眼小，后颊大而钝	复眼大，后颊小而尖
	触角	触角第9、10节的宽大于长。背面观，两节的基角圆滑	触角第9、10节的宽远大于长。背面观，两节的基角近直角
	隆脊	前胸背板的两侧脊成弧形	前胸背板的两侧脊近于平行
幼虫	腹部	腹部第2～7节背面，在深色斑纹的后缘具长刚毛4根	腹部第2～7节背面，在深色斑纹的后缘具长刚毛8根

有效发育温区为17.5～40℃，发育适宜温度为30～35℃，发育最适温度为34℃。发育适宜相对湿度为80%～90%。卵期3～7d，幼虫期12～75d，蛹期6～12d。发育历期因温度而异。在25～27℃，完成1代需25～30d；在27～28℃，需22d；在30℃，需21d；在35℃，需18d。各虫态在10℃以下，约有50%的个体能存活30d。在－1℃，只有少数成虫及幼虫能存活3周。成虫在47℃时约经1h即死亡。

幼虫一般4龄，有时3或5龄。幼虫行动迅速，有假死性。老熟幼虫常在粮食碎屑中化蛹。成虫爬行迅速，虽有后翅，但不飞翔。在其栖息场所受到扰动时，常常会快速逃窜。在30℃、相对湿度70%时，成虫羽化5～6d后开始产卵。产卵期4～11个月，单雌产卵375粒。卵成块产于缝隙内，或每3～4粒零散产于面粉内，卵外无黏附物。卵孵化率可达95%。成虫寿命最长可达39个月。雌虫寿命一般为6～10个月。由于产卵量大，发育快，死亡少，所以种群增长很快。

4. 经济意义 锯谷盗食性复杂，可为害大多数植物产品，如粮食和油料的破损粒、成品粮、粮食和油料的副产品、中药材、干果、干菜、蜜饯、干肉、烟草等。此虫能潜入破损的花生果内，将整粒花生仁食尽。喜食粮食的碎屑粉末，对完整粮粒仅能食外皮。常生活在被蛀食性害虫为害的储藏物中，为后期性害虫。

5. 分布 世界性分布。国内除吉林、宁夏、西藏未发现外，其余各省区均有发现。

（该科昆虫由王争艳编写）

十、拟步甲科（Tenebrionidae）

（一）黑菌虫

1. 命名 学名*Alphitobius diaperinus* Panzer，1797。英文名lesser mealworm。

2. 形态特征

（1）成虫：体长5.5～7.0mm，宽2.5～3.2mm。椭圆形，深黑色，密布小刻点，无毛，有光泽。复眼被头部向后延伸的颊分开，剩余部分为3～4个小眼面宽，背面观复眼背区占头部宽度的1/6～1/5。触角11节，从第5节开始向内侧逐渐扩展呈锯齿状。前胸背板宽扁，两侧缘从中部到基部近乎直形，而到前角缩窄略近弧形，背面中区刻点小而稀疏。前足胫节端部显著向外侧扩张，中足胫节间腹板上“V”形脊光滑而发亮，两后足之间第1腹板突出部分无边隆线（图7-36）。

（2）幼虫：老熟幼虫体长11.0～13.0mm，长圆筒形。触角3节，第2节最长，第1节次之，第3节最小。体壁高度骨化，光滑，各节均为黑褐色，各节前半段色较深。背中线从前胸背板直通达第6腹节。每节腹板两侧各具褐色长刚毛4根以上，且无规则地排列。在每腹板后缘中央，均具1个长方形黑褐色骨化区。腹末腹面具伪足状突起1对，腹末背面具1根臀刺，在臀刺前方两侧着生许多粗刺，每侧约6根以上。

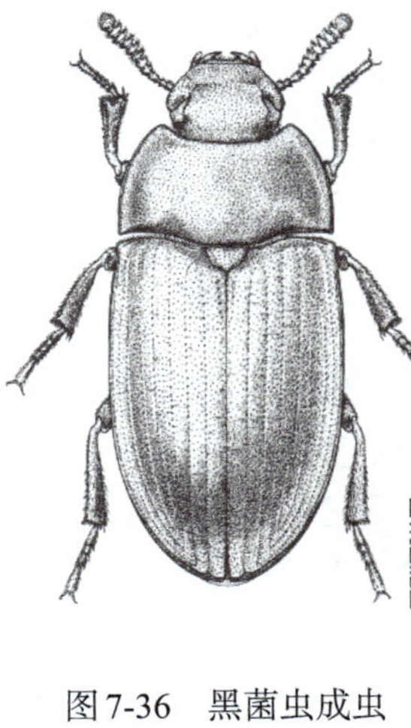

彩图

图7-36 黑菌虫成虫
（仿Bousquet，1990）

3. 生活习性 黑菌虫1年发生1～3代，以成虫或幼虫聚集在仓内各种阴暗壁角、砖石木板下、尘芥杂物中或粮食碎屑内越冬。成虫有群栖性、趋光性、假死性及同类自残现象，喜食潮湿谷物和霉菌。成虫寿命在最适条件下长达1年，一般为2～3个月。羽化后5～7d开始交尾产卵，卵散产于粮食表面，或集中产在各种缝隙及粮粒间，单雌产卵115粒。卵期18℃时平均18d，32～34℃时平均3d。幼虫有群栖性、假死性、趋光性，在17℃以上开始发育。最适发育温度为32℃，在32℃时幼虫期30d，蛹期约4d，完成1个发育周期约需40d。

4. 经济意义　黑菌虫主要发生在粮油加工厂或综合加工厂，粮食仓库粮堆底层，墙壁缝隙，燕子或蝙蝠的窝中，中药材、食品、土特产、酿造、皮革、外贸等仓库中。

5. 分布　世界性分布。国内分布于黑龙江、吉林、辽宁、内蒙古、河北、陕西、宁夏、河南、江苏、浙江、上海、江西、广东、广西、贵州、云南等地区。

（二）姬粉盗

1. 命名　学名*Palorus ratzeburgi*（Wissmann，1848），异名*Hypophloeus ratzeburgii* Wissmann，1848。中文别名姬拟粉盗。

2. 形态特征　成虫：体长2.4～3.0mm，宽0.9～1.0mm。体扁平、长椭圆形，褐色至暗褐色，有中等强度的光泽。头部分布密度中等的刻点。颊不突出不隆起，与唇基几乎位于同一水平，稍高于触角着生处。复眼小，背面观，复眼长度不大于小盾片的宽度；眶上脊十分突出。触角11节，末端数节膨大成棒状。前胸背板宽大于长，略呈横方形，前缘较后缘稍宽，两个前角略向前突出，两个后缘角几乎为直角；中区刻点小，刻点间距为4～5个刻点直径，两侧刻点粗大，刻点间距为1～2个刻点直径。鞘翅上有刻点构成的纵行8条，行间扁平且有刻点1行（图7-37）。

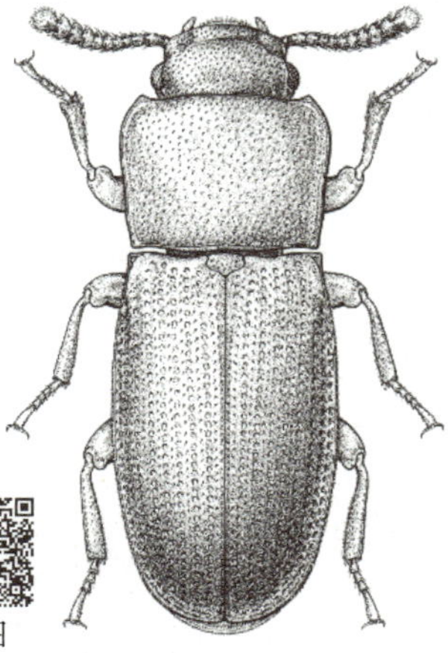

彩图

图7-37　姬粉盗成虫（仿Bousquet，1990）

3. 生活习性　姬粉盗在粮仓内普遍发生，取食象甲属害虫形成的粮食碎屑，因此多与玉米象、米象共生。相对湿度低于70%时，幼虫期随湿度增加而缩短。但当相对湿度大于70%时，大量霉菌滋生，对食物有负面影响。在25℃和30℃，幼虫能耐干燥的条件，在相对湿度20%时仍能正常发育，但在相对湿度10%的条件下不能发育。在30℃、相对湿度90%的条件下，幼虫不能完成发育，可能是因为霉菌的大量滋生。

4. 经济意义　姬粉盗为粉食性害虫，取食谷粉、面粉、麸皮、豆类、干植物、木材等。

5. 分布　国内大部分地区均有分布。

（三）黄粉虫

1. 命名　学名*Tenebrio molitor* Linnaeus，1761。英文名yellow mealworm。中文别名黄粉甲、面包虫。

2. 形态特征

（1）成虫：体长14.0～18.0mm。长椭圆形，黑褐色，有光泽。触角棍棒状，第3节的长度为第2节的2倍，短于第1、2节之和；末节长宽相等。前胸背板宽大于长，背板上的刻点密而均匀，且光滑。鞘翅末端较圆滑（图7-38）。

（2）卵：长0.5～1.0mm，椭圆形，乳白色。

（3）幼虫：老熟幼虫体长32.0～35.0mm，长圆筒形，体壁光滑，有13节，各节连接处具黄褐色环纹，腹面淡黄色。内上唇端缘两侧无规则排列有粗短刚毛多根。各足转节腹面近端部具刺2根。腹末背面臀叉向上翘的方向与虫体背面几乎形成直角。

（4）蛹：体长10.0～12.0mm，头大尾尖，末端着生大型肉刺1对。新蛹乳白色，老蛹浅黄色，通体柔软。用镊子轻轻夹住其腹部，会看到它的尾部快速的左右摇摆，以挣脱镊子的束缚。

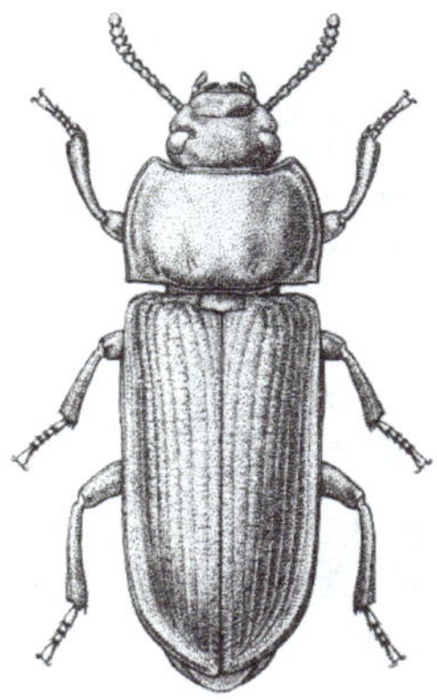

彩图

图7-38 黄粉虫成虫（仿Bousquet，1990）

3. 生活习性 黄粉虫通常1年发生1代，少数2年1代或1年2代。以幼虫在仓内阴暗潮湿处、各种缝隙内及粮底粉尘中越冬。在我国北方，越冬幼虫在5月上旬开始活动，中旬化蛹，下旬见成虫。成虫在羽化后2～5d交尾，持续产卵50d左右，单雌平均产卵276粒，最多能产600粒，每天产卵可多达40粒。成虫寿命约2个月，卵期4～19d，幼虫期281～629d，幼虫7～20龄，蛹期6～18d。

黄粉虫繁殖的适宜温度为18～30℃，相对湿度为60%～90%。幼虫既抗低温又抗干燥，在极干燥的条件下进入休眠状态可存活很长时间。成虫和幼虫均有同类相食的习性，表现为幼虫食蛹、成虫食蛹及成虫之间同类相食。在饲料充足的环境中，同类相食率为20%～30%。成虫喜夜间活动，爬行迅速，善飞。

4. 经济意义 黄粉虫主要发生在米、面、油和综合加工厂的地板缝隙及墙根死角处，粮食、食品、中药材等仓库的铺垫物下和器材库中。其营养蛋白成分高居各类虫体动物饲料蛋白之首，被誉为“蛋白质饲料宝库”。又因其人工饲养简易，饲料来源广，以及产业开发的不断深入，促进了黄粉虫养殖业的快速发展。

5. 分布 世界性分布。国内分布于黑龙江、吉林、辽宁、内蒙古、河北、甘肃、山西、山东、四川等地区。

（四）黑粉虫

1. 命名 学名*Tenebrio obscurus* Fabricius，1792。英文名dark mealworm。中文别名伪步行虫、大黑粉虫。

2. 形态特征

（1）成虫：体长14.0～18.5mm。长椭圆筒形，黑色，无光泽。头部扁阔，前伸。触角11节，近念珠状，第3节长度约等于第1、2节长之和，为第2节的3倍或第4节的2倍，末节长略小于宽。前胸背板横长方形，背板上的刻点密集，四周明显镶边，中央隆起，侧缘呈弧形，端缘较后缘狭，前缘两角略突出，后缘中央有1条宽而浅的“一”字形凹纹。小盾片五角形，末端尖。鞘翅刻点极密，各有不明显的刻点行9条，行列中间有大而扁的刻点，故产生明显而隆起的脊，鞘翅末端略尖削。雄成虫第5可见腹板后缘钝圆，第3、4可见腹节间和第4、5可见腹节间的节间膜较宽；雌成虫第5可见腹节后缘较尖锐，第3～5可见腹节间的节间膜很窄（图7-39）。

（2）卵：长0.4～0.7mm，宽0.2～0.3mm。长肾形，初产的卵乳白色，透明，有光泽，表面有黏液，随胚胎发育的完成逐渐变为淡黄白色。

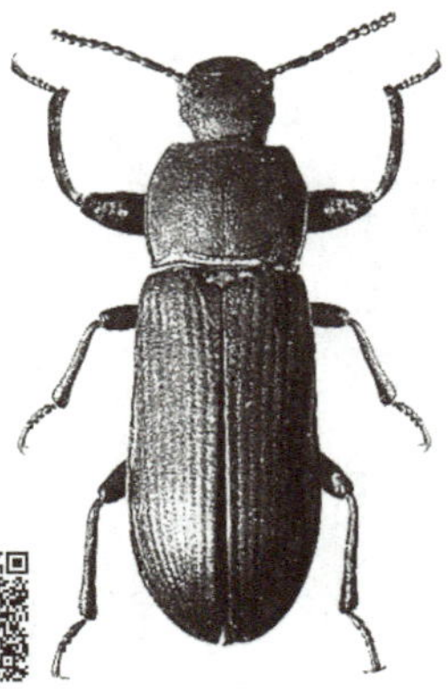

彩图

图7-39 黑粉虫成虫（仿白旭光，2008）

（3）幼虫：长圆筒形。初孵幼虫体长1.8～2.0mm，乳白色，透明，有光泽。老熟幼虫体长3.2～3.5mm，背板暗红褐色或黑褐色，体壁高度骨化，骨化部分为黑褐色。内唇两侧近边缘处各有短刚毛3根，排成1列。触角3节，第2节长大，末节极细小。触角第2节长是宽的4倍。各足转节腹面近端部具1根粗刺。第9腹节的宽度不超过长度。腹末背面具臀叉，臀叉上翘的方向与虫体背面形成明显的钝角。腹末腹面具伪足突起1对。

（4）蛹：体长15.7～17.6mm，宽5.0～5.3mm。初化蛹乳白色，后变为黄褐色，羽化前颜色变深，呈红褐色，蛹活泼，腹部可扭动。蛹体表面光滑，略弯曲，尾铗二叉状。雄蛹第7腹节下方的突起上靠近中线处着生有短而钝圆的乳突1对，雌蛹第7腹节下方的乳突较宽阔，分为二叉。

黑粉虫和黄粉虫形态特征比较见表7-5。

表7-5 黑粉虫和黄粉虫形态特征比较

虫态	特征部位	黑粉虫	黄粉虫
成虫	前胸背板	长宽几乎相等，背面刻点间距小且较粗糙	宽大于长，背面刻点间距大且较光滑
	触角	第3节长度为第2节的3倍，末节长度略小于宽度	第3节长度为第2节的2倍，末节长度大于宽度
	内上唇	内上唇端缘两侧各具粗短刚毛3～4根，且排成1列	内上唇端缘两侧各具粗短刚毛多根，且无规则排列
幼虫	足	各足转节腹面近端部具刺1根	各足转节腹面近端部具刺2根
	腹末臀叉	腹末臀叉向上翘的方向与虫体背面形成明显的钝角	腹末臀叉向上翘的方向与虫体背面几乎形成直角

3. 生活习性 黑粉虫1年发生1代，少数为1年2代。一般以老熟幼虫在仓库、厂房阴暗处的缝隙或机器底座、土壤和杂尘中越冬。第2年3月中下旬从越冬状态中恢复活动，然后开始化蛹，4、5月成虫数量急剧增加，种群数量增殖迅速。夏季7、8月的高温季节，由于温度偏高，种群数量减少，幼虫趋向于阴湿处以躲避高温。11月以后，高龄幼虫（3龄以上）取食量减少，行动迟缓，逐渐进入越冬状态，直至第2年春季。

黑粉虫成虫具有很强的负趋光性和趋湿性。在饲料内滴加少量蒸馏水，发现成虫都聚集在湿润的饲料中取食，若饲料湿度不够时，成虫取食不活跃。幼虫也有趋湿性，且喜欢聚集，在含水量较高的覆盖物下方，呈"虫团"状，且行动活跃。成虫的产卵前期为3～5d，卵多为散产。单雌平均产卵463粒。幼虫具有自相残杀的习性，受伤的幼虫往往体色加深，干枯死亡。当虫体密度过高、饲料不足及饲料含水量不足时，高龄幼虫可以蛹为食。老熟幼虫进入预蛹期后停止取食，经过冬眠期，于第2年春季化蛹。化蛹于饲料表面，蛹体受伤后极易引起成虫羽化不良，产生畸形成虫，甚至导致蛹感染病原菌变黑、死亡。

4. 经济意义 黑粉虫取食腐败、陈旧的谷物及其加工品，也取食面粉、麦麸、面包等。在仓内及面粉厂，该虫对谷物及其制品并不造成严重的危害，其存在是储藏条件欠佳的标志。该虫含有的胱氨酸是蝎子和其他节肢动物门类蜕皮增龄动物不可缺少的物质，是蝎子、蜈蚣、蛤蚧、林蛙、蟾蜍、穿山甲等食虫动物的首选天然营养饲料。

5. 分布 世界性分布。国内各地区均有分布。

（五）赤拟谷盗

1. 命名 学名*Tribolium castaneum*（Herbst，1797），异名*Colydium castaneum* Herbst，1797。英文名red flour beetle。中文别名拟谷盗、谷蛀、赤拟谷甲。

2. 形态特征

（1）成虫：体长3.2～4.0mm，宽1.0～1.6mm。体扁平、长椭圆形，褐色或赤褐色，略有光泽。全身密布小刻点，头部、前胸背板和鞘翅上的刻点大于小眼面的1/2。头部扁宽，复眼内侧无明显的脊。复眼肾形，黑色，腹面观复眼间距大于或等于复眼直径，侧面观复眼被颊外侧分割后所剩留的最窄部分为5个小眼面的宽度。触角11节，锤状，末端3节明显膨大。前胸背板横长方形，前角略下倾，两侧稍圆，有刻点。小盾片近横长方形。鞘翅长达腹末，与前胸背板同宽，上具纵刻点行10条。雄虫前足腿节腹面基部1/4处有1个卵圆形凹窝，其内着生直立的金黄色毛，雌虫无该构造。

（2）卵：平均长0.59mm，宽0.36mm。长椭圆形，乳白色，几乎透明，无光泽，表面粗糙。

（3）幼虫：爬虫式。体长7.0～8.0mm，长圆筒形，略扁平，骨化程度强，骨化部分为淡黄色或黄白色。头部背面两侧缘向前方略收缩。触角3节，其长度约为头长的1/2。腹末背面具深色向上翘的臀叉，其尖端自基部向端部逐渐缩小成尖状。臀叉两侧具刚毛而无粗刺。腹面末端具伪足状突起1对。第1对气门位于前胸与中胸之间（图7-40）。

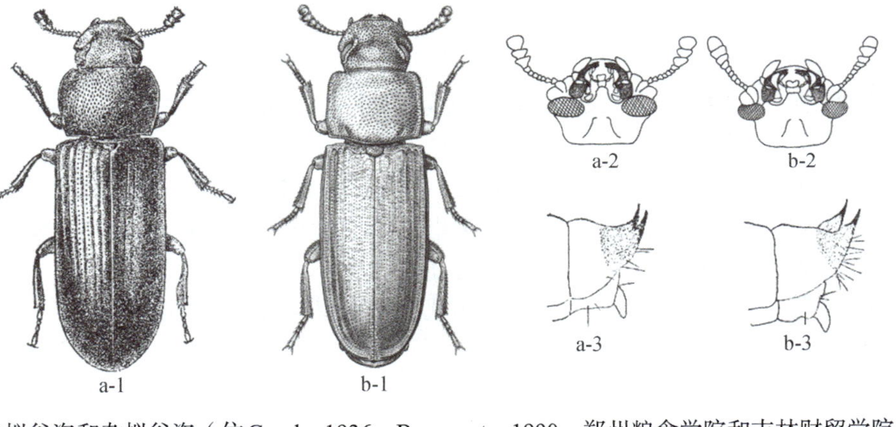

彩图

图7-40 赤拟谷盗和杂拟谷盗（仿Good，1936；Bousquet，1990；郑州粮食学院和吉林财贸学院，1986）
a. 赤拟谷盗；b. 杂拟谷盗；1. 成虫；2. 成虫头部腹面；3. 幼虫腹末侧面

（4）蛹：离蛹。体长约4.0mm。淡黄白色，复眼黑色，腹面观呈三角形。

3. 生活习性 赤拟谷盗1年发生4～6代。以成虫群集潜伏在包装、围席的夹缝、杂物或仓库、加工厂内的一些缝隙中越冬，以幼虫或蛹越冬者颇少。成虫善于爬行，能做短距离的飞行。成虫羽化后1～3d开始交尾，交尾后3～8d开始产卵。单雌平均产卵327粒，最多可产卵956粒。产卵期平均5.5个月，单雌日均产卵2～3粒。该虫在玉米粉中产卵量远远高于破碎玉米粒和完整玉米，在小麦粉和高粱粉里的产卵量高于完整小麦粒和高粱粒的产卵量。卵散产于粮粒表面、裂缝或碎屑下，卵外黏附着一些粉末和碎屑，一般不易发现。幼虫一般6～7龄，食物不适宜时最多可达12龄。老熟幼虫常爬至粉类表面化蛹。成虫喜黑暗，具负趋光性，有假死性，能飞翔。成虫寿命为226～547d，雄虫寿命最长可达3年。食物充足时成虫的寿命短，而食物不足时反而长，但在绝食情况下寿命并不延长。

发育历期因温湿度和食物而异。一般来说，温度对各虫态的发育期影响较湿度明显，食物种类对成虫和幼虫的生存及幼虫历期的影响较大。在20～40℃，卵的孵化率及卵期不受湿度的影响。在35℃时卵的孵化率最高，37.5℃时卵期最短。在40℃和相对湿度10%，或15～17.5℃和相对湿度10%～90%时，卵不能孵化。用小麦饲喂幼虫，发育最适温度为35℃，在相对湿度100%时幼虫期最短，平均为11d。在20℃与相对湿度分别为10%、30%、90%时幼虫均不化蛹而死亡。与饲喂小麦的幼虫相比，饲喂花生仁的幼虫发育较慢，死亡率也较高。在相同温湿度下，用全麦粉比用玉米粉、米粉饲喂的幼虫发育较快，死亡率也较低，而且由此幼虫发育成的成虫产卵量也多，如饲喂全麦粉者单雌平均产卵量298粒，饲喂玉米粉者单雌平均产卵量为169.6粒，饲喂米粉者单雌平均产卵47.4粒。在20～37.5℃，蛹期3.9～24d。

4. 经济意义 赤拟谷盗食性复杂，能为害稻谷、小麦、玉米、高粱、豆类、薯干、油料、干菜、干果、药材、豆饼、麸糠、大米、小米、面粉、酒曲等，其中对粉类和油料的危害最严重。该虫是面粉加工厂的重要害虫之一，可栖息在面粉加工车间、成品库、麸皮库进行为害。成虫除直接取食为害外，还会因为体表臭腺分泌出的臭液致使被为害粮食结块、霉变、发臭，从而失去食用价值。该虫侵害花生后会钻进花生籽粒的内部，给花生储藏带来巨大损失。赤拟谷盗还是某些疾病的传染媒介，是人畜共患寄生虫克氏伪裸头绦虫（*Pseudanoplocephala crawfordi* Baylis，1927）的中间寄主，该绦虫可以寄生在人和猪的小肠内引起疾病。

5. 分布 世界性分布。国内除内蒙古、新疆、青海、西藏未有分布外，其他地区均有分布。

（六）杂拟谷盗

1. 命名 学名*Tribolium confusum* Jacquelin du Val，1863。英文名confused flour beetle。中文别名杂拟谷甲、广颊谷蛀。

2. 形态特征 成虫：体长2.6～4.4mm。体扁平、长椭圆形，红褐色或赤锈色。头部扁宽。触角末端5节膨大。两颊在复眼处明显突出，颊与复眼相交处隆起形成脊。腹面观两复眼距离较宽，为复眼直径的2～3倍（图7.40）。

3. 生活习性 杂拟谷盗1年发生5～6代，发育周期为42～70d。在寒冬时，多以成虫在黑暗处群集越冬，以幼虫越冬者少。越冬场所与赤拟谷盗相同。成虫羽化后1～3d开始交尾，6～9d开始产卵。在适宜环境中，单雌产卵400～500粒，最多可产卵1000粒，产卵期约8个月。卵散产于粮食表面、裂缝或碎屑中。成、幼虫耐饥能力均强，在无食料的条件下，雌虫可维持生命18d，雄虫可维持13.6d。成虫喜黑暗，不善于飞翔，有群集、假死和分泌臭液的习性。发育最适温度为28～30℃，最低温度为17℃，最高温度为35℃。在发育适温范围内，卵的孵化率为80%～95%，卵期5～6d，幼虫期22～26d，幼虫一般6～7龄，蛹期6～7d。成虫寿命，雄虫平均634d，雌虫447d。

4. 经济意义 杂拟谷盗常发生在粮库和粮食、香料加工车间。食性十分杂，能为害禾谷类、豆类、面粉、米糠、油菜籽、干果、药材、烟叶、皮革、蚕茧、香料和昆虫标本等多种储藏物。环境适宜时，易大量发生和繁殖，全年均可为害。除直接危害外，成虫有臭腺能分泌臭液，故大量发生时，致使被害物发生霉臭味，被害面粉结块、色污、味臭、不能食用，是面粉厂及粉类储藏库中的重要害虫。

5. 分布 世界性分布。国内各地区均有分布。

赤拟谷盗与杂拟谷盗的主要形态区别见表7-6。

表7-6　赤拟谷盗与杂拟谷盗的主要形态区别

虫态	特征部位	赤拟谷盗	杂拟谷盗
成虫	触角	锤状，末3节明显膨大	棍棒状，自基部向端部逐渐膨大，其中至少可见5节是明显膨大的
	复眼腹面	复眼较大。腹面观，两复眼间的距离约等于1个复眼的横直径	复眼较小。腹面观，两复眼间的距离约等于3个复眼的横直径
	复眼侧面	侧面观，复眼被颊外侧分割后所剩留的最窄部分约为5个小眼面的宽度	侧面观，复眼被颊外侧分割后所剩留的最窄部分约为1个小眼面的宽度
幼虫	气门上线	气门上线全部都比较明显	气门上线仅在气门上方比较明显
	臀叉	臀叉自基部向端部逐渐缩小成尖状	臀叉基半部较粗，由此向端部逐渐缩小成尖状

（该科昆虫由卢少华、王争艳编写）

十一、谷盗科（Trogossitidae）

大谷盗

1. 命名　学名*Tenebroides mauritanicus*（Linnaeus，1758），异名*Platycerus striatus* Geoffroy，1785、*Tenebrio mauritanicus* Linnaeus，1758、*Trogossita mauritanicus*（Linnaeus，1758）。英文名cadelle、cadelle beetle。中文别名米蛀虫、乌壳虫、谷老虎。

2. 形态特征

（1）成虫：体长6.5～11.0mm。长椭圆形，略扁平。暗红褐色至黑色，无毛，有光泽。前口式，头部近三角形，与前胸背板几乎等长。复眼小，圆形黑色。触角棍棒状，11节，末3节向一侧扩展呈锯齿状。上颚发达外露。上唇前缘和前胸前缘各具黄褐色毛1列。前胸背板宽略大于长，与鞘翅最宽处约等宽；前缘明显凹入；两前角明显呈尖状突出；两侧缘在中区之后向内收缩；后缘与鞘翅衔接处呈颈状。小盾片小，呈半圆形。鞘翅的长约为两翅合宽的2倍，两侧缘几乎平行，末端圆，表面具纵刻点行7条，行间宽阔，并各具弱小刻点2行。前足基节窝后方封闭。跗节5-5-5式，第1节很小，隐于胫节的端部凹陷内。

（2）卵：长1.5～2.0mm，宽约0.3mm。细长椭圆形，一端稍膨大。乳白色，无光泽。

（3）幼虫：爬虫式。体长14.0～20.0mm。扁平形。乳白色，有光泽。足淡褐色。头近长方形，大而扁，黑褐色，上颚大而外露，下颚轴节明显较茎节小。触角短小。胴部12节，后半部极肥大，各节背面具横皱，两侧着生有无色长刚毛2～3根。前胸盾黑褐色，中间有1条淡色的窄纹，中、后胸背面左右各有1个黑褐色斑，但后胸的黑褐色斑有时不明显。腹末有1个大型臀叉，着生在腹末最后1节背板的骨化区上，骨化区及臀叉均为黑褐色（图7-41）。

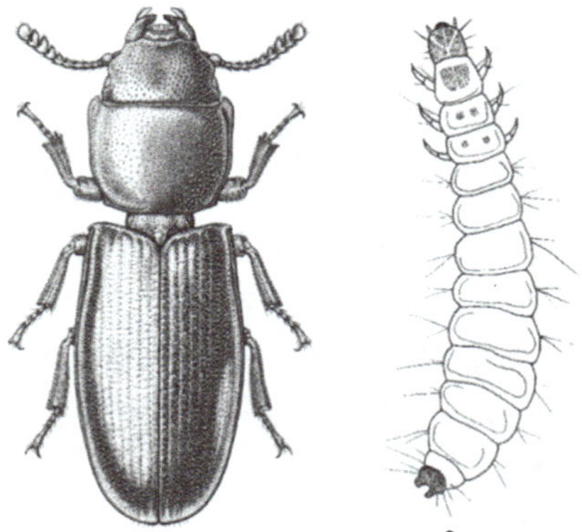

图7-41　大谷盗（仿郑州粮食学院和吉林财贸学院，1986；Bousquet，1990）
1. 成虫；2. 幼虫

（4）蛹：体长约9.0mm。近纺锤形，扁平。黄白色，头部及前胸背板均散生黄褐色长毛。腹背各节两侧各有1个小突起，各着生褐色细毛2根。翅芽细长，伸达腹面第5节。末节狭小，近方形，末端有褐色小肉刺1对。

3. 生活习性 在温带地区，大谷盗1年发生1～2代；在热带地区，1年可发生3代。幼虫和成虫均可越冬，但以成虫越冬居多。越冬时常潜伏于木板等各种缝隙或包装内。在温带地区：第1年，春季越冬成虫恢复活动产卵，仲夏即出现成虫完成1代，不久卵出现并孵化为幼虫，并以幼虫越冬；第2年，春季越冬幼虫恢复活动、取食，化蛹，初夏羽化为成虫，产卵。成虫及孵化的幼虫均可越冬。成虫寿命和羽化的时间关系较大，若在春季羽化，寿命只有6～7个月；若在秋末羽化，寿命可达1年以上。

卵孵化率极高。幼虫3～7龄，完成1个世代需65～400d。发育最适温度为28～30℃，最适相对湿度为70%～80%，在此条件下，卵期7d，幼虫期48d，蛹期10d，完成1个世代约需65d。在21℃下，卵期15～17d，幼虫期250～300d，蛹期22～25d，完成1个世代需285～352d。食物对幼虫发育的影响较大，用玉米粉或小麦饲喂的幼虫期69d，用大麦粉饲喂的幼虫期83d，而用上白粉、糙米或精米饲喂的幼虫期可长达180d。在温湿度和食物不适宜时，完成1个世代可长达3年。雌虫将卵产在碎屑或附近的缝隙内，每次产卵20～30粒，可持续产卵2～14个月，单雌产卵430～1319粒。在15℃时停止繁殖，12℃时停止活动。

幼虫性凶猛，常自相残杀，喜食粮粒胚部。成熟时多蛀入木板等木质物内化蛹，在包装品缝隙或粮粒间化蛹的较少。成虫喜潜伏粮食间、包装品缝隙中或木板木柱裂隙内，性凶猛，常自相残杀或捕食其他储藏物害虫。在15℃下成虫可耐饥饿114d，幼虫可耐饥饿33d。成虫和幼虫耐寒性均强，尤其幼虫更强，但卵及蛹的耐寒性远较成虫及幼虫弱。在－9.4～6.7℃，成虫及幼虫均能存活数周。

4. 经济意义 大谷盗主要为害小麦、大麦、面粉、稻谷、玉米、薯干，也为害油料、豆类、药材、干果等。为害小麦、大麦等原粮时常咬食粮粒的胚部，1头幼虫可破坏小麦、大麦等种子1万多粒，使种子不能发芽。幼虫喜好在木板内化蛹，潜伏和咬啮筛绢、麻袋及木板等，因此不但破坏粮粒的完整，也可严重破坏仓内的木板或木制品及筛绢和麻袋等物品。其成虫虽能捕食其他储藏物害虫，但害多益少，因此是重要的初期性储藏物害虫之一。

5. 分布 世界性分布。国内除宁夏外，各地区均有分布。

（该科昆虫由王争艳编写）

思 考 题

1. 7种检疫性储藏物害虫在世界上的分布如何？各自的经济意义如何？
2. 我国储藏物中常见的书虱有哪几种？如何鉴别？
3. 简述麦蛾的危害、发育过程。
4. 如何鉴别印度谷螟和粉斑螟的幼虫？
5. 如何鉴别药材甲和烟草甲？各自的经济意义如何？
6. 简述谷蠹的危害习性。
7. 如何鉴别蚕豆象和豌豆象？
8. 如何鉴别鹰嘴豆象和灰豆象？
9. 如何鉴别绿豆象和四纹豆象？
10. 如何鉴别玉米象、米象和谷象？这三种象虫在我国的分布情况如何？

11. 如何鉴别白腹皮蠹、拟白腹皮蠹及赤毛皮蠹？
12. 如何鉴别谷斑皮蠹和花斑皮蠹？
13. 如何鉴别锈赤扁谷盗、长角扁谷盗和土耳其扁谷盗？
14. 如何鉴别细胫露尾甲和酱曲露尾甲？
15. 简述干果露尾甲的生活习性。
16. 简述拟裸蛛甲的生活习性。
17. 如何鉴别锯谷盗和大眼锯谷盗？
18. 简述黑菌虫的生活习性。
19. 简述姬粉盗的生活习性。
20. 简述黄粉虫的生活习性。
21. 简述黑粉虫的生活习性。
22. 如何鉴别赤拟谷盗和杂拟谷盗？两者对环境的要求有何差异？

主要参考文献

白旭光，曹阳. 1997. 中国储粮虱蛄（书虱）昆虫两新记录及两已知种补记. 中国粮油学报，12（1）：1-4.
白旭光. 2008. 储藏物害虫与综合治理. 2版. 北京：科学出版社.
曹新民，赵志模，赵先平，等. 2008. 食物对四纹豆象生长发育的影响. 西南大学学报（自然科学版），30（10）：120-123.
陈启宗. 1988. 我国蛾类仓库害虫的鉴别. 北京：农业出版社.
陈耀溪. 1963. 仓库害虫（修订本）. 2版. 北京：中国农业出版社.
陈耀溪. 1984. 仓库害虫（增订本）. 3版. 北京：中国农业出版社.
储粮害虫及其防治编写组. 1980. 储粮害虫及其防治. 北京：中国财政经济出版社.
邓望喜. 1992. 城市昆虫学. 北京：中国农业出版社.
顾云琴，赵琳，林云彪，等. 2002. 灰豆象生物学特性观察. 植保技术与推广，22（2）：30-32.
李隆术，朱文炳. 2009. 储藏物昆虫学. 重庆：重庆出版社.
李照会，2002. 农业昆虫鉴定. 北京：中国农业出版社.
刘昌燕，李莉，焦春海，等. 2016. 温度对绿豆象种群增长的影响. 植物保护，42（6）：72-75.
刘巨元，张生芳，刘永平. 1997. 内蒙古仓库昆虫. 北京：中国农业出版社.
刘玮琦，董奇彪，张贵，等. 2013. 谷斑皮蠹幼虫标本的制作与检疫鉴定. 植物检疫，27（4）：69-71.
刘永平，张生芳. 1988. 中国仓储品皮蠹害虫. 北京：中国农业出版社.
刘永平，张生芳，林其铭. 1996. 我国口岸检疫截获的皮蠹科害虫. 植物检疫，10（1）：45-51.
吕剑秋. 1987. 储粮昆虫学. 北京：中国财政经济出版社.
沈兆鹏. 1980. 贮藏物螨类与人体螨病. 粮食储藏，9（3）：1-7.
沈兆鹏. 1998. 重要储粮甲虫的识别与防治Ⅳ. 大谷盗 黄粉虫 黑粉虫 黑菌虫 小菌虫. 粮油仓储科技通讯，（5）：44-47.
四川省粮食学校，四川省粮食厅储运处. 1983. 四川仓库害虫图册. 成都：四川人民出版社.
孙宝根，陈启宗. 1990. 储藏物主要昆虫英汉俗名名录. 粮食储藏，19（5）：28-30.
王进军，赵志模，郭依泉，等. 1996. 温度、湿度对嗜虫书虱生长发育和繁殖的影响. 植物保护学报，23（2）：147-151.
王争艳，何梦婷，鲁玉杰. 2020. 嗜虫书虱种群增长模型的研究. 应用昆虫学报，57（2）：442-449.
魏春艳. 2015. 吉林省储藏物昆虫研究及检疫性种类检疫鉴定方法的建立. 长春：东北师范大学硕士学位论文.
杨帅，张涛，高玉林，等. 2016. 相对湿度对咖啡长角象生长发育、繁殖及种群增长的影响. 应用昆虫学报，53（1）：121-127.
姚康，杨长举. 1985. 蚕豆象的生物学特性. 昆虫学报，28（1）：45-50.
袁锋. 2001. 农业昆虫学. 3版. 北京：中国农业出版社.
张宏宇. 2009. 城市昆虫学. 北京：中国农业出版社.

张生芳，樊新华，高渊，等．2016．储藏物甲虫．北京：科学出版社．

张生芳，刘永平，武增强．1998．中国储藏物甲虫．北京：中国农业科技出版社．

赵养昌．1966．中国仓库害虫．北京：科学出版社．

赵志模．2000．农产品储运保护学．北京：中国农业出版社．

郑州工学院粮油工业系．1975．贮粮害虫图册．北京：科学出版社．

郑州粮食学院，吉林财贸学院．1986．仓库昆虫学．北京：中国财政经济出版社．

中国农业科学院植物保护研究所，中国植物保护学会．2015．中国农作物病虫害．3版．北京：中国农业出版社．

中华人民共和国动植物检疫局，农业部植物检疫实验所．1997．中国进境植物检疫有害生物选编．北京：中国农业出版社．

祝长清，朱东明，尹新明．1999．河南昆虫志 鞘翅目（一）．郑州：河南科学技术出版社．

Belles X, Halstead D G H. 1985. Identification and geographical distribution of *Gibbium aequinoctiale* Boieldieu and *Gibbium psylloides* (Czenpinski) (Coleoptera: Ptinidae). Journal of Stored Products Research, 21(3): 151-155.

Bishop G W. 1960. Taxonomic observations on the larvae of the three American *Cryptolestes* (Coleoptera: Cucujidae) that infest stored grain. Annals of the Entomological Society of America, 53(1): 8-11.

Bousquet Y. 1990. Beetles Associated with Stored Products in Canada: A Identification Guide. Ottawa: Canada Governement Publishing Centre.

Cotton R T. 1950. Insect Pests of Stored Grain and Grain Products. Minneapolis: Burgess Publishing Company.

Dobson R M. 1954. The species of *Carpophilus* Stephens (Coleoptera: Nitidulidae)associated with stored products. Bulletin of Entomological Research, 45(2): 389-402.

Good N E. 1936. The Flour Beetles of the Genus *Tribolium*. Washington DC: United States Department of Agriculture.

Hill D S. 1997. The Economic Importance of Insects. Netherlands: Springer Science & Business Media.

Hill D S. 2002. Pests of Stored Foodstuffs and Their Control. Boston: Kluwer Academic Publishers.

Hill D S. 2008. Pests of Crops in Warmer Climates and Their Control. Skegness: Springer Science & Business Media.

Hinton H E. 1945. A Monograph of the Beetles Associated with Stored Products. London: British Museum (Natural Histry).

Hughes A M. 1961. The mites of stored food. *In*: Ministry of Agriculture, Fisheries and Food. Techinical Bulletin No. 9. London: Her Majesty's Stationary Office.

Nardi G L, Hava J. 2013. Italian dermestidae: notes on some species and an updated checklist (Coleoptera). ZooKeys, 360: 45-81.

Spilman T J. 1984. Identification of larvae and pupae of the larger grain borer, *Prostephanus truncatus* (Horn) (Coleoptera: Bostrichidae) and the larger black flour beetle *Cynaeus angustus* (Coleoptera: Tenebrionidae). *In*: Mills R B, Wright V F, Pedersen J R, et al. Proceedings of the International Third Working Conference on Stored Product: Entomology. Manhattan: Kansas State University Press: 44-53.